데이터 통신과 컴퓨터 네트워킹

Data communication &
Computer networking

한올

데이터 통신과 컴퓨터 네트워킹

서 문

　컴퓨터 기술과 통신 기술의 결합은 정보의 빠른 전달 뿐 만아니라 컴퓨터에 저장된 다양한 형태의 정보를 공유하게 함으로써 컴퓨터의 이용가치를 극대화시키고 있다. 컴퓨터 통신 또는 컴퓨터 네트워크의 영역은 단말기와 컴퓨터의 통신, 컴퓨터와 컴퓨터의 통신 및 전세계에 걸쳐 다양한 네트워크를 연결한 인터넷에 이르기까지 대단히 광범위하다. 학문의 특성 상 컴퓨터와 통신 기술에 관련된 하드웨어부터 소프트웨어에 이르기까지 상호 연관성을 모두 이해해야하기 때문에 컴퓨터 네트워크는 다루는 내용이 방대하다고 할 수 있다. 특히 처음 접한 초보자의 경우에는 컴퓨터 네트워크에 관련된 많은 용어 때문에 어려워하는 것을 보어 왔다. 이러한 컴퓨터 네트워크의 분야의 특성으로 인해 배울 양이 많고 배우기도 어렵다는 인식이 퍼져있어 좀 더 쉽게 배울 수 있는 쉽게 쓰여진 교재를 찾고 있는 것 같다.

　이에 부응하기 위해 이 책에서는 기술적 이론적 배경이 부족한 특히 수학적 표현을 어려워하는 사람도 이해할 수 있도록 최선을 다하였다. 수식적 표현 및 전개보다는 언어적인 설명에 중점을 두었고, 그림으로 표현할 수 있는 사항은 최대한 그림으로 표현함으로써 언어적 설명을 보충하기 위해 노력하였다. 그리고, 정보처리기사의 필기 시험인 데이터 통신이나 정보통신기사 필기의 전반적인 사항을 이해할 수 있도록 구성하였다.

　이 책은 다음과 같은 내용으로 구성하였다. 제1장과 제2장은 데이터통신을 배우기 위한 기초를 설명하였다. 제3장은 컴퓨터 네트워크의 장치를 연결하여 신호를 전달하는 전송 매체를, 제4장은 전송 매체를 통해 최적의 신호를 생성하는 부호화 기법을, 제5장은 각 채널의 신호를 다중화하는 방법을 설명함으로써 컴퓨터 네트워크의 최하위 계층인 물리 계층에서 사용할 수 있는 기술을 설명하였다. 제6장은 물리 계층의 서비스를 받아 동작하는 데이터 링크 계층에서 사용할 수 있는 기술과 데이터 링크 제어 기법을 설명하고, 제7장은 컴퓨터 네트워크에 따라 달라질 수 있는 데이터 교환 방식을 설명하였다. 여기까지 컴퓨터 네트워크에서 알아야하는 전반적인 기반 기술에 대한 설명이 일단락되었다.

　제8장은 컴퓨터 네트워크에서 중요하면서도 많이 사용하는 근거리통신망을, 제9장은 이제까지 배운 지식을 바탕으로 계층별로 체계적으로 컴퓨터 네트워크를 이해할 수 있도록 네트워크 구조를 설명하였다. 제10장은 현실적으로 많이 사용하고 있는 인터넷의

중심 프로토콜인 IP와 그 주소 체계를 설명하였고, 제11장은 ARP와 ICMP를 제12장에서는 TCP와 UDP를, 제13장에서는 TCP/IP의 응용계층 프로토콜을 설명하였다. 마지막으로 제14장, 제15장, 제16장은 멀리 떨어진 근거리 통신망을 연결할 때 사용되고 그 자체로 네트워크를 구성할 수 있는 원거리 통신망 기술을 소개하고 있다.

대학에서 강의 교재로 사용할 경우 X.25나 프레임릴레이 부분을 제외한다면 한학기 용으로 적당할 것이다. 전문대학에서 사용할 경우 첫 학기에 제7장까지 다음 학기에 나머지 부분을 강의하면 적당할 것이다.

정보화 시대에 부응하여 컴퓨터 네트워크 용어는 가능하면 한글화 해야 한다는 생각에서 원어의 뜻을 최대한 반영할 수 있는 우리말을 사용하였으나 약간의 어색한 용어가 있으리라 본다. 원어의 의미를 이해하는 데 도움을 주고자 어색할 수 있는 용어는 괄호내에 원어를 기술하였다.

끝으로 이 책의 출판을 위해 힘써 주신 한올출판사 관계자 여러분에게 감사의 말을 전한다.

저자

차 례

제12장 TCP와 UDP

제13장 • TCP/IP 응용계층

제14장 • X.25와 프레임 릴레이

데이터 통신과 컴퓨터 네트워킹

데이터 통신이란?

1

데이터 통신이란?

종래의 통신이 대상으로 하는 정보는 음성이었고 사람으로부터 사람에게 전달하는 것이 목적이었다. 이러한 음성의 전달에 적절하게 만들어진 통신망이 바로 전화망이다. 제2차 세계대전 후의 컴퓨터의 발달 및 보급은 눈부신 것이었고, 그 때문에 컴퓨터를 중심으로 한 정보기기 간에 정보를 교환해야 될 필요성이 높아졌다. 이에 1970년대에 컴퓨터와 통신간의 결합이 이루어져 관련 산업은 물론 사회전반에 큰 변혁을 가져오고 있다. 이 변혁은 거의 혁명적으로 지금도 계속되고 있다.

컴퓨터 통신의 혁명은 다음과 같은 주목할 만한 변화를 가져왔다.

- 데이터 처리(컴퓨터)와 데이터 통신(전송 및 교환 장치)간의 기본적인 차이가 사라졌다.
- 데이터, 음성 및 비디오 통신의 기본적인 차이가 사라졌다.
- 단일 처리기 컴퓨터, 다중 처리기 컴퓨터, 근거리망, 중거리망, 장거리망 간에 존재하던 회선 구분이 모호하여 졌다.

그 결과, 컴퓨터와 통신 산업간의 중복 부분이 증가함으로써 시스템 통합화가 진행되어 모든 형태의 데이터를 처리하고 전송하는 통합 시스템(integrated system)이 등장하게 되었다. 현재, 과학기술 표준화기구들에 의해 모든 정보 통신 설비들을 통합하여 단일의 공중 시스템(public system)을 구축하는 방향으로 나아가고 있으며, 단일 공중 시스템의 구축 방향은 세계의 모든 정보를 같은 방법으로 쉽게 접근할 수 있도록 제공하는 것이다.

이 장에서는 종합된 관점에서 데이터 및 컴퓨터 통신의 광대한 분야의 기본 개념을 전달하는 것이 목표이다.

1.1 기본 통신 모델

우리가 알고 있고 접할 수 있는 통신의 간단한 모델을 가지고 이야기를 시작하여 보자.

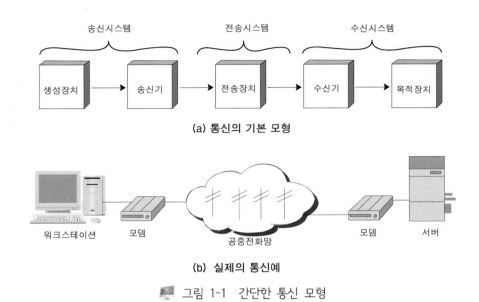

(a) 통신의 기본 모형

워크스테이션　모뎀　　　　공중전화망　　　　모뎀　서버

(b) 실제의 통신예

그림 1-1　간단한 통신 모형

데이터 통신의 목적은 두 지역간의 정보를 교환하는 것이다. 이를 위해 간단한 모형도와 실제 예를 〔그림 1-1〕에 나타내었다.

이 모형에서 사용된 주요 요소의 기능은 다음과 같다.

● 생성장치: 이 장치는 전송할 데이터를 생성한다. 예를 들면 전화기, 컴퓨터 등이 여기에 해당한다.
● 송신기: 일반적으로 생성장치에서 생성된 데이터는 직접 전송되지 않고 송신기를 통해 전송된다. 송신기에서는 데이터를 부호화 하여 전자기 신호로 변환한 후, 전송 매체를 통해 전송한다. 예를 들면 모뎀이 이에 해당한다. 모뎀은 개인용 컴퓨터에 부착되어 있으며 컴퓨터로부터 디지털 비트열을 받아 전화망이 처리할 수 있는 아날로그 신호로 변환시킨다.
● 전송시스템: 생성장치와 목적장치를 연결하는 하나의 전송 회선 또는 복잡한 네트워크가 될 수 있다.
● 수신기: 전송 시스템으로부터 신호를 받아 목적 장치가 취급할 수 있는 데이터로 변환한다. 예를 들어 모뎀은 전송 시스템으로부터 아날로그 신호를 받아 디지털 비트열로 변환한다.
● 목적지 장치: 수신기로부터 유입되는 데이터를 수신한다.

위의 모형에서는 수많은 기술적인 복잡성과 세부 기능을 표현하지 않은 것이다.

1.2 데이터 통신

전술한 모형에서 데이터 생성장치의 대표적인 것이 컴퓨터이고, 컴퓨터간에 교환되는 정보는 데이터이기 때문에 데이터 통신(data communication)이라고 말한다. 데이터 통신에 대한 명확한 정의는 없지만 '컴퓨터와 원격의 정보기기(입·출력 장치 또는 컴퓨터)를 통신회선을 통하여 중개하여 접속하며, 광역적인 데이터 처리와 데이터 전송을 능률적으로 하기 위한 방식'이라고 할 수 있다. 다시 말하면 데이터 통신이라는 용어는 데이터 전송에 데이터의 처리를 포함한 의미로 사용된다고 할 수 있다. 또 협의로 해석하면 데이터 전송과 거의 같다고 볼 수 있다.

컴퓨터 자원(하드웨어, 소프트웨어)의 공유, 기능과 부하분산에 의한 처리능력의 개선, 신뢰성의 향상, 데이터의 교환 등을 목적으로 컴퓨터를 통신회선을 통해 결합한 컴퓨터 네트워크(computer network)는 데이터 통신 시스템의 한 이용 형태이다. 위에서 데이터(data)와 정보(information)라는 용어를 사용하였는데, 다음과 같이 정의할 수 있다.

- 데이터: 데이터를 만들어 사용하는 사용자간에 합의되어 임의의 형태로 표현된 사실, 개념 또는 명령
- 정보: 데이터에 그 의미를 부여한 것

컴퓨터에서 데이터는 0과 1로 구성된 2진수(2진 정보단위) 또는 비트로 표현된다. 보통 데이터와 정보는 엄밀하게 구별하지 않고 사용되고 있다.

단순화된 모델을 통해 데이터 통신을 이해하여 보자.

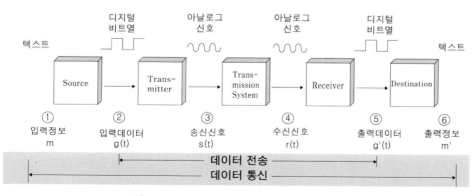

그림 1-2 단순화된 데이터 통신 모델

예를 들어 전자 우편을 통해 멀리 있는 친구에게 메시지를 보내는 경우를 위의 그림과 견주어 생각하여 보자. "3월 2일 오후 2시에 학교 도서관 입구에서 만나자."(m)라는 메시지를 보낸다고 할 때, 우선 PC상의 전자 우편 패키지를 활성화하고 자판을 이용하여 메시지를 입력한다. 메시지는 주기억장치에 문자열로서 저장되며 이 문자열(입력 데이터)은 통신 버퍼나 케이블을 통해 연속된 전압 펄스 열[$g(t)$]의 형태로 송신기에 전달된다. 송신기는 전송 매체에 직접 연결되어 있고, 입력 스트림[$g(t)$]을 전송에 적합한 신호[$s(t)$]로 변환한다.

전송 매체에 나타난 신호 $s(t)$는 전송 과정에서 여러 가지 요인에 의해 손상된다. 따라서, 수신기에 도달한 신호 $r(t)$는 $s(t)$와는 다른 어느 정도 변형된다. 수신기는 신호 $r(t)$와 전송 매체에 대한 지식을 근거로 하여 원 신호 $s(t)$를 재생하려 시도를 하지만, 똑같은 신호를 재생할 수는 없고, 유사한 연속된 비트열 $g'(t)$를 생성한다. 이 비트열은 컴퓨터의 메모리에 보내져서 저장된다. 대부분의 경우에 목적지 장치에서는 오류의 발생 여부를 검사하고, 만약 오류가 발생하였다면 오류가 없는 완전한 데이터를 얻기 위해 여러 기능을 수행한다. 경우에 따라서는 생성장치와 협조하여 오류 없는 데이터를 수신한다. 이들 데이터는 모니터나 프린터 같은 출력 장치를 통해 친구가 볼 수 있다. 친구에게 보여지는 메시지 (m')는 원 메시지 (m)의 복사본이 될 것이다.

1.3 데이터 통신망

데이터 통신망은 그 규모, 용도, 구조에 따라서 분류할 수 있다. 지리적인 넓이에 따라 전국 규모의 광범위한 지역에 설치되는 광역통신망(WAN: Wide Area Network)과 특정 구내나 건물 안에 설치되는 근거리통신망(LAN: Local Area Network)으로 분류할 수 있다. 이 넓이의 차이에 따라서 네트워크의 구성기술이 다르다. WAN에는 전기통신사업자가 공익사업으로 설치한 공중망(public-carrier network)과 기업체가 전용회선을 전기통신사업자로부터 빌려 사설 교환기를 설치하여 각 지점간의 데이터 통신을 가능하게 한 기업사설망(enterprise-wide private network)이 있다. 공중망인 전화망(PSTN: public switched telephone network)은 가장 광범위하게 보급되어 있지만 원래 전화망은 음성교환용으로 설계되어 있기 때문에 데이터 통신에 이용하려면 모뎀(modem)이라고 하는 장치를 사용해야 한다. 공중데이터망으로서는 공중데이터교환망(PSDN: public switched data network)이 있고, 전화망에서 모뎀 없이 데이터 전송이 가능하게 변화시킨 것이 종합정보통신망(ISDN: integrated service digital network)이 있다. 음성이나 문자, 수치 등의 데이터뿐만 아니라 고품질 정지화상과 동화상 등을 통합하여 멀티미디어(multimedia)를 전송할 수 있는 통신망이 있는데, B-ISDN(broadband-ISDN)이 그것이다.

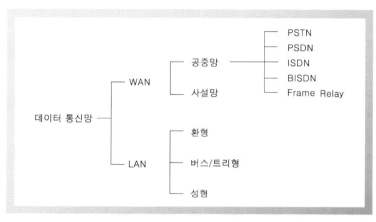

그림 1-3 데이터 통신망의 분류

1.4 통신 프로토콜

사람 사이에서 전화망을 이용하여 의사전달을 하는 과정을 살펴보기로 한다. 〔그림 1.4〕는 한국에 있는 허준 선생에게 미국에 살고 있는 한의사로부터 국제전화가 온 경우의 예이다. 한의사가 허준 선생의 전화번호를 누르고, 상대(허준)가 호출음을 듣고 전화를 들 때까지는 전화망 내부에서의 전기신호를 전달하기 위한 작업이 있다. 이 과정이 연결 설정 과정이다. 이는 서로의 전화망이 같은 방식으로 설계되어 있을 때 상호연결이 가능하다. 전화에서 대화를 시작할 때는 상대의 확인과정, 사용 언어의 결정 과정 등이 있고 대화 중에는 긍정 응답 과정, 부정 응답(잘 안 들릴 때)에 의한 대화의 반복 과정이 있으며, 상대가 빨리 말할 때는 대화 속도 조절 과정이 있고, 마지막에는 서로 대화를 마무리하고 전화를 끊는 절차가 있다.

이들 전화에서의 사람간의 대화를 보면 각각의 과정을 전달하고 처리하는 절차는 일정하지 않다. 예를 들면 긍정 응답을 할 때, '네', '아~', '응~' 등이 있을 수 있다. 그러나 사람은 지능이 있기 때문에 그때 그때의 상황을 서로가 파악하고 적절하게 대응한다. 컴퓨터가 서로 대화를 하는 경우에는 이들 작업에 대해서 정확하게 미리 규정이나 약속을 만들어야 올바른 대화가 가능하다. 이들의 약속을 통신규약 또는 프로토콜(protocol)이라 부른다. 프로토콜을 사전에서 찾아보면 "조약 원안", "의정서", "외교의례" 등으로 나와 있다. 이 외교 용어가 1970년대에 데이터 통신 용어로 "통신규약"의 뜻으로 도입되었다.

프로토콜은 두 개의 시스템간에서 정보를 교환하기 위한 규정 또는 약속이라고 말할 수 있다. 프로토콜에서 고려해야 할 몇 가지 중요한 요소는 다음과 같다.

- 메시지의 표현: 메시지의 서식, 부호화, 신호 레벨에 대한 방법
- 제어: 메시지를 송수신 시스템간에 올바르게 전달하기 위한 제어 방법
- 통신로의 이용도: 통신로를 효율적으로 이용하는 방법
- 동기와 타이밍: 서로가 보조를 맞추어서 통신의 진행을 하는 방법

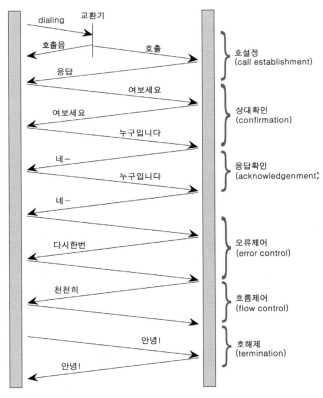

그림 1-4 Protocol의 개념

그림 1-5 파일 전송을 위한 단순화된 프로토콜 구조

예를 들어 〔그림 1-5〕와 같이 두 컴퓨터간의 파일을 송수신하는 경우를 생각하여 보자. 두 컴퓨터간에는 어떤 형태든지 데이터 전송로가 필요하다. 그리고 다음과 같은 작업이 필요하다.

① 송신 컴퓨터는 데이터 전송로를 직접 구성하든지 또는 수신 컴퓨터를 판별할 수 있는 정보를 통신망에 알려 주어야 한다.
② 송신 컴퓨터는 수신 컴퓨터가 데이터를 받을 수 있는 상태인지를 확인한다.
③ 최종적으로 송신 컴퓨터에 존재하는 파일 전송 프로그램은 수신 컴퓨터에 존재하는 파일 전송 프로그램이 파일을 받아 저장할 수 있는 준비가 되어 있는지 확인해야 한다.
④ 두 컴퓨터에서 사용하는 파일의 형식이 서로 다르다면 파일의 형식 변환 기능을 수행하여야 한다.

이와 같이 두 컴퓨터 시스템간에는 고도의 상호 협조 작업이 필요함을 느낄 것이다.
기술의 진보에 따라서 데이터 통신 시스템에서 다양한 응용이 요구되고 또한 이기종 컴퓨터, 다양한 단말장치, 다른 네트워크 등으로부터 구성된 데이터 통신 시스템이 요구되었다. 이에 따라서 프로토콜도 방대해지고 복잡해졌다. 그 복잡함에 대응하기 위하여 프로토콜의 구성 요소의 논리 기능을 정리하여 계층화해서 프로토콜을 체계화한 것을 네트워크 아키텍처(network architecture)라고 한다. 이것에 대한 국제표준화 작업은 ISO(International Standards Organization)에서 진행되고 개방형시스템 간 상호접속(OSI: Open Systems Interconnection)으로서 알려져 있다.
서로 다른 시스템의 통신을 하나의 프로세스나 모듈로 처리하기에는 매우 복잡함을 알 수 있을 것이다. 여기에서는 단순화된 3계층 모델을 이용하여 컴퓨터 통신 구조의 개념을 설명하겠다.

앞에서 언급한 작업 ③과 ④는 파일 전송 모듈에 의해 수행될 것이다. 즉 두 컴퓨터 상의 각 모듈이 파일과 명령을 교환한다. 하지만 데이터와 명령을 실제로 전송하기 위해서는 통신 서비스 모듈의 도움이 필요하다. 이 통신 서비스 모듈은 두 컴퓨터 사이에 신뢰성 있게 데이터를 전송하도록 책임을 지는 것이다. 이것이 작업 ②의 기능이다.

마지막으로 실제 데이터 전송을 위해서는 네트워크와의 인터페이스가 필요하며, 데이터가 전송될 경로의 설정 등의 기능을 수행하는 모듈이 필요하다. 이것이 작업 ①의 기능이다.

일반적으로 통신은 세 개의 대리인(agent)을 통해 이루어진다고 말할 수 있다. 즉, 응용, 컴퓨터, 네트워크이다. 응용의 한 예는 위에서 이야기한 파일 전송 동작이다. 응용은 동시에 복수 개의 응용을 지원할 수 있는 컴퓨터에서 수행된다. 그리고 컴퓨터는 네트워크에 연결되고, 컴퓨터가 전송한 데이터는 한 컴퓨터에서 다른 컴퓨터로 네트워크를 통해 전달된다. 이러한 개념을 일반화시키면 〔그림 1-6〕과 같이 통신 작업은 세 개의 독립 계층으로 구성하는 것이 자연스럽다.

- 네트워크 접근(Network access) 계층
- 전송(Transport) 계층
- 응용(Application) 계층

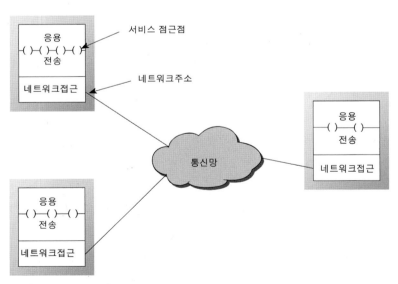

🖥 그림 1-6 네트워크와 프로토콜 구조

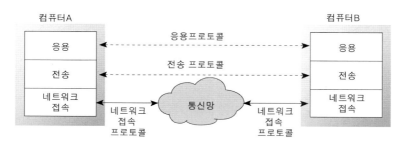

그림 1-7 단순화된 프로토콜 구조

네트워크 접근 계층은 네트워크와 이에 부착된 컴퓨터 사이에서 데이터를 주고받는 것에 관계한다. 송신 컴퓨터에서는 목적지 컴퓨터의 주소를 가진 패킷(데이터의 묶음)을 네트워크에 제공하면 네트워크는 이 패킷을 목적지 컴퓨터가 연결되어 있는 네트워크까지 보내게 된다. 송신 컴퓨터는 네트워크로부터 여러 가지 서비스를 받게 되는데 이는 네트워크의 종류에 따라 다르다. 즉, 회선교환망, 패킷교환망, 근거리망 등 네트워크에 따라 다른 서비스 표준이 개발되어 있는 것이다.

전송 계층은 모든 데이터가 송신 컴퓨터의 응용으로부터 목적지 컴퓨터의 응용에 정확히 도착하고, 보낸 순서대로 도착할 수 있도록 책임을 지는 것에 관계한다. 즉, 데이터를 교환하는 응용의 특성에 관계하지 않고 데이터를 신뢰성 있게 교환할 수 있도록 책임을 진다. 모든 응용이 공유할 수 있도록 이러한 메커니즘을 모아 놓은 계층이 전송 계층인 것이다.

파일 전송과 같은 여러 가지 응용의 종류에 따라 그 응용에 고유한 별개의 기능이 필요한데 이를 모아 둔 것이 응용 계층이다.

이러한 관점에서 새롭게 그려진 단순화된 프로토콜 구조를 〔그림 1-7〕과 같이 나타낼 수 있다.

1.5 표준

통신 장치의 여러 가지 특성을 규정하는 표준(안)의 필요성은 전부터 정보통신 업계에서 인정하여 온 바이다. 서로 잘 동작하도록 한 업체가 모든 제품을 다 만들 수 있겠지만 모든 제품을 다 만든다는 것도 쉽지 않으려니와 모두 최적의 제품을 만든다는 것도 어렵다. 통신장비 생산업체는 자신들의 상품이 다른 업체의 제품과 연동하여 통신이 가능하도록 의도한 반면, 컴퓨터 생산업체는 자신들의 상품으로 고객을 독점하려하였다. 그러나 컴퓨터의 대규모 보급과 분산처리 시스템의 등장으로 다른 업체에서 제작된 컴퓨터와도 통신이 가능해야만 했다. 이러한 환경에서 표준이 없으면 여러 어려운 문제들이 많이 생기게 된다.

표준은 장비 제조 업체들에게 열린 자유 경제 시장을 창출하고 유지시키며, 국내 및 국제적인 데이터 및 전기 통신 기술의 상호 연동성을 위해서는 반드시 필요하다. 오늘날 표준은 교역과 통신에 필요한 상호 연결성을 확보하기 위해 안내 지침 자료를 제조업체, 판매업체, 정부기관 및 기타 서비스 업자들에게 제공한다.

잘못된 표준은 강제로 비효율적인 표준을 따르게 하여 제품 개발을 더디게 할 수 있지만 현대의 실용주의와 소비자 단체들은 산업체로 하여금 공통 표준의 필요성을 인식하게 하였고, 이와 같은 표준의 모델은 어떠해야 하는지에 대한 인식을 공유하고 있다. 일반적으로 현재 채택하거나 채택 중에 있는 표준들은 기술의 발전을 방해하기보다는 더욱 촉진할 것으로 보인다.

데이터 통신 표준은 사실 표준(de facto standard)과 법률 표준(de jure standard)으로 나눈다. 어떤 기관에 의해 공인되지는 않았으나 널리 사용되는 표준을 사실 표준이라 하고, 법률 표준은 공식 기관에 의해 입법화된 표준이다. 사실 표준은 신기술이나 신제품의 기능을 정의하려는 제조업체에 의해 만들어진다.

사실 표준은 특허(proprietary)와 비특허(non-proprietary)라는 두 가지 범주로 나눌 수 있다. 특허 표준은 영리 기관이 자기 제품의 기본 원리로서 창안한 것이며, 창안한 회사나 개인이 독점적으로 권리를 소유하고 있다. 비특허 표준은 집단이나 위원회 등에서 공동 제정하여 공공 영역(public domain)에 공개한 표준으로 서로 다른 시스템간의 통신을 개방하므로 개방 표준(open standard)이라고도 한다. 이에 반해 특허 표준은 다른 업체의 제품과 통신이 되지 않고 폐쇄되어 있기 때문에 폐쇄 표준(closed standard)이라고도 한다.

1.6 표준 기구

다양한 표준화 기관이 데이터 통신 및 컴퓨터 통신 관련 표준을 개발하고 제정하고 있다. 여기에서는 가장 중요한 3개 표준 기관에 대해서 간단히 소개한다.

IETF(Internet Engineering Task Force)

인터넷 프로토콜을 구성하는 여러 프로토콜은 이미 표준화되었거나, 어떤 것은 표준화가 진행중에 있다. 즉 인터넷 전문가 단체(Internet Society)에서 세계의 인터넷 관계자의 동의를 거쳐 이들 표준을 개발하고, 그 결과를 발행함으로써 진행되는 것이다. 인터넷 전문가 단체는 인터넷의 설계와 기술 그리고 관리를 총괄하는 위원회이다. 인터넷 전문가 단체에 속하는 다음의 3개의 기구가 표준안의 개발과 간행을 위한 실질적인 업무를 맡고 있다.

- IETF(Internet Engineering Task Force) : 인터넷 전문가 단체의 중심으로 프로토콜 설계와 개발을 담당한다.
- IESG(Internet Engineering Steering Group) : IETF의 활동과 인터넷 표준화에 대한 기술적인 관리를 담당한다.
- IAB(Internet Architecture Board) : IETF의 원활한 활동을 위한 지원 업무를 수행한다.

상기한 바와 같이 새로운 표준안과 프로토콜의 개발은 IETF에서 진행하며, 실질적인 개발은 IETF에서 발족한 활동 그룹이 주도한다. 이 활동 그룹은 지원자들로 구성되어 있고, 이 분야에 관심이 있는 사람은 누구라도 참여할 수 있다. 활동 그룹은 초안을 작성하고, 이 초안은 IETF의 '인터넷 초안(internet draft)'이라는 온라인 디렉토리에 올려진다. 이 문서는 6개월 동안 인터넷 초안으로 올려져 있고, 이 문서에 관심이 있는 사람들은 이 초안을 검토해 보고 그에 대한 의견을 올릴 수 있다. 이 기간 동안에 IESG는 이 초안 문서를 RFC(Request For Comment)로 간행할 것인지 말 것인지를 결정한다. 만약, 6개월 동안 RFC로 진척되지 않을 경우에는 이 초안은 디렉토리에서 삭제된다. 그 후 작업 그룹에서는 이 초안을 계속 개정할 수 있다.

IESG의 허락을 받은 RFC들을 출판하는 업무는 IETF에서 맡고 있다. RFC는 인터넷을 연구 개발한 단체의 작업기록이다. RFC 문서들은 데이터 통신 및 컴퓨터 네트워크에 관련된 거의 모든 주제를 포함하고 있으며, 이는 회의 보고서부터 표준안의 규격까지 매우 다양하다.

RFC가 인터넷 표준이 되는 과정은 다음과 같다. RFC가 인터넷 표준이 되는 최종 결정은 IETF의 추천으로 IESG에 의해 결정되는데, 표준이 되기 위해서는 다음 기준을 만족하여야 한다.

- 안정성이 있고 이해가 잘 되어야 한다.
- 기술적으로 구현 가능해야 한다.
- 운영상의 경험을 바탕으로 다양하고 독립적이며 상호 운영이 가능하도록 구현할 수 있어야 한다.
- 공공의 지원이 충분해야 한다.
- 부분적이든 전체적이든 인터넷에서 사용할 수 있도록 유용해야 한다.

제안 사항이 표준으로 되는 과정을 표준 트랙(Standard Track)이라고 하는데, 이 일련의 과정은 RFC2026에 정의되어 있다. 이 일련 과정과 병행하여 많은 양의 시험과 정보 수집이 이루어져야 한다. IETF는 각 단계에서 문안을 만들어야 하고 IESG는 그것을 재가해야 한다. 제안된 표준 규격안은 적어도 6개월 이상 남아 있어야 하고, 초판(draft)을 검토하고 평가하기 위한 시간도 4개월 이상이 필요하다. 표준 규격안이 표준 초안이 되기 위해서는 적어도 2개의 독립적이고 상호 운영이 가능하면서 사용 경험이 있는 구현 제품이 있어야 한다.

의미 있는 구현과 운영 경험이 인정된 후에 초안은 인터넷 표준으로 승격된다. 이 시점에서 표준 초안은 RFC번호뿐만 아니라 STD번호를 부여받는다. 마지막으로 프로토콜이 더 이상 쓸모가 없게 되면 인터넷 표준안은 폐기된다.

ISO(International Organization for Standardization)

ISO(International Organization for Standardization)는 자발적이며 비조약적인 기구로서 회원은 참가 국가의 표준 기관으로 넓은 범위의 표준을 개발하는 국제기구이다. 1946년에 설립되어 광범위한 분야에서 오천건 이상의 표준을 제정하였다.

ISO의 목적은 지식, 과학기술 및 경제활동 분야에서 상호 협력을 유도 개발하고, 상품과 서비스의 국제 교류를 용이하게 하는 표준 개발과 관련 활동을 증진시키는 데에 있다. 표준화의 대상은 나사로부터 태양 에너지까지 모든 분야를 망라하고 있다. 우리가 관심을 갖고 있는 정보기술 분야의 표준은 OSI(Open System Interconnection)의 통신 구조와 OSI 구조의 각 계층에서의 내용이다. 정보기술 분야에서 ISO 표준은 IEC(International Electrotechnical Commission)와의 공동 협력을 통해 개발되었다. 처음에 IEC는 전기 및 전자공학의 표준화 업무를 수행하였다. 정보 기술 분야에서 소프트웨어에 초점을 두었던 ISO와 하드웨어를 강조하는 IEC의 표준화 분야가 중첩되면서, 두 그룹은 1987년에 JTC1(Joint Technical Committe 1)을 구성하였다. 이 위원회에게 정보 기술 분야에서 최종적인 ISO 표준이 되는 문서를 개발할 수 있는 권한을 주었다.

최종 결과를 가능한 한 많은 국가에서 수용하도록 하는 것이 목표이며, 제1차 제안으로부터 실제 표준을 발간하기까지 ISO 표준의 개발은 다음의 7개 단계의 과정을 거쳐서 이루어진다.

1. 새로운 표준화 작업항목이 기술위원회에 배정되고, 그 기술위원회 내에서 해당하는 작업 그룹에 다시 배정된다. 작업 그룹은 제안될 표준을 위한 기술적 사양을 준비하고 DP(Draft Proposal)로 발간한다. 비밀 투표와 기술적 논평을 위해 관심을 가지고 있는 회원들에게 DP를 열람하도록 한다. 회람은 반복될 수도 있으며, 기간은 3개월이 소요될 수도 있다. 실제로 동의가 이루어지면 DP는 ISO 중앙사무국 내의 행정 부서로 보내진다.

2. 2개월 이내에 기술위원회의 최종 승인을 받게 되면 중앙 사무국은 DP를 등록한다.

3. 중앙사무국은 ISO의 관례에 따라 문서를 수정하지만 기술적인 사항의 변경은 없다. 수정된 문서는 DIS(Draft International Standard)로서 발간된다.

4. DIS는 6개월의 비밀 투표기간동안 회람된다. 이 DIS는 기술위원회 회원의 과반수 이상의 찬성을 얻어야 하고, 투표권이 있는 회원의 75% 이상의 찬성을 얻어야 한다. 반대 의견을 수용하기 위해 수정이 이루어질 수도 있다.

5. 수정되어 승인된 DIS는 3개월 이내에 중앙사무국에 회송되어 ISO 심의회에 제출된다.

6. DIS는 ISO 심의회에 의해 국제표준으로 인정된다.

7. 마지막으로 ISO는 IS(International Standard)를 발간한다.

ITU-T(ITU통신 표준 섹터)

ITU-T(International Telecommunication Union-Telecommunication standardization sector)는 국제 통신 연합(ITU)의 영구적 기관 중 하나이다. 국제 통신 연합(ITU)은 UN의 조약기구이므로 ITU-T의 회원은 각 국의 정부이다. ITU의 헌장은 전신과 전화에 관련된 기술, 운영 및 요금상의 문제에 대해 권고를 하고 연구를 한다는 것이 그 내용이다. 1차적인 목표는 최말단에 위치한 국가에 이르기까지 국제 통신의 호환성을 달성하는데 필요한 기술, 운영 등을 표준화하는 것이다. ITU-T는 ITU 내의 기구 개편의 결과로 1993년 3월1일에 창설되었다. 이는 CCITT를 대체한 것으로 본질적인 목표는 CCITT와 동일하다.

ITU-T는 14개의 연구 그룹으로 조직되어 있고, 각 그룹은 다음의 번호가 할당된 권고 표준안을 입안한다.

2. 네트워크 동작과 서비스
3. 요금원칙
4. 통신 관리 네트워크와 네트워크의 유지 보수
5. 전자기적 환경 효과에 대한 예방
6. 외부 설비
7. 데이터 네트워크 및 개방 시스템 통신
8. 텔리메틱(telemetic) 시스템의 특성
9. 텔리비젼 및 음성전송
10. 통신 시스템을 위한 언어와 소프트웨어의 일반적 측면
11. 신호 방식에 대한 요구 사항과 프로토콜
12. 네트워크와 터미널의 종점간 전송기능
13. 네트워크의 일반적 측면들
15. 트랜스포트 네트워크, 시스템 및 장비
16. 멀티미디어 시스템과 서비스

ITU-T에서의 작업은 4년을 주기로 이루어진다. 매 4년마다 총회가 개최되며 다음 4년 동안의 작업 계획은 여러 연구 그룹에 의해 제출된 의제의 형태로 총회에서 결정된다. 총회는 의제를 평가하고 연구 그룹의 범위를 심사하며, 연구 그룹을 폐지하고, 새로운 연구 그룹을 만들어 새로운 의제를 할당한다. 이 의제에 근거하여 각 연구 그룹은 권고 초안을 제정하여 다음 총회에 제출하여 승인을 얻는다. 그러나 4년의 연구 기간을 끝까지 기다리지 않고, 준비 되는대로 권고안이 승인되는 경우가 증가하고 있다. 이러한 보다 빠른 처리를 위한 절차는 1988년에 채택하여 사용하고 있다.

연습문제

1 데이터와 정보를 비교하여 설명하시오.

2 데이터 통신의 간략화된 모형을 그리고 설명하시오.

3 개방 표준의 장점을 설명하시오.

4 기술을 개방하여 나타날 수 있는 장점과 그 실제 예를 알아보시오.

5 표준 제정의 장점과 단점은 무엇인가?

6 RFC2026에 정의되어 있는 인터넷 표준화 과정을 자세하게 알아보시오.

7 교과서에서 소개한 3개 표준화 기구 이외의 표준 기구를 2개 이상 조사하시오.

데이터 통신과 컴퓨터 네트워킹

데이터 전송의 기초

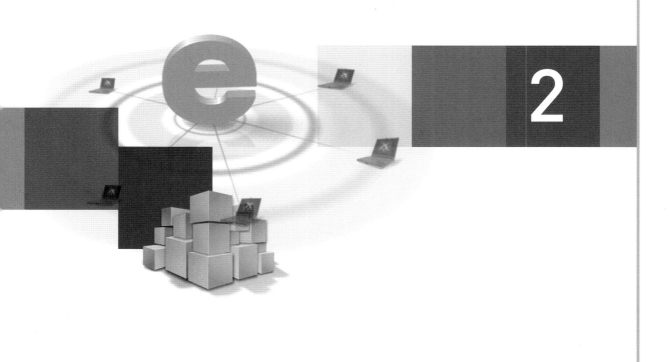

2

데이터 전송의 기초

두 지점간의 성공적인 데이터 전송을 위해 고려해야 하는 두 가지 주요한 요소가 있다. 이는 전송 신호의 질과 전송 매체의 특성이다. 이 장에서는 이 두 가지 요소 중 전송신호의 질을 중심으로 데이터 전송에 관련되는 기본적인 개념 및 아날로그와 디지털이라는 용어의 개념의 정의를 설명한다. 마지막으로 전송과정에서 오류를 유발시키는 여러 가지 손상의 요인을 살펴보고 주요한 손상 형태로서 감쇠, 지연왜곡 그리고 여러 가지 잡음을 설명한다.

2.1 개념 및 용어

이 절에서는 이 장의 전반에 걸쳐 사용될 용어 및 기본 개념들을 소개한다.

2.1.1 데이터 전송의 기본요소

(1) 통신 방식

강의실에서 강사가 강의를 할 경우 정보는 한쪽 방향으로만 흐른다. 즉 강의를 하는 사람으로부터 강의를 듣는 사람에게로 정보는 흐른다. 그렇지만 두 사람간의 대화를 할 경우 정보는 양쪽 방향으로 흐른다. 정보는 일반적으로 교대로 교환되지만 동시에 교환될 수도 있다. 이와 마찬가지로 분리된 두 장치간에 데이터 통신을 행할 때에도 데이터 전송의 방향을 결정하는 규칙이 필요한데 이를 통신 방식이라 한다. 통신 방식에는 단방향(simplex) 통신 방식, 반이중(half-duplex) 통신 방식, 전이중(full-duplex) 통신 방식의 3종류가 있다.

단방향(simplex) 통신 방식

일방통행 도로에서는 차량이 한쪽방향으로만 통행하는 것처럼, 연결된 두 장치간에 한쪽방향으로만 데이터가 흐르는 통신 방식이다. 단방향 통신 방식의 예로는 TV나 라디오 방송이 있다.

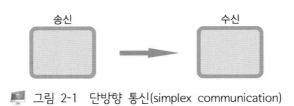

그림 2-1 단방향 통신(simplex communication)

반이중(half duplex) 통신 방식

공사중인 도로에서 신호기의 신호에 따라 한차선을 서로 교대하여 통행하는 것처럼, 연결된 두 장치간에 교대로 데이터를 교환하는 통신 방식이다. 이에 대한 예로 휴대용 무전기를 들 수 있다.

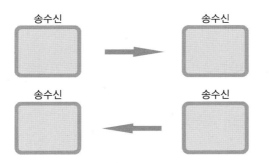

그림 2-2 반이중 통신(half-duplex communication)

전이중(full duplex) 통신 방식

연결된 두 장치간에 데이터가 양쪽방향으로 동시에 흐를 수 있는 통신 방식으로서, 상호간에 통신이 자유롭게 행해지기 때문에 통신회선이 효율이 가장 높은 통신 방식이다. 4선식 회선이 사용되나 2선식 회선으로도 주파수 분할을 사용함으로써 전이중 통신을 행할 수 있다. 전이중 통신 방식의 예로는 전화가 있다.

그림 2-3 양방향 통신(full-duplex communication)

(2) 회선의 형태

데이터 회선의 연결 형태에는 지점간(point-to-point) 연결방식과 멀티포인트 (multi-point) 방식이 있다.

지점간(point-to-point) 방식

〔그림 2-4〕에서처럼 두 디바이스가 독립적인 전송매체를 이용하여 일대일로 연결하는 방식을 지점간(point-to-point) 연결방식이라고 한다.

송수신 하는 데이터의 양이 많을 때 적합한 방식으로서, 일반적으로 지능이 없는 단말장치들은 주로 이 방식을 이용한다.

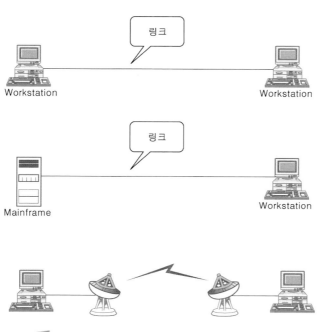

그림 2-4 지점간(point-to-point) 연결방식

멀티포인트(multi-point) 방식

〔그림 2-5〕에서 보는 것처럼 하나의 전송매체를 여러 디바이스가 공유하여 연결되는 방식을 멀티포인트 방식이라고 한다. 이 방식은 멀티드롭 방식이라고도 한다. 각 디바이스 간에 송수신하는 데이터의 양이 적을 때 효과적이며, 회선을 공유하여 사용하기 때문에 회선의 사용료를 경감할 수 있으나, 회선의 고장시 고장 지점 이후의 단말장치는 모두 동작이 불가한 상태에 빠지는 단점을 지니고 있다.

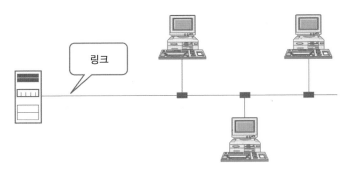

링크

그림 2-5 멀티포인트 방식

2.1.2 주파수, 스펙트럼, 대역폭

여기에서는 데이터를 송신하기 위해 사용되는 물리량으로 전자기적인 신호를 생각한다. 〔그림 1-2〕의 지점 ③에서 송신기에 의해 발생된 신호는 전송매체를 통해 전송되게 된다. 이 신호는 시간에 대한 함수이지만, 주파수에 대한 함수로 표현될 수도 있다. 즉, 신호는 서로 다른 여러 주파수의 조합으로 구성된다고 볼 수 있기 때문이다. 데이터 전송을 이해하는데 있어서는 신호를 "주파수영역(frequency domain)"의 관점에서 보는 것이 "시간영역(time domain)"의 관점에서 보는 것보다 더욱 효과적이다. 이 양쪽의 관점을 소개하기로 한다.

(1) 시간영역의 개념

우선, 신호를 시간에 대한 함수로 설명해 보겠다. 전자기 신호는 연속적(continuous)이거나 이산적(discrete)이다. 연속 신호는 신호의 세기가 시간에 따라 연속적으로 변한다. 다른 말로 표현하면 연속 신호는 신호 모양이 시간이 흐름에 따라 중단이 없는 연속적인 형태를 취한다. 만약 취할 수 있는 값이 제한된 수의 몇 가지 값만을 갖는다면 이산 신호이다. 〔그림 2-6〕에 연속 신호와 이산 신호를 그림으로 나타냈다. 연속 신호의 예는 음성신호이고, 이산 신호의 예로는 2진수 0과 1을 나타낸 것을 들 수 있다.

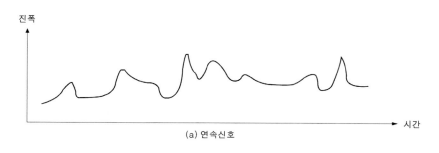

(a) 연속신호

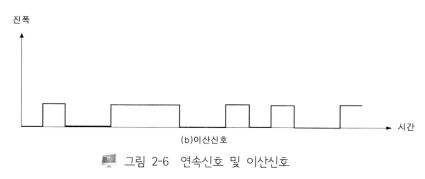

(b)이산신호

그림 2-6 연속신호 및 이산신호

어떤 신호 $s(t)$ 가 모든 a 에 대해

$$\lim_{t \to a} s(t) = s(a)$$

이면 연속적이다.

어떤 신호 $s(t)$ 가

$$s(t + T) = s(t) \quad (단, -\infty < t < +\infty)$$

의 특성을 지닌다면, 이는 T 를 주기(period)로 가지는 주기(periodic)함수이다(이때 T 는 이 방정식을 만족하는 최소값이다). 이 방정식을 만족하지 않는 함수는 비주기 (aperiodic)함수이다.

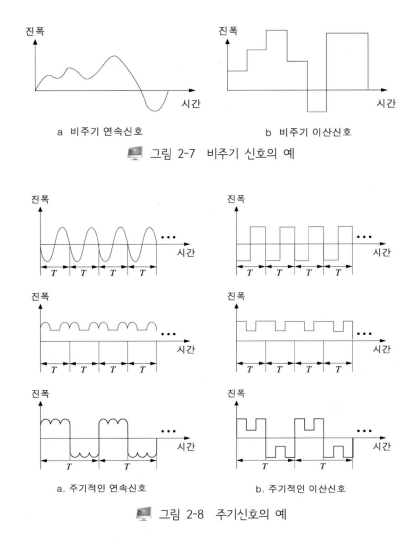

a 비주기 연속신호   b 비주기 이산신호

그림 2-7 비주기 신호의 예

a. 주기적인 연속신호   b. 주기적인 이산신호

그림 2-8 주기신호의 예

[그림 2-9]는 주기신호의 하나로 정현파와 방형파(square wave)를 나타낸 것이다.

주기신호의 세 가지 주요한 특성은 진폭(A), 주파수(f), 위상(ϕ)이다. 진폭(amplitude)은 어떤 순간에서의 신호값이다. 이 책에서의 신호는 모두 전자파이므로 진폭은 전압(voltage)으로 측정된다. 주파수(frequency)는 주기의 역($1/T$), 즉 1초당주기의 반복 횟수를 의미한다. 이것은 초당 반복 횟수로, 헤르츠(Hz)로 표현된다. 위상(phase)은 한 신호의 단일 주기 내에서 시간에 대한 상대적 위치를 의미한다.

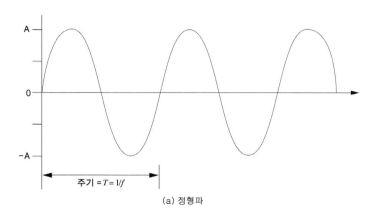

(a) 정형파

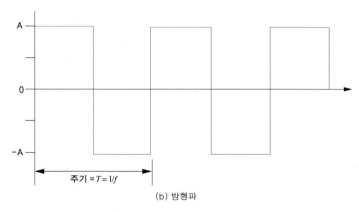

(b) 방형파

그림 2-9 정현파와 방형파

일반적인 정현파는

$$s(t) = A \sin(2\pi f_1 t + \phi)$$

로 표현할 수 있다. 여기에서 A는 진폭, f_1은 주파수, ϕ는 위상이다. [그림 2-9]의 정현파는

$$s(t) = A \sin(2\pi f_1 t)$$

로 나타낼 수도 있고,

$$s(t) = A \cos(2\pi f_1 t - \pi/2)$$

로 나타내도 같은 의미를 갖는다.

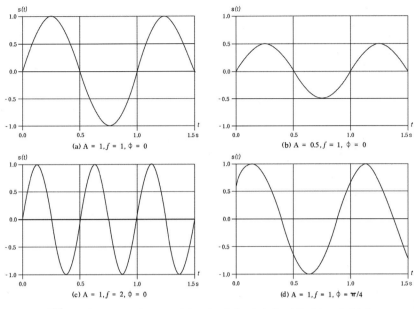

그림 2-10 진폭, 주파수 및 위상 변화에 따른 신호의 형태

〔그림 2-10〕은 세 개의 파라미터가 각각 변하는 효과를 보여준다. 〔그림 2-10〕의 (a) 는 진폭이 1볼트이고 주파수는 1Hz 그리고 위상은 0라디안이다. (a)에 대해 (b)는 동일 주파수와 위상을 가지나 진폭이 1V에서 0.5V로 바뀌었고, (c)는 동일 진폭과 위상을 가지나 주파수만 1Hz에서 2Hz로 바뀌었고, (d)는 동일 진폭과 주파수를 가지나 $\pi/4$라디안 만큼의 위상 차이를 가지는 신호를 그린 것이다. $\pi/4$라디안은 45°가 된다.(2π 라디안 $=360°=1$주기).

〔그림 2-10〕에서 수평축은 시간이다. 그래프는 시간의 함수로서 주어진 시간에서 신호의 값을 공간에 그린 것이다. 이들 그래프는 척도를 변경하여 수평축을 공간상의 거리로 바꿀 수 있다. 이 경우에 그래프는 거리의 함수로서 어떤 시간상의 주어진 점에서 신호의 값을 나타낸 것이다. 예를 들어, 정현파의 경우(무선 안테나로부터 어떤 거리만큼 떨어진 전자파, 혹은 스피커로부터 어떤 거리에서의 음파), 어떤 시점에서 신호의 세기는 소스로부터의 거리의 함수로서 정현파의 형태로 변한다.

두 개의 정현파 사이에는 두 가지의 간단한 관계가 존재한다. 하나는 시간상이고, 다른 하나는 공간상의 관계이다. 하나의 사이클에 의해 점유되는 거리, 혹은 두 개의 연속되는 사이클이 관련 위상의 두 점 사이에서 진행된다고 가정하자. 그러면 파장은 $\lambda = vT$로서 주기에 관련된다. 마찬가지로 $\lambda f = v$가 된다. 매질이 없는 자유 공간에서의 경우는 $v = c$로서, c는 자유공간에서 광속으로 3×10^8m/s이다.

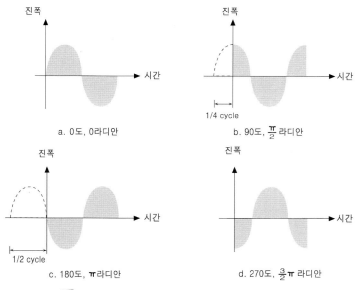

a. 0도, 0라디안

b. 90도, $\frac{\pi}{2}$ 라디안

c. 180도, π라디안

d. 270도, $\frac{3}{2}\pi$ 라디안

1/4 cycle

1/2 cycle

🖥 그림 2-11 위상 변화에 따른 신호의 형태

〔그림 2-11〕은 위상이 0도에서 90도, 180도, 270도로 바뀔 경우의 신호의 형태이다. 보다 구체적으로 신호에 대한 이해를 위해 〔그림 2-12〕는 신호의 진폭 변화를 그림으로 표현하였고, 〔그림 2-13〕은 신호의 주파수 변화를 그림으로 표현하였고, 〔그림 2-14〕는 신호의 위상 변화를 그림으로 표현하였다.

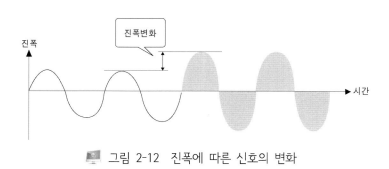

🖥 그림 2-12 진폭에 따른 신호의 변화

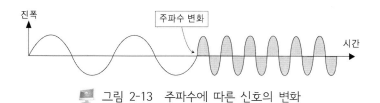

🖥 그림 2-13 주파수에 따른 신호의 변화

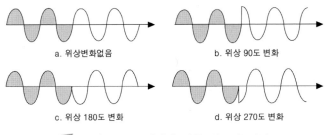

a. 위상변화없음   b. 위상 90도 변화

c. 위상 180도 변화   d. 위상 270도 변화

🖥 그림 2-14　위상에 따른 신호의 변화

(2) 주파수영역의 개념

지금까지 주어진 신호를 시간에 대한 함수로 설명하였다. 그러나 어떤 신호라도 주파수에 대한 함수로서 설명할 수 있다. 실제로 전자기적인 신호는 많은 주파수로 구성된다.

$$s(t) = (4/\pi)[\sin(2\pi ft) + 1/3 \sin(2\pi(3f)t)]$$

로 표현되는 신호를 보자. 이 신호의 성분은 각 주파수가 f와 $3f$인 정현파로〔그림 2-15〕에 나타냈다.

〔그림 2-15〕의 (a), (b)는 이들 각 성분을 보인 것이다. 이 그림에서는 여러 가지 흥미 있는 점을 발견할 수 있다.

- 제 2의 주파수는 처음 주파수의 정수 배이다. 처음의 주파수를 기본 주파수라고 하는데, 신호의 모든 주파수 성분은 이 기본 주파수의 정수 배이다.
- 전체 신호의 주기는 기본주파수의 신호주기와 같다.〔그림 2-15〕(c)에서 알 수 있는 바와 같이 성분 $\sin(2\pi ft)$의 주기는 $T = 1/f$이고 $s(t)$의 주기도 역시 T이다.

푸리에(Fourier) 해석을 통해 어떠한 신호도 여러 개의 주파수로 된 함수들의 조합으로 구성할 수 있음이 알려져 있다. 여기에 대한 구체적인 내용은 이 책의 범위에서 벗어나므로 생략하기로 한다.

어떤 신호에 대해서도 각 순간에 있어서의 진폭을 나타내는 시간영역 함수인 $s(t)$를 정의할 수 있다. 마찬가지로, 신호의 주파수를 구성하는 함수의 조합으로도 $s(f)$를 정의할 수 있다.

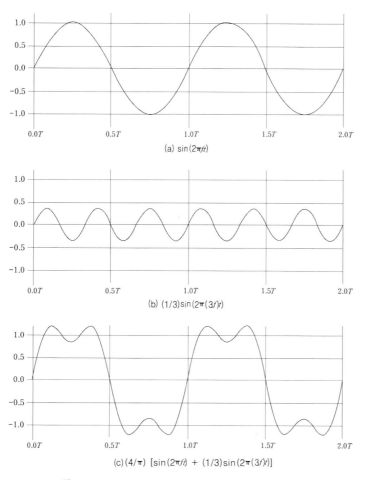

(a) $\sin(2\pi ft)$

(b) $(1/3)\sin(2\pi(3f)t)$

(c) $(4/\pi)\,[\sin(2\pi ft) + (1/3)\sin(2\pi(3f)t)]$

🖥 그림 2-15 시간 영역에서 나타낸 신호 성분

〔그림 2-16〕(a)는 〔그림 2-15〕(c)의 신호에 대한 주파수영역 함수를 나타낸 것이다. 진폭은 $4/\pi$이고 주파수가 f인 신호가 나타나 있고, $2f$인 신호는 진폭이 0이 되어 그림에는 나타나지 않은 반면 진폭은 $4/(3\pi)$이고 주파수가 $3f$인 신호가 나타나 있다. 이 경우에서는 $S(f)$가 이산적(discrete)임을 주의하라. 〔그림 2-16〕(b)는 $-X/2 \sim X/2$에서는 1을, 나머지의 경우는 0을 갖는 정방형 펄스에 대하여 주파수영역 함수를 나타낸 것이다. $S(f)$는 연속함수이고, 주파수 f가 무한히 증가하면 0을 중심으로 진폭이 감소하지만 영이 되지는 않는다.

신호의 스펙트럼(spectrum)이란 그 신호가 포함하는 주파수의 범위를 말한다. 〔그림 2-15〕(c)의 신호에서 스펙트럼은 f에서 $3f$으로 확장된다. 절대 대역폭(absolute bandwidth)이란 스펙트럼의 폭을 의미하며, 이 경우 대역폭은 $2f_1$이다. 대개의 경우에는 [그림 2-16](b)와 같이 무한대의 대역폭을 갖는다. 그러나 신호의 대부분의 에너지는 상대적으로 좁은 영역의 주파수에 밀집되어 존재한다. 이 대역을 유효 대역폭(effective bandwidth) 혹은 그냥 대역폭이라 한다.

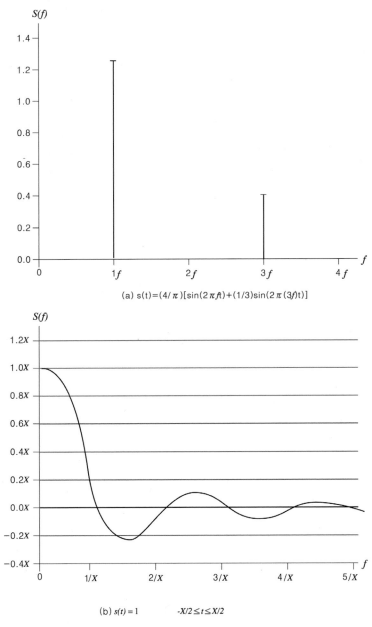

(a) s(t)=(4/π)[sin(2πft)+(1/3)sin(2π(3f)t)]

(b) s(t)=1   -X/2≤t≤X/2

그림 2-16 주파수 영역에서의 표현

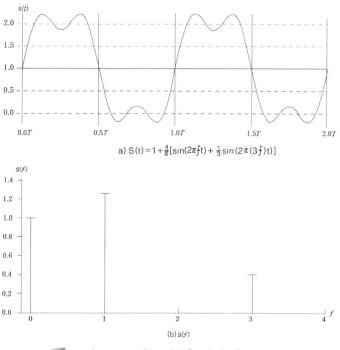

a) $S(t) = 1 + \frac{4}{\pi}[\sin(2\pi f t) + \frac{1}{3}\sin(2\pi(3f)t)]$

(b) s(f)

그림 2-17 직류 성분을 가진 신호

마지막으로 이해해야 할 것은 직류성분(dc component)이다. 어떤 신호가 주파수 0의 성분을 포함한다면 그 성분은 직류, 즉 상수성분이다. 예를 들어, 〔그림 2-17〕은 〔그림 2-15〕(c)의 신호에 직류성분을 더한 것을 보인 것이다. 직류성분이 없다면 신호의 평균진폭은 0이나, 이것이 있다면, 즉 $f=0$인 항을 가질 때 평균진폭은 0이 아닌 값을 갖게 된다.

(3) 데이터 전송률과 대역폭간의 관계

유효 대역폭의 개념은 정확히 정의할 수 없지만, 일반적으로는 대역폭 내에 대부분의 신호 에너지를 포함한다고 할 수 있다. 이 문장에서 대부분이라는 용어는 좀 융통성 있게 사용되어야 한다. 주어진 파형이 매우 넓은 대역폭에 걸친 주파수를 포함한다 할지라도, 실제 전송매체는 제한된 대역의 주파수만을 수용한다는 것이 중요한 문제이다. 이것이 전송매체를 통해 전송되는 데이터 전송률을 제한하게 한다.

이러한 관계를 설명하기 위해 〔그림 2-9〕(b)와 같은 방형파를 생각하자. 양의 펄스는 2진수 1을 나타내고 음의 펄스는 2진수 0을 나타낸다고 가정한다. 파형은 2진수의 스트림 101010......으로 표시된다. 각 펄스의 기간은 $1/2f$이고, 데이터 전송률은 $2f$

b/s(bits per second)이다. 이 신호의 주파수 성분은 어떻게 되는가?

이 질문의 대답으로서 〔그림 2-15〕를 다시 생각해 보자. 주파수 f에 $3f$의 정현파를 합침으로써 주파수 f인 정현파보다 방형파에 가까운 파형을 얻는다. 주파수 $5f$의 정현파를 합하면 〔그림 2-18〕(a)처럼 되며, 여기에 주파수 $7f$의 정현파를 합하면 〔그림 2-18〕(b)에 나타낸 것처럼 좀 더 방형파에 가까워진다. 계속 주파수 $9f$의 정현파를 합하는 과정을 계속해보자. 기본 주파수인 f의 기수 배인 주파수의 정현파를 계속 합할수록 점점 방형파에 근접한 파형을 얻게 됨을 알 수 있다.

방형파의 주파수 성분은 다음처럼 표시할 수 있다.

$$s(t) = A \times (4/\pi) \sum_{k=1}^{\infty} 1/k \, \sin(2\pi k f_1 t)$$

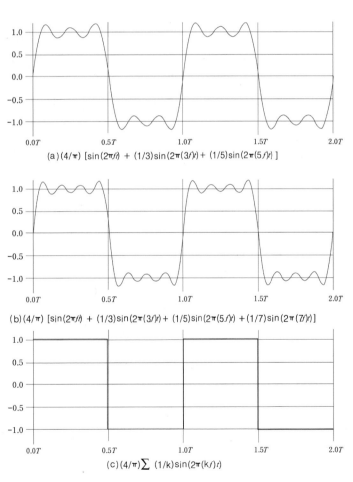

(a) $(4/\pi)\,[\sin(2\pi ft) + (1/3)\sin(2\pi(3f)t) + (1/5)\sin(2\pi(5f)t)]$

(b) $(4/\pi)\,[\sin(2\pi ft) + (1/3)\sin(2\pi(3f)t) + (1/5)\sin(2\pi(5f)t) + (1/7)\sin(2\pi(7f)t)]$

(c) $(4/\pi)\sum (1/k)\sin(2\pi(kf)t)$

🖥 그림 2-18 방형파의 주파수 성분

이 신호는 무한대의 주파수 성분을 갖고, 무한대의 대역폭을 가짐을 의미한다. 그러나 k번째 주파수 성분 kf의 진폭은 단지 $A(4/\pi)/k$이다. 이 파형에 있어 대부분의 에너지는 처음 몇 개의 주파수 성분에 존재하게 된다. 처음 세 개의 주파수 성분에 대한 대역폭으로 제한한다면 어떻게 될 것인가? 〔그림 2-18〕(a)에 이미 파형을 나타내고 있어 쉽게 이해가 될 것이다. 결과의 파형은 원래의 방형파에 상당히 근접해 있다.

데이터 전송률과 대역폭 사이의 관계를 보여주기 위해 〔그림 2-15〕와 〔그림 2-18〕을 사용할 수 있다. 4MHz의 대역폭을 가진 신호를 전송할 수 있는 디지털전송 시스템을 사용한다고 가정한다. 〔그림 2-18〕(c)의 방형파처럼 1과 0이 연속적으로 교대로 나타나는 파형을 전송하려고 한다. 데이터 전송률은 얼마가 될 것인가? 방형파를 〔그림 2-18〕(a)와 같은 파형으로 가정한다. 이 파형은 왜곡된 방형파로서 수신기가 2진수 0과 1을 구별할 정도로 방형파에 충분히 근접해 있다.

만약 $f=1\text{MHz}=10^6\text{Hz}$의 경우, 신호의 대역폭은 $(5\times10^6)-10^6=4\text{MHz}$이다.

$$s(t) = \sin((2\pi\times10^6)t) + 1/3\sin((2\pi\times3\times10^6)t) + 1/5\sin((2\pi\times5\times10^6)t)$$

$f=1\text{MHz}=10^6\text{Hz}$의 경우, 기본 주파수의 주기는 $T=1/10^6=10^{-6}=1\,\mu s$이다. 만약 1과 0의 비트열의 파형이라면 한 비트는 $0.5\,\mu s$이고 데이터 전송률은 $2\times10^6=2\text{Mbps}$이다. 그러므로 4MHz의 대역폭을 가질 경우 2Mbps의 데이터 전송률을 얻게 된다.

이번에는 8MHz의 대역폭을 갖는다고 생각하자. 〔그림 2-18〕(a)를 다시 계산하여 보면 8MHz의 대역폭인 경우 $f=2\text{MHz}$이다. 전과 같은 이유로 신호의 대역폭은 $(5\times2\times10^6)-(2\times10^6)=8\text{MHz}$가 되는 것이다. 그러나 이 경우에 $T=1/f=0.5\,\mu s$이다. 결과적으로 한 비트는 $0.25\,\mu s$이고 데이터 전송률은 4Mbps이다. 수신기의 요구사항에 따라 주어진 대역폭은 다양한 데이터 전송률을 지원할 수 있다.

앞에서 살펴본 것을 종합하면 다음과 같은 일반적인 결론을 도출할 수 있다. 일반적으로 디지털 파형은 무한대의 대역폭을 갖는다. 이러한 파형을 신호의 형태로 어떤 매체를 통해 전송하려 한다면, 매체의 특성상 전송할 수 있는 대역폭이 제한되어 있다. 매체에서 전송할 대역폭이 넓으면 넓을수록 매체의 비용이 커진다. 그러므로 경제적인 관점과 실제적인 관점을 조합하여 적절한 수준의 타협이 이루어져야 한다. 만약 대역폭을 많이 제한하면 왜곡이 커지고, 수신기에서 오류가 발생할 확률은 더욱 커진다. 반대로 대역폭을 크게 하고자 하면 전송매체의 비용이 커지게 된다.

이러한 개념을 보강하기 위해 예를 들어보자. 〔그림 2-19〕는 데이터 전송률 2,000bps인 디지털 비트 스트림을 보여준다. 1,700~2,500Hz의 대역폭에서도 양호하지만 4,000Hz

의 대역폭에서는 매우 양호하다. 디지털 신호의 데이터 전송률이 W bps이라면 2WHz의 대역폭을 가진 매체로 전송하면 매우 양호한 신호를 전송할 수 있다. 그러므로 데이터 전송률과 대역폭 사이에는 직접적인 관계가 있다. 신호의 데이터 전송률이 높으면 높을수록 유효 대역폭은 더 커져야 한다. 다른 말로 설명한다면, 전송 시스템의 대역폭이 클수록 전송할 수 있는 데이터 전송률은 더 높아진다.

생각할 가치가 있는 것으로, 중심 주파수(center frequency)라고 하는 주파수에 중심을 둔 신호의 대역폭을 생각하자. 중심 주파수가 높을수록 잠재적인 대역폭과 잠재적인 데이터 전송률이 높아진다. 만약 신호가 2MHz의 중심 주파수를 갖는다면 최대 대역폭은 4MHz이다.

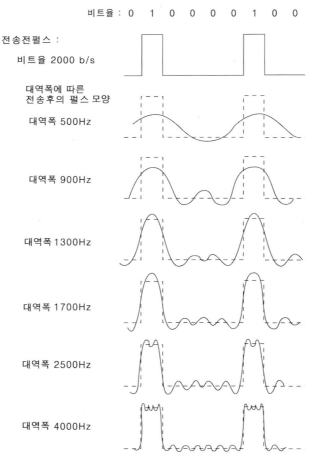

💻 그림 2-19 디지털 신호 전송시의 대역폭 효과

2.2 아날로그 및 디지털 데이터 전송

어떤 데이터를 전송하고자 할 때 그 데이터의 특성이 무엇이고, 데이터 전송을 수행하는 장치는 어떠하며, 수신되는 데이터를 인식할 수 있도록 보장해주는 처리 방법은 무엇인지 등이 고려되어야 한다. 이러한 고려사항들에 대해 원활하게 대응하고자 할 때 가장 중요한 점은 우리가 취급해야 할 대상 신호가 아날로그 성질인가, 디지털 성질인가 하는 것이다. 신호가 아날로그인가, 디지털인가에 따라 고려 사항의 성격이 매우 달라지기 때문이다. 간단하게 이야기한다면 아날로그는 연속적인 양의 특성을 나타내고, 디지털은 이산적인 양의 특성을 나타내기 때문이다.

이 용어는 최소한 다음의 세 가지 관점으로 데이터 통신에서 자주 언급된다.

- 데이터
- 신호 방식(시그널링)
- 전송

제 1장에서는 데이터와 정보(information)의 차이와 정의를 설명하였는데, 이러한 관점에서 데이터는 어떤 의미를 전달하는 엔티티(entity)로 정의할 수 있고, 신호(signal)는 데이터의 전기적 혹은 전자기적 부호화(encoding)이다. 신호 방식(signaling)은 신호가 적절한 전송매체를 통해 전파되는 행동이다. 마지막으로 전송(transmission)은 신호의 전파와 처리에 의한 데이터의 통신이다. 계속되는 내용에서 이 세 가지 관점으로 디지털과 아날로그라는 용어를 논의함으로써, 이러한 추상적 개념들을 명확히 이해해야 할 것이다.

2.2.1 데이터

아날로그 데이터와 디지털 데이터의 개념은 단순하다. 아날로그 데이터(analog data)는 연속적인 값을 갖는다. 예를 들어, 음성과 비디오는 세기가 연속적으로 변화하는 형태이다. 센서(sensor)에 의해 감지되는 대부분의 데이터, 즉 온도, 압력 등도 연속적인 값이다. 디지털 데이터(digital data)는 이산적인 값을 갖는다. 문자, 텍스트(text) 그리고 정수(integer) 등이 그 예이다.

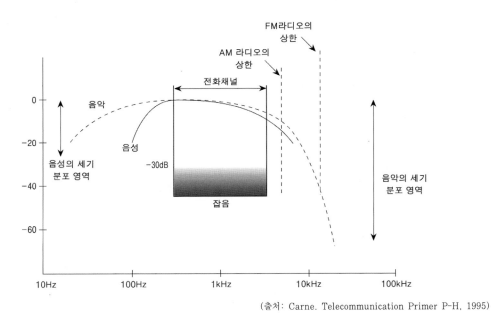

(출처: Carne. Telecommunication Primer P-H, 1995)

그림 2-20   음성 및 음악에 대한 음향 스펙트럼

아날로그 데이터의 가장 친숙한 예는 음성 데이터로서, 사람에 의해 직접 감지될 수 있는 물리량이다. 〔그림 2-20〕은 음성에 대한 음향 스펙트럼을 보인 것이다. 음성의 주파수 성분은 100Hz에서 7kHz 내에 분포한다. 음성의 대부분 에너지가 낮은 주파수에 집중되어 있기는 하나, 600~700Hz 정도의 주파수는 거의 인식할 수 없다는 실험 결과가 있다. 음성의 크기는 약 25dB 정도의 세기 범위를 가지고 있어, 가장 큰 소리는 가장 작은 소리의 300배 정도라는 것을 알 수 있다. 그림에서 점선은 음악에 대한 음향 스펙트럼이다.

또 다른 친숙한 아날로그 데이터의 예는 비디오이다. 비디오 데이터의 특징을 이해하는 데에는 TV 카메라에 의해 출력되어 기록되는 송신측 화면보다 수신된 TV의 화면 영상으로 설명하는 것이 이해하기 쉬워 TV의 영상화면 구성으로 설명하겠다. TV는 화면상의 영상을 만들기 위해서 전자빔(electron beam)이 화면의 표면을 좌에서 우로 이동하면서, 전체적으로는 위에서 아래로 내려간다. 흑백 TV에서는 어떤 점에서 생성되는 명도가 전자빔이 그 지점을 통과하는 강도에 비례한다. 그러므로 어떤 순간의 빔은 그 점에서 요구되는 밝기에 대응되는 아날로그 데이터이다. 빔이 지나감에 따라 이 아날로그 값은 변화한다. 그러므로 비디오 영상은 시간에 따라 변화하는 아날로그신호로 볼 수 있다. 컬러 TV 역시 어떤 점에서 생성되는 색은 삼원색(적색, 녹색, 자색)의 적절한 비율에 대응되는 아날로그 데이터인 것이다.

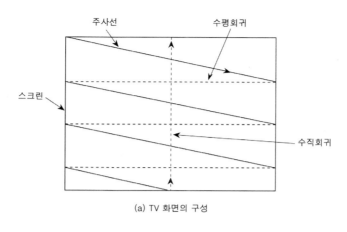

(a) TV 화면의 구성

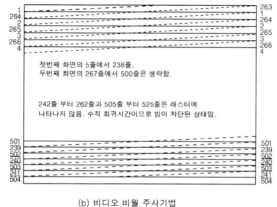

첫번째 화면의 5줄에서 238줄,
두번째 화면의 267줄에서 500줄은 생략함.

242줄 부터 262줄과 505줄 부터 525줄은 래스터에
나타나지 않음. 수직 회귀시간이므로 빔이 차단된 상태임.

(b) 비디오 비월 주사기법

그림 2-21   TV화면의 생성 과정

〔그림 2-21〕(a)는 빔이 주사(scanning)되는 과정을 나타낸 것이다. 각 실선의 끝에서는 빔이 왼쪽에서 오른쪽 끝으로 이동하면서 전자빔을 발사한 후, 재빨리 오른쪽에서 왼쪽으로 회귀한다(수평귀선). 전체적으로 빔의 주사 방향은 위에서 바닥으로 내려가게 되고 또 빔이 바닥에 도착하면 재빨리 상단으로 이동한다(수직귀선). 귀선 간격 동안 빔은 순간적으로 꺼진다.

적절한 해상도(resolution)를 얻기 위해 빔은 화면에 초당 30회 주사함으로써 총 483개의 수평선을 생성한다. 실험에 의하면, 이 정도의 속도로는 부드러운 화면의 변화가 아닌 다소의 깜빡거림을 나타내게 된다고 한다. 그러나 이 깜빡거림 현상은 〔그림 2-21〕(b)에 나타낸 것처럼 비월주사(飛越走査, interlacing)를 함으로써 제거될 수 있다. 전자빔은 거의 위쪽 끝으로 접한 중앙으로부터 왼쪽 끝으로 빔을 화면에 주사한다. 이 빔이 241½라인을 생성해주어 1차 화면을 생성하게 된다. 라인 242부터 라인

262까지는 빔으로부터 주사되지 않는데, 이 동안에는 1차 수직 귀선이 이루어지는 시간이기 때문이다. 다시 라인 263이 거의 위쪽 끝으로 접한 중앙으로부터 왼쪽 끝으로 빔을 화면에 주사한다. 이 빔이 504라인을 생성해주어 마지막 2차 화면을 생성하게 된다. 라인 505부터 라인 525까지는 빔으로부터 주사되지 않는데, 이 동안에는 2차 수직 귀선이 이루어지는 시간이기 때문이다. 한 화면을 구성하는데 2번을 주사하게 되어 화면은 초당 30회가 아닌 60회 재생되게 된다. 이로써 깜빡거림 현상이 제거된다. 한 화면을 구성하는 총 라인 수가 525라인임을 주의하라. 물론 42라인이 수직귀선 간격 동안 사라져 버림으로써 483라인만이 실제로 화면에 나타나게 된다.

디지털 데이터의 흔한 예는 텍스트, 즉 문자열이다. 텍스트 형식의 데이터가 인간에게는 매우 편리한 반면, 데이터 프로세싱이나 전송 시스템에서는 쉽게 처리되지 않는다. 그런 시스템은 2진(進) 데이터에 적합하게 설계되어 있다. 따라서 어떤 문자를 나타내는데 어떤 비트 연속을 사용할 것인가에 대한 많은 코드조합들이 존재한다. 아마 이 가운데 가장 초기의 것이 모르스 부호(Morse code)일 것이다. 최근에, 미국을 비롯하여 전세계적으로 가장 흔히 사용되는 것은 ANSI에 의해 제시된 ASCII(American Standard Code for Information Interchange)코드 체계이다(표 2-1).

표 2-1 ASCII코드

비트위치		7	0	0	0	0	1	1	1	1
		6	0	0	1	1	0	0	1	1
		5	0	1	0	1	0	1	0	1
4	3	2	1								
0	0	0	0	NUL	DLE	SP	0	@	P	\	p
0	0	0	1	SOH	DCI	!	1	A	Q	a	q
0	0	1	0	STX	DC2	"	2	B	R	b	r
0	0	1	1	ETX	DC3	#	3	C	S	c	s
0	1	0	0	EOT	DC4	5	4	D	T	d	t
0	1	0	1	ENQ	NAK	%	5	E	U	e	u
0	1	1	0	ACK	SYN	&	6	F	V	f	v
0	1	1	1	BEL	ETB	'	7	G	W	g	w
1	0	0	0	BS	CAN	(	8	H	X	h	x
1	0	0	1	HT	EM	)	9	I	Y	i	y
1	0	1	0	LF	SUB	*	:	J	Z	j	z
1	0	1	1	VT	ESC	+	;	K	[	k	{
1	1	0	0	FF	FS	,	<	L	\	l		
1	1	0	1	CR	GS	−	=	M	]	m	}
1	1	1	0	SO	RS	.	>	N	^	n	~
1	1	1	1	SI	US	/	?	O	_	o	DEL

이 코드 체계에서의 각 문자는 7비트로 나타내므로 128개의 문자가 표시될 수 있다. 이는 통상적으로 필요한 문자보다 많은 개수이므로 몇 가지 미트 패턴은 제어문자로 사용한다(표 2-2). 이 제어문자의 일부는 문자로 인쇄할 때, 제어용으로 사용되고, 다른 것들은 앞으로 논의될 통신절차에서 제어용으로 이용된다. ASCII로 표현된 문자는 거의 모든 경우 한 문자당 8비트의 단위로 저장 또는 전송된다(8비트의 블록은 옥텟(octet)이나 바이트(byte)라고 한다). 8번째 비트는 오류검출을 위한 패리티(parity) 비트로 사용된다. 이 비트는 각 바이트 내의 1의 수가 항상 홀수(홀수 패리티)개가 되도록 하거나 짝수(패리티)를 유지하도록 정해진다. 따라서 이 규칙에 어긋나게 되면 오류가 발생한 것으로 해석한다.

표 2-2 ASCII 제어문자 설명

형식제어	
BS (Backspace)	프린팅 메커니즘의 동작이나 커서(cursor)의 위치를 뒤로 한 칸 움직이게 한다.
HT (Horizontal Tab)	프린팅 메커니즘의 동작이나 커서 위치를 다음에 지정된 탭(tab)이나 정지위치로 움직인다.
LF (Line Feed)	프린팅 메커니즘의 동작이나 커서 위치를 다음 라인의 처음으로 움직인다.
VT (Vertical Tab)	프린팅 메커니즘의 동작이나 커서 위치를 다음 페이지, 폼(form), 화면의 처음으로 움직인다.
FF (Form Feed)	인쇄장비의 이동을 지시하거나, 다음 페이지, 양식 또는 화면의 시작점에 커서를 위치시킨다.
CR (Carrige Return)	프린팅 메커니즘의 동작이나 커서 위치를 현재 라인의 처음으로 움직인다.

전송제어	
SOH (Start of Heading)	주소나 경로배정 정보를 포함하는 헤딩(heading)의 시작을 나타낸다.
STX (Start of Text)	텍스트의 시작이나 헤딩의 끝을 나타낸다.
ETX (End of Text)	STX로 시작된 텍스트의 끝을 나타낸다.
EOT (End of Transmission)	전송의 끝을 나타낸다. 이 전송은 각각의 헤딩을 갖는 하나 이상의 텍스트를 포함할 수 있다.
ENQ (enquiry)	원거리 스테이션(station)으로부터의 응답을 요구한다. 어떤 스테이션을 확인하기 위해 "WHO ARE YOU?"와 같은 요청을 하는 것이다.
ACK (Acknowledge)	수신 장치에 의해 전송되는 것으로 송신자에게로의 어떤 확인용 회신이다. 폴링 메시지(polling message)의 긍정 응답으로 사용된다.
NAK (Negative Acknowledgement)	수신 장치가 전송하는 문자로, 송신자에게 부정 응답을 주는 것이다. 폴링 메시지에 의해 부정 응답으로 사용된다.
SYN (Synchronous/Idle)	동기 전송 시스템에서 동기를 맞추기 위해 사용된다. 아무런 데이터 전송이 없는 경우, 동기 전송 시스템은 끊임없이 SYN 문자를 전송할 수 있다.
ETB (End of Transmission Block)	통신용 데이터 블록의 끝을 나타낸다. 블록 구조가 프로세싱 포맷과 꼭 연관될 필요가 없는 때의 블록킹에 이용된다.

정보분리자	
IS4 (File Separator) IS3 (Group Separator) IS2 (Record Separator) IS1 (United Separator)	임의로 선택할 수 있는 정보분리자(separatoir)이다. 단, IS1 (가장 비포괄적)에서 IS4 (가장 포괄적)로의 계층은 지켜져야 한다.

기 타	
NUL (Null)	문자 없음을 나타낸다. 데이터가 없는 경우, 시간이나 테이프상에 공백을 채울 때 사용한다.
BEL (Bell)	사람으로부터의 주의를 끌 때 이용한다. 경종이나 주의를 주기 위해 사용되는 장치를 제어한다.
SO (Shift Out)	이 뒤의 문자들은 SHIFT IN 문자가 올 때까지 표준 문자조합과 다른 특정 용도로 해석된다.
SI (Shift In)	이 뒤의 문자들은 표준 문자조합으로 해석된다.
SP (Space)	단어를 구분시키기 위해 프린트하지 않는 문자 혹은 프린팅 메커니즘의 동작이나 커서의 위치를 한 칸 앞으로 움직인다.
DLE (Data Link Escape)	이 뒤에 따르는 하나 또는 둘 이상의 문자들의 의미를 바꾼다. 추가적인 제어를 제공하거나 혹은 어떠한 비트조합도 가질 수 있는 데이터 문자의 전송을 허용한다.
DC1, DC2, DC3, DC4 (장치 제어)	보조 장치나 특수한 터미널의 특성을 제어하기 위한 문자들이다.
CAN (Cancel)	이전의 메시지나 블록의 데이터 취소를 나타낸다(보통 에러가 검출된 경우이다.)
EM (End of Medium)	카드, 테이프, 기타 매체의 물리적인 끝 및 요구되거나 사용된 매체 부분의 끝을 나타낸다.
SUB (Substitute)	에러가 발생했거나 무효 분자가 검출되는 경우에, 이 문자로 대치된다.
DEL (Delete)	원하지 않은 문자를 제거한다.
ESC (Escape)	연속해서 뒤따라 나오는 규정된 개수의 문자들에게 또 다른 의미를 준다는 점에서 코드 확장을 제공한다.

2.2.2 신호

통신 시스템에서 데이터는 전기적 신호에 의해 한 지점에서 다른 지점으로 전파된다. 아날로그신호(analog signal)는 계속적으로 변화하는 전자기파의 형태로서, 이 전자기파는 다양한 종류의 전송매체를 통해 전파한다. 전송매체의 예로는 트위스트 페어(twisted pair), 동축케이블, 광섬유케이블 및 자유 공간 등이 있으며, 이를 통해 전자기파는 전파된다. 디지털신호(digital signal)는 연속된 전압펄스의 열로 구성되는데, 이 전압 펄스를 2가지 상태로 나타낼 때 양(+)의 전압은 1로, 음(-)의 전압은 0으로 나타낼 수 있다.

계속해서 신호형태의 몇 가지 예를 살펴보고, 데이터와 신호의 관계를 이해하여 보

자. 이제 앞 절에서 살펴본 세 가지 예들을 다시 보기로 하자. 각 예에 대해서 그 신호를 설명하고, 그것에 연관된 대역폭을 이해해 보자.

음성 데이터의 경우, 데이터는 동일한 스펙트럼을 갖는 전자기적 신호로 직접 표현될 수 있다. 그러나 전기의 형태로 변환되어 전송되는 소리의 질과 대역폭의 증가에 따라 늘어나는 전송비용 사이에는 적절한 조정이 필요하다. 앞에서 언급한 바와 같이 비록 음성의 스펙트럼은 대략 20Hz~20kHz 정도에 위치하지만, 이보다 훨씬 좁은 대역폭으로 한정하여도 적당한 수준의 음성을 재생할 수 있다. 음성신호의 표준 스펙트럼은 300~3400Hz이다. 이 정도이면 본 음성의 재생에 무리가 없는 수준이며, 전송용량을 많이 줄일 수 있어 저렴하게 전화를 이용할 수 있게 한다. 이 신호는 전화 시스템을 통해 수신자에게 전송되어 음성신호를 재생하게 된다.

이제 비디오 신호를 살펴보자. 이는 흥미 있는 것으로 아날로그 성분과 디지털 성분으로 구성된다. 비디오 신호를 생성하기 위해서는 TV 수상기와 비슷한 방식으로 동작하는 TV 카메라가 사용된다. 감광판은 TV 카메라를 구성하는 부품으로, 이 감광판에 어떤 장면이 광학적으로 감지된다. 전자빔이 이 감광판을 좌에서 우로, 위에서 아래로, 마치 〔그림 2-21〕에 나타낸 TV 수상기의 경우처럼 지나간다. 빔이 지나가면서 그 점에서의 명도에 비례하는 크기의 아날로그 전기신호가 발생한다.

2.2.3 데이터와 신호

앞의 논의에서 아날로그 데이터를 표현하는 아날로그 신호와 디지털 데이터를 표현하는 디지털 신호를 살펴보았다. 일반적으로 아날로그 데이터는 시간의 함수이며, 제한된 주파수 스펙트럼 영역을 갖는다. 그러한 데이터는 동일한 스펙트럼 영역을 갖는 전자기적 신호로 표현될 수 있다. 디지털 데이터는 2진수의 두 값을 나타내기 위해 두 개의 전압을 갖는 디지털 신호로 표현될 수 있다.

그러나 〔그림 2-17〕에서 알 수 있듯이, 이들은 항상 이렇게만 되는 것이 아니다. 디지털 데이터는 모뎀(modem, modulator/demodulator)을 이용해 아날로그신호로 표현될 수도 있다. 모뎀은 디지털 데이터를 반송주파수(carrier frequency)로 인코딩함으로써 아날로그 신호로 변환하는 기능을 갖는다. 이 결과로 생성되는 신호는 반송파를 중심으로 나타나는 전자기파 스펙트럼을 갖게 되어, 그 반송파(carrier)에 적합한 전송매체를 통해 전파될 수 있다. 가장 흔한 모뎀은 디지털 데이터를 음성 스펙트럼 내에서 표현될 수 있게 하여, 이 데이터가 보통의 음성 전송회선을 통해 전파될 수 있게 해준다. 회선의 다른 끝도 모뎀이 있어, 이 신호를 원래의 데이터로 복구시켜 준다.

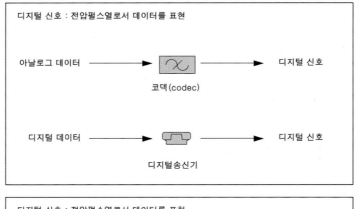

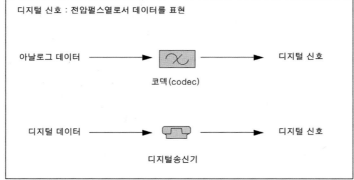

그림 2-22　데이터와 신호

또한 아날로그 데이터는 디지털 신호로 표현될 수 있다. 음성 데이터에서 이러한 기능을 수행하는 기구가 코덱(codec, coder-decoder)이다. 근본적으로 코덱은 음성데이터를 직접 입력으로 받아 비트 스트림(bit stream) 형태의 신호를 출력시킨다.

따라서 〔그림 2-22〕는 데이터를 여러 가지 방법을 통해 신호로 부호화(符號化) 하는 방법을 제시하고 있다. 제 4장에서 이 문제에 대해 다시 언급하기로 한다.

2.2.4 전송 방식

아날로그와 디지털신호 모두 적당한 전송매체를 통해 전송될 수 있다. 〔표 2-3〕은 데이터 전송 방법을 요약한 것이다. 아날로그 전송(analog transmission)은 전송 데이터의 내용에는 관계하지 않고 아날로그 신호를 전송하는 것이다. 이 경우 아날로그 신호는 아날로그 데이터를 나타낼 수도(예를 들면 음성) 있고, 디지털 데이터를 나타낼 수도(예를 들면 2진수 비트 열) 있다.

어떠한 경우라도 아날로그 신호는 어떤 거리를 지나고 나면 그 세기가 약해지게 된다. 보다 장거리의 전송을 하려면 신호의 세기를 증폭해주는 증폭기가 시스템에 부착되어야 한다. 그러나 이러한 증폭기는 잡음성분까지도 증폭한다. 장거리전송에서 직렬로 연결된 증폭기를 계속 사용하는 경우, 신호는 점차로 왜곡되어 버린다. 음성과 같은 아날로그 데이터라면 약간의 왜곡이 생기더라도 인지할 수 있으므로 큰 문제는 아니다. 그러나 디지털 데이터의 경우, 직렬로 연결된 증폭기는 중대한 오류를 유발시킨다.

표 2-3 데이터와 신호

	아날로그 신호	디지털 신호
아날로그 데이터	두 가지 방법이 있다: (1) 아날로그 데이터는 아날로그 신호의 동일한 스펙트럼을 점유한다. (2) 부호화를 통해 아날로그 데이터는 아날로그 신호 스펙트럼의 다른 부분을 점유한다.	코덱을 사용하여 아날로그 데이터를 디지털 비트 스트림으로 부호화 한다.
디지털 데이터	모뎀을 사용하여 디지털 데이터를 아날로그 신호로 부호화 한다.	두 가지 방법이 있다: (1) 디지털 데이터의 2진값을 디지털 신호의 두 가지 전압 레벨로 나타낸다. (2) 원하는 특성의 디지털 신호를 생성하기 위해 디지털 신호를 부호화 한다.

반대로 디지털 전송(digital transmission)에서는 신호의 내용에 관심을 둔다. 디지털 신호의 전송에서는 데이터의 무결성(無缺性)을 보장할 수 없을 만큼 감쇠가 발생하면 전송 거리를 제한한다. 장거리의 전송을 위해서 디지털 전송에서는 중계기(repeater)가 사용된다. 중계기는 디지털 신호를 수신하여 이들로부터 0과 1을 구별한 다음 원래의 디지털 신호를 복원하여, 새로운 신호를 만들어 전송한다. 디지털 전송에서는 중계기를 사용함으로써 감쇠현상을 극복할 수 있다.

디지털 데이터를 전송하는 신호를 가정하면, 아날로그 데이터에 대해서도 동일한 기법이 적용될 수 있다. 아날로그 데이터를 디지털 데이터로 변환하여 적절한 거리를 두고 증폭기 대신 중계기를 설치하는 것이다. 중계기는 수신되는 아날로그신호로부터 디지털 데이터를 복원해내어 새로운 깨끗한 신호를 생성한다. 이렇게 해서 잡음을 제거할 수 있다.

어떤 전송방법을 선택할 것인가? 통신업체나 그 사용자들이 제시하는 해답은 디지털 전송이다. 그러나 이는 기존의 아날로그 통신설비를 디지털 통신 설비로 일괄적으로 바꾼다면 막대한 투자를 필요로 한다. 장거리(long-haul) 통신설비나 빌딩 내의 서비스 등 전반에서 단계적으로 디지털 전송으로 대체하고, 또 가능한 경우 디지털 신호 방식들로 변환되어가고 있다. 이와 같이 디지털 전송 방식을 선호하는 배경은 다음과 같다.

💻 표 2-4 아날로그 및 디지털 전송

	아날로그 전송	디지털 전송
아날로그 신호	아날로그 신호에는 아날로그 데이터 및 디지털 데이터가 동일하게 취급되어 전송되며, 증폭기를 통해 전파하고 증폭된다.	아날로그 신호가 디지털 값을 표현한다. 신호는 중계기를 통해 전파하고 재생된다.
디지털 신호	사용되지 않는다.	디지털 신호는 두 전압 레벨로서 0과 1을 표시한다. 0과 1은 디지털 데이터를 나타낼 수 있고, 아날로그 데이터의 부호화 형태일 수도 있다. 중계기는 입력 신호의 0과 1의 스트림을 새로운 디지털 출력 신호로 재생한다.

- 디지털 처리 기술의 발전: LSI와 VLSI 기술의 발전으로 디지털 회로의 가격이나 크기가 지속적으로 낮아지며, 작아지고 있다. 그러나 아날로그 장비는 그에 못 미치고 있다.
- 데이터 무결성: 증폭기 대신 중계기를 사용함으로써 잡음이나 신호의 손상을 제거할 수 있다. 따라서 디지털기법을 사용함으로써 보다 먼 거리를 보다 경제적으로 데이터의 무결성을 유지하면서 전송할 수 있다.
- 전송용량의 활용: 위성채널이나 광섬유를 이용하여 보다 광역의 대역폭을 갖는 전송링크를 구축하는 것이 보다 경제적으로 유리하다. 이러한 대용량 링크를 효율적으로 활용하기 위해서는 다중화(multiplexing) 방식을 사용할 수 있다. 이 다중화 기법은 아날로그가 아닌 디지털 기법으로 보다 쉽고 값싸게 구현될 수 있다.
- 보안과 프라이버시: 디지털 데이터와 디지털화 된 아날로그 데이터에 대해서는 아날로그 데이터보다 암호화(encryption)가 유리하다.
- 통합: 아날로그와 디지털 데이터 모두가 디지털처럼 취급된다면 모든 신호는 동일한 형태를 가지게 되어 한 가지 방법으로 통합 처리할 수 있다.

2.3 전송손상

통신 시스템의 수신측에서 수신되는 신호는 전송과정에서 다양한 전송손상에 의해 송신측에서 송신한 신호와는 같지 않게 된다. 아날로그 신호의 전송시 이러한 손상은 신호의 질을 떨어뜨리고, 신호의 파형을 변형시킨다. 디지털 신호의 전송시에는 비트오류를 발생시킨다. 즉, 2진수 1이 2진수 0으로, 2진수 0은 2진수 1로 바꾸어 버리는 것이다. 이 절에서 통신링크 상에서 나타날 수 있는 손상의 영향을 이해하고, 다양한 손상 형태를 설명한다. 신호의 전송 과정에서 나타나는 주요한 손상 요인으로 다음과 같은 것이 있다.

- 감쇠현상(attenuation)
- 감쇠에 의한 왜곡(attenuation distortion)
- 지연에 의한 왜곡(delay distortion)
- 잡음(noise)

2.3.1 감쇠현상

신호의 세기는 신호가 전송매체를 전파하면서 점점 약해지게 된다. 유도 전송매체의 경우, 일반적으로 감쇠의 정도는 로그함수의 비율로 나타나므로, 단위거리에 대한 데시벨(decibel)의 상수로써 나타낸다. 이때, 감쇠현상에도 불구하고 정상적으로 통신을 하기 위해서는 세 가지의 고려사항을 이해하여야 한다. 첫째, 수신된 신호는 수신측의 전자회로가 신호를 인지하여 해독하기에 충분한 세기를 가져야 한다. 둘째, 신호의 크기는 잡음의 크기에 비해 충분히 커야 한다. 셋째, 주파수가 증가함에 따라 신호의 감쇠는 주파수에 비례하여 심해진다.

첫 번째와 두 번째 문제는 신호의 세기와 증폭기 및 중계기에 관심을 두어 취급해야 한다. 점 대 점 링크의 경우, 송신기의 신호세기는 수신자가 인지하기에 충분히 커야 하나, 수신기의 전자회로에 과부하를 주어 왜곡현상을 발생시킬 정도로 커서는 안 된다. 일정 거리를 넘어 신호가 전파하는 경우, 감쇠의 정도가 매우 커지므로 증폭기와 중계기를 필요로 하게 된다. 이러한 문제는 수신기와 송신기간의 거리가 여러 가지인 멀티포인트(multipoint) 회선일 경우에 더 복잡해진다. 왜냐하면 송신기와 가까이 위치한 수신기의 경우에는 신호의 세기가 너무 강해서 해독할 수 없고, 송신기와 멀리 떨어져 있는 수신기의 경우에는 신호의 세기가 너무 약해서 해독할 수 없게 되는 상황이 발생할 수 있기 때문이다.

세 번째 문제는 디지털 신호보다는 아날로그 신호를 전송하는 경우에 그 영향이 크게 나타난다. 감쇠의 정도는 주파수에 따라 다르기 때문에 수신된 신호는 왜곡되어 송신된 신호와는 다른 모습을 띠게 되어 인지도(intelligibility)가 떨어지게 된다. 이 문제를 해결하기 위해서 전 주파수대역에 걸쳐 감쇠 정도를 동일하게 하여 감쇠 결과를 평탄하게 하는 기법이 사용되거나, 높은 주파수의 신호 요소를 낮은 주파수 신호 요소보다 더 증폭해서 사용하는 기법이 있다.

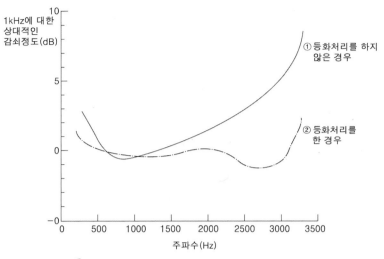

그림 2-23　주파수에 따른 신호의 감쇠 곡선

　[그림 2-23]은 주파수에 따른 감쇠의 정도를 나타낸 것인데, 전형적인 전용회선인 경우이다. 그림에서는 1000Hz에서의 감쇠량을 기준으로 상대적인 값을 측정한 것이다. [그림 2-23]에서의 ①은 등화(equalization) 처리를 하지 않은 경우의 감쇠현상을 나타낸 것으로, 음성의 주파수가 높을수록 감쇠의 정도가 심함을 알 수 있다. 이러한 현상은 수신된 음성신호에 대해 왜곡을 유발시키는 중요한 요인이 된다. ②는 등화 처리를 하여 주파수에 따른 감쇠 정도를 어느 정도 일정하게 유지하도록 한 경우의 결과이다. 등화 처리를 하면 음성신호의 질을 높일 뿐 아니라, 모뎀을 통해 전송되는 디지털 데이터의 고속전송도 가능하게 해준다.

　감쇠왜곡현상은 아날로그 신호의 전송에 비해 디지털신호를 전송하는 경우에는 거의 문제가 되지 않는다. 디지털신호에서 신호를 구성하는 대부분의 신호 요소는 기본 주파수 부근에, 혹은 신호의 비트 전송률에 집중되어 있어 주파수 차이가 심하지 않기 때문이다.

2.3.2　지연왜곡

　지연왜곡은 전송매체를 통해 신호가 전파하는 경우 주파수에 따라 그 전파속도가 다름으로 인해 발생하는 현상이다. 지연으로 인한 왜곡은 주로 유도 전송매체에서 발생하는 문제이다. 일정 대역으로 제한된 신호는 그 중심의 주파수 부근에서 가장 고속의 전달속도를 가지며, 양쪽 끝으로 감에 따라 속도가 상대적으로 감소하는 현상이 나타나게 된다.

송신단에서 똑같이 출발한 신호의 주파수 성분이 그 신호를 구성하는 주파수 성분에 따라 그 속도가 다름으로 인해 수신단에 도착하는 서로 시간이 다름으로 인해 왜곡되는데, 이를 지연왜곡이라 한다. 이 지연왜곡은 디지털 신호나 데이터의 전송에서 특히 중요한 문제점을 유발시킨다. 비트열(bit sequence)을 전송하는 경우를 생각해 볼 때 지연왜곡은 하나의 비트 위치를 구성하는 신호 구성요소를 다른 비트의 가까운 위치로 이동시켜 어느 정도 중복시켜 버릴 수 있다. 이는 심벌간 간섭현상(intersymbol interference)을 유발시키는데, 이는 전송제어에서 최대전송속도를 제한하는 주요한 요인이 된다.

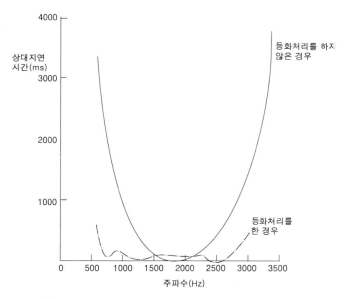

그림 2-24 주파수에 따른 신호의 지연 왜곡 곡선

지연왜곡현상에도 등화 처리 기법을 사용하여 문제를 완화시킬 수 있다. [그림 2-24]는 전용 전화회선에서, 주파수에 대한 함수로 나타나는 지연을 등화시킨 효과를 보여주고 있다. [그림 2-24]에서 등화(equalization) 처리를 하지 않은 경우, 가운데 주파수에서는 지연양이 적고 양단으로 감에 따라 지연의 정도가 심함을 알 수 있다. 등화 처리를 하면 주파수에 따른 지연 정도를 어느 정도 일정하게 유지할 수 있다.

2.3.3 잡음

어떤 신호이든지 수신되는 신호는 전송 과정에 의해 생긴 다소의 왜곡을 포함한 전송 신호와 수신측과 송신측 사이의 전송과정에서 추가된 원하지 않는 불필요한 신호로써 구성된다. 불필요한 신호란 바로 잡음으로 통신 시스템의 효율성을 제한하는 주요한 요인이 된다.

잡음은 다음 4가지의 범주로 구분될 수 있다.

- 열잡음
- 상호변조잡음
- 누화(漏話)
- 충격잡음

열잡음(thermal noise)은 도체 내에서 온도에 따른 전자의 운동량 변화에 기인한다. 모든 전자 장치와 전송매체에서 발생하며 열잡음의 정도는 온도에 대한 함수로 나타난다. 모든 주파수에 골고루 분포하므로 백색 잡음(white noise)이라고도 한다. 열잡음은 제거될 수 없으며, 그렇기 때문에 통신 시스템의 효율성에 대한 제한 요인이 된다.

상호변조잡음(intermodulation noise)은 수신측이나 송신측, 혹은 전송매체의 비선형성(nonlinearity)이 존재할 때 발생한다. 정상적인 경우에는 이러한 전송 시스템의 구성요소들은 선형 시스템으로 나타난다. 즉, 선형 시스템의 출력값은 입력값에 대해 상수 배로 나타난다. 그러나 비선형 시스템의 출력값은 입력값을 변수로 하는 매우 복잡한 함수로 나타난다. 전송 매체를 전파하는 신호는 다양한 주파수 성분으로 구성되어 있다. 서로 다른 주파수를 가진 신호 성분들이 똑같은 전송매체를 공유할 때 상호변조잡음을 유발할 수 있다. 상호변조잡음은 각 주파수 성분들이 서로의 합(合)이나 차(差)의 신호를 생성함으로써 발생하는 잡음이다. 예를 들어, 주파수 f_1과 f_2가 혼합됨으로써 $f_1 + f_2$ 또는 $f_1 - f_2$의 신호를 생성하는 것이다. 이러한 비선형성은 시스템 구성요소의 기능이상(機能異常)이나 과도한 입력부하에 의해 주로 유발되는데, 여러 주파수의 합이나 차의 신호 구성요소는 이러한 상황에서 발생하는 것이다.

누화(crosstalk)는 인접한 경로의 신호가 상호 간섭하여 비정상적으로 결합된 경우에 발생한다. 인접한 트위스트 페어 사이의 전기적 신호의 결합으로 인해 나타나고, 드물게는 다중화된 신호를 전송하는 동축케이블에서 발생할 수도 있다. 누화는 단파 방송 안테나에서 불필요한 신호가 감지될 경우에도 발생한다. 일반적으로 누화는 열잡음보다 좀 작거나 비슷한 정도의 중요성을 지닌다. 누화는 전화를 사용할 때 누구나 쉽게 경험해 볼 수 있으며, 다른 사람의 대화를 자기가 듣게 되는 현상이다.

충격잡음(impulse noise)은 비연속적이고 불규칙적인 진폭을 가지며, 짧은 순간 동안 다소 큰 세기로 발생하는 잡음이다. 이의 원인은 매우 다양한데, 번개와 같은 외부적인 전자기적 충격이나 기계적인 충격, 통신 시스템의 결함 등이 그 원인이 되어 나타날 수 있다. 지금까지 언급한 잡음들은 어느 정도 예측할 수 있으며 고정적인 크기를 가졌으므로 시스템 기술자들이 이에 대해 적절한 조치를 취할 수도 있는 것들이었으나 충격 잡음은 예측할 수 없는 잡음이다. 충격잡음은 아날로그 데이터의 경우에는 사소한 문제일 수 있다. 예를 들어, 음성전송의 경우에는 0.01초 동안에 다소의 순간적 잡음이 발생해도 인지하는 데에 큰 문제점이 발생하지 않는다. 그러나 9600bps의 속도로 디지털 데이터를 전송하는 경우, 충격 잡음이 발생하면 거의 100비트 정도의 정보가 유실되게 된다.

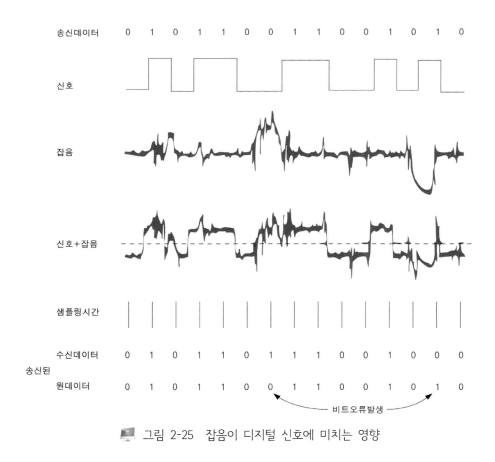

그림 2-25 잡음이 디지털 신호에 미치는 영향

〔그림 2-25〕는 디지털 신호에서 잡음의 영향을 보인 것이다. 여기에서는 다소간 완만하게 나타나는 열잡음이 간헐적으로 발생하는 충격잡음과 혼합되어 나타나고 있다. 디지털 데이터는 매 비트마다의 정해진 시간 간격으로 신호를 측정하여 해독하는데, 그림의 경우에서와 같이 잡음으로 인해 1과 0이 바뀌어 해독되는 상황이 발생하여 비트 오류를 유발할 수도 있다.

2.3.4 신호의 세기

전송 시스템에서 가장 중요한 변수 중의 하나는 전송되는 신호의 세기이다. 앞에서 살펴본 바와 같이 모든 신호는 전송 매체를 전파하면서 그 세기가 점차 감소한다. 신호의 에너지가 손실(loss)되어 그 세기가 약해지는 것이다. 이를 보상하기 위해 적절한 지점에 증폭기를 설치하여 신호를 증폭함으로써 신호의 이득(gain)을 높여준다.

이득, 손실 및 상대적인 신호의 크기를 나타내는 데에는 로그(log) 함수적으로 변하는 데시벨(dB, decibel)이라는 단위를 사용한다. 그 이유는 다음과 같다. 첫째, 신호의 세기는 로그함수의 형태로 감소하므로 손실은 데시벨로 표시하는 것이 적합하다. 둘째, 직렬로 접속된 전송 경로에서 이득과 손실을 계산할 때, 데시벨을 사용하면 단순한 가산 감산으로 가능하다.

데시벨은 두 전력 레벨의 차이를 측정하는 값으로 다음과 같이 표시한다.

$$N_{dB} = 10 \log_{10} P_1/P_2$$

여기서 데시벨 값이고, P_1, P_2는 전력이고, $\log_{10}$은 밑이 10인 로그로서 간단히 log로 표시한다.

예를 들어, 20mW의 전력을 가진 신호가 전송 회선을 통해 전송되고 일정 거리를 전파한 후 측정된 전력이 10mW이라면, 손실은 다음과 같이 계산한다.

$$손실 = 10 \log(10/20) = 10(-0.3) = -3dB$$

데시벨은 절대값이 아닌 상대적인 차이를 표시한다는 것을 잊지 말아야 한다. 따라서, 1W에서 0.5W로 전력이 감소한 경우에도 손실은 -3dB가 된다. 만약 3dB의 손실이 발생하였다는 의미는 전력 레벨이 반으로 줄었다는 것이고, 3dB의 이득이 발생하였다는 의미는 전력 레벨이 2배로 늘었다는 것이다.

전압의 차이도 데시벨로 나타낼 수 있다. 전력은 전압의 제곱에 비례한다. 즉,

$$P = V^2/R$$

여기서, P는 저항 R에서의 소비전력을 나타내고, V는 저항 R 양단에 걸리는 전압을 나타낸다. 그러므로

$$N_{dB} = 10\log_{10} P_1/P_2 = 10\log(V_1^2/R)/(V_2^2/R) = 20\log V_1/V_2$$

이다. 앞에서 언급한 바와 같이 데시벨은 절대값이 아니고, 상대값의 차이를 나타낸다. 이득이나 손실을 계산할 때, 전력이나 전압의 절대값을 데시벨로 나타낼 수 있다면 편리하게 사용할 수 있을 것이다. 이를 위해, 데시벨을 확장하여 dBW(decibel-watt)가 정의되어 있다. 1W는 0dBW를 나타내도록 정의한다. 즉,

$$N(dBW) = 10\log P(watt)/1(watt)$$

여기서, N(dBW)는 1watt에 대한 절대 전력값이고, P는 단위가 W인 전력을 나타낸다. 예를 들면, 10W는 10dBW이고, 1mW는 -30dBW이다. dBW는 마이크로웨이브 관련 분야에서 많이 사용한다.

dBmV(decibel-millivolt)는 1mV를 0dBmV로 하여 정의되어 있다. 즉,

$$N(dBmW) = 20\log V(mV)/1(mV)$$

이다. 여기서, N(dBmV)는 1mV에 대한 절대 전력값이고, V는 단위가 mV인 전압을 나타낸다. 전압 레벨은 75Ω 저항에 부과된다고 가정한다.

데시벨은 모든 경우의 이득이나 손실을 나타내는데 편리한 단위이다. 예를 들어, 전송 경로 상에 2개의 증폭기를 가지고 구성된 점 대 점 링크를 생각하여 보자. 첫 번째 증폭기 이전까지의 선로에서 20dB의 손실이 생기고, 첫 번째 증폭기에서는 25dB의 이득을 제공하여 주고, 첫 번째 증폭기와 두 번째 증폭기 사이의 선로에서 27dB의 손실이 발생하고, 두 번째 증폭기에서 25dB의 이득을 제공하고, 나머지 부분의 회선에서는 30dB의 손실이 발생하였다고 하자. 전체 이득(또는 손실)은 -20+25-27+25-30=-27dB이다. 본래의 신호 세기가 -25dBW라면, 수신되는 신호의 세기는 -52dBW가 된다.

2.3.5 채널용량

전송 과정에서 신호를 왜곡시키는 여러 다양한 형태의 손상이 있음을 알아보았다. 디지털 데이터의 전송 과정에서 제기되는 의문은 이들 손상이 데이터 전송률을 어떻게 제한하는 가이다. 주어진 조건하에서 주어진 통신선로 혹은 채널을 통하여 데이터를 전송할 수 있는 전송속도를 채널용량이라 한다.

채널용량과 관련되어 이해해야 하는 4가지 개념이 있다.

- 데이터 전송률: 데이터가 전송될 수 있는 속도로서 단위는 초당 비트수(bit per second)이다.
- 대역폭: 송신기와 전송매체의 특성에 의해 제한되며, 전송되는 신호의 최대 주파수 성분과 최소 주파수 성분의 차로서 나타내며, 단위는 초당 사이클, 즉 Hz이다.
- 잡음: 통신선로상의 잡음의 평균 레벨로 나타낸다.
- 오류율(error rate): 오류가 발생하는 비율이다. 오류란 1을 송신하였을 때 0을 받거나, 0을 전송하였을 때 1을 받는 것을 말한다.

데이터 전송률을 증가시키고자 할 경우의 문제는 통신설비 자체가 비싸지고, 일반적으로 설비의 대역폭이 클수록 비용이 높아진다는 것이다. 실제로 모든 전송채널은 제한된 대역폭을 갖는다. 대역폭의 제한은 전송매체의 물리적 특성으로 인해 생기고, 또 다른 소스와의 간섭을 방지하기 위해 송신기에 대한 동작 특성으로 인해 나타날 수 있다. 그러므로 주어진 대역폭을 가능한 한 효율적으로 사용해야 한다. 이것은 주어진 대역폭에 대해 특정 오류율을 충족시키면서 가능한 한 데이터 전송률을 빠르게 하는 것을 의미한다. 이러한 전송 효율을 높이는데 있어 주요한 장애는 잡음이다.

우선 잡음이 없는 채널의 경우를 먼저 생각하자. 이러한 환경에서 데이터 전송속도를 제한하는 것은 신호의 대역폭이다. 이 제한에 대한 수식화는 Nyquist에 의해 이루어졌다. 신호의 전송속도가 2×W라면 W 이하의 주파수를 가진 신호는 그 전송속도로 충분히 전송되며, 또한 그 역도 성립된다. 즉, 대역폭이 W로 주어졌을 때, 전송될 수 있는 가장 높은 신호속도는 2W이다. 이 제한은 심벌간 간섭 현상으로 인해 나타날 수 있으며, 지연왜곡에 의해서도 발생된다. 이 결과는 디지털-아날로그 부호화 기법의 개발에 유용하게 사용될 수 있다.

마지막 항에서 신호율에 대해 서술한 것을 주의해보자. 만약 신호가 2진수(두 개의 전압레벨)로 전송된다면, WHz에 의해 지원될 수 있는 데이터 전송률은 2Wbps이다. 예를 들어, 디지털 데이터를 송신하기 위해 모뎀을 거쳐 사용되는 음성채널을 생각하

자. 대역폭은 3100Hz라 가정한다. 그러면 채널의 용량 C는 2W=6200bps이다. 그러나 제 4장에서 언급되겠지만, 신호는 두 개의 레벨(level) 이상으로 이용될 수 있으므로, 각 신호 요소는 1비트 이상으로 표현될 수 있다. 예를 들어, 만약 4개의 가능한 전압 레벨을 신호로 사용한다면 각 신호요소는 2비트로 표시될 수 있다.

다중 레벨 신호 방식에서 Nyquist 공식은

$$C = 2W \log_2 M$$

이다. 여기서, M은 전압레벨, 혹은 서로 다른 신호의 수를 나타낸다. 따라서 어떤 모뎀을 사용하여 M=8로 한 경우, C는 18,600bps가 된다.

주어진 대역폭에서 신호레벨의 수를 증가시키면 데이터 전송속도는 증가된다. 그러나 이것은 수신기에서 부담을 증가시킨다. 즉, 각 신호시간 동안에 두 개의 가능한 신호 중 하나만을 구분하는 대신에 M개의 가능한 신호 중 하나를 구분해야 한다. 전송 선로상의 잡음과 기타 손상이 M의 실제값을 제한하게 될 것이다.

데이터 전송률, 잡음, 오류율 사이의 관계를 생각해보자. 이것은 〔그림 2-25〕를 다시 생각해보면 직관적으로 설명될 수 있다. 잡음이 존재하면, 하나 또는 그 이상의 비트에 오류가 생긴다. 만약 데이터 전송률이 증가하면 비트는 더 짧아지고, 잡음의 주어진 패턴에 의해 더 많은 비트가 영향을 받게 된다. 따라서, 일정한 잡음레벨에서 데이터 전송률이 증가하면 오류율도 높아진다.

이러한 모든 개념은 Shanon이 개발한 공식에 잘 표현되어 있다. 우리가 보여준 것처럼 데이터 전송률이 높아지면 원하지 않는 잡음에 의한 위험성이 많아진다. 주어진 잡음레벨에서, 신호의 세기를 크게 하면 데이터를 정확하게 수신할 능력이 향상된다. 이러한 이유로 중요한 요소는 신호 대 잡음비(S/N비, SNR)이다. 이는 신호를 형성하는 전력량과 잡음을 형성하는 전력량의 비율로서 수신측에서 측정하게 된다. 이 S/N비는 흔히 데시벨로 표현된다.

$$(SNR)dB = 10 \log (\text{신호세기}/\text{잡음세기})$$

이 값은 신호값이 잡음값을 초과하는 정도를 데시벨로 나타낸다. 높은 S/N값은 양질의 신호를 뜻하며, 보다 적은 수의 중계기로 원하는 곳까지 신호를 전송할 수 있게 된다.

S/N비는 특히 디지털 데이터의 전송에서 중요한 의미를 지니는데, 이 값이 데이터 전송속도의 상한선을 결정하는 요인이 되기 때문이다. Shannon의 결과에 따르면, bps(bits per second)로 나타낸 통신채널의 용량은 다음의 식으로 나타낸다.

$$C = W \log_2(1 + SNR)$$

여기서, C는 bps로 표시되는 채널의 용량이고, W는 채널의 대역폭(Hz)으로 나타난다. Shannon 공식으로 이론상 최대의 전송속도를 구할 수 있지만 실제의 전송속도는 매우 낮다. 이 이유는 Shannon의 공식에서 열잡음과 백색잡음은 고려하였으나 충격잡음, 감쇠현상 그리고 지연왜곡 등을 고려하지 않았기 때문이다.

2.4 데이터 전송 방식

한 장치에서 또 다른 장치로 데이터를 전송하고자 할 때 고려해야 하는 사항으로 중요한 것이 배선이다. 물리 회선을 통해 데이터가 전송될 때 병렬 방식으로 이루어질수도 있고, 직렬 방식으로 이루어질 수도 있다. 병렬 방식에서는 매 클럭 펄스마다 여러 개의 비트들이 동시에 전송되며, 직렬 방식에서는 매 클럭 펄스마다 하나의 비트만이 전송된다. 병렬 전송을 위해서는 병렬 방식이 사용되고, 직렬 전송을 위해서는 비동기식과 동기식의 2가지 방식이 사용된다.

2.4.1 병렬전송

1과 0으로 구성된 이진 데이터는 각각 n비트로 이루어진 그룹으로 구성될 수 있다. 우리가 언어를 문자보다는 단어의 형태로 이해하고 사용하는 것처럼 컴퓨터는 비트의 묶음으로 데이터를 생산하고 처리한다. 한 회선에서 한 번에 한 개의 비트를 보내는 대신에 여러 회선을 한 단위로 묶어 n개의 비트 데이터를 동시에 보내는 것이다. 이것을 병렬전송(parallel transmission)이라고 부른다.

병렬전송의 메커니즘은 개념적으로는 간단하다. 동시에 n비트를 보내기 위해 n개의 물리 회선을 사용하는 것이다. 각 비트가 고유의 물리 회선을 가지므로 한 그룹의 모든 n비트는 매 클럭 펄스에 맞춰 한 장치에서 다른 장치로 동시에 전송될 수 있다. 〔그림 2-26〕은 n=8일 때 병렬전송이 어떻게 이루어지는지를 보여준다. 통상 이 여덟개의 전선은 각 끝에 커넥터를 가진 케이블로 묶인다.

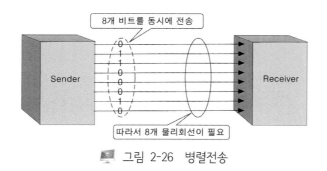

그림 2-26 병렬전송

병렬전송의 장점은 전송 속도가 높다는 것이다. 그 외 모든 조건들이 같다면, 병렬전송은 직렬전송의 n배만큼 전송속도를 증가시킬 수 있다. 그러나 가격이 비싸다는 중대한 단점도 있다. 병렬전송에서는 데이터의 흐름을 전송하는 데에만 n개의 통신선(위의 예에서 보인 전선)을 필요로 하기 때문이다. 병렬전송은 이렇듯 비용이 많이 들기 때문이 일반적으로 짧은 거리, 이를테면 최대 25피트까지의 거리로 제한된다.

2.4.2 직렬전송

직렬전송(serial transmission)에서는 한 클럭에 한 비트가 전송된 후, 다음 클럭에 그 다음 비트가 전송되므로, 통신하는 두 장치 사이에서 데이터를 전송하기 위해서는 n개의 통신 회선이 아닌 단지 하나의 통신 회선만이 필요하다.

병렬전송에 비해 직렬전송이 갖는 장점은 하나의 통신 회선만을 가지므로, 병렬전송보다 대략 1/n 정도로 전송비용을 줄일 수 있다는 것이다. 하지만, 장치 내에서의 통신은 병렬로 이루어지므로 송신기와 전선 사이에는 병렬을 직렬로 변환하고, 전선과 수신기 사이에서는 직렬을 병렬로 변환하는 장치가 필요하다. 대부분 데이터 통신에서 데이터는 병렬회선보다 단일 통신 경로를 통해 직렬 전송을 사용한다.

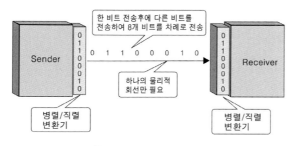

그림 2-27 직렬전송

직렬전송은 비동기식 또는 동기식의 두 방법 중 하나로 이루어진다.

(1) 비동기 전송

데이터의 전송에서 송신기와 수신기 사이의 동기는 반드시 필요하다. 비동기 전송 (asynchronous transmission)에서는 긴 비트열을 전송하지 않음으로써 타이밍 문제를 피하는 것이다. 비동기 전송은 상대적으로 신호의 타이밍이 중요하지 않기 때문에 그와 같이 명명되었다. 대신에, 정보는 정해진 패턴으로 수신되고 변환된다. 정해진 패턴으로 전송되는 한, 수신장치는 데이터의 전송 리듬에 상관없이 데이터를 읽을 수 있다. 패턴은 비트 흐름을 5~8비트 단위로 묶어 구성한다. 보통 여덟 비트인 각 그룹은 회선을 따라 한 단위로서 전송된다. 송신 시스템은 타이머와는 무관하게 전송할 데이터가 준비되면 언제든지 회선으로 전송할 수 있도록 각 그룹을 독립적으로 다룬다.

동기 펄스가 없으면, 수신자는 타이밍을 사용하여 다음 그룹이 언제 도착할지 예측할 수 없다. 따라서 수신자에게 새로운 그룹이 도착했음을 알리기 위해서는 별도의 비트가 각 바이트의 시작 부분에 추가된다. 보통 0인 이 비트를 시작 비트라고 한다. 수신자에게 바이트가 끝났음을 알려주기 위해서는 한 개 이상의 추가 비트를 바이트의 끝에 덧붙인다. 보통은 1의 값을 갖는 이러한 비트를 정지 비트라고 한다. 이런 방법에 의해서, 각 패턴의 크기는 적어도 10비트 크기로 늘어난다. 그 중에 8개는 정보이고, 2개 이상은 수신기에 보내지는 부가 신호로서 오버헤드이다. 게다가 전송도중 각 패턴 사이에는 불규칙하게 지속되는 간격이 생긴다. 이 간격은 휴지 채널로 나타내거나 추가적인 정지비트의 흐름으로 나타낼 수 있다.

시작비트와 정지비트 그리고 간격은 수신기에게 각 바이트의 시작과 끝을 알려주고 데이터 흐름과 동기를 유지하도록 한다. 이 경우 각 패턴간에는 송신기와 수신기가 반드시 동기화되어야 하는 것이 아니기 때문에 이러한 메커니즘은 비동기식이라 부르는 이유이다. 그러나, 각각의 패턴 안에서 수신기는 들어오는 비트 흐름에 계속 동기화되어야 한다. 즉, 동기화가 필요하긴 하지만, 이는 단일 바이트가 지속되는 동안만을 위한 것이다. 수신장치는 각각의 새로운 패턴이 시작될 때마다 다시 동기화되는 것이다. 시작비트를 발견하면 수신기는 타이머를 맞추고 들어오는 대로 비트 수를 세기 시작한다. n개의 비트가 들어오고 나면 수신기는 정지비트를 찾는다. 정지비트가 발견되면 다음 시작비트가 발견되기 전까지 수신되는 모든 펄스는 무시된다. [그림 2-28]은 문자의 길이가 8비트인 경우 비동기전송의 개략적인 개념도이다. 이 예에서, 시작비트는 0이고 정지비트는 1이며 간격은 추가 정지비트가 아닌 휴지 회선으로 나타낸다.

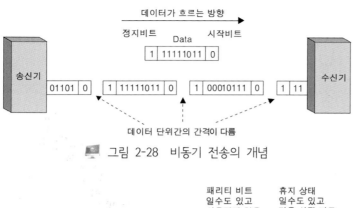

그림 2-28 비동기 전송의 개념

(a) 문자형식

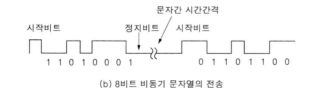

(b) 8비트 비동기 문자열의 전송

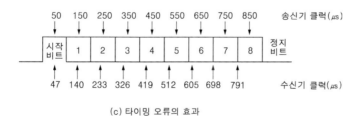

(c) 타이밍 오류의 효과

그림 2-29 비동기 전송 방식

비동기 전송 방식의 실제 전송 형태를 [그림 2-29]에 나타내었다. 어떠한 문자도 전송되지 않을 때 송신기와 수신기간의 회선은 휴지(idle) 상태에 있다. NRZ-L 코팅을 사용하므로 휴지 상태에서 회선은 낮은 전위를 유지하고 있다. 휴지 상태의 정의는 약속으로 정하는데, 대개 신호요소가 2진수 1이 되도록 정한다. NRZ-L 신호의 경우, 2진수 1은 저전위 상태를 유지하고, 2진수 0은 고전위 상태를 유지한다. NRZ-L 신호에 대해서는 제4장 부호화 방식에서 자세히 설명하겠다. 한 문자는 2진수 0의 값을 가진 시작 비트로부터 개시된다. 그 다음으로 5~8개의 데이터 비트로 구성되는 문자가 따른다. 문자의 비트는 LSB부터 먼저 전송된다. 예를 들어, 7비트 ASCII 문자에 대해 전송되는 첫 비트는 〔표 2-1〕에서 b_1으로 표시된 비트로서 이 비트가 LSB이다. 보통 문자 비트 뒤에는 패리티 비트가 뒤따르며, 나중에 전송되는 이 비트는 MSB라고 부른다. 패리티 비트의 사용은 짝수 패리티를 사용할 수도 있고, 홀수 패리티를 사용할 수도 있다. 패리티 비트를 포함해서 문자 내의 1의 숫자가 짝수가 되도록 하는 경우는 짝수 패리티라하고, 문자 내의 1의 수가 홀수가 되도록 하는 경우는 홀수 패리티라 부른다. 짝수 패리티를 사용할 것인가 홀수 패리티를 사용할 것인가는 협의에 따라 결정되며 이 결정에 따라 송신기에 의해 패리티 비트가 세트된다. 문자의 마지막 비트 다음에 2진수 1인 정지 비트가 따른다. 정지 비트의 최소길이는 보통 정상 비트 지속 시간의 1, 1.5, 2배 정도로 규정되며, 최대길이는 명시되지 않는다. 정지 비트는 휴지상태와 같으므로 송신기는 다음 문자를 보낼 준비가 될 때까지 정지 비트를 계속 전송하게 된다.

만일 문자들이 계속해서 보내지면, 문자간의 시간 간격은 일정하게 되며 간격은 정지비트와 같아질 것이다.

비동기 전송 구조에서 타이밍에 관한 요구 사항은 융통성이 있다. 예를 들어, ASCII 문자는 전형적으로 패리티 비트를 포함해서 8비트 단위로 보내진다. 수신기가 송신기보다 5%의 비율로 빠르거나 느리면, 여덟 번째 정보 비트는 45% 빠르거나 느리게 샘플링하게 되지만 정확하게 인식된다.

그러나 〔그림 2-29〕(c)에서와 같이 오류를 발생시킬 수 있다. 이 예에서 데이터 전송률은 초당 10,000비트(10kbps)이다. 그러므로 각 비트는 0.1ms, 즉 $100\mu s$ 기간을 갖는다. 수신기의 클럭속도가 송신기보다 7% 빠르다고 가정하자. 즉 비트당 $7\mu s$ 벗어난다고 가정한다. 수신기는 송신기의 클럭을 기준으로 할 때 입력문자의 비트열을 매 $93\mu s$마다 샘플링한다. 문자의 첫 번째 비트는 $47\mu s$에 샘플링하고 두 번째 비트는 $140\mu s$, 세 번째 비트는 233, 계속하여 일곱 번째 비트는 $605\mu s$에 샘플링하여 오류 없이 읽었으나, $698\mu s$에 일곱 번째 비트를 또 읽음으로서 일곱 번째 비트값을 여덟 번째 비트값으로 읽게 되어 오류가 발생한다.

이와 같은 오류는 실제로 두 가지 문제를 초래한다. 첫째, 마지막 샘플링된 비트는 잘못 수신된다. 둘째, 문자 카운트가 틀려진다. 만일 비트 7이 1이고 비트 8이 0이면 비트 8은 시작 비트로 잘못 인식된다. 이러한 오류를 프레밍 오류(framing error)라 하는데, 왜냐하면 한 문자와 시작비트 및 정지비트를 합쳐서 프레임(frame)이라 하기 때문이다. 프레밍 오류는 휴지 상태가 유지되는 기간 동안 어떤 잡음상태가 시작비트로 잘못 나타나게 되면 발생할 수 있다.

비동기 전송은 단순하면서 값도 싸고 효과적이기 때문에, 저속통신 같은 상황에서는 비동기 전송이 더 선택할 만하다. 예를 들어, 컴퓨터에 터미널을 연결하는 것은 비동기 전송의 자연스런 적용 예이다. 사용자는 한 번에 한 문자씩 자판을 두드리는데, 이는 데이터 처리속도에 비하면 극도로 느린 셈이 되며, 동시에 각 문자 사이에 예측할 수 없는 시간 간격을 남기므로 비동기 전송이 적합한 것이다.

하지만 비동기 전송은 문자당 2~3비트의 오버헤드(overhead)를 요구하므로 전송 효율이 떨어진다. 예를 들어, 8-비트 코드에서 한 비트의 정지비트를 사용할 때, 매 10비트마다 2비트는 아무 정보도 나르지 않고 단지 동기화 기능만 갖는다. 따라서 오버헤드는 20%가 된다. 오버헤드를 줄이기 위해 데이터 비트의 길이를 길게 할 수 있지만, 〔그림 2-29〕(c)에서 보듯이, 문자를 구성하는 비트들이 많을수록 축적되는 타이밍 오류는 더 커지게 된다. 따라서 더 많은 비트들을 대규모로 전송하기 위해서는 다른 전송 방식이 필요한데 이것이 동기 전송이다.

(2) 동기 전송

동기 전송(synchronous transmission)에서는 비트 흐름은 더 긴 프레임으로 합쳐지며, 이 프레임은 다수의 바이트를 담고 있다. 그러나 각 바이트를 전송 링크에 바이트와 다음 바이트 사이에 간격 없이 들어온다. 복호화하기 위해 비트 흐름을 바이트로 분리하는 것은 수신기의 몫이다. 다시 말하면, 데이터는 끊이지 않는 1과 0의 문자열로서 전송되고, 수신기는 정보를 재구성하기 위해서 이 문자열을 바이트나 문자들로 분리한다.

〔그림 2-30〕은 동기 전송의 개략적인 모습을 보여 준다. 바이트 사이에는 경계선이 그려져 있다. 그러나 실제로 이 경계선은 존재하지 않으며, 송신자는 하나의 긴 문자열로서의 데이터를 회선에 보낸다. 만일 송신자가 한묶음(burst)의 데이터를 보내고 잠시 후에 다시 한묶음의 데이터를 보내려고 한다면, 한묶음의 데이터들 사이의 간격은 유휴(idle)를 의미하도록 특별히 정해진 순서로 배열된 0과 1로 채워져야만 한다. 수신자는 도착하는 대로 비트들을 계산하고 이것을 여덟 비트 단위의 그룹으로 나눈다.

그림 2-30 동기 전송의 개념

수신장치에는 간격과 시간비트/정지비트를 사용하는 것 외에는 비트 흐름을 받는 도중에 비트의 동기화를 맞추도록 도와주는 그 어떤 메커니즘도 내장되어 있지 않다. 따라서 타이밍이 매우 중요하게 되며, 이는 수신된 정보의 정확도가 비트가 들어오는 대로 정확히 비트를 셀 수 있는 수신장치의 능력에 전적으로 의존하기 때문이다.

동기 전송(synchronous transmissions)을 사용하면 비동기 전송보다 통신을 더 효율적으로 수행할 수 있다. 문자나 비트들의 블록을 시작 비트나 정지 비트 없이 전송할 수 있으며, 각 비트의 정확한 출발과 도착시간이 예측 가능하다. 그러나 이를 정확히 수행하기 위해서는 송신기와 수신기간의 타이밍 차이가 없어야 한다. 즉, 송신기와 수신기의 클럭이 정확하게 동기화되어야 한다. 이것은 송신기와 수신기 사이에 별도의 클럭 회선을 제공하면 가능하다. 그렇지 않으면 데이터신호 내에 클럭 정보를 포함시켜야 한다. 디지털신호에서는 이것을 맨체스터 혹은 차동 맨체스터 부호화 기법을 사용하여 해결한다.(제4장 참조) 아날로그신호에서는 여러 가지 기술이 사용될 수 있다.

동기 전송에서는 수신기가 데이터 블록의 시작과 끝을 결정할 수 있도록 또 다른 레벨의 동기화가 요구된다. 이것을 이루기 위해서 각 데이터 블록은 프리앰블(preamble)비트 패턴으로 시작하고, 포스트앰블(postamble) 비트 패턴으로 끝나게 된다. 이러한 패턴을 제어정보라고 부르며, 데이터와 제어정보를 합쳐서 프레임(frame)이라 한다. 프레임의 정확한 형식은 사용되는 전송 구조가 문자 위주인지 비트 위주인지에 따라 다르게 된다.

〔그림 2-31〕는 동기식 전송 프레임의 형식을 나타내고 있다. 문자 동기식 전송에서는 데이터 블록을 연속된 문자열로 취급한다. 모든 제어 정보 역시 문자로 표현한다. 프레임은 하나 이상의 동기화 문자로 시작하며 동기화 문자는 수신기에 블록의 시작을 알리는 고유한 비트 패턴으로 SYN이라고 표시한다. 수신기는 SYN 문자가 수신되면 뒤이어 수신되는 데이터 블록을 인식하고 포스트 앰블 문자가 수신될 때까지 데이터를 수신한다.

비트 동기식 전송에서는 8비트의 길이를 가지는 플래그(flag)라고 하는 프리앰블로 프레임이 시작된다. 똑같이 포스트 앰블로 플래그가 사용된다. 수신기는 프레임 시작을 알기 위해서 플래그 패턴을 기다린다. 이 패턴이 온 다음 몇 개의 제어필드가 따르고, 그 뒤로 가변길이의 데이터 필드, 제어필드가 오며, 마지막으로 플래그가 온다. 비트 동기 방식과 문자 동기 방식의 차이점은 제어 정보의 내부 형식과 이를 해석하는 방법 등에 있다.

플래그 :8비트	제어필드	데이터 필드	제어필드	플래그 :8비트

그림 2-31 동기식 전송의 프레임 형식

상당히 큰 데이터 블록의 경우에 동기 전송이 비동기 전송보다 훨씬 효율적이다. 비동기 전송은 20% 이상의 오버헤드가 요구된다. 동기 전송에서 제어정보의 크기는 대체적으로 100비트 이내이다. 예를 들어, 비트 동기 방식을 사용하는 HDLC는 플래그를 포함하여 48비트의 제어 프리앰블, 포스트앰블을 포함한다. 따라서 1000개의 문자 블럭 메시지에 대해 각 프레임은 48비트 오버헤드와 $1,000 \times 8 = 8,000$비트의 데이터를 가지므로, 단지 $48/8048 \times 100\% = 0.5964\%$ 약 0.6%의 오버헤드를 갖는다.

동기전송의 장점은 전송속도가 높다는 것이다. 보내는 쪽에서 추가하고 받는 쪽에서 제거해야 할 별도의 비트나 간격이 없기 때문에, 회선을 통해 이동하는 비트 수가 적어지므로 동기 전송은 비동기 전송에 비해 더 빠르다. 이런 이유 때문에, 동기전송은 한 컴퓨터에서 다른 컴퓨터로의 데이터 전송 같은 고속 응용에 더욱 유용하다.

2.5 데이터 통신 인터페이스

컴퓨터와 같은 정보 처리 장치는 처리 결과 등을 먼 거리의 외부 장치에게 전송할 필요가 있다. 예를 들어 PC 통신을 하는 경우를 생각하여 보자. PC는 디지털 데이터를 발생시키지만 발생된 데이터를 전화선을 통해 전송하기 위해서는 반송 주파수로 변조시키는 모뎀과 같은 추가 장치가 필요한 것이다. PC로부터 발생된 데이터를 전송을 위해 다음 장치로 어떻게 중계할 수 있을까? 인터페이스라고 부르는 소형 통신 링크의 일종인 한 다발의 전선 묶음과 커넥터 등을 이용하는 것이다.

인터페이스는 두 개의 장치를 연결하지만, 제조업자가 다를 수 있기 때문에 그 특성은 반드시 정의되어야 하고 그 표준도 있어야 한다. 인터페이스 특성은 널리 알려진 몇 가지 표준으로 모두 기술되어 있는데 이에 대해서 소개하겠다.

2.5.1 DTE-DCE 인터페이스

데이터 통신 인터페이스에 관련된 컴퓨터 네트워킹의 중요한 두 가지 용어가 있다.

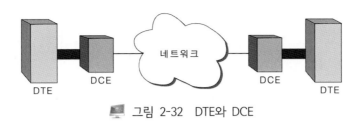

그림 2-32   DTE와 DCE

하나는 DTE이고, 또 다른 하나는 DCE이다. DTE는 데이터 단말장치(DTE; data terminal equipment)라고 하며, DCE는 데이터 회선종단장치(DCE; data circuit-terminating equipment)라고 부른다. 일반적으로 데이터 통신에 연관되는 기본 기능 단위에는 네 가지가 있으며, 이 네 가지란 [그림 2-32]의 한쪽 끝에 있는 DCE와 DTE 그리고 다른 쪽 끝에 있는 DCE와 DTE이다.

DTE는 데이터를 발생시키고 필수 제어문자를 더하여 DCE로 보낸다. DCE는 신호를 전송매체에 적합한 형식으로 바꾸고 이를 네트워크 링크에 전달하는 일을 수행한다. 신호가 네트워크의 수신측 끝에 도착하면, 이 과정은 역순으로 진행된다.

(1) 데이터 단말장치

데이터 단말장치(DTE)는 이진 디지털 데이터의 발신지나 목적지로서 작동할 수 있는 모든 설비를 포함한다. 물리층에서는 터미널, 마이크로컴퓨터, 컴퓨터, 프린터, 팩스 또는 디지털 데이터를 만들거나 소비하는 어떤 장치든지 데이터 단말장치가 될 수 있다. DTE는 정보를 발생시키고 소비하기는 하지만 다른 DTE와 직접적으로 통신할 수 없으며, DTE와 DTE간의 통신을 위해서는 매개체가 필요하다. 사람과 사람이 대화를 하는 경우를 생각해 보자. 이를테면 어떤 사람이 친구와 의사 소통하려고 어떤 생각을 가지고 있다고 하자. 의사 소통을 하기 전에 생각을 해야 한다. 생각은 두뇌에서 하지만 두뇌가 직접 친구의 두뇌에 이 생각을 전달할 수는 없다. 인간은 타인의 마음을 읽을 수 있는 능력이 없기 때문이다. 대신, 당신 두뇌 속의 생각은 성대와 입으로 전달되어 표현되고, 음파로 전환되어서는 공기나 전화선을 통해 친구의 귀에 전달되고, 이는 다시 친구의 두뇌에 전달되어 정보로 전환된다. 이 모델에서 당신과 친구의 두뇌는 DTE이다. 당신의 성대와 입은 DCE에 해당되며 친구의 귀 또한 DCE이다. 공기와 전화선은 전송매체로 비유할 수 있다.

(2) 데이터 회선 종단장치

데이터 회선 종단장치(DCE)는 네트워크를 통해 아날로그나 디지털 신호의 형태로 데이터를 전송하거나 수신하는 모든 장치를 총칭한다. DCE는 네트워크를 구성하는 여러 계층 중 최하위계층인 물리계층에서 동작한다. 즉, DCE는 DTE가 발생시켜 전송한 데이터를 받아 적합한 신호로 전환시킨 후, 원격통신 링크에 신호를 올린다. 이 계층에서 일반적으로 사용되는 DCE는 모뎀(modem)이다. 어떠한 네트워크이든지 DTE는 디지털 신호를 발생시켜 DCE로 전달하고, DCE는 데이터를 전송매체가 받을 수 있는 형태로 변환시켜 변환된 신호를 네트워크상의 다른 DCE로 보낸다. 그리고 DCE는 네트워크의 회선에서 신호를 받고 DTE가 사용할 수 있는 형태의 데이터로 변환한다. 이 통신이 가능하기 위해서는 송신하고 수신하는 DCE는 둘 다 동일한 변조 방법을 사용해야 하며, 이는 마치 영어만 이해하는 사람과 이야기하려고 할 때에는 영어로 말해야만 하는 것과 같다. 두 DTE가 서로간에 보조를 맞출 필요는 없지만, 각각은 자신의 DCE와는 보조를 맞추어야 하고, 두 DCE들은 데이터 전송이 오류 없이 완전하게 이루어지게끔 서로 보조를 맞추어야만 한다.

(3) 표준

오랜 동안 DTE와 DCE 사이의 연결을 규정하기 위해 많은 표준이 개발되었다(그림 2-33 참조). 비록 해결책은 서로 다르더라도, 각 표준은 연결의 기계적, 전기적, 기능적 특성에 대한 모델을 제공한다.

DTE-DCE 인터페이스 표준에 관련된 기관들 중에서 전자산업협회(EIA)와 국제전기통신연합-통신표준위원회(ITU-T)가 가장 적극적으로 활동하는 기관이다. 전자산업협회에서 제정한 EIA 표준은 EIA-232, EIA-449 등으로 부르고, ITU-T에서 제정한 ITU 표준은 V계열과 X계열로 불린다.

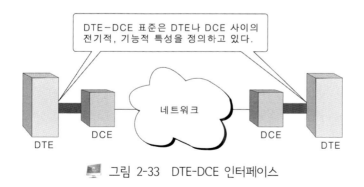

그림 2-33 DTE-DCE 인터페이스

2.5.2 EIA-232 인터페이스

EIA에 의해 개발된 중요한 인터페이스 표준 중 하나는 EIA-232로 이것은 DTE와 DCE 사이 인터페이스의 기계적, 전기적, 기능적 특성을 정의한다. EIA-232는 원래 1962년에 RS-232 표준으로 제정된 후 몇 번에 걸쳐 수정되었다. 가장 최근의 것인 EIA-232D는 사용되는 커넥터의 형태뿐만 아니라 특별한 케이블과 플러그 각 핀의 기능도 정의한다.

(1) 기계적 특성

EIA-232 표준의 기계적 규격은 양쪽 끝에 암수의 DB-25 핀 커넥터가 연결된 25선 케이블로서 인터페이스를 정의한다. 이 경우 케이블의 길이는 15미터를 초과할 수 없다.

DB-25 커넥터는 25개의 핀 또는 콘센트(receptacle)로 된 플러그인데, 각 핀은 단일 전선에 연결되어 정해진 특별한 기능을 수행하도록 규정되어 있다. 이런 설계를 통해 EIA는 DTE와 DCE간의 25가지 상호작용이 가능하도록 만들었다. 현재로는 정의된 기능 중 일부만 실제로 사용되지만, 표준안에는 미래의 필요한 기능을 포함하고 있다. 〔그림 2-34〕를 참고하라.

EIA-232는 한쪽에서는 수 커넥터로 끝나고 다른 쪽에서는 암 커넥터로 끝나는 25선식 케이블을 필요로 한다. 수 커넥터란 용어는 케이블에서 핀에 각각 연결된 전선을 가진 플러그를 말하며, DTE와의 연결에 사용된다. 암 커넥터란 용어는 케이블에서 금속관이나 덮개에 각각 연결된 전선을 가진 콘센트를 말하며 DCE와의 연결에 사용된다. DB-25 커넥터에서 이러한 핀과 관(tube)은 위에 13개와 아래에 12개씩 두 줄로 배열되어 있다.

(2) 전기적 특성

본 표준의 전기적 규격은 DTE와 DCE 사이에서 양방향으로 전송되는 신호의 형식과 전압 준위를 정의한다. EIA-232는 양의 전압으로 0을 정의하고 음의 전압으로 1을 정의하는 비영복귀(NRZ-L)부호화를 사용하여 모든 데이터를 논리 1과 0으로 전송하도록 규정한다.

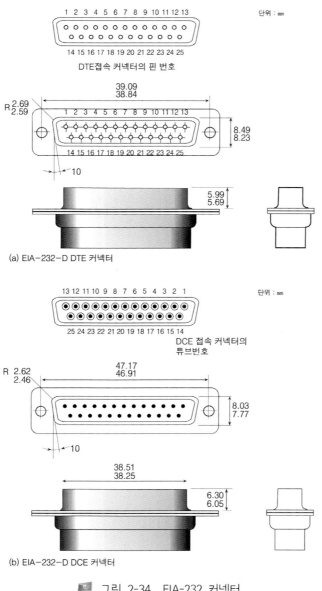

DTE접속 커넥터의 핀 번호

(a) EIA-232-D DTE 커넥터

DCE 접속 커넥터의 튜브번호

(b) EIA-232-D DCE 커넥터

그림 2-34 EIA-232 커넥터

데이터 송신을 위한 전기적 규격이 〔그림 2-35〕에 나타나 있다. EIA-232는 양의 전압과 음의 전압에 대해 두 개의 서로 떨어진 전압 범위를 정의하고 있다. 수신기는 허용된 범위 안에 해당하는 전압을 검사하여 신호로서 인식하고 받아들이지만, 그 외의 범위에 해당하는 전압은 인식하지 않는다. 데이터로서 인식되려면 신호의 진폭 값이 양의 전압은 3V에서 15V 사이에 위치해야 하고, 음의 전압은 -3V에서 -15V 사이에 있어야 한다. 두 개의 12볼트 범위 안으로 떨어지는 것을 유효신호로 인정함으로써, EIA-232는 잡음에 의해 신호가 손상되어 신호의 인식에 영향을 미치는 것을 최대한 방지한다. 다시 말하면, 펄스가 허용하는 범위 안에 떨어지는 한 펄스에 대한 해석이 가능하다.

〔그림 2-35〕에서는 잡음 때문에 곡선으로 축퇴된 방형파(square wave)를 보여준다. 네 번째 비트의 진폭은 원래 의도된 것(두 번째 비트의 진폭과 비교하여)보다 낮고, 하나의 단일전압에 머물러 있다기 보다는 많은 전압 범위에 걸쳐 있다. 만약 수신기가 단지 고정된 전압만을 찾으려 한다면, 이 축퇴된 펄스는 신호로 해석할 수 없을 것이다. 또한 수신기가 비트가 지속되는 전체시간 동안 단일전압을 유지하는 펄스만을 찾는다면 그 비트 역시 신호로 해석될 수 없을 것이다.

EIA-232 인터페이스에서 사용 가능한 25개의 회선 중에서 단지 4개 회선만이 데이터 송수신용으로 사용된다. 나머지 21개 회선은 제어와 타이밍, 접지 또는 시험 등을 위해 사용된다. 나머지 회선의 전기적 규격은 데이터 송수신 회선보다 간단하다. 3볼트 이상의 전압이 검출되면 ON으로 간주하고, -3볼트 이하의 전압이 검출되면 OFF로 간주한다. 〔그림 2-36〕에 제어 신호에 대한 전기적 규격이 나와 있다.

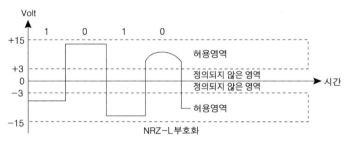

그림 2-35 데이터 송신에 대한 EIA-232 전기적 규격

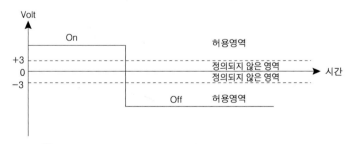

그림 2-36 제어 신호에 대한 EIA-232 전기적 규격

제어 신호의 규격은 데이터 송수신 규격과는 달리 양의 전압은 ON을 의미하고, 음의 전압은 OFF를 의미한다. 주의할 것은 장치가 동작하는 동안 제어 회선의 전선에 전압이 나타나지 않는다면 이는 회선이 OFF 상태를 의미하는 것이 아니라 정상적으로 작동하지 않는다는 것이다. 전기적 규격에서 중요한 또 하나의 기능은 비트 전송율에 대한 정의이다. EIA-232에서의 최대 비트 전송율은 20Kbps이며, 최대전송거리는 15m이다.

(3) 기능적 특성

EIA-232는 DB-25 커넥터의 25개 핀 각각에 대해 기능을 할당하여 정의하고 있다. 〔그림 2-37〕은 수 커넥터의 각 핀의 순서와 기능을 나타내고 있다. 암 커넥터는 수 커넥터와 거울에 비친 형태의 짝으로 연결된다. 즉, 플러그 핀1은 콘센트 1번 관과 짝이 되고, 플러그 핀2는 콘센트 2번 관과 짝이 되듯이 다른 것들 역시 마찬가지로 짝지워진다.

〔그림 2-37〕과 같이 핀2는 데이터 송신용인 반면에 핀3은 데이터 수신용으로 정의되어 있어 전 이중 통신이 가능하다. 모든 핀에 특정한 기능이 할당된 것은 아니다. 핀9와 핀10은 장래의 사용을 위해 남겨져 있으며, 핀11에는 어떠한 기능도 할당되지 않았다.

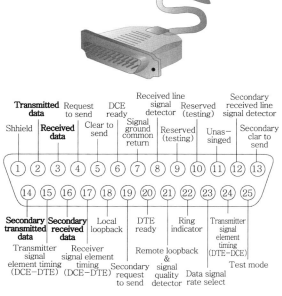

그림 2-37 EIA-232에서 각 핀의 기능적 규격

(4) 절차적 특성

절차적 특성은 특정한 응용을 위해 다양한 회선이 사용되는 순서에 대한 규격이다. 여기에서는 동기 전이중 통신 방식을 사용하여 EIA-232가 동작하는 절차를 예로 들어 설명하겠다. 전 과정이 [그림 2-38]에 나타나 있으며 전용 회선을 통해 1차 채널만을 사용하는 것으로 가정한다. 이 예에서 준비부터 해제에 이르는 절차는 다섯 단계로 구성되며, 전이중 방식이므로 DCE/DTE(컴퓨터/모뎀)는 동시에 데이터를 송수신할 수 있다. 그러나 EIA 동작 모델의 관점에서 보면 여전히 한 시스템은 통신을 개시하는 장치가 되고 다른 하나는 이에 대해 응답하는 장치로 구분된다.

1단계는 전송을 위한 인터페이스의 예비 동작을 보여 준다. 1번(차폐)과 7번(신호접지)의 두 접지회선은 송신하는 컴퓨터/모뎀 조합(왼쪽) 사이에서와 수신하는 컴퓨터/모뎀 조합(오른쪽) 사이 모두에서 활성화된다.

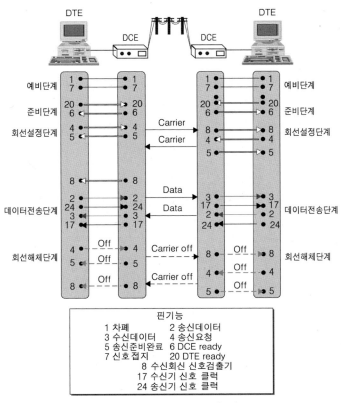

그림 2-38 EIA-232에서 동기 전이중 전송의 절차

2단계는 네 가지 장치 모두가 전송 준비가 되도록 확보한다. 우선 송신하는 DTE가 핀 20을 동작시키고 DCE에게 DTE 준비완료 메시지를 보낸다. DCE는 핀6을 동작시켜 DCE 준비완료 메시지를 되돌려줌으로써 답한다. 동일한 순서가 건너편의 수신측 컴퓨터와 모뎀에 의해 수행된다.

3단계는 송신하는 모뎀과 수신하는 모뎀 사이의 물리적 연결을 설정한다. 이 단계는 전송을 위한 전 단계로서 생각할 수 있다. 이 단계가 네트워크를 동작시키는 첫 번째 단계이다. 처음에 송신하는 DTE는 핀 4를 동작시키고 자신의 DCE에게 송신요청 메시지를 보낸다. DCE는 아무 일도 않고 있는 수신 모뎀에게 반송신호를 전송한다. 수신 모뎀이 반송신호를 감지하면 수신회선 신호감지 회선인 핀8을 동작시켜서 자신의 컴퓨터에게 전송이 곧 시작될 것임을 통지한다. 반송신호를 전송한 다음에 송신측 DCE는 핀 5를 동작시키고 자신의 DTE에게 송신준비완료 메시지를 보낸다. 건너편 컴퓨터와 모뎀도 같은 단계의 작업을 수행한다.

4단계는 데이터 전송 절차이다. 데이터 전송을 선도하는 컴퓨터는 24번 회로의 타이밍 펄스와 함께 2번 회로를 통해 데이터 흐름을 모뎀으로 전송한다. 모뎀은 디지털 데이터를 아날로그 신호로 변환시키고 네트워크를 통해 외부로 보낸다. 응답 모뎀은 신호를 검색하여 디지털 데이터로 다시 변환시키고 17번 회로의 타이밍 펄스와 함께 3번 회로를 거쳐 자신의 컴퓨터로 전달한다. 그러나 동시에 응답 컴퓨터는 24번 회로를 통해 타이밍 펄스와 함께 2번 회로를 통해 자신의 모뎀으로 디지털 데이터를 보낼 수도 있다. 응답하는 모뎀은 응답 데이터를 아날로그 신호로 변환시키고, 자신의 반송신호에 올려 네트워크를 통해 외부로 보낸다. 통신을 시작하는 모뎀은 신호를 검색하고 디지털 데이터로 변환하여 자신의 컴퓨터에게 17번 회로를 통해 들어온 타이밍 펄스와 함께 3번 회로를 따라 데이터를 컴퓨터로 전송한다.

5단계는 회선 해제 단계이다. 일단 양쪽이 전송을 마치면, 양쪽의 컴퓨터는 자신의 송신요청 선로를 해제한다. 모뎀은 반송신호와 수신회선 신호감지기에서 더 이상 감지되는 신호가 없으므로 자신의 송신준비완료 선로를 해제한다.

(5) 공 모뎀

두 개의 워크스테이션을 직접 연결하거나 워크스테이션에 터미널을 연결하는 경우처럼 같은 건물 안에서 두 개의 DTE를 연결해야 하는 가정을 해보자. 호환되는 두 개의 디지털 장치를 직접 연결하기 위해서는 모뎀은 필요 없다. 전화선과 같은 아날로그 회선을 통해 전송할 일이 없으므로 따라서 변조할 필요도 없다. 그러나 EIA-232 DTE-DCE 케이블에서처럼 데이터 교환을 다룰 인터페이스는 반드시 필요하다.

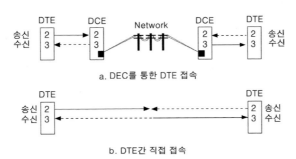

a. DEC를 통한 DTE 접속

b. DTE간 직접 접속

그림 2-39   DTE 사용 유무에 따른 데이터 송수신 핀의 연결

이러한 상황에서 사용할 수 있도록 EIA 표준이 제시한 해결책이 있는데 이를 공 모뎀(null modem)이라고 부른다. 공 모뎀은 DCE 없이도 DTE-DCE/DCE-DTE 연결과 같은 인터페이스를 제공한다. 하지만 왜 공 모뎀을 사용하는가? 인터페이스가 필요하다면, 표준 EIA-232 케이블을 그대로 사용하면 되지 않을까? 이 문제를 이해하기 위해서 〔그림 2-39〕를 보자. 〔그림 2-39〕(a)는 전화 네트워크를 이용한 연결을 보이고 있다. 두 개의 DTE가 DCE를 통해 정보를 교환하고 있다. 각 DTE는 핀2를 통해 데이터를 보내고 DCE가 이것을 핀 2에서 수신한다. 그리고 각 DTE는 DCE가 핀3을 사용하여 전송한 데이터를 자신의 핀3을 통하여 수신한다. 〔그림 2-39〕(a)에서 보는 것처럼, EIA-232 케이블은 DTE의 핀2를 DCE의 핀2에 연결하고 DCE의 핀3을 DTE의 핀3에 연결한다. 핀2를 사용하는 통신은 언제나 DTE로부터 밖으로 향하며, 핀3을 사용하는 통신은 언제나 외부에서 DTE로 들어간다. DCE는 신호의 방향을 인식하고 적절한 회로에 넘겨준다.

〔그림 2-39〕(b)는 두 개의 DTE 사이에서 동일한 연결을 사용할 때 어떤 일이 일어나는지를 보여준다. 적절한 핀과 신호를 주고받는 DCE가 없다면, 양쪽의 DTE는 똑같은 핀2 전선을 통해서 전송하고, 똑같은 핀3 전선을 통해 수신하려고 시도하게 된다. DTE가 서로 각자의 수신 핀이 아닌 상대편의 전송 핀에게 전송하게 되는 것이다. 수신회로(핀 번호3)는 전송에서 완전히 제외되므로 쓸모 없게 된다. 그리고, 송신회로(핀 번호2)는 어떠한 DTE에 의해서도 결코 수신될 수 없는 충돌 잡음과 일그러진 신호로 가득 차버린 상태로 더 이상 통신이 불가한 상황이 된다. 즉 어떠한 데이터도 한 장치에서 다른 장치로 전송될 수 없게 된다.

따라서 전송이 이루어지기 위해서는 첫 번째 DTE의 핀2를 두 번째 DTE의 핀3에 연결하고, 두 번째 DTE의 핀2를 첫 번째 DTE의 핀3에 연결되도록 전선이 교차되어야만 한다. 이 두 핀이 가장 중요하다. 물론, 몇 개의 다른 핀도 비슷한 문제를 갖고 있고, 따라서 다른 전선 역시 재연결이 필요하다.

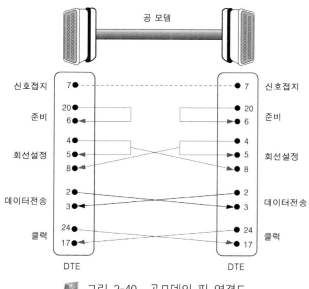

신호접지 7 ── 7 신호접지
준비 20, 6 ── 20, 6 준비
회선설정 4, 5, 8 ── 4, 5, 8 회선설정
데이터전송 2, 3 ── 2, 3 데이터전송
클럭 24, 17 ── 24, 17 클럭
DTE ── DTE

그림 2-40 공모뎀의 핀 연결도

공 모뎀은 양쪽 끝의 DTE가 그들 사이에 DCE로 연결된 네트워크를 가지고 있다고 생각하도록 만드는데 필요한 회로를 갖춘 EIA-232 인터페이스이다. 연결하는 것이 목적이므로 공 모뎀은 임의의 케이블이나 장치가 될 수 있으며 또는 우리가 원하는 대로 전선을 교차 연결할 수 있는 표준 EIA-232 케이블을 사용하여 직접 제작할 수도 있다. 이 중에서 케이블이 가장 일반적으로 사용되며 가장 편리하다. [그림 2-40]에 공모뎀의 핀 연결도가 나와 있다.

DCE를 통한 연결과 공모뎀을 사용한 연결의 차이는 다음과 같다. 공모뎀은 전선을 25개까지 가진다. 25개 중에서 가장 중요한 것은 DTE 대 DTE 전송을 위해 필요한 것들이다. EIA-232 DTE 대 DCE 인터페이스 케이블은 DTE 끝에서 암 커넥터를 가지고 DCE 끝에서 수 커넥터를 가지는 반면에, 공모뎀은 수 포트인 EIA-232 DTE 포트에 연결하도록 하기 위해 양쪽 끝이 암 커넥터로 된 것에 유의하라.

2.5.3 EIA-449 인터페이스

EIA-232는 데이터 전송률과 케이블 길이를 각각 20Kbps와 50피트(15미터)까지로 제한한다. 더 빠른 속도와 먼 거리를 원하는 사용자의 요구를 충족시키기 위하여, EIA는 추가 인터페이스 표준인 EIA-449를 제정하였다.

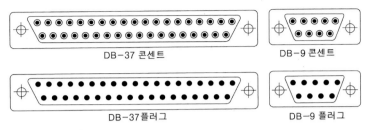

그림 2-41 DB-37 커넥터와 DB-9 커넥터

(1) 기계적 특성

EIA-449의 기계적 규격은 37핀(DB-37) 커넥터 하나와 9핀(DB-9) 커넥터 하나의 조합으로 이루어진 46개 핀을 정의한다. [그림 2-41]에 37핀(DB-37) 커넥터와 9핀(DB-9) 커넥터의 기계적 규격이 나와 있다.

(2) 기능적 특성

EIA-449의 기능 규격은 DB-37 커넥터에 대해 DB-25 커넥터와 유사한 특성들을 규정한다. 25핀 커넥터와 37핀 커넥터 사이의 주요 기능적 차이점은 2차 채널과 관련된 모든 기능들이 DB-37에서는 제거되었다는 것이다. 2차 채널은 드물게 사용되기 때문에 EIA-449는 이러한 기능들을 분리하여 두 번째 9핀 커넥터(DB-9)에 넣었다. 이런 방법으로 2차 채널은 그것이 필요한 시스템에서 쓰일 수 있다.

EIA-232와 호환성을 유지하기 위해 EIA-449는 데이터 교환, 제어, 타이밍 정보에 사용되는 두 범주의 핀을 정의한다(표 2-5 참조).

범주 I은 EIA-232와 호환되는 기능을 가진 핀들(비록 대부분이 새로운 이름이 붙여졌지만)을 포함한다. 범주 I의 각각의 핀에 대해, EIA-449는 첫 번째 열과 두 번째 열에서 하나씩 두 개의 핀을 정의한다. 예를 들어, 핀4와 핀22는 둘 다 데이터 전송이라고 불린다. 이 두 핀은 EIA-232의 핀2와 동일한 기능을 갖는다. 핀5와 핀23은 둘 다 타이밍 전송이라고 불린다. 그리고 핀6과 핀24는 데이터 수신이라고 불린다. 더욱 흥미로운 것은, 이러한 핀들의 쌍이 커넥터에서 아래 위로 인접하여 있으며, 반드시 두 번째 열의 핀이 첫 번째 열의 대응하는 핀의 아래에 위치한다는 것이다. DB-25 커넥터의 핀 번호를 붙이는 같은 방식으로 DB-37 커넥터의 핀 번호를 매긴다.

[표 2-6]은 DB-9 커넥터의 핀 기능을 열거하고 각각에 대응하는 EIA-232(DB-25)의 핀을 보이고 있다.

📺 표 2-5 DB-37 핀의 기능 정의

핀번호	기 능	범 주	핀번호	기 능	범 주
1	Shield		20	Receive Common	II
2	Signal rate indicator		21	Unassigned	I
3	Unassigned		22	Send data	I
4	Send data	I	23	Send timing	I
5	Send timing	I	24	Receive data	I
6	Receive data	I	25	Request to send	I
7	Request to send	I	26	Receive timing	I
8	Receive timing	I	27	Clear to send	I
9	Clear to send	I	28	Terminal in service	II I
10	Local loopback	II	29	Data mode	I
11	Data mode	I	30	Terminal ready	I
12	Terminal ready	I	31	Receive ready	I
13	Receive ready	I	32	Select standby	II
14	Remote loopback	II	33	Signal quality	
15	Incoming call		34	New signal	II
16	Select frequency	II	35	Terminal timing	I
17	Terminal timing	I	36	Standby indicator	II
18	Test mode	II	37	Send common	II
19	signature ground				

📺 표 2-6 DB-9 핀의 기능 정의

핀번호	기 능	DB-25 등가핀번호
1	Shield	1
2	Secondary receive ready	
3	Secondary send data	14
4	Secondary receive data	16
5	Signal ground	7
6	Receive common	12
7	Secondary request to send	19
8	Secondary clear to send	13
9	Send common	

범주 II핀은 EIA-232에는 없거나 재정의된 새로운 핀들로 정의되었다. 새로운 핀의 수와 기능은 다음과 같다.

● 지역회귀: 핀10은 지역회귀(local loopback)시험을 위해 사용된다.

● 원격회귀: 핀14는 원격회귀 시험을 위해 사용된다.

● 주파수 선택: 핀16번 핀은 두 개의 다른 주파수 사이에서의 선택을 위해 사용된다.

● 공통 수신: 핀20은 DCE로부터 비균형회로를 위한 공통신호 복귀회선을 제공한다.

● 서비스 중 터미널 핀28은 DCE에게 DTE가 동작하고 있는지 아닌지를 알려준다.

- 선택 대기: 핀32는 DTE가 동작하지 않는 경우에 대기장비의 사용을 요구할 수 있도록 해준다.
- 새 신호: 핀34는 1차 DTE가 여러 개의 2차 DTE를 제어하는 다저점 통신 응용을 위한 것이다. 핀34가 활성화되어 있다면, 하나의 DTE가 데이터 교환을 마치고 다음 DTE가 시작하려는 것을 나타낸다.
- 대기 지시기: 핀36은 선택 대기에 대한 응답으로 DCE로부터의 확신신호를 제공한다.
- 공통 송신: 핀37은 DTE로부터 DCE로의 비균형회로를 위한 공통신호 복귀회선을 제공한다.

(3) 전기적 특성

EIA-449는 전기적 규격을 정의하기 위한 두 가지 다른 표준을 사용한다. 즉 비평형 방식을 사용하는 RS-423와 평형 방식을 사용하는 RS-422이다.

- RS-423: RS-423은 비평형회로 규격으로서 이는 신호를 전파하기 위하여 오직 하나의 회선만을 정의한다. 이 표준에서의 모든 신호는 회로의 루프를 구성하기 위하여 공통 복귀(또는 접지)를 사용한다. 〔그림 2-42〕는 표준의 규격과 더불어 이러한 종류의 회로에 대한 간단한 소개이다. 비평형회로 방식을 사용할 경우 EIA-449의 범주 I에서는 각 쌍의 첫 번째 핀을, 범주 II에서는 모든 핀을 사용한다.

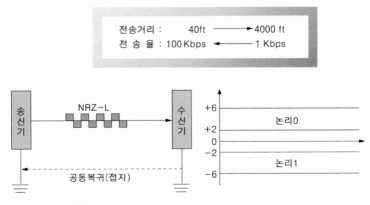

그림 2-42 RS-423 : 비평형 방식

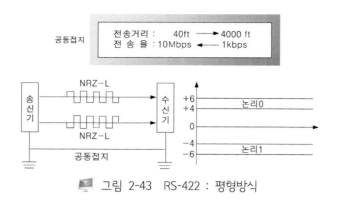

그림 2-43 RS-422 : 평형방식

● RS-422: RS-422는 평형회로 규격으로서 이는 신호를 전파하기 위하여 두 개의 회선을 정의한다. 복귀신호를 위하여 신호는 앞에서와 마찬가지로 공통 복귀(또는 접지)를 사용한다. 〔그림 2-43〕은 이 표준의 개관과 규격을 보여준다. 평형방식에서는 EIA-449는 범주 I의 양쪽 핀을 모두 이용하지만 범주 II의 핀은 사용하지 않는다. 이 표준에 대한 전기적 규격에서 볼 수 있듯이, 거리에 대한 데이터 전송률의 비율은 비평형 방식의 RS-423 표준이나 EIA-232 표준보다 훨씬 더 높아서 40피트 거리 전송에 10Mbps의 속도를 낼 수 있고, 1kbps의 전송률로 1200m를 전송할 수 있다.

평형방식에서 두 회선은 동일한 전송을 수행하지만 동일한 신호를 전달하지는 않는다. 한 회선의 신호는 다른 회선신호의 보원(complement)이다. 〔그림 2-43〕에 나타낸 바와 같이 보수는 원래 신호에 대한 거울 상으로 보인다. 두 실제 신호 중 하나를 듣는 대신에, 수신기는 둘 사이의 전압 차이를 감지한다. 이 메커니즘에 의해 평형회로는 비평형회로에 비해 잡음에 대해 덜 민감하게 되고, 성능이 향상된다.

수신기에 보수화된 신호가 도착하는 대로, 신호는 뺄셈기(차분 증폭기)를 통과하게 된다. 이 메커니즘은 신호를 해석하기 전에 첫 번째 신호로부터 두 번째 신호를 뺀다. 두 신호는 서로에 대하여 보수 관계이므로, 결과적으로 첫 번째 신호 값은 두 배가 된다. 예를 들어, 어느 순간에 첫 번째 신호가 5볼트라면, 두 번째 신호는 -5볼트가 될 것이다. 따라서 뺄셈의 결과는 5-(-5)이므로 10이 된다.

만일 잡음이 전송에 더해진다면, 양의 잡음은 두 신호에 양전위의 영향을 미치고, 음의 잡음은 두 신호에 음전위의 영향을 미칠 것이다. 결과적으로 잡음은 뺄셈하는 과정에서 제거되어진다. 〔그림 2-44〕에 평형 방식을 사용한 경우의 잡음 제거 효과가 설명되어 있다.

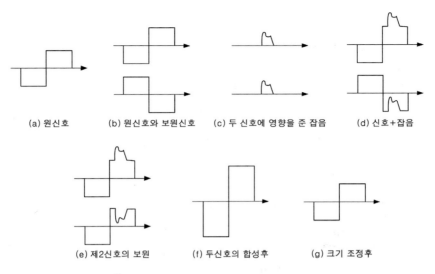

(a) 원신호   (b) 원신호와 보원신호   (c) 두 신호에 영향을 준 잡음   (d) 신호+잡음

(e) 제2신호의 보원   (f) 두신호의 합성후   (g) 크기 조정후

그림 2-44   평형 방식에서의 잡음 제거

예를 들어, 첫 번째 신호가 5볼트이고, 그 보수가 -5볼트인 시점에서 2볼트의 잡음이 나타났다고 하자. 잡음이 더해지면 첫 번째 신호는 7볼트로, 두 번째 신호는 3볼트로 왜곡된다. 그러나 7-(-3)은 여전히 10이다. 균형 전송이 뛰어난 데이터 전송률을 갖는 것은 이렇게 잡음의 영향을 제거시키는 능력 때문이다.

2.5.4 EIA-530 인터페이스

먼저 살펴본 바와 같이 EIA-449는 EIA-232에 비하여 훨씬 좋은 기능을 제공한다. EIA-449는 기존에 널리 사용되고 있던 DB-25 커넥터 대신 DB-37 커넥터를 채택하였다. 업계나 현장에서는 기존의 DB-25 커넥터의 사용을 고집하여 기능이 좋은 EIA-449 표준을 사용하는데 소극적이었다. 따라서 EIA는 새로운 표준의 수용을 장려하기 위하여 DB-25핀을 사용하는 EIA-449의 변형을 개발하였으니, 이것이 곧 EIA-530이다.

EIA-530의 핀 기능은 기본적으로 EIA-449의 범주 I핀의 기능에 범주 II의 세 가지 핀의 기능을 더한 것이다. EIA-232 핀 중에서 링 지시기, 신호 품질 감시기, 데이터 신호 전송률 선택기를 포함하여 몇 가지는 생략되었다. EIA-530은 2차 회로는 지원하지 않는다.

2.5.5 X.21

 X.21은 EIA 인터페이스에 존재하는 많은 문제를 해소하고, 동시에 모든 디지털 통신을 위한 길을 닦기 위해 ITU-T에 의해 설계된 인터페이스 표준이다.

 EIA 인터페이스 회선의 많은 부분은 제어 기능에 할애되어 있다. 각 표준들이 제어 기능을 독립된 신호로서 구현하기 때문에 이러한 회로는 필수적이다. 개별 회선을 사용하므로 제어정보는 오직 양전압과 음전압으로만 표현된다. 그러나 만일 제어신호가 ASCII 코드처럼 시스템으로부터 의미 있는 제어문자를 사용하여 부호화 된다면, 제어 신호는 데이터 회선을 통하여 전송될 수 있다.

 이러한 이유로 X.21은 EIA 표준의 제어회로 대부분은 제거하고, 대신에 제어통신량을 데이터 회로를 통하여 보내도록 하였다. 이러한 기능 통합이 가능하도록 하기 위해서는 제어코드를 데이터 회선을 통해 송신할 수 있는 비트 스트림으로 변환시킬 수 있는 논리회로를 DTE와 DCE 모두에 추가해야만 했다. 또한 받아들인 제어정보와 데이터 정보를 구별해 내는 추가적인 논리회로도 필요했다.

 이러한 설계는 X.21이 보다 적은 핀을 사용할 수 있도록 할뿐만 아니라, DTE와 DCE 사이에서보다는 네트워크를 통해 장치에서 장치로 제어정보가 전송되는 경우의 디지털 원격통신에 X.21이 사용될 수 있는 배경이 되고 있다. 디지털 기술이 등장함에 따라 발신, 재발신, 보류 등을 포함하는 더 많은 제어 정보가 다루어져야만 한다. X.21은 모뎀같이 디지털 컴퓨터를 아날로그 장치에 연결하는 인터페이스로서도 유용하고, 뒤에 기술한 ISDN과 X.25같이 디지털 컴퓨터와 디지털 인터페이스 사이의 연결 장치로서도 유용하다.

 X.21은 산업계 표준이 된 64Kbps의 전송속도를 갖는 평형회로와 함께 동작하도록 설계되었다.

 〔그림 2-45〕는 X.21에 규정된 커넥터인 DB-15이다. 이름에서 보듯이 DB-15는 15핀 커넥터이다.

DB-15콘센트   DB-15플러그

그림 2-45 DB-15 커넥터 규격

표 2-7 DB-15 핀의 기능 정의

핀번호	기 능	핀번호	기 능
1	shield	9	Transmit data or control
2	Transmit data or control	10	Control
3	Control	11	Receive data or control
4	Receive data or control	12	Indication
5	Indication	13	Signal element timing
6	Signal element timing	14	Byte timing
7	Byte timing	15	Received
8	Signal ground		

- 바이트 타이밍: X.21에 의해 제공되는 또 다른 장점은 EIA 표준에 의해 제공되는 비트 동기화와 함께 바이트 동기화를 제어하기 위한 타이밍 회선이다. 바이트 타이밍 펄스(핀7과 핀14)를 추가함으로써, X.21은 전체적인 전송 동기화를 향상시킨다.

- 제어와 지시: DB-15 커넥터의 핀3과 핀5는 전송이 시작에 대한 합의 혹은, 초기 핸드 쉐이크(initial handshake)를 위하여 사용된다. 핀3은 송신요청에 해당하는 것이며 핀5는 송신준비완료에 해당한다. 〔표 2-7〕에 각 핀의 기능이 나열되어 있다.

연습문제

1. 다음의 각 상황에 대해 해당하는 전송 방식을 말하고, 그 이유를 설명하세요.
   (1) 컴퓨터 본체와 모니터의 연결
   (2) 텔레비전 방송
   (3) 가변 차선
   (4) 어머니와 고모의 대화
   (5) 컴퓨터 본체와 자판의 연결
   (6) 여야 의원들간의 열띤 논쟁

2. 지점간 연결과 비교한 멀티포인트 연결의 장점은 무엇인가?

3. 연속 신호와 이산 신호를 비교 설명하시오.

4. 아날로그 정보와 디지털 정보의 예를 2가지씩 말하시오.

5. 정현파의 3가지 특징을 쓰고 설명하시오.

6. 신호의 대역폭이란 무엇인가?

7. 다음을 아날로그 정보와 디지털 정보로 구분하시오.
   (1) 자신의 키
   (2) 내 발가락의 수
   (3) 우유팩에서 컵에 부은 우유의 양
   (4) 자동차 운전면허 필기시험 점수
   (5) 컴퓨터 실습실에 있는 컴퓨터의 수
   (6) 수업을 하고 있는 강의실의 온도

8 진폭 10V, 주파수 6Hz, 위상 90도인 정현파를 시간 영역에서 1초 동안 그리시오.

9 아래의 두 정현파를 같은 시간 영역의 축에 1초 동안 그리시오.
  (1) 신호 A : 진폭 20, 주파수 5, 위상 0
  (2) 신호 B : 진폭 5, 주파수 5, 위상 90

10 아래의 두 정현파를 같은 시간 영역의 축에 1초 동안 그리시오.
  (1) 신호 A : 진폭 20, 주파수 5, 위상 0
  (2) 신호 B : 진폭 10, 주파수 10, 위상 0

11 진폭과 위상이 같고 주파수가 0Hz, 4Hz, 16Hz, 40Hz인 4개의 정현파로 분해되는 신호의 대역폭은 얼마인가?

12 다음 주파수를 가진 신호의 주기를 계산하라.
  (1) 40Hz
  (2) 8kHz
  (3) 256kHz
  (4) 4GHz

13 다음에 주어진 주기에 해당하는 주파수를 계산하라.
  (1) 10 s
  (2) 125 μs
  (3) 220 ns
  (4) 125 ps

14 전송과정에서의 손상 요인은 세 가지가 있다. 세 가지를 쓰고 설명하라.

15 300Hz의 대역폭을 가지며 SNR이 3dB인 채널의 용량을 계산하시오.

16 채널의 대역폭은 3MHz인데 20Mbps의 용량을 전송하고 할 때 얼마의 SNR이 필요한가?

17 아날로그와 비교한 디지털 전송 방식의 장점을 설명하시오.

18 100개의 ASCII 문자를 비동기 직렬 전송방식으로 전송하려면 최소한 몇 개의 추가 비트가 필요한가? 전송 효율을 백분율로 나타내시오.

19 동기 직렬 전송과 비동기 직렬 전송의 장점을 설명하시오.

20 자판으로부터 컴퓨터 본체로의 문자 전송이나 단말기에서 호스트로의 문자 전송은 비동기적이다. 그 이유를 설명하시오.

21 DTE와 DCE를 설명하라.

22 EIA-232의 기계적 특성이 기술하는 것은 무엇인가?

23 EIA-232의 전기적 특성이 기술하는 것은 무엇인가?

24 EIA-232의 기능적 특성에서 기술하는 것은 무엇인가?

25 평형 회로와 비평형 회로의 차이를 설명하시오.

26 공모뎀이 필요한 이유를 설명하시오.

27 전화선을 이용한 컴퓨터의 통신에 모뎀이 필요한 이유를 설명하시오.

28 X.21에서 제어 신호를 어떻게 다루는가?

데이터 통신과 컴퓨터 네트워킹

전송매체

3

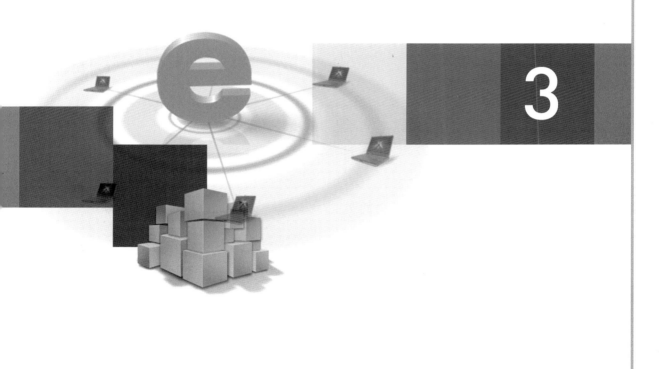

데이터 통신과 컴퓨터 네트워킹

제3장

전송매체

전송매체는 데이터 전송 시스템에 있어서 수신기와 송신기를 연결하는 물리적인 데이터 전송로이다. 전송매체는 유도매체와 비유도매체로 분류된다. 두 가지 경우 모두, 통신을 위한 물리량으로 전자기파를 사용한다. 유도매체에는 트위스트 페어, 동축케이블 및 광섬유가 있다. 전자기파는 구리 또는 유리(석영)와 같은 고체로 된 매체를 통하여 전파한다. 즉, 전자기파는 구리선을 피복으로 둘러싼 트위스트 페어에서 구리를 매체로 전파하며, 구리로 된 심선과 이를 둘러싼 원통 및 중간의 절연체로 채워진 동축케이블에서도 구리를 매체로 전파한다. 그리고 광섬유에서는 석영(SiO_2)과 같은 고체매체를 통해 유도되어 전파하는 것이다. 대기와 자유 공간은 전자기적 신호를 유도하지는 않지만 전자기 신호의 전송을 제공하는 비유도 매체의 예이다. 이러한 형태의 전송을 보통 무선전송이라 한다.

전송매체의 특성과 질은 이 매체의 특성과 신호의 특성에 의해 결정된다. 유도매체의 경우, 전송매체 자체가 전송의 한계를 결정짓는 중요한 요인이 된다. 전송 매체에 따라 데이터 전송속도, 대역폭에 차이가 있으며, 이에 따라 중계기 설치 간격이 달라진다.

비유도매체의 경우, 송신 안테나에 의해 만들어지는 신호의 대역폭은 전송특성을 결정하는데 있어 유도매체보다 더욱 중요하다. 안테나에 의해 송신되는 신호의 중요 특성 중 하나는 지향성(line of sight)이다. 일반적으로 낮은 주파수(30MHz~1GHz)의 신호는 다방향성(omnidirectional)의 특성을 갖는다. 즉, 신호는 안테나로부터 모든 방향으로 전파된다. 보다 높은 주파수(2~40GHz)의 신호는 지향성을 갖기 때문에 빔으로 초점을 맞추는 것이 가능하다. 이러한 주파수의 신호는 고도의 방향성을 가지므로 점대 점 전송에 적합하다.

데이터전송 시스템의 설계를 고려할 때 일반적으로 고려되는 핵심사항은 데이터 전송률과 전송거리이다. 데이터 전송률과 전송거리는 클수록 좋다. 전송매체와 전송신호에 관련되는 몇 가지 설계요소는 데이터 전송률과 거리를 결정한다.

● 대역폭: 모든 다른 요소가 일정하다면, 신호의 대역폭이 클수록 전송 가능한 데이터 전송률이 더 크다.

● 전송손상: 감쇠와 같은 손상은 거리를 제한한다. 유도매체에서 트위스트 페어는 일반적으로 동축케이블보다 더 손상이 크고 또한 동축케이블은 광섬유보다 더 손상이 크다.

● 혼신: 주파수대역이 중첩되는 다른 신호로부터의 혼신은 신호를 왜곡시키거나 감소시킨다. 특히 혼신은 비유도매체에 주로 관련되지만 유도매체에서도 발생한다. 유도매체에서의 혼신은 인접한 케이블로부터의 전자파 방사에 의해 나타날 수 있다. 예를 들어, 트위스트 페어는 주로 하나의 다발로 묶이고 다중 케이블 도관을 통해 설치된다. 유도매체의 적절한 차폐 구조가 이 혼신을 최소화시킨다. 혼신은 비유도 전송매체에서도 크게 영향을 주는 문제이다.

● 수신기의 수: 유도매체는 점 대 점 링크 혹은 다중 부착물을 가진 공유매체를 구성하는데 사용될 수 있다. 후자의 경우 각 부착물은 신호의 감쇠를 초래하게 되고 회선상의 신호를 왜곡시켜 전송거리나 데이터 전송률을 제한하게 한다.

[그림 3-1]은 다양한 유도매체와 비유도 전송기술에서 사용되는 주파수를 표시하고 전자기적 스펙트럼을 보여준다. 이 장에서는 물리적으로 시스템을 서술하고, 중요한 전송특성을 소개하겠다.

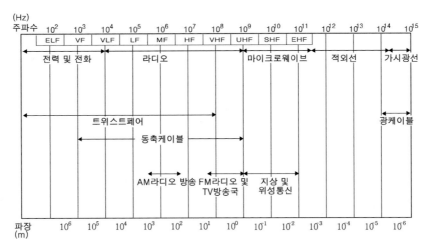

ELF= Extremly low frequency MF = Nedium frequency UHF = Ultrahigh frequency
VF = Voice frequency HF = High frequency SHF = Superhigh frequency
VLF = Very low frequency VHF = Very high frequency EHF = Extremely high frequency
LF = Low frequency

그림 3-1 통신용 전자기 스펙트럼

3.1 유도 전송매체

유도 전송매체에서 데이터 전송률이나 대역폭에 관계된 전송용량은 매체를 통한 연결이 점대 점 방식이냐 혹은 멀티포인트 방식이냐에 따라 달라지며, 전송거리에도 의존한다. LAN에 대한 이들 매체의 사용에 대한 논의는 제8장에서 다루겠다.

데이터 전송에 공통적으로 사용되는 세 가지 유도매체는 트위스트 페어, 동축케이블 및 광섬유이다. 이들 각각에 대해 살펴보기로 하자.

3.1.1 트위스트 페어

트위스트 페어는 가장 저가이고 가장 널리 쓰이는 유도 전송매체로서, 구리선을 피복으로 둘러싸고, 이를 꼬아 놓은 구조를 가지고 있다. 〔그림 3-2〕에 트위스트 페어의 그림이 나와 있다.

(1) 물리적 특성

트위스트 페어는 두 가닥의 절연된 구리선을 균일하게 서로 꼬아 놓은 형태이다. 한 쌍의 트위스트 페어가 〔그림 3-2〕에 그려져 있다. 이 하나의 쌍이 하나의 통신링크로서 사용된다.

일반적으로 여러 개의 이러한 쌍이 다발로 묶어져 하나의 케이블을 형성하고, 이 케이블은 보호용의 외피로 감싸지게 된다. 장거리용의 경우에는 케이블이 수백 개의 쌍을 가질 수도 있다. 〔그림 3-3〕에는 5쌍의 트위스트 페어를 가진 케이블을 그린 것이다. 각각의 쌍들은 서로 감겨 있기 때문에 인접한 다른 쌍들과의 누화 간섭현상을 최소로 줄이게 된다. 다발 내의 인접한 쌍들은 누화나 간섭을 줄이기 위해 서로 다른 위치에서 꼬아 묶이게 된다. 트위스트 페어의 트위스트 길이는 2~6인치(5.08~15.24cm)이고, 쌍 내에서의 전선의 굵기는 0.016~0.036인치(0.04064~0.09144cm) 가량이다.

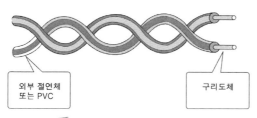

외부 절연체 또는 PVC

구리도체

그림 3-2 트위스트 페어

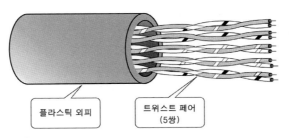

플라스틱 외피

트위스트 페어
(5쌍)

🖥 그림 3-3 5쌍의 트위스트 페어를 가진 케이블

(2) 용도

아날로그 신호와 디지털 신호에서 가장 흔히 사용되는 전송매체는 트위스트 페어이다. 이 트위스트 페어는 전화통신 시스템의 근간 매체일 뿐만 아니라, 건물 내의 통신 매체로 유용하게 사용되고 있다.

전화 시스템의 경우, 각 주택의 전화기는 트위스트 페어의 의해 전화국의 로컬 전자 교환기, 즉 단말국(end office)에 연결되어 있는데, 이를 로컬 루프(local loop)라고 한다. 사무실용 건물 내의 경우에서 전화통신은 흔히 사설 전화교환기(Private Branch Exchange: PBX)에 의해 한 건물 내에 있는 여러 대의 전화를 교환해주는 구내 전화 교환 시스템이다. 구내 전화번호로 건물 내부간의 통화를 가능하게 하며, 외부로의 전화는 지역 단말국(local end office)으로의 연결을 통해 가능하다. 건물 내에서 전화들은 트위스트 페어를 통해 접속되어 있다. 이들 트위스트 페어 설비는 아날로그 신호 방식을 사용한 음성 신호를 전송하기 위해 설계되었다. 그렇지만 모뎀을 사용하면 이들 설비는 적절한 데이터 전송률로 디지털 데이터 트래픽을 취급할 수 있다.

트위스트 페어는 디지털 신호 방식을 지원할 수 있는 가장 일반적인 매체이다. 빌딩 내의 디지털 데이터 스위치나 디지털 PBX의 연결에서는 64kbps의 데이터 전송률이 공통적으로 사용된다. 트위스트 페어는 역시 개인용 컴퓨터를 지원하는 근거리망을 위해 빌딩 내에서 통상적으로 사용되고 있다. 그러한 제품을 위한 데이터 전송률은 10Mbps이고, 이를 확장하여 100Mbps의 데이터 전송률을 갖는 트위스트 네트워크가 개발되었다. 최근에는 제한적이기는 하지만 1Gbps의 데이터 전송률을 지원하는 시스템도 개발되었다. 이들은 네트워크의 지역적인 범위와 부착되는 디바이스 수에 제한이 있다. 원거리망 응용에서 트위스트 페어는 4Mbps나 혹은 그 이상의 데이터 전송률로 사용될 수 있다.

트위스트 페어는 다른 공통적으로 사용되는 유도 전송매체(동축케이블, 광섬유)보다 싸고 작업하기에 더 편리하다. 그러나 데이터 전송률과 거리에서는 제한이 크다.

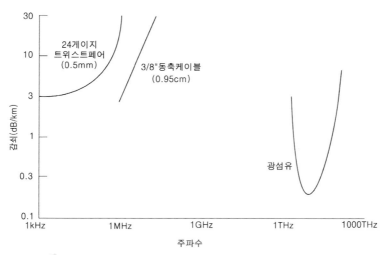

그림 3-4 주파수에 따른 유도 전송 매체에서의 감쇠량

(3) 전송 특성

디지털과 아날로그 신호를 모두 전송할 수 있으며, 디지털인 경우는 2~3km마다 중계기가 필요하고, 아날로그인 경우 5~6km마다 증폭기가 필요하다.

트위스트 페어는 다른 전송매체와 비교할 때 거리, 대역폭, 데이터 전송률에 있어서 상대적으로 많은 제약점을 갖는다. 〔그림 3-4〕에서와 같이 신호의 감쇠는 주파수에 대한 함수로 표현된다. 지름 0.5mm인 트위스트 페어(24게이지)의 경우, 1kHz의 주파수에서 3dB의 감쇠량을 보이지만 1MHz의 주파수에서는 감쇠량이 기하급수적으로 증가하여 30dB가 넘어 선다.

다른 손상요인들도 트위스트 페어에 대해서는 동축이나 광 케이블보다 매우 강하게 영향을 준다. 전기 신호는 전자기장과 쉽게 결합될 수 있는 특성을 지니고 있으므로 간섭이나 잡음에 매우 민감한 반응을 보이는 것이다. 외부로부터 오는 잡음은 쉽게 평행한 전선에 영향을 줄 수 있지만 2선을 꼬아 놓게 되면 잡음의 영향을 줄일 수 있다.

과거에는 병렬로 된 2개의 평행한 전선이 통신에 사용되었다. 그러나 고정된 장치에 의해 발생되는 전자기 간섭은 〔그림 3-5〕와 같이 잡음을 유발할 수 있다. 즉, 두 전선이 병렬이므로 잡음원에 가까운 전선은 더 많은 간섭을 받게 되고, 잡음원에서 떨어진 전선은 보다 적은 간섭을 받게 되어, 결과적으로 고르지 않은 부하와 신호 손상을 유발한다. 잡음원에 가까운 전선의 잡음 효과를 20단위라 하고, 잡음원에서 떨어진 전선의 잡음 효과를 16단위라고 하면 수신기에서 받는 잡음의 전체 효과는 4(=20-16)단위가 된다.

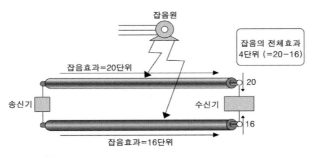

그림 3-5 평행한 회선에서의 잡음의 효과

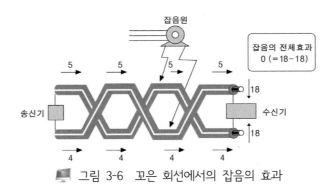

그림 3-6 꼬은 회선에서의 잡음의 효과

만약 두 전선을 규칙적인 간격으로 서로 꼰다면, 각 전선은 잡음원에 영향을 받는 시간의 절반은 잡음원에 가까이 있고, 나머지 절반은 멀어져 있다. 따라서, 이렇게 꼬아줌으로써 간섭의 누적된 효과는 〔그림 3-6〕과 같이 두 전선 모두에 동일하게 나타난다. 즉, 꼬아진 전선의 각 부분이 잡음원에 가까이 있을 때는 5단위의 잡음 효과를 받고, 떨어져 있을 때는 4단위의 잡음 효과를 받는다. 하지만 수신기에 미치는 잡음의 전체 효과는 0(=18-18)이 된다. 전선을 꼬아 주었다고 하여 잡음의 영향을 모두 없앨 수 있는 것은 아니지만 상당한 정도의 감소 효과가 있다.

손상의 영향을 감소시키기 위한 여러 가지 연구 및 실험을 통해 많은 개선이 이루어졌다. 금속망으로 전선을 감싸고 이를 접지시킴으로서 심선을 타고 전파하는 신호는 외부 신호로부터의 간섭을 많이 감소시킬 수 있다. 트위스트 페어는 그들 각각의 전선을 꼬는 길이를 다르게 함으로써 누화현상을 감소시킨다. 전선을 꼬는 것 자체는 저주파에서의 간섭현상을 감소시킨다.

점대 점 아날로그신호 전송에 대해서는, 약 250kHz까지의 대역폭으로 전송이 가능하다. 이것은 많은 음성채널을 수용할 수 있게 한다. 디지털의 점대 점 회선에 대하여, 최대 수 Mbps까지의 전송률을 얻을 수 있다. 매우 짧은 거리에 대해서 100Mbps까지의 데이터 전송이 가능한 제품이 상용화되었고 현재 출하되어 있다.

| 플라스틱 외피 | 차폐용 금속 | 절연체 | 구리선 |

그림 3-7 차폐 트위스트 페어

(4) 비차폐 및 차폐 트위스트 페어

트위스트 페어에는 두 가지 종류가 있다. 즉, 비차폐 트위스트 페어(Unshielded Twist Pair)와 차폐 트위스트 페어(Shielded Twist Pair)이다. 비차폐 트위스트 페어(UTP)는 원래 전화선이다. 일반적으로 사무용 빌딩은 전화 통신에 필요한 것보다 더 많은 여분의 비차폐 트위스트 페어가 미리 배선되어 있다. 이것은 근거리망을 위해 공통적으로 사용되는 모든 전송매체 중 가장 싼 매체이고 설치하기가 단순하며 작업하기가 편하기 때문에 실제 필요한 회선보다 많은 쌍을 배선하는 것이다. 이는 나중의 사용을 위하여 여분의 회선을 포설하는 것이 더 경제적이고 편리하기 때문이다.

비차폐 트위스트 페어는 인접한 트위스트 페어나 주변 환경에서 발생되는 잡음으로부터의 영향을 크게 받으며, 외부의 불필요한 전자기적 신호에 민감하다. 이 매체의 특성을 개선하는 방법은 간섭을 감소시키도록 금속으로 짠 망이나 외피를 가지고 트위스트 페어를 차폐시키는 것이다. 차폐 트위스트 페어(STP)의 모양이 〔그림 3-7〕에 나와 있다.

같은 데이터 전송율에서 차폐 트위스트 페어(STP)는 비차폐 트위스트 페어(UTP)보다 더 좋은 성능을 제공한다. 그러나 비차폐 트위스트 페어보다 작업하기 어렵고 더 비싸지는 단점이 있다.

(5) 카테고리 3 및 카테고리 5 UTP

대부분의 사무용 건물에는 보통 음성급이라고 하는 트위스트 페어로 미리 배선되어 있다. 음성급 트위스트 페어가 이미 포설되어 있기 때문에 LAN의 전송 매체로서 이를 사용하면 LAN용 케이블 설치를 위한 추가 공사 및 재원을 필요로 하지 않는다. 그러나 음성급 트위스트 페어를 사용할 경우, 불행하게도 우리가 필요로 하는 수준의 데이터 전송률과 전송 거리를 제공하지 못한다.

이에 따라 건물 내 데이터 통신을 위해 음성급 비차폐 트위스트 페어의 사용을 규정한 상업용 빌딩 통신 케이블링 표준인 EIA-568이 1991년에 제정되었다. EIA-568은 그

당시의 사무실 환경에서 필요로 하는 주파수 범위와 데이터 전송률에 대해 요구 수준을 적절하게 만족하였다. 그 때까지 LAN 설계에 대한 주요 관심은 데이터 전송률이 1Mbps~16Mbps의 범위였다. 이어서 사용자가 고성능의 워크스테이션급 컴퓨터를 사용하면서 100Mbps수준의 데이터 전송률을 필요로 하게 되고, 이에 따라 기존의 값싼 케이블로 100Mbps를 전송할 수 있는 LAN 서비스 방안을 찾게 되었다. 이러한 요구에 의해서 EIA-568-A가 1995년에 제정되었다. 새로운 표준은 케이블과 커넥터 설계와 시험방법에서의 진일보된 표준이었다. 이것은 150Ω의 차폐 트위스트 페어와 100Ω의 비차폐 트위스트 페어를 포함한다.

EIA-568-A에는 UTP 케이블링의 세 가지 카테고리(category)를 포함한다.

● 카테고리 3: 전송특성이 16MHz까지 규정된 UTP 케이블과 관련
● 카테고리 4: 전송특성이 20MHz까지 규정된 UTP 케이블과 관련
● 카테고리 5: 전송특성이 100MHz까지 규정된 UTP 케이블과 관련

이들 중 LAN의 응용에서 가장 주목을 받는 것은 카테고리 3과 카테고리 5이다. 음성급에 해당하는 카테고리 3은 대부분의 사무용 빌딩에서 많이 사용되었다. 제한된 거리 상에서 또 적절한 설계로 16Mbps까지의 데이터 전송률이 카테고리 3으로 제공된다. 카테고리 5는 데이터급 케이블로서 요즈음에는 새로 짓는 사무용 건물에서 미리 설치되고 있어 점차로 일반화되고 있다. 카테고리 5는 제한된 거리 상에서 또 적절한 설계로 100Mbps까지의 데이터 전송이 가능하다.

카테고리 3과 카테고리 5 케이블의 중요한 차이는 단위 거리당 케이블에서 전선을 꼬아 놓은 횟수이다. 카테고리 3이 ft당 3~4개의 트위스트가 있는데 비해서 카테고리 5는 좀 더 조밀하게 트위스트 되어 보통 인치당 3~4개의 트위스트가 있다. 트위스트를 조밀하게 하면 더 비싸지지만 더 좋은 성능을 제공한다.

〔표 3-1〕에는 EIA-568-A에서 규정한 STP와 함께 카테고리 3과 카테고리 5 UTP의 성능을 요약해 놓았다. 신호의 세기는 전송매체 상에서 거리가 증가함에 따라 작아진다. 유도매체에서 감쇠는 일반적으로 로그함수의 형태로 나타나고, 단위 거리당 데시벨 수치로서 표시된다. 설계자는 감쇠 특성을 고려하여 다음의 세 가지 사항을 만족하도록 설계해야할 것이다. 첫째, 수신기의 전자회로가 신호를 검출하여 해석할 수 있을 정도로 수신된 신호는 충분한 크기를 가져야 한다. 둘째, 오류가 발생하지 않을 정도로 신호는 잡음보다 충분히 커야 한다. 셋째, 감쇠는 주파수가 증가함에 따라 증가하는 특성을 보이고 있다.

표 3-1 UTP와 STP의 특성 비교

주파수 (MHz)	감쇠(dB per 100 m)		
	카테고리 3 UTP	카테고리 5 UTP	150-ohm STP
1	2.6	2.0	1.1
4	5.6	4.1	2.2
16	13.1	8.2	4.4
25	—	10.4	6.2
100	—	22.0	12.3
300	—	—	21.4

3.1.2 동축케이블

(1) 물리적 특성

동축케이블(coaxial cable)은 내부의 단일 심선과 그를 감싸고 있는 원통형의 외부 도체로 구성된다. 동축케이블도 트위스트 페어와 마찬가지로 두 개의 도체로 구성되지만, 트위스트 페어보다 넓은 주파수 범위를 갖는다. 동축케이블의 내부 도체는 단일 심선이며, 외부 도체는 구리로 된 매끈한 원통형(solid cylinder)이거나(그림 3-8 (a)), 가는 구리선을 옷감처럼 짠 망형(그림 3-8 (b))일 수도 있다.

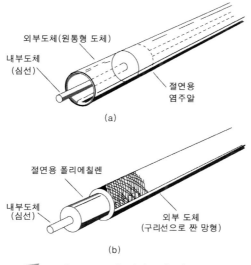

그림 3-8 동축케이블의 내부 구조

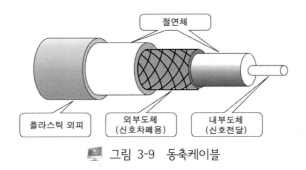

그림 3-9 동축케이블

 내부 도체와 내부 도체의 거리는 균일 간격으로 그 사이는 절연체로 채워져 있어 내부 도체와 외부 도체는 일정한 거리를 유지하게 된다. 외부 도체는 다시 절연체로 둘러 쌓은 후, 다시 전체 케이블을 보호하는 프라스틱 등으로 된 표피로 감싸여 있다. 표피는 외부의 물리적 충격으로부터 내부를 보호한다. 〔그림 3-9〕를 참조하라.

 한 가닥의 동축케이블의 지름은 0.4~1인치 가량이다. 차폐된 동심원 구성이기 때문에 트위스트 페어보다 외부로부터의 잡음에 강하다.

(2) 용도

 동축케이블은 용도가 다양한 전송매체로서 주요한 용도는 다음과 같다.

 유선 방송에서 텔레비전 신호를 각 가정에 분배하는데 사용한다. 원거리에 서비스를 제공하기 위해 설계된 CATV의 보급으로부터 시작해서 유선 TV는 궁극적으로 전화만큼이나 널리 보급될 것이다. CATV 시스템은 수십 마일 이내의 거리에서 수백 개의 TV 채널을 전송할 수 있다.

 동축케이블은 장거리 전화(long-distance telephone)용 대용량 트렁크의 전송 매체로 많이 사용되고 있다. 최근에는 마이크로웨이브와 광케이블과 경쟁하면서 같이 사용되고 있는데, 앞으로 오랫동안 많이 사용되는 전송매체로 남아있을 것이다. 대용량 전송을 위해 주파수 분할 다중화(Frequency Division Multiplexing) 방식을 사용하면 동축케이블은 10,000개 이상의 음성채널을 동시에 전송할 수 있다. 동축케이블은 단거리 시스템 링크(short-run system link)용의 장치간 짧은 거리 접속에도 자주 사용된다. 디지털 신호의 경우, 컴퓨터 시스템에서 고속의 I/O 채널을 위해 사용된다.

 동축케이블에 대한 다른 응용 분야는 근거리망(local area network)이다. 동축케이블은 한 건물 혹은 빌딩군 이내의 거리에서 컴퓨터 등을 연결하여 네트워크를 구성하는데 또는 여러 형태의 장치들이 통신하는데 전송 매체로 사용되고 있다.

(3) 전송특성

동축케이블은 아날로그와 디지털 신호전송 모두에 사용된다. 장거리 시스템은 아날로그일 수도, 디지털일 수도 있다. 〔그림 3-4〕에서 나타나는 바와 같이 동축케이블은 트위스트 페어보다 우월한 주파수 특성을 가진다. 즉, 트위스트 페어보다 높은 주파수와 데이터 전송률을 제공한다. 동축케이블은 차폐가 잘된 동심원 구조를 가지므로, 트위스트 페어에 비해 간섭과 누화 등의 외부 잡음에 강하다. 성능에서 기본적인 제약사항으로 나타나는 것은 열잡음, 상호변조잡음 등이다. 상호변조 잡음은 FDM을 사용하여 여러 개의 채널을 다중화하거나 여러 주파수 대역폭이 사용되는 경우에만 나타나는 것이다.

아날로그 신호의 장거리 전송에서 수 킬로미터마다 증폭기가 필요하며, 높은 주파수가 사용될수록 그 간격은 좁아진다. 아날로그 신호에서 사용 가능한 스펙트럼은 500MHz 정도이다. 디지털 신호 전송에서는 대략 매 1km마다 중계기를 필요로 하며, 높은 데이터 전송률을 가질수록 그 간격은 좁아진다.

(4) 동축케이블의 표준

동축케이블은 내부 도체의 전선 규격, 내부 절연체의 종류와 두께, 외피의 종류와 크기 그리고 차폐의 구성 방식 등의 물리적 특성 규격에 따라 여러 가지가 있다. 이를 RG(Radio Goverment)등급이라고 하는데, 이 RG 등급에 의한 정의는 각 동축케이블의 전문 기능을 충족시킬 수 있도록 제정되어 있다.

다음은 자주 사용되는 등급의 케이블이다.

- RG-8: 굵은 이더넷에 사용
- RG-9: 굵은 이더넷에 사용
- RG-11: 굵은 이더넷에 사용
- RG-58: 얇은 이더넷에 사용
- RG-75: TV에 사용

(5) 동축케이블 커넥터

다년간에 걸쳐 제조업자에 의해 여러 가지 동축케이블용 커넥터가 설계되었다. 널리 사용되던 몇 가지 커넥터가 표준화되었는데, 그 중에서 가장 일반적인 것이 원통형 커넥터이다. 원통형 커넥터 중에서 일반화된 것이 BNC(Bayonet Network Connector) 커넥터이다. BNC 커넥터는 끼워 넣으면서 반바퀴 돌려 고정시킨다. 다른 종류의 원통형 커넥터는 나사를 맞물려서 조여야 했는데, 이는 설치하는데 더 많은 노력이 필요하다. 일반적으로 케이블에는 수 커넥터가 연결되고, 반대의 짝을 이루는 장치에는 암 커넥터가 부착되어 암 커넥터에 수 커넥터를 꽂아 돌려 넣게 된다. 모든 동축 커넥터에는 수 커넥터의 중앙에서 나와 암 커넥터의 관로 속으로 미끄러져 들어가는 단일 핀이 달려 있다.

보통 사용되는 종류로 T 커넥터와 종료기(terminator)가 있다. 얇은 이더넷에 사용되는 T 커넥터는 주 회선으로부터 2차 케이블로 가지를 내고자할 때 사용된다. 예를 들어 컴퓨터에 연결된 케이블은 여러 터미널에 연결하기 위해 갈라져야 하는데 이 경우에 사용할 수 있다. 종료기는 하나의 주 케이블이 여러 장치에 연결된 지선을 갖는 중추로 동작하지만 그 자체는 어떠한 장치로도 신호를 소거시키지 않는 버스형 접속에 필요하다. 만약 주케이블에서 소거되지 않는 상태로 남아 있으면, 회선을 통해 전송되는 모든 신호는 반사되어 되돌아와 현재 전송 신호를 간섭하게 된다. 종료기를 부착하여야 주 케이블의 끝에서 신호를 흡수하여 전파의 반사를 제거할 수 있는 것이다.

3.1.3 광섬유

이제까지는 전기의 형태로 신호를 전송하는 금속 도체로 된 유도 매체에 대해서 이야기 하였다. 전송 매체에는 빛의 형태로 신호를 전송할 수 있는 매체가 있는데 이것이 광섬유(optical fiber)이다. 광섬유는 석영(SiO_2)을 주원료로 만들어진 유리선으로 지름이 머리카락 정도로 가늘기 때문에 취급과 포설이 용이하다. 트위스트 페어 및 동축케이블과 비교한 광섬유의 점대 점 전송 특성이 〔표 3-2〕에 나와 있다.

광섬유를 이용한 빛의 전파를 이해하기 위해서는 빛의 몇 가지 성질을 알고 있어야 한다.

표 3-2 유도 매체의 점대 점 전송 특성

	주파수범위	감 쇠	지 연	중계기 간격
트위스트 페어	0 to 1MHz	3dB/km@1kHz	$5\mu m$/km	2km
동축케이블	0 to 500MHz	7dB/km@10MHz	$4\mu m$/km	1 to 9km
광섬유	180 to 370THz	0.2 to 0.5dB/km	$5\mu m$/km	40km

THz = TeraHerz = 10^{12}Hz

(1) 빛의 성질

빛은 전자기 에너지의 한 형태로서 진공에서 초당 3십만 킬로미터의 속도로 전파한다. 빛의 속도는 빛이 전파하는 매체의 밀도에 따라 다른데 밀도가 높아질수록 속도는 느려진다. 빛은 균일 물질(밀도가 같음) 내에서는 직선으로 이동하지만 밀도가 다른 물질로 들어가면 속도가 변하면서 전파 방향이 바뀐다. 이 전파방향이 바뀌는 현상을 굴절(refraction)이라고 한다. 물에 반쯤 잠긴 빨대가 굽어보이는 것은 빛의 굴절현상 때문이다.

빛이 굴절되는 방향은 마주치는 물질의 밀도에 달려 있다. 밀도가 낮은 매체에서 밀도가 높은 매체로 이동하는 빛은 수직축의 방향으로 굽어진다. 수직축에 대해 빛이 만드는 두 각도가 있는데 하나는 입사각 θ_i이라 하고 또 하나는 굴절각 θ_r이라고 한다. 저밀도 매체에서 고밀도 매체로 빛이 이동하는 경우가 〔그림 3-10〕에 나와 있다. 이 경우에는 입사각이 굴절각보다 크다.

밀도가 높은 매체에서 밀도가 낮은 매체로 이동하는 빛은 수직축의 반대 방향으로 굽어진다. 고밀도 매체에서 저밀도 매체로 빛이 이동하는 경우가 〔그림 3-11〕에 나와 있다. 이 경우에는 입사각이 굴절각보다 작다.

광섬유 기술은 〔그림 3-11〕에서 보인 성질을 이용하여 통신에 이용하는 것이다. 〔그림 3-12〕에서는 고밀도의 매체에서 저밀도의 매체로 이동하는 빛을 다시 한번 보여주고 있다. 입사각을 차츰 증가시키면 굴절각도 점차 증가한다.

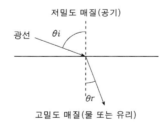

🖥 그림 3-10 저밀도에서 고밀도 매체로 이동하는 빛의 굴절

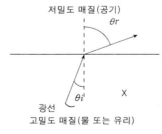

🖥 그림 3-11 고밀도에서 저밀도 매체로 이동하는 빛의 굴절

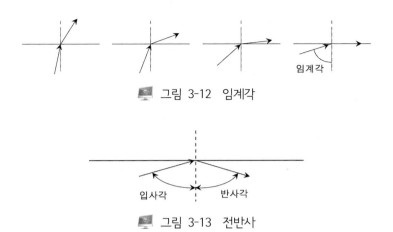

🖥 그림 3-12 임계각

🖥 그림 3-13 전반사

입사각이 계속 증가하면 빛의 이동 방향이 평행하게 되어 굴절각이 90도가 되는 상황이 발생한다. 굴절각이 90도가 되는 때의 입사각을 임계각(critical angle)이라고 한다.

입사각이 임계각 보다 커지면 반사(reflection)라는 새로운 현상이 나타난다. 이런 상황에서 입사한 모든 빛이 반사하므로 전반사라고 부른다. 빛은 더 이상 고밀도 매체에서 저밀도 매체로 이동할 수 없으며, 이 이후의 입사각과 반사각은 동일하게 되며, 이를 [그림 3-13]에 나타냈다.

광섬유는 전반사 현상을 이용하여 빛을 우리가 원하는 방향으로 유도할 수 있다. 석영 유리의 중심부를 고밀도화하고 그 주변을 저밀도의 석영 유리로 둘러 쌓게 되면, 중심부와 주변부의 밀도차이 때문에 빛은 고밀도화된 중심부 내에서 계속 전반사 하면서 이동하게 되는 것이다.

(2) 물리적 특성

광섬유(optical fiber)는 매우 가늘고(2~125mm) 구부릴 수 있는 전송매체로서, 코어(core)와 클래드(clad, cladding) 및 이를 둘러싼 피복으로 구성되어 있다.

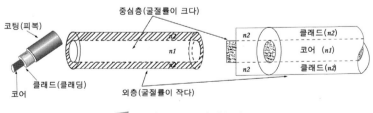

🖥 그림 3-14 광섬유의 구조

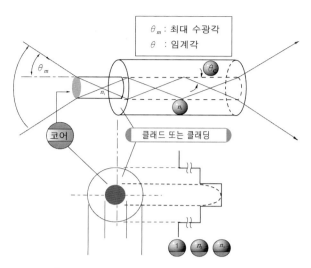

| θ_m : 최대 수광각 |
| θ : 임계각 |

■ 그림 3-15   광섬유 내에서의 빛의 전파

〔그림 3-14〕에서 n_1은 코어의 굴절율이고, n_2은 클래드의 굴절율이다. 코어는 빛이 전파하는 통로로서 중심에 위치하고 있으며 SiO_2 성분의 석영 유리로 만들어진다. 코어는 제조 과정에서 굴절율 분포를 계단 형태로 하느냐 연속적인 언덕 형태로 하느냐에 따라 계단형과 언덕형으로 분류된다. 굴절율은 주위를 둘러싸고 있는 매질보다 커야하는데 1.47 정도를 갖는다. 클래드는 광섬유를 구성하는 바깥 부분으로 코어와 같이 석영 유리로 만들어진다. 코어에 있는 빛이 밖으로 빠져나가지 못하도록 코어의 굴절율보다 조금 낮은 1.46 정도의 값을 갖는다. 클래드의 주위를 코팅을 한 후 피복으로 감싼다. 피복은 습기, 마모, 파손, 기타 주위 위험으로부터 광섬유의 핵심인 코어와 클래드를 보호하기 위해 필요하며, 플라스틱이나 다른 물질로 만든다. 〔그림 3-15〕는 광섬유 내에서 빛이 전반사하면서 전파하는 모습을 그린 것이다.

초순수 유리인 합성 석영을 이용하는 것이 최소의 손실을 지니는 광섬유를 제작할 수 있다. SiO_2 분말을 약 1700도로 가열하여 만들며 여러 가지 특성이 우수한 광섬유를 만들 수 있다. GeO, PO, BO 등을 적절히 혼합하여 굴절율을 제어한다. 손실이 이보다 높은 다중 성분 유리섬유(multicomponent glass fiber)는 보다 경제적이며, 현재까지는 양호한 성능을 나타내고 있다. 광섬유를 제작하는데 석영 유리 외에 플라스틱이 사용될 수 있다. 플라스틱 광섬유는 가격이 훨씬 저렴하며, 다소의 높은 손실이 허용되는 단거리의 전송에 주로 사용된다.

(3) 전송 특성

데이터 전송 분야에 있어서 가장 중요한 기술적 변혁의 하나가 실용적인 광섬유 통신 시스템의 개발이다. 광섬유는 이미 장거리 통신에서 많이 사용되고 있고 군사적 응용이 증가하고 있다. 다음은 트위스트 페어, 동축 케이블과 비교한 광섬유의 주요 특장점이다.

- 넓은 대역폭: 전송매체의 잠재적 대역폭이 매우 커서 데이터 전송률이 높아진다. 광섬유의 광대한 주파수 용량에 대해 수십 Gbps의 데이터 전송률로 수백 킬로미터의 범위에 걸친 전송 실험이 완료된 바가 있다. 동축케이블은 1km 정도의 거리에서 수백 Mbps가 실제적 최대용량이며, 트위스트 페어는 1km에 대해 단지 수 Mbps의 전송용량을 갖는다.
- 작은 크기와 적은 무게: 광섬유는 동축케이블이나 트위스트 페어 케이블의 다발보다 아주 작다. 크기가 작은 것은 상당한 이점이 되며, 크기에 따른 무게의 가벼움은 케이블을 지지하는데 필요한 구조물을 최소화해 준다.
- 적은 감쇠도: 동축케이블이나 트위스트 페어에 비해 감쇠도가 현저히 낮다(그림 3-4 참조). 또한 넓은 주파수 범위에 대해 감쇠량이 일정하다.
- 전자기적 격리: 이는 주파수가 높은 빛의 특성으로 외부의 전자기장에 영향을 받지 않는다. 따라서 간섭, 충격잡음, 누화 등에 강하다. 게다가 에너지의 발산이 없으므로 다른 신호와 거의 간섭현상을 유발시키지 않으며, 도청으로부터 고도의 안전성을 보장받을 수 있다. 광섬유는 본질적으로 탭(tap)을 내기가 힘들며, 어렵게 탭을 내어 신호의 에너지를 빼내면 수신기에서 이를 쉽게 인지할 수 있어 자연스럽게 보안을 유지할 수 있다.
- 넓은 중계기 설치 간격: 중계기 설치수가 적음은 비용의 절감과 오류의 감소를 뜻한다. 이러한 관점에서 광섬유 시스템의 성능은 계속하여 개선되고 있다. 동축케이블이나 트위스트 페어 시스템에서는 통상 수 킬로미터마다 중계기를 설치해야 하는 반면, 광통신 시스템에서는 수백 킬로미터 단위로 중계기를 설치할 수 있다.

광섬유에는 위에서 언급한 장점만 있는 것은 아니다. 트위스트 페어나 동축케이블에 비해 설치, 유지 보수가 어렵고, 부서지기 쉽다. 광섬유를 연결하는 경우(스플라이싱 작업), 코어를 정렬하여 정확하게 일치시킨 후 열을 가하여 용융시켜야 한다. 반면에 금속 매체의 연결은 상대적으로 정밀하지 않은 공구를 사용하여 절단하고 적절히 이으면 가능하다.

광섬유의 데이터 통신 분야에 대한 응용은 기본적으로 5가지로 분류할 수 있다.

- 장거리 트렁크
- 메트로폴리탄 트렁크
- 농촌의 교환 트렁크
- 가입자 루프
- 근거리망

장거리 광섬유전송은 전화망에서 점점 일반화되어 사용되고 있다. 장거리 경로는 길이가 수백 킬로미터 이상이고 대용량 전송(20,000~60,000회선의 음성채널)을 필요로 한다. 이들 시스템은 경제적으로 마이크로웨이브보다 유리하고, 대량 생산과 생산 기술의 향상으로 이제는 동축케이블보다 가격이 싸져서 전화망에서는 동축케이블을 광섬유로 급격히 교체하고 있다.

메트로폴리탄 트렁크 회로는 10킬로미터의 평균길이를 갖고 트렁크 그룹 내에 100,000 음성채널을 수용한다. 대부분의 설비는 지하의 도관에 설치한다. 광섬유는 메트로폴리탄 혹은 도시 지역내 각 전화국의 전자교환기를 중계기 없이 연결할 수 있다. 도시 주변에서 수명이 다한 장거리 마이크로웨이브 설비로부터 도시 내 주요 전화 교환 빌딩까지의 경로를 광섬유로 서비스할 수 있다.

농촌의 교환 트렁크는 40~150킬로미터의 길이를 가지며 소도시와 촌락을 연결한다. 대부분의 이들 시스템은 5000개 이하의 음성채널을 갖는다. 이들 응용에 사용되는 기술은 마이크로웨이브가 사용되었으나 광섬유로 점차 대체되고 있다.

가입자 루프는 중앙교환기로부터 가입자까지 직접 연결되는 광섬유이다. 이들 설비가 트위스트 페어와 동축케이블을 대치하기 시작하였고, 전화망이 음성 및 데이터뿐만 아니라 이미지와 비디오까지 취급하는 충실한 서비스 네트워크로 발전하고 있다. 이 응용에서 광섬유의 최초 설치는 기업 가입자를 위한 것이었지만 계속 가격이 하락하여 가정으로의 광섬유 전송이 곧 출현하게 될 것이다.

광섬유의 최종적인 중요한 응용은 근거리망을 위한 것이다. 최근에 표준이 개발되고 있으며, 큰 사무실 빌딩이나 복합건물 내의 수백, 수천 스테이션을 지원할 수 있고, 100Mbps의 전체 용량을 가진 광섬유 네트워크를 위한 제품이 소개되고 있다.

트위스트 페어와 동축케이블보다 광섬유의 장점이 특출나고, 단점은 점차 보완되어 모든 종류의 정보(음성, 데이터, 이미지, 비디오)에 대한 요구가 증가할수록 광섬유의 사용은 더욱 증가하게 될 것이다.

(4) 광섬유의 종류

광통신 시스템은 $10^{14} \sim 10^{15} \text{Hz}$ 범위의 주파수를 가진 광을 캐리어로 사용한다. 이 주파수는 가시 광선 범위 내의 스펙트럼에 있으며, 적외선의 한 부분이다. 광섬유는 전파모드나 굴절율 분포 그리고 사용하는 광의 파장 등에 따라 구분한다. 전파 모드에 따라 단일모드(SM: Single Mode) 광섬유와 다중모드(MM: Multi Mode) 광섬유가 있고, 굴절율 분포에 따라 계단형 광섬유와 언덕형 광섬유가 있다.

전파모드에 따른 분류

전파모드(propagation mode)가 하나인 광섬유를 단일모드라 하고 2개 이상인 광섬유를 다중모드라고 한다. 전파모드는 빛이 어느 특정 각도에서 코어의 벽에 닿았을 때 없어지지 않고 전파해 가는 것으로 작은 것부터 0차모드, 1차모드, 2차모드, 3차모드 등으로 부른다.

단일모드 광섬유(single mode fiber)는 [그림 3-16]에 나타낸 것과 같이 하나의 모드만이 전송되므로 모드가 다르기 때문에 생기는 도달시간의 차이 문제(모드 분산)가 발생하지 않으므로 대용량의 장거리 전송이 가능하다.

단일모드 광섬유의 특성은 다음과 같다.

- 코어의 지름이 $10 \, \mu m$ 정도이며 ITU-T권고에서는 $3 \sim 10 \, \mu m$이다.
- 코어의 지름이 작아 제조가 어렵다.
- 광원과의 결합 효율이 낮다.
- 장거리의 대용량 전송이 가능하다.

다중모드 광섬유(multi mode fiber)는 [그림 3-17]에 나타낸 것과 같이 여러 개의 모드가 전송되므로 모드가 다르기 때문에 생기는 도달시간의 차이 문제(모드 분산)가 발생한다.

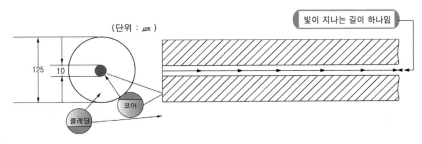

그림 3-16 단일모드 광섬유의 광 이동 형태

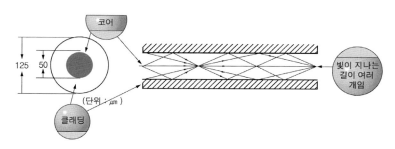

그림 3-17 다중모드 광섬유의 광 이동 형태

다중모드 광섬유의 특성은 다음과 같다.

- 코어의 지름이 50 μm 정도로 크다.
- 코어의 지름이 단일모드보다 상대적으로 크므로 제조가 쉽다.
- 광원과의 결합 효율이 양호하다.
- 단일모드보다 가격이 저렴하다.
- 주로 단거리용으로 사용된다.

굴절율 분포에 따른 분류

광섬유는 굴절율 분포에 따라 계단형(SI: Step Index)과 언덕형(GI: Graded Index)으로 분류하는데, 계단형은 굴절율이 코어와 클래드의 경계에서 불연속으로 급격하게 변하고 언덕형은 완만하게 연속적으로 변하는 것이다.

다중모드 광섬유에는 계단형과 언덕형이 있으나, 전송 특성상의 차이가 없는 관계로 단일모드 광섬유는 계단형으로 만들어진다.

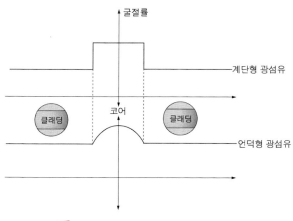

그림 3-18 코어의 굴절율 분포

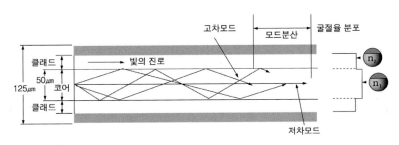

그림 3-19 계단형 다중모드 광섬유에서의 광 이동 형태

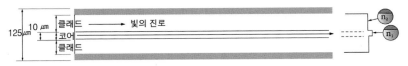

그림 3-20 계단형 단일모드 광섬유에서의 광 이동 형태

계단형 다중모드 광섬유는 코어 내의 굴절율 분포가 일정하며, 코어와 클래드의 경계에서 굴절율이 계단과 같이 불연속적으로 변한다. 빛의 입사각에 따라 각 모드 사이에 시간 지연이 생긴다. 〔그림 3-19〕와 같이 빛은 코어 내에서 직선으로 전반사하면서 전파하는 데, 모드 분산이 존재한다.

계단형 단일모드 광섬유는 코어 내의 굴절율 분포가 일정하며, 코어와 클래드의 경계에서 굴절율이 계단과 같이 불연속적으로 변한다. 〔그림 3-20〕과 같이 빛은 코어 내에서 직선으로 전파하는데, 하나의 모드만이 존재하므로 모드 분산이 없다. 장거리의 초대용량 전송이 가능하다.

언덕형 다중모드 광섬유는 코어 내의 굴절율 분포가 서서히 연속적으로 변화하여 광섬유 축에서 최대값을 갖는 포물선의 형태를 가지며, 전송 대역폭이 계단형 다중모드 광섬유보다 넓다. 계단형 다중모드 광섬유와 비교하여 언덕형 다중모드 광섬유는 모드 분산의 영향을 줄일 수 있어 양질의 데이터를 전송할 수 있다. 하지만, 제조상에서 최적의 굴절율을 유지하기 위한 고정밀의 제어가 필요하며, 가격이 비싸다.

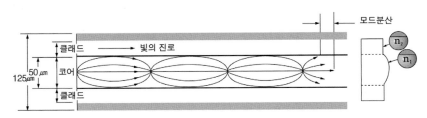

그림 3-21 언덕형 다중모드 광섬유에서의 광 이동 형태

(5) 광섬유의 손실 및 분산 특성

빛은 광섬유를 전파하면서 점차로 그 세기가 감쇠되는데 그 원인은 다음과 같은 손실에 기인한다. 하나는 흡수 손실로 광섬유에 포함된 불순물에 의한 광 에너지의 흡수로 광 에너지가 열로 소실되는 것이다. 불순물에는 OH이온, 철, 구리, 코발트, 망간 등이 있는데 OH이온에 의한 흡수가 흡수 손실의 주원인이다. 다음은 산란 손실로서 빛이 전파하면서 광섬유를 구성하는 물질의 격자 등에 부딪히면서 여러 방향으로 흩어져 발생하는 손실이다. 빛의 산란은 파장이 짧은 보라가 파장이 긴 빨강이 더 크다. 산란 손실은 광섬유에서 피할 수 없는 손실이다.

기타 광섬유의 구조 결함에 의한 손실과 마이크로 벤딩에 의한 손실이 있다. 구조 결함에 의한 손실은 코어와 클래드 경계면의 미소한 결함이나 광도파로 구조의 불균일에 의해 생기는 데 이로 인해 광 에너지의 일부가 코어 밖으로 빠져나가게 되어 손실되는 것이다. 마이크로 벤딩은 광섬유 제조 후 광섬유의 측면에 불균일한 압력이 가해져 광섬유의 축이 미세하게 구부러져 생기는 광 손실이다. 파장에 따른 광섬유의 손실 특성이 〔그림 3-22〕에 나와 있는데 광섬유의 손실 특성이 가장 좋은 파장은 약 $1.55\,\mu m$임을 알 수 있다.

광 펄스는 광섬유를 따라서 전파하면서 점차로 펄스의 모양이 변형되고 폭이 넓어지는 현상이 나타나는데 이를 분산이라고 한다. 분산은 광 수신기에서 검출한 신호에 오류를 발생시킴으로써 데이터 전송 용량을 제한하는 요인이 된다. 이 분산은 발생 요인별로 모드분산, 재료분산 및 구조 분산이 있다.

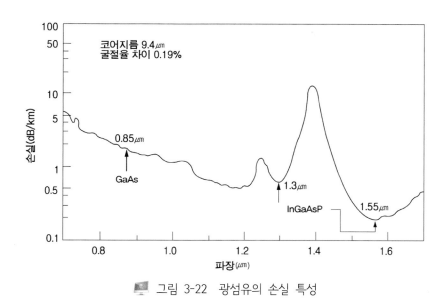

그림 3-22 광섬유의 손실 특성

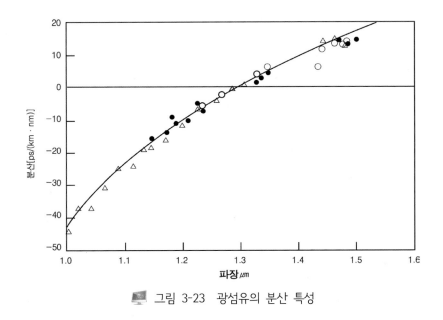

그림 3-23 광섬유의 분산 특성

모드 분산은 전파 모드에 따라 모드별 전송 속도가 다르기 때문에 파형이 퍼지는 현상이다. 모드 분산은 다중모드 광섬유에서만 발생한다. 재료분산은 광섬유의 재질인 석영˙유리의 굴절율이 전파하는 빛의 파장에 따라 변화하면서 발생한다. 이는 광원에서 발생하는 빛이 단일 파장이 아니기 때문에 기인한다. 구조 분산은 어떤 모드에 대응하는 광선이 광섬유의 축과 이루는 각도가 파장에 따라 다르게 되면, 파장에 따른 광선의 실제 전파 경로의 길이에 변화가 생겨 수신단에서의 도착 시간이 다르게 된다. 이로 인해 광 펄스의 모양이 변할 수 있는 것이다. 파장에 따른 광섬유의 분산 특성이 〔그림 3-23〕에 나와 있는데 광섬유의 분산이 0인 파장은 약 1.3 μm임을 알 수 있다.

광통신의 초기에는 GaAs에 의해 만들어진 광원에서 나오는 빛의 파장이 0.85 μm인 관계로 단파장인 0.85 μm를 사용하였다. 요즈음에는 반도체 기술의 발달로 InGaAsP로 광원을 만들면서 방출되는 빛의 파장이 긴 1.3 μm(영 분산 파장) 또는 1.55 μm (최소 손실 파장)인 광을 이용하여 통신이 이루어진다.

(6) 광소자

광소자(optical device)란 빛을 발생하고 처리하고 감지하는 기능이 있는 전자 장치이다. 광소자에는 전기 신호를 광신호로 변환하여 주는 발광 소자와 반대로 광신호를 전기 신호로 변환하여 주는 수광 소자가 있다.

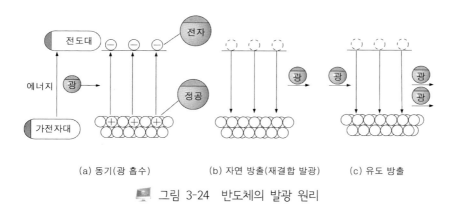

(a) 동기(광 흡수)   (b) 자연 방출(재결합 발광)   (c) 유도 방출

그림 3-24 반도체의 발광 원리

발광 원리

반도체 내에는 전자로 꽉 차 있는 가전자대(낮은 에너지 대역)와 정공(전자가 없는 상태)으로 꽉 차 있는 전도대(높은 에너지 대역)가 일정 거리를 두고 떨어져 있다. 어떤 전자가 정상 상태에서 다른 정상 상태로 옮겨가는 것을 천이(transition)라고 하며, 가전자대의 전자가 에너지를 받아 전도대로 옮겨가는 현상을 여기(excitation)라고 한다. 특히 전자가 빛 에너지를 받아 여기를 하면 광 여기(optical excitation)라고 하는데 〔그림 3-24〕(a)에 나와 있다. 전도대의 전자가 빛을 방출하면서 가전자대로 천이하는 것을 자연 방출(spontaneous emission)이라고 하며, 〔그림 3-24〕(b)에 도시되어 있다. 외부 광의 자극을 받아 전도대의 전자가 외부 광과 같은 파장의 빛을 방출하면서 가전자대로 천이하는 것을 유도 방출(stimulated emission)이라고 하는데, 〔그림 3-24〕(c)에 나타냈다. 높은 에너지대(전도대)에 존재하는 전자의 수가 낮은 에너지대(가전자대)의 전자의 수보다 많은 상태가 있는데 이를 반전 분포(inverse distribution)라고 한다.

발광 소자

광섬유 시스템에서는 두 가지 형태의 광원을 얻을 수 있다. 발광 다이오드(Light Emitting Diode: LED)와 레이저 다이오드(Laser Diode: LD)가 그것이다. 〔그림 3-24〕는 반도체에서의 발광 과정을 나타내고 있다. LED는 자연 방출 현상으로 빛을 발생하며(그림 3-25(a) 참조), LD는 유도 방출현상으로 빛을 발생(그림 3-25(b) 참조)하는 것이다. LED와 LD모두 반전분포는 전기 에너지를 가하여 만들어 준다. LD의 경우에는 유도 방출을 위해 빛이 발생하는 부분에 공진기(cavity)를 만들어주어야 한다. LD의 공진기 내에서는 최초로 발생된 광에 의해 자극되어 발생한 광은 최초의 발생광과 같은 파장과 위상을 가진 광이 되며, 새로 발생한 광은 또 다른 광을 발생시켜 순식간에 강한 방출광을 얻게 되는데 이것이 광의 증폭 작용이다.

자연 방출에 의해 빛이 발생하는 LED는 다음과 같은 특성을 갖고 있다. 광출력이 낮으며(약 -10dBm) 응답속도가 늦어 대용량 전송에는 적합하지 않으며, 스펙트럼 폭(수십nm)이 넓다. 반면에 소형이며, 전력 소모가 적고, 넓은 온도 범위에서 동작하여 신뢰성이 좋으며, 가격이 저렴하고 수명이 길다.

유도 방출에 의해 빛이 발생하는 LD는 다음과 같은 특성을 갖고 있다. 광출력이 높아(약 수dBm) 장거리 전송에 적당하며, 응답속도가 빠르기 때문에 대용량 전송에는 적합하고, 스펙트럼 폭(약 4nm)이 좁아서 재료 분산, 구조 분산의 영향이 적기 때문에 고속의 신호 전송이 가능하다. 반면에 공진기 등을 만드는 것이 복잡하여 가격이 비싸며, LED에 비해 신뢰성이 떨어지고, 수명도 짧다.

오늘날 대부분의 근거리 응용에서 850nm의 LED 광원이 사용된다. LED의 응용은 비교적 저가이지만 일반적으로 10~20킬로미터의 거리에서 수백Mbps 이하의 데이터 전송률인 경우 사용한다. 더 높은 데이터 전송률과 더 긴 거리에서 사용하기 위해서는 1300nm의 LED나 LD를 사용하고, 가장 높은 데이터 전송률과 가장 긴 거리에 응용될 때는 1500nm의 LD를 사용한다.

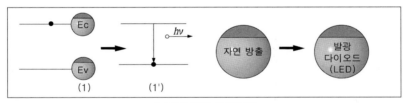

(a) LED(발광 다이오드)

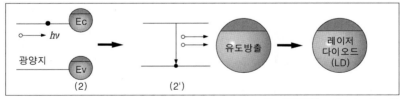

(b) LD(레이저)

Ec : 전도대(conduction band)
Ev : 가전자대(valence band)

그림 3-25 LED 및 LD의 발광 원리

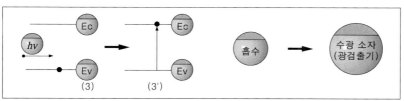

Ec : 전도대(conduction band)　　　Ev : 가전자대(valence band)

그림 3-26　수광 소자의 원리

수광 소자

광섬유를 통해 수신된 광신호를 전기 신호로 변환하여 주는 광소자이다. 수광 소자의 원리는 다음과 같다. 외부에서 아무런 에너지가 가해지지 않으면 전자는 가전자대에 밀집되어 있는데, 전도대와 가전자대의 준위차 이상의 빛 에너지를 쪼이면, 전자는 빛 에너지를 흡수하여 전도대로 전이하고, 이 때 반도체 접합에 전계를 가하여 전도대의 전자를 외부로 내보내는 것이다. 〔그림 3-26〕에 수광 소자의 원리를 그림으로 나타냈다.

수광 소자에는 포토 다이오드(PD; Photo Diode)와 애벌런시 포토 다이오드(APD; Avalanche Photo Diode)가 있다.

광 신호가 입사되면 APD는 광을 흡수하여 전자와 정공 쌍을 만들고, 이 때 역방향 전압(50~200V)을 크게 걸어 전자 정공의 눈사태 상태(애벌런시 효과)를 만들어 대량의 전류를 만드는 것이다. 애벌런시 효과에 의해 큰 광 전류를 얻을 수 있어 S/N비가 높지만 애벌런시 효과를 만들기 위해 높은 역바이어스 전압이 필요하다.

포토 다이오드는 PN 접합부에 빛이 쪼여지면 광 에너지를 흡수하여 이를 전기 에너지로 변환하는데, 빛 에너지의 세기에 비례하여 전류의 양도 증가한다. APD에 비하여 S/N비가 낮지만 값이 싸고 사용하기 쉽다.

포토 다이오드는 소형이고 감도가 낮아 단거리 통신에 주로 사용한다. APD는 감도가 높아 일반 공중 통신에 사용한다.

광통신의 원리

광섬유 통신의 원리는 다음과 같다. 부호기는 음성이나 텍스트로 구성된 데이터를 발생하여 전기 신호의 형태로 발광 소자에 인가한다. 인가된 전기 신호는 광 신호로 변환되고, 광 신호는 원통형의 석영유리 혹은 플라스틱으로 된 광섬유의 코어로 입사된다. 이 때 입사광을 최대로 하기 위해 렌즈 등이 사용된다.

　얕은 각도의 빛은 코어에 입사되어 코어 내에서 전반사되면서 광섬유를 통해 전파되나 다른 빛은 주위 물질에 의해 흡수되고 만다. 광섬유 코어의 반경이 줄어든다면, 코어로 입사되는 각도는 줄어든다. 코어의 반경을 파장의 단위로 줄인다면, 광섬유에는 단 하나의 각도, 즉 한 모드만이 통과할 수 있다. 이는 광섬유의 축을 통과하는 모드가 하나로서 이를 단일 모드라고 한다. 다중 모드 전송에서는 다중의 전파경로가 존재하며, 각 전파경로는 각각 다른 경로길이를 갖고 있어 광섬유 통과에 걸리는 시간이 달라진다. 이는 시간에 따라 신호요소가 분산되게 되며, 데이터가 정확히 수신될 수 있는 속도를 제한하게 된다. 그러나 단일 모드 전송의 단일 전송경로만 존재하게 되면 그러한 왜곡이 발생하지 않는다. 빛은 수광 소자에서 검출할 수 있을 정도의 세기와 형태를 유지하면서 최종적으로 수광 소자가 있는 수신기에 도착한다.

　수광 소자는 광 신호로부터 에너지를 받아 전류를 발생시켜 전기 신호를 만들어 복호기로 전송하면, 최종적으로 복호기는 전기 신호를 음성이나 텍스트 형태의 데이터를 분류해 낸다. 이러한 과정을 〔그림 3-27〕에 그림으로 나타냈다.

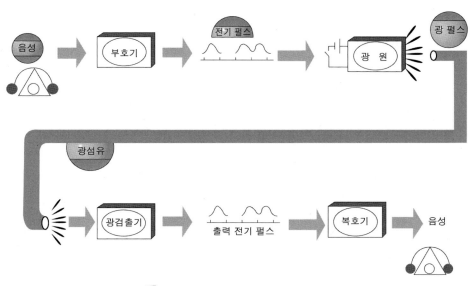

그림 3-27　광섬유 통신의 구성도

3.2 무선전송

비유도 매체에서는 전선을 사용하지 않으며, 송신과 수신시에는 안테나를 통해 이루어진다. 송신 안테나와 수신 안테나가 쌍이 되어 송신 안테나는 전자기적 에너지를 공중(무선매체)으로 방사하고, 수신 안테나는 주위의 매체로부터 전자기파를 검출한다. 무선전송은 기본적으로 두 가지 특성이 있다. 즉, 지향성과 다방향성이다. 송신 안테나에서 초점이 맞추어진 전자기 빔을 내보내면 지향성이 있다고 한다. 그러므로 지향성(line of sight)이 있는 빔을 사용할 경우, 송신과 수신 안테나는 위치나 방향 등이 정확하게 조정되어야 한다. 다방향성의 경우에 송신신호는 모든 방향으로 퍼지고, 많은 안테나에 의해 수신된다. 일반적으로 신호의 주파수가 높을수록 지향성을 갖는다.

무선전송에서는 세 가지 주파수 범위가 논의의 주요 대상이다. 약 2~40GHz 범위의 주파수를 마이크로웨이브 주파수라 한다. 이들 주파수에서 지향성이 나타나고, 이로 인해 마이크로웨이브는 점대 점 전송에 적합하다. 마이크로웨이브는 위성통신에도 그대로 사용된다. 30MHz~1GHz 범위의 주파수는 다방향성 특성을 나타내는데, 이 범위를 방송 라디오파라고 한다. 근거리 응용을 위해 다른 중요한 주파수 범위가 있는데 바로 적외선 부분의 스펙트럼이다. 이것은 약 $3 \times 10^{11} \sim 2 \times 10^{14}$Hz의 주파수를 갖는다. 적외선은 실내처럼 한정된 지역 내에서 근거리 점대 점 멀티포인트 응용에서 유용하다. 무선 주파수 특성을 살펴보고 마이크로웨이브 전송, 방송 라디오 및 적외선 통신에 대해 알아보자.

3.2.1 무선 주파수 특성

〔그림 3-28〕은 주파수에 따른 무선 통신 대역의 특성을 나타내고 있다. 지구는 대류권과 전리층의 두 가지 대기층으로 둘러싸여 있다. 대류권은 지구 표면에서 약 58킬로미터까지 성층권을 포함하는 부분으로 공기를 포함하고 있다. 구름, 바람, 온도변화 등의 일반적인 기상 현상은 대류권 안에서 발생한다. 전리층은 대류권의 위층으로 우주공간 전까지의 대기층이다. 전리층은 우리가 갖고 있는 대기의 개념을 넘어 자유 대전 입자 등을 포함하고 있다.

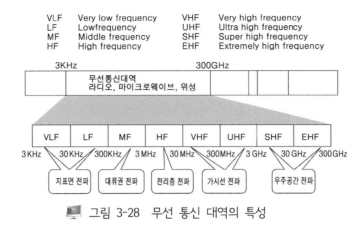

그림 3-28 무선 통신 대역의 특성

무선 전송은 지표면 전파, 대류권 전파, 전리층 전파, 가시선 전파, 우주공간 전파의 서로 다른 다섯 가지 유형으로 전파한다. 〔그림 3-29〕에 다섯 가지 전파 유형이 나와 있다.

지표면 전파(Surface Propagation)는 지구를 감싸는 대기의 가장 낮은 부분을 통해 전파하며 바닷물 속에서도 전파할 수 있다. 가장 낮은 주파수를 사용하며, 전송 안테나로부터 모든 방향으로 지구 표면의 굴곡을 따라 퍼진다. 전파 거리는 신호의 세기에 달려 있으며, 크기가 셀수록 먼 거리까지 전파한다. VLF와 LF가 이에 해당하며 장거리 무선 항해와 해저 통신 그리고 항해 위치 확인용으로 사용된다.

그림 3-29 신호 전파의 유형

대류권 전파(Tropospheric Propagation)는 두 가지 방법으로 일어날 수 있다. 신호는 안테나에서 안테나로 직접 전송될 수도 있고, 대류권 상층에서 지구 표면으로 다시 반사되도록 전송할 수도 있다. 두 번째 방법을 사용하면 전송 거리가 더 커질 수 있다. MF가 이에 해당하며 AM 라디오 방송, 해상 라디오 방송, 그리고 긴급구조용 신호로 사용된다.

전리층 전파(Ionospheric Propagation)는 높은 주파수의 신호를 전리층을 향하여 발사하여 지상으로 반사되어 돌아오는 현상을 이용한다. 대류권과 전리층의 밀도차에 의해 신호가 반사되기 때문이다. 이런 유형의 전파는 낮은 출력으로 원거리 전파가 가능하다. HF가 이에 해당하며 아마추어 무선 라디오, 국제 방송, 군사 통신, 장거리 항공기 및 해상 통신 등에 사용된다.

지향성 전파(Line of sight Propagation)는 초단파 신호를 안테나에서 안테나로 직접 전송한다. 안테나는 서로 마주 보고 있어야 하며 지구 곡률에 영향을 받지 않도록 충분히 높거나 서로 가까워야 한다. 전파가 정확하게 한 점으로 모아지지 않기 때문에 전송이 까다롭다. 신호를 위, 아래로 발사할 수 있지만 그러면 지표면이나 대기에 의해 반사되어 이 반사파는 직접 전송된 것보다 늦게 수신 안테나에 도착하여 먼저 도착한 신호를 간섭하여 수신 신호를 망칠 수도 있다. VHF와 UHF가 이에 해당하며 FM 라디오, 텔레비전 방송, 이동 전화용, 마이크로웨이브용으로 사용한다.

우주공간 전파(Space Propagation)는 위성에 의한 중계를 이용한다. 신호는 궤도 위성에 의해 수신되고 지상에 있는 수신기로 신호를 다시 방송한다. 위성 통신은 기본적으로 위성을 중계기로 갖는 지향성 전파의 하나로 볼 수도 있다. SHF와 EHF가 이에 해당하며 지상 및 위성 마이크로웨이브, 레이더 통신, 위성 통신 및 실험용 통신에 이용된다.

3.2.2 지상 마이크로웨이브

(1) 물리적 특성

마이크로파의 송수신에 사용되는 가장 일반적인 안테나는 포물선 모양의 "접시"형 안테나이다. 보통 안테나의 지름은 10ft(약 3m) 내외이다. 안테나는 단단히 고정되어 있고, 송신 안테나는 가느다란 빔을 수신 안테나로 발사한다. 마이크로웨이브 신호는 하나의 주파수로 한 방향으로 전파하는데 양방향 통신을 위해서는 두 가지의 주파수가 필요하다. 하나의 주파수는 한 방향의 전송을 위해 사용되고, 다른 주파수는 반대 방향의 전송을 위해 사용된다. 각각의 주파수는 각각의 송신기와 수신기를 필요로 하는데, 오늘날에는 이 두 가지 장비가 송수신기로 합쳐져 두 가지 주파수와 기능을 지원하는 단일 안테나를 사용하고 있다.

마이크로파 안테나는 흔히 고지대에 위치하는데, 이는 안테나간의 거리를 확장시키고 그 사이의 장애물을 뛰어넘기 위함이다. 보통 100m 높이에 위치한 두 개의 마이크로웨이브 안테나는 82km의 거리를 두고 통신할 수 있다. 그 이상의 장거리 전송을 하기 위해서는 마이크로웨이브 중계탑을 이용하면 된다. 즉, 〔그림 3-30〕에 나와 있는 바와 같이 원하는 거리에 걸쳐 점대 점(point-to-point) 마이크로웨이브 링크를 여러 개 연결하는 것이다.

(2) 용도

지상 마이크로웨이브 시스템의 주요 용도는 통신 서비스용인데, 동축케이블이나 광섬유의 예비용(back-up)으로 이용된다. 마이크로웨이브 설비에서는 같은 거리의 동축케이블보다 적은 수의 증폭기나 중계기를 필요로 한다. 마이크로웨이브는 음성이나 텔레비전 전송에 많이 사용된다.

다른 응용에서 증가 추세를 보이는 곳이 건물간의 단거리 점 대 점 링크의 경우이다. 건물간 유선 매체의 배선이 곤란하거나 어려운 경우 두 건물의 옥상에 마이크로웨이브 안테나를 설치하여 통신할 수 있다. 단거리 마이크로웨이브는 소위 우회(bypass)응용을 위해 사용될 수 있다. 하나의 기업이 지역 전화회사를 우회하며 같은 도시 내의 장거리 통신 설비에 마이크로웨이브 링크를 설치할 수 있다.

(3) 전송 특성

마이크로웨이브 전송은 전자기 스펙트럼의 일부분을 차지한다. 전송에 사용되는 통상의 주파수는 2~40GHz의 범위에 존재한다. 주파수가 높을수록 잠재적 대역폭은 넓어지며, 따라서 잠재적 데이터 전송률도 높아진다.

다른 전송 시스템에서와 마찬가지로 마이크로웨이브에서도 주된 손실 요인은 감쇠이다. 트위스트 페어나 동축케이블에서는 손실이 로그 함수적으로 변화하지만 마이크로웨이브에서 손실은 거리의 제곱에 비례한다. 따라서 증폭기나 중계기 간격은 더 커지는데, 전형적으로 10~100km이다. 비가 오는 경우 감쇠 정도는 커지는데, 10GHz 이상의 주파수에서 이를 쉽게 감지할 수 있다. 다른 손상 요인으로 간섭을 들 수 있다. 마이크로파가 점차 널리 사용됨에 따라 전송 주파수 영역이 겹치게 되어 간섭이 항상 위험요소로 도사리고 있다. 따라서 주파수영역의 할당이 엄격히 조정되어야 한다.

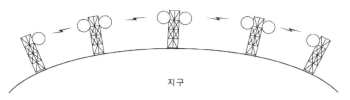

그림 3-30 지상 마이크로웨이브의 중계 전송

　　장거리 공중통신업체가 가장 흔히 이용하는 대역이 4GHz와 6GHz 대역이다. 이 주파수의 과도한 이용에 따라 포화되면서 11GHz 대역도 사용되고 있다. 마이크로웨이브 링크는 TV 신호를 지역 CATV 설비로 제공하는 데에 사용되는데, 이 신호는 그 후 동축케이블을 통해 가입자에게 분배된다. 더 높은 주파수의 마이크로파가 건물간의 단거리 점 대 점 링크로 사용되며 흔히 22GHz 대역이 사용된다. 더 높은 주파수의 마이크로파는 감쇠도가 증가하므로 장거리용에는 부적당하나, 단거리용으로는 사용가능하다. 게다가 주파수가 높아질수록 안테나가 작아지며 값도 저렴해 진다.

3.2.3 위성 마이크로웨이브

(1) 물리적 특성

　　통신위성은 두 개 혹은 그 이상의 지상에 위치하는 송수신국(지구국)을 연결하는데 이용된다. 통신위성이란, 결과적으로 마이크로웨이브 중계국이 지구상에 떠있는 형태이다. 위성(satellite)은 어떤 주파수대역을 수신하여(uplink), 이를 증폭하거나(아날로그 전송) 중계하여(디지털 전송) 다른 주파수로 송신한다(downlink).

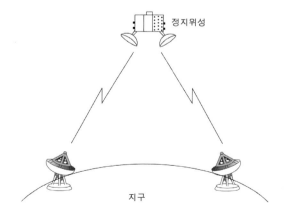

그림 3-31 위성 마이크로웨이브를 사용한 점대 점 링크 구성

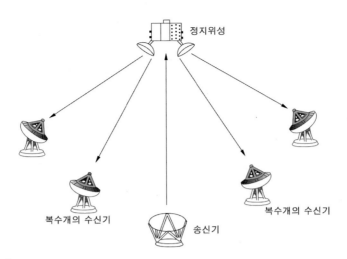

정지위성

복수개의 수신기

송신기

복수개의 수신기

그림 3-32 위성 마이크로웨이브를 사용한 점대 다중점 링크 구성

〔그림 3-31〕은 통신위성을 통하여 두 개의 지상 안테나 사이에서의 점 대 점 링크로 사용되고 있는 구성이고, 〔그림 3-32〕는 하나의 지상 송신국과 복수의 수신국간에 점 대 다중점으로 사용되는 구성으로 이 구성을 사용하여 위성 방송을 할 수 있다.

통신위성을 쉽게 사용하기 위해서는 지상에 대해 위성의 위치가 고정되어야 할 필요가 있다. 그렇지 않다면 시간이 지나면서 지상국에서 위성과 교신할 수 없게 될 것이다. 왜냐하면 마이크로웨이브는 지향성이 있어 수신 안테나의 위치나 각도가 고정되어 있기 때문이다. 이 고정위치를 유지하기 위해서는 위성의 회전속도가 지구의 회전속도와 같아야 하는데, 37,784km의 고도에서 이 일치가 이루어진다. 이러한 위성을 정지 궤도 위성이라고 한다.

지구 전체의 통신을 수행하기 위해서는 정지 궤도상에서 서로 같은 거리만큼 떨어져 있는 세 개의 정지 궤도 위성이 필요하다. 〔그림 3-33〕은 적도 주변의 정지 궤도상에서 서로 120도의 각도를 가진 위치에 있는 세 개의 위성을 나타내고 있다. 〔그림 3-33〕은 북극이나 남극에서 보았을 경우이다.

동일 주파수대역을 사용하는 두 위성이 충분히 근접해 있는 경우, 상호 간섭이 발생한다. 이를 방지하기 위해서, 4/6GHz 대역에서는 4°의 간격을(지상에서 본 각도차), 12/14GHz 대역에서는 3°의 간격을 유지하도록 하는 것이 현재의 표준이다. 따라서 위성의 수는 제한을 받게 된다.

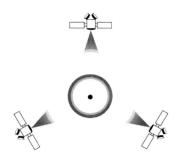

그림 3-33 지구 전체 통신을 위한 정지 궤도 위성의 배치

(2) 용도

통신위성은 광섬유만큼이나 기술적으로 획기적이며 긴요하게 사용되고 있다. 위성에 대한 중요한 응용 중에는 다음과 같은 것이 있다.

- TV 분배: 위성의 방송특성 때문에 위성은 TV 분배에 아주 적합하고, 이 목적을 위해 전세계에서 널리 사용되고 있다. 전통적인 용도로서 TV 방송국은 TV 프로그램을 생성한다. 이 프로그램은 위성으로 송신되고, 프로그램을 수신한 후 TV 프로그램을 개개의 시청자에게 분배하는 여러 스테이션에 송신한다. 상업망은 실제적으로 위성을 사용하고 있고, 유선 TV 시스템은 위성으로부터 프로그램의 상당 부분을 수신하고 있다. 가장 최근의 TV 분배위성기술의 응용은 DBS(Direct Broadcast Satellite)이다. DBS는 위성 비디오신호를 가정의 시청자에게 직접 전송하는 것이다. 수신 안테나의 크기와 가격이 떨어짐으로써 DBS가 경제적으로 가능하게 되었고, 많은 채널이 이미 서비스중이거나 계획 단계에 있다.
- 장거리 전화전송: 위성은 공중전화망에서 전화국간의 점대 점 트렁크로도 사용되고 있다. 이것은 고용도 국제 트렁크로서 최적의 매체이고, 많은 장거리 국제링크로서 지상 시스템과 경쟁적으로 사용된다.
- 사설 기업망: 위성을 이용한 대한 기업적인 네트워크의 구성이 있다. 위성 제공자는 전체 용량을 많은 채널로 분할하고 이들 채널을 기업 사용자에게 임대한다. 여러 사이트(site)에 안테나를 설치할 사용자가 사설망을 통해 위성의 채널을 사용할 수 있다. 이러한 응용은 채널 임대 가격이 비싸서, 큰 기관에서 주로 이용하고 있다.

(3) 전송 특성

위성통신에서 최적의 주파수 범위는 1~10GHz이다. 1GHz 이하에서는 심각한 잡음이 발생하는데, 이 잡음은 자연으로부터 발생하는 잡음, 즉 우주, 태양, 대기로부터 발생하는 것과 인간에 의한 각종 전자 기계 장치로부터 발생하는 것이다. 10GHz이상 이라면, 대기의 흡수에 의한 감쇠 정도가 심각해지는데, 구름이 끼거나 비가 내리면 더 감쇠 정도가 심각해진다.

오늘날 점대 점 서비스를 제공하는 대부분의 위성은 지상에서 위성으로(uplink)의 전송에 5.925~6.425GHz 범위의 대역폭을 사용하고 있으며, 위성에서 지상으로의 전송에는(downlink) 3.7~4.2GHz의 대역폭을 사용한다. 이 조합을 4/6GHz 대역이 라고 한다. 업링크(uplink)와 다운링크(downlink)의 주파수가 서로 다르다. 왜냐하 면 간섭을 없애려면 송신과 수신에 같은 주파수를 사용하면 안 되기 때문이다.

4/6GHz 대역은 1~10GHz 범위에서 최적의 영역을 차지하고 있으나, 포화상태에 있다. 1~10GHz 범위의 다른 주파수는 사용할 수가 없는데, 이는 통상 지상 마이크 로웨이브가 나머지 주파수를 사용하고 있어, 서로 간섭이 발생할 수 있기 때문이다. 그래서 12/14GHz 대역이 개발되었다(uplink: 14~14.5GHz, downlink: 11.7~ 12.2GHz). 이 주파수 영역에서는 감쇠 정도가 심하지만 이에 대한 문제를 안고 사용 되고 있다. 이 대역 역시 곧 포화될 것으로 예측되므로 19/29GHz 대역(uplink: 27.5~31.0GHz, downlink: 17.7~21.2GHz)의 사용이 계획되었다. 이 19/29GHz 대역은 더 큰 감쇠 문제를 발생시키지만 대신 더 큰 대역폭을 가지면서 더 작고 값싼 수신기 안테나를 사용할 수 있는 장점이 있다.

3.2.4 방송 라디오

(1) 물리적 특성

방송 라디오(broadcast radio)와 마이크로웨이브의 기본적인 차이점은 방송 라 디오가 다방향성인데 비해 마이크로웨이브는 지향성을 갖는다는 것이다. 따라서 라 디오는 접시형의 안테나가 필요 없을 뿐 아니라, 정해진 지점에 정확히 설치될 필요 가 없다.

(2) 용도

라디오는 3kHz~300GHz 주파수대역을 포함하는 용어로도 사용된다. 그러나 여기 서는 VHF와 UHF 대역의 일부분(30MHz~1GHz)을 가리키는 제한적 의미로 사용 한다. 이 영역은 FM 라디오와 UHF/VHF-TV에 걸쳐 있다.

(3) 전송 특성

30MHz~1GHz의 주파수 범위는 방송 통신용으로 매우 효과적이다. 아주 낮은 주파수의 전자파와는 다르게 30MHz 이상의 라디오 파는 지구의 전리층을 통과한다. 따라서 시야 내에서의 전송만이 가능하고, 거리가 멀리 떨어져 있는 수신기들은 대기반사에 기인한 상호간의 간섭을 일으키지 않는다. 또한 마이크로웨이브 영역에 속하는 보다 높은 주파수와는 달리, 강우에 의한 감쇠에도 둔감하다.

라디오파에 있어서의 주요한 손상 요인은 다중 경로간섭(multipath interference)이다. 육지, 물, 자연적 또는 인공적 물체에 의한 반사로 인해 안테나간에는 많은 전송 경로가 발생할 수 있다. 이 효과는 비행기가 지나갈 때 TV 화면이 겹쳐서 나타나는 것으로 확인할 수 있다.

3.2.5 적외선

적외선 통신은 응집성이 없는 적외선을 변조하는 송수신기(트랜시버)를 사용하여 이루어진다. 트랜시버들은 시야 내에 있어야 하며, 직접 통신이 가능해야 한다.

적외선 통신에서는 마이크로웨이브 시스템에서 생기는 보안과 간섭문제는 나타나지 않는다. 또한 하나의 건물 내에서 사용되기 때문에 주파수 할당 문제가 발생하지 않으므로 적외선을 사용하는데 당국의 허가가 필요하지 않다.

연습문제

1. UTP의 세 가지 카테고리를 설명하시오.

2. 트위스트 페어의 장점과 용도를 설명하시오.

3. 트위스트 페어와 비교했을 때 동축케이블이 갖는 장점을 설명하시오.

4. 광섬유에서 광이 클래드를 따라 전파하는 이유를 설명하시오.

5. 단일모드 광 섬유와 다중모드 광 섬유를 설명하시오.

6. 다른 전송 매체에 비해 광 섬유가 가지는 특징과 장점을 쓰시오.

7. 굴절율 분포에 따른 광 섬유의 종류를 설명하시오.

8. 광 섬유의 손실 및 분산 특성을 설명하시오.

9. 광 통신을 위한 구성 요소를 쓰고 설명하시오.

10. 지상 마이크로웨이브의 전파 거리에 한계가 있다. 그 이유는 무엇인가?

11. 전파의 다방향성과 지향성을 설명하시오.

12. 위성 마이크로웨이브의 용도를 설명하시오.

데이터 부호화

4

데이터 통신과 컴퓨터 네트워킹

제 4 장

데이터 부호화

제2장에서 아날로그 및 디지털 데이터와 아날로그 및 디지털 신호에 대해 설명하였다. 아날로그 및 디지털 데이터는 디지털 신호로 부호화 되고, 아날로그 및 디지털 데이터는 아날로그 신호로 변조된다. 〔그림 4-1〕은 그 과정을 나타낸 것이다.

디지털 전송에서 디지털이나 아날로그 데이터 $g(t)$는 $x(t)$라는 디지털 신호로 부호화(encoding) 된다. 이때, $x(t)$의 형태는 부호화 기법에 의해 결정되는데, 예를 들어 대역폭을 최대로 사용할 수 있도록 부호화 하느냐, 또는 오류를 최소로 줄이는 방향으로 부호화 하느냐에 따라 달라지게 된다.

아날로그 전송에서는 흔히 반송신호(carrier signal)로 알려져 있는 연속적 고정주파수(continuous constant-frequency)신호가 전송신호의 기본 형태가 된다. 반송신호의 주파수는 사용하고자 하는 전송매체에 적합하도록 선택된다. 디지털 또는 아날로그 데이터 $m(t)$는 $s(t)$라는 아날로그 신호로 변조(modulation)된다. 변조란 원래의 데이터를 주파수 f_c를 갖는 반송신호로 부호화 하는 과정을 말하며, 부호화의 일종이다. 모든 변조기법은 다음 세 가지 기본적인 주파수영역 변수 중의 하나 혹은 그 이상을 혼합해서 이용한다.

- 진폭(amplitude)
- 주파수(frequency)
- 위상(phase)

입력되는 신호 $m(t)$는 아날로그 혹은 디지털 신호인데, 이를 변조될 신호(modulating signal) 혹은 베이스밴드 신호(baseband signal)라고 한다. 이 신호가 반송신호에 의해 변조되는데, 이 결과인 $s(t)$를 변조된 신호(modulated signal)라 한다.

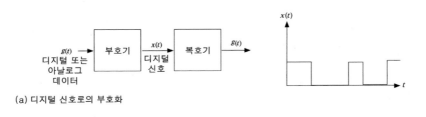

(a) 디지털 신호로의 부호화

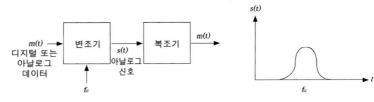

(b) 아날로그 신호로의 변조

그림 4-1   부호화 및 변조 기법

〔그림 4-1〕에 나타낸 기법을 조합한 4가지 종류의 전송 방법이 많이 사용되고 있다.

● 디지털 데이터, 디지털 신호: 일반적으로 디지털 데이터를 디지털 신호로 부호화하는 것이 디지털을 아날로그로 변조하는 경우보다 단순하며 가격이 싸다.
● 아날로그 데이터, 디지털 신호: 아날로그 데이터를 디지털 신호로 변환하여 전송하는 것은 최신의 디지털 전송장비와 교환장비를 이용할 수 있게 한다.
● 디지털 데이터, 아날로그 신호: 광섬유나 비유도 전송매체 등의 특정 매체는 단지 아날로그 신호만을 전송할 수 있다.
● 아날로그 데이터, 아날로그 신호: 전기적 형태를 갖는 아날로그 데이터는 베이스밴드 신호로 값싸고 용이하게 전송할 수 있다. 음성신호가 음성급 회선을 통해 전송되는 것이 그 예이다.

어떤 베이스밴드 신호의 대역폭을 다른 스펙트럼의 영역으로 이동시키기 위해 흔히 변조기법이 사용된다. 이 방법에 의해 다른 스펙트럼의 영역에 있는 복수 개의 신호가 같은 전송매체를 공유할 수 있게 된다. 이러한 것을 주파수 분할 다중화라 한다.

계속해서 위에 언급한 4가지 형태의 전송 기법들을 설명하겠다.

4.1 디지털 데이터, 디지털 신호

　디지털 데이터의 디지털 신호로의 부호화는 디지털 신호에 의한 디지털 데이터의 표현이라고 할 수 있다. 〔그림 4-2〕는 디지털 데이터의 디지털 신호로의 부호화 과정을 나타내고 있다.

　디지털 신호는 불연속적인 전압펄스의 연속으로 구성된다. 이때 각 펄스를 신호 요소(signal element)라고 한다. 2진 데이터는 각 데이터 비트가 신호 요소로 부호화되어 전송된다. 이 때의 가장 간단한 경우는 각 비트가 1:1로 각 신호 요소로 대응되게 하는 전송방법이다. 〔그림 2-25〕에서 신호를 나타낸바와 같이, 0은 저위의 전압으로, 1은 고위의 전압으로 표현하는 것이다. 이 절에서는 이 방법 외의 다른 여러 가지 부호화 기법을 소개할 것이다.

　우선 몇 가지의 용어를 정의하기로 한다. 하나의 신호 요소만이 하나의 극성을 가질 때, 즉 두 2진 상태 중 하나만을 부호화 하는 경우 이를 단극형(unipolar)이라고 한다. 모든 신호 요소가 극성을 가질 때, 즉 음(-)과 양(+)의 두 가지 전압 준위를 모두 사용할 경우에 이 신호를 극형(polar)이라고 한다. 반면에, 어떤 논리상태가 양의 전압으로, 그 다음 논리상태가 음의 전압으로 표시될 때, 즉 양(+), 영(0), 음(-)의 세 가지 전압 준위를 모두 사용하는 경우에 양극형(bipolar)이라 한다.

　데이터 전송률(data rate)은 초당 전송하는 비트수로서 나타내는 데이터 전송속도이다. 한 비트의 기간(duration)은 송신기가 한 비트를 내보내는데 걸리는 시간으로, 데이터 전송률이 R이라면 이에 대해 비트기간(bit duration)은 $1/R$이다. 변조율(modulation rate)은 신호레벨이 변화하는 속도를 말하는 것으로, 다음에 설명할 디지털 인코딩의 특성에 좌우된다. 변조율의 단위는 보오(bauds)로서, 초당 신호 요소의 수를 의미한다. 마지막으로 용어 마크(mark)와 스페이스(space)는 각각 2진수 1과 0을 말한다.

　그림 4-2　디지털 데이터의 디지털 신호로의 부호화

〔그림 2-25〕를 이용해 디지털 신호를 해석하는 방법을 설명하기로 한다. 수신기는 각 비트의 시간 간격과 0과 1을 나타내는 전압 범위를 알아야 한다. 〔그림 2-25〕에서는 각 비트의 시간 간격 중에서 전압을 채취하여 임계값의 전압과 비교함으로써 0과 1을 판독한다. 이전에 언급했듯이 이 과정 중에 잡음으로 인해 오류가 발생할 수 있다.

수신된 신호를 성공적으로 해석하는 데에는 다음의 세 가지 요소가 그 주요한 사항이 된다. 즉, 신호 대 잡음비, 데이터 전송률, 대역폭이다. 다른 요소가 일정하다면 다음과 같이 표현할 수 있다.

- 데이터 전송률이 증가하면 비트 오류율이 증가한다.
- S/N비가 증가하면 비트 오류율이 감소한다.
- 대역폭의 증가하면 데이터 전송률도 증가한다.

이외에 성능을 개선하기 위해 사용되는 다른 사항이 있다. 즉 부호화 기법이다. 부호화란 데이터 비트를 신호 요소로 변환(mapping)시키는 방법을 일컫는 것이다. 부호화를 위해 여러 가지 다양한 방법이 시도되어 왔으나, 그 중에서 데이터 통신에 많이 사용되는 것들을 논의의 대상으로 한다. 이제 각 디지털 데이터의 디지털 신호로의 부호화 기법에 대해 살펴보기로 하자.

4.1.1 단극형 부호화

단극형 부호화(unipolar encoding)는 매우 단순하며, 구현 비용이 저렴하다. 대부분의 전송 시스템은 전선이나 케이블을 따라 전압 펄스를 보내게 되며, 대부분의 부호화 방식에서 하나의 전압 준위는 0을 나타내고 다른 준위는 2진수 1을 나타내게 된다. 펄스의 극성이란 그 펄스가 양인지 음인지의 여부를 이르는 것으로 여기서 단극형으로 명명된 것은 부호화 과정에서 오직 하나의 극만을 사용하기 때문이며 두 이진 상태 중 하나만이 부호화된다.

〔그림 4-3〕은 단극형 부호화의 개념을 나타내고 있다. 여기에서 1은 양의 값으로 부호화되었고 0은 아무 것도 보내지 않는다. 그러나 단극형 부호화는 직류 성분이 존재하고, 동기화의 어려움 때문에 실제로는 사용되지 않는다.

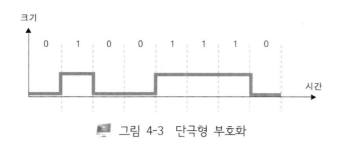

그림 4-3 단극형 부호화

(1) 직류 성분

단극형 신호의 평균 진폭은 0이 아니기 때문에 직류 전류 성분(Direct Current component, 주파수가 0인 성분)이 생긴다. 신호에 직류 성분이 있으면 변압기나 마이크로웨이브와 같이 직류 성분을 다룰 수 없는 매체는 통과할 수 없다.

(2) 동기화

신호에 변화가 없으면 수신기에서 각 비트의 시작과 끝을 인식하는데 자신의 클럭만을 의존할 수밖에 없으며, 송수신기 간의 클럭 차이는 시간이 흐르면서 커지게 되어 잘못된 비트값을 읽을 수 있다. 따라서 송수신기 간의 클럭을 동기화시킬 필요가 있는데, 디지털 부호화 방식에서는 전압 준위의 변화를 통해 하나의 비트가 끝나고 새로운 비트가 시작되는 것을 표시하여 준다. 전압 준위의 변화를 통해 수신기는 송신기의 클럭에 계속 재동기되어 수신기에서 수신된 비트값을 잘못 읽는 것을 방지할 수 있다.

단극형 전송에서 동기화 문제를 해결하는 방법으로 송신기에서 수신기로 클럭 펄스를 별도의 라인을 사용하여 전송하는 방법이 있으나 데이터 전송을 위해 회선을 이중으로 설치하는 것은 비용이 많이 들어 비경제적이다.

4.1.2 극형 부호화

극형 부호화(polar encoding)는 양과 음의 두 가지 전압 준위를 사용한다. 두 준위를 사용함으로서 회선의 평균 전압 준위를 감소시키고 단극형 부호화의 직류 성분 문제도 감소 또는 제거시킬 수 있다.

(1) 영비복귀(NRZ: Nonreturn to Zero) 부호화

일반적으로 쉬운 디지털 신호의 전송방법은 두 개의 2진수에 대해 두 개의 전압레벨을 사용하는 것이다. 이 방법을 따르는 부호화 코드는 비트 기간 동안 전압레벨이 일정한 값을 갖는다. 즉, 전이가 없으므로 0 전압레벨로 복귀하지 않는다. 예를 들어, 음의 전압은 2진수 0을 표시하고 양의 전압은 2진수 1을 나타내거나 음의 전압은 2진수 1을, 양의 전압은 2진수 0을 표시하는데 사용된다. 단극형 부호화에서 휴지 회선(idle line)은 2진수 0을 나타내지만, NRZ 부호화에서는 어떠한 전송도 이루어지고 있지 않은 상태를 나타낸다.

NRZ-L(Non-Return to Zero-Level)

음의 전압은 2진수 0을 표시하고 양의 전압은 2진수 1을 나타낸다. NRZ-L에서 신호의 준위는 비트의 생성 상태에 따라 달라질 수 있다. NRZ-L은 단순하고 사람이 직관적으로 인식하기 쉬운 관계로 터미널이나 기타 장치에 의해 디지털 데이터를 생성하고 해석하는 데 많이 사용되는 코드이다. 만약 다른 부호화 코드가 전송용으로 사용된다면 그것은 전송 시스템에 의해 NRZ-L 신호로부터 생성된다. 〔그림 4-4〕에 NRZ-L의 부호화가 나와 있다.

NRZ-I(Non-Return to Zero, Invert on ones)

NRZ-L의 변형인 NRZ-I(Nonreturn to Zero, Invert on ones)는 NRZ-L처럼 비트시간 동안 일정 전압펄스를 유지한다. 비트시간의 시작점에서 전이(저준위에서 고전위로 혹은 고전위에서 저전위로)가 있으면 2진수 1을 나타내고 전이가 없는 것은 2진수 0을 나타낸다. 비트 1을 나타내는 것은 전압 자체가 아니라 양전압과 음전압 사이에서의 전이가 발생하였다는 것이고, 비트 0은 아무 전위도 발생하지 않았다는 것이다.

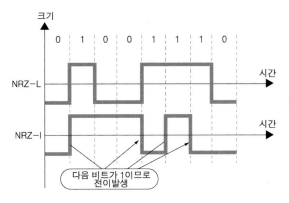

그림 4-4 NRZ-L과 NRZ-I의 부호화

NRZI는 차동 부호화(differential encoding)의 예이다. 차동 부호화에서 신호 요소의 절대값을 결정하는 것보다 인접한 신호 요소의 극성 비교에 의해 신호는 디코드된다. 잡음이 있어도 전이를 검출하는 것이 임계값과 비교하는 것보다 좀 더 신뢰성이 있다는 이점을 갖게 된다. NRZ-L에 비해 NRZ-I가 지닌 장점은 비트 1을 만날 때마다 신호의 전이가 발생하기 때문에 동기화에 유리하다는 것이다. 만약 연속된 1이 6번 들어왔다면 신호를 6번 전이시키기 때문에 각각의 전이는 신호가 도착한 시점에서 수신기의 클럭을 재동기할 수 있도록 한다.

NRZ-L 코드는 인간이 가장 인식하기 쉽고, 또한 대역폭의 사용이 효율적이다. 이러한 후자의 성질을 〔그림 4-5〕에 나타냈는데, 영비복귀 이외의 여러 다양한 부호화 방식의 스펙트럼 밀도를 비교한 것이다. 그림에서 주파수는 데이터 전송률로 정규화되어 있다. 그림에서 보이는 것처럼, NRZ와 NRZI 신호에서 대부분의 에너지는 직류와 비트 전송률의 절반 사이에 존재한다. 예를 들어, NRZ 코드가 56000bps의 데이터 전송률을 가진 신호를 생성하는데 사용되었다면, 신호의 대부분 에너지는 직류와 28000Hz 사이에 집중된다.

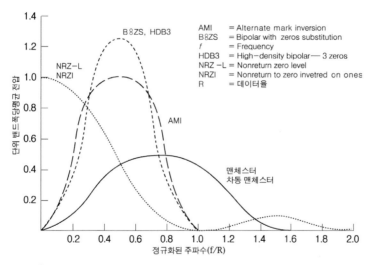

그림 4-5 여러 디지털 신호 부호화 방식의 스펙트럼 밀도

NRZ 신호의 주요 문제는 직류성분의 존재와 동기능력의 부족으로부터 생긴다. 동기화 문제를 살펴보기 위해 다음을 생각하여 보자. NRZ-L에서 2진수 1이 길게 연속되어 나타나거나 2진수 0이 길게 연속되어 나타나는 경우, NRZI에서 0이 길게 연속되어 나타나는 경우에 시간의 긴 주기 동안 출력은 일정한 전압이 된다. 이러한 환경

에서 송신기와 수신기의 타이밍 사이에 어떤 표동(drift)이 둘 사이의 동기를 상실하게 하는 결과가 생길 수 있는 것이다.

이들의 단순성과 비교적 낮은 주파수 응답특성 때문에 NRZ 부호화는 디지털 자기 기록에 공통적으로 사용된다. 그러나 신호전송 응용에서는 이 코드의 직류성분의 존재와 동기능력의 부족 문제 때문에 잘 사용하지 않는다.

(2) 영복귀(RZ, Return to Zero) 부호화

전송할 데이터에 일련의 연속적인 1이나 0으로 된 문자열을 포함하고 있을 경우, 수신기는 비트의 시작과 끝을 정확히 알 수 없게 되어 오류가 발생함을 설명하였다. 이를 해결하기 위해 단극형 부호화에서는 동기화를 제공하는 한 가지 방법으로 다른 라인으로 별도의 클럭 펄스를 보내는 것이 있으나, 이는 비용이 많이 들어 경제적 부담이 크다. 보다 좋은 해결책은 부호화된 신호에 동기화 정보를 포함하여 전송하는 것이다. 이를 위해서는 각 비트마다 신호의 변화가 있어야 한다. 이 신호의 변화를 이용하여 수신기는 자신의 클럭을 설정, 갱신하여 송신기와 동기화 할 수 있다. 먼저 살펴본 바와 같이 NRZ-I에서는 연속되는 2진수 1의 문자열에 대해서는 동기화 문제를 해결하였다. 만약 3가지 값을 사용한다면 연속되는 2진수 0의 문자열에 대해서도 동기화 문제를 해결할 수 있다. 이것이 RZ부호화로서 양의 전압, 영 전압, 음의 전압을 사용하여 매 비트 구간마다 전이가 발생한다. NRZ-L에서와 같이 양의 전압은 2진수 1을 나타내고, 음의 전압은 2진수 0을 나타내지만 NRZ-L과는 달리 각 비트시간의 반이 지나고 나면 신호는 0으로 돌아온다. 2진수 1은 양의 값으로 표현되기보다는 0에 대한 양의 값으로 표현되고, 2진수 0은 음의 값으로 표현되기보다는 0에 대한 음의 값으로 표현된다. 〔그림 4-6〕에 RZ 부호화 기법이 나와 있다.

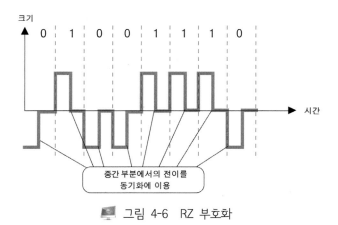

그림 4-6 RZ 부호화

RZ 부호화의 단점은 한 비트의 부호화를 위해 2번의 신호 전이가 필요하므로 너무 많은 대역폭을 차지한다는 것이다. 그러나 이제까지 소개한 부호화 기법 중에서 동기화를 문제를 해결할 수 있는 가장 효율적인 부호화 기법이다.

(3) 2단계(Biphase) 부호화

NRZ 부호화의 한계를 극복하는 데에는 2단계(Biphase)라고 분류되는 다른 부호화 기법이 있는데, 여기에서는 신호가 비트 시간의 중간에서 변화하지만 영전압으로 돌아오지는 않는다. 2단계 부호화 기법 중에는 맨체스터와 차동 맨체스터가 널리 공통적으로 쓰이고 있다.

맨체스터(manchester)

각 비트의 시간의 중간에서 전이가 발생한다. 중간-비트 전이는 클럭 동기화에 사용되면서, 데이터를 나타낸다. 즉, 저전위 → 고전위 전이는 2진수 1을 나타내고 고전위 → 저전위 전이는 2진수 0을 나타낸다. 한번의 전이로 두 가지 목적을 달성하면서 오직 두 전압 준위의 진폭을 사용하여 RZ와 같은 수준의 동기화를 달성한다.

차동 맨체스터(differential manchester)

차동 맨체스터에서 비트 시간 중간에서의 전이는 동기화를 제공하기 위해서 사용되지만, 비트값을 식별하는 데에는 비트 시작점에서의 변이 여부가 사용된다. 즉 2진수 0의 부호화는 비트 주기의 시작점에서 전이가 있고, 2진수 1은 비트 주기의 시작점에 전이가 없다. 차동 맨체스터에서는 2진수 0을 나타내는 데에는 2번의 신호 변화가 필요하지만, 2진수 1을 나타내는 데에는 한번의 신호 변화로 가능하다.

모든 2단계 기법은 비트 시간당 적어도 하나의 전이가 있어야 하고 두 개의 전이를 가질 수 있다. 그러므로 최대 변조율은 NRZ의 두 배이다. 이것은 필요한 대역폭이 이에 상응되게 더 크다는 것을 의미한다. 2단계 기법은 대역폭이 증가하는 문제가 발생하지만 이에 대한 보상으로 여러 이점이 나타난다. 첫째, 각 비트시간 간격 동안의 전위의 전이를 예측할 수 있으므로, 수신측은 그 전이를 이용하여 동기화(synchronization)를 할 수 있다. 이러한 이유에서 2단계 부호화 기법은 자기클럭킹 코드(self-clocking code)로 알려져 있다. 둘째, 2단계 부호화는 직류성분을 포함하지 않는다. 셋째, 전이가 기대되는 위치에서 전이가 발생하지 않은 경우에는 오류가 발생한 것이므로 오류를 검출할 수 있다.

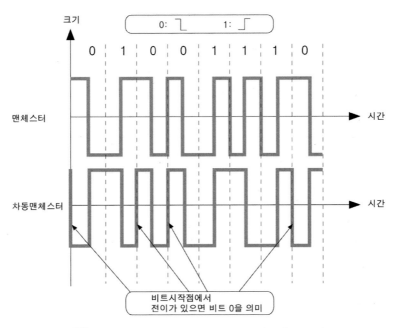

그림 4-7 맨체스터 및 차동 맨체스터 부호화

〔그림 4-5〕에서와 같이, 에너지는 데이터 전송률의 중간과 데이터 전송률 사이에서 많은 양이 분포한다. 대역폭은 타당성 있게 소폭이며, 또한 직류성분을 포함하지 않는다. 2단계 부호화는 데이터 전송에서 많이 사용하는 기법이다. 더욱 맨체스터 코드는 베이스밴드 동축케이블과 트위스트 페어 CMSA/CD 버스 LAN에 대한 IEEE 802.3 표준에 규정되어 있다.

(4) 양극형(Bipolar) 부호화

양극형 부호화 기법은 NRZ 부호화의 부족한 면을 보완한다. RZ에서와 같이 양극형 부호화 기법은 양의 전압, 영전압, 음의 전압의 세 가지 전압 준위를 사용한다. 그러나 RZ에서와는 달리 영전압은 2진수 0을 표현하는데 사용된다. 양전압과 음전압은 교대로 1을 나타내는데 사용한다. 만약 첫 번째 비트 1이 양의 전압으로 표현되었다면, 두 번째 비트 1은 음의 전압으로 표현되고, 세 번째 비트 1은 다시 양의 전압으로 표현되는 것이다. 비트 1이 연속되지 않는다 하더라도 연속성을 갖고 양과 음의 전압이 교대되면서 비트 1을 표현한다. 양극형 부호화 기법 중 데이터 통신에서 많이 사용하는 세 가지 방식이 있다. 즉, AMI(Alternate Mark Inversion), B8ZS와 HDB3이다.

AMI(Alternate Mark Inversion)

양극형 AMI(Alternate Mark Inversion)은 양극형 부호화 기법 중에서 가장 단순한 형태이다. Alternate Mark Inversion에서 mark라는 단어는 1을 의미한다. 따라서, AMI는 교대로 나타나는 반전되는 2진수 1을 의미한다. 2진수 1은 교대되는 양과 음의 전압에 의해 표현되며, 중간의 영전압은 2진수 0을 나타낸다. 〔그림 4-8〕에 이에 대한 설명이 나와 있다.

이 방식은 몇 가지 이점이 있다. 첫째, 연속적으로 1이 길게 나오더라고 클럭의 동기가 상실되지 않는다. 각각의 2진수 1은 전이를 일으키고, 수신기는 전이에서 재동기 될 수 있다. 2진수 0의 비트가 연속될 경우에는 동기화 문제가 해결되지 않는다. 둘째, 2진수 1의 신호는 전압이 양에서 음으로 교대로 변하므로 순직류 성분이 없다. 또한 결과신호의 대역폭은 NRZ의 대역폭보다 작다(그림 4.5 참조). 마지막으로 펄스의 극성이 교대 출현 하므로 단순하게나마 오류를 검출하는 방법을 제공한다.

상기한 정도의 동기가 이들 경우에 제공된다 할지라도 AMI의 2진수 0이 길게 연속될 경우에 대한 문제가 아직 남아 있다. 여러 기법이 이런 부족한 면을 보완하기 위해 사용되고 있다. 한 접근 방법은 전이를 강제로 일으키는 대체 비트를 삽입하는 것이다. 하나는 B8ZS(Bipolar with 8-Zero Substitution)이고, 또 다른 하나는 HDB3(High-Density Bipolar-3 zeros)이다. 이런 양극형 부호화 기법이 비교적 낮은 데이터 전송률의 전송을 위해 ISDN에서 사용된다.

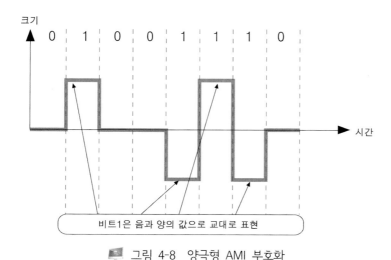

그림 4-8 양극형 AMI 부호화

☝ B8ZS(Bipolar with 8-Zero Substitution)

2단계 부호화 기법이 근거리망 응용에서 널리 사용되고 있지만, 원거리 응용에서는 널리 쓰여지지 못하고 있다. 주요 이유는 데이터 전송률에 비해 높은 신호율(signaling rate)을 필요로 하기 때문이다. 이러한 부분의 비효율성은 장거리 응용에서 더 단점이 되어 나타나 더 비싸지므로 비경제적이 된다. 이를 해결하기 위한 접근 방식에 대한 아이디어는 단순하다. 수신기의 클럭 동기를 유지할 수 있도록 하기 위해, 회선상에서 일정 전압 준위를 유발하는 비트열은 수신기의 클럭에 대해 충분한 전이를 제공할 수 있는 비트열로 대치하는 것이다. 채워 넣는 비트열은 수신기에서 인식되어야 하고 최종적으로 원래의 데이터 비트열로 대치되어야 한다. 채워 넣는 순서열은 원래의 순서열과 같은 길이이므로 데이터 전송률은 증가하지 않는다. 이 접근 방식의 설계목표는 다음과 같이 요약될 수 있다.

- 직류 성분이 없다.
- 데이터 전송률이 감소하지 않는다.
- 일정한 오류검출 능력이 있다.

북미에서 공통적으로 사용되고 있는 부호화 방식이 B8ZS(Bipolar with 8-Zero Sub-stitution)이다. 이 부호화 방식은 양극형-AMI에 근거한다. AMI의 결점은 2진수 0의 비트열이 연속되는 경우, 수신기의 클럭 동기를 상실하게 한다는 것이다. 이 문제를 해결하기 위해 부호화를 수정 보완한다. 데이터의 흐름 속에서 2진수 0이 8개 이상 연속하여 나타날 경우, 2진수 0의 비트열 대신 위반이라는 인공적인 신호 변화를 강제로 대치하는 것이다. 연속하여 8개의 2진수 0이 나타나면, B8ZS는 이전의 2진수 1의 극성을 근거로 하여 변경된 패턴을 삽입하는 것이다. 만약, 연속적으로 8개의 2진수 0이 이어 나오고, 바로 앞에서 양의 펄스가 있었으면, 8개의 0은 000+-0-+으로 대치한다. 그리고 연속적으로 8개의 2진수 0이 이어 나오고, 바로 앞에서 음의 펄스가 있었으면, 8개의 2진수 0은 000-+0+-로 대치한다. 수신기는 세 개의 0을 둘러싼 연속된 2번의 양전압 또는 음전압을 보게 되면, 잘못된 것이 아니고 고의로 삽입된 위배 펄스라는 것을 인식하게 된다. 그 후 두 번째 쌍의 위배 펄스를 찾는다. 모두 발견되면 이 8개의 비트를 비트 0으로 변환하고 다시 보통의 양극형 AMI 모드로 돌아간다.

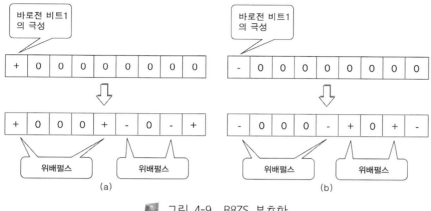

그림 4-9 B8ZS 부호화

이 기법은 AMI 코드에서 두 개의 코드 위반(AMI에서 허용되지 않는 신호패턴)을 요구한다. 불행히도 이런 위반현상은 잡음이나 기타 전송손상에 의해 야기될 수 있어, 수신기는 패턴을 인식하고 모두 0으로 된 옥텟(octet)으로 해석할 수도 있다. 그러나 패턴은 송신기와 수신기간에 사전에 약속된 것이므로 약속된 패턴이 나타나지 않으면 오류가 발생한 것으로 처리하고, 약속된 패턴이 나타나면 정상으로 처리하면 된다.

HDB3(High–Density Bipolar–3 zeros)

유럽과 일본에서 공통적으로 사용되는 부호화 방식으로 HDB3(high-Density Bipolar-3 zeros)가 있는데, 역시 B8ZS와 같이 AMI 부호화에 근거를 둔다. 이 경우에 4개의 0이 하나 혹은 두 개의 펄스를 포함한 비트열로 대치된다. 각 경우에 네 번째 0은 위배(violation) 펄스로 대치된다. HDB3에서는 연속하여 4개 2진수 0이 오는 경우, 이전 1의 극성과 마지막 대체 이후에 생긴 1의 개수에 근거하여 다음의 네 가지 중 한 가지로 패턴을 대치시킨다. 우선 HDB3는 마지막 비트 패턴이 대체된 이후의 1의 개수를 확인한다. 만약 1의 수가 홀수 개이면 연속된 네 번째 0의 위치에 위배 펄스를 넣되, 이전 비트의 극성이 양이면 위배 펄스는 양이고 이전 비트의 극성이 음이면 위배 펄스는 음이다. 만약 1의 수가 짝수 개이면 연속된 0의 첫 번째와 네 번째 비트의 0의 위치에 위배 펄스를 넣되, 이전 비트의 극성이 양이면 위배 펄스는 음이고 이전 비트의 극성이 음이면 위배 펄스는 양이다. 위에서 설명한 4개의 패턴은 〔그림 4-10〕과 같다.

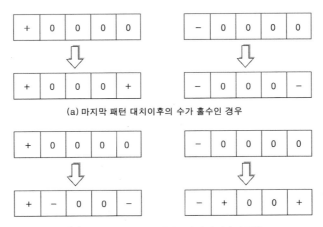

(a) 마지막 패턴 대치이후의 수가 홀수인 경우

(b)마지막 패턴 대치 이후의 1의 수가 짝수인 경우

그림 4-10   HDB3 부호화

〔그림 4-5〕는 이들 두 코드의 스펙트럼 특성을 나타내고 있다. 둘 다 직류성분은 없다. 대부분의 에너지는 데이터 전송률의 1/2과 같은 주파수 주위에 비교적 뽀족한 스펙트럼에 집중되어 있다. 그러므로 이들 코드들은 고속 데이터 전송률의 전송에 적합하다.

〔그림 4-11〕은 양극형 AMI를 기반으로 B8ZS와 HDB3 부호화의 예를 나타낸 것이다. HDB3에서 마지막 비트 패턴이 대체된 이후의 1의 개수는 홀수 개로 가정하여 부호화 된 그림이다.

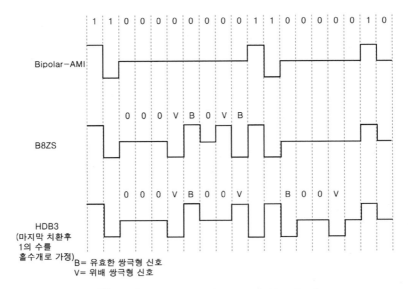

그림 4-11   B8ZS와 HDB3의 부호화 예

• 4.2 디지털 데이터, 아날로그 신호

이제 디지털 데이터를 아날로그 신호로 전송하는 경우를 취급하기로 한다. 이 경우는 아날로그 신호를 사용한 디지털 데이터의 표현으로, 예를 들면 디지털 데이터를 전화회선을 통하여 전송하는 것이다. 전화망은 음성 주파수 범위 내인 300~3400Hz의 주파수를 송수신하고, 교환할 수 있다. 디지털 장치는 통상 모뎀(MODEM, MOdulator-DEModulator)을 통해 전화망에 연결되는데, 모뎀은 디지털 데이터를 아날로그 신호로 또는 그 역으로 변환시키는 장치이다.

🖥 그림 4-12 디지털 데이터의 아날로그 신호로의 부호화

전화망에서의 모뎀은 음성 주파수영역의 신호를 생성한다. 마이크로웨이브 같은 보다 높은 주파수에서도 동일한 기본 기법이 사용한다. 이 절에서는 이러한 기법을 소개하고, 각 방법의 성능과 그 특성을 논의하기로 한다.

4.2.1 부호화기법

전송신호의 특성인 진폭(amplitude), 주파수, 위상 중의 하나 또는 몇 개를 혼용하여 변조에 이용한다. 따라서 디지털 데이터를 아날로그 신호로 변환하는 부호화, 즉 변조기법에는 기본적으로 세 가지 유형이 있다.

- ◉ 진폭편이 변조(Amplitude-Shift Keying: ASK)
- ◉ 주파수편이 변조(Frequeny-Shift Keying: FSK)
- ◉ 위상편이 변조(Phase-shift Keying: PSK)

위의 세 가지 경우 모두에서 변조된 최종 신호는 반송주파수를 중심으로 일정한 대역폭을 갖는다. 그리고 구상진폭 변조(QAM)라고 하는 진폭과 위상을 조합하여 변조하는 방식이 있는데, 매우 효과적이며 대부분의 모뎀에서 사용되는 방식이다.

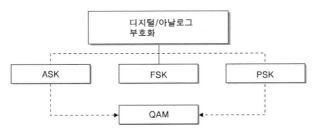

그림 4-13 디지털 데이터의 아날로그 신호로의 부호화 종류

데이터 통신에서 사용되는 두 가지 용어로 비트율(bit rate)과 보오율(baud rate) 이 있다. 비트율은 초당 전송되는 비트의 수이고, 보오율은 그 비트들을 표현하는데 필요한 초당 신호 단위의 수를 말한다. 우리가 컴퓨터의 성능을 논의하는데 비트 단위 로 구성된 데이터 조각을 처리하는데 걸리는 시간을 알고 싶어하기 때문에 비트율이 중요하다. 그러나 데이터 통신에서는 데이터를 한 지역에서 다른 지역으로 어떻게 효 과적으로 이동시킬 수 있는가가 중요하다. 더 적은 수의 신호 단위를 필요로 할수록 시스템의 효율은 더 높아지며 더 작은 대역폭을 필요로 하므로 더 많은 양의 비트를 보낼 수 있게 되는 것이다. 따라서 이 경우에는 보오율이 중요하다.

비트율은 각 신호 단위에 의해 표현되는 비트수와 보오율의 곱이다. 보오율은 비트 율을 각 신호 편이에 의해 표현되는 비트수로 나눈 것과 같다. 따라서 비트율은 항상 보오율보다 크거나 같다.

아날로그 전송에서 송신기는 전송 신호의 기반이 되는 고주파 신호를 생성한다. 이러 한 기반 신호를 반송파 신호(carrier signal) 또는 반송 주파수(carrier frequency) 라고 부른다. 수신기는 송신기로부터 받을 반송파 신호의 주파수에 맞추어지도록 조절 되며, 디지털 데이터는 반송파 신호의 특성중 한 가지 이상을 변화시키는 방법으로 변 조된다.

4.2.2 진폭편이 변조(Amplitude-Shift Keying: ASK)

진폭편이 변조(ASK)에서, 두 개의 2진 값은 각각 서로 다른 진폭을 가진 반송 주 파수로 표현된다. 주파수와 위상은 진폭이 변해도 일정하게 유지된다. 이렇게 생성된 신호는 다음과 같이 표현된다.

$$s(t) = \begin{cases} A_1\cos(2\pi f_c t) & \text{2진수 } 1 \\ A_2\cos(2\pi f_c t) & \text{2진수 } 0 \end{cases}$$

여기서, 반송신호(carrier signal)는 $A_1\cos(2\pi f_c t)$과 $A_2\cos(2\pi f_c t)$이다. 어느 전압이 2진수 1을 나타내고 어느 전압이 2진수 0을 나타내는지는 시스템 설계자가 임의로 정할 수 있다. 이 경우 비트율과 보오율은 같게 된다. 〔그림 4-14〕를 참조하라.

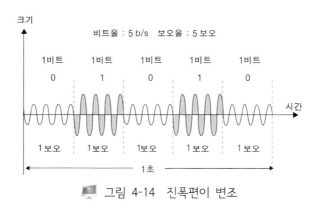

그림 4-14 진폭편이 변조

일반적으로 그 중 하나의 진폭은 0의 값을 갖도록 한다. 즉, 하나의 2진 값은 고정된 진폭을 갖는 반송파의 존재로서 표현되고, 다른 하나의 2진 값은 반송파의 존재하지 않는 것으로 나타낸다. 이렇게 생성된 신호는 다음과 같이 표현된다.

$$s(t) = \begin{cases} A\cos(2\pi f_c t) & \text{2진수 } 1 \\ 0 & \text{2진수 } 0 \end{cases}$$

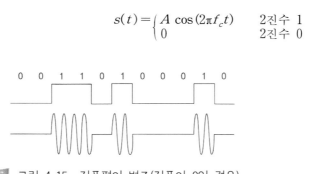

그림 4-15 진폭편이 변조(진폭이 0인 경우)

ASK 기법은 광섬유로 디지털 데이터를 전송하는데 사용된다. LED 송신기에서 앞의 수식이 유효하다. 즉, 한 신호 요소는 광 펄스에 의해 표시되며, 다른 신호 요소는 광이 없는 것으로 나타낸다. 레이저 다이어드에는 보통 낮은 세기의 광을 방출하는 고정된 바이어스(bias) 전류가 있다. 이 낮은 레벨은 한 신호 요소를 나타내는 것이고, 더 큰 세기의 진폭을 가지는 광은 다른 신호 요소를 나타내는 것이다.

ASK 방식은 간섭 등의 잡음에 민감하다. 잡음은 다른 원인으로부터 생성된 열이나 전자기 현상 등에 의해 회선에 유입되는 원하지 않는 신호를 말한다. 이 잡음 신호와 신호가 섞이면 진폭이 순간적으로 달라진다. 열잡음은 비교적 일정한 편이어서 신호 해석을 불가능하게 하지 않지만, 충격 잡음은 급작스러운 에너지 쇄도 현상으로 높은 진폭의 스파이크를 낮은 진폭에 추가하여 전체 송신 신호의 형태를 완전히 바꾸어 버린다. 갑작스러운 전압의 증가가 ASK에는 심각한 문제를 일으키는 것이다. 또한 갑작스런 이득(gain)의 변화에 민감하게 반응하여, 음성급 회선에서는 전형적으로 1200 bps까지의 이내로 사용된다. 잡음은 주로 진폭에 영향을 끼치므로 다소간 비효율적인 변조기법이다.

4.2.3 주파수편이 변조(Frequeny-Shift Keying: FSK)

주파수편이 변조(Frequeny-Shift Keying: FSK)에서 두 개의 2진 값은 두 개의 서로 다른 주파수로써 구분한다. 2진수 1과 0을 나타내기 위해 신호의 주파수가 바뀐다. 각 비트 지속기간 동안 신호의 주파수는 일정하며, 주파수 값은 2진수 1 또는 0에 할당된다. 신호의 주파수는 바뀌어도 진폭과 위상은 일정하게 유지된다. 이렇게 생성된 신호는 다음과 같이 표현된다.

$$\begin{cases} s(t) = & A\cos(2\pi f_1 t) \quad \text{2진수 1} \\ & A\cos(2\pi f_2 t) \quad \text{2진수 0} \end{cases}$$

여기서 f_1과 f_2는 반송신호의 주파수이다.

〔그림 4-17〕은 음성급 회선에서의 전이중 방식(series)의 모뎀들에 대한 명세이다. 음성급 회선은 대략 300~3400Hz 범위의 주파수를 전송하며, 전이중 방식은 동시에 양쪽방향을 전송하는 것임을 언급한 바 있다. 전이중 방식의 전송을 하기 위해서 이 음성급 회선의 대역폭은 1700Hz에서 분할되어 있다.

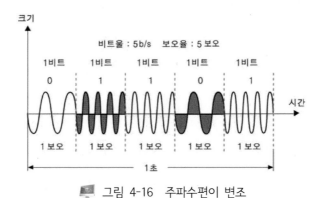

그림 4-16 주파수편이 변조

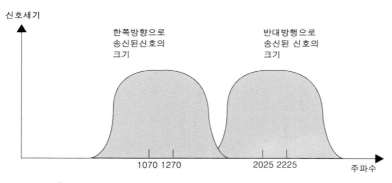

신호세기

한쪽방향으로
송신된신호의
크기

반대방행으로
송신된 신호의
크기

1070 1270   2025 2225

주파수

🖥️ 그림 4-17 음성급 회선에서 전이중 방식의 FSK 전송

어떤 한 방향의 전송을 위해(수신 또는 송신) 1170Hz에서 분할되어 있다. 어떤 한 방향의 전송을 위해(수신 또는 송신) 1170Hz의 주파수를 중심으로 하여, 거기에 100Hz를 좌우 양방향으로 이동시켜 각각 1070Hz는 0을 나타낸다면 1270Hz는 1을 나타낸다. 이와 유사하게 또 다른 방향의 전송을 위해서는 2125Hz의 주파수를 중심으로 하고, 거기에 100Hz를 좌우 양방향으로 이동시켜 각각 2025Hz는 0을 나타낸다면 2225Hz는 1을 나타낸다.

FSK 방식의 수신기는 주어진 기간 동안 특정 주파수의 변화만을 찾기 때문에 ASK 방식보다 잡음에 대해 강하다. FSK는 통상 1200bps 이내의 전송 속도에서 주로 사용된다. 또한 고주파(3~30MHz)의 라디오 전송에서도 흔히 사용된다. 동축케이블을 사용하는 근거리 망에서는 보다 높은 주파수로도 사용될 수 있다.

4.2.4 위상편이 변조(Phase-shift Keying: PSK)

PSK에서는 데이터를 표현을 위상을 하기 위해 반송신호의 위상을 이동시킨다. 위상은 변화되지만 진폭과 주파수는 일정하게 유지된다. 예를 들어 2진수 0을 표현하기 위해 위상0도를 사용하였다면, 2진수 1을 표현하기 위해 위상을 180°인 신호로 변경하는 것이다. 이 신호는 다음과 같이 표현한다.

$$s(t) = \begin{cases} A\cos(2\pi f_c t + \pi) & \text{2진수 } 1 \\ A\cos(2\pi f_c t) & \text{2진수 } 0 \end{cases}$$

단, 여기서 위상은 이전의 비트 간격에 존재하는 위상에 대해 상대적인 값이다. 위의 방법은 서로 다른 두 위상을 변조에 사용하기 때문에 2-PSK라고도 부른다. [그림 4-18]에 이를 설명하였다.

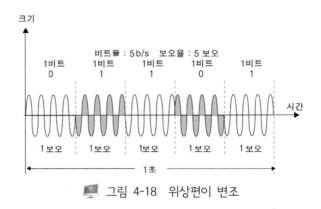

그림 4-18　위상편이 변조

성운도(constellation diagram)는 위상만을 표시하여 위상의 관계를 더 명확하게
나타내기 위해 사용된다. 〔그림 4-18〕을 성운도로 나타낸 것이 〔그림 4-19〕이다.

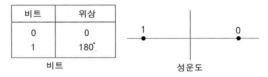

그림 4-19　2 위상편이 변조의 성운도

PSK는 ASK에 강하게 영향을 주는 잡음에 강하고, FSK에 나타나는 대역폭의 제한
이 나타나지 않는다. 이는 신호의 작은 변화도 수신기에 의해 정확하게 검출된다는 것
을 의미한다. 따라서 신호 요소가 한 비트 이상을 표시한다면 더욱 효율적으로 대역폭
을 사용할 수 있을 것이다. 이전에 언급한 PSK 방식에서는 위상의 이동 값은 180°로
하였는데, 이 대신 이동값을 90°로 함으로써 하나의 신호 요소가 하나의 비트 값이 아
닌 두 개의 비트 값을 표현할 수 있다. 이 경우의 신호는 다음과 같이 표현될 수 있
다. 이는 직각 위상 시프트 키잉(Quadrature Phase-Shift Keying: QPSK) 또는
4-PSK이라고 하며, 흔히 사용되는 부호화 기법의 하나이다. 이 경우의 신호는 다음과
같이 표현될 수 있다.

$$s(t) = \begin{cases} A\cos(2\pi f_c t) & 00 \\ A\cos(2\pi f_c t + \pi/2) & 01 \\ A\cos(2\pi f_c t + \pi) & 10 \\ A\cos(2\pi f_c t + 3\pi/2) & 11 \end{cases}$$

그러므로 각 신호 요소는 한 비트가 아닌 두 비트로 표시된다. 〔그림 4-20〕과 〔그
림 4-21〕을 참고하라.

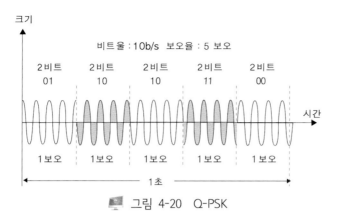

그림 4-20   Q-PSK

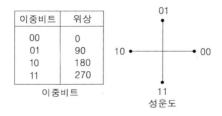

그림 4-21   Q-PSK 성운도

이러한 개념은 더욱 확장되어 사용될 수 있다. 즉, 8개의 서로 다른 위상각을 사용하여 한 번에 세 개의 비트를 동시에 전송할 수도 있다. 〔그림 4-22〕를 참고하라.

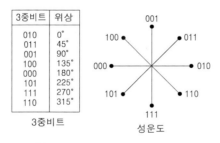

그림 4-22   8PSK의 성운도

4.2.5 구상진폭 변조(Quadrature Amplitude Modulation: QAM)

지금까지는 정현파의 세 특성 중에서 하나만을 변경하여 변조에 이용하였다. 두 가지를 동시에 변경시킬 수도 있지 않을까? 대역폭의 제한 때문에 FSK와의 조합은 쓸모가 없지만 ASK와 PSK의 조합은 가능하다. 만약, 위상값의 수가 a이고, 진폭값의 수가 b라면 a 곱하기 b만큼이 가능한 변화가 생기고, 이 변화에 상응하는 수의 비트가 생길 것이다. 이렇게 하여 구상진폭 변조(Quadrature Amplitude Modulation)가 가능해진다. QAM의 가능한 변형은 여러 가지가 있다.

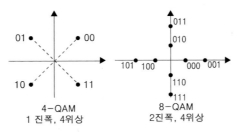

그림 4-23   4-QAM과 8-QAM의 성운도

〔그림 4-23〕은 4-QAM과 8-QAM의 성운도이다.

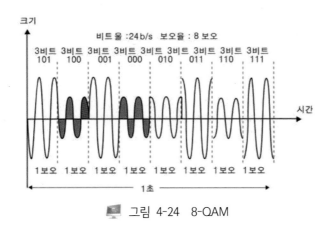

그림 4-24   8-QAM

일반적으로 사용하는 9600bps 모뎀은 12개의 위상각을 사용하며, 그 중 4개의 위상각은 서로 다른 진폭을 갖는다. 3진폭과 12위상을 사용하여 위상 편이 대 진폭 편이의 비율이 크기 때문에 잡음에 강하다. 이는 16-QAM 중의 하나이며 〔그림 4-25〕에 성운도가 나와 있다.

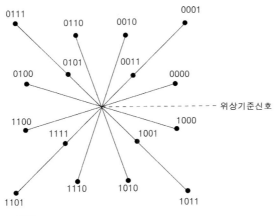

그림 4-25   16-QAM 성운도(3진폭 12위상)

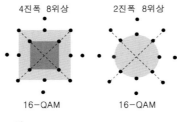

그림 4-26   16-QAM 성운도

이 이외에도 16-QAM 구성을 다음과 같이 할 수 있다. 〔그림 4-26〕에 나와 있는 4
진폭과 8위상 구성을 OSI에서 추천하고 있다. 실제로 4의 8배인 32가지의 변형이 가
능하지만 이 중 절반만을 사용함으로써 편이간의 측정 가능한 차이가 커져서 수신기에
서 보다 큰 신호 해독성을 가질 수 있다.

4.2.6 비트율과 보오율

그림을 통해 각 변조기법에 따른 비트율과 보오율의 관계를 나타냈는데, 이를 통합하
여 설명하겠다. 음성급 전화 회선상에서 FSK 신호가 초당 4800비트를 보낸다고 하면,
비트율은 4800bps이다. 여기에서 주파수 편이는 하나의 비트를 나타내며, 4800비트를
보내려면 4800개의 신호 요소가 필요하다. 따라서 보오율도 4800보오가 된다. 그러나
8-QAM 시스템에서 각 신호상태는 세 개의 비트를 나타내야 한다. 따라서 8-QAM에서
4800bps를 전송하기 위해서는 1600보오로 가능하다. 비트와 보오의 관계가 〔그림
4-27〕에 나타나 있다.

그림 4-27 비트와 보오의 관계

디지털 데이터의 아날로그 신호로의 변조 기법에 따른 비트율과 보오율에 대한 비교가 〔표 4-1〕에 나와 있다.

표 4-1 비트율과 보오율의 비교

부호화 기법	단 위	비트/보오	보오율	비트율
ASK, FSK, 2-PSK	비트	1	N	N
4-PSK, 4-QAM	2중비트	2	N	$2N$
8-PSK, 8-QAM	3중비트	3	N	$3N$
16-QAM	4중비트	4	N	$4N$
32-QAM	5중비트	5	N	$5N$
64-QAM	6중비트	6	N	$6N$
128-QAM	7중비트	7	N	$7N$
256-QAM	8중비트	8	N	$8N$

4.3 아날로그 데이터, 디지털 신호

이 절에서는 아날로그 데이터를 디지털 신호로 부호화 하는 과정에 대해 공부하기로 한다. 엄격히 말해서는 아날로그 데이터를 디지털 데이터로 변환하는 과정이라고 하는 것이 더욱 정확한 표현일 수도 있다. 이를 디지털화(digitization) 과정이라고 한다. 이를 〔그림 4-28〕에 나타냈다.

그림 4-28 아날로그 데이터의 디지털 신호로의 부호화

일단 아날로그 데이터가 디지털 데이터로 변환되면, 이 변환된 데이터에 다음 단계의 처리가 행해질 수 있다. 그 중 대표적인 것은 다음과 같다.

1️⃣ 디지털 데이터 NRZ-L 기법으로 전송될 수 있다. 이 경우는 직접적으로 아날로그 데이터를 디지털신호로 전송하는 것이다.

2️⃣ 디지털 데이터는 NRZ-L 이외의 디지털 신호로 부호화 될 수 있다. 이 경우 추가적 처리가 필요하게 된다.

3️⃣ 디지털 데이터는 아날로그신호로 변환될 수 있다. 이때 4.2절에서 논의된 다양한 변조기법을 사용함으로써 디지털 전송 방식의 장점을 이용할 수 있다.

3️⃣의 변환은 다소 이상하게 보일 것이나, 〔그림 4-29〕로 이를 이해할 수 있다. 이 그림에서는 음성 데이터가 디지털화 되어 그것이 아날로그 ASK 신호로 변환됨을 보이고 있다. 이것은 제2장에서 정의된 의미의 디지털 전송이다. 비록 전송신호(예를 들면 마이크로웨이브의 사용)로 아날로그 신호가 사용되어야 하지만, 음성 데이터가 디지털화 되었기 때문에 음성 데이터는 디지털 데이터처럼 처리될 수 있는 것이다.

그림 4-29 아날로그 데이터의 디지털화

본절에서는 아날로그 데이터를 전송을 위한 디지털 형태로 변환시키는 두 가지 기본적인 기법인 펄스 코드 변조(pulse code modulation)와 델타(delta) 변조에 대해 논의한다.

4.3.1 펄스 코드 변조(PCM)

PCM(Pulse Code Modulation)은 표본화(sampling), 양자화(quantizing) 및 부호화(encoding)의 3단계로 이루어진다. 〔그림 4-30〕에 연속적인 시간, 연속적인 진폭(아날로그)을 가진 신호가 디지털 신호로 변환되는 과정을 설명한 것이다.

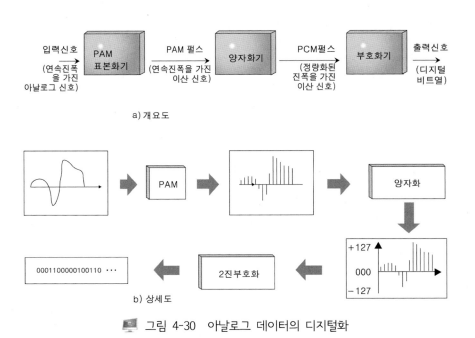

그림 4-30 아날로그 데이터의 디지털화

PCM(Pulse Code Modulation)에서의 첫 단계인 PAM 표본화는 샘플링(sampling) 이론을 바탕으로 한 것이다. 샘플링 이론은 다음과 같이 요약된다.

"어떤 신호 $f(t)$가 최대의 주파수보다 두 배 이상의 속도를 가지고 균일한 시간 간격으로 채집된다면, 이 채집된 데이터는 원래의 신호가 가진 모든 정보를 포함한다. 함수 $f(t)$는 채집된 데이터로부터 저역통과 필터(low pass filter)를 사용하여 재구성될 수 있다."

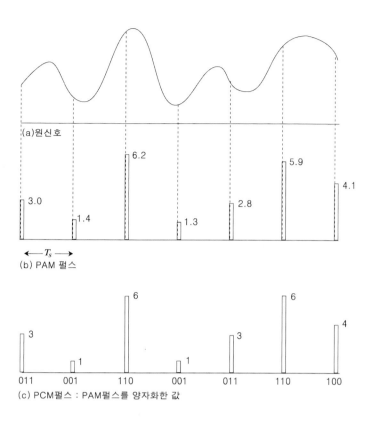

(a)원신호

6.2

5.9

4.1

3.0

1.4

1.3

2.8

$\leftarrow T_s \rightarrow$

(b) PAM 펄스

6

6

3

3

4

1

1

011   001   110   001   011   110   100

(c) PCM펄스 : PAM펄스를 양자화한 값

0110011100010111110100

(d) PCM 출력 : 2진수 비트열

그림 4-31   펄스코드 변조

　사람의 음성 데이터는 20~3300Hz의 범위에 걸쳐 있는데, 여유를 두어 4000Hz 이내의 주파수로 제한되어 있다면, 초당 8000개의 샘플(sample)로 음성 데이터의 모든 정보를 포함할 수 있을 것이다. 이 경우 샘플 자체는 아날로그 값을 가져야 한다.

　[그림 4-31]의 (a)와 (b)는 이를 나타내고 있다. 원래의 신호는 B의 대역폭을 지니고 있다고 하자. 이때 샘플은 2B의 속도로, 즉 1/(2B)초마다 채집된다. 이러한 샘플은 원래 채집된 순간의 신호 값과 같은 진폭을 갖는 펄스로 표시된다. 이러한 과정을 펄스 진폭변조(Pulse Amplitude Modulation: PAM)라고 한다. PAM 자체로도 상업적인 응용에 사용될 수 있다.

　그러나 PAM에 관한 가장 중요한 점은 이것이 PCM으로 사용하기 위한 첫째 단계이고, 이 채집된 PAM 펄스는 PCM 펄스로 정량화되어야 한다. 이를 양자화라고 한다. 이 과정에서 양자화 잡음이 발생한다. 이 과정이 [그림 4-31](c)에 나타나 있다.

이는 각 PAM 펄스의 진폭이 n비트로 표시할 수 있는 정수 값으로 근사치가 구해지는 과정이다. 이 그림에서는 n=3으로 가정하여 8(=2^3)개로 PAM 펄스의 근사치를 나타내고 있다.

디지털 신호는 n비트의 블록으로 구성되고, 각 n비트는 PCM 펄스의 진폭을 정량화된 정수값으로 나타낸다. 이를 최종적인 2진수 비트열로 나타내는 과정이 〔그림 4-31〕 (c)로서 이를 부호화라고 한다.

수식측에서는 이의 역과정이 수행되어 아날로그 신호를 생성하게 된다. 그러나 이 과정이 샘플링 이론의 내용을 반영하지 못한다. PAM 펄스를 정량화 함으로써 원래의 신호는 단지 근사치로만 전송될 수 있어 정확한 복구가 이루어질 수 없다. 이것은 위에서 언급한 양자화 잡음(quantizing noise)이 나타나기 때문이다.

PCM의 성능을 개선하기 위해 비선형 부호화(nonlinear encoding)을 실시한다. 이는 정량화하는 각 단계의 값은 균등하게 배분하지 않는 것이다. 양자화 단계를 균등하게 배분함으로써 발생하는 문제는 각 샘플에 대해 평균 절대 오류치가 신호 레벨에 관계없이 동일하다는 것이다. 이는 다시 말해서, 진폭이 작은 값에 대해서는 상대적으로 많은 왜곡현상이 발생한다는 점이다. 작은 진폭에 대해서는 더욱 많은 정량화 단계를 두고, 큰 진폭에 대해서는 적은 정량화 단계를 둠으로써 전반적으로 신호의 왜곡현상을 줄일 수 있다. 〔그림 4-32〕에 비선형 부호화의 효과가 표시되어 있다.

비선형 부호화를 사용하면 PCM의 S/N비를 크게 증가시킬 수 있다. 음성신호에 대해서는 24~30dB가량의 개선이 이루어진다.

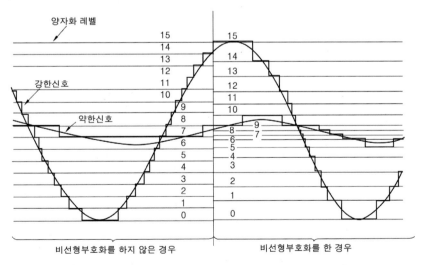

그림 4-32 비선형 부호화의 효과

4.3.2 델타 변조(DM)

PCM 방식의 성능을 개선시키고 또한 그 난이도를 줄이기 위한 다양한 기법들이 사용되고 있다. PCM에 대한 대안으로 가장 흔히 사용되는 기법인 DM(Delta Modulation)에 대해 소개하기로 한다.

델타 변조에서 아날로그 데이터는 각 샘플을 취하는 시간마다 단 하나의 정량화 레벨(quantization level)을 오르거나 내리는 계단형의 함수에 의해 근사치가 구해진다.

〔그림 4-33〕은 DM을 그림으로 나타낸 것으로 계단형의 근사치 함수는 실제 파형과 비교할 수 있게 표시되어 있다. 이러한 계단함수의 중요한 특성은 그것이 2진수로 표현될 수 있다는 것이다. 각 샘플을 취하는 시간 간격마다 이 함수는 일정량 δ(델타)만큼 오르거나 내린다. 그러므로 DM 과정의 출력은 각 샘플에 대한 2진수 값이 된다. 근본적으로 생성되는 비트 스트림(bit stream)은 아날로그 데이터의 진폭 자체가 아니라, 진폭의 변화치에 대한 상대적인 근사값을 갖게 된다. 계단 함수가 다음 간격 동안 증가하여 계단함수의 현재 값보다 크면 1로, 감소하여 계단함수의 현재 값보다 작으면 0으로 표시하는 것이다.

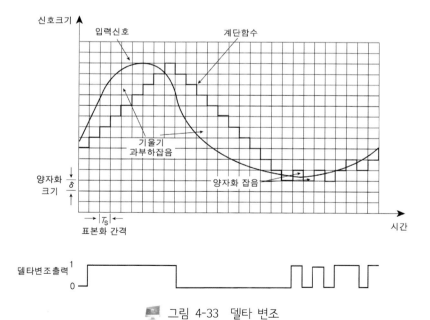

그림 4-33 델타 변조

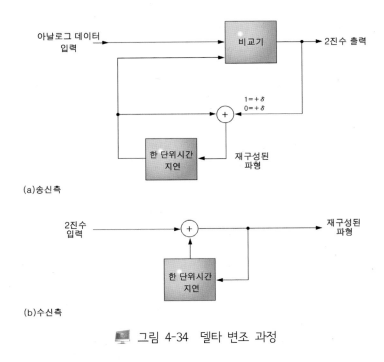

아날로그 데이터 입력

비교기

2진수 출력

1=+δ
0=+δ

+

한 단위시간 지연

재구성된 파형

(a)송신측

2진수 입력

+

재구성된 파형

한 단위시간 지연

(b)수신측

그림 4-34   델타 변조 과정

각 샘플 데이터의 변이는 그 샘플 데이터에 의해 생성되는 계단 함수가 원래의 아날로그 파형과 가능한 한 유사하게 선택되어야 한다. 〔그림 4-34〕는 이 과정의 논리를 도해한 것이다.

이 과정은 기본적으로 피드백(feedback)의 메커니즘을 갖는다. 전송시에는 다음과 같은 과정이 수행된다. 각 샘플 데이터를 채집하는 순간에 아날로그 입력 데이터는 가장 최근의 계단함수의 값과 비교가 이루어진다. 이 2진수의 값이 다음의 출력값으로써 전송되게 된다. 이 값은 또한 재구성된 파형, 즉 계단함수의 다음 값을 결정하는데도 이용된다. 1인 경우에는 상수값 δ가 더해지고, 0인 경우에는 δ만큼 감해진다. 계단함수는 아날로그 입력신호와 유사한 신호를 만들기 위해 어떤 종류의 적분과정이나 저역통과 필터를 이용해 매끄럽게 만든다.

DM 기법에는 두 개의 중요한 변수가 존재하는데, 이는 각 2진 값에 할당되는 계단함수의 증감폭 δ와 샘플링 속도(sampling rate)이다〔그림 4-33〕에서 나타난 것과 같이 δ는 두 가지 형태의 잡음간의 균형이 이루어지도록 선택되어야 한다. 아날로그 파형이 매우 완만하게 변화할 때에는 양자화 잡음이 존재하게 된다. 이 잡음은 δ가 증가함에 따라서 커진다. 반면에, 아날로그 파형이 급격하게 변화하여 계단함수가 그 변화를 추적할 수 없을 때 기울기 과부하 잡음(slope overload noise)이 발생한다. 이 잡음은 δ가 감소함에 따라 증가하게 된다. 양자화 잡음을 감소시키기 위해 δ값을 감소시키면 기울기 과부하 잡음이 커지고, 기울기 과부하 잡음을 감소시키기 위해 δ 값을 증가시키면 양자화 잡음이 커지기 때문에 적절한 δ값을 선정해야 한다.

샘플링의 속도를 증가시킴으로써 DM 기법의 신뢰도를 향상시킴은 자명한 사실이다. 그러나 이는 출력신호의 보다 높은 데이터 전송률을 요구하는 단점이 있다. PCM에 비교한 DM의 이점은 구현하기가 단순하다는 것이다. 일반적으로 PCM 같은 데이터 전송률에서 DM보다 더 좋은 S/N 특성을 보인다.

4.4 아날로그 데이터, 아날로그 신호

아날로그 데이터를 아날로그 신호로 변조하는 것은 아날로그 신호에 아날로그 데이터를 싣는 과정이라고 할 수 있다. 변조란 입력신호 $m(t)$와 주파수 f_c인 반송파를 결합시켜, 주파수 f_c를 중심으로 일정 대역폭을 갖는 신호 $s(t)$를 생성하는 과정으로 정의할 수 있다. 디지털 데이터를 아날로그 신호로 변조하는 이유는 아날로그 전송 기능만이 가능한 경우가 있기 때문이다.

그림 4-35 아날로그 데이터의 아날로그 신호로의 부호화

그러나 데이터가 이미 아날로그인 경우는 변조를 해야하는 이유는 무엇인가? 이에는 두 가지의 이유가 있다.

- 효율적인 전송을 위해 보다 높은 주파수가 필요할 수 있다. 비유도 매체를 통한 전송일 경우 베이스밴드 신호를 직접 전송하는 것은 거의 불가능하다.
- 변조된 신호는 주파수 분할 다중화가 가능하다.

이 절에서는 아날로그 데이터를 변조하는 기본적인 기법을 3가지를 소개하겠다. 진폭 변조(Amplitude Modulation: AM), 주파수 변조(Frequency Modulation: FM), 위상 변조(Phase Modulation: PM)가 그것이다. 이전에 언급하였듯이, 신호의 기본적인 세 가지 특성이 변조에 이용된다.

그림 4-36 아날로그 데이터의 아날로그 신호로의 부호화 종류

4.4.1 진폭 변조(AM)

진폭 변조(AM, Amplitude Modulation)는 변조 신호의 진폭 변화에 따라 반송파의 진폭이 같이 변화하여 변조된다. 이 때 반송파의 주파수와 위상은 동일하게 변하지 않으며, 진폭만이 변한다. 변조 신호는 반송파의 외각선이 된다. 가장 단순한 형태의 변조 기법이다. 이는 다음과 같이 표현할 수 있다.

$$s(t) = [1 + n_a\, x(t)]\cos 2\pi f_c t$$

여기에서 $\cos 2\pi f_c t$ 는 반송신호이고, $x(t)$ 는 변조될 입력신호이다. n_a 는 변조지수(modulation index)라고 하는데, 입력신호의 진폭과 반송파의 진폭의 비이다. 앞의 식에서 "1"은 정보의 손실을 방지해주기 위한 직류 성분이다.

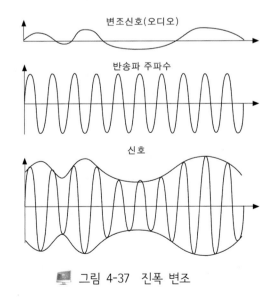

그림 4-37 진폭 변조

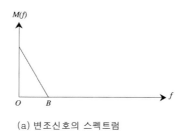

(a) 변조신호의 스펙트럼

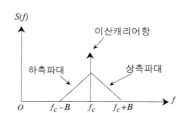

b) 반송주파수 f_c로 변조된 AM신호 스펙트럼

그림 4-38　AM 신호의 스펙트럼

진폭 변조된 신호의 대역폭은 변조 신호 대역폭의 2배와 같고, 반송 주파수를 중심으로 양쪽에 걸쳐 있다.

오디오 신호의 대역폭은 보통 5kHz이므로 AM 라디오 방송국은 최소 10kHz의 대역폭이 필요하다. AM 방송국은 530kHz에서 1700kHz의 사이의 반송 주파수를 할당받는다. 각 방송국의 반송파 신호는 간섭을 피하기 위해 양쪽으로 최소 10kHz 떨어져야 한다. 어떤 방송국이 1000kHz의 반송 주파수를 사용한다면 다른 방송국의 반송 주파수는 1010kHz 보다 낮은 영역을 사용할 수 없다.

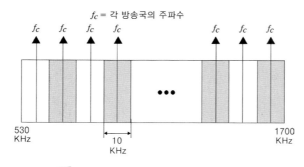

그림 4-39　AM 주파수 대역 할당

4.4.2 주파수 변조(FM)

주파수 변조(FM, Frequency Modulation)는 변조 신호의 진폭 변화에 따라 반송파의 주파수가 같이 변화하여 변조된다. 이 때 반송파의 진폭과 위상은 동일하게 변하지 않으며, 변조 신호의 변화에 비례하여 주파수만이 변한다. 변조된 신호는 다음과 같이 표현된다.

$$s(t) = A_c \cos \left[2\pi f_c t + \Theta(t) \right]$$

$$\frac{d\Theta(t)}{dt} = n_f m(t)$$

의 형태를 갖는다. 여기서 n_f는 주파수 변조 지수이다. 주파수 변조에서는 주파수가 변조되는 신호 $m(t)$에 비례하여 변화하는데, 이는 위상 변화의 도함수가 변조 신호 $m(t)$에 비례하여 변화하는 것과 같다.

주파수 변조된 신호의 대역폭은 변조 신호 대역폭의 10배와 같고, 반송 주파수를 중심으로 양쪽에 걸쳐 있다.

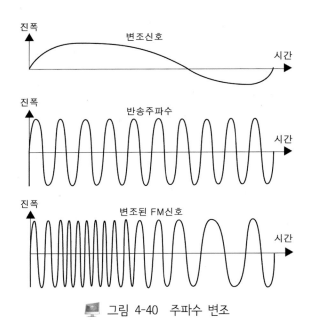

그림 4-40 주파수 변조

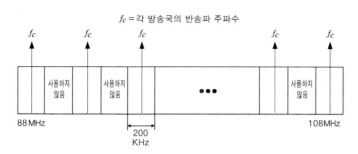

그림 4-41   FM 주파수 대역 할당

스테레오로 방송되는 오디오 신호(음성과 음악)의 대역폭은 보통 15kHz이므로 FM 라디오 방송국은 최소 150kHz의 대역폭이 필요하다. 보호 대역을 포함하여 여유있게 200kHz를 할당하고 있다. FM 방송국은 88MHz에서 108MHz의 사이의 반송 주파수를 할당받는다. 각 방송국의 반송파 신호는 간섭을 피하기 위해 양쪽으로 최소 200kHz 떨어져야 한다. 실제로 주파수 간섭을 배제하기 위해 같은 지역 내에서는 하나씩 건너 뛰어 주파수를 할당하여 사용하고 있다. 88MHz에서 108MHz의 사이의 반송 주파수 범위에서는 한 지역에서 모두 100개의 FM 대역폭 할당이 가능하지만 그 중에서 50개만 동시에 운영하고 있다.

4.4.3   위상 변조(PM)

위상 변조(PM, Phase Modulation)는 변조 신호의 진폭 변화에 따라 반송파의 위상이 같이 변화하여 변조된다. 이 때 반송파의 진폭과 주파수는 동일하게 변하지 않으며, 변조 신호의 변화에 비례하여 위상만이 변한다. 변조된 신호는 다음과 같이 표현된다.

$$s(t) = A_c \cos \left[2\pi f_c t + \theta(t) \right]$$
$$\theta(t) = n_p \, m(t)$$

여기서 n_p는 위상 변조 지수이다. 위상 변조된 신호는 주파수 변조의 경우와 비슷하다. 하드웨어를 간단하게 만들기 위해 주파수 변조의 대용으로 일부에서 사용한다. 정현파 입력신호에 대한 정현 반송파의 진폭, 위상 그리고 주파수 변조 신호에 대해 [그림 4-42]에 나와 있다.

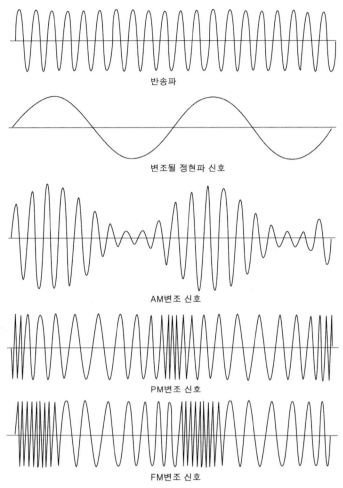

반송파

변조될 정현파 신호

AM변조 신호

PM변조 신호

FM변조 신호

그림 4-42 진폭, 위상 및 주파수 변조

연습문제

1 다음의 각 방식에 대해 몇 개의 진폭 값이 사용되는가?
  (1) NRZ-L
  (2) NRZ-I
  (3) 맨체스터
  (4) 차동 맨체스터
  (5) 양극형 AMI

2 NRZ, 양극형 AMI, 맨체스터 및 차동 맨채스터 부호화 방식을 사용하여 다음 비트
  열의 파형을 그리시오.
  1 0 1 0 0 0 1 1 0 0 1 0 1

3 11000000000001110000010 비트열에 대해 양극성-AMI, B8ZS, HDB3 부호화 파
  형을 그리시오. HDB3에서 마지막 비트 패턴이 대체된 이후의 1의 개수는 홀수 개
  이고 첫 번째 1은 양으로 가정하라.

4 최대 진폭이 0과 1인 ASK를 사용하여 101000110의 부호화 파형을 그리시오.

5 4개의 진폭과 8개의 서로 다른 위상을 사용하여 임의의 16-QAM 성운도를 그리시오.

6 ASK나 PSK에 비교하여 QAM이 가지는 장점은 무엇인가?

7 RZ 및 NRZ 부호화의 큰 단점은 무엇인가?

8 AM을 ASK와 비교하여 그 차이점을 설명하시오.

9 FM을 FSK와 비교하여 그 차이점을 설명하시오.

10 비트율과 보오율의 차이를 설명하시오.

11 다음에 주어진 비트율과 부호화 형식에 대해 보오율을 계산하시오.
   (1) 2000bps, FSK
   (2) 3000bps, ASK
   (3) 4000bps, 2PSK
   (4) 4000bps, 4PSK
   (5) 3000bps, 8PSK
   (6) 4000bps, 4QAM
   (7) 8000bps, 16QAM
   (8) 36000bps, 64QAM

12 다음에 주어진 보오율과 부호화 형식에 대해 비트율을 계산하시오.
   (1) 4000baud, FSK
   (2) 4000baud, ASK
   (3) 4000baud, 2PSK
   (4) 4000baud, 4PSK
   (5) 4000baud, 8PSK
   (6) 4000baud, 16QAM
   (7) 8000baud, 32QAM

13 PCM의 3단계를 쓰고 설명하시오.

14 DM 방식에서 양자화 잡음과 기울기 과부하 잡음의 상관 관계를 설명하시오.

15 표본화 이론의 내용을 설명하시오.

16 AM 방송을 위한 다음 각 경우의 대역폭을 계산하시오. FCC 규정은 무시하시오.
   (1) 대역폭 4kHz의 변조신호
   (2) 대역폭 8kHz의 변조신호
   (3) 주파수 2000-3000Hz의 변조신호

[17] FM 방송을 위한 다음 각 경우의 대역폭을 계산하시오. FCC 규정은 무시하시오.

(1) 대역폭 8kHz의 변조신호

(2) 대역폭 16kHz의 변조신호

(3) 주파수 2000-3000Hz의 변조신호

데이터 통신과 컴퓨터 네트워킹

다중화 방식

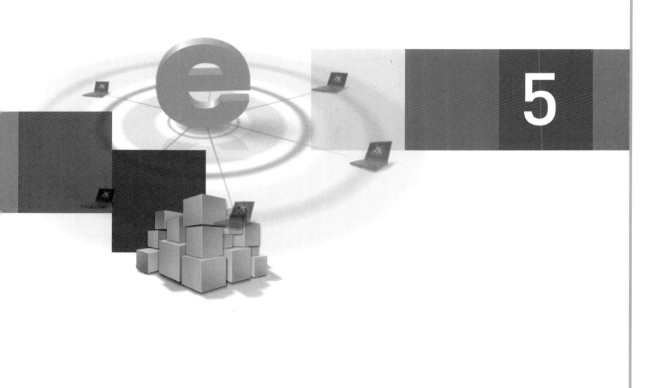

5

데이터 통신과 컴퓨터 네트워킹

제 5 장

다중화 방식

5.1 다중화(Multiplexing)의 개념

일반적으로 두 통신장치 간에 점대점(Point-to-point) 연결을 사용할 때, 두 장치가 전체 회선의 용량을 모두 사용하는 경우는 거의 없다. 따라서 이러한 값비싼 전송설비를 여러 장치가 공유하도록 하는 방식이 필요하며, 이처럼 하나의 통신회선을 여러 장치가 공유하도록 하는 기법을 다중화라고 한다.

즉, 다중화(Multiplexing)란 한 개의 물리적 전송로를 이용하여 다수의 가입자의 신호를 중복시켜서 전송함으로써 전송 비용을 줄이고, 통신망 구축시 망 연결의 효율을 최대화하기 위한 처리기술이다.

다중화 방식에 사용되는 장치를 다중화기(MUX: Multiplexor) 또는 다중화 장치라고 한다. 〔그림 5-1〕에 여러 단말장치와 컴퓨터가 다중화 장치를 사용하여 하나의 전송로를 이용하는 경우를 나타내었다. 〔그림 5-1〕에서 다중화기는 N개의 입력회선으로부터 데이터를 다중화하여 고용량 전송로를 통해 전송한다. 그리고 수신단에서는 역다중화기를 이용하여 다중화된 데이터를 채널에 따라 분리하고, 적절한 출력회선으로 보내준다. 다중화 방식의 활용 예는 근거리 통신망(LAN)이나, 다수의 단말장치와 하나의 시스템(예를 들면 컴퓨터)이 하나의 동일한 회선을 공유하는 멀티포인트 회선 구성방식 등을 들 수 있는데, 실제적으로는 모든 통신 시스템이 다중화 방식을 이용한다고 이해하는 것이 편할 것이다.

다중화 방식은 다중화를 구현하는 방법에 따라 다음과 같이 분류한다.

- 주파수분할 다중화(FDM: Frequency Division Multiplexing)
- 시분할 다중화(TDM: Time Division Multiplexing)
- 부호분할 다중화(CDM: Code Division Multiplexing)
- 파장분할 다중화(WDM: Wavelength Division Multiplexing)

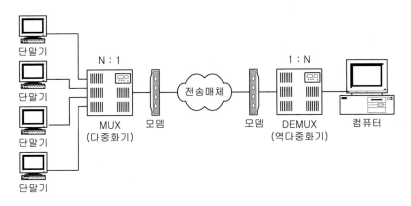

그림 5-1　다중화 방식

　　FDM은 주로 음성신호와 같은 연속적인 값을 나타내는 신호의 다중화(아날로그 신호 다중화)에 사용되고, TDM과 CDM은 전신신호 또는 컴퓨터 간에 전송되는 데이터와 같은 이산신호의 다중화(디지털 신호 다중화)에 사용되며, WDM은 광통신에서 사용하는 다중화 기법이다.

5.2 주파수분할 다중화 방식

5.2.1 FDM의 개요

　　다중화 방식 중 가장 대표적인 방식의 하나가 주파수분할 다중화(FDM) 방식이다. 이 방식은 특정 전송로의 최대 전송 가능한 주파수 대역폭을 보다 작은 대역폭으로 분할하여 이를 여러 명의 사용자가 각기 주어진 주파수 대역을 서로 겹치지 않고 동시에 사용하는 방식으로써, 주로 아날로그 신호의 전송시에 사용되며, 전송하려는 신호의 주파수 대역폭보다 전송매체의 유효 대역폭이 클 때 가능한 방식이다. 이 방식의 장점은 비교적 간단한 구조이므로 실제 전송가격이 저렴하고, 주파수분할 다중화 장치 자체가 주파수 편이 변복조기의 역할을 수행하므로 별도의 모뎀이 필요치 않다는 점이다. 하지만 각각의 채널들 간의 상호간섭을 막기 위해 반드시 보호대역(Guard Band)을 두어야 하며, 이 보호대역에 의해 대역폭의 낭비를 초래하게 된다.
　　주파수분할 다중화는 현재 라디오나 TV 방송, CATV 등의 여러 채널을 동시에 전송하는 곳에 활용되고 있다.

5.2.2 FDM의 원리

FDM을 이해하기 위해서는 먼저 FDM에서 사용하고 있는 믹서(Mixer)를 이해하여야 한다. 믹서는 말 그대로 입력신호와 반송파를 혼합하는 역할을 하며, 출력으로는 입력신호와 반송파의 합의 주파수와 차의 주파수를 출력한다. 〔그림 5-2〕에 믹서의 동작원리를 나타내었다.

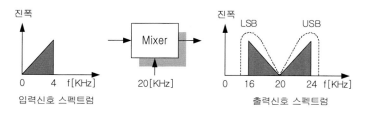

그림 5-2   FDM에서 믹서의 동작

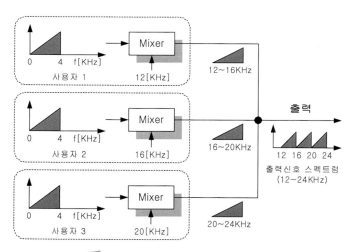

그림 5-3   3개 음성채널의 FDM

예를 들어 〔그림 5-2〕와 같이 입력 신호로 0~4KHz의 주파수 범위를 가지는 음성신호를 믹서로 입력하면, 믹서의 출력으로는 20~24KHz의 주파수 범위(USB 대역)를 가지는 합의 주파수와 16~20KHz의 주파수 범위(LSB 대역)를 가지는 차의 주파수를 출력한다. 여기에서 상측대역(USB: Upper Sideband)나 하측대역(LSB: Lower Sideband) 어느 한쪽만 있으면 원래의 입력 신호를 복원할 수 있으므로, 필터를 이용하여 필요한 한쪽만을 출력한다. 이것은 진폭 변조 방식의 원리이다.

다음, 다중화는 이와 같은 믹서를 여러 개 사용하여 다수의 사용자의 신호를 다중화
한다. 이 개념을 〔그림 5-3〕에 도식화하였다. 〔그림 5-3〕에서 각 사용자의 신호는
12KHz, 16KHz, 20KHz의 반송파로 믹싱이 되고, 믹서의 출력에서 USB만을 출력
하면, 각 사용자의 입력 신호는 12~16KHz, 16~20KHz, 20~24KHz로 다중화됨을
알 수 있다. 따라서 3명의 사용자의 전체 출력 스펙트럼은 12~24KHz가 된다.

5.2.3 북미 방식의 FDM 다중화 계위

미국을 비롯한 여러 나라에서 사용되는 장거리 전송 시스템은 동축케이블과 마이크
로웨이브와 같은 고용량 전송 회선을 이용하여 음성대역 신호를 전송하고 있다. 이와
같은 고용량 전송 시스템을 효율적으로 사용하기 위해서는 〔그림 5-3〕에서 설명한 것
과 같은 다중화를 해주어야 하는데, 다양한 용량을 가지는 전송 시스템을 수용할 수
있도록, 즉, 동축케이블 전송 시스템에도 적용할 수 있고, 수용 용량이 다른 마이크로
웨이브 시스템에도 적용할 수 있는 체계적인 다중화 방법이 필요하다.

체계적인 다중화를 하기 위해서는 다중화를 단계별로 수행할 필요가 있는데, 이것을
다중화의 계층적 구조, 즉 다중화 계위(Hierarchy)라고 하고, 이와 같은 다중화 계위
는 미국의 AT&T가 처음으로 제안하였다. 이것을 북미방식 FDM 방식 다중화 계위라
고 한다. ITU-T에도 이와 유사한 FDM 방식 다중화 계위가 있으며, 〔표 5-1〕에 두
가지 방식을 비교하여 나타내었다.

표 5-1 북미방식과 ITU-T 방식의 FDM 다중화 계위

북미방식	ITU-T 방식	음성 채널수	주파수 대역	대역폭
다중화 단계				
Group	Group	12	60~108 KHz	48 KHz
Super Group	Super Group	60	312~552 KHz	240 KHz
	Master Group	300	812~2,044 KHz	1,232 KHz
Master Group		600	564~3,084 KHz	2,520 KHz
	Super Master Group	900	8,516~12,388 KHz	3,872 KHz
Master Group MUX		N×600	N에 따라 다름	N에 따라 다름
Jumbo Group		3,600	564~17,548 KHz	16,984 KHz
Jumbo Group MUX		10,800	3,124~60,566 KHz	57,442 KHz

사실 〔그림 5-3〕에 나타낸 다중화 방법은 북미방식 FDM 다중화 계위의 일부이다. 북미방식 다중화 계위는 〔그림 5-3〕의 출력 스펙트럼 4개를 〔그림 5-4〕와 같이 다중화하여 하나의 그룹(Group)으로 만든다. 따라서 12개의 음성채널을 묶어 하나의 그룹(Group)으로 만들게 되는데, 이것을 1단계 다중화라고 한다. 그리고 이 그룹(Group)을 다시 5개를 묶어 다중화하면 슈퍼 그룹(Super Group)이 되고, 이것을 2단계 다중화라고 한다. 이상과 같이 다중화를 각 단계별로 수행하는 것을 다중화 계위라고 하고, 〔표 5-1〕에 그 단계를 나타내었다.

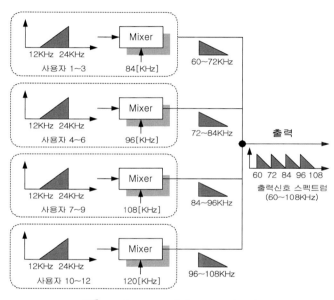

그림 5-4 1단계 FDM 다중화

5.3 시분할 다중화 방식

시분할 다중화 방식(TDM: Time Division Multiplexing)은 하나의 회선을 공유하고 있는 장치들에게 서로 동일한 일정한 시간(타임 슬롯)을 할당하여 주고, 주어진 시간동안에만 데이터를 송수신할 수 있도록 하여 하나의 물리적 전송로를 공유하는 방식이다.

시분할 다중화 방식에는 각 통신 채널에 시간 폭(타임 슬롯)을 할당하는 방법에 따라 다음과 같이 구분한다.

- 동기식 시분할 다중화 방식(Synchronous TDM)
- 비동기식 시분할 다중화 방식(Asynchronous TDM)

5.3.1 동기식 시분할 다중화 방식

동기식 TDM은 한 전송로의 대역폭을 일정한 개수로 나눈 다음, 각 사용자에게 주기적으로 일정한 타임 슬롯을 할당하는 방법이다. 이 방식은 모든 사용자가 모두 동일한 타임 슬롯을 가지고 있으므로 고정할당(정적할당) TDM이라고도 하며, 전송할 데이터가 없는 경우에도 일정한 타임 슬롯을 할당하므로, 채널의 사용이 효율적이지는 못하다.

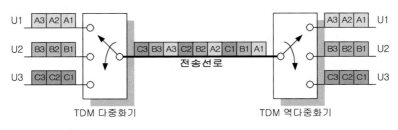

그림 5-5 동기 시분할 다중화 방식의 개념

[그림 5-5]에 동기식 TDM의 개념을 도식화하였다. 각 단말장치로부터 입력되는 데이터는 일단 버퍼에 저장되며, 이 버퍼에 저장된 데이터는 일정한 타임 슬롯 단위로 다중화되어 출력버퍼에 저장된 후 하나의 전송선로를 통해 전송된다. 이때 비트 단위로 다중화 할 수도 있고, 문자 단위로 다중화 할 수도 있는데, 각 단말장치의 입력 데이터를 비트 단위로 추출하여 출력버퍼에 삽입하면, 비트 삽입식(bit-interleaving)이라고 하고, 문자 단위로 추출하여 출력 버퍼에 삽입하면 문자 삽입식(Character Interleaving)이라고 한다.

비트 삽입식은 각 채널에 할당되는 타임 슬롯의 크기가 한 비트 단위로 주어지기 때문에 해당 버퍼의 크기가 작아도 된다는 장점이 있어, 일반적으로 이 방식을 많이 사용한다. 한편 문자 삽입식은 각 채널에 할당되는 타임 슬롯의 크기가 한 문자 단위이기 때문에 수신단에서 문자를 재구성하는데 걸리는 시간지연이 없다는 장점이 있다.

사용 단말장치가 모두 비동기형 방식인 경우에는 문자 삽입 방식이 더 효율적인데, 그 이유는 동기 TDM 장치로 입력되는 비동기 데이터에서 시작 비트(Start Bit)와 종료 비트(Stop Bit)를 전송하기 전에 제거하고 전송한 다음에 수신측에서 이 비트들을 다시 붙여 사용하면 회선의 전송효율을 높일 수 있기 때문이다.

동기식 TDM을 이용하여 각 사용자의 데이터를 다중화 하려면, 전송선로의 속도가 각 사용자의 속도보다 매우 빨라야 한다. 예를 들어, 〔그림 5-5〕와 같이 3개의 단말장치를 수용하는 다중화 장치에서 각 단말장치 전송속도가 9.6Kbps라면 전송선로의 전송속도는 적어도 28.8Kbps 이상을 가져야 이와 같은 TDM을 할 수 있다.

5.3.2 비동기식 시분할 다중화 방식

동기식 시분할 다중화 방식은 타임 슬롯을 정적으로 할당하기 때문에 전송할 데이터가 없는 경우에도 일정한 타임 슬롯을 할당한다. 따라서 많은 타임 슬롯을 낭비하는 단점이 있었다. 비동기식 시분할 다중화(Asynchronous TDM) 방식은 이와 같은 동기식 TDM의 비효율성을 개선한 방식으로, 실제로 보낼 데이터가 있는 단말장치에만 동적으로 타임 슬롯을 할당하여 준다. 따라서 비동기식 TDM을 지능형(Intelligent) TDM 또는 통계적(statistical) TDM이라고도 한다.

이 방식의 동작 원리는 다음과 같다. 비동기식 TDM은 먼저 각 단말장치의 입력 버퍼를 검사하고, 입력 버퍼에 데이터가 있는 타임 슬롯만 비동기식 TDM 출력 버퍼로 보낸다. 그리고 출력 버퍼가 다 채워져, 한 프레임을 완전히 구성되면 전송 선로를 통해 전송한다. 〔그림 5-6〕(a)에 이와 같은 과정을 보였고, 〔그림 5-6〕(b)에는 동기 TDM과 비동기 TDM과의 차이점을 서로 비교하였다.

여기서 중요한 점은 비동기식 TDM은 동기식 TDM과는 달리 각 단말장치의 데이터가 서로 다른 타임 슬롯에 할당될 수 있는 것이다. 이것은 타임 슬롯의 위치를 가지고는 어느 사용자의 것인지를 알 수 없다는 것을 의미한다. 따라서 특정 시간대에 전송된 서로 다른 데이터에 대해 어느 단말장치의 송신 데이터인지를 구분할 수 있는 형태가 필요한데, 이를 위해 비동기식 TDM은 〔그림 5-6〕(b)와 같이 각 데이터의 시작부에 헤더(Header)를 삽입해 준다. 헤더에는 수신지의 주소정보가 들어있다.

비동기식 TDM에서 사용하는 프레임 구조는 성능에 영향을 미치는데, 예를 들어, 전송 효율을 증가시키기 위해서는 헤더와 같은 오버헤드를 최소화시키는 것이 바람직하다. 그리고 일반적으로 비동기식 TDM 시스템은 HDLC와 같은 동기 프로토콜을 사용한다.

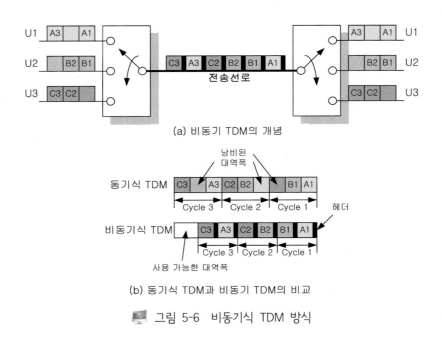

(a) 비동기 TDM의 개념

(b) 동기식 TDM과 비동기 TDM의 비교

그림 5-6 비동기식 TDM 방식

그와 같은 이유는 HDLC 프레임 내부의 데이터 프레임은 멀티플렉싱을 위한 제어 비트를 포함하고 있기 때문이다. HDLC 프로토콜은 프레임당 하나의 데이터원을 포함하며, 이것은 하나의 주소로 구분된다. 그리고 데이터 필드는 가변이고 전체 프레임의 끝은 데이터 필드의 끝을 표시한다.

프레임 형식의 전송방식은 일반적으로 전송량이 적을 때 잘 동작하나 전송량이 많을 때는 비효율적이다.

5.3.3 TDM 다중화 계위

TDM에서 다중화 하는 절차를 다중화 계위라고 한다. TDM 다중화 계위의 대표적인 활용 예는 전화 교환망에서 교환기와 교환기 사이의 국간 전송로에 사용하는 TDM 다중화 계위를 들 수 있다. 이 계위들은 국가마다 서로 다르며, 크게 두 가지로 분류할 수 있는데, 그 중 하나는 북미 방식의 디지털 다중화 계위이고, 다른 하나는 유럽 방식의 디지털 다중화 계위이다. 이를 유사 동기식 다중화 계위(PDH: Plesiochronous Digital Hierarchy)라고 한다. 그리고 북미 방식과 유럽 방식의 첫 번째 다중화 계위를 각각 T1, E1 또는 DS1, DS1E라고 한다.

(1) T1 디지털 전송로 시스템(24채널 시스템)

T1 또는 DS-1(Digital Signaling-1)은 북미지역에서 사용하고 있는 디지털 전송 방식이고, T1의 표준은 ITU-T G.733에서 규정하고 있다.

T1은 8비트 μ-law PCM된 데이터를 24개의 타임 슬롯을 가지는 다중화기로 다중화 하며, 하나의 T1은 총 8,000개의 프레임을 가진다. 그리고 각각의 프레임에는 프레임 동기를 위해 1비트를 추가하여 사용한다.

따라서 T1의 1 프레임은 24개의 타임 슬롯+1비트의 프레임 동기비트로 구성되고, 각 타임 슬롯은 8비트로 구성되므로, T1의 1 프레임은 총 24×8+1=193비트가 된다. 그리고 하나의 T1은 총 8,000개의 프레임이 있으므로, 하나의 T1이 전송할 수 있는 전송속도는 8,000×193=1.544Mbps가 된다.

(2) E1 디지털 전송로 시스템(32 채널 시스템)

E1 또는 DS-1E는 북미의 T1에 해당하는 유럽의 디지털 전송 시스템이고, 표준은 ITU-T G.732이다. 북미 방식은 하나의 프레임이 24개의 타임 슬롯으로 구성되지만, E1은 32개의 타임 슬롯으로 하나의 프레임을 구성하고 있으며, 이 중 0번째 타임 슬롯은 프레임 동기용으로 사용하고 있고, 16번째 타임 슬롯은 신호정보 전송용으로 사용하고 있다. 따라서 실제적으로 데이터 전송에는 32프레임 중 2개의 프레임을 제외한 30개의 프레임을 사용한다.

E1의 전송속도를 계산해 보면 다음과 같다. E1의 1프레임은 32개의 타임 슬롯으로 구성되고, 각 타임 슬롯은 8비트로 구성되므로, E1의 1프레임은 총 32×8=256비트가 된다. 그리고 하나의 E1은 T1과 마찬가지로 총 8,000개의 프레임이 있으므로, 하나의 E1이 전송할 수 있는 전송속도는 8,000×256=2.048Mbps가 된다.

(3) 유사 동기식 다중화 계위

북미 방식의 디지털 계위는 〔그림 5-7〕에 나타낸 바와 같이 하나의 1.544Mbps의 DS-1 4개를 다중화하여 6.312Mbps의 DS-2를 만들고, DS-2 7개를 다중화하여 44.736Mbps의 DS-3을 만든다. 이 관계를 〔표 5-2〕에 나타내었다.

한편 유럽 방식은 2.048Mbps의 DS-1E 4개를 다중화하여 8.448Mbps의 DS-2E를 만들고, 이후 DS-2E, DS-3E를 각각 4개씩 다중화하여 DS-3E, DS-4E를 만든다. DS-4E는 STM-1로 매핑될 수 있는데, STM-1은 광대역 ISDN의 UNI 표준 신호인 ATM 신호의 1차계위이다.

표 5-2 유사 동기식 디지털 계위

다중화 단계	북미식	유럽식
1	1.544Mbps(DS1)	2.048Mbps(DS1E)
2	6.312Mbps(DS2)	8.448Mbps(DS2E)
3	44.736Mbps(DS3)	34.368Mbps(DS3E)
4	139.264Mbps(DS4E)	139.264Mbps(DS4E)
5		564.992Mbps(DS5E)

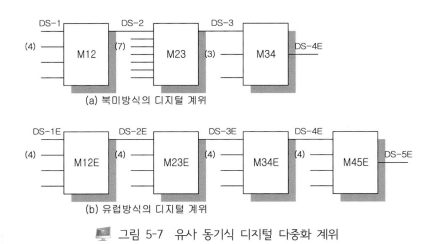

(a) 북미방식의 디지털 계위

(b) 유럽방식의 디지털 계위

그림 5-7 유사 동기식 디지털 다중화 계위

5.4 동기식 디지털 전송기술의 개요

점대 점 형태의 광통신이 광통신망의 형태로 진화해 나가면서 현재 대부분의 MAN (Metro- politan Area Network)과 백본 네트워크는 광케이블을 사용하고 있고, 또 각 가정에까지 광케이블을 포설하는 FTTH(Fiber To The Home) 개념도 현재 도입되고 있다. 하지만 각 가정까지 광케이블을 포설하는 FTTH는 고비용의 광케이블과 장비에 대한 부담으로 FTTC(Fiber To The Cube) 또는 FTTB(Fiber To The Building)로 그 대안이 제시되고 있으며, 여기에서 광통신은 대량의 데이터 전송용으로 사용되고 있다.

한편, 광통신이 광대역 종합 정보 통신망(B-ISDN)의 표준화에 접목되면서 동기식 전송방식이 발전하였다. 즉, 광통신 시스템을 이용한 망의 구축을 가능하게 하기 위하여 동기식 광통신망(SONET) 접속 표준을 만들던 중 이를 B-ISDN의 망노드 인터페이스(NNI: Network Node Interface) 표준으로도 사용할 수 있도록 일반화시킨 것이 동기식 디지털 계위(SDH)이다.

고속 디지털 통신을 위한 광 전송 시스템의 동기식 전송방식에는 크게 두 가지인 동기식 광통신망(SONET: Synchronous Optical Network)과 동기식 디지털 계위(SDH: Synchronous Digital Hierarchy)가 있다. 동기식 광통신망(SONET)은 미국의 벨코어(Bellcore)사가 개발하고 미국표준협회(ANSI)가 표준화한 북미방식 광전송 시스템의 동기식 전송방식이고, 동기식 디지털 계위(SDH)는 동기식 광통신망(SONET)을 바탕으로, 전기 통신 국제 표준화 기관인 ITU-T(구 CCITT)가 작성하여 1988년 권고 G.707, G.708, G.709로 공표한 국제 표준 규격이다.

동기식 디지털 계위(SDH)는 페이로드(Payload) 신호들을 적절히 처리하여 전송망을 통해 수송할 수 있도록 새로이 표준화한 디지털 전송 구조의 계위를 나타낸다. 동기식 디지털 계위가 "동기식"이라고 하는 이름을 사용하는 이유는 기존의 계위 신호들을 STM-1으로 다중화 하는 과정에서 동기 방식 다중화를 사용하기 때문이며, 이에 대해 기존의 디지털 계위를 유사 동기식 디지털 계위(PDH: Plesiochronous Digital Hierarchy)라고 한다.

광 신호의 다양한 전송 기기를 상호 접속할 수 있도록 인터페이스 표준을 제공하고 있는 SDH와 SONET는 고도의 망 운용 및 유지보수(OAM: Operation, Administration, and Maintenance) 기능을 제공하고 있으며, 또 앞으로 광대역 종합 정보 통신망(B-ISDN) 등 고속 디지털 망에서의 응용을 위한 높은 비트율로의 확장에 유연한 구조를 가지고 있다. 따라서 동기식 다중화 구조를 사용하면 다중화 및 역다중화가 단순하고, 저속 계위의 신호에 접근하기가 용이하며, 운용 및 유지보수 기능(OAM)을 향상시킬 수 있고, 또 장래 네트워크의 확장을 용이하게 할 수 있는 이점을 얻을 수 있다. 현재 전 세계 각국은 기간 전송망에 SDH를 채용하는 방향으로 나가고 있으며, B-ISDN의 핵심이 되는 비동기 전송 모드(ATM) 다중 데이터도 SDH의 규격에 따라 전송될 예정이다.

• 5.5 유사 동기식 대 동기식 디지털 계위

유사 동기식 디지털 계위(PDH)는 〔그림 5-7〕과 같은 기존의 표준 디지털 계위로서 동기식 디지털 계위(SDH)와 비교를 위해 〔그림 5-8〕에 다시 나타내었다. PDH는 북미방식과 유럽방식으로 구분되는데, 북미방식 유사 동기식 디지털 계위는 DS-1, DS-1C, DS-2, DS-3, DS-4E로 구성되고, 유럽방식 유사 동기식 디지털 계위는 DS-1E, DS-2E, DS-3E, DS-4E, DS-5E로 구성된다. 유사 동기식 디지털 계위(PDH)에서 각 단계의 다중화는 비트 채워 넣기(Bit-Stuffing)를 이용해 정위치 맞춤(Positive Justification)을 하고, 이를 이용하여 동기를 맞추기 때문에 유사 동기식 다중화라고 한다.

동기식 광통신망(SONET)과 동기식 디지털 계위(SDH)는 광통신에서 고속 디지털 전송 능력을 활용하기 위해 디지털 신호의 동기방식 다중화 계위, 속도 체계 그리고 인터페이스를 정의한 표준이다.

SONET은 〔표 5-3〕과 같이 기본이 되는 다중화 단위로 OC-1(Optical Carrier-1)을 사용한다. OC-1은 STS-1(Synchronous Transport Signal-1)이라고도 하며, 기본 전송 속도는 51.84Mbps이다. SONET의 다중화 단계는 OC-1을 기준으로 하여 일정한 정수 배로 다중화하여 단계적으로 OC-3, OC-9 등을 만든다. 따라서 SONET은 정수배로 다중화하기 때문에 다중화가 쉬운 장점이 있다. SONET은 DS-1이나 DS-2 등 현행 ITU-T(구 CCITT) 표준의 저속도 디지털 신호 전송을 위한 유사 동기 다중화 형식도 규정하고 있다.

동기 디지털 계위(SDH) 탄생하기 전까지는 북미, 유럽, 일본 등 지역별로 3종류의 서로 다른 다중화 계위와 속도 체계가 존재하고 있었으나, ITU-T가 이와 같은 지역별로 서로 다른 디지털 다중화 계위와 속도 체계를 통일할 목적으로 SONET을 바탕으로 한 동기 디지털 계위(SDH)를 국제 표준으로 제정하였다. SDH의 등장으로 각기 다른 속도의 고속 전송을 유연하게 다중화 할 수 있게 되었고, 또 통일된 네트워크의 운용 및 유지보수(OAM)를 실현할 수 있게 되었다.

SDH는 SONET와 호환성이 있는 표준이라는 의미에서 SONET/SDH라고도 한다. SDH의 기본이 되는 다중화 단위로는 동기 전송 모듈(STM: Synchronous Transport Module)이 있으며, STM의 최저 다중화 단계인 STM-1의 전송 속도는 155.520Mbps이다. STM-1은 STM-3, STM-4 등으로 단계적으로 다중화되며, 이때 일정한 정수배로 다중화된다. SDH의 다중화 단계와 전송 속도를 SONET과 비교하기 위해 〔표 5-3〕에 함께 나타내었다.

표 5-3 SONET와 SDH 다중화 계위

SONET	SDH	전송속도
OC-1(STS-1)	-	51.840Mbps
OC-3(STS-3)	STM-1	155.520Mbps
OC-9(STS-9)	-	466.560Mbps
OC-12(STS-12)	STM-4	622.080Mbps
OC-18(STS-18)	-	933.120Mbps
OC-24(STS-24)	-	1,244.160Mbps
OC-36(STS-36)	-	1,866.240Mbps
OC-48(STS-48)	STM-16	2,488.320Mbps
OC-96(STS-96)	-	4,976.640Mbps
OC-192(STS-192)	STM-64	9,953.280Mbps

STM-1 신호는 유사 동기식 계위 신호 DS-1, DS-2, DS-3, DS-4E, DS-3E, DS-2E, DS-1E로부터 동기식 다중화를 통하여 구성하는데, 여기에서 DS-1C 신호와 DS-5E 신호는 동기식 디지털 계위에서 포함하지 않는다. 그리고 STM-1 이상의 계위 신호는 n개의 STM-1 신호를 모아 BIM(Byte Interleaved Multiplexing, 바이트 단위로 인트리브하여 다중화하는 방식) 방식으로 다중화하여 STM-n 신호를 구성한다. 이때 n은 4의 배수를 사용하며, 현재까지 표준화된 다중화 계위는 〔표 5-3〕에 나타낸 바와 같이 1, 4, 16, 64이다. 그리고 각각의 STM-n은 오버헤드의 구성에 조금씩 차이가 있다.

한편, 〔그림 5-8〕을 보면 동기식 디지털 계위는 북미식과 유럽식 계위 신호 모두에 대해서 1단계의 다중화를 이용하여 다중화 하므로 유사 동기식 디지털 계위보다 외형상 그 구조가 대단히 단순하다는 것을 알 수 있다. 그리고 유사 동기식 디지털 계위에서는 한 단계의 신호가 다음 단계의 계위로 다중화 될 때 비동기식으로 다중화되지만, 동기식 디지털 계위에서는 계위 신호가 STM-n 신호로 다중화 될 때 동기식으로 다중화된다. 또 유사 동기식 디지털 계위에서는 DS-2 신호가 DS-1 신호의 다음 단계의 계위에 속하지만, 동기식 디지털 계위에서는 이들 신호가 모두 대등한 관계에 있다. 이와 같은 동기식 디지털 계위는 다음과 같은 특징을 가지고 있으며, 〔표 5-4〕에는 유사동기식 디지털 계위와 동기식 디지털 계위에 대해 상호 비교해 두었다.

- 125 μs 단위의 프레임 구조를 가지고 있다. 따라서 DS-0(64Kbps) 신호로 접근이 용이하다.
- 계층화된 구조
- 디지털 계층의 통합: 세계적인 통신망 실현

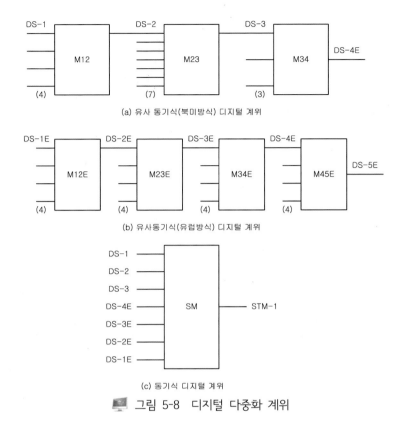

그림 5-8 디지털 다중화 계위

- 일단계에 의한 다중화 가능
- 오버헤드의 체계적 활용
- 포인터에 의한 동기화

표 5-4 유사 동기식 디지털 계위와 동기식 디지털 계위의 비교

구 분	유사 동기식 디지털 계위(PDH)	동기식 디지털 계위(SDH)
다중화 원리	비트 인트리빙	바이트 인터리빙
다중화 구조	단계적 다중화	일단계 다중화
신호 속도	입력신호의 다중배수보다 빠름	입력신호의 다중배수와 동일
네트워크의 구성	점 대 점(Point to Point)	점 대 다중점(Point to Multipoint)
네트워크 동기	불일치	단일 클럭으로 동기화
네트워크의 진화성	139Mbps 이상의 국제 표준은 없음	네트워크 진화가 용이
신호 계위	DS-1~DS-4 또는 DS-1E~DS5E	STM-n
시스템 구조	복잡	단순
국가별 방식	국가별 상이(국가별 표준 사용)	국제적으로 통일(국제 표준 사용)
동기 방식	비동기식	동기식

5.6 동기식 다중화 구조

동기식 디지털 계위는 모든 유사 동기식 디지털 계위 신호들을 대등하게 취급하여 STM-n 신호를 구성한다. 이를 위해 동기식 디지털 계위는 정해진 규격의 컨테이너(Container)의 개념과 포인터(Pointer) 처리 기법을 활용한다. 즉, 기존의 유사 동기식 디지털 계위의 신호는 정해진 컨테이너에 매핑(Mapping)되어 동기식 다중화 프레임에 수용된다.

유사 동기식 디지털 계위의 각 신호와 이에 해당하는 컨테이너의 종류는 [표 5-5]에 나타내었다. 그리고 [그림 5-9]는 SDH의 동기식 다중화 과정을 나타낸 것으로서, DS-1 또는 DS-1E와 같은 유사 동기식 디지털 계위 신호와 같은 저위 신호를 다중화하여 STM-1 신호를 구성하는 방법을 나타내었다. [그림 5-9]에서 괄호 안의 숫자는 해당 다중화에 소요되는 신호의 개수를 나타낸 것이고, SM(Synchronous Multiplexing)은 동기식 다중화 과정을 나타낸 것이며, AM(Asynchronous Multiplexing)은 유사 동기식 다중화 과정에서 각 계위 신호들을 형성하는 과정을 나타낸 것이다. 그리고 [그림 5-9]에서 ATM 셀은 광대역 ISDN의 UNI 표준 신호를 STM-1으로 매핑하는 관계를 나타낸 것이다.

[그림 5-9]에서 보는 바와 같이 SDH의 동기식 다중화 과정은 저위 신호가 각 단계별로 C(Container), VC(Virtual Container), TU(Tributary Unit), TUG(Tributary Unit Group), AU(Administrative Unit), AUG(Administrative Unit Group)와 같은 신호로 구성되어 이루어진다.

여기에서 C(Container)는 동기식 다중화 구조를 구성하는 기본 신호 단위로서 PDH 신호를 다중화하는 경우 신호는 일단 C에 매핑된 후 다중화 과정이 수행된다. PDH 신호를 수용하기 위한 C에는 C1, C2, C3, C4가 있으며 C1은 DS-1을 수용하기 위한 C11과 DS-1E를 수용하기 위한 C-12가 있다.

💻 표 5-5 동기식 디지털 계위에서 사용되는 컨테이너

다중화 단계	북미식		유럽식	
	다중화 계위	컨테이너	다중화 계위	컨테이너
1	1.544Mbps(DS1)	1.648Mbps(C11)	2.048Mbps(DS1E)	2.224Mbps(C12)
2	6.312Mbps(DS2)	6.832Mbps(C21)	8.448Mbps(DS2E)	9.296Mbps(C22)
3	44.736Mbps(DS3)	48.384Mbps(C32)	34.368Mbps(DS3E)	34.864Mbps(C31)
4	139.264Mbps(DS4E)	154.560Mbps(C4)	139.264Mbps(DS4E)	154.560Mbps(C4)

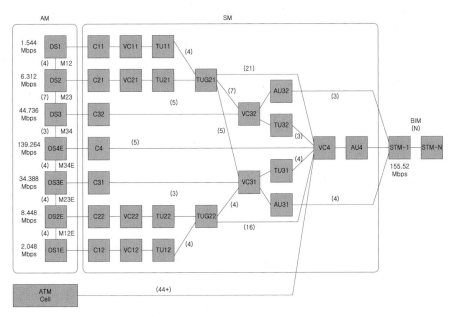

🖥 그림 5-9 동기식 다중화 계위

그리고 또 〔그림 5-9〕에서 알 수 있는 바와 같이, 하나의 유사 동기식 디지털 계위 신호를 STM-1에 수용하는 다중화 경로에는 여러 가지가 있다. 따라서 이와 같은 여러 가지 경로를 정의함으로써 각국은 각국의 실정에 맞는 동기식 전송망을 구성할 수 있게 되었고, 또 기존의 북미식 및 유럽식 계위를 모두 수용함으로써 전 세계적인 전송망을 구성할 수 있게 된 것이다.

〔그림 5-9〕에서 유사 동기식 디지털 계위 신호가 동기식 디지털 계위 신호로 다중화되는 절차는 다음과 같다. 먼저, 〔그림 5-9〕에 나타낸 유사 동기식 디지털 계위 신호를 〔표 5-4〕에 나타낸 것과 같은 컨테이너에 수용하고, 수용된 컨테이너에 경로 오버헤드(POH: Path Overhead)를 추가하여 가상 컨테이너(VC: Virtual Container)에 담는다. 여기에서 동기식 디지털 계위 신호의 다중화는 이 VC를 기존으로 하여 이루어진다. 그 다음, VC 신호는 상위 VC 또는 NNI 프레임의 페이로드 내에 TU(Tributary Unit) 또는 AU(Administrative Unit) 포인터에 의해 지시되는 위치에 규칙적으로 배열된다. 이때 AU가 사용되는 경우는 VC3와 VC4 뿐이다. 한 개의 TU 또는 같은 종류의 TU가 여러 개 모여 이루어진 TUG(TU Group)는 상위의 VC에 수용한다. 그리고 AU는 NNI 프레임의 정해진 위치에 배치되고 페이로드에 구간 오버헤드(SOH: Section Overhead)를 붙이면 STM-1 프레임이 완성된다.

5.7 STM-1 프레임 구조

현재 대부분의 통신 서비스는 음성 통신이며, 이를 디지털 방식으로 전송하기 위해 PCM 변조 방식을 이용하여 64Kbps로 부호화하여 전송한다. 그리고 ISDN 서비스의 속도도 음성 신호의 PCM 변조 속도에 맞추어 64Kbps의 정배수로 설정되어 있다. 따라서 프레임의 주기를 8KHz로 하고, 프레임 내 구조를 8비트 블록(1바이트) 단위로 설정하면, 64Kbps 속도를 갖는 PCM 음성 채널과 그 정수배로 이루어지는 모든 서비스의 채널은 프레임 내의 고정된 위치에 모두 수용할 수 있게 된다. 그리고 이와 같은 바이트 단위의 다중화는 신호의 구성이 바이트 단위로 이루어지기 때문에 프레임 내에 있는 저위 신호의 직접 인식이 가능하고, 하드웨어의 기능을 보다 경제적으로 실현할 수 있는 장점이 있다.

또한, 융통성 있는 망 구성을 위해서는 다중레벨 상에 있는 저위 신호를 직접 액세스(Access)하여 처리할 수 있도록 저위 신호의 분리, 결합이 용이하여야 한다. 이를 위해 125 μs의 주기를 갖는 프레임 내에 바이트 단위의 정보가 정방형으로 배열되도록 하고, 이때 행과 열의 수를 수용될 디지털 신호 및 서비스 채널의 대역을 고려하여 결정한다면 상기 기능을 보다 용이하게 수행할 수 있을 것이다.

그리고 또 앞으로의 네트워크는 서비스의 증가에 따라 트래픽이 보다 더 복잡해질 전망이므로 망의 운용 및 유지보수에 대한 지능화가 필수적이며, 이를 위해서는 전송 신호 프레임 내에 충분한 오버헤드가 확보될 수 있어야 한다.

ITU-T에서는 이와 같은 요구사항을 고려하여 동기식 디지털 계위의 기본 전송속도를 155.520Mbps로 설정하였다.

🖥 그림 5-10 STM-1 프레임 구조

동기식 디지털 계위의 기본 신호인 STM-1의 프레임 구조를 〔그림 5-10〕에 나타내었다. 이 프레임의 구조의 특징은 프레임의 주기가 125 μs이며 8비트 블록인 바이트(Byte) 단위의 구조로 이루어져 있다. 프레임 구조의 또 하나의 특징은 각종 서비스의 수용 및 OAM 기능을 모두 고려하여 결정되었는데, 이를 위해 프레임을 9×270바이트의 정방형 구조로 하여 155.520Mbps를 기본 신호로 설정하고, 이를 9열의 오버헤드(Overhead) 및 261열의 페이로드(Payload)로 구분하였다.

따라서 STM-1 프레임은 기존의 협대역 음성으로부터 광대역 동화상까지의 모든 서비스와 기존의 유사 동기식 디지털 계위 신호를 모두 수용할 수 있다. 그리고 일차적으로 페이로드 내에 ATM 셀을 매핑할 수 있으므로, 앞으로 B-ISDN의 주류가 될 ATM 방식을 네트워크가 점진적으로 수용하는 경우, 네트워크의 진화도 용이하게 이룰 수 있고, 또 많은 오버헤드를 네트워크의 관리에 활용할 수 있어 네트워크의 지능화도 유리하게 할 수 있다.

• 5.8 SONET/SDH 계층

SONET/SDH 계층은 〔그림 5-11〕과 같이 아래에서부터 광 계층(Photonic Layer), 구간 계층(Section Layer), 라인 계층(Line Layer), 경로 계층(Path Layer)으로 구성된다. 각 계층을 OSI 7계층과 비교했을 때 광 계층은 OSI 7계층의 물리 계층에 해당하고, 구간 계층, 라인 계층, 경로 계층은 OSI 7계층의 데이터링크 계층에 해당한다. 각 계층의 기능과 역할은 다음과 같다.

OSI 7계층	SONET/SDH 계층
데이터 링크 계층	경로 계층
	라인 계층
	구간 계층
물리 계층	광 계층

그림 5-11 SONET/SDH 계층 구조

(1) 광 계층(Photonic Layer)

광 계층은 OSI 7계층의 물리 계층에 해당하는 계층으로서 광케이블을 통해 전송되는 광신호의 부호화 방식, 파장 등의 물리적 규격을 포함하고 있다. 그리고 전기 신호를 광신호로 또는 그 반대로 변환하는 기능도 수행한다.

(2) 구간 계층(Section Layer)

구간 계층은 OSI 7계층의 데이터링크 계층에 해당하는 계층으로서 오류제어(Error Control), 프레이밍(Framing), 스크램블링(Scrambling) 등의 기능을 수행한다. 그리고 또 STM-N 프레임에 오버헤드를 추가하여 전송하는 역할을 한다.

(3) 라인 계층(Line Layer)

라인 계층은 물리매체를 통하여 페이로드의 신뢰성 있는 전송을 담당하고, 또 동기화와 다중화를 제공한다.

(4) 경로 계층(Path Layer)

경로 계층은 SONET/SDH 네트워크의 양단간에 송신단과 수신단을 구별하며, 경로 오버헤드에 대한 서비스 기능을 지원한다.

연습문제

1. 다중화의 개념을 설명해 보시오.

2. 다중화 방식의 종류를 기술하고, 간단히 설명해 보시오.

3. 주파수분할 다중화 방식의 원리에 대해 설명해 보시오.

4. 주파수분할 다중화 방식의 1단계 다중화에 대해 설명해 보시오.

5. 주파수분할 대중화 방식의 국제적 계위에 대해 설명하시오.

6. 시분할 다중화 방식의 원리에 대해 설명해 보시오.

7. 비동기식 시분할 다중화 방식에 대해 설명해 보시오.

8. 동기식 시분할 다중화 방식과 비동기식 시분할 다중화 방식의 차이점에 대해 설명해 보시오.

9. 북미방식 유사 동기식 디지털 계위에 대해 설명해 보시오.

10. 유럽방식 유사 동기식 디지털 계위에 대해 설명해 보시오.

11. 동기식 디지털 계위에 대해 설명해 보시오.

12. 유사 동기식 디지털 계위와 동기식 디지털 계위에 대해 비교하여 설명해 보시오.

13. 동기식 디지털 계위의 특징을 쓰시오.

14. 동기식 디지털 계위에서 동기식 다중화 과정을 설명해 보시오.

15 STM-1 프레임의 구조를 그리고 설명해 보시오.

16 SONET/SDH 계층에 대해 설명해 보시오.

데이터 통신과 컴퓨터 네트워킹

데이터링크 제어

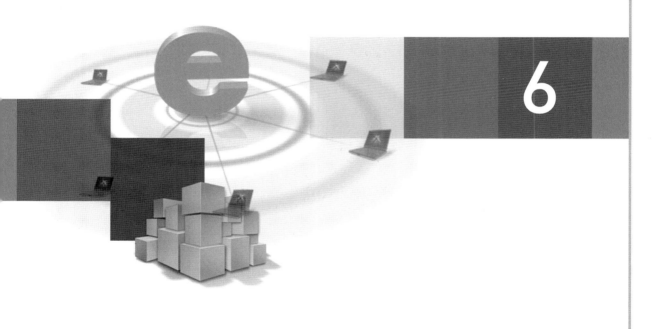

6

데이터링크 제어

지금까지 전송 매체에서의 신호 전송에 관해 살펴보았다. 그러나 전송 매체를 통해 전송된 신호가 다른 장치에 의해 정확하게 수신되지 않는다면 의미가 없다. 단순히 신호를 매체 상에 전파시키기만 한다면, 전송 매체에 여러 장치가 부착되어 있는 경우 어느 장치가 신호를 받아 처리해야 하는지 제어할 방법이 없다. 또한 신호를 받아야 할 수신 장치가 준비가 되어 있는지 알 수도 없으며, 회선에 연결되어 있는 다른 장치가 동시에 전송을 시도하는 경우 이를 막지 못할 경우 신호는 손상되어 서로 신호를 정상적으로 전송하지 못할 것이다. 효율적인 디지털 데이터 통신을 위해서는 데이터 교환을 조절하고 관리할 더 많은 것이 필요하다. 물리계층에서 전송(transmission)은 하지만 통신(communication)은 하지 않는다. 데이터 통신 링크(data communication link)를 통한 데이터 전달은 앞에서 논의한 물리적 인터페이싱 위에 각 통신 디바이스의 제어계층을 더함으로써 가능하다. 데이터링크 제어 프로시저(procedure)가 사용될 때, 스테이션(station)간의 전송매체를 데이터링크(data link)라 한다.

왜 데이터링크 제어가 필요한지를 보기 위하여, 직접 연결된 두 송신-수신 스테이션 간에 효율적인 데이터 통신을 위하여 필요한 사항을 나열해 보면 다음과 같다.

- 회선원칙(line discipline): '지금 누가 신호를 보내야 하는가'라는 물음에 대한 답을 제공하기 위해 링크 시스템의 제어가 필요하다.
- 프레임 동기화(frame synchronization): 데이터는 프레임이라는 블록 단위로 전송된다. 각 프레임의 시작과 끝은 확실히 구분되어야 한다. 동기 프레임의 논의와 함께 이 문제를 이미 소개하였다
- 흐름제어(flow control): 주어진 시간 간격 동안 전송되어야 하는 데이터의 양(프레임의 수)을 제어한다. 송신 스테이션은 수신 스테이션의 최고 처리속도보다 더 빠르게 프레임을 보내서는 안된다.
- 오류제어(error control): 전송 시스템에 의해 발생되는 비트 오류는 반드시 고쳐져야 한다.

- 주소지정(addressing) : 근거리의 멀티포인트 회선에서와 같이 복수 개의 스테이션이 존재할 경우, 서로 구별할 수 있어야 한다.
- 동일한 링크에서 데이터와 제어 신호의 구별 : 제어신호를 위해 별도의 통신로를 갖는 것은 대체로 바람직하지 않기 때문에 수신기는 전송되는 데이터와 제어정보를 구분할 수 있어야 한다.
- 링크관리(link management) : 계속적인 데이터 교환의 개시, 유지, 해제를 위해 스테이션간의 조정과 협력이 적절히 요구된다. 이러한 데이터 교환의 관리를 위한 프로시저가 필요하다.

이러한 요구사항은 물리적 인터페이싱 기술로는 제공될 수 없다. 이 장에서는 먼저 데이터링크 제어 프로토콜의 핵심 기능인 흐름제어, 오류검출, 오류제어 기법을 설명하고, 위의 요구사항들을 만족시켜주는 데이터링크 프로토콜(protocol)을 소개하겠다. 데이터링크 제어 프로토콜 중 가장 중요한 HDLC를 살펴본다. HDLC는 두 가지 이유 때문에 중요하다. 첫째로 HDLC는 가장 널리 사용되는 표준화된 데이터링크 제어 프로토콜이다. 둘째로 HDLC는 다른 모든 데이터링크 제어 프로토콜의 원조로서 기본이 된다.

6.1 회선 원칙

모든 전송 시스템은 수신기가 수신 준비가 되어 있는지 확인하지 않고 전송할 수 없다. 수신기가 전송을 예측하지 못했거나 다른 일을 처리해야 할 상태라서 수신할 수 없는 경우가 발생할 수 있는 것이다. 이를 위해 데이터링크 계층의 회선 원칙(line discipline)이 있으며, 회선 원칙의 기능은 링크의 설정과 주어진 시간 동안의 송수신을 위한 특정 장치의 동작을 감독한다. 회선 원칙은 '지금은 누가 보내야 하는가'에 대한 물음에 대한 답을 제공한다.

회선 원칙은 조회/확인(ENQuiry/ACKnowledgement) 응답과 폴/선택(poll/select)의 2가지 방법이 있다. 조회/확인(ENQuiry/ACKnowledgement) 응답은 대등한 관계의 통신(peer-to-peer communication)에서 이용되고, 폴/선택(poll/select)은 주종간의 통신(primary-secondary communication)에서 이용된다.

6.1.1 조회/확인(ENQuiry/ACKnowledgement) 응답

조회/확인(ENQuiry/ACKnowledgement) 응답은 두 장치가 전용 회선으로 연결되어 있어 하나의 수신기만이 데이터를 수신할 수 있는 시스템에서 사용한다. 조회/확인(ENQ/ACK) 응답은 한 송신기가 전송을 조회요청 하면 상대 수신기가 수신 가능한 상태인지의 여부를 응답한다. 링크상의 두 국이 동등한 관계에 있으면, 어느 한 국에 의해 조회 요청이 개시될 수 있다.

ENQ/ACK 회선 원칙은 다음과 같다.

처음에 통신 개시자(송신 시스템, 송신기)는 수신기가 데이터를 받을 수 있는지를 묻는 조회(ENQ) 프레임을 전송한다. 수신기는 데이터를 받을 준비가 되어 있으면 확인 응답(ACK) 프레임으로 응답하고, 준비가 되어 있지 않으면 부정 응답(NAK) 프레임으로 응답한다. ENQ/ACK는 대답이 부정적인 경우에도 응답을 요구함으로써 송신기가 현재 수신기는 '송신을 받아들일 수는 없지만 조회는 받아들여졌다'는 것을 알게 해준다. 정해진 시간 내에 ACK나 NAK 중 어느 것도 받지 못했으면 송신기는 ENQ 프레임이 전송 과정에서 유실되었다고 판단하여 다시 ENQ 프레임을 전송한다. 세 번까지 ENQ 프레임을 전송하여 응답을 요구한다. ENQ에 대한 응답이 부정이거나 3번의 시도가 실패하면, 송신기는 연결을 끊고 다른 시점에서 다시 응답을 요구한다. 응답이 긍정이면 송신기는 데이터를 보내기 시작한다. 모든 데이터의 전송이 완료되면 송신기는 전송 종료(EOT; End Of Transmission) 프레임을 전송하여 통신을 종료한다. 이 과정은 〔그림 6-1〕에 나와 있다.

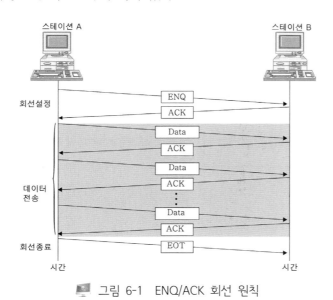

그림 6-1 ENQ/ACK 회선 원칙

6.1.2 폴/선택(poll/select)

폴/선택(poll/select) 방식의 경우, 한 장치는 주스테이션(primary)이고 다른 나머지 장치들은 부스테이션(secondary)으로 구성된다. 다중점(multipoint) 시스템은 하나의 회선에 두 개의 스테이션만 접속되는 것이 아니라 3개 이상의 스테이션이 접속될 수 있어 해결해야하는 문제가 단순히 '송수신 준비가 되어 있는가?'가 아닌 그 이상이다. 예를 들면 '어느 스테이션이 회선을 사용할 권한을 가지고 있는가?' 등의 문제인 것이다.

다중점 링크가 하나의 전송 회선을 이용하는 하나의 주스테이션과 여러 개의 부스테이션으로 구성되면, 궁극적인 목적지가 부스테이션이라 하더라도 모든 교환은 주스테이션의 제어하에 이루어져야 한다. 주스테이션은 링크를 제어하고 부스테이션은 주스테이션의 지시에 따른다. 주어진 시간에 어느 스테이션이 회선을 사용하는가는 주스테이션에서 결정한다. 주스테이션에서 데이터를 받고자 할 경우에는 부스테이션들에게 보낼 데이터가 있는지의 여부를 묻게 되는데 이러한 기능을 폴링이라고 한다. 주스테이션에서 부스테이션으로 데이터를 보내고자 할 때에는 데이터를 수신해야 하는 부스테이션에게 데이터 수신 준비가 되어 있는지 문의를 하는데 이러한 기능을 선택이라고 한다.

점대 점 구성에서는 각 스테이션을 구별할 필요는 없다. 왜냐하면 수신 스테이션은 하나 밖에 없기 때문이다. 그러나 다중점 구성에서는 수신 스테이션이 복수 개 존재하기 때문에 주스테이션이 부스테이션을 식별할 수 있어야 하고 그러기 위해서는 부스테이션을 식별하기 위한 규약이 필요하다. 이러한 이유로 회선에 접속된 각 스테이션은 각 스테이션을 구별하기 위해 사용할 수 있는 이름이나 주소를 가지고 있어야 한다. 이 주소는 전송중 사용되는 프로토콜에 따라 각 프레임의 헤더나 주소 필드 등에 기록되어 있다.

폴/선택(poll/select) 회선 원칙은 다음과 같다.

🖥 그림 6-2 다중점 회선 원칙

(1) 선택(select)

선택을 주스테이션에서 부스테이션으로 보낼 데이터를 가지고 있을 경우에 사용된다. 주스테이션은 데이터를 송신하거나 수신하지 않는다 하더라도 전송 링크의 사용 가능 여부를 알고 있으므로 보낼 데이터가 있으면 데이터를 보낼 수 있다. 하지만 데이터를 수신해야 하는 부스테이션에서 수신 준비가 되어 있는지의 여부는 알 수 없다. 그러므로 주스테이션은 전송할 데이터가 있음을 부스테이션에 알리고 부스테이션으로부터 수신의 가능 여부를 기다린다. 실제적으로 이 과정은 다음과 같은 과정으로 이루어진다. 우선, 주스테이션에서는 선택(SEL) 프레임을 생성하여 전송하는데, 이 프레임에는 주스테이션에서 데이터를 보내고자 하는 부스테이션의 주소를 포함하는 필드를 갖고 있어야 한다. 왜냐하면, 회선 구성이 단일 링크를 이용한 다중점 접속 형태를 가지고 있기 때문이다. 선택 프레임이 전송 링크를 전파할 때, 각 부스테이션은 프레임의 주소란을 검사한다. 각 부스테이션은 주소란을 확인한 후, 자신의 주소임을 인식한 경우에만 프레임의 데이터를 읽는다. 선택 프레임의 경우 데이터의 내용은 주스테이션에서 부스테이션으로 전송할 데이터가 있으니 받을 준비가 되어 있는 지의 여부에 대한 응답을 요구하는 명령인 것이다. 만약, 부스테이션이 정상 동작을 하고 데이터를 수신할 준비가 되어 있으면 주스테이션에게 ACK 프레임을 전송한다. 그러면 주스테이션은 하나 이상의 프레임을 보내고, 각 프레임의 주소란에는 데이터를 수신할 부스테이션의 주소가 기록되어 있다. 부스테이션은 주스테이션에서 보낸 프레임을 정상적으로 수신했다면 주스테이션에게 ACK 프레임을 전송한다. [그림 6-3]은 이러한 선택 처리과정을 보여주고 있다. 만약, 부스테이션이 정상 동작을 하고 데이터를 수신할 준비가 되어 있지 않으면 주스테이션에게 NAK 프레임을 전송한다.

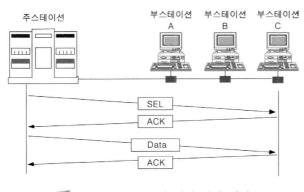

그림 6-3 다중점 선택 처리 과정

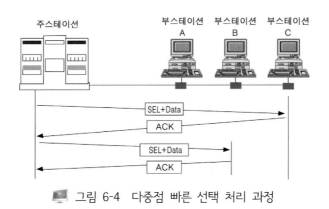

그림 6-4 다중점 빠른 선택 처리 과정

선택 처리는 주스테이션에서 부국으로 데이터를 전송하는데 네 번의 전송이 필요하므로 많은 절차와 시간이 소요된다. 이를 해소하기 위한 방안으로 빠른 선택(fast select) 처리가 있다. 빠른 선택 처리에서는 선택 프레임에 데이터를 실어 같이 보낸다. 부스테이션에서는 수신 준비가 되어 있음과 데이터를 정상적으로 수신하였음을 알리는 확인(ACK) 프레임을 주스테이션으로 전송한다. 빠른 선택은 짧은 메시지가 빈번하게 전송되는 응용에 적합하다.

(2) 폴링(polling)

위에서 언급한 바와 같이 주스테이션에서 데이터를 받고자 할 경우에는 부스테이션들에게 보낼 데이터가 있는지의 여부를 묻게 되는데 이러한 경우에 폴링을 사용한다. 모든 전송 제어는 주스테이션에서 수행하므로 부스테이션은 전송할 데이터가 있어도 주스테이션에서 데이터 전송 권한을 부여하기 전까지는 데이터 전송이 불가능하다. 데이터를 수신할 준비가 되면, 주스테이션은 각 부스테이션에 대해 보낼 데이터가 있는지 차례로 묻는다. 정해진 순서에 따라 주스테이션은 첫 번째 부스테이션에 폴(POLL) 프레임을 보낸다. 보낼 데이터가 있는 경우 첫 번째 부스테이션에서는 데이터 프레임을 보내고, 데이터를 정상적으로 수신했을 경우 주스테이션에서는 확인(ACK) 프레임을 부스테이션으로 보낸다. 보낼 데이터가 없는 경우 첫 번째 부스테이션에서는 주스테이션으로 비확인(NAK) 프레임을 보낸다. 이어서 주스테이션은 두 번째 부스테이션에 폴(POLL) 프레임을 보낸다. 보낼 데이터가 있는 경우 두 번째 부스테이션에서는 데이터 프레임을 보내고, 데이터를 정상적으로 수신했을 경우, 주스테이션에서는 확인(ACK) 프레임을 부스테이션으로 보낸다. 보낼 데이터가 없는 경우, 두 번째 부스테이션에서는 주스테이션으로 비확인(NAK) 프레임을 보낸다.

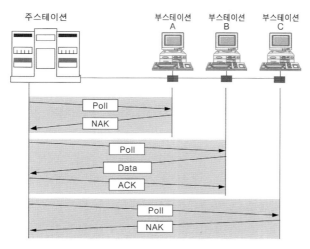

주스테이션   부스테이션 A   부스테이션 B   부스테이션 C

Poll
NAK

Poll
Data
ACK

Poll
NAK

🖥 그림 6-5 다중점 폴링 처리 과정

계속하여 다음 부스테이션으로 폴링 프레임을 전송하여 정해진 순서에 따라 모든 부스테이션에 정해진 순서대로 데이터 전송 권한을 부여한다. 〔그림 6-5〕는 이러한 폴링 과정을 보여주고 있다.

회선 원칙의 또 다른 형식으로 경쟁 방식이 있다. 이 경쟁 방식에서는 주스테이션이 없고 모든 스테이션이 동등한 관계에 있다. 데이터를 전송하고자 하는 스테이션은 회선이 사용 중이 아니면 전송을 할 수 있고, 사용중일 경우에는 기다려야 한다. 이 방식은 근거리 망에 사용되며 나중에 소개하도록 하겠다.

6.2 흐름제어

송신측 스테이션의 데이터 전송속도가 수신측 스테이션이 데이터를 수신하여 처리하는 속도보다 빠르면 데이터의 손실이 발생한다. 이러한 상황이 발생하지 않도록 수신측 스테이션의 데이터 처리 용량 이상으로 데이터가 전송되지 않도록 수신측 스테이션에서 송신측 스테이션의 데이터 전송 용량을 제어해야 하는데 이때 흐름제어를 사용한다. 대개 수신 스테이션은 수신된 데이터를 일시적으로 저장할 수 있는 데이터 버퍼(data buffer)를 가지고 있다. 수신 스테이션은 데이터를 수신하고 나서 필요한 데이터 처리 작업을 마친 후 버퍼를 다시 비움으로써 또 다시 데이터를 수신하여 저장할 수 있도록 한다. 흐름제어가 없으면 버퍼에 저장된 이전의 데이터를 처리하는 동안에 새로운 데이터가 저장되면서 수신기의 버퍼에 데이터가 넘쳐 데이터가 손실될 수 있다. 이런 현상을 오버플로우라고 한다.

대부분의 프로토콜에서 사용되는 흐름제어는 수신 스테이션으로부터 확인 응답을 받기 전에 어느 정도의 데이터를 전송할 수 있는지 송신 스테이션에 알려주는 절차의 모임이라고 할 수 있다. 이는 다음과 같이 말할 수 있다. 데이터의 흐름 속도가 수신 스테이션의 처리 속도를 초과해서는 안 된다는 것이다. 모든 수신 스테이션은 유입되는 데이터를 처리할 수 있는 속도에 제한이 있고, 유입되는 데이터를 저장할 수 있는 한정된 크기의 데이터 버퍼를 갖는다. 수신 스테이션은 그 한계에 도달하기 전에 송신 스테이션에 알릴 수 있어야 하고 송신 스테이션에 보다 적은 프레임을 보내도록 요구하거나 전송을 일시적으로 멈출 수 있도록 요구할 수 있어야 한다. 프레임이 수신되면 수신 스테이션에서는 프레임 단위 혹은 한번에 여러 프레임에 대해 확인(ACK) 응답을 할 수 있어야 한다. 손상되거나 손실된 프레임에 대해서는 비확인(NAK) 응답을 할 수 있어야 한다.

이 절에서는 위에서 언급한 과정에 근거하여 오류가 없는 경우의 흐름제어에 대한 메커니즘을 살펴본다. 사용하는 모델은 〔그림 6-6〕에 나타냈으며, 여기서 세로축은 시간 순서를 나타낸다. 이것은 시간 의존성을 보여주며 정확한 송수신 관계를 보여주고 있다. 각 화살표는 두 스테이션간의 데이터링크를 통과하는 단일 프레임을 나타낸다.

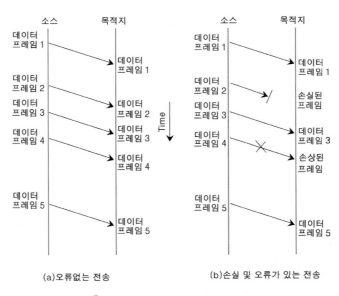

그림 6-6　프레임의 전송 모델

동기 전송에 대한 앞에서의 논의처럼 프레임은 데이터 부분과 제어 정보를 포함하여 각 필드의 순서대로 전송된다고 가정한다. 또한, 지금 전송되는 모든 프레임이 성공적으로 수신된다고 가정한다. 어떤 프레임도 손실되지 않고 오류 없이 도착한다. 더 나아가 프레임은 보내는 순서대로 도착한다. 그러나 전송되는 프레임은 수신되기 전에 임의의 지연의 변화는 있을 수 있다.

6.2.1 정지-대기 흐름제어

흐름제어의 가장 간단한 형태로 정지-대기(stop-and-wait) 방식이 있다. 송신 스테이션은 프레임을 전송한다. 수신 후 수신 스테이션은 프레임을 받고 확인(ACK) 응답을 보내 데이터를 받아들이겠다는 의사를 표시한다. 그러면 송신 스테이션은 데이터를 전송한다. 송신 스테이션은 다음 프레임을 전송하기 전에 확인(ACK) 응답을 수신할 때까지 기다려야 한다. 수신 스테이션은 단순히 확인(ACK) 응답을 보류함에 의해 데이터의 흐름을 정지시킬 수 있다. 정지-대기 방식의 장점은 간단하다는 것이다. 다음 프레임이 전송되기 전에 각 프레임은 검사된 후 확인 응답된다.

이 프로시저는 한 개의 연속적인 블록이나 프레임으로 메시지를 전송할 때 적당하다. 정지-대기 방식의 단점은 속도가 느려 효율적이지 못하다는 것이다. 각 프레임은 수신 스테이션에 전달되고 확인 응답이 들어와야만 다음 프레임이 전송될 수 있기 때문이다. 즉, 각 프레임은 회선상에 유일하게 존재한다 할 수 있는데, 송신되고 수신되는 프레임은 회선을 일주하는데 필요한 전체 시간을 사용하고 있기 때문이다.

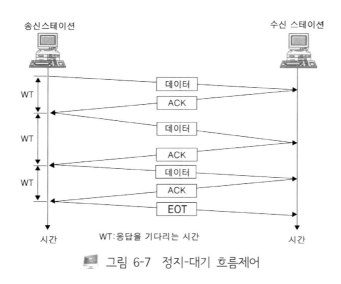

그림 6-7 정지-대기 흐름제어

그러나 송신 스테이션에서 하나의 커다란 데이터 블록을 작게 잘라 한 번에 한 개씩 보내는 경우가 있다. 이것은 다음과 같은 여러 이유들 때문이다.

- 수신측의 버퍼 크기가 제한되어 있다.
- 전송 프레임이 길면 길수록 오류가 발생할 가능성이 더 높고, 따라서 전체 블록의 재전송이 필요하게 된다. 블록이 작으면 블록당 오류는 더 작은 확률로 일어나게 되고, 재전송되어야 하는 데이터는 줄어든다.
- LAN과 같은 공유매체에서 한 스테이션이 오랫동안 매체를 점유하여 다른 스테이션에 긴 지연을 주는 것은 바람직하지 않다.

한 메시지를 여러 개의 프레임으로 나누어 전송할 때에는 위와 같은 단순한 정지-대기 프로시저는 부적절하다. 본질적으로 초고속 데이터를 전송할 경우나 송신기와 수신기 사이의 매우 긴 거리에 대해 적용할 경우, 정지-대기 흐름제어는 회선을 효율적으로 이용할 수 없기 때문이다.

6.2.2 슬라이딩-윈도우 흐름제어(sliding window flow control)

지금까지 기술한 정지 대기 흐름제어 방식에서 문제의 핵심은 한 번에 한 개의 프레임만 전송될 수 있다는 것 때문에 효율적이지 못하다는 것이었다. 한번에 여러 개의 프레임을 전송할 수 있다면 이 문제는 해결된다.

전이중 링크로 연결된 두 스테이션 A, B가 있다고 하자. 스테이션 B는 한 개의 프레임이 아닌 n개의 프레임을 위한 버퍼 공간을 할당한다. 그러면 스테이션 B는 n개의 프레임을 수신할 수 있고, 스테이션 A는 스테이션 B의 응답을 기다리지 않고 n개의 프레임을 보내는 것이 가능하다. 송신 프레임에 대해 응답되는 자취를 유지하기 위해 각 프레임은 순서 번호가 붙여져 있다. 스테이션 B는 기대되는 다음 프레임의 순서 번호를 포함한 응답 프레임을 송신함으로써 이제까지 정상 수신한 프레임 번호를 스테이션 A에 가르쳐 주는 것이다. 이 응답은 스테이션 B가 규정된 번호로 시작되는 다음 n개의 프레임을 수신할 준비가 되었음을 명시적으로 통보하는 것이다. 예를 들어, 스테이션 B는 프레임 2, 3, 4에 대해 정상 수신되었음을 응답한다. 스테이션 A는 응답 프레임을 수신함에 따라 정상 수신된 프레임의 번호를 알 수 있으므로, 송신하려는 순서 번호의 목록을 재조정 할 수 있다. 즉, 어느 프레임이 송신되고 수신되었는지에 따라 순서 번호의 목록에서 제거되고 부가되는 것이다. 이들 각 목록은 프레임의 윈도우로 생각할 수 있다. 이러한 흐름제어 방식에서 송신기는 확인 응답 프레임을 받기 전에 여러 프레임을 전송할 수 있다. 이 동작을 슬라이딩 윈도우 흐름제어라 한다.

수신기는 여러 개의 프레임을 정상적으로 수신하였음을 확인하기 위해 하나의 응답 프레임으로 마지막 프레임 번호를 통지하면 된다. 슬라이딩 윈도우라는 용어에서 윈도우는 송신기와 수신기에 의해 생성되는 여분의 버퍼를 의미한다. 3비트 필드에 대해 순서 번호는 0~7이다. 따라서 프레임은 모듈로(modulo) 8, 즉 순서 번호 7 후에 다음 번호는 0이다. n=8이라면 각 프레임에는 0, 1, 2, 3, 4, 5, 6, 7, 0, 1, 2, 3, 4, 5, 6, 7, 0, 1, …하는 식으로 번호가 매겨지고 윈도의 최대 크기는 7이 된다.

일반적으로 k-비트 필드에 대해 순서번호는 0~2^k-1까지의 범위에 있다. 그러므로 프레임은 모듈로 2^k으로 번호가 붙여진다. 즉, 순서번호 2^k-1의 다음 번호는 0이다.

실제 윈도우 크기는 주어진 순서번호 길이에 대해 최대 크기가 될 필요는 없다. 예를 들어, 3-비트 순서번호를 사용할 때 슬라이딩-윈도우 흐름제어 프로토콜을 사용하는 스테이션에 대해 4의 윈도우 크기가 구성될 수도 있다.

전송이 시작될 때, 송신기의 윈도우는 n-1개의 프레임 목록을 가지고 있다. 프레임이 전송됨에 따라 윈도우의 왼쪽 경계가 안쪽으로 움직여 윈도우의 크기가 줄어든다. 윈도우의 크기가 w로 주어지고, 마지막 확인 응답 이후로 세 개의 프레임이 전송되었다면 윈도우에 남아 있는 프레임의 수는 w-3개이다. 다시 확인 응답 프레임이 도착하면 이에 의해 확인 응답된 프레임의 수와 같은 크기로 윈도우는 확장할 것이다.

〔그림 6-8〕은 크기가 7인 송신기의 슬라이딩 윈도우를 나타내고 있다. 현재 프레임 5번까지 수신기에서 정상적으로 수신된 상태이며, 프레임 6과 프레임 7은 송신기에서 수신기로 전송되었으나 확인 프레임을 받지 못하여 확인 프레임을 받을 때까지 버퍼에 보관되어야 한다.

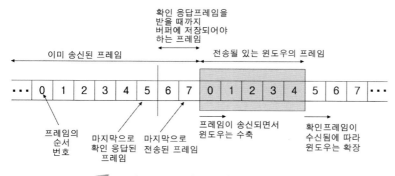

그림 6-8 송신기의 슬라이딩 윈도우

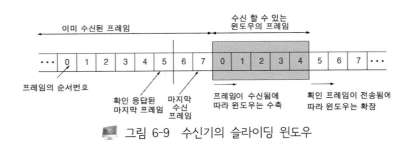

그림 6-9 수신기의 슬라이딩 윈도우

윈도우의 왼쪽 경계는 데이터 프레임이 송신될 때마다 오른쪽으로 이동하여 윈도우의 크기는 수축될 것이다. 윈도우의 오른쪽 경계는 응답 프레임이 수신될 때마다 오른쪽으로 이동하여 윈도우의 크기는 확장될 것이다. 개념적으로 송신기의 슬라이딩 윈도우는 데이터 프레임이 보내지면 왼쪽으로부터 줄어들고 확인 응답을 받으면 오른쪽으로 확장한다.

전송 초기의 수신기의 윈도우는 수신될 프레임을 위한 n-1개의 공간을 가지고 있다. 새로운 프레임이 들어오면 수신기 윈도우의 크기는 줄어든다. 그러므로 수신기 윈도우는 수신된 프레임의 수가 아닌 응답 프레임을 보내기 전에 받을 수 있는 프레임의 수를 나타내고 있는 것이다. 윈도우의 크기가 w인 상태에서 세 개의 데이터 프레임을 받았다면 윈도우의 크기는 w-3이 된다. 확인 응답이 전송되자마자 확인 응답된 수와 같은 수만큼 윈도우의 크기는 확장한다.

〔그림 6-9〕는 크기가 7인 수신기의 슬라이딩 윈도우를 나타내고 있다. 현재 프레임 5번까지 수신기에서 정상적으로 수신되어 처리된 상태이며, 프레임 6과 프레임 7은 수신기에서 수신은 하였으나 처리되지 않은 상태이다.

윈도우의 왼쪽 경계는 데이터 프레임이 수신될 때마다 오른쪽으로 이동하여 윈도우의 크기는 수축될 것이다. 윈도우의 오른쪽 경계는 응답 프레임이 수신되어 처리된 후 확인 응답이 보내질 때마다 오른쪽으로 이동하여 윈도우의 크기는 확장될 것이다. 개념적으로 수신기의 슬라이딩 윈도우는 데이터 프레임이 수신되면 왼쪽으로부터 줄어들고, 확인 응답을 전송함에 따라 오른쪽으로 확장한다.

슬라이딩 윈도우 흐름제어에서 수신된 프레임의 확인 응답과정의 모호함을 없애기 위해 윈도우의 크기를 모듈로 영역보다 하나 작게 하는 것이다. 만약 같게 하였을 경우에는 다음의 상황이 발생할 수 있게 된다. 프레임 0이 송신되고 확인 프레임 1을 수신하였다고 할 때 송신기의 윈도우는 확장하고 프레임 1, 2, 3, 4, 5, 6, 7, 0을 보낸다. 이제 다시 확인 프레임 1을 수신하였다면 이것이 네트워크에 의해 복사된 먼저 번의 확인 프레임 1의 중복인지, 아니면 가장 최근에 보낸 프레임 8에 대한 새로운 확인 프레임 1인지 모호해질 수 있다. 그러나 윈도우의 크기가 8대신 7이라면 이러한 문제는 발생하지 않는다.

[그림 6-10]의 슬라이딩 윈도우 흐름제어 프로토콜의 동작을 이해하여 보자. 이 예에서는 3비트 순서번호 필드와 최대 윈도우 크기를 7, 그리고 A는 송신 스테이션, B는 수신 스테이션이라 가정하였다. 처음에 스테이션 A와 B는 데이터프레임 0(데이터 0)으로부터 시작해서 7개의 프레임을 송수신 할 수 있는 윈도우를 갖는다. 스테이션 A는 확인 응답 없이 세 개의 데이터프레임(데이터 0, 데이터 1, 데이터 2)을 전송한 후 스테이션 A는 윈도우 크기를 4로 줄인다. 윈도우는 순서번호 3의 프레임으로부터 시작해서 4개의 프레임을 전송할 수 있음을 보인다. 데이터 0, 1, 2를 수신한 스테이션 B는 윈도우의 크기를 4로 줄인다. 데이터 0, 1, 2를 처리하고 나서 스테이션 B는 확인 프레임 3(ACK3)을 전송한다. 이것은 "나는 프레임 2까지 모든 프레임을 수신했다. 그리고 3번 프레임을 수신할 준비가 되어 있으니 프레임 3을 보내시오."라는 의미이다. 확인 프레임 3을 전송하면서 스테이션 B의 윈도우 크기는 다시 7로 늘어난다. ACK3을 전송했다는 것은 실제로 "나는 3번 프레임부터 7개 프레임을 수신할 준비가 되어있다"는 의미로, 이 확인 프레임을 수신한 스테이션 A는 윈도우의 크기를 다시 7로 늘린다. 이로써 확인 프레임을 수신한 스테이션 A는 3번 프레임부터 7개의 프레임을 전송할 수 있는 허락을 스테이션 B로부터 받은 것이다. 계속하여 스테이션 A는 데이터 3, 4, 5, 6의 전송을 진행한다. 스테이션 A의 윈도우 크기는 3으로 줄어든다. 스테이션 B는 이들 프레임에 대해 확인 응답하는 ACK4를 스테이션 A에게 보낸다. 그러면 스테이션 A는 데이터 3번 프레임까지 정상적으로 수신되어 처리되었음을 알고 윈도우의 크기를 4로 늘린다.

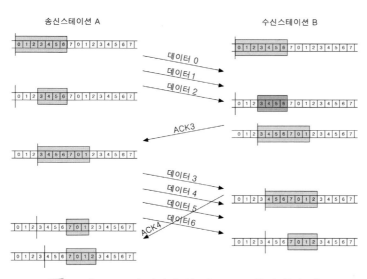

🖥 그림 6-10 슬라이딩 윈도우 프로토콜의 동작 예

앞에서 서술한 메커니즘은 흐름제어의 형태를 실제로 나타내고 있다. 즉, 수신기는 마지막 확인 응답된 것 이후부터 7개의 프레임을 수용할 수 있어야만 한다. 이것을 보충하기 위해 대부분의 프로토콜은 RNR(Receive Not Ready) 메시지를 보냄으로써 송신 쪽으로부터의 프레임의 흐름을 완전히 차단하는 것이 가능하다. RNR 메시지는 앞의 프레임으로부터 프레임의 흐름을 완전히 차단하는데 사용한다. RNR 메시지는 앞의 프레임을 확인 응답하지만 더 이상의 프레임 전송을 금지한다. 예를 들어 RNR5 는 "나는 4번 프레임까지의 모든 프레임은 수신했지만 더 이상의 프레임은 받아들일 수 없다"는 의미이다.

지금까지 한쪽 방향으로의 전송만 살펴보았다. 두 스테이션이 데이터 교환을 할 때, 각 스테이션은 두 개의 윈도우를 유지해야 한다. 즉, 전송용과 수신용으로 하나씩 필요하다. 이러한 경우에는 피기백(piggyback)이라는 기술이 자주 사용된다. 한 스테이션이 전송용 데이터와 확인 응답 메시지를 가지고 있어 같이 전송할 수 있다면, 한 개의 프레임 내에 함께 묶어 보낼 수 있어 통신 용량을 절약할 수 있을 것이다. 만약 스테이션이 보낼 데이터는 없지만 확인 응답 메시지만을 갖고 있다면 별개의 확인 프레임을 송신해야 한다. 만약 스테이션이 보낼 데이터는 있지만 보낼 새로운 확인 응답 메시지가 없다면, 마지막 보냈던 확인응답 메시지를 반복하여 보내야 한다. 이것은 데이터 프레임에 확인 응답 프레임 번호를 위한 필드가 있어 어떤 값이라도 그 필드에 넣어야 하기 때문이다. 스테이션이 중복된 확인 응답 메시지를 수신했을 때에는 단순히 이를 무시하면 된다.

슬라이딩-윈도우 흐름제어가 정지-대기 흐름제어보다 잠재적으로 좀더 효율적인 것은 앞의 논의로부터 분명하다. 슬라이딩-윈도우 흐름제어에서 전송 링크는 전송중의 프레임으로 채워지는 파이프라인처럼 취급되기 때문이다. 비유하면 정지-대기 흐름제어에서는 파이프에 한 번에 다만 한 프레임만 있게 된다.

6.3 오류검출

발신지에서 네트워크를 통해 목적지로 전송되는 데이터는 전송중에 오류가 생길 수 있다. 네트워크는 한 장치에서 다른 장치로 데이터를 정확하게 전달할 수 있어야 하지만, 전송 과정에서 여러 가지 손상이나 잡음에 의해 변질된다. 실제로 전체 내용중 일부분이 전송중에 변경되거나 유실되는 경우가 많다. 신뢰성 있는 시스템이라면 이러한 오류들을 검출하고 오류를 바로 잡을 수 있어야 한다.

6.3.1 오류의 종류

전자기 신호가 한 지점에서 다른 지점으로 전파할 때 예측할 수 없는 잡음과 간섭의
영향을 쉽게 받을 수 있다. 이 영향으로 신호의 형태나 타이밍(timing)을 바뀔 수 있
다. 만약 신호가 부호화된 2진 데이터를 운반하고 있다면 이 영향으로 '0'은 '1'로 '1'은
'0'으로 2진값을 변화시켜 데이터의 의미를 변경시킬 수 있는 것이다. 비트값은 하나
또는 여러 개가 변경될 수 있는데 주어진 환경에 따라 데이터 단위중 한 비트만 변경
될 수도 있고, 첫 번째 비트와 세 번째 비트만을 변경할 수 도 있다. 통상적으로 오류
는 단일 비트(single bit) 오류, 다중 비트(multiple bit) 오류, 폭주(burst) 오류로
분류할 수 있다. 세 형태의 오류 중 단일 비트 오류의 발생 빈도가 높고 폭주 오류의
발생 빈도는 가장 적다.

단일 비트 오류는 주어진 데이터 단위에서 오직 하나의 비트만이 '1'에서 '0'으로 또
는 '0'에서 '1'로 변경되는 경우를 말한다. 〔그림 6-11〕에 단일 비트 오류의 영향이 나
타나 있다.

그림 6-11 단일 비트 오류

다중 비트 오류는 주어진 데이터 단위에서 2개 이상의 연속되지 않은 비트들이 '1'에
서 '0'으로 또는 '0'에서 '1'로 변경되는 경우를 말한다. 〔그림 6-12〕에 다중 비트 오류
의 영향이 나타나 있다.

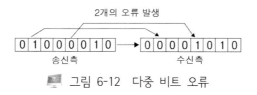

그림 6-12 다중 비트 오류

폭주 오류는 주어진 데이터 단위에서 2개 이상의 연속된 비트들이 '1'에서 '0'으로 또
는 '0'에서 '1'로 변경되는 경우를 말한다. 〔그림 6-13〕에 폭주 오류의 영향이 나타나
있다.

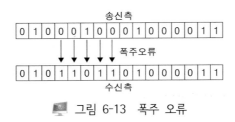

그림 6-13 폭주 오류

6.3.2 오류검출 방법

오류를 검출하는 방법으로 쉽게 생각할 수 있는 한 가지는 각 데이터 단위를 2번 보내는 것이다. 그러면 수신 장치에서는 두 데이터 단위를 비트 단위까지 비교하여 오류의 정확한 위치를 찾아낼 수 있는 것이다. 이런 방법은 매우 정확하지만 처리 속도가 느리고, 전송시간이 2배가 된다. 이를 보완하여 전체 데이터 단위를 반복하여 보내는 대신 각 데이터 단위의 끝에 보다 짧은 비트 그룹을 추가하여 전송할 수도 있다. 이것이 오류 검출을 위해 일반적으로 사용하는 방법으로 〔그림 6-14〕에 나타나 있다. 즉, 비트의 프레임(데이터 단위)이 주어질 때 오류검출코드(error-detecting code)를 구성하는 부가적인 비트를 송신 스테이션에서 첨가한다. 이 코드는 다른 전송비트들의 함수로 계산된다. 수신 스테이션은 동일한 계산을 하여 두 결과를 비교하여 비교 결과가 일치되지 않으면 오류가 생긴 것으로 판단한다.

(1) 수직 중복 검사

수직 중복 검사(VRC: Vertical Redundancy Check)는 가장 간단한 비트 오류 검출 방식으로 한 패리티 비트(parity bit)를 프레임의 각 단어 끝에 붙이는 것이다.

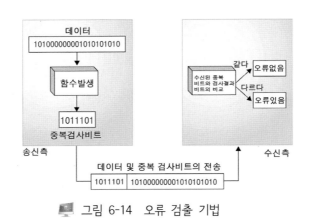

그림 6-14 오류 검출 기법

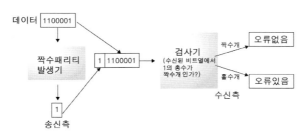

그림 6-15 짝수 패리티를 사용한 VRC

보통 패리티 검사라고도 불리며 오류 검출을 위해 가장 널리 사용하며 전형적인 예로, ASCII 전송에 있어 각 7-비트 ASCII 문자에 하나의 패리티 비트가 붙는다. 이 비트값은 단어에서 1의 개수가 짝수이거나 홀수가 되도록 선정된다. 예를 들어, 송신기가 ASCII 코드 A(1000001)를 홀수 패리티를 사용해 전송한다면, 10000011을 보내게 된다. 수신기는 수신한 문자를 조사하여 전체 1의 수가 홀수이면 오류가 발생하지 않은 것으로 간주한다. 한 비트나 임의의 홀수개 비트가 전송 중에 바뀌어 11000011을 수신하였다면, 수신기는 오류를 발견하게 된다. 일반적으로, 짝수 패리티(even parity)가 동기 전송에 쓰이고, 홀수 패리티(odd parity)는 비동기 전송에 쓰인다.

이진 데이터 단위 1100001(ASCII의 'a', 97)을 전송한다고 하자. 전체 '1'의 수가 3개로 홀수개이다. 전송하기 전에 이 데이터 단위는 패리티 발생기를 통과한다. 패리티 발생기에서는 1의 수를 세고 적절한 패리티 비트를 데이터 단위의 마지막에 부가한다. 짝수 패리티 검사를 사용한다면 패리티 발생기는 패리티 비트 값으로 '1'을 덧붙인다. 이제 '1'의 전체 개수는 4개로서 짝수개이다(11100001). 네트워크를 거쳐 수신 스테이션에 도착하면, 8개의 비트를 짝수 패리티 검사기를 통과시킨다. 짝수 패리티 검사기가 11100001을 검사했을 때에는 '1'의 개수는 4개로 짝수가 되어 정상으로 판정하여 통과한다. 만약 전송 과정에서 손상이 되었다면 어떻게 될까? 만약 수신 스테이션의 짝수 패리티 검사기에서 11100001 대신에 11101001을 검사하였다면 '1'의 개수가 5개로서 홀수임을 알게 된다. 수신 스테이션에서는 어디인가에 오류가 있음을 알고 전체 데이터 단위를 받지 않는다. 위의 과정을 〔그림 6-15〕에 나타내었다.

VRC는 모든 단일 비트 오류는 검출할 수 있다. 또한 변경된 비트 전체 개수가 홀수개일 때에는 다중 비트 오류와 폭주 오류도 검출할 수 있다. 그러나 패리티 비트를 포함하여 전체 '1'의 수가 2개이고, 데이터가 10000010인 짝수 패리티 단위를 생각하여 보자. 임의의 다섯 비트의 값이 변경되면 패리티 값은 홀수가 될 것이므로 오류를 검출할 수 있을 것이다. 11111110:'1'의 수가 7개, 11110010:'1'의 수가 5개,

11000010:'1'의 수가 3개 등은 '1'의 개수가 모두 홀수개이다. VRC 검사기는 '1'을 출력하고 데이터 단위에는 오류가 발생한 것으로 판정한다. 이와 같은 판정은 홀수개의 오류가 발생한 경우에 모두 적용된다.

그러나 11111010:'1'의 수가 6개, 11100010:'1'의 수가 4개와 같이 2개의 비트가 변경된 경우를 고려하여 보자. 데이터 단위 중 2개의 비트에 오류가 발생하였지만 VRC 검사기는 '1'의 수가 짝수이므로 '0'을 출력할 것이다. 따라서 VRC 검사기는 변경된 비트의 수가 짝수개가 되면 오류를 검출하지 못한다. 두 비트가 전송중에 변경되면 이 변화는 서로를 상쇄하여 데이터 단위가 손상되었음에도 불구하고 오류가 없는 것으로 패리티 검사를 통과한다. 이와 같은 상황은 짝수개의 오류가 발생할 경우에 모두 적용된다.

고속의 데이터 전송률일 경우에는 잡음 임펄스가 한 비트 이상의 비트들을 파괴시킬 수 있을 만큼 영향이 크기 때문에 이 경우 패리티 비트의 사용은 유용하지 못하다.

(2) 세로 중복 검사

세로 중복 검사(LRC; Longitudinal Redundancy Check)는 VRC를 2번 적용한 2차원의 VRC이며, LRC는 VRC에 비해 다중 비트 오류나 폭주 오류의 검출 능력이 뛰어나다.

LRC 오류 검출 기법에서는 이미 결정된 VRC 패리티 비트를 포함한 데이터 단위를 하나의 블록으로 묶는다. 각 데이터 단위 내에서 각 위치에 대응하는 비트들은 각 위치의 패리티 값을 구하기 위해 LRC 발생기를 통과한다. 그러면 각 위치 별로 각각의 패리티 값을 얻게 되고, 각 위치의 모든 패리티 비트는 새로운 데이터 단위로 묶여 〔그림 6-16〕과 같이 데이터 블록의 끝에 덧 붙여져 전송되는 것이다.

데이터 블록이 수신기에 도착하면 LRC를 통과한다. VRC 패리티 비트와 LRC 패리티 비트들은 약속된 규약에 따라 짝수 또는 홀수 패리티 검사를 하여 그 결과 값과 수신 값을 비교하여 일치하면 수신기는 LRC와 VRC 패리티 비트를 제거하고 데이터를 받아들인다. 비교 결과 일치하지 않는 값이 있으면 수신기는 전송 도중에 블록이 손상을 입었다고 판정하여 전체 블록을 거부한다.

그림 6-16 짝수 패리티를 사용한 LRC

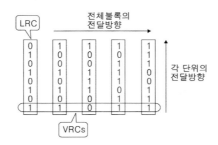

그림 6-17 짝수 패리티를 사용한 VRC 및 LRC 계산

〔그림 6-17〕은 LRC를 계산하는 방법을 나타내고 있다. 최하위 비트들이 배타적 논리합(ex-OR)으로 연산되어 패리티 값이 결정되고, 다음에는 두 번째 비트들이 배타적 논리합(ex-OR)으로 연산되어 패리티 값이 결정된다. 계속하여 최종적으로 결정되는 LRC의 마지막 비트는 LRC 데이터 단위 자체를 위한 패리티 비트이고 블록 내의 모든 VRC 패리티 비트를 위한 패리티 비트이다.

LRC의 사용은 다중 비트 오류나 폭주 오류의 검출 능력을 크게 증가시켰지만, 아직도 검출할 수 없는 오류 패턴이 있다. 하나의 데이터 단위 내에서 2개의 비트가 손상되고, 다른 데이터 단위 내에서 정확히 같은 위치의 두 비트가 손상되었을 경우 LRC 방식에서도 오류를 검출하지 못한다. 이와 같은 논리는 어떤 데이터 단위 내에서 짝수 개의 비트가 손상되고, 다른 데이터 단위 내에서 정확히 같은 위치의 짝수개 비트가 손상되었을 경우 LRC 방식에서도 모두 적용된다.

(3) 순환 중복 검사(CRC)

LRC보다 매우 강력하면서도 쉽게 구현할 수 있는 기술로 순환 중복 검사(cyclic redundancy check: CRC)가 있다. VRC와 LRC가 배타적 논리합(ex-OR)으로 연산되는 것과는 다르게 중복 순환검사에서는 이진 나눗셈을 기반으로 한다. 필요한 중복 비트(redundancy bit)를 얻기 위해 CRC에서는 나눗셈의 나머지를 데이터 단위의 끝에 덧붙여 전송하는 것이다. 송신측에서는 주어진 데이터 단위를 미리 정해진 2진수에 의해 나누어 중복 비트를 구하며, 수신측에서는 들어오는 데이터 단위를 같은 2진수로 나누며, 나눈 결과 나머지가 없으면 데이터 단위는 손상되지 않은 것으로 간주한다.

CRC 프로시저(procedure)는 다음과 같다. k-비트 프레임이나 데이터 단위에 대하여 송신기는 프레임 검사 시퀀스(Frame Check Sequence: FCS)라는 n개의 비트를 생성한다. 이 때, FCS는 프레임을 미리 정의된 제수(divisor)로 나눈 나머지를 취한 것이다.

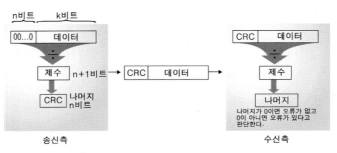

그림 6-18   CRC 발생기와 검사기

즉, k+n개의 비트로 구성된 전송 프레임을 미리 정의되어 있는 제수로 나누는 것이다. 그러면 수신기는 수신된 프레임을 미리 정의된 같은 제수로 나누어 나머지가 없으면 오류가 없는 것으로 간주한다.

CRC 오류 검출 이론과 응용을 개략적인 설명으로 시작하여 점차로 자세히 설명하겠다. 〔그림 6-18〕은 3단계의 개요를 나타내고 있다.

첫 단계에서 n개의 '0'의 열이 데이터 단위(메시지, M, k비트)의 끝에 붙여진다. 여기서 숫자 n은 n+1로 미리 정의된 제수의 비트수보다 하나 작다.

두 번째 단계에서 확장된 데이터 단위($2^n * M$)는 정의된 제수로 나눈다. 모듈러-2 연산이라는 나눗셈으로부터 얻어지는 나머지가 CRC가 된다. 모듈로 2연산은 캐리(carry) 없는 2진 덧셈을 사용한다. 이것은 exclusive-or 연산과 같다.

세 번째 단계에서는 두 번째 단계에서 얻어진 n비트의 CRC를 데이터 단위의 끝에 덧붙여진 '0'의 열을 대치한다. 얻어진 나머지가 n비트 보다 작으면 부족한 상위 비트들은 '0'으로 채운다.

전송 프레임(k+n비트)은 데이터가 수신기에 먼저 도착하고 CRC가 뒤따른다. 수신측의 CRC 검사기는 수신된 프레임 전체 열을 송신기에서 사용하였던 제수로 나눈다. 프레임이 오류 없이 도착하였다면 CRC 검사기는 나머지가 0이 되고, 프레임은 정상으로 처리된다. 만약 전송 과정에서 비트열이 변경되었다거나 오류가 발생하면 CRC 검사기의 결과는 0이 아닌 어떤 값을 출력하게되고 프레임은 손상된 것으로 판정한다.

CRC 발생기는 모듈로-2(modulo-2) 나눗셈을 하여 CRC를 구한다. 〔그림 6-19〕에 연산과정이 나와 있다. 여기에서는 전송 데이터 단위가 100100이고 제수는 1101이다. 첫 번째 단계에서는 피제수의 처음 4비트에서 제수를 뺀다. 피제수의 1001로부터 제수 1101을 빼면 나머지가 100이 된다. 그리고 나서 나머지 비트의 수가 제수의 비트수와 같도록 피제수로부터 사용되지 않은 다음 비트를 내린다. 그러므로 다음 단계는 1000-1101이 되고 101이라는 결과를 얻게 된다. 이런 과정을 피제수의 남은 비트가 없을 때까지 반복하여 수행한다.

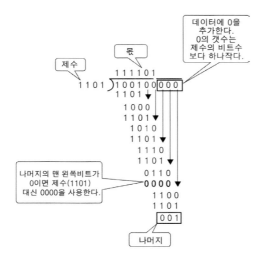

그림 6-19 모듈러-2 나눗셈

CRC를 구하기 위한 피제수나 제수를 표현하는데 대수 다항식(polynomial)을 사용한다. 다항식 형태는 짧으며 수학적으로 개념을 증명하는데 유용하다. 다항식과 이 대응하는 이진 표현과의 관계가 〔그림 6-20〕에 나타나 있다.

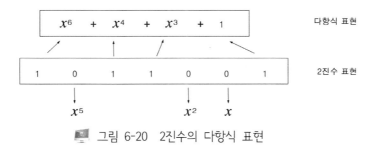

그림 6-20 2진수의 다항식 표현

전송 데이터 단위인 $M=110011$이면 $M(X)=X^5+X^4+X+1$이고, 제수 $P=11001$이면 $P(X)=X^4+X^3+1$이 된다.

자주 이용되는 프로토콜에서 CRC 생성에 사용되는 제수의 표준 다항식으로 다음과 같은 것이 있다.

$$CRC-12=X^{12}+X^{11}+X^3+X^2+X+1$$
$$CRC-16=X^{16}+X^{15}+X^2+1$$
$$CRC-ITU=X^{16}+X^{12}+X^5+1$$
$$CRC-32=X^{32}+X^{26}+X^{23}+X^{22}+X^{16}+X^{12}+X^{11}+X^{10}+X^8+X^7+X^5+X^4+X^2+1$$

• 6.4 오류제어

오류제어는 프레임의 전송에서 생기는 오류를 검출하고 정정하는 메커니즘을 말한다. 우리가 사용할 모델을 〔그림 6-6〕(b)에 나타냈다. 즉, 프레임은 보내진 순서대로 도착하고, 각 프레임은 수신되기 전에 임의의 가변적인 지연이 생길 수 있다. 오류의 가능성을 두 종류로 나누어 생각한다.

- 손실된 프레임: 수신측에 도착되지 않는 프레임. 프레임이 송신되었는지를 수신기는 모르게 된다.
- 손상된 프레임: 인식 가능한 프레임이 수신측에 도착되지만 전송도중에 변경된 몇 개의 비트로 인해 오류가 발생했다.

데이터링크 계층에서의 오류 제어는 자동 반복 요청에 근거하여, 손실된 프레임과 손상된 프레임의 경우에만 재전송한다. 전송중 손상이 심하여 수신 스테이션에서 프레임을 전혀 인식할 수 없는 경우에는 손실된 프레임으로 취급한다. 그리고 손실 프레임에는 수신 스테이션에서 응답으로 보낸 ACK와 NAK 프레임의 손실도 포함된다.

오류제어를 위해서 가장 널리 사용하는 기술은 다음 요소의 전부 또는 일부분을 사용한다.

- 오류검출: 앞 절에서 논의되었다.
- 확인 응답(acknowledgment; ACK): 수신 스테이션은 연속해서 정상적으로 프레임을 수신하였음을 송신 스테이션에게 알리기 위해 긍정 응답을 송신측에 전송한다.
- 타임아웃 후의 재전송: 응답이 수신되지 않은 프레임에 대해 미리 정해진 시간 후에는 송신 스테이션이 재전송한다.
- 부정 응답(negative acknowledgment; NAK)과 재전송: 수신 스테이션은 오류가 검출된 프레임에 대해 부정 응답을 송신 스테이션에 전송한다. 송신 스테이션은 부정 응답된 프레임을 제전송한다.

총괄해서 이들 메커니즘을 자동 반복 요청(automatic repeat request: ARQ)이라고 하며, 3가지 종류가 있다.

- 정지-대기 ARQ(stop-and-wait ARQ)
- 후진-N ARQ(go-back-N ARQ)

● 선택적-거절 ARQ(selective-repeat ARQ)

ARQ 오류제어는 흐름제어와 함께 부수적으로 데이터링크 계층에서 구현된다. 정지-대기 흐름제어는 보통 정지-대기 ARQ로 구현되고, 슬라이딩 윈도우 흐름제어는 n-프레임 후퇴(go-back-n)나 선택적 거부(selective-reject) 방식 중 하나로 구현된다.

6.4.1 정지-대기 ARQ

정지-대기 ARQ(stop-and-wait ARQ)는 앞에서 설명한 정지-대기 흐름제어기법에 손실되거나 손상된 프레임에 대해 데이터를 재전송하도록 확장한 것이다. 송신 스테이션은 한 개의 프레임을 전송하고 나서 확인(ACK) 프레임이 오기를 기다려야 한다. 확인 프레임이 오지 않으면 더 이상의 프레임을 보낼 수 없다. 이것이 정지-대기 ARQ의 기본 동작이다. 정지-대기 ARQ는 재전송을 위해 기본 동작 이외에 다음의 네 가지 기능이 추가된다.

● 송신 스테이션은 최근에 전송한 프레임의 복사본을 해당 프레임에 대한 확인 응답을 받을 때까지 보관하고 있어야 한다. 보관하고 있어야 손실되거나 손상된 프레임의 재전송 요구시에 재전송 할 수 있기 때문이다.

● 송신 스테이션에서는 데이터 프레임을 전송하면서 타이머를 동작시킨다. 만약 기다리는 응답이 일정 시간 내에 도착하지 않을 경우 같은 데이터 프레임을 다시 전송한다.

● 데이터 프레임과 확인 응답 프레임에는 구별을 위해 교대로 0과 1의 번호가 교대로 할당된다. 그래야 중복 전송의 경우 데이터 프레임의 구별이 가능해진다. 다음 상황을 생각해보자. 스테이션 A가 한 개의 프레임을 보낸다. 스테이션 B가 그 프레임을 오류 없이 수신하고 ACK로 응답한다. ACK가 전송중에 유실되어 스테이션 A에 도착하지 않았다면, 스테이션 A는 다시 같은 프레임을 재전송한다. 따라서 B는 같은 프레임을 두 번씩 수신한다. 이러한 문제점을 피하기 위해 프레임에 교대로 0과 1을 붙이고, 확인 응답도 ACK0, ACK1으로 구별한다.

● 수신 스테이션에서는 데이터 프레임에서 오류가 발견되면 비확인(NAK) 응답 프레임을 전송한다. 송신 스테이션은 다음 프레임을 전송하기 전에 최근에 전송된 데이터 프레임에 대한 확인 응답을 기다리고 있는 상태이며, 이 상태에서 NAK 프레임을 받으면 번호에 관계없이 마지막 확인 응답된 후에 전송하였던 데이터 프레임을 다시 보낸다.

정지-대기 ARQ에서 재전송을 해야 하는 경우가 다음의 3가지가 존재한다.

- 데이터 프레임이 손상된 경우
- 데이터 프레임이 유실된 경우
- 응답(ACK, NAK) 프레임이 유실된 경우

각 경우에 대해 살펴보자.

(1) 데이터 프레임의 손상

수신 스테이션에 도착한 데이터 프레임이 손상을 입은 경우이다. 앞서 서술한 오류검출 기법을 사용해서 수신스테이션은 데이터 프레임의 손상을 검출한 후, 송신 스테이션으로 비확인 응답 프레임을 전송한다. 비확인 응답 프레임을 수신한 송신스테이션에서는 마지막으로 송신한 데이터 프레임을 재전송한다. 〔그림 6-21〕에 이에 대한 상황이 설명되어 있다. 송신 스테이션은 데이터 0을 전송하고 이를 정상적으로 수신한 수신 스테이션은 ACK1을 전송한다. 이는 데이터 0은 정상적으로 수신하였으니 다음 데이터 프레임인 데이터 1을 전송하라는 의미이다. 송신 스테이션은 다음 프레임인 데이터 1을 보내고 수신 스테이션은 이를 정상적으로 수신하고 ACK0을 전송한다. 계속하여 송신 스테이션에서는 데이터 0을 전송하고 수신 스테이션에서는 데이터 0에서 오류를 검출하고 NAK를 전송한다. NAK 프레임을 수신한 송신 스테이션에서는 데이터 0을 다시 전송한다. 데이터 0을 정상적으로 수신한 수신 스테이션에서는 ACK1을 전송한다.

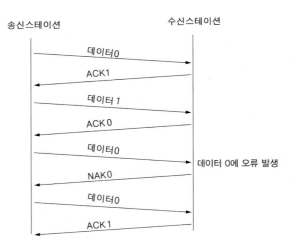

송신스테이션　　　　　　　　　　수신스테이션

데이터0

ACK1

데이터 1

ACK0

데이터0　　　　　　　　　데이터 0에 오류 발생

NAK0

데이터0

ACK1

🖥 그림 6-21 　정지-대기 ARQ, 데이터 프레임의 손상

(2) 데이터 프레임의 유실

프레임이 유실되는 경우를 고려해서, 송신 스테이션 내에 타이머(timer)가 부착되어 있다. 송신 스테이션에서는 데이터 프레임을 전송할 때마다, 타이머를 동작시키고, ACK 프레임이 오기를 기다린다. 데이터 프레임이 유실되어 수신 스테이션에 도달하지 못하였다면 확인이든 비확인이든 응답을 할 수가 없다. 송신 스테이션에서는 타이머의 정해진 시간이 경과하는 동안 응답이 오지 않으면, 같은 데이터 프레임을 다시 보낸다. 이런 상황에 대처하기 위해서는 데이터 프레임을 전송한 후 이 프레임에 대한 ACK를 받을 때까지 그 프레임의 사본을 보관해야 한다. 데이터 프레임이 유실된 경우가 〔그림 6-22〕에 나와 있다.

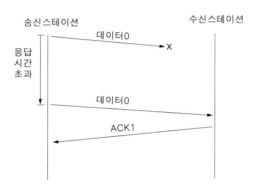

그림 6-22 정지-대기 ARQ, 데이터 프레임의 유실

(3) 응답 프레임의 유실

또 다른 경우로 응답 프레임이 유실될 수 있다. 확인 응답 프레임이 유실될 수도 있고, 비확인 응답 프레임이 유실될 수도 있다. 〔그림 6-22〕에 ACK 또는 NAK 프레임이 유실된 경우가 나와 있다. 이 경우 송신 스테이션은 데이터 0을 전송하고 응답시간이 모두 경과될 때까지 기다렸다가 데이터 0을 재전송한다. 데이터 0을 2번 수신한 수신 스테이션에서는 ACK을 다시 전송하고 중복 수신한 데이터 0을 폐기한다. 송신 스테이션에서는 데이터 1을 전송하고, 이를 수신한 수신 스테이션에서 데이터 1에 오류가 있음을 검출한 경우 NAK를 전송하였는데 NAK가 유실되었다. 송신 스테이션은 데이터 1을 전송하고 응답시간이 모두 경과될 때까지 기다렸다가 데이터 0을 재전송한다. 데이터 1을 정상적으로 수신한 수신 스테이션에서는 ACK0을 전송한다.

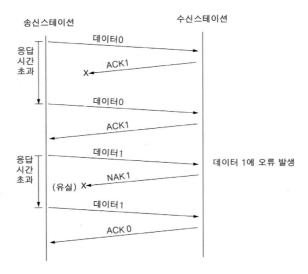

송신스테이션　　　　　　　　수신스테이션

그림 6-23　정지-대기 ARQ, 응답 프레임의 유실

6.4.2　슬라이딩 윈도우 ARQ

　정지-대기 ARQ의 주요 장점은 단순성에 있다. 앞 절에서 논의하였던 것처럼, 주요 단점은 비효율적인 프로토콜이라는 것이다. 슬라이딩-윈도우 기법을 사용한다면, 더욱 효율적으로 회선을 사용할 수 있는데 이를 이용한 것이 슬라이딩 윈도우 ARQ라고 한다. 슬라이딩 윈도우 ARQ에는 후진-n ARQ(go-back-n ARQ)와 선택적 거절 ARQ (selective-reject ARQ)가 있다. 유실되거나 손상된 프레임의 재전송이 가능하도록 다음의 세 가지가 기본적인 흐름제어 기법에 추가된다.

- 송신 스테이션은 전송된 모든 데이터 프레임에 대해 확인 응답이 올 때까지 전송된 데이터 프레임을 보관하고 있어야 한다.
- 수신 스테이션에서는 ACK를 보낼 수도 있지만 손상된 프레임을 수신하였을 경우 NAK를 보낼 수도 있다. 슬라이딩 윈도우 기법은 정지-대기와 달리 연속적인 전송 기법을 사용하기 때문에 각각의 ACK와 NAK를 구별하기 위해 번호가 할당되어야 한다. ACK는 다음에 전송할 프레임의 번호가 할당되는 반면, NAK에는 손상된 프레임의 번호를 할당한다.
- 정지-대기 ARQ와 같이 슬라이딩 윈도우 ARQ를 사용하는 송신 스테이션에서도 프레임이 유실될 경우를 대비하여 타이머를 가지고 있다. 윈도우의 크기가 n-1인 슬라이딩 윈도우 ARQ에서는 확인 응답 없이 n-1개의 프레임을 연속하여 보낼

수 있다. 송신 스테이션에서는 타이머를 동작시키고는 더 이상의 프레임을 보내지 않고 응답을 기다린다. 응답 시간이 되도록 확인 응답이 없으면 수신 스테이션에서는 프레임이 수신되지 않았다고 간주하고 프로토콜에 따라 하나의 프레임 또는 모든 프레임을 다시 전송한다. 슬라이딩 윈도우 ARQ에서도 송신 스테이션은 유실된 프레임이 데이터 프레임인지 ACK 또는 NAK 프레임인지 알 수 없다. 데이터 프레임을 다시 전송함으로써 모든 경우를 해결할 수 있다. 중복 수신될 경우 수신 스테이션에서는 프레임의 번호로 중복여부를 알 수 있으므로 중복된 데이터는 폐기한다.

(1) 후진-n ARQ

가장 공통적으로 널리 사용되고 있는 슬라이딩-윈도우 흐름제어에 기반을 둔 오류제어의 형태는 후진-n ARQ(go-back-n ARQ)이다. 후진-n ARQ 방식을 사용할 경우, 확인 응답 없이 스테이션은 순서에 따라 번호가 할당된 프레임을 연속으로 전송할 수 있다. 확인 응답 없이 송신 스테이션에서 전송할 수 있는 프레임의 수는 윈도우 크기에 의해 결정된다. 오류가 발생하지 않은 동안 수신 스테이션은 들어오는 프레임에 대해 확인 응답(ACK)할 것이다. 수신되는 모든 프레임에 대해 모두 확인 응답을 보낼 필요는 없다.

후진-n ARQ에서 데이터의 교환 도중에 문제가 생겨 재전송을 해야 하는 경우는 모두 세 가지로 분류할 수 있다.

- 데이터 프레임이 손상된 경우
- 데이터 프레임이 유실된 경우
- 응답(ACK, NAK) 프레임이 유실된 경우

각 경우에 대해 살펴보자.

데이터 프레임의 손상

데이터 프레임을 수신한 수신 스테이션에서 CRC를 사용하여 오류가 검출되면 그 프레임은 손상된 것으로 판정하여 그 프레임에 대해 비확인 응답(NAK) 메시지를 송신한다. 수신 스테이션은 손상된 프레임을 버리고, 오류가 있었던 프레임을 정확하게 수신할 때까지 앞으로 들어오는 모든 프레임을 버린다. 그러므로 송신 스테이션은 NAK을 수신했을 때 오류가 있는 프레임은 물론 그 뒤로 계속 전송되었던 모든 프레임을 다시 전송해야 한다.

만약, 송신 스테이션에서 데이터 프레임 0, 1, 2, 3을 전송한 후 첫 번째로 받은 응답이 NAK3이라고 가정하자. 여기에서 NAK3의 의미는 데이터 프레임 2까지는 정상적으로 수신되었으니 데이터 프레임 3부터 다시 전송하라는 것이다. 송신 스테이션은 데이터 프레임 3부터 다시 전송한다.

송신 스테이션에서 데이터 프레임 0, 1, 2, 3, 4, 5를 전송한 후 첫 번째로 받은 응답이 NAK3라고 가정하자. 여기에서 NAK3의 의미는 데이터 프레임 2까지는 정상적으로 수신되었으니 데이터 프레임 3부터 다시 전송하라는 것이다. 수신 스테이션은 프레임 3에서 오류를 검출하자마자 손상된 프레임 3을 수신할 때까지 뒤에 연속하여 들어오는 프레임은 수신하지 않고 폐기한다. 따라서 송신 스테이션은 데이터 프레임 3부터 데이터 프레임 4, 5를 다시 전송한다.

[그림 6-24]는 프레임 3에서 오류가 검출되기 전에 6개의 프레임이 전송된 경우이다. 이 시나리오에서 ACK3은 송신 스테이션에 프레임 0, 1, 2가 정상적으로 수신되었음을 알려준다. 그림에서 ACK3은 데이터 프레임 3이 도달하기 전에 전송된다. 데이터 3에서 오류가 검출되면 NAK3이 즉시 전송되고 데이터 4와 5는 들어오는 대로 폐기된다. NAK3을 받은 송신 스테이션에서는 프레임 3, 4, 5를 재전송 한다.

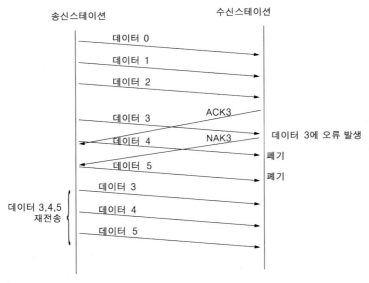

그림 6-24 후진-n ARQ, 데이터 프레임의 손상

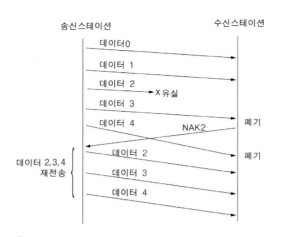

송신스테이션　　　　　　　　수신스테이션

데이터0

데이터 1

데이터 2 → X 유실

데이터 3

데이터 4　　　NAK2　폐기

데이터 2,3,4
재전송 {　데이터 2　폐기

데이터 3

데이터 4

그림 6-25　후진-n ARQ, 데이터 프레임의 유실

데이터 프레임의 유실

슬라이딩 윈도우 프로토콜에서는 데이터 프레임이 순서대로 송신되고 수신되는 것을 전제하고 있다. 하나 이상의 프레임이 전송중에 유실되면 수신 스테이션에 도달한 프레임의 순서 번호가 맞지 않을 것이다. 수신 스테이션에서는 각 프레임의 번호를 검사하여 빠진 번호를 발견하면 이 번호의 프레임이 유실된 것으로 판단한다. 즉시 유실된 프레임에 대해 NAK을 보낸다. 이때 NAK는 프레임의 손상 또는 유실 여부를 나타내지 않고, 재전송을 요구하는 의미를 포함하고 있는 것이다. 그러면 송신 장치는 NAK에 의해 지시된 프레임부터 그 이후에 전송된 프레임을 모두 재전송한다.

〔그림 6-25〕에서 데이터 0, 1은 제대로 도착하였으나 데이터 2는 유실되었다. 따라서, 다음으로 수신 스테이션에 도착하는 하는 것은 데이터 3이 된다. 수신 스테이션에서는 데이터 2를 기대하고 있는데 데이터 3이 도착하므로 오류로 간주하여 데이터 3을 폐기하고, NAK2를 보낸다. 송신 스테이션에서는 NAK2를 받기 전에 데이터 4를 전송하였으나 일단 NAK2를 수신한 후에는 데이터 2, 3, 4를 재전송 한다.

응답 프레임의 유실

송신 스테이션은 전송한 모든 데이터 프레임에 대해 확인 응답 프레임을 기대하지 않는다. 따라서 유실된 ACK나 NAK 프레임의 번호를 알아낼 수는 없다. 송신 스테이션은 확인 응답을 기다리지 않고 윈도우가 허락하는 수의 데이터 프레임을 보낼 수 있다. 일단 한계에 도달하거나 보낼 데이터가 없으면 기다려야 한다. 수신 스테이션에서 전송한 ACK나 NAK가 유실되면 송신 스테이션은 영원히 기다릴 수도 있다. 이를 피하기 위해 송신 스테이션에서는 프레임을 전송하는 경우, 타이머를 작동시킨다. 응답이 제한된 시간 내에 도착하지 않으면 송신 스테이션에서는 마지막 ACK 이후로 전송하였던 모든 프레임을 다시 전송한다.

〔그림 6-26〕은 자신의 프레임을 모두 전송하고 나서 이에 대한 응답을 기다리고 있다. 수신 스테이션에서 전송한 응답프레임 ACK3가 유실된 사실을 모르고 응답을 기다리고 있는 상황을 나타내고 있다. 송신 스테이션은 미리 정해진 시간을 기다려도 응답이 없으면 확인 응답이 되지 않은 프레임 0, 1, 2를 재전송 한다. 수신 스테이션은 프레임 번호를 검사하여 수신된 프레임이 이전 것과 중복되는 것을 인식하고, 또다른 ACK를 보낸다. 그리고 중복된 데이터는 폐기한다. 후진-n ARQ에서 나타날 수 있는 상황을 〔그림 6-27〕에 나타냈다.

일반적으로 k-비트 순서번호 필드는 2^k개의 순서번호 범위를 제공하고 최대 윈도우 크기는 2^k-1로 제한된다. 이것은 오류제어와 확인 응답에 관계가 있다. 전송 데이터가 있을 경우 제어 신호를 함께 보낼 수 있는데 이를 피기백(piggyback) 방식이라고 한다. 피기백 방식에서 수신 스테이션은 확인 응답을 이미 보냈다 하더라도 전송 데이터가 있을 경우 그 확인 응답을 데이터 프레임과 함께 보낸다. 이것은 고정길이의 확인 응답 필드가 데이터 프레임 내에 포함되어 있고, 그 프레임에 번호를 주어야 하기 때문이다. 예를 들어, 3-비트 순서번호를 가정한다. 한 스테이션이 프레임 0을 보내고, ACK1을 받은 후 프레임 1, 2, 3, 4, 5, 6, 7, 0을 전송한다. 그리고 ACK1을 또 받는다. 이것은 8개 프레임이 올바르게 수신되었다는 것을 의미한다. 만약 모든 8개 프레임이 전송 중 유실되어 수신 스테이션에서는 이전의 ACK1을 반복한다고 판단할 수도 있는 것이다. 만약 최대 윈도우 크기를 $7(2^3-1)$로 제한한다면, 이 문제를 피할 수 있다.

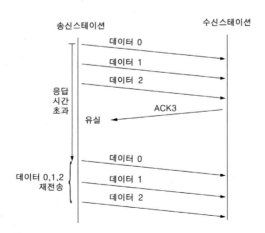

🖥 그림 6-26 후진-n ARQ, 응답 프레임의 유실

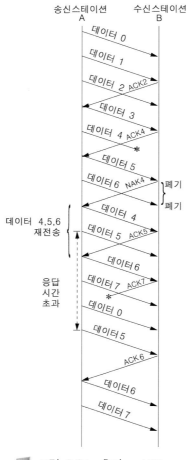

송신스테이션 수신스테이션
A B

데이터 0
데이터 1
데이터 2 ACK2
데이터 3
데이터 4 ACK4
데이터 5
데이터 6 NAK4 } 폐기 } 폐기
데이터 4
데이터 5 ACK5
데이터 6
데이터 7 ACK7
데이터 0
데이터 5
ACK 6
데이터 6
데이터 7

데이터 4,5,6
재전송

응답
시간
초과

🖥 그림 6-27 후진-n ARQ

(2) 선택적-거절 ARQ

선택적-거절 ARQ(selective-reject ARQ)에서는 손상되거나 유실된 프레임만이
재전송된다. 데이터 프레임이 전송 중에 손상되면 수신 스테이션에서 오류를 검출하
고, 즉시 NAK를 송신 스테이션으로 전송한다. 송신 스테이션에서는 NAK를 수신하자
마자 프레임 순서에 상관하지 않고 손상된 데이터 프레임만 재전송한다. 따라서 수신
스테이션은 늦게 도착한 프레임을 먼저 도착한 프레임의 적절한 위치에 순서대로 삽입
할 수 있어야 한다. 선택적 거절 ARQ는 재전송량을 최소화하므로 후진-N보다 좀 더
효율적이다. 한편 수신 스테이션은 오류가 난 프레임이 재전송되어 도착할 때까지 먼
저 도착한 프레임을 저장할 기억장소와 적당한 위치에 해당 프레임을 다시 삽입할 수
있는 기능을 가지고 있어야 한다. 송신 스테이션도 역시 순서와는 다른 프레임을 즉시

전송할 수 있는 복잡한 회로를 가져야 하고, 재전송이 요구된 프레임을 찾아내는 탐색 능력이 있어야 한다.

선택적 거절 ARQ에서 데이터의 교환도중 문제가 생겨 데이터 프레임을 재전송 하는 경우는 모두 세 가지 경우이다.

- 데이터 프레임이 손상된 경우
- 데이터 프레임이 유실된 경우
- 응답 프레임이 유실된 경우

데이터 프레임의 손상

수신 스테이션에서 CRC를 검사하여 오류가 검출된 프레임만 재전송 된다. 〔그림 6-28〕에 나타난 바와 같이 데이터 0과 1은 수신되었지만 확인 응답되지 않는다. 이어서 도착한 데이터 2는 손상된 것으로 판정하여 NAK2가 전송된다. 여기서 NAK2의 의미는 데이터 1까지 정상 수신되었고, 데이터 2는 문제가 있으니 재전송하라는 것이다. 후진-n ARQ와는 달리 선택적 거절 ARQ는 오류가 수정되기를 기다리는 동안에도 새로운 프레임을 계속 전송받는다. 그러나 ACK는 지정된 프레임뿐만 아니라 이전의 모든 프레임이 정상적으로 수신되었음을 의미하기 때문에 정정된 프레임을 받을 때까지 ACK는 전송될 수 없다.

〔그림 6-28〕에서 수신 스테이션은 오류로 인해 재전송을 요청한 데이터 2의 도착을 기다리는 동안 데이터 3, 4, 5를 받는다. 데이터 2가 새로 도착하게 되면 데이터 2, 3, 4, 5가 정상적으로 수신되었음을 확인 응답하는 ACK5가 전송된다.

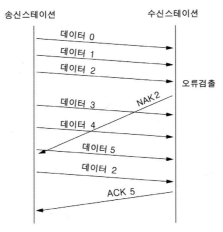

그림 6-28 선택적 거절 ARQ, 데이터 프레임의 손상

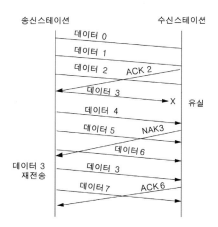

송신스테이션　　　　　　　수신스테이션
데이터 0
데이터 1
데이터 2　　ACK 2
데이터 3
　　　　　　　X　유실
데이터 4
데이터 5　　NAK3
데이터 6
데이터 3　　데이터 3
재전송
데이터 7　　ACK 6

🖥 그림 6-29 선택적 거절 ARQ, 데이터 프레임의 유실

🖑 데이터 프레임의 유실

데이터 프레임은 순서대로 도착하지 않을 수 있지만, 확인 응답은 순서대로 도착해야 한다. 하나의 데이터 프레임이 유실되면 유실된 프레임 뒤에 오는 프레임이 도착하는 순간 송신 스테이션에서는 순서 번호에 오류가 생긴 것을 알고 NAK를 보낸다. 송신 스테이션에서는 NAK를 수신하고 이에 해당하는 데이터 프레임을 다시 전송한다.

〔그림 6-29〕에 나타낸 바와 같이 데이터 0, 1, 2, 3, 4, 5, 6이 연속하여 전송되고, 이에 대해 ACK2로 응답하고, 전송 중에 데이터 3이 유실되었다. 수신 스테이션에서는 데이터 4를 수신하면서 데이터 3이 도착하지 않았음을 알고 NAK3를 전송한다. 그 동안에도 데이터 5, 6은 전송되어 수신 스테이션에 도착하여 저장되고, NAK3을 수신한 송신 스테이션에서는 데이터 3을 다시 전송한다. 데이터 3을 정상적으로 재전송 받은 수신 스테이션에서는 ACK6을 전송한다. 데이터 3을 재전송 받기 전까지는 ACK를 전송할 수 없다.

🖑 응답 프레임의 유실

후진-n ARQ와 마찬가지로 송신 스테이션은 확인 응답을 기다리지 않고 윈도우가 허락하는 수의 데이터 프레임을 보낼 수 있다. 일단 한계에 도달하거나 보낼 데이터가 없으면 기다려야 한다. 수신 스테이션에서 전송한 ACK나 NAK가 유실되면 송신 스테이션은 영원히 기다릴 수도 있다. 이를 피하기 위해 송신 스테이션에서는 윈도우의 한계 용량에 도달하거나 마지막 프레임을 전송하게 되는 경우, 타이머를 작동시킨다. 응답이 제한된 시간 내에 도착하지 않으면 송신 스테이션에서는 마지막 ACK 이후로 전송하였던 모든 프레임을 다시 전송한다.

(3) n-후진 ARQ와 선택적 거절 ARQ의 비교

선택적 거절 ARQ에서는 손상되거나 유실된 프레임만을 재전송하고 n-후진 ARQ에서는 정상적으로 수신된 프레임까지 재전송하므로, 선택적 거절 ARQ가 좀더 효율적으로 보이지만 반드시 그러하다고 말할 수는 없다. 수신 스테이션에서 수행하는 프레임의 재배열 및 저장의 복잡성 문제와 송신 스테이션에서 재전송을 위해 특정 프레임을 찾는 기능을 위한 회로의 추가 등의 문제 때문에 선택적 거부 ARQ는 비용이 커서 자주 사용되지 않는다. 선택적 거절 ARQ가 효율이나 성능면에서 우월하지만 많이 사용되지 않고, 실제적으로 단순하게 구현할 수 있는 n-후진 ARQ가 많이 사용된다.

6.5 HDLC(High-Level Data Link Control)

데이터링크 제어 프로토콜에는 문자 중심 프로토콜(character-oriented protocol)과 비트 중심 프로토콜(bit-oriented protocol)이 있다. 프레임이나 패킷을 문자 중심 프로토콜에서는 문자열로서 해석하고 비트 중심 프로토콜에서는 비트열로 해석한다. 현재 만들어진 문자 중심 프로토콜로 IBM의 이진 동기 통신(Binary Synchronous Communication; BSC) 프로토콜이다. 비트 중심 프로토콜로서 가장 중요한 데이터링크 제어 프로토콜은 고급 데이터링크 제어(HDLC; High-Level Data Link Control) 프로토콜이다. HDLC는 ISO에서 설계하였으며 ISO33009/ISO4335로 문서화되어 있다. HDLC는 가장 널리 사용될 뿐만 아니라, HDLC에서 사용하는 기법 또는 비슷한 형식을 사용하는 다른 중요한 데이터링크 제어 프로토콜이 많다. 즉, HDLC는 다른 기타 데이터링크 제어 프로토콜의 모태가 되고 있어 이를 통하여 다른 프로토콜을 이해할 수 있는 기초를 터득할 수 있다. 따라서 이 절에서는 HDLC에 대해서 상세하게 다룰 것이다.

6.5.1 기본적 특정

HDLC는 비트 중심 프로토콜로서 점대 점과 다중점 링크상에서 반이중 통신과 전이중 통신 둘다 지원한다. HDLC를 이용한 시스템들은 스테이션의 형태, 링크구성 및 전송 모드에 따라 특징이 다르게 된다. 여러 가지 응용을 만족하기 위해 HDLC는 세 가지 종류의 스테이션, 두 개의 링크구성 방식, 세 개의 전송모드를 정의한다.

HDLC는 세 가지의 다른 형태로 스테이션을 구별하는데, 세 가지 종류의 스테이션은 다음과 같다.

- 주스테이션(primary station): 링크 동작을 제어할 모든 제어권을 갖는다. 주스테이션이 출력하는 프레임은 명령(command)이라 한다. 주스테이션의 명령에 대해 부스테이션은 이에 응답한다.
- 부스테이션(secondary station): 주스테이션의 제어하에서 동작한다. 부스테이션들이 출력하는 프레임은 응답(response)이라 한다. 주스테이션은 각 부스테이션과 개별적인 논리적 링크를 유지한다.
- 조합 스테이션(combined station): 주스테이션과 부스테이션의 특징을 결합한 스테이션으로, 조합 스테이션은 명령과 응답 둘 다 출력할 수 있다. 조합 스테이션은 서로 대등(peer)한 관계에 있으며, 전송의 성격과 방향에 따라 주스테이션 또는 부스테이션으로 행동하도록 프로그램 되어 있다.

구성(configuration)이라는 것은 링크상에 접속된 장치들간의 관계를 의미한다. 장치들은 주스테이션과 부스테이션 또는 조합 스테이션들로 구성될 수 있다. 조합 스테이션들은 정보 교환을 위하여 선택된 모드에 따라 주스테이션 또는 부스테이션으로서의 역할을 수행할 수 있어야 한다. 링크 구성 방식에는 비평형 구성과 평형 구성이 있는데, 이를 〔그림 6-30〕에 나타냈다.

- 비평형 구성(unbalanceed confiruration): 하나의 주스테이션과 한 개 이상의 부스테이션으로 구성되며, 전이중과 반이중 전송을 지원한다. 하나의 컴퓨터와 하나 이상의 단말기가 연결된 경우가 비평형 구성의 예이다.

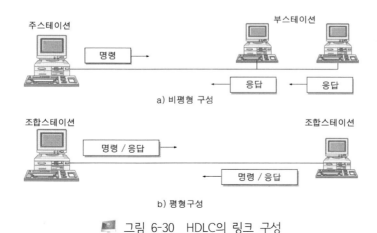

그림 6-30 HDLC의 링크 구성

● 평형 구성(balanced configuration): 두 개의 조합 스테이션으로 구성되며, 전 이중과 반이중 전송을 지원한다. 두 스테이션은 단일 회선으로 연결되어 있으며, 이 회선은 두 스테이션 모두에 의해 제어된다.

전송모드는 정보 교환에 관련된 두 장치 간의 관계를 나타내며 누가 링크를 제어하는가를 나타낸다. 데이터 전송모드에는 정규 응답모드, 비동기 응답모드, 비동기 평형모드가 있으며 이를 〔그림 6-31〕에 나타냈다.

● 정규 응답모드(Normal Response Mode: NRM): 주스테이션-부스테이션간의 연결로, 비평형 구성이다. 주스테이션은 부스테이션으로 데이터 전송을 임의로 개시할 수 있으나, 부스테이션은 주스테이션에서 허락을 해야만 데이터를 전송할 수 있다. 주스테이션의 허락이 있으면 부스테이션은 하나 또는 그 이상의 프레임을 전송할 수 있다.

● 비동기 응답모드(Asynchronous Response Mode: ARM): 주스테이션-부스테이션의 연결이므로, 비평형 구성이다. 링크가 사용중이 아니면, 부스테이션은 주스테이션의 명확한 허가 없이 전송을 할 수 있다. 부스테이션으로부터의 모든 전송은 주스테이션으로 전송되어 주스테이션에서 최종 목적지로 전송된다. 여전히 주스테이션이 전송개시, 오류회복, 논리적 분리 등을 포함하여 회선에 대해 책임진다.

● 비동기 평형모드(Asynchronous Balanced Mode: ABM): 모든 스테이션이 서로 동등한 평형 구성이다. 조합 스테이션 중 어느 쪽이더라도 다른 쪽의 허락을 받지 않고도 전송을 개시할 수 있다.

	NRM	ARM	ABM
스테이션 종류	주스테이션 부스테이션	주스테이션 부스테이션	조합스테이션
전송개시권한	주스테이션	모두 (링크가 비어 있는 경우)	모두

그림 6-31 HDLC의 데이터 전송 모드

NRM은 다수의 터미널이 한 컴퓨터에 접속되어 있는 멀티드롭(multidrop)회선에 사용된다. 컴퓨터는 입력을 위해 각 터미널을 폴링(polling)하고, 터미널로 데이터를 전송하기 위해서는 선택(select) 메시지를 전송한다. 점대 점(point-to-point) 링크에서 터미널 혹은 다른 주변장치를 컴퓨터에 연결시키고자 할 때 또한 자주 사용된다. ABM은 세 개의 모드 중에서 가장 널리 사용되고 있다. ABM은 폴링 오버헤드가 없으므로 전이중 점대 점 링크를 효과적으로 사용할 수 있다. ARM은 드물게 사용된다. 부스테이션이 전송을 개시할 필요가 있는 특수상황에 사용할 수 있다.

6.5.2 프레임 구조

HDLC는 동기 전송을 사용한다. 모든 전송은 프레임 형식으로 이루어지며, 모든 종류의 데이터와 제어를 교환하기에 충분한 기능을 가지고 있다.

〔그림 6-32〕는 HDLC 프레임의 구조를 보이고 있다. 플래그, 주소, 제어필드는 정보필드 앞에 위치하며, 헤더(header)라 한다. FCS와 플래그 필드는 정보필드 다음에 위치하며, 트레일러(trailer)라 한다.

앞에서 설명한 데이터 전송모드와 링크 구성의 모든 선택 사항을 지원하기 위하여, HDLC는 세 종류의 프레임을 정의하였는데 〔그림 6-33〕에 나와 있다.

정보 프레임(I-프레임), 감시 프레임(S-프레임) 그리고 무번호 프레임(U-프레임)으로 이 세 종류의 프레임은 서로 다른 메시지의 전송을 위한 컨테이너로서 사용된다. I-프레임은 사용자 정보를 전송하는데 사용된다. S-프레임은 데이터링크 계층에서 흐름 제어, 오류 제어 등의 제어 정보를 전송하는데 사용되고, U-프레임은 시스템 관리를 위해 예약된 것으로 링크 자체를 관리할 목적으로 사용된다.

HDLC의 각 프레임은 시작 플래그 필드, 주소 필드, 제어 필드, 정보 필드, 프레임 검사 순서 필드, 종료 플래그 필드로 구성되어 있다. 다중 프레임 전송에서 한 프레임의 종료 플래그는 다음 프레임의 시작 플래그를 겸한다.

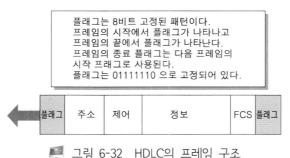

> 플래그는 8비트 고정된 패턴이다.
> 프레임의 시작에서 플래그가 나타나고
> 프레임의 끝에서 플래그가 나타난다.
> 프레임의 종료 플래그는 다음 프레임의
> 시작 플래그로 사용된다.
> 플래그는 01111110 으로 고정되어 있다.

| 플래그 | 주소 | 제어 | 정보 | FCS | 플래그 |

그림 6-32 HDLC의 프레임 구조

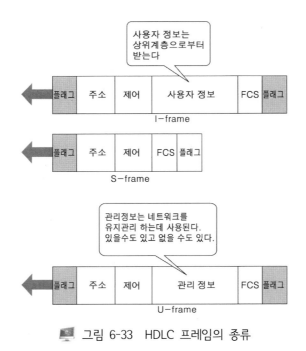

그림 6-33   HDLC 프레임의 종류

(1) 플래그 필드

플래그 필드(flag field)는 프레임의 양 끝에 위치한 고유의 패턴으로 01111110의 값을 갖는다. 프레임의 시작과 끝을 나타내는 8비트열로 수신 스테이션에서 동기를 찾는데 사용한다. 링크에 접속된 모든 스테이션은 프레임의 시작을 알기 위해 계속적으로 플래그를 조사한다. 또한 프레임을 수신하는 동안, 프레임의 끝을 알기 위해 플래그를 계속 조사한다. 그러나 프레임 내에 패턴 01111110이 나오지 않는다는 보장이 없으므로, 프레임 단위의 동기화는 완전히 보장되지 않는다. 이 문제를 피하기 위해서 비트 스터핑(bit stuffing)이라는 프로시저를 사용한다. 송신 스테이션에서는 프레임 내에 1이 연속 5개 발생하면, 그 뒤에 0을 첨가한다. 시작 플래그를 발견한 뒤 수신 스테이션은 비트 스트림을 조사한다. 1이 연속 5개 나타나면 6번째 비트를 조사한다. 0이면 이 비트를 제거한다. 만약 1이 6번 연속되고 7번째 비트가 0이면 플래그로 인정한다.

다음의 경우를 제외하고는 5개의 1이 연속으로 나타날 때마다 비트 채우기가 필요하다. 하나는 플래그일 경우이고, 또 하나는 전송이 중지되었을 경우, 그리고 채널이 비어 있는 경우이다. 연속된 1의 수가 7개에서 14개까지는 전송 중지를 나타내며, 15개 이상인 경우에는 유휴 채널(idle channel)을 나타낸다.

원 비트 패턴

1 1 1 1 1 1 1 1 1 1 1 0 1 1 1 1 1 0 1 1 1 1 1 0

비트 스터핑 후의 비트 패턴

1 1 1 1 1 0 1 1 1 1 1 0 1 1 0 1 1 1 1 1 0 1 0 1 1 1 1 1 0 1 0

(a) 비트 스터핑의 예

(b) 전송과정의 비트값 변경으로 하나의 프레임이 둘로 나뉨

(c) 전송과정의 비트값 변경으로 두 프레임이 하나로 됨

그림 6-34   비트 스터핑

〔그림 6-34〕는 비트 스터핑의 보기를 보여주고 있다. 비트 스터핑도 완전한 해결 방법이 아님을 〔그림 6-34〕에서 볼 수 있다. 프레임의 시작과 끝을 나타내는데 플래그를 사용할 때, 1비트 오류가 두 개의 프레임을 하나로 묶거나 하나의 프레임을 두 개로 쪼갤 수 있음을 알 수 있기 때문이다.

(2) 주소 필드

프레임을 수신하거나 또는 송신하는 부스테이션을 식별하는데 주소필드(address field)를 사용한다. 점대 점 링크에서는 사용할 필요가 없으나, 일률적으로 하기 위해서는 항상 포함하는 것으로 한다. 주소는 보통 8비트의 길이를 가지지만, 주소 길이가 7비트의 배수인 확장 형식을 사용할 수 있다. 〔그림 6-35〕에 그림으로 나타냈다.

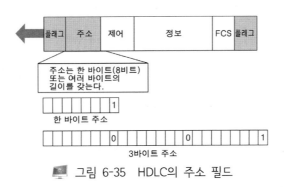

그림 6-35 HDLC의 주소 필드

각 8비트마다 마지막 여덟 번째 비트는 그 마지막 8비트가 주소필드의 마지막인지 아닌지에 따라 1 또는 0이 된다. 1이면 주소 필드의 마지막을 나타내며, 0이면 다음 8비트도 주소임을 나타낸다. 나머지 7비트는 주소의 부분을 이룬다. 하나의 8비트가 모두 1인 경우는 기본 형식과 확장 형식에서 모든 스테이션을 나타내는 주소로 해석된다. 즉, 주스테이션이 모든 부스테이션에게 같은 프레임을 전송하고자 할 때 사용된다.

(3) 제어 필드

제어 필드(control filed)는 8비트 또는 16비트의 크기를 갖는다. HDLC는 제어필드(control field)에서 다른 세 가지 종류의 프레임을 정의한다. 정보 프레임(I-프레임: information frame)은 사용자 정보를 전송한다. 따라서 ARQ 메커니즘을 사용하는 흐름과 오류 제어 정보는 정보 프레임의 제어 필드에 실려 피기백(piggyback)된다. 피기백이 사용될 수 없을 때, 감시 프레임(S-프레임: supervisory frame)이 ARQ 메커니즘을 제공하며, 비번호 프레임(U-프레임: unnumbered frame)이 보조 링크 제어 기능을 제공한다. 제어 필드의 첫 번째 비트 혹은 두 번째 비트로 프레임의 종류를 식별한다. 나머지는 [그림 6-36]과 같이 부필드로 구성된다. 이들의 설명은 HDLC 동작을 설명할 때 이루어진다.

S-프레임과 I-프레임을 위한 기본적인 제어필드는 3비트 순서번호를 사용한다. 적절한 세트-모드(set-mode) 명령으로 S-프레임과 I-프레임이 7비트 순서번호를 사용하는 확장된 제어필드를 사용할 수 있다. U-프레임은 항상 8비트 제어필드를 사용한다.

여기서는 기본 제어 필드를 중심으로 설명하겠다. I-프레임은 흐름 제어와 오류 제어를 위해 N(S)와 N(R)로 부르는 2개의 3비트 열을 가지고 있으며, N(S)는 전송되는 프레임을 구별하는 번호를 나타내며, N(R)은 응답을 기대하는 프레임의 번호를 나타낸다. 만약 마지막 받은 프레임에 오류가 없는 경우에 N(R)은 다음으로 받고자 하는 프레임의 번호를 의미하며, 마지막 받은 프레임에 오류가 있는 경우에 N(R)은 재전송을 원하는 프레임의 번호를 의미한다. P/F(Poll/Final) 필드는 2가지 목적으로 사용되는 단일 비트이다. 이 비트가 1인 경우, 프레임이 주스테이션에서 부스테이션으로 송신될 때는 폴(poll)을 의미하고 부스테이션에서 주스테이션으로 전송되었을 때는 마지막 (final) 비트를 의미한다. 이에 대한 구체적인 사용은 이 절의 마지막에서 설명하겠다.

S-프레임의 제어 필드에는 N(R)은 있으나 N(S)는 없다. S-프레임은 피기백이 불가능할 때, 즉 수신 스테이션에서 전송할 데이터가 없는 경우 N(R)을 통지하여 주기 위해서 사용한다. S-프레임은 데이터를 전송하지 않기 때문에 데이터를 식별하기 위한 N(S)필드를 필요로 하지 않는다. S-프레임의 종류는 제어 필드의 P/F비트 앞의 2비트에 의하여 결정된다. S-프레임에는 RR, RNR, REJ, SREJ의 네 종류가 있는데, 〔그림 6-37〕에 나타냈다.

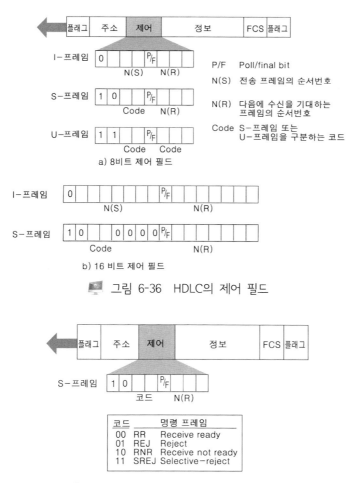

그림 6-36 HDLC의 제어 필드

그림 6-37 HDLC의 S-프레임 제어 필드

RR(Receive Ready)은 다음의 4가지 목적으로 사용할 수 있다. 첫째, 확인 응답용으로 사용한다. I-프레임의 수신에 따라 수신 스테이션에서 확인 응답을 보내기를 원하지만 보낼 사용자 정보가 없을 때 사용한다. 이 때 제어 필드의 N(R)에는 수신 스테이션에서 받고자 하는 다음 프레임의 순서 번호가 기록된다. 둘째, 주스테이션에서 P/F비트를 1로 하여(P=1) S-프레임을 전송할 수 있는데, 이 경우의 의미는 부스테이션에서 송신할 것이 있는지의 여부를 문의하는 것이다. 셋째, 부스테이션에서 P/F비트를 1로 하여(F=1) 전송할 때 전송할 정보가 없음을 주스테이션에 알려주고자 할 때 사용한다. 만약 부스테이션에서 전송할 데이터가 있는 경우에는 위의 폴에 대해 I-프레임으로 응답한다. 넷째, 주스테이션의 선택 프레임에 대한 긍정 응답으로 부스테이션에서 전송한다.

RNR(Receive Not Ready)은 다음의 세 가지 목적으로 사용한다. 첫째, RNR 프레임의 N(R) 필드에 번호가 표시된 프레임을 제외한 지금까지 받은 모든 프레임에 대해 확인 응답의 역할을 하며, 그리고 RR 프레임을 받기 전에 프레임을 더 이상 송신하지 않도록 요청하는 역할을 한다. 둘째, 주스테이션에서 부스테이션으로 보내는 선택 메시지로 사용한다. 즉, 주스테이션에서 부스테이션으로 데이터 전송을 원할 때, 주스테이션은 P/F비트를 1로(P=1)하여 RNR 프레임을 부스테이션으로 전송한다. 셋째, 선택된 부스테이션이 데이터를 수신할 수 없을 경우에 부스테이션은 P/F비트를 1로(F=1) 한 RNR 프레임을 주스테이션으로 보낸다.

REJ(REJect)는 후진-n ARQ에서 수신 스테이션에 의해 전송되는 부정 응답으로 사용된다. 즉, 수신 스테이션에 전송할 사용자 정보가 없을 경우, 피기백 방식으로 제어 신호를 보낼 수 없으므로 REJ 프레임을 이용한다. REJ 프레임 내의 N(R) 필드에는 오류가 발생된 프레임의 순서 번호를 적어 보내는데, 이는 오류가 있는 프레임과 그 이후에 보내진 모든 프레임에 대해 재전송 해야 한다는 것을 의미한다.

SREJ(Selective REJect)는 선택적 거절 ARQ에서 사용하는 부정응답이다. 이 프레임은 송신 스테이션에서 수신 스테이션으로 보내지며, SREJ 프레임의 N(R)에 기록된 번호를 가진 프레임이 손상되어 수신되었으므로 재전송 하라는 의미이다.

U-프레임은 N(S)나 N(R) 필드가 없으며 사용자 정보의 교환이나 응답 제어용으로 사용되지 않는다. U-프레임은 서로 연결된 장치들간의 세션 관리나 제어 정보를 교환하는 데 사용된다. S-프레임과는 달리 U-프레임은 정보 필드를 가지고 있으나, 이 정보는 사용자 정보가 아니라 시스템 관리 정보인 것이다. U-프레임은 P/F 비트의 양 옆에 2개의 코드 필드를 가지고 있는데, 하나는 2비트이고 또 하나는 3비트인데 이는 U-프레임의 종류를 나타내는데 사용된다. 이에 대한 설명이 〔그림 6-38〕에 나와 있다.

그림 6-38 HDLC의 U-프레임 제어 필드

U-프레임의 명령과 응답은 모드 설정(mode setting), 무번호 교환(unnumbered exchange), 연결해제(disconnection), 초기화(initialization) 그리고 기타(miscellaneous) 의 다섯 가지 기능 범주로 나눌 수 있다.

HDLC의 동작에 관련된 명령 및 응답 프레임에 대한 간단한 설명이 〔표 6-1〕에 나와 있다.

표 6-1 HDLC의 U-프레임

프레임(명령/응답)	프레임 기능
SNRM	Set normal response mode
SNRME	Set normal response mode(extended)
SARM	Set asynchronous response mode
SARME	Set asynchronous response mode(extended)
SABM	Set asynchronous balanced mode
SABME	Set asynchronous balanced mode(extended)
UP	Unnumbered poll
UI	Unnumbered information
UA	Unnumbered acknowledgment
RD	Request disconnect
DISC	Disconnect
DM	Disconnect mode
RIM	Request information mode
SIM	Set initialization mode
RSET	Reset
XID	Exchange ID
FRMR	Frame reject

(4) 정보 필드

정보 필드(information field)는 I-프레임과 U-프레임에만 있고, S-프레임은 정보 필드를 가지고 있지 않다. I-프레임의 정보 필드에는 사용자 정보가 들어가고, U-프레임의 정보 필드에는 네트워크 관리 정보가 들어간다. 그리고 I-프레임에는 사용자 정보를 포함하여 흐름 오류 제어 등의 기타 제어 정보가 포함된다. 이 필드는 임의 순서의 비트 패턴을 가질 수 있다. 길이는 표준적으로 정해져 있지 않으나, 대개 8비트의 배수가 되어야 한다. HDLC의 정보 필드가 [그림 6-39]에 나와 있다.

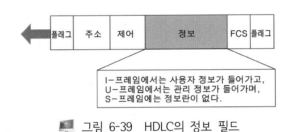

그림 6-39 HDLC의 정보 필드

(5) 프레임 검사 순서 필드

FCS는 플래그를 제외한 프레임의 나머지 비트들로부터 계산된 HDLC의 오류검출코드이다. 정규 FCS는 16-비트 CRC-CCITT이다. 프레임 길이나 회선의 신뢰성을 위해서 32-비트 FCS인 CRC-32를 사용할 수도 있다. [그림 6-40]에 HDLC의 FCS 필드가 나와 있다.

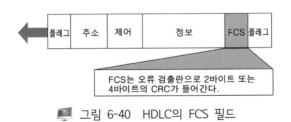

그림 6-40 HDLC의 FCS 필드

6.5.3 HDLC의 동작

HDLC 동작은 두 주스테이션이나 주스테이션과 부스테이션간에 I-프레임, S-프레임, U-프레임을 교환하는 것이다. 이들 프레임으로 정의된 여러 가지 명령(command)과 응답(response) 프레임을 앞에서 설명하였다.

HDLC의 동작은 세 가지 단계로 이루어진다. 첫째, 한쪽 또는 다른 쪽은 프레임이 순서대로 교환될 수 있도록 데이터링크를 설정해야 한다. 이 설정 단계 동안 사용되는 여러 가지 선택 사항은 통신을 하려는 스테이션 간에 서로 동의가 이루어져야 한다. 링크 설정 후에 양쪽은 사용자 데이터를 교환하고, 또한 흐름과 오류제어 등을 수행하기 위해 제어 정보를 교환한다. 데이터 교환이 종료되면 마지막으로 양쪽 중 한쪽이 링크를 해제시키기 위해 신호를 보낸다.

(1) 링크 설정 단계

링크 설정은 6개의 세트-모드 명령 중 하나를 어느 한쪽에서 보냄에 의해 요청된다. 이 명령은 세 가지 목적을 수행한다.

① 한쪽에서 링크 설정을 위한 요청 신호를 다른 쪽에 보냈다.
② 세 가지 전송 모드(NRM, ABM, ARM) 중 어느 것이 요청되었는지를 규정한다.
③ 3-비트 혹은 7-비트 중 어느 순서번호가 사용되고 있는지를 규정한다.

만약 상대편이 이 요청을 수락한다면, 상대편 HDLC 모듈은 UA 프레임을 요청한 쪽으로 전송함으로써 링크 설정을 완료한다. 만약 요청을 거절한다면, 절단 모드(DM) 프레임을 보낸다.

(2) 데이터 전송

링크 설정이 요청되고 이 요청이 수락되었을 때 양쪽에는 논리적인 연결이 설정된다. 양쪽은 순서번호 0으로 시작되는 I-프레임으로 사용자 데이터를 송신하기 시작한다. I-프레임에서 N(S)와 N(R)은 흐름제어와 오류제어를 지원하는 순서번호이다. 일련의 I-프레임을 송신하는 HDLC 모듈은 3 혹은 7비트 순서 번호 중 어느 것이 사용되는가에 따라 모듈로 8 혹은 128로 순서 번호를 붙일 것이다. 전송하는 프레임의 순서번호는 N(S)에 놓는다. N(R)은 수신한 I-프레임에 대한 응답이다. 즉, N(R)은 다음 번에 수신하기를 기대하는 I-프레임의 번호를 표시한다.

S-프레임은 흐름제어와 오류제어를 위해 역시 사용된다. 수신준비(RR) 프레임은 다음에 수신이 기대되는 I-프레임의 순서 번호를 N(R)에 표시함으로써 수신된 마지막 I-프레임의 순서 번호를 알려 준다. 응답 신호를 운반할 역방향 사용자 정보가 없을 때 RR이 사용된다. 수신 미준비(RNR)는 RR처럼 I-프레임을 억눌로지한다. 그러나

대응되는 스테이션에게 I-프레임의 전송을 잠시 정지시킬 것을 요청한다. RNR을 보낸 스테이션이 다시 준비가 되었을 때 RR을 송신한다. REJ는 후진-N ARQ을 개시시킨다. 그것은 수신된 마지막 I-프레임이 거절되었음을 의미하고, 번호 N(R)을 가지고 시작하는 I-프레임부터 재전송을 요구한다. 선택적인 거절(SREJ)은 단지 한 프레임의 재전송을 요청하기 위해 사용된다.

(3) 링크 해제

어느 쪽의 HDLC 모듈이든 어떤 종류의 결함이나 상위층 사용자의 요청이 있다면 링크의 해제를 개시시킬 수 있다. HDLC는 링크해제(DISC, 절단) 프레임을 전송함으로써 링크해제를 알린다. 상대편은 UA를 가지고 응답하여 해제를 수락해야 한다.

6.5.4 HDLC의 동작 시나리오

HDLC 동작을 좀 더 잘 이해하기 위해 몇 가지 시나리오를 [그림 6-41]에 나타냈다. 이 그림에서 각 화살표는 프레임 이름, P/F비트의 세팅, N(R)과 N(S)의 값을 규정하는 범례를 포함한다. P 혹은 F비트의 세팅은 명칭이 나타나면 1이고 없으면 0이다.

[그림 6-41](a)는 회선 설정과 해제 과정을 수행하는 시나리오를 보여준다. A스테이션은 B스테이션으로 SABM 명령을 전송하고 타이머를 동작시킨다. 이에 대한 응답이 없자 A스테이션은 일정시간이 경과한 후 다시 B스테이션으로 SABM 명령을 전송하고 타이머를 동작시킨다. B스테이션은 SABM를 받자마자 UA응답을 보내고 로컬 변수와 카운터를 세트한다. A스테이션이 UA 응답을 받으면 그의 변수와 카운트를 세트하고 타이머를 정지한다. 그러면 논리적 연결이 설정된 것이고, 양쪽은 프레임을 전송하기 시작한다. 응답이 없으면 A스테이션은 SABM 명령을 전송을 계속하며, 이것은 UA나 DM이 수신될 때까지 반복한다. 정해진 횟수까지 시도한 후에 개시를 시도한 스테이션은 이를 포기하고 관리 스테이션에게 실패를 보고한다. 그런 경우에는 더 높은 계층의 개입이 필요하다. 성공적으로 데이터를 교환한 후에 링크 해제과정을 수행한다. 한쪽이 DISC 명령을 발하고 다른 쪽이 UA으로 답한다.

[그림 6-41](b)는 I-프레임의 전이중 교환을 보여준다. 스테이션이 들어오는 데이터 없이 몇 개의 I-프레임을 송신할 때 수신 순서번호는 단순히 반복된다. 즉, A에서 B 방향으로 I,1,1과 I, 2, 1이 연속하여 전송되는 경우이다.

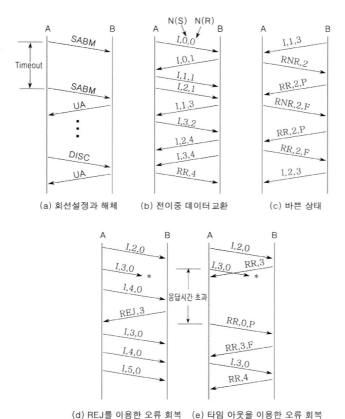

(a) 회선설정과 해체 (b) 전이중 데이터교환 (c) 바쁜 상태

(d) REJ를 이용한 오류 회복 (e) 타임 아웃을 이용한 오류 회복

그림 6-41 HDLC 동작 시나리오

스테이션에서 전송되는 프레임 없이 몇 개의 I-프레임을 수신할 때 다음에 나가는 프레임의 수신 순서번호는 누적된 것을 반영한다. 즉, B에서 A방향으로 I,1,3을 전송하는 경우이다. I-프레임에 추가해서 데이터 교환 과정에서도 S-프레임을 포함할 수 있음을 주의하라.

〔그림 6-41〕(c)는 바쁜(busy) 상태를 나타내는 시나리오이다. HDLC 스테이션이 I-프레임이 도착하자마자 빨리 처리할 수 없거나 다른 일을 수행하느라 데이터를 받아들일 수 없는 경우가 있을 수 있는 것이다. 그러한 경우에는 RNR 명령을 사용해서 I-프레임의 들어오는 흐름을 중지시킬 수 있다. 이 시나리오에서 A 스테이션은 RNR을 발하여 I-프레임의 전송을 중지할 것을 B스테이션에 요청한다. RNR을 받은 스테이션은 보통 P비트가 세트된 RR을 보냄으로써 주기적으로 바쁜 스테이션의 상태를 검사할 수 있다. 이 RR 명령에 대해 다른 쪽은 반드시 응답하여야 하며, 응답은 RR 혹은 RNR로 할 수 있다. 바쁜 조건이 해제되면 A스테이션는 RR을 보냄으로써 I-프레임의

전송이 다시 계속된다.

〔그림 6-41〕(d)에 REJ 명령을 사용한 오류 발생에 대한 회복 과정 시나리오를 나타냈다. 이 시나리오에서 A는 2번, 3번, 4번 I-프레임을 전송한다. 3번 프레임이 유실되었다면, 수신 스테이션에서는 4번 I-프레임을 수신하였을 때 알게 되고, 4번 I-프레임을 버린다. 순서가 맞지 않기 때문에 오류가 발생한 것을 알고 N(R)=3을 가진 REJ를 전송한다. 이것은 프레임 3부터 시작해서 그 이후의 모든 I-프레임의 재전송을 요구하는 것이다.

타임아웃을 이용하여 오류를 회복하는 시나리오가 〔그림 6-41〕(e)에 나타나 있다. 이 시나리오에서 A스테이션은 3번 I-프레임을 전송했으나 유실되었다. B스테이션은 3번 I-프레임의 유실을 알 수 있는 방법이 없으므로 REJ를 송신할 수 없다. 그러나 A스테이션은 프레임을 전송하자마자 타이머를 동작시키고 기대되는 응답시간 동안 기다린다. 정해진 시간의 경과 후에도 응답이 없으면 A스테이션은 회복동작을 개시한다. 이것은 P가 세트된 RR 명령으로 다른 쪽을 폴링함으로써 이루어진다. 폴은 응답을 반드시 요구하므로 RR,0,P를 수신한 B스테이션은 N(R) 필드를 포함한 RR프레임(F=1)을 전송하여, 오류회복을 진행하게 된다. 이 경우에 응답은 3번 프레임의 재전송을 요구하고 A스테이션은 3번 I-프레임을 재전송한다. 이에 B스테이션은 N(R)=4인 RR프레임을 전송하여 3번 정보 프레임을 정상적으로 수신하였음을 A에 통지한다.

6.6 기타 데이터링크 제어 프로토콜

HDLC에 추가해서 몇 가지 다른 중요한 데이터링크 제어 프로토콜이 있다. 〔그림 6-42〕에 다른 데이터링크 제어 프로토콜의 프레임 형식을 나타냈으며, 이 절에서는 각 프로토콜의 간략한 개요를 설명한다.

6.6.1 LAPB

LAPB(Link Access Procedure, Balanced)는 패킷교환망 인터페이스 표준인 X.25의 부분으로 ITU-T에 의해 개발되었다. LAPB는 다만 비동기 평형모드(ABM)만을 제공하는 HDLC의 부분이다. 사용자 시스템과 패킷 교환망의 노드 사이에 점대점 링크를 위해 설계되었다. 프레임 형식은 HDLC와 같다.

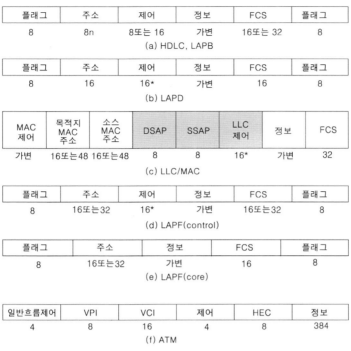

플래그	주소	제어	정보	FCS	플래그
8	8n	8또는 16	가변	16또는 32	8

(a) HDLC, LAPB

플래그	주소	제어	정보	FCS	플래그
8	16	16*	가변	16	8

(b) LAPD

MAC 제어	목적지 MAC 주소	소스 MAC 주소	DSAP	SSAP	LLC 제어	정보	FCS
가변	16또는48	16또는48	8	8	16*	가변	32

(c) LLC/MAC

플래그	주소	제어	정보	FCS	플래그
8	16또는32	16*	가변	16또는32	8

(d) LAPF(control)

플래그	주소	정보	FCS	플래그
8	16또는32	가변	16	8

(e) LAPF(core)

일반흐름제어	VPI	VCI	제어	HEC	정보
4	8	16	4	8	384

(f) ATM

* = I/S-프레임은 16비트 제어필드 (7비트 순서번호)를 사용하고,
U- 프레임은 8비트 제어필드를 사용

그림 6-42 여러 데이터링크 제어 프로토콜의 프레임 형식

6.6.2 LAPD

LAPD(Link Access Procedure, D-channel)는 ISDN(Integrated Services Digital Network)에 대한 권고안 집합의 일부로서 ITU-T에 의해 개발되었다. LAPD는 D채널상의 데이터링크 제어를 제공한다. D채널은 사용자-ISDN 인터페이스에서 제공하는 논리채널로서 이 채널을 통해 제어신호가 교환된다.

LAPD와 HDLC 사이에 여러 핵심적인 차이가 있다. LAPB처럼 LAPD는 비동기 평형모드(ABM)만을 제공한다. LAPD는 항상 7-비트 순서번호를 사용하고 3-비트 순서번호는 허용하지 않는다. LAPD에 대한 FCS는 항상 16-비트 CRC이다. 마지막으로 LAPD의 주소필드는 16-비트 필드이고, 실제로 두 개의 서브주소를 포함한다. 하나는 인터페이스의 사용자 측에서 가능한 다중 디바이스 중 하나를 식별하기 위해 사용하고, 다른 하나는 인터페이스의 사용자 측에서 LAPD의 가능한 다른 논리 사용자 중 하나를 식별하기 위해 사용한다.

6.6.3 LLC

LLC(Logical Link Control)는 근거리망(LAN)상에서 링크의 동작을 제어하기 위한 표준인 IEEE 802의 일부이다. LLC는 HDLC에서 발견되는 비슷한 특징이 부족하고, HDLC에서 발견되지 않는 특징 역시 갖고 있다.

LLC와 HDLC의 가장 분명한 차이는 프레임 형식의 차이이다. LLC의 경우 링크제어 기능은 실제 두 개의 층, 즉 매체 액세스 제어(MAC)층과 LLC층으로 이루어져 있다. [그림 6-41](c)는 결합된 MAC/LLC 프레임의 구조를 보여준다. MAC층은 LAN에 부착된 디바이스에 대한 송신과 수신 스테이션의 주소를 포함한다. LAN 환경에서 주스테이션과 부스테이션에 대한 개념은 없지만 두 개의 주소가 필요하다. 즉, 송신 스테이션과 수신 스테이션 둘 다 식별되어야 한다. 오류 검출은 32-비트 CRC를 사용하여 MAC 레벨에서 행해진다. 마지막으로 MAC 제어필드에 포함되는 매체 액세스 제어에 특유한 어떤 제어 기능들이 있다.

LLC층에는 4개의 필드가 있다. 수신 스테이션과 송신 스테이션의 서비스 액세스 포인트(DSAP와 SSAP)는 송신과 수신 시스템에서 LLC의 논리적인 사용자를 식별한다. LLC 제어필드는 HDLC와 같은 형식을 갖고, 7-비트 순서번호로 제한되어 있다.

6.6.4 프레임 릴레이

프레임 릴레이는 고속 패킷 교환망에서 사용되도록 스트림라인 능력을 제공하기 위해 설계된 데이터링크 제어 편이설비이다. 이것은 X.25 대신으로 사용된다. X.25는 데이터링크 제어 프로토콜(LAPB)과 네트워크층 프로토콜(X.25 패킷층)로 구성되어 있다. 프레임 릴레이는 다음에 다시 소개될 것이다.

프레임 릴레이를 위해 정의된 데이터링크 제어 프로토콜은 LAPF(Link Access Procedure for Frame-Mode Bearer Services)이다. 실제 두 가지 프로토콜이 있는데 HDLC와 유사한 특징을 가진 제어 프로토콜과 제어 프로토콜의 부분인 코어(core) 프로토콜이 있다.

LAPF 제어 프로토콜과 HDLC 사이에는 여러 가지 핵심적인 차이가 있다. LAPB처럼 LAPF 제어는 ABM으로 제한된다. LAPF 제어는 항상 7-비트 순서번호를 사용하고 3-비트 순서번호는 허용되지 않는다. LAPF 제어를 위한 FCS는 항상 16-비트 CRC이다. 마지막으로 LAPF 제어를 위한 주소 필드는 10-비트, 16-비트, 혹은 23-비트인

DLCI(Data Link Connection Identifier)를 포함하는 2, 3 혹은 4 옥텟 길이를 갖는다. DLCI는 송신 스테이션과 수신 스테이션 사이의 논리 연결을 식별한다. 또한 주소 필드는 여러 가지 제어를 위해 몇 가지 제어 비트를 포함하고 있다.

LAPF 코어는 LAPF 제어처럼 같은 플래그, 주소, 정보 및 FCS 필드로 되어 있다. LAFP 코어에 제어필드가 없다는 것이 차이이다. 그러므로 스트림라인 운영에서 야기되는 흐름제어나 오류제어를 수행할 수 없다.

6.6.5 ATM

프레임 릴레이처럼 ATM(Asynchronous Transfer Mode)은 고속망을 통해 스트림라인의 데이터 전송 능력을 제공하기 위해 설계되어 있다. 프레임 릴레이와 달리 ATM은 HDLC에 기본을 두지 않는다. 대신 ATM은 최소의 처리 오버헤드를 제공하기 위해 고안된 셀(cell)이라는 완전히 새로운 프레임 형식에 기본을 둔다. 이 ATM은 BISDN의 핵심을 이루는 전송 기술이다. 셀은 53옥텟 혹은 424 비트의 고정길이를 갖는다. ATM 셀 필드에 대한 논의는 나중에 다시 취급할 것이다.

연습문제

[1] 조회/확인의 회선 원칙을 설명하시오

[2] 폴(poll)에 대한 응답으로 수신기가 취할 수 있는 과정은 무엇인가?

[3] 선택(select)에 대한 응답으로 수신기가 취할 수 있는 과정은 무엇인가?

[4] 흐름 제어를 수행하는 이유와 이 때 고려되어야 하는 요소는 무엇인가?

[5] 정지-대기 흐름 제어와 비교한 슬라이딩 윈도우 흐름 제어의 장점을 쓰시오.

[6] 호수 패리티와 짝수 패리티를 비교할 때 짝수 패리티가 지니는 장점은 무엇인가?

[7] 짝수 패리티를 적용하여 다음 데이터 단위의 패리티 비트를 구하시오.
   (1) 1100110
   (2) 1010101
   (3) 1111101
   (4) 0000100

[9] 홀수 패리티를 적용하여 다음 데이터 단위의 패리티 비트를 구하시오.
   (1) 1100110
   (2) 1010101
   (3) 1111101
   (4) 0000100

[10] 메시지 1010011110과 제수 1011이 주어졌을 때 CRC를 구하라. 오류가 없이 수신되었을 때 오류가 없음을 확인하는 과정을 보이시오.

11. 수신기에서 CRC가 111이고 메시지가 10110011인 프레임을 수신하였다. 제수가 1001이면 데이터 전송 과정에서 오류가 있었는지 확인하시오.

12. 정지-대기 오류 제어에서 아래 상황에 대한 처리 과정을 말하시오.
    (1) 손상된 프레임을 수신
    (2) 프레임의 유실

13. 세 가지 ARQ 방식에서 프레임이 폐기되는 경우를 말하시오.

14. 후진-n ARQ를 사용하는 경우, 다음 상황에서 송신기와 수신기의 윈도우를 그리시오. 윈도우의 크기는 7이다.
    (1) 프레임 0이 전송되고 프레임 0이 확인 응답됨
    (2) 프레임 1, 2, 3, 4가 전송되고 프레임 1, 2가 확인 응답됨
    (3) 프레임 3, 4, 5가 전송되고 NAK4가 수신됨
    (4) 프레임 4, 5, 6, 7이 전송되고 프레임 7이 확인 응답됨

15. 선택적 거절 ARQ를 사용하는 경우, 다음 상황에서 송신기와 수신기의 윈도우를 그리시오. 윈도우의 크기는 7이다.
    (1) 프레임 0이 전송되고 프레임 0이 확인 응답됨
    (2) 프레임 1, 2, 3, 4가 전송되고 프레임 1, 2가 확인 응답됨
    (3) 프레임 3, 4, 5가 전송되고 NAK4가 수신됨
    (4) 프레임 4, 5, 6, 7이 전송되고 프레임 7이 확인 응답됨

16. 다음 각 방식에서 NAK 프레임의 번호가 가지는 의미는 무엇인가?
    (1) 정지-대기 ARQ
    (2) 후진 n ARQ
    (3) 선택적 거절 ARQ

17. 다음 각 방식에서 ACK 프레임의 번호가 가지는 의미는 무엇인가?
    (1) 정지-대기 ARQ
    (2) 후진 n ARQ
    (3) 선택적 거절 ARQ

데이터 통신과 컴퓨터 네트워킹

데이터 교환 방식

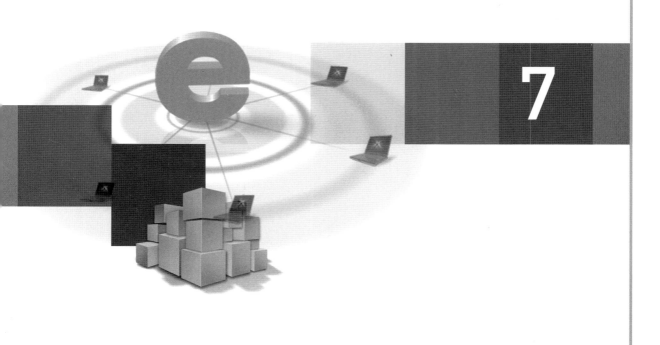

7

데이터 통신과 컴퓨터 네트워킹

제7장

데이터 교환 방식

여러 장치를 가지고 있을 때 각 장치를 어떻게 연결하여 서로 통신이 가능하도록 할 수 있을까? 한 가지 방법으로 장치들을 각각 점대 점으로 연결하는 그물 형태의 접속을 생각할 수 있고, 아니면 하나의 중앙 장치를 두고 중앙 장치와 각 장치들을 점대 점으로 연결하는 성형(star)의 접속 형태를 생각할 수도 있다. 이런 방법은 장치의 수가 적을 경우에는 적용할 수 있어도, 장치의 수가 아주 많은 경우에는 연결 링크의 수가 기하 급수적으로 늘어나 비경제적이다. 장치간의 거리가 멀수록 경제적 부담이 커진다. 그리고 대부분의 시간에서 대다수의 링크가 사용되지 않고 있어 비실용적이다. 또 다른 방법으로 공통 버스를 사용하여 다중점(multipoint) 연결 형태를 취할 경우 매체 수용 능력 이상으로 장치의 수가 증가 될 수 있어 이 또한 문제가 된다.

이에 대한 보다 나은 해결책으로 교환 방식을 이용할 수 있다. 교환 방식을 사용하는 네트워크는 교환 노드 또는 교환기(switch)라고 부르는 상호 연결된 장치로 구성된다. 그리고 교환 방식을 사용하는 네트워크는 교환망이라고 부른다. 교환망을 구성하는 교환 노드는 서로 연결하여 데이터 교환을 위해 사용될 수도 있고, 전화기나 컴퓨터와 같은 통신 장치에 연결될 수도 있다.

〔그림 7-1〕은 일반적인 교환망을 나타내고 있다. 컴퓨터나 전화기 같은 통신 장치들은 A, B, C, D 등으로 표시하였고, 교환 노드들은 Ⅰ, Ⅱ, Ⅲ, Ⅳ 등으로 표시하였다.

교환망을 통한 데이터의 전송은 전형적으로 소스로부터 목적지로 가는 중간 교환 노드를 통해 데이터를 전달함으로써 가능하다. 이 교환 노드는 데이터의 내용에 관여하지 않는다. 교환 노드의 목적은 소스로부터 목적지에 도달할 때까지 데이터를 이동시키는 교환편의를 좀 더 제공하는 것이다. 통신하기를 원하는 종단 장치를 스테이션이라 한다. 스테이션에는 컴퓨터, 터미널, 전화, 혹은 기타 통신 장치 등이 있다. 각 스테이션은 노드에 부착되고 노드의 집합을 교환 통신망이라 한다. 스테이션으로부터 네트워크에 들어가는 데이터는 노드로부터 노드로 교환되어 목적지로 경로 배정된다.

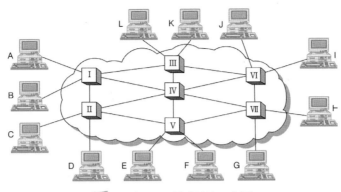

그림 7-1 일반적인 교환망

예를 들면 〔그림 7-1〕에서 스테이션 C로부터 스테이션 H로 가는 데이터는 노드 Ⅱ로 보내진다. 이들 데이터는 노드 Ⅳ와 Ⅶ로 경로 배정되거나 노드 Ⅴ와 Ⅶ로 경로 배정되어 스테이션 H에 도착한다. 또는 노드 Ⅰ, Ⅲ, Ⅵ, Ⅶ로 경로 배정되어 우회하여 스테이션 H에 도달할 수도 있다.

〔그림 7-1〕을 주의 깊게 관찰해보면 다음과 같은 이야기를 할 수 있다.

① 단지 노드들에만 연결된 노드가 있다. 그림에서는 노드 Ⅳ가 이에 해당한다. 이 노드의 역할은 네트워크 내의 데이터 교환에 있다. 또한 한 개 이상의 스테이션에 접속된 노드들도 있다. 이 경우, 그들의 교환 기능에 덧붙여 접속된 스테이션에 데이터를 전송하거나 받아들이는 역할도 한다.

② 노드와 노드 사이의 링크는 보통 다중화된 링크이다. 다중화를 위해 FDM이나 TDM 기술을 사용한다.

③ 노드들의 연결 형태(topology)는 전부 연결되지 않고 부분적으로 연결된다. 즉, 모든 가능한 노드쌍이 직접 링크되어 있는 것이 아니다. 그러나 언제나 각 스테이션 사이에 가능한 전송로가 한 개 이상 되는 것이 바람직하다. 이것은 네트워크의 신뢰도를 향상시켜 준다.

전통적으로 교환망에는 회선 교환(circuit switching), 메시지 교환(message switching), 패킷 교환(packet switching)의 세 가지 방식이 있다. 회선 교환과 패킷 교환은 현재에도 중요하게 사용되고 있지만, 메시지 교환은 일반적인 통신에서는 사용되지 않지만 네트워킹의 응용에서는 여전히 이용되고 있다. 그리고 메시지 교환의 개념은 패킷 교환에서 대부분이 사용되고 있다. 이 장에서는 위에서 언급한 3가지 교환 방식을 설명할 것이다. 패킷 교환으로부터 진보된 두 가지 방식, 즉 프레임 릴레이와 ATM은 다음에 논의할 것이다.

7.1 회선 교환 방식

전화의 발명 이래로 회선 교환은 오늘날 음성통신을 위한 주요한 기술이며 ISDN 시대에도 존재할 것이다. 회선 교환을 사용하여 데이터를 교환한다는 것은 두 스테이션간에 전용 통신로가 있음을 의미한다. 전용 통신로는 노드들을 통해 형성된 일련의 연결된 링크이다. 각 물리적 링크를 통한 연결에는 하나 이상의 논리적 채널이 형성될 수 있으며, 그 중 하나의 논리 채널이 전용된다.

7.1.1 회선 교환 단계

회선 교환망을 통한 통신은 세 단계로 이루어진다. 첫 단계는 회선설정 단계이고, 회선 설정이 정상적으로 이루어지면 두 번째 단계인 데이터 전송 단계로 넘어간다. 모든 데이터 전송이 끝나면 마지막 세 번째 단계인 회선해제 단계로 넘어간다. 〔그림 7-1〕을 참조하여 회선 교환망에서 이루어지는 통신의 각 단계를 설명하겠다.

(1) 회선 설정(circuit establishment)

데이터가 전송되기 전에 종단 스테이션 사이에는 회선이 설정되어야 한다. 예를 들어, 스테이션 C에서 스테이션 H로 데이터를 전송하기 회선 설정 과정을 생각하여 보자. 스테이션 C는 노드 Ⅱ에 스테이션 H와의 연결을 요구하는 요청(request) 신호를 보낸다. 일반적으로 스테이션 C와 노드 Ⅱ간의 링크는 전용선이므로 이미 연결이 이루어져 있다. 노드 Ⅱ는 노드 Ⅶ로 가는 경로의 다음 번 구간을 정해야 한다. 경로배정(routing) 정보와 가용성 및 비용 등을 고려하여 노드 Ⅱ는 노드 Ⅳ로의 링크를 선정한다. TDM이나 FDM을 이용하여 노드 Ⅱ와 노드 Ⅳ로의 링크중 사용하지 않고 있는 채널을 할당하고, 이 채널을 통해 H와의 접속을 요구하는 메시지를 보내게 된다. 이렇게 하여 스테이션 C에서 Ⅱ, Ⅳ 노드까지 전용로가 설정된다. 많은 스테이션들이 노드 Ⅳ에 부착되어 있을 수 있으므로, 다수의 스테이션에서 다수의 노드로의 내부 전송 경로를 확정할 수 있어야 한다. 이것이 어떻게 이루어지는지에 대한 논의는 경로 배정(routing)의 문제이다. 나머지 과정도 비슷하게 진행된다. 노드 Ⅳ는 노드 Ⅶ로 접속된 링크 중에서 사용하지 않는 한 채널을 전용시키고, 내부적으로 노드 Ⅱ로부터의 채널과 연결한다. 노드 Ⅶ은 스테이션 H로의 접속을 완성한다. 접속이 끝나면 스테이션

H가 바쁜지(busy), 아니면 접속을 받아들일 준비가 되어 있는지를 결정하는 검사가 이루어진다. 스테이션 H가 접속을 받아들일 준비가 되어 있다면, 연결 요청에 대한 응답 신호를 노드 Ⅶ, Ⅳ, Ⅱ를 통해 스테이션 C로 보낸다. 이제는 스테이션 C에서 스테이션 H로 데이터를 전송할 준비가 모두 끝난 것이다.

(2) 데이터 전송(data transfer)

스테이션 C와 H 사이에는 회선이 설정되어 있으므로 이제 스테이션 C로부터 데이터가 네트워크를 통하여 스테이션 H로 전송된다. 데이터는 네트워크의 성질에 따라 디지털이거나 아날로그이다. 스테이션 C에서 스테이션 H로 가는 모든 데이터는 C-Ⅱ 링크를 거쳐, 노드 Ⅱ를 통해 내부의 교환이 이루어져, Ⅱ-Ⅳ 채널, Ⅳ-Ⅶ 채널을 거치고, 노드 Ⅶ을 통해 내부의 교환이 이루어진 후, Ⅶ-H 링크를 거치게 된다. 즉, C-Ⅱ-Ⅳ-Ⅶ-H의 경로를 통해 데이터의 전송이 이루어진다. 일반적으로 연결은 전이중 방식이고, 데이터는 양쪽 방향으로 전송될 수 있다.

(3) 회선 해제(circuit disconnect)

어느 기간 동안 데이터 전송이 있은 후 대게 두 스테이션 중에 한 스테이션에서 회선 해제 신호를 보냄으로써 연결은 해제된다. 신호는 전용되었던 자원들을 해제하기 위해 노드 Ⅱ, Ⅳ, Ⅶ로 전달되어야 한다.

경로 연결은 데이터 전송이 시작되기 전에 이루어진다. 따라서 채널 용량(channel capacity)은 경로상의 각 노드쌍 사이에 예약되어야 하며, 각 노드는 요구된 접속을 수행하기 위해 내부 교환 능력을 가져야 한다. 이러한 자원 할당과 네트워크를 지나가는 경로를 구성하기 위해 교환 노드(switch)는 지능(intelligence)을 가지고 있어야 한다.

회선 교환은 비효율적일 수 있다. 채널 용량은 데이터가 전송되지 않는다 하여도 접속 기간 동안 전용된다. 음성급 연결(voice connection)의 경우, 사용 효율은 매우 높지만 여전히 100%에는 도달하지 못한다. 특히 터미널과 컴퓨터간 연결의 경우에 용량은 대부분의 접속시간 동안에 전용되지 않을 수도 있다. 성능 면에서 보면, 데이터 전송에 앞서서 호 설정(call establishment)을 위해 지연이 있게 된다. 그러나 일단 회선이 설정되면, 네트워크는 사용자에게 있어 매우 투명(transparent)한 데이터의 전달을 보장한다. 그리고, 각 노드에서의 지연은 무시할 수 있을 정도로 작다.

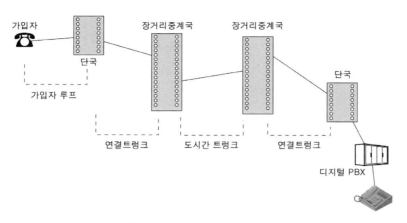

가입자

장거리중계국   장거리중계국

단국

가입자 루프

단국

연결트렁크   도시간 트렁크   연결트렁크

디지털 PBX

그림 7-2 공중 회선 교환망

회선 교환은 음성 트래픽을 취급하기 위해 개발되었지만 현재에는 데이터 트래픽을 위해 사용된다. 회선 교환망의 대표적인 예는 공중 전화망으로 〔그림 7-2〕에 나와 있다. 이것은 실제 국제적인 서비스를 하기 위해 서로 연결된 국가망의 집합이다. 원래 아날로그 전화 가입자를 서비스하기 위해 설계되고 구현되었지만, 네트워크는 실제 모뎀을 경유해서 데이터 트래픽을 취급하고 디지털 네트워크로 점진적으로 변화되고 있다. 회선 교환망의 또 다른 응용은 빌딩 혹은 사무실 내 전화를 상호 연결하는데 사용되는 PBX(Private Branch Exchange)이다. 이와 같이 회선 교환망은 사설 교환망에서 사용된다. 이들은 각 사이트에 PBX 시스템이 구성되어 한국통신과 같은 반송업체 중 하나로부터 얻은 전용, 또는 임대 회선에 의해 서로 연결된다. 회선 교환의 마지막 공통적인 응용 예는 데이터 교환기이다. 데이터 교환기는 PBX와 비슷하지만 터미널과 컴퓨터 같은 디지털 데이터 처리 디바이스를 서로 연결하도록 설계되어 있다.

공중 통신망은 4개의 특유한 구조상의 요소를 사용하여 설명될 수 있다.

- 가입자: 회선 교환 네트워크에 부착된 통신 장치이다. 공중 통신망에서 대부분의 가입자 장치는 음성만을 서비스하는 전화이지만 데이터 트래픽의 비율이 매년 증가한다.
- 가입자 루프: 가입자와 네트워크 사이의 링크를 말하며 로컬 루프(local loop)라고도 한다. 거의 모든 로컬 루프 연결은 트위스트 페어를 사용한다. 로컬 루프의 길이는 수 킬로미터~수십 킬로미터의 범위가 보통이다.
- 교환기: 네트워크에서의 교환 노드들이다. 가입자를 직접 지원하는 교환 노드는 단국(end office)으로 알려져 있다. 전형적으로 단국은 로컬 지역에서 수천의 가

입자를 지원할 수 있다. 각 단국을 서로 직접 링크로 연결하는 것은 분명히 비실용적이다. 그러므로 중간 교환 노드를 사용하게 된다.

● 트렁크: 교환기 사이의 브랜치(branch)이다. 트렁크를 FDM이나 동기 TDM을 사용하는 다중 음성 주파수 회선을 운반한다. 초기에 이들을 반송 시스템이라고 했다.

가입자는 단국에 직접 연결된다. 단국은 가입자와 가입자 사이, 가입자와 다른 교환기 사이의 트래픽을 교환한다. 다른 교환기는 종단국 사이의 트래픽을 경로 배정하고 교환할 책임이 있다.

이 차이를 〔그림 7-3〕에 나타냈다. 동일한 단국에 부착된 두 가입자를 연결하는 경우에 회선은 하나의 단국을 통해 두 가입자 사이에 설정된다. 만약 두 가입자가 다른 단국에 연결되어 있다면, 그들 사이의 회선은 하나 혹은 그 이상의 단국을 통하여 회선의 체인이 구성된다. 그림에서 가입자 a, b 사이에는 하나의 단국을 통해 단순하게 접속이 설정된다. 가입자 c와 d 사이의 연결은 좀 더 복잡하다. 가입자 c의 연결은 가입자 회선 c와 연결되어 있는 단국과 중간 교환기로의 TDM 트렁크를 통해야 한다. 가입자 회선 c와 연결되어 있는 단국과 중간 교환기로의 TDM 트렁크상의 비어 있는 한 채널을 사용하여 설정된다. 중간 교환기에서 그 채널은 가입자 d가 연결되어 있는 단국을 연결하는 TDM 트렁크 상의 한 채널에 연결된다. 최종적으로 채널은 가입자 d가 연결된 단국에서 가입자회선 d에 연결된다.

처음에 회선교환 기술은 음성 서비스를 제공하기 위해 도입되었다. 음성 트래픽에 대한 핵심 요구사항 중 하나는 전송지연이 없고 지연의 변화(jitter)가 없어야 한다는 것이다. 그리고, 같은 전송율로 전송과 수신이 발생하는 것처럼 일정한 신호 전송률이 유지되어야 한다. 이러한 요구사항은 정상적인 대화를 서비스하는데 필요로 한다.

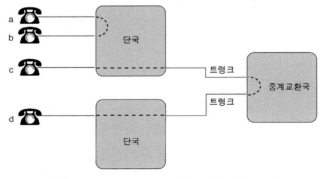

🖳 그림 7-3 공중 전화망에서의 회선 설정

7.1.2 회선 교환 개념

회선 교환은 하나의 입력 링크와 하나의 출력 링크간의 연결 회선을 만드는 장치이다. n개의 입력과 m개의 출력을 가지는 교환기가 〔그림 7-4〕에 나와 있다. 입력의 수와 출력의 수가 같을 필요는 없다.

그림 7-4 회선 교환기

회선 교환 방식은 공간 분할 교환(space-division switch)이나 시간 분할 교환(time- division switch) 방식이 사용된다.

(1) 공간 분할 교환기

공간 분할 교환기에서 회선의 경로는 서로 공간적으로 분리된다. 공간 분할 기술은 아날로그망에서 사용되도록 설계되었지만 디지털 망에서도 사용할 수 있다.

공간 분할 교환기는 격자 형태로 n개의 입력과 m개의 출력을 연결하고 각 교차점에 마이크로 스위치가 있다. 공간 분할 교환기를 사용하여 n개의 입력과 m개의 출력을 연결하기 위해서는 n×m개의 교차점이 필요하다. 마이크로 스위치가 달린 각 교차점을 구성하는데 크로스바(crossbar)를 사용하므로 공간 분할 교환기는 크로스바 교환기라고도 한다. 공간 분할 교환기를 이용하여 1000개의 입력과 1000개의 출력을 연결하기 위해서는 1,000,000개의 교차점을 가지는 크로스바가 필요하다. 이런 경우 크로스바의 크기가 커져 실제로 사용되는 교차점이 적어 비효율적이다. 통계상 교차점의 25%미만 정도만 주어진 시간에 사용되고 나머지는 사용되지 않는다. 〔그림 7-5〕에 크로스바 교환기의 구조를 나타냈다.

크로스바 교환기의 단점을 해결하기 위해 크로스바 교환기를 여러 단으로 결합한 다단 교환(multistage switching) 구성을 사용한다. 다단 교환에서 크로스바 교환기의 출력을 다른 교환기의 입력으로 연결하여 계층적으로 구성한다. 이런 다단 교환 형태를 〔그림 7-6〕에 나타냈다. 다단 교환기의 설계는 단의 수와 각 단에서 요구하는 교환의 수에 달려 있다. 보통 중간단은 처음과 마지막 단보다는 적은 교환을 갖는다.

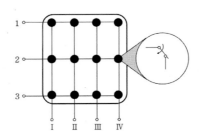

그림 7-5   크로스바 교환기

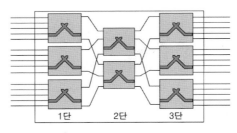

그림 7-6   다단 교환기

예를 들어 15개 입력에 15개 출력을 가진 다단 교환기를 〔그림 7-6〕과 같이 설계하였다고 하자. 첫 단과 마지막 단은 3개의 교환기를 이용하고 중간단에는 2개의 교환기를 이용하고 있다. 첫 단의 교환기는 3개이고 15개의 입력을 가져야 하므로 하나의 교환기는 5개의 입력을 가져야 한다.(15＝5＊3) 그리고, 첫 단의 각 교환기는 중간단의 각 교환기에 대해 하나의 출력을 가져야하고 중간단에 2개의 교환기가 있으므로 2개의 출력을 가지고 있다. 세 번째 단의 각 교환기는 중간단의 각 교환기로부터 입력을 받아야 하므로 2개의 입력을 가진다. 중간단의 교환기는 세 개의 첫 단 교환기와 세 개의 셋째단 교환기에 연결되어야 하므로 각각 3개의 입력과 3개의 출력을 가져야 한다.

〔그림 7-7〕과 〔그림 7-8〕은 다단 교환기에서 트래픽이 입력에서 출력으로 이동하는 경로를 보여주고 있다.

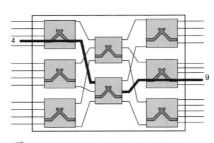

그림 7-7   다단 교환 경로(4-9연결)

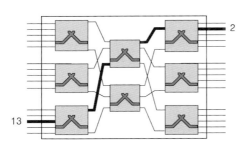

그림 7-8   다단 교환 경로(13-2연결)

〔그림 7-7〕은 입력회선 4와 출력회선 9 사이에 경로가 설정되어 있다. 이 경우에는 중간단의 아래 교환기를 통해 경로가 설정되어 있다. 〔그림 7-8〕은 입력회선 13과 출력회선 2 사이에 경로가 설정되어 있다. 이 경우에는 중간단의 위 교환기를 통해 경로가 설정되어 있다. 입력회선 13과 출력회선 2의 연결을 위해 사용될 수 있는 다른 경로는 몇 개일까?

15×15 일단 교환기와 15×15 다단 교환기의 교차점의 수를 비교하여 보자. 일단 교환기에서는 225(=15×15)개의 교차점이 있고, 다단 교환기의 교차점 수는 다음과 같다. 첫 단에 30개(=5×2×3), 두 번째 단에 18개(=3×3×2), 세 번째 단에 30개(=5×2×3)로 총 78개의 교차점이 있다. 따라서 다단 교환기는 일단 교환기의 35%의 교차점이 필요하다. 이는 비용을 많이 줄일 수 있다는 것이다.

하지만 교차점의 감소는 트래픽이 많아질 경우 차단(blocking) 현상이 발생한다. 차단이란 중간 교환기가 모두 사용 중이어서 입력을 출력으로 연결시켜 주지 못하는 현상을 말한다. 일단 교환기에서는 입력과 출력간의 연결을 위한 전용 교차점을 가지고 있기 때문에 경로가 항상 존재한다. 따라서 일단 교환기에서는 차단 현상이 발생하지 않는다. 위에서 언급한 다단 교환기는 첫째 단에서 위의 다섯 개 중 2개, 중간의 다섯 개 중 2개, 아래 다섯 개 중 2개만이 교환기를 동시에 사용할 수 있다.

매우 큰 시스템에서는 필요한 교차점을 줄이기 위해 단의 수를 증가시킬 수 있다. 하지만 단의 수를 증가시킴에 따라 차단 현상이 발생할 가능성도 높아진다. 대부분의 사람들은 어떤 지역에 자연재해가 발생할 경우, 친척이나 지인들의 상태를 알기 위해 같은 시간에 전화를 한다. 이런 경우에 통화량이 평상시의 몇 배 이상 증가하는 상황이 발생한다. 그러면, 차단 현상이 발생하여 통화 불능 상태가 발생하는 것이다.

(2) 시간 분할 교환기

시간 분할 교환기는 시분할 다중화(TDM)와 시간 틈새 교환(time slot interchange; TSI)을 사용하여 교환 기능을 수행한다.

〔그림 7-9〕는 4개의 입력 회선을 4개의 출력회선으로 연결하는 시스템을 나타내고 있다. 각 입력은 다음과 같이 출력중 하나와 연결하여 내보내고자 한다. 다음 A→Y, B→W, C→X, D→Z 〔그림 7-9〕(a)는 시분할 다중화의 결과를 보여 주고 있다. 보는 바와 같이 원하는 교환이 이루어지지 않고 입력된 순서대로 데이터는 출력되고 있다. 즉, A→W, B→X, C→Y, D→Z로 데이터가 출력된다. 〔그림 7-9〕(b)에는 TSI가 링크 상에 올려있다. TSI는 원하는 출력으로 시간 틈새(time slot)의 순서를 변화시킨다. 여기서는 A, B, C, D의 입력 순서를 B, C, A, D의 순서로 바꾸어 주고 있다. 이제 역다중화기가 시간 틈새를 분리하면 입력 데이터는 원하는 출력단으로 전달된다.

TSI의 동작은 〔그림 7-10〕에 나타나 있다. TSI는 여러 개의 저장소를 가지고 있는 RAM으로 구성된다. 각 저장소의 크기는 하나의 시간 틈새 크기와 같다. 저장소의 수는 입력의 수와 같다. RAM은 들어오는 순서대로 데이터를 저장한다. 그리고 데이터는 제어 장치의 제어대로 읽혀져 출력된다.

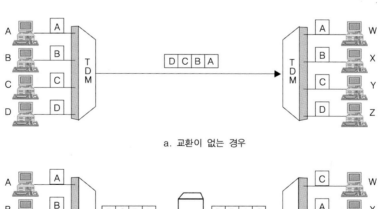

a. 교환이 없는 경우

b. 교환이 있는 경우

🖥 그림 7-9 TSI 유무에 따른 시분할 다중화

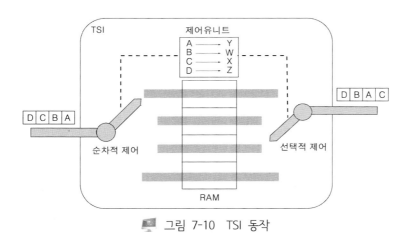

그림 7-10 TSI 동작

• 7.2 메시지 교환 방식

메시지 교환 방식은 메시지(message) 단위로 데이터를 교환한다. 메시지는 전자우편이나 파일 등의 논리적인 데이터의 단위이다. 메시지 교환 방식에서는 통신을 하는 두 스테이션 사이에 메시지 전송을 위한 전용회선을 설정하지 않는다. 메시지 교환 방식을 사용하는 네트워크의 노드에서는 하나의 메시지를 받아 디스크에 저장하고 수신이 완료된 후에 다음 경로를 결정하여 결정된 다음 노드 또는 스테이션으로 메시지를 전송한다. 〔그림 7-11〕에 메시지 교환 형태를 나타냈다.

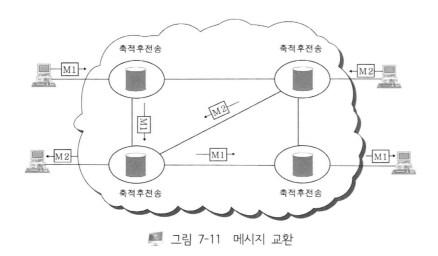

그림 7-11 메시지 교환

　메시지 교환 방식은 축적 전송(store and forward) 방식이라고 한다. 왜냐하면 각 노드에서는 메시지가 모두 도착할 때까지 기다렸다가 메시지의 수신이 완료되면, 메시지에 있는 목적지 주소를 참조하여 전송할 다음 노드를 결정한 후 그 노드로 메시지를 넘겨주기 때문이다. 따라서 각 노드에서는 수신되는 모든 메시지가 모두 도착할 때까지 기다리는 시간 지연과 메시지를 전달할 다음 노드를 결정하고 실제 전송하기까지의 시간 지연이 발생한다. 메시지 교환망에서의 노드는 대용량 버퍼(디스크)를 가진 컴퓨터이다.

　〔그림 7-1〕과 같은 통신망 구조에서 메시지 교환 방식을 사용하여 스테이션 C에서 스테이션 H로 데이터를 전송하는 경우를 생각하여 보자. 스테이션 C는 전송하고자 하는 메시지를 목적지 주소(스테이션 H의 주소)와 함께 노드 II에 보낸다. 노드 II는 전체 메시지가 수신될 때까지 메시지를 버퍼(디스크)에 저장한다. 경로배정(routing) 정보와 현재의 가용성 및 비용 등을 고려하여 노드 II는 노드 IV로의 링크를 선정한다. 이 때 메시지가 노드 II에서 스테이션 H에 도달하기 위해 거쳐야할 다음 노드로서 노드 IV가 결정된 것이다. 노드 II와 노드 IV의 링크가 사용 가능하면 메시지를 노드 IV로 전송한다. 전체 메시지를 수신한 노드 IV에서는 메시지가 스테이션 H에 도달하기 위해 거쳐야할 다음 노드로서 노드 VII를 결정한다. 전체 메시지를 수신한 노드 VII은 스테이션 H가 자신과 직접 연결되어 있음을 알고 스테이션 H로 메시지를 전송한다. 이렇게 첫 번째 메시지는 스테이션 C를 출발하여 노드 II, IV, VII을 거친 메시지는 최종적으로 스테이션 H에 도착한다. 스테이션 C를 출발하여 스테이션 H로 가는 두 번째 메시지가 있으면 첫 번째 메시지와 같은 경로로 갈 수도 있지만 다른 경로로 갈 수도 있다. 네트워크의 그때 그때의 상황에 따라 경로 선택이 달라질 수 있기 때문이다. 만약 전송중에 다음 노드나 스테이션이 수신이 불가한 상태에 있으면 메시지는 전송이 가능해질 때까지 버퍼에 보관하고 전송이 가능한 상태가 되면 전송한다.

　회선 교환 방식과 비교한 메시지 교환 방식의 특징은 다음과 같다. 메시지 단위로 교환이 이루어지므로 노드와 노드간의 단일 채널을 여러 메시지가 공유하고 있어 전송로의 이용효율이 높다. 통신망에 데이터의 저장 능력이 있으므로 송신 스테이션이나 수신 스테이션이 동시에 사용 가능 상태가 아니더라도 전송이 가능하다. 통신량이 폭주하여 통신망의 부하가 크게 증가하는 경우, 회선 교환망에서는 통신이 불가능할 수 있지만, 메시지 교환망에서는 일단 전송은 가능하며 단지 전송을 위한 시간 지연이 증가할 뿐이다. 그리고 메시지 교환 방식에서는 같은 메시지를 여러 목적지로 동시에 전송할 수 있다. 왜냐하면 중간 노드에서 해당 메시지를 복사하여 다른 노드나 스테이션으로 전송할 수 있기 때문이다. 각 메시지는 다음 노드로 전송된 후에도 수신측으로부터 확인 응답이 올 때까지 노드의 버퍼에 저장되어 있으므로 전송된 메시지가 손상된다고 하더라도 메시지의 재전송이 가능하다. 코드나 속도 변환이 가능하므로 코드와 속도가 서로 다른 스테이션간에도 메시지 교환이 가능하다. 메시지 교환은 1960년대, 1970년대에 널리 이용되었으나 처리 과정에서의 지연이 크고, 지연 시간의 변화가 크기 때문에 실시간 통신이나 대화식 통신에는 사용되지 않는다.

7.3 패킷 교환 방식

1970년대에 원거리 디지털 데이터 통신 구조의 새로운 형태로서, 패킷 교환에 대한 연구가 시작되었다. 그때 이후로 패킷 교환 기술은 계속 발전되어 왔지만 근본적인 기술은 1970년대 초와 별로 다름이 없었고, 계속하여 원거리 데이터 통신에 적용하고자 하였다. 컴퓨터와 같은 데이터 처리 장치의 트래픽 특성을 보면 데이터를 발생시키지 않고 있다가 간헐적으로 한꺼번에 데이터가 발생시킨다. 패킷 교환은 이러한 특성의 데이터를 전송하기에 회선 교환보다 효율적이다. 패킷 교환망에서 스테이션이 내보내는 작은 블록 크기의 데이터 단위를 패킷이라고 하며, 이러한 패킷에는 사용자 정보와 네트워크 관리에 필요한 제어 정보가 포함되어 있다.

7.3.1 패킷 교환의 원리

오랜 기간 동안 원격 통신망은 음성통신을 위해 설계되었고 실제로 대부분의 통신이 음성신호이다. 회선 교환망의 중요한 특징은 네트워크의 자원이 특정한 서비스, 즉 음성 서비스에 적용된다는 점이다. 음성 서비스의 경우 회선 교환 방식에 의해 설정된 회선은 높은 이용률을 보인다. 그러나 컴퓨터 등의 전송에서는 휴지(idle) 간격을 가지면서 데이터를 간헐적으로 생성하는 경향을 보이는데 이러한 특성의 데이터를 송수신하는 서비스가 점차로 증가하였다. 이러한 분위기에서 회선 교환망이 점점 널리 사용되었고, 이에 따라 여러 가지 단점이 나타나게 되었다.

- 전형적인 터미널-호스트 또는 컴퓨터-컴퓨터간의 데이터 연결에서는 대부분의 시간 동안 전용된 회선이 사용되지 않을 때가 많기 때문에 이 경우에 회선 교환망은 그 사용 효율이 낮아지게 된다.

그림 7-12 패킷의 생성

● 회선 교환망에서는 일단 연결이 설정되면 일정한 데이터 전송률을 제공하므로 연결된 두 디바이스는 반드시 같은 전송률로 송수신해야 한다. 그러므로 여러 종류의 호스트와 터미널의 전송율 등이 같아야 하므로 호스트와 터미널 등으로 이루어진 네트워크에서는 많은 제약이 따른다.

패킷 교환에서 이 문제가 어떻게 해결되는지 알아보기 위해 먼저 패킷 교환의 동작을 간단히 요약해보자. 메시지는 작은 단위의 패킷으로 쪼개어져 전송되는데, 패킷의 최대길이는 1000옥텟(바이트)이다. 이보다 더 긴 길이의 메시지를 전송하고자 할 경우에는 메시지를 여러 개의 패킷으로 나누는데, 각 패킷에는 사용자 데이터의 일부분과 제어정보가 포함된다. 이를 〔그림 7-12〕에 나타냈다. 제어 정보에는 그 패킷을 네트워크 상에서 경로 배정하여 목적지에 전달하기 위한 최소한의 정보가 포함되어 있다. 경로상의 각 노드는 패킷을 수신하여 잠시 저장한 후, 다음 노드로 전달한다.

〔그림 7-1〕을 참고로 간단한 패킷 교환망을 생각해보자. 스테이션 C가 스테이션 H로 보낸 패킷을 보면, 이 패킷에는 목적지인 H를 가리키는 제어 정보가 포함되어 있을 것이다. 이 패킷은 먼저 노드 II로 보내지고, 노드 II는 이 패킷을 잠시 저장하였다가 경로상의 다음 노드인 노드 IV를 결정하여 그 노드와의 링크에 해당하는 큐에 넣어둔다. II-IV 사이의 링크가 사용 가능해지면 패킷은 노드 IV로 전송되고 다시 노드 VII로 전달되어 결국 스테이션 H에 도달할 것이다. 이러한 방법은 회선 교환망에 비해 여러 가지 장점을 가지고 있다.

● 노드간의 링크가 동적으로 여러 패킷에 의해 공유될 수 있기 때문에 회선의 효율이 높아진다. 패킷은 큐에 쌓였다가 가능한 한 빨리 링크를 통해 전송된다. 대조적으로 회선 교환망에서는 동기 TDM을 이용하여 노드간 노드의 링크에 미리 시간(time slot)을 배정한다. 간헐적으로 데이터를 발생시키는 컴퓨터 간의 통신인 경우 링크의 사용효율이 낮아진다. 왜냐하면, 전용회선으로 연결된 상태에서 사용

하지 않는 시간이 더 많으므로 대부분의 시간 동안 링크는 사용되지 않은 채 낭비될 수 있다.

- 패킷 교환망에서는 데이터 전송률 변환이 가능하다. 서로 다른 전송률을 가진 두 스테이션이 연결될 때 각각 적당한 전송률로 변환되어 노드에 연결되기 때문에 서로 전송이 가능하다.
- 회선 교환망에서는 통신량이 처리 능력 이상으로 많아지면 차단 현상이 발생하여 몇 개의 연결 요청(call request)은 거절될 수도 있다. 즉, 통신량이 많을 때는 통신량이 줄어들 때까지 네트워크가 추가적인 연결요청을 거절하는 것이다. 패킷 교환망에서는 이 경우에 전달이 지연되기는 하지만 패킷은 언제나 받아들여진다.
- 우선 순위가 허용된다. 여러 개의 전송할 패킷이 큐에 쌓여 있을 때 높은 우선 순위의 패킷을 먼저 전송할 수 있기 때문이다. 높은 우선 순위의 패킷은 먼저 처리되기 때문에 낮은 순위의 패킷보다 전송 지연이 작게 된다.

데이터 전송을 위해 보다 나은 해결책은 패킷 교환이 될 수 있다. 패킷 교환에서 데이터는 패킷이라고 부르는 가변 길이를 가지는 블록 단위로 전송된다. 패킷의 최대 길이는 네트워크에 의해 설정된다. 긴 전송 메시지는 여러 패킷으로 분할되어 전송되는데, 각 패킷에는 사용자 데이터뿐만 아니라 발신지 주소, 목적지 주소, 우선 순위코드 등의 제어 정보를 포함하는 헤더를 포함한다. 패킷은 네트워크 상에서 노드 대 노드로 전송된다. 한 노드에 도착한 패킷은 메인 메모리에 저장된 후 헤더의 정보를 읽어서 그 정보를 이용하여 다음으로 전송할 노드를 결정하고, 결정된 다음 노드로 전송된다. 이러한 패킷교환 방식에는 노드에서 경로 배정(routing)을 할 때 어떻게 하느냐에 따라 데이터그램(datagram) 방식과 가상회선(virtual circuit) 방식의 두 가지가 있다.

7.3.2 데이터그램 방식

각 노드에서의 경로 배정시, 데이터그램 방식에서는 각 패킷을 독립적으로 처리한다. [그림 7-1]을 이용하여 데이터그램 방식의 동작에 대해 설명하여 보겠다. [그림 7-1]의 스테이션 C가 스테이션 H로 보낼 세 개의 패킷 메시지를 가지고 있다고 하자. 먼저 패킷 1-2-3을 노드 II로 보내는데, 각 패킷에 대해 노드 II는 각각 경로결정을 해야 한다. 패킷 1이 노드 II에 도착하면 이 때는 노드 IV 또는 노드 V 또는 노드 I이 경로상의 다음 노드로 선택이 가능해지는데, 노드 IV에 해당하는 패킷의 큐가 노드 V나 I에 비해서 짧기 때문에 패킷 1은 노드 IV의 큐로 들어간다. 패킷 2의 경우를 생각하여 보자. 패킷 2가 노드 Ⅱ에 도착하면 이 때는 노드 Ⅳ 또는 노드 Ⅴ 또는 노드 Ⅰ이 경로상의 다음 노드로 선택가능해지는데, 이 때에는 노드 Ⅰ에 해당하는 패킷의 큐에서 기다리는 시간이 노드 Ⅳ나 Ⅴ에 비해서 짧기 때문에 패킷 2는 노드 Ⅰ의 큐로 들어간다. 그리고 패킷 3의 경우, 패킷 3가 노드 Ⅱ에 도착하면 이 때는 노드 Ⅳ 또는 노드 Ⅴ 또는 노드 Ⅰ이 경로상의 다음 노드로 선택 가능해지는 데, 이 때에는 노드 Ⅴ에 해당하는 패킷의 큐가 노드 Ⅳ나 Ⅰ에 비해서 짧기 때문에 패킷 1은 노드 Ⅴ의 큐로 들어간다. 이와 같이 같은 목적지를 가진 패킷일지라도 같은 경로를 거치는 것은 아니다. 이러한 이유 때문에 패킷 3이 패킷 2보다 먼저 노드 Ⅶ에 도착할 수 있게 된다. 그러므로 패킷들은 전송된 순서와는 다른 순서로 목적지에 도착할 수 있게 된다. 그들의 순서를 재구성하는 것은 목적지 노드에 달려 있다. 또한 패킷이 네트워크 상에서 없어질 수도 있다. 예를 들어, 만일 경로상의 노드가 순간적으로 붕괴되면 그 노드의 큐에 있는 모든 패킷이 손실된다. 앞의 예에서 하나의 패킷에 이런 사고가 발생했다고 하면, 노드 Ⅶ을 일련의 패킷 중에 어떤 패킷이 손실되었는지 알지 못한다. 손실된 패킷을 탐지하고 복구하는 것도 모두 스테이션 H의 기능이다. 여기서 각각 독립적으로 취급되는 각 패킷을 데이터그램(datagram)이라 한다.

7.3.3 가상 회선 방식

가상 회선 방식에서, 논리적(logical) 접속은 패킷이 전송되기 전에 설정되어야 한다. 〔그림 7-1〕과 같은 교환망에서, 스테이션 C가 스테이션 H로 보낼 한 개 이상의 패킷을 가지고 있다고 하자. 먼저 스테이션 C는 노드 Ⅱ로 호 요청(Call-Request) 패킷을 보내어 스테이션 H로의 연결 접속을 요구한다. 노드 Ⅱ는 그 요청에 대해 노드 Ⅳ로의 경로를 결정하고, 노드 Ⅳ는 노드 Ⅶ으로의 경로를 결정하여 마침내 최종 목적지인 스테이션 H로 호 요청(Call-Request) 패킷이 도달된다. 스테이션 C로부터 호 요청 패킷을 받은 스테이션 H에서는 연결 접속을 위한 준비가 되면, 호 수락(Call-Accept) 패킷을 노드 Ⅶ으로 보낸다. 이 패킷은 노드 Ⅳ, 노드 Ⅱ를 거쳐 스테이션 C로 전달된다. 스테이션 C와 스테이션 H는 이런 과정을 통해 결정된 논리적 접속(logical connection) 혹은 가상 회선(virtual circuit)을 통해서 데이터를 교환하게 된다. 논리적 접속 동안에는 회선 교환망과 유사하게 전송 경로가 고정되기 때문에 이를 가상 회선이라 한다. 각 패킷의 해더에는 이제 가상 회선을 구별할 수 있는 식별자(identifier)를 포함하게 된다. 미리 확정된 경로상의 각 노드는 식별자를 보면 각 패킷이 어디로 가야하는지를 알고 있다. 따라서 노드에서는 패킷별 경로결정 기능이 필요 없다. 이와 같이 스테이션 C로부터 스테이션 H로 가는 모든 패킷은 노드 Ⅱ, Ⅳ, Ⅶ 을 지나게 된다. 그리고 스테이션 H로부터의 모든 데이터 패킷은 노드 Ⅶ, Ⅳ, Ⅱ를 거쳐 스테이션 C로 간다. 데이터 전송이 완료되면 한 스테이션이 접속 해제 요청(Clear-Request) 패킷을 연결된 노드에 전송하여 논리 접속을 해제한다. 스테이션 C에서 노드 Ⅱ로 접속해제 요청 패킷을 보내면 이는 노드 Ⅳ, 노드 Ⅶ로 전송되어 논리 접속을 해제 한다.

어느 때이든지 각 스테이션은 다른 스테이션과의 가상 회선을 한 개 이상 가질 수 있고, 여러 스테이션에 대한 가상 회선을 가질 수도 있다. 그러므로 가상 회선 방식의 주요 특성은 데이터 전송 전에 스테이션 간의 데이터 전송 경로가 설정된 후라야 데이 터 전송이 가능하다는 점이다. 이것은 회선 교환과 같이 전용 회선이 있다는 것을 의 미하지 않음을 주의하라. 여전히 패킷은 각 노드에서 잠시 저장되고 전송되어 나가기 위해 대기 행렬로 들어간다. 데이터그램 방식과 다른 점은 노드가 각 패킷별로 경로 배정 결정을 하지 않아도 된다는 점이다. 경로 배정 결정은 단지 경로 연결 시에 한 번만 이루어진다.

7.3.4 데이터그램과 가상 회선 방식의 비교

두 스테이션이 긴 메시지를 긴 시간동안 교환하려고 할 경우, 가상 회선에 장점이 있다. 첫째로 가상 회선은 순서(sequencing)와 에러 제어 같은 서비스를 제공해 줄 수도 있다. 순서는 모든 패킷이 동일한 경로를 움직이므로, 원래의 보낸 순서대로 도 착한다는 것을 뜻한다. 오류 제어는 패킷이 적절한 순서로 도착할 뿐만 아니라 모든 패킷이 정확하게 도착함을 보장하는 서비스이다. 〔그림 7-1〕에서 스테이션 C에서 H로 전송되는데 노드 Ⅱ, Ⅳ, Ⅶ을 통한다고 하자. 어떤 패킷이 노드 Ⅶ에 도착하지 않거나 오류가 있는 상태로 도착하면, 노드 Ⅶ은 노드 Ⅳ로부터 그 패킷의 재전송을 요청할 수 있다. 또 하나의 이점은 가상 회선에서 패킷이 더 빠르게 전송된다는 점이다. 이는 각 노드에서 패킷 단위로 경로 결정을 할 필요가 없기 때문이다.

데이터그램의 이점은 호(call) 설정 단계를 피할 수 있다는 점이다. 따라서 한 스테 이션이 몇 개의 패킷만을 전송하고자 할 때, 데이터그램 전송이 훨씬 빠르다. 또 다른 이점은 융통성이 더 크다는 점이다. 예를 들어, 가상 회선 방식의 경우 네트워크의 한 부분이 혼잡해지면 출발하는 패킷은 혼잡을 피해 경로를 새로 구성할 수 없다. 데이터그램 방식의 경우 출발하는 데이터그램은 혼잡을 피해 경로를 구성할 수 있는 것이다. 가상 회선을 사용하면 패킷들은 미리 정해진 경로를 따르므로 혼잡에 적응하기가 더 어렵다. 세 번째 이점은 근본적으로 훨씬 더 융통성이 있다는 점이다. 가상 회선에서는 한 노드가 고장이 나면 이 노드를 통하는 모든 가상 회선을 잃어버리게 된다. 데이터그램을 사용하면 한 노드가 고장 나더라도 다른 경로로 나머지 패킷을 보낼 수 있다.

가장 최근의 이용 가능한 패킷 교환망의 내부는 보통 가상회선을 사용한다. 이것은 회선교환망 만큼 신뢰성 있는 네트워크를 제공하기 위함이다. 그러나 사설 패킷 교환망을 운영하는 여러 제공자는 데이터그램을 사용하고 있다. 사용자의 견지에서 데이터그램 혹은 가상회선의 사용에 의한 외부적 특성은 차이가 매우 적어야 한다. 만약 관리자가 선택에 직면한다면 비용이나 성능과 같은 다른 요소가 내부 네트워크 운영을 데이터그램 방식으로 할 것이냐 혹은 가상회선 방식으로 할 것인가에 기준이 된다.

7.3.5 패킷 크기

네트워크에서 사용되는 패킷 크기를 결정하는 것이 네트워크 설계에서는 매우 중요하다. 패킷 크기와 전송시간 사이에는 〔그림 7-13〕에 나타낸 것과 같이 밀접한 관계가 있다.

스테이션 X로부터 노드 a, b를 거쳐 스테이션 Y로의 가상 회선이 있다고 가정하자. 전송할 메시지는 30옥텟이고 각 패킷은 헤더라고 하는 3옥텟의 제어 정보를 가지고 있다고 하자. 전송할 메시지는 30옥텟이고 각 패킷은 헤더라고 하는 3옥텟의 제어 정보를 가지고 있다. 만일 전체 메시지가 33옥텟(3옥텟의 헤더+30옥텟 데이터)인 하나의 패킷으로 전송된다면 이 패킷은 먼저 스테이션 X로부터 노드 a, b를 거쳐 스테이션 Y로의 가상 회선을 통해 전송된다고 가정하자. 전송할 메시지를 한 패킷으로 전송할 경우 총 전송 시간은 99옥텟 시간이 된다. 만약 전체 메시지를 2패킷으로 나누어 전송한다면 패킷 전송이 동시에 중첩될 수 있기 때문에 총 전송시간은 72옥텟 시간으로 줄어든다. 메시지를 5개의 패킷으로 나누는 경우에는 중간 노드가 전송을 더 일찍 할 수 있기 때문에 시간이 절약되어 총 전송 시간이 63옥텟 시간이 된다. 그러나 더 작게 나누어 10개의 패킷으로 나누면 지연이 줄어들기 보다는 오히려 〔그림 7-13〕(d)와 같이 늘어난다. 모든 경우에 모든 노드는 첫 패킷을 받자마자 두 번째 패킷을 기다리지 않고 즉시 전송할 수 있는 것으로 가정하였다.

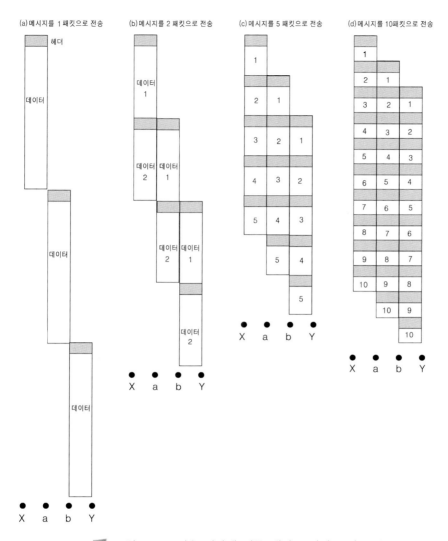

그림 7-13 전송 시간에 따른 패킷 크기의 효과

이것은 각 패킷이 고정된 길이의 헤더를 갖기 때문에 패킷의 수가 많을수록 전체 헤더의 양이 많아지게 되기 때문이다. 게다가 이 예에서는 각 노드에서의 처리지연과 큐잉지연을 고려하지 않으며, 한 메시지를 여러 개의 패킷으로 나눌수록 이 지연은 더 커지게 된다. 그렇지만 극도로 작은 패킷크기(53옥텟)가 효율적 네트워크 설계의 결과로 나올 수 있음을 알게 될 것이다.

7.4 교환 방식의 비교

지금까지 회선 교환, 메시지 교환, 패킷 교환의 내부 동작을 간단히 설명하였다. 이 절에서는 회선 교환, 메시지 교환, 패킷 교환 방식을 비교하기로 한다.

여러 가지 교환 기술의 간단한 비교를 [그림 7-14]에 도시하였다. 이 그림은 노드 1에 접속된 소스 스테이션에 노드 4에 접속된 목적지 스테이션까지 4개의 노드를 거치는 메시지의 전송을 보여주고 있다. 이 그림에서는 세 종류의 지연에 대해서 고려한다.

- 전파 지연(propagation delay): 신호가 한 노드에서 다음 노드로 도달하는데 걸리는 시간이다. 이 시간은 일반적으로 무시할 수 있다. 유도(guided) 매체를 통한 전자기적 신호의 속도는 통상 2×10^8m/s이다.
- 전송 시간(transmission time): 송신기가 데이터 한 블록을 보내는데 걸리는 시간이다. 한 예로, 1Kbps 회선으로 데이터를 전송할 때 1,000비트의 블록을 전송하는데 1초가 걸린다.
- 노드 지연(node delay): 한 노드가 데이터를 교환할 때 필요한 처리를 수행하는데 소요되는 시간이다.

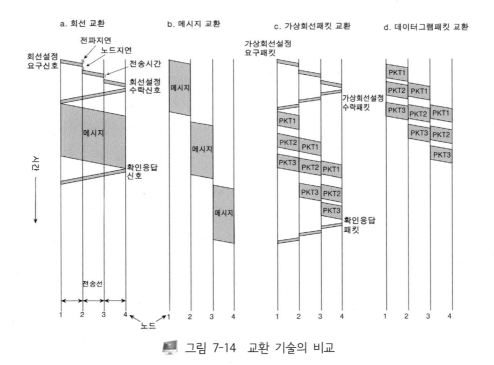

그림 7-14 교환 기술의 비교

회선 교환 방식으로 메시지를 전송하기 위해서는 메시지가 전송되기 전에 일정한 경과 시간을 필요로 한다. 첫째로, 소스는 네트워크를 통해 목적지와의 연결을 구성하기 위해 회선 설정 요구(call request) 신호를 보낸다. 목적지 스테이션이 바쁘지 않으면 회선 설정 수락(call accept) 신호가 돌아온다. 회선 설정 요구 신호가 각 노드를 지나는 동안 처리 지연 시간이 있게 된다. 이 시간은 각 노드가 경로를 찾아 각 채널을 연결하고 최종으로는 회선을 설정하는데 소비되는 시간이다. 호 수락 신호가 돌아올 대는 이미 회선 설정이 완료되어 있으므로 경로를 찾는데 요구되는 처리시간은 필요로 하지 않는다. 회선 설정이 완료된 후에는 메시지를 교환하는데, 중간의 교환 노드에서 지연은 없다. 다만 전파지연은 존재할 수 있는데 이는 모든 교환 방식에서 피할 수 없는 요소이다.

가상 회선 패킷 교환은 회선 교환과 매우 유사하게 동작한다. 소스 스테이션은 가상 회선 설정 요구(call-request) 패킷을 사용하여 네트워크에 가상 회선의 설정을 요구하며, 이로 인해 각 노드에서 지연이 일어난다. 가상 회선 설정 요구 신호가 각 노드를 지나는 동안 처리 지연시간이 있게 된다. 여기에서의 처리지연 요소는 각 노드가 목적지 스테이션으로 가는 경로를 선택한 후 각 논리 회선을 연결하고, 패킷이 각 노드의 전송 대기 큐(queue)에서 기다리는데 소비되는 시간이다. 송신 스테이션에서 목적지 스테이션에서 전송한 가상 회선 설정 수락(call-accept) 패킷을 수신하면 가상 회선의 설정은 완료된 것이다. 가상 회선 패킷 교환의 경우에는 비록 가상 회선의 경로가 이미 설정되었더라고 호 수락 신호가 되돌아올 때 각 노드에서 지연이 일어난다. 그 이유는 이 패킷이 각 노드에서 큐(queue, 대기 행렬)에 들어가 전송 전에 차례를 기다려야 하기 때문이다. 일단 가상 회선이 설정되면, 데이터는 패킷 단위로 전송된다. 데이터 교환 단계에서도 큐에 대기하는 시간 지연은 피할 수 없다. 이러한 이유로 가상 회선 패킷 교환 방식은 회선 교환 방식보다 빠를 수는 없다. 왜냐하면 회선 교환은 네트워크를 통해 일정한 데이터 전송률을 제공하는 본질적으로 투명한 프로세스(process)이기 때문이다. 가상 회선 패킷 교환은 경로에서의 각 노드에서 일부의 지연이 요구된다. 더욱 나쁜 것은 지연이 가변적이고, 네트워크의 전송량이 증가함에 따라 늘어난다는 점이다.

데이터그램 패킷 교환은 미리 경로를 구성할 필요가 없으므로 길이가 짧은 메시지의 경우에 가상 회선 패킷 교환이나 회선 교환보다 더 빠르고 효율적일 수 있다. 그러나 각 데이터그램이 독립적으로 경로 배정되기 때문에 각 노드에서의 처리 시간은 더 오래 걸린다. 데이터그램의 노드 지연에는 큐에서 대기하는 시간 이외에 각 패킷의 경로를 배정하기 위한 시간이 더 요구되기 때문이다. 그러므로 긴 메시지를 전송하는 경우에는 가상 회선 기법이 더 유리하다. 같은 노드일지라도 각 패킷마다 경로를 결정하는 시간이 다르므로 같은 메시지를 구성하는 패킷의 경로는 다를 수 있다. 따라서, 패킷이 소스를 출발한 순서대로 목적지에 도착하지 않을 수 있다.

메시지 교환 방식은 메시지 단위로 교환이 이루어지고 대용량 버퍼로 디스크를 사용하는 것을 제외하고는 데이터그램 패킷 교환 방식과 거의 차이가 없다. 데이터그램 패킷 교환 방식은 대화식 응용에도 사용할 수 있을 정도로 빠르다. 왜냐하면 데이터그램 패킷 교환 방식은 메인 메모리(RAM)를 사용하고, 메시지보다 작은 데이터 단위인 패킷을 사용하여 데이터 전달 속도가 메시지 교환 방식보다 빠르기 때문이다.

〔표 7-1〕에 이제까지 설명한 교환 기술에 대해 비교하여 정리하였다.

표 7-1 교환 방식의 비교

	회선 교환 방식 (Circuit Switching)	메시지 교환 방식 (Message Switching)	데이터그램 패킷 교환 방식 (Datagram Packet Switching)	가상 회선 패킷 교환 방식 (Virtual Circuit Packet Switching)
전송형태	데이터의 연속 전송	메시지 전송	패킷 전송	패킷 전송
경로형태	전용 전송로	비전용 전송로	비전용 전송로	비전용 전송로
전송경로	통신 완료시까지 물리회선 유지	각 메시지마다 경로 설정	각 패킷마다 경로 설정	통신 완료까지 가상 회선 유지
응용분야	실시간 대화용	실시간 대화 불가	실시간 대화용	실시간 대화용
데이터의 저장여부	저장되지 않음	메시지를 배달할 때가지 저장	패킷을 배달할 때까지 저장	패킷을 배달할 때까지 저장
지연 (Delay)	회선 설정 지연, 무시할 수 있을 정도의 전송 지연	메시지 전송 지연	패킷 전송 지연	호 설정 지연, 패킷 전송 지연
상대방이 통신불가	비지(busy) 신호 송출	비지 신호 없음	패킷이 배달되지 않으면 송산자에게 통지함	연결 거부시에 송신자에게 통지함
과부하의 경우	호 설정을 중단, 전송지연 없음	메시지 지연 증가	패킷 지연 증가	호 설정 중단, 패킷 지연 증가
교환시설	전자 또는 기계식 교환 노드(교환기)	메시지 교환 노드(축적-전송 시스템)	소규모 교환 노드	소규모 교환 노드
데이터 분실시	사용자의 책임	통신망의 책임	통신망의 책임	사용자 책임, 통신망은 패킷 전달 순서에 책임
변환능력	속도 및 코드 변환 기능 없음	속도 및 코드 변환 기능 있음	속도 및 코드 변환 기능 있음	속도 및 코드 변환 기능 있음.
대역폭	고정되어 있음	동적임(dynamic)	동적임	동적임
오버헤드	호출 설정시 오버헤드가 있으나, 설정 후에는 없음	각 메시지마다 오버헤드 있음	각 패킷마다 오버헤드 있음	호출 설정시 오버헤드가 있고 각 패킷마다 오버헤드 있음.

7.5 네트워크 계층

OSI 참조 모델에서 데이터의 교환 기능을 수행하는 계층은 네트워크 계층이다. 네트워크 계층은 각 네트워크들을 연결하여 전송 회선을 설정하고 관리하며 해제하는 기능을 수행한다. 이러한 네트워크 계층에서는 연결 지향(CO; Connection-Oriented) 네트워크 서비스 또는 비연결형(CL; ConnectionLess) 네트워크 서비스를 사용할 수 있다. 패킷교환망의 가장 중요한 성질 중 하나가 데이터그램을 사용하느냐, 가상 회선을 사용하느냐이다. 인터넷의 IP 계층에서는 비연결형인(CL) 데이터그램 방식을 사용하고, X.25에서는 연결지향(CO)인 가상 회선 방식을 사용한다.

7.5.1 연결 지향(CO; Connection-Oriented) 네트워크 서비스

연결 지향의 네트워크 서비스(CONS; Connection-Oriented Network Service)는 전체 데이터의 전송을 위해 가상 회선을 설정한다. 가상 회선은 데이터를 전송하기 전에 설정되어야 하며 데이터 교환이 완료되면 해제된다. 가상 회선을 설정하기 위해 송신 스테이션은 전송 요구(request-to-send) 패킷을 네트워크로 보낸다. 전송 요구 패킷을 수신한 수신 스테이션에서는 수신 준비(ready-to-receive)를 송신 스테이션에 전송하게 되고 이를 송신 스테이션에서 수신하면 가상 회선 설정이 완료된 것이다. 가상 회선 설정이 되면 하나의 경로가 선택된 것이고, 이 경로는 전체 데이터가 전송되는 동안 유지된다. 전송은 한 방향으로 움직이는 데이터 단위의 열의 형태로 이루어지고, 패킷 교환에서는 여러 개의 작은 세그먼트(데이터 단위)로 나누어 전송된다. 각 세그먼트들은 번호가 붙여지고 설정된 가상 회선을 통해 전송된다.

CONS는 다음의 5단계로 전송이 이루어진다.

- 송신 스테이션은 연결 요청(connection-request) 패킷을 보낸다.
- 수신 스테이션은 연결 확인(connection-conform) 패킷으로 확인 응답한다.
- 두 스테이션은 서로 데이터를 교환한다. 이 단계는 송수신할 데이터가 없을 때까지 반복될 수 있다.
- 송신 스테이션은 회선 해제 요청(disconnect-request) 패킷을 보낸다.
- 수신 스테이션은 회선 해제 확인(disconnect-confirm) 패킷으로 확인 응답한다.

CONS의 장점은 전송할 모든 패킷이 같은 경로를 통해 순서대로 보내지기 때문에 쉽게 제어할 수 있다는 것이다. CONS를 사용하는 프로토콜은 포괄적으로 오류 제어, 흐름 제어 및 순서 제어를 수행할 수 있다. 순차적으로 번호를 부여함으로써 수신 스테이션 측에 모든 패킷이 문제없이 순서대로 도착하도록 제어할 수 있다. 또한 패킷은 식별 가능하고 필요에 따라 확인 응답될 수도 있고 재전송 될 수도 있다. 패킷 번호를 부여할 수 있기 때문에 슬라이딩 윈도우 흐름 제어가 가능하며, 전송된 모든 패킷에 대해 가상 회선이 해제되기 전에 수신되고 확인 응답되어야 한다. 그리고 패킷 헤더의 크기를 좀 더 줄일 수 있다. 즉, 첫 번째 패킷은 명확한 주소 지정 정보를 가지고 있어야 하지만 두 번째 패킷부터는 패킷의 오버헤드를 줄이기 위해 생략되어 보다 짧은 가상회선 번호 등으로 대체될 수도 있다.

CONS의 단점은 다음과 같다. CONS 방식 하에서 일단 가상 회선이 설정되면 경로선택에 대한 유연성은 사라진다. 선택된 링크가 혼잡해지거나 기타 문제가 발생하면 뒤따르는 패킷들에 대해 새로운 대안을 취할 수 없다.

7.5.2 비연결형(CL; ConnectionLess) 네트워크 서비스

비연결형 네트워크 서비스(CLNS; ConnectionLess Network Service)에서 여러 패킷을 전송할 경우 각 패킷은 독립적으로 취급된다. 즉, CLNS에서는 가상 회선 등의 어떤 논리적 연결도 설정하지 않는다. 송신 스테이션은 어떠한 사전 통지를 하지 않고 데이터 패킷을 보내기만 한다. 목적지 스테이션에 각 패킷이 도착하는 것은 개별적인 것으로 수신 스테이션은 예측할 수 없으며, 이렇게 도착하는 패킷은 받아들여질 수도 있고 받아들여지지 않을 수도 있는 것이다.

CLNS의 처리 과정은 CONS보다 단순하다. 신뢰성이 보장되어야 한다거나 패킷이 순서대로 도착해야 한다면 CLNS는 적절하지 못하다. 만약 신뢰성과 순서화가 상위 계층의 프로토콜에서 보장 가능하다면 CLNS는 속도와 비용면에서 유리할 수 있다. 그리고 특정 경로에 부하가 많이 걸리거나 막힐 경우 다른 경로를 취하여 패킷을 전송할 수 있다. 전송 효율을 높이기 위해 같은 메시지의 부분인 여러 패킷들을 다른 경로로 전송할 수도 있다. CLNS의 또 다른 단점은 각 패킷별로 요구되는 오버헤드가 크다. 각 패킷들은 데이터 열로 전송되지 않기 때문에 주소를 포함한 완전한 제어 정보를 포함하고 있어야 한다.

연습문제

1. 회선 교환 방식에서 통신을 위한 3단계를 설명하시오.

2. 다음과 같은 공간 분할 3단 교환기를 그리시오. 18개의 입력과 20개의 출력이 있으며, 첫째 단은 3개의 교환기를 가지고 두 번째 단은 2개의 교환기를 가지며 마지막 단은 4개의 교환기를 가진다.

3. 2번과 같은 교환기의 교차점은 모두 몇 개인가? 하나의 크로스바만을 사용하는 교환시스템과 비교하여 보시오.

4. 2번 문항에서 두 번째 단의 교환기 수를 하나로 하여 다시 그리시오.

5. 메시지 교환 방식을 축적-교환(store and forward) 방식으로 부르는 이유는 무엇인가?

6. 회선 교환 방식과 패킷 교환의 가상 회선 방식의 차이점을 말하시오.

7. 메시지 교환 방식과 패킷 교환의 데이터그램 방식의 차이점을 말하시오.

8. 패킷 교환의 가상 회선 방식과 데이터그램 방식의 장점을 말하시오.

9. 연결 중심 네트워크 서비스(CONS)의 데이터 전송 5단계를 설명하시오.

10. 비연결형 네트워크 서비스(CLNS)와 연결 중심 네트워크 서비스(CONS)를 비교하여 설명하시오.

데이터 통신과 컴퓨터 네트워킹

근거리 통신망

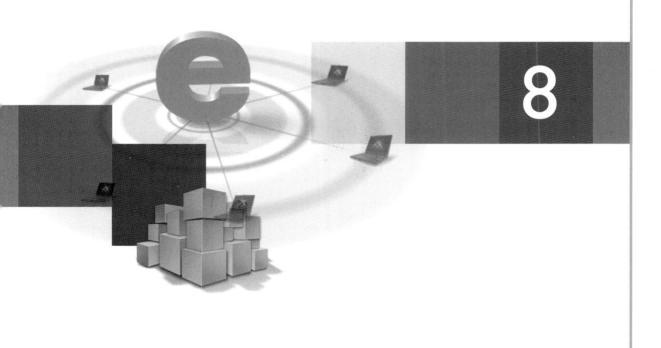

8

데이터 통신과 컴퓨터 네트워킹

제8장

근거리 통신망

이 장에서는 근거리 통신망(Local Area Network: LAN)과 도시지역 통신망 (Metropolitan Area Network: MAN)에 대해 논의한다. LAN은 하나의 사무용 건물 또는 캠퍼스와 같은 제한된 지역 내에 있는 컴퓨터 등의 통신기기들을 서로 통신이 가능하도록 하는 네트워크이고, MAN은 몇 개의 건물부터 도시 지역 전체를 서비스할 수 있는 네트워크이다. LAN과 MAN은 패킷 방송망의 특성을 갖는다. 즉, 방송망 형태로 다른 스테이션과 통신 매체를 공유한다. 가장 간단한 형태로, 한 스테이션으로부터 송신된 신호는 모든 다른 스테이션으로 전달되며, 한 스테이션은 다른 모든 스테이션으로부터 송신된 신호를 수신한다. 패킷 교환망과 같이 패킷 방송망에서의 데이터는 패킷의 형태로 송신된다. 이 장은 LAN을 구현하는데 공통적으로 사용되는 프로토콜 구조를 설명하고 LAN에 대한 설명을 시작한다. 전체적인 개관은 물리 매체와 관계된 매체 액세스 제어(Medium Access Control: MAC)와 논리적 링크제어 (Logical Link Control: LLC) 수준까지 다룬다.

이 장에서는 LAN과 MAN에서 공통으로 사용되는 토폴로지와 프로토콜 구조를 다룬 후, 실제적인 MAC 프로토콜을 설명하겠다.

8.1 LAN 구조

LAN의 구조는 LAN의 기본 기능을 구성하는 프로토콜 계층의 관점으로 잘 설명될 수 있다. 이 절에서는 LAN의 물리, 매체 액세스 제어와 논리적 링크 제어층을 포함하는 표준 프로토콜의 구조를 설명한 후, 그 다음 각각의 계층을 검토한다.

8.1.1 프로토콜 구조

1985년 IEEE는 서로 다른 회사의 컴퓨터라 하더라도 통신이 가능한 표준을 만들기 위해 프로젝트802라는 프로젝트를 시작하였다. 이렇게 하여 LAN 프로토콜 구조는 IEEE 802 위원회에서 개발되었고, LAN 표준의 명세를 모든 조직들이 채택하였다. 이것은 일반적으로 IEEE802 참조 모델이라고 일컬어진다. OSI 모델과 IEEE 프로젝트802 모델의 관계는 〔그림 8-1〕에 나타내었다.

IEEE802 참조 모델의 최하위층은 OSI 모델에서의 물리층(Physical layer)에 해당하고, 다음과 같은 기능을 포함한다.

- 신호의 부호화/복호화
- 동기용으로 사용하는 프리앰블(preamble)의 생성/제거
- 비트 단위의 송신/수신

이에 더하여 802 모델의 물리 계층은 전송매체와 토폴로지의 명세를 포함하며, 일반적으로 OSI 모델의 최하위계층에 해당한다.

물리 계층 위에는 LAN 사용자들에게 서비스를 제공하기 위한 기능들이 있다. 이것은 다음을 포함한다.

- 전송시에 데이터 프레임에 주소와 에러 검출 필드를 추가한다.
- 수신시에 프레임을 받아서 주소를 인식하고 오류를 검출한다.
- LAN 전송 매체에 대한 접근을 제어한다.
- 상위 계층에 대한 인터페이스를 제공하고 흐름과 오류 제어를 수행한다.

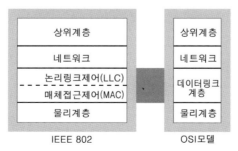

그림 8-1　OSI 모델과 비교한 IEEE802 LAN 프로토콜 참조 모델

이러한 기능은 보통 OSI계층 2와 연관되어 있다. 마지막 기능은 논리적 링크제어 (Logical Link Control: LLC)층에 포함되어 있다. 앞의 세 기능은 매체 액세스 제어(Medium Access Control: MAC)라고 하는 다른 층으로 분류된다. 이러한 계층의 분리는 다음과 같은 이유 때문에 이루어졌다.

- 공유 매체에 대한 접근을 관리하는데 필요한 제어가 기존의 데이터 링크제어 계층에는 없다.
- 같은 LLC에 대해, 여러 개의 MAC 기능 중 하나를 선택할 수 있는 선택 사항이 필요하다.

방금 제기한 표준들을 〔그림 8-2〕에 나타냈다. IEEE802의 장점은 모듈 방식에 있다. LAN 관리에 필요한 기능을 세분화함으로써 일반적인 부분은 표준화하고, 특별한 부분은 분리할 수 있게 되어 있다. 각 부분은 802.1(네트워크간 연결), 802.2(LLC), 802.3(CSMD/CD), 802.4(토큰 버스)와 같이 번호로 구분되어 있다.

대부분의 표준은 IEEE(Institute Electrical and Electronics Engineers)의 후원을 받는 IEEE802로 알려진 위원회에서 개발되었다. 모든 표준은 그 후에 ISO (International Organization for Standardization)에 의해 국제 표준으로 채택되었다.

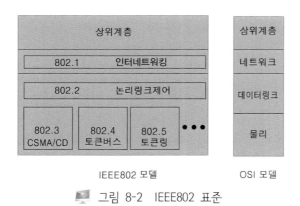

IEEE802 모델   OSI 모델

그림 8-2 IEEE802 표준

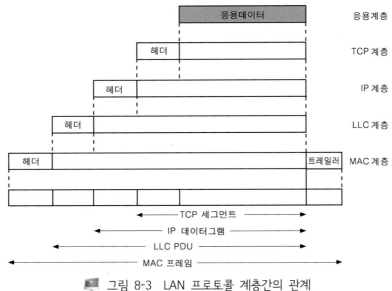

그림 8-3 LAN 프로토콜 계층간의 관계

〔그림 8-3〕은 프로토콜 구조의 각 계층간의 관계를 묘사하고 있다. 사용자 데이터는 LLC로 전달되고, 거기서 정보를 헤더의 형태로 추가하여, LLC 프로토콜 데이터 유닛(PDU)을 생성한다. 이 제어 정보는 LLC 프로토콜의 동작을 위해 사용된다. 전체 LLC PDU는 MAC층으로 넘겨져서, 패킷의 앞과 뒤에 제어 정보를 붙이게 되고, MAC 프레임을 구성하게 된다. 앞에서와 같이, 프레임의 제어 정보는 MAC 프로토콜의 동작을 위해 필요하다. 그림은 LAN 프로토콜상의 TCP/IP와 응용 계층의 구조도 보여주고 있다.

8.1.2 매체 접근 제어(MAC) 부계층

모든 LAN과 MAN은 네트워크의 전송 용량을 공유하는 장치들로 구성되어 있다. 그 전송 용량을 순서에 맞게 효율적으로 사용하기 위해 전송 매체에 대한 접근 권한을 제어할 필요가 있다. 이를 위한 기법이 바로 매체 액세스 제어(Medium Access Control: MAC) 프로토콜이다. 매체 액세스 제어 기술에 있어서 핵심이 되는 것은 '어디서', '어떻게' 제어를 하느냐는 것이다. 여기서 '어디서'란 제어를 중앙집중형으로 할 것인가 또는 분산형으로 할 것인가를 말한다. 중앙집중형에서는 네트워크에 대한 접근을 인정해주는 권한을 갖는 제어기가 있다. 전송을 원하는 스테이션은 제어기로부터 허가를 받을 때까지 기다려야 한다. 분산형 네트워크에서는 스테이션들의 전송 순서를 동적으로 결정하기 위해서 스테이션들이 일괄적으로 같이 매체 액세스 제어 기법을 수행한다. 중앙집중형 네트워크는 다음과 같은 이점을 갖는다.

- 우선 순위, 대역폭의 보장(guaranteed capacity) 등과 같은 체계적인 제어를 수행할 수 있다.
- 각 스테이션에서는 상대적으로 간단한 접근 논리(logic)만 가지면 된다.
- 스테이션간의 상호 영향을 피할 수가 있다.

한편, 중앙집중형의 중요한 단점은 다음과 같다.

- 제어기의 고장은 전체 네트워크의 동작을 중지시킨다.
- 제어기는 병목 부위처럼 작용하여 네트워크의 효율을 저하시킨다.

분산형 네트워크의 장단점은 중앙집중형 네트워크와 바꾸어 생각하면 된다.

두 번째의 '어떻게'는 네트워크의 토폴로지에 의해 제한되며, 비용, 성능, 복잡성과 같이 상충되는 요소들 사이에서 절충하여 구성된다. 일반적으로 접근 제어 기법은 동기적인 것과 비동기적인 것으로 나누어진다. 동기적 기법은 회선 교환, 주파수 분할 다중화(FDM), 그리고 동기화된 시분할 다중화(TDM)와 같은 기법에서 보는 것과 같이 정해진 용량이 접속장치를 위해 전용된다. 동기적 기법은 스테이션들의 요청들을 예측할 수가 없으므로 LAN과 MAN에는 적합하지 못하다. 동적인 통신 요청에 즉각적으로 반응하여 용량을 할당하기 위해서는 비동기적인 방법을 사용하는 것이 유리하다. 비동기적인 방법은 라운드 로빈(round robin), 예약(reservation), 경쟁(contention)의 세 가지 종류로 나뉜다.

(1) 라운드 로빈 방식

라운드 로빈(round robin) 기법에서는 각 스테이션에 차례로 전송할 기회가 주어진다. 전송 기회가 주어진 동안 스테이션은 전송을 거절하거나 또는 시간으로 정해진 어떤 상한 이내로 전송을 하게 된다. 그 후 스테이션은 논리적 순서에 따라 전송 권한을 넘겨준다. 전송 순서의 제어는 중앙집중형이나 분산 방식으로 수행된다. 폴링은 중앙집중형 방식의 한 예이다.

많은 스테이션들이 데이터 전송에 참여 한다면 라운드 로빈 방식은 매우 효율적이다. 하지만 단지 몇몇의 스테이션들만이 데이터 전송을 한다면, 나머지 대부분의 스테이션들은 전송하지 않고 그냥 전송 권한만을 넘겨줄 것이기 때문에 오버헤드가 커지게 된다. 그러므로 이런 경우에는 데이터 트래픽이 연속으로 긴 것인가 아니면 간헐적으로 짧은 것인가의 특성에 따라 사용 방법이 다르다. 스트림 트래픽(steam traffic)은 길고 상당히 연속적인 전송의 특성을 갖는데, 예를 들어, 음성통신이나 큰 파일 등을 전송할 경우이다. 버스트(bursty) 트래픽은 짧고 산발적인 전송 특성을 가지는 것으로 터미널과 호스트간의 대화식 전송을 예로 들 수 있다.

라운드로빈 방식의 예로는 토큰버스(IEEE802.4), 토큰링(IEEE802.5) 등이 있다.

(2) 예약 방식

스트림 트래픽의 경우 예약(reservation) 기법이 적합하다. 일반적으로 이러한 기법에서 매체를 사용하는 시간은 동기 시분할 다중화와 유사하게 슬롯(slot)들로 나누어진다. 전송을 원하는 스테이션은 시간의 슬롯들을 미리 중앙집중형이나 분산형 방식으로 예약해야 한다.

예약 방식의 예로는 DQDB(IEEE802.6)가 있다.

(3) 경쟁 방식

버스트(bursty) 트래픽의 경우에는 경쟁(contention) 기법이 적절하다. 이 기법은 전송 차례를 결정하기 위한 제어가 필요 없다. 따라서 모든 스테이션은 전송하기 위해서 경쟁하게 된다. 이러한 기법은 근본적으로 분산형 방식이 된다. 주요 장점은 구현하기가 쉽고 소량에서부터 적당량의 전송이 이루어질 때 효율적이라는 것이다. 그러나 전송량이 많을 때는 성능이 저하된다.

경쟁 방식의 예로는 CSMA/CD(IEEE802.3)이 있다.

중앙집중형과 분산형 예약 방식이 일부 LAN에서 쓰이기는 하지만 라운드로빈 기법과 경쟁기법이 보다 일반적이다. 앞에서 논의한 것들은 다소 추상적인데, 이 장의 각각의 매체 접근 방식을 자세히 설명하겠다.

(4) MAC 프레임 형식

MAC층은 LLC층으로부터 데이터 블록을 받아서, 매체 액세스와 관계된 일을 수행한다. 다른 프로토콜 계층들처럼 프로토콜 데이터 유닛을 사용하는데, MAC층의 PDU를 MAC 프레임이라고 한다.

정확한 MAC 프레임의 형태는 실제 사용하고 있는 여러 다양한 MAC 프로토콜과는 약간 다르다. 일반적으로 모든 MAC 프레임은 〔그림 8-4〕와 유사한 형태를 갖는다. 프레임의 필드들은 다음과 같다.

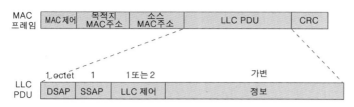

그림 8-4 일반적인 MAC 프레임 및 LLC PDU 형식

- MAC 제어: MAC 프로토콜의 기능을 수행하는데 필요한 프로토콜 제어 정보를 포함한다. 예를 들어, 여기서 우선 순위의 레벨을 지정할 수가 있다.
- 목적지 MAC 주소: 그 프레임이 최종적으로 도달해야 하는 목적지 스테이션이 속한 LAN의 물리적 주소
- 소스 MAC 주소: 그 프레임을 생성한 소스 스테이션이 속한 LAN의 물리적 주소
- LLC PDU: 상위 계층인 LLC로부터 받은 데이터
- CRC: 순환 중복검사 필드(프레임 검사 순서 필드).

대부분의 데이터 링크제어 프로토콜에서는 데이터 링크 프로토콜 엔티티가 순환 중복 검사를 통한 오류 검출뿐만 아니라 그러한 오류를 재전송을 통해 복구하는 기능도 수행한다. LAN 프로토콜 구조에서는 이 두 가지 기능들이 MAC과 LLC 부계층 사이에 나뉘어져 있다. MAC 부계층은 오류를 검출하고 오류가 있는 프레임을 버리는 일을 하고, LLC층은 선택적으로 어떤 프레임들을 성공적으로 수신하고, 재전송 했는지를 기록해둔다.

8.1.3 논리 링크제어(LLC) 부계층

논리 링크제어(logical link control) 부계층은 많은 점에서 일반적인 다른 링크 계층과 비슷하다. 논리 링크제어는 링크레벨의 프로토콜 데이터 유닛(PDU)을 스테이션 간에 교환한다. 논리 링크제어는 다른 대부분의 링크제어 프로토콜과는 다른 두 가지의 특징이 있다. 첫째, 다중 접근과 링크의 매체 공유를 지원해야 한다. 둘째, MAC 부계층이 있으므로 링크 접근에 대한 상세한 것에 관해서는 관여하지 않는다.

논리 링크제어에서는 LLC 사용자의 소스와 목적지를 정의하고 있다. 여기서 사용자는 보다 상위 계층의 프로토콜이거나 그 스테이션의 네트워크 관리 기능이다. 이러한 LLC 사용자 주소를 서비스 액세스점(Service Access Points: SAP)이라고 한다.

우선 논리적 링크제어가 상위 계층 사용자에게 제공하는 서비스에 대해서 알아보고, 그 후에 논리 링크제어 프로토콜을 조사하기로 한다.

(1) LLC 서비스

LLC는 매체상의 스테이션에 대한 주소지정과 두 사용자간의 데이터 교환을 제어하는 메커니즘을 지정한다. LLC의 동작과 형태는 HDLC에 근거를 두고 있다.

LLC는 다음과 같은 세 가지 서비스를 제공한다.

- 확인 응답이 없는 비연결 서비스: 이 서비스는 데이터그램 방식의 서비스인데, 흐름제어나 오류제어 메커니즘을 가지고 있지 않은 단순한 서비스이다. 그러므로 데이터 전달이 보장되지 않는다. 그러나 대부분의 장치에는 신뢰성을 제공하는 상위 계층이 있어 단점을 보완한다.
- 연결모드 서비스: 이 서비스는 HDLC에서 제공되는 것과 유사하다. 두 사용자간의 논리적 연결이 설정되며, 흐름제어와 오류제어가 제공된다.
- 확인 응답이 있는 비연결 서비스: 앞의 두 서비스를 혼합한 것으로, 확인 응답을 하면서 데이터그램 방식의 서비스를 제공한다. 그러나 논리적 연결은 설정하지 않는다.

확인 응답이 없는 비연결 서비스는 논리적 처리 과정을 최소로 요구하며 두 가지 면에서 유용하다. 첫째로 필요한 신뢰성과 흐름제어 메커니즘을 제공하는 상위층의 소프트웨어가 있을 경우에 같은 일을 중복하는 것을 피할 수가 있다. 예를 들어, TCP 또는 ISO 전송 프로토콜 표준은 데이터가 신뢰성 있게 전달되도록 해주는 메커니즘을 제공한다. 둘째로 연결 설정 및 유지를 위해 요구되는 오버헤드는 성능 저하를 가져올 수 있다. 그러므로 대부분의 경우에 확인 응답이 없는 비연결 서비스가 더 선호된다.

연결 모드 서비스는 터미널 제어기 같이 소프트웨어 동작이 거의 없는 간단한 디바이스에서 사용된다. 이 서비스는 일반적으로 상위 계층에서 제공되는 흐름제어와 신뢰성 메커니즘을 포함하고 있다.

확인 응답이 있는 비연결 서비스는 여러 가지 면에서 유용하다. 연결 모드 서비스에서는 논리적 링크제어 소프트웨어가 회선 설정과 유지를 위한 표(table)를 가지고 있어야 한다. 목적지 스테이션이 여러 개인 데이터의 전달을 보장하기 위해서, 연결 위주 서비스는 많은 표를 유지해야 하므로 비실용적이다. 그러나 이 서비스는 회선 설정을 하지 않기 때문에 여러 가지 표를 유지할 필요가 없다. 송신자가 데이터의 확실한 전달을 보장받기 원한다면 확인 응답이 필요하다. 급한 신호의 경우에, 사용자는 회선 연결을 위해 시간을 사용하는 것을 적절하지 못하다. 확인 응답이 있는 비연결 서비스는 송신자가 데이터의 전달여부를 확인하면서, 회선 설정을 위한 시간 낭비를 하지 않고, 회선의 설정과 유지를 위한 표의 생성 및 관리에 관련된 오버헤드를 줄일 수 있는 장점이 있다.

(2) LLC 프로토콜

기본적인 LLC 프로토콜은 HDLC에 근거를 둔 것으로 기능과 형식 면에서 유사하다. 두 프로토콜의 차이점은 다음과 같다.

1 LLC는 연결 모드 서비스를 제공하기 위해 HDLC의 비동기 평형 모드를 이용한다. 이를 제2타입 동작이라 하며, HDLC의 다른 모드는 이용되지 않는다.

2 LLC는 순서번호가 없는 독립된 정보 PDU를 이용하여 비연결 서비스를 제공한다. 이것은 제1타입 동작이라 한다.

3 LLC는 확인 응답이 있는 비연결 서비스를 지원하기 위해 두 개의 새로운 PDU를 이용한다. 이것은 제3타입 동작이라 한다.

4 LLC는 LLC의 SAP(LSAP)를 이용하여 다중화 기능을 제공한다.

세 개의 모든 LLC 프로토콜은 같은 PDU 형식을 사용하는데, 이것은 4개의 필드로 구성되어 있다. 〔그림 8-5〕에 LLC PDU의 형식과 주소 지정이 나와 있다. DSAP와 SSAP필드는 각각 목적지와 소스를 나타내는 7-비트 주소를 포함하고 있다. DSAP의 한 비트는 이것이 개인주소인지 그룹주소인지를 구별한다. SSAP의 한 비트는 이것이 명령 PDU인지 응답 PDU인지를 나타낸다.

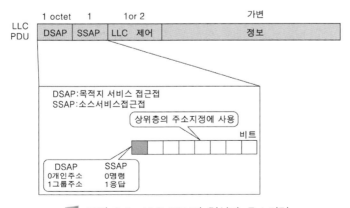

그림 8-5 LLC PDU의 형식과 주소지정

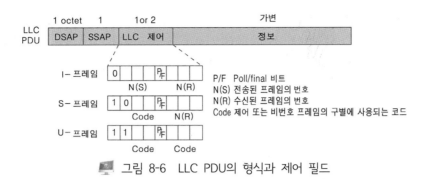

그림 8-6 LLC PDU의 형식과 제어 필드

〔그림 8-6〕에 LLC PDU의 형식과 제어 필드가 나와 있다. LLC 제어 필드의 형식은 확장된 7-비트 순서번호를 사용하는 HDLC의 형식과 동일하다.

제1타입 동작은 확인 응답이 없는 비연결 서비스를 지원하는 것으로, 사용자 데이터를 전송할 때 비번호 정보(Unnumbered Information: UI) PDU를 사용한다. 이것은 확인 응답, 흐름제어, 오류제어가 없으나 MAC층에서 오류를 검출하고 오류 검출시 프레임을 제거한다.

모든 타입의 동작에 관련된 관리 기능을 지원하기 위해 두 개의 추가적인 PDU가 사용된다. LLC 개체는 명령(C/R비트=0) XID 또는 TEST PDU를 전송할 수 있다. 수신 LLC 개체는 해당 XID와 TEST PDU를 전송함으로써 응답한다. XID PDU는 두 종류의 정보, 즉 제공되는 동작 타입과 윈도우 크기에 관한 정보를 교환하는데 사용된다. TEST 명령 PDU를 수신하면 가능한 빨리 TEST 응답 PDU를 송신한다.

제2타입 동작에 의해, 두 LLC SAP간의 데이터 교환을 위한 데이터 링크회선이 설정된다. 회선 설정은 사용자로부터의 요청에 의해 제2타입 프로토콜에 의해 시도된다. LLC 개체는 SABME(Set Asynchronous Balanced Mode Extended) PDU를 다른 LLC 개체와의 논리적 연결 설정을 요청하기 위해 전송한다. DSAP에 지정된 목적지 사용자가 연결을 수락하면, 목적지 LLC 개체는 비번호 억놀로지먼트(UA)PDU를 보낸다. 연결은 한 쌍의 사용자 SAP에 의해 유일하게 지정된다. 목적지 LLC 사용자가 연결 요청을 거절할 경우에 LLC 개체는 연결해제 모드(DM)PDU를 보낸다.

일단 연결이 설정되면 데이터는 HDLC에서와 마찬가지로 정보 PDU를 이용하여 데이터를 교환한다. 정보 PDU는 순서화(sequencing)와 흐름제어를 위해 송수신 순서번호를 포함한다. 흐름제어와 오류제어를 위해 관리자(supervisor) PDU가 사용되기도 한다. 각 LLC 개체는 연결해제(DISC) PDU를 송신함으로써 논리적 연결을 종료시킬 수 있다.

제3타입 동작에서는 전송된 각 PDU에 대해 응답이 있다. 이를 위해 또 하나의 순서번호 없는 PDU인 억나리지먼트 비연결 정보(AC) PDU가 정의된다. 사용자 데이터는 AC 명령 PDU로 송신되고 AC응답 PDU로 응답된다. 손실된 PDU를 복구하기 위해서 1비트 순서 번호를 사용한다. 송신자는 AC 명령 PDU에 0과 1을 번갈아 사용하며, 수신자는 AC 응답 PDU에 반대 숫자를 사용한다. 그러므로 어느 순간에 각 방향으로는 오직 하나의 PDU만이 나가게 된다.

8.1.4 토폴로지

토폴로지라는 용어는 장치의 물리적 혹은 논리적인 연결 형태를 말한다. 2개 이상의 장치가 하나의 링크로 연결될 수 있고, 2개 이상의 링크로 연결될 수도 있다. 네트워크의 접속 형태는 연결 링크와 장비 간의 관계에 대한 기하학적인 표현이다. LAN의 기본적인 연결 형태(토폴로지)는 버스, 트리, 고리, 성형(star) 및 그물(mesh)형이 있다.

(1) 버스형

버스 토폴로지의 특징은 멀티포인트 매체를 사용한다는 것이다. 버스형에서는 모든 노드가 적당한 인터페이스 하드웨어를 통하여 선형(linear) 전송매체에 직접 부착된다. 스테이션간의 전이중 동작과 탭은 데이터를 버스로 전송하고 버스에서 데이터를 수신할 수 있도록 한다. 한 스테이션에서 송신한 신호는 매체를 따라 양방향으로 전송되며 다른 모든 노드에서 수신될 수 있다. 노드는 탭(tap)과 유도선(drop line)에 의해 버스에 연결된다. 유도선은 주케이블과 장치를 연결하는 선이며, 탭은 주케이블 전선의 금속심에 연결하기 위해 케이블의 피복에 구멍을 낸 것이다. 신호가 주케이블을 따라 전파하면서 신호 에너지의 일부가 손실되면서, 신호는 점차 약해진다. 이런 이유로 버스가 수용할 수 있는 탭의 수와 탭간의 거리는 제한된다. 버스의 각 끝에는 신호를 흡수하여 제거하는 종단기(terminator)가 있다. 버스형 토폴로지를 〔그림 8-7〕에 나타냈다.

🖥 그림 8-7 버스형 토폴로지

버스형의 장점은 설치하기 쉽다는 것이다. 주케이블은 쉽게 설치할 수 있고, 다양한 길이의 유도선에 의해 노드에 연결될 수 있어 케이블의 양이 적게 소모된다. 주케이블이 전체적으로 설치되어 있으므로 각 유도선은 가장 가까운 주케이블에 연결시키면 되는 것이다. 버스형의 단점은 네트워크의 재구성이나 결함 분리가 어렵다는 것이다. 버스형은 일반적으로 처음 설치시에 최고의 효율을 갖도록 설계된다. 따라서 탭에서 일어나는 신호의 반사는 신호의 질을 저하시키는 원인이 되어 새로운 장치를 추가하는 것이 어려워진다. 따라서 새로운 장치를 추가하기 위해서는 주케이블의 교체나 변경이 필요할 수 있는 것이다. 또한 버스의 결함이나 파손은 모든 전송을 불가능하게 할 수 있다.

버스형 배열에는 두 가지 문제가 존재한다. 먼저, 어느 한 스테이션에서 전송한 데이터는 다른 모든 스테이션이 수신할 수 있기 때문에, 누구에서 보내려는 데이터인지를 표시하기 위한 방법이 있어야 한다. 두 번째로 전송을 규제하는 메커니즘이 필요하다. 이 이유를 이해하기 위해 버스에 있는 두 개의 스테이션이 동시에 전송하려는 경우를 고려해보자. 두 스테이션 이상이 동시에 신호를 전송했다면 그 신호들은 서로 겹쳐서 왜곡된다. 이런 현상이 발생하면 모든 스테이션이 데이터 전송에 실패하게 된다.

이러한 문제를 해결하기 위해 스테이션들은 데이터를 프레임이라고 알려진 작은 블록으로 전송한다. 각각의 프레임은 스테이션이 전송하고자 하는 데이터의 일부와 제어 정보를 담은 프레임 헤더로 구성되어 있다. 버스에 있는 각각의 스테이션에는 단일 주소나 식별자가 할당되어 있고, 프레임의 목적지 주소는 헤더에 포함되어 있다.

〔그림 8-8〕에 이 방법을 나타냈다. 이 예에서, 스테이션 C는 데이터 프레임을 A에 전송하려고 한다. 프레임 헤더에는 A의 주소가 들어 있다. 프레임이 버스를 타고 전송될 때 B를 거치게 되지만, B는 주소를 보고 프레임을 무시한다. 반대로 A는 프레임이 자신에게 발송된 것임을 보고, 지나갈 때 프레임의 데이터를 복사한다.

이렇게 해서 원하는 목적지로 데이터를 전송하는 첫 번째의 문제는 해결되었다. 다음으로 매체 접근을 제어하는 문제도 해결해야 한다. 상호 협력적인 방법으로 경쟁하면서 전송하는 메커니즘이 있다. 전송 신호의 충돌은 최대한 피해가며, 신호의 충돌이 발생하면 재전송한다. 이에 대한 상세한 과정은 8.2절에서 소개하겠다.

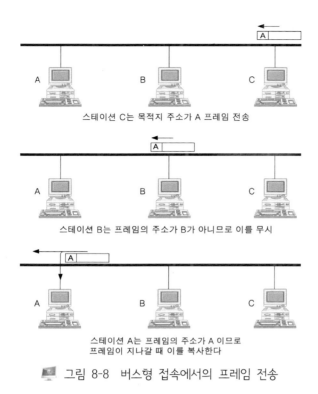

스테이션 C는 목적지 주소가 A 프레임 전송

스테이션 B는 프레임의 주소가 B가 아니므로 이를 무시

스테이션 A는 프레임의 주소가 A 이므로
프레임이 지나갈 때 이를 복사한다

그림 8-8 버스형 접속에서의 프레임 전송

(2) 트리형

트리형은 버스형에 가지를 치듯이 버스형을 연결한 일반적인 형태이다. 트리의 계층은 헤드엔드(headend)인 지점에서 시작된다. 이 헤드엔드에서 하나 이상의 케이블이 시작되며, 각 케이블은 가지를 가질 수 있다. 각 가지들은 추가적인 가지를 가질 수 있어서 더욱 복잡한 구조가 가능하다. 버스와 마찬가지로 한 스테이션으로부터의 전송은 다른 모든 노드에서 수신할 수 있다.

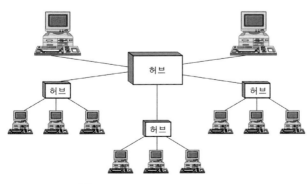

그림 8-9 트리형 토폴로지

〔그림 8-9〕에 트리형 토폴로지를 나타냈다. 〔그림 8-9〕의 트리형에서 중앙의 허브는 능동 허브(active hub)이다. 능동 허브는 데이터를 전송하기 전에 수신한 비트 패턴을 재생시키는 중계기(repeater)를 포함하고 있다. 중계기에 의한 신호의 재생은 데이터의 전송을 원활하게 하고 신호의 이동 거리를 증가시킨다. 2차 허브는 능동적일 수도 있고 수동적일 수도 있다. 수동 허브(passive hub)는 연결 장치를 단순하게 물리적으로 연결한다.

(3) 고리형

고리(ring)형 토폴로지에서는 네트워크가 점대 점의 형식으로 리피터(repeater)를 통해서 원형으로 연결되어 있다. 리피터는 한쪽 링크에서 데이터를 받아, 받을 때와 같은 빠르기로 다른 쪽 링크로 한 비트씩 전송한다. 즉, 리피터에서는 버퍼링을 하지 않고 보낸다. 링크는 한쪽 방향으로만 데이터를 전송하면서 링을 돌게 된다. 〔그림 8-10〕에 고리형 토폴로지를 나타냈다.

각 스테이션은 네트워크의 리피터에 연결되어 이를 통해 데이터를 전송할 수 있다. 버스나 트리 토폴로지에서와 마찬가지로, 데이터는 프레임의 형태로 전송되는데, 프레임은 목적지 스테이션에 이를 때까지 다른 스테이션들을 그냥 지나가게 된다. 목적지에 도달하면 목적지 스테이션은 프레임의 주소를 확인하고 자신의 주소가 맞으면 프레임을 자신의 로컬버퍼에 복사하여 저장(copy)하게 된다. 그리고 그 프레임은 원래 프레임을 송신한 스테이션에 되돌아 올 때까지 계속 링을 돌아서 송신한 스테이션에서 제거된다. 이와 같은 과정이 〔그림 8-11〕에 나와 있다.

여러 개의 스테이션들이 링을 공유하기 때문에, 각 스테이션이 어느 순간에 프레임을 링으로 보낼지를 결정하는 매체 액세스 제어가 필요하다.

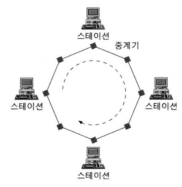

그림 8-10 고리형 토폴로지

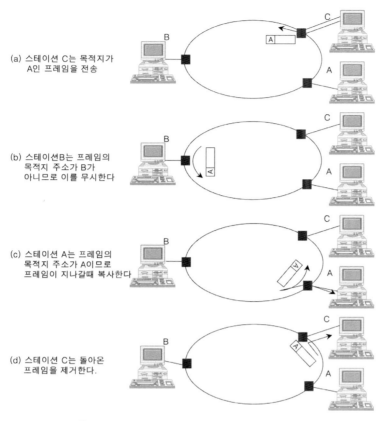

(a) 스테이션 C는 목적지가
    A인 프레임을 전송

(b) 스테이션B는 프레임의
    목적지 주소가 B가
    아니므로 이를 무시한다

(c) 스테이션 A는 프레임의
    목적지 주소가 A이므로
    프레임이 지나갈때 복사한다

(d) 스테이션 C는 돌아온
    프레임을 제거한다.

그림 8-11 고리형 LAN에서의 프레임 전송

(4) 성(star)형

성(star)형 토폴로지에서는 각 스테이션이 하나의 중앙 노드에 연결되어 있어, 중앙의 노드와 각 스테이션은 점대 점의 전용 링크를 갖는다. 그러므로 두 개의 점대 점 링크를 통해서 하나의 별 모양을 이루어 각 방향으로 전송을 하게 된다. 이 경우 각 스테이션은 서로 직접 연결되어 있지 않아 직접 통신을 할 수 없으므로 각 스테이션간의 통신은 중앙 노드의 중계를 통해 이루어진다. [그림 8-12]에 성형 토폴로지를 나타냈다.

일반적으로 중앙 노드의 기능은 다음의 두 가지 중 하나를 취한다. 그 한 가지는 중앙 노드가 방송(broadcasting) 기능을 하는 것이다. 어느 한 스테이션에서 다른 스테이션으로 프레임을 전송하고자 할 때, 프레임을 받은 중앙 노드는 연결된 모든 링크로 방송하듯이 재전송한다. 그러므로 이 경우에 성형 토폴로지는 물리적으로 성형이지만 논리적으로는 버스 구조를 갖게 된다. 즉, 어느 한 스테이션이 전송을 하면 다른 모든 스테이션들이 수신을 하게 되고, 한 번에 오직 하나의 스테이션만이 전송을 할 수 있기 때문이다.

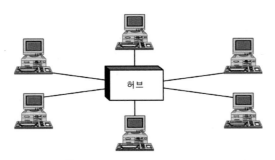

그림 8-12 성형 토폴로지

또 하나의 방법은 중앙 노드가 프레임의 교환 장치 역할을 하는 것이다. 수신되는 프레임은 일단 중앙 노드에서 저장되고, 목적지 스테이션으로 다시 전송된다.

성형 구성은 설치와 재구성이 용이하다. 왜냐하면 각 장치를 연결하기 위해서는 하나의 링크와 하나의 I/O만이 필요하기 때문이다. 중앙 노드와의 연결에만 관심을 두면 되기 때문에 이동과 제거도 용이하다. 한 링크가 끊어져 동작하지 않는 경우, 해당 링크만 영향을 받고 다른 링크에는 영향을 주지 않는다. 결함의 위치를 쉽게 알아낼 수 있고, 결함 부위의 분리를 쉽게 할 수 있다. 그러나 중앙의 노드가 고장이 나면 전체 기능이 동작하지 않는 상황이 발생할 수 있다.

(5) 그물형

그물(mesh)형 토폴로지에서 모든 스테이션은 다른 장치에 대해 전용의 점대 점 링크를 갖는다. 두 스테이션간의 통신을 담당하는 전용 링크이기 때문에 n개의 스테이션을 서로 연결하기 위해서는 n(n-1)/2개의 물리 링크가 필요하다. 또한 이 정도의 많은 링크를 수용하기 위해서 모든 스테이션은 n-1개의 입력/출력 포트를 가지고 있어야 한다. 〔그림 8-13〕에 그물형 토폴로지를 나타냈다.

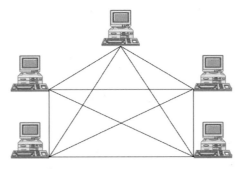

그림 8-13 그물형 토폴로지

그물형은 다음과 같은 장점을 가지고 있다. 첫째, 전용 링크를 사용하기 때문에 공유 링크에서 발생할 수 있는 통신량 문제가 발생하지 않는다. 둘째, 한 링크가 고장난다 하더라도 전체 시스템의 동작에는 큰 문제를 야기시키지 않는다. 셋째, 모든 데이터는 전용선으로 보내지기 때문에 다른 사용자가 전송 데이터에 접근하는 것을 물리적으로 방지할 수 있어 기밀 유지와 보안에 유리하다. 마지막으로 점대 점 연결은 고장의 위치 파악과 분리가 비교적 용이하고, 전송시 문제가 있는 링크를 피해 경로를 설정할 수 있다.

그물형의 단점은 스테이션의 수가 많아질수록 막대한 양의 케이블과 증가하는 입력/출력 포트로 인해 엄청난 비용이 들 수 있다는 것이다.

8.2 이더넷과 고속 이더넷(CSMA/CD)

이더넷(Ethernet)은 본래 제록스(Xerox)사에 의해 개발되었고, 그 후에 DEC사(Digital Equipment Corporation), 인텔사(Intel Corporration) 및 제록스사의 연합으로 확장된 LAN 표준이다. CSMA/CD(Carrier Sense Multiple Access with Collision Detection) 매체 접근 프로토콜을 사용하며, 이는 버스/트리형 그리고 성형 토폴로지에 가장 많이 사용되는 매체 접근 제어 기법이다. 이 기법은 베이스밴드 부분으로 Xerox의 이더넷 LAN의 기법으로 발전하여 특허를 받았으며, 브로드밴드 부분으로는 MITREnet LAN의 부분으로서 MITRE 기법으로 발전하여 특허를 받았다. 이들 기법은 모두 CSMA/CD에 대한 IEEE802.3 표준을 따른다. 여기서는 IEEE802.3 표준에 초점을 맞추어 설명하겠다.

8.2.1 IEEE802.2 매체 접근 제어 프로토콜

IEEE802.2 매체 접근 제어 기법이 CSMA/CD인데 이를 곧 바로 소개하는 것보다는 선행 기술인 ALOHA 및 CDMA(Carrier Sense Multiple Access)를 이해한 후 CSMA/CD의 동작을 설명하는 것이 이해하기에 더 유리하다.

(1) 선행기술

먼저 ALOHA라는 기법이 패킷 라디오 네트워크를 위해 개발되었다. 그러나 이것은 어떠한 전송매체에도 적용 가능하다. 스테이션은 전송할 패킷이 있으면 전송한다. 그 다음 패킷을 전송한 스테이션에서는 왕복 전파지연시간(가장 멀리 떨어진 두 스테이션 사이에서 한 패킷이 보내지는데 걸리는 시간의 두 배) 동안 수신 스테이션에서 전술한 응답 패킷을 기다린다. 그 시간 동안 송신 스테이션에서 수신 스테이션의 확인 응답을 받으면 전송 패킷은 정상적으로 전달된 것으로 판단한다. 확인 응답이 없으면 그 패킷을 다시 보낸다. 실패가 반복되면 포기한다. 수신 스테이션은 HDLC에서처럼 FCS를 조사해 봄으로써 패킷이 정상적으로 수신되었는지를 알 수 있다. 패킷이 유효하고 목적지 주소가 자신의 주소와 일치하면 수신 스테이션은 즉시 확인 응답을 보낸다. 채널의 잡음이나 또는 다른 스테이션이 동시에 패킷을 전송한다면 오류가 발생할 수도 있다. 후자의 경우, 두 프레임이 서로 방해하여 모두 오류가 발생할 수 있는데 이를 충돌(collision)이라 한다. 이 경우 수신 스테이션은 단순히 그 프레임을 무시한다.

ALOHA의 큰 특징은 랜덤(random)접근, 또는 경쟁 기법을 사용한다는 점이다. 이것은 한 스테이션은 전송시간을 스케줄링 할 수도, 예측할 수도 없다는 점에서 랜덤 접근이다. 또한 매체에 대해서 각 스테이션들이 경쟁해야 한다는 점에서 경쟁기법이다. ALOHA는 최대한 단순하게 동작하도록 설계되었고, 이를 위해서 비효율성을 감수한다. 즉, 통신량이 늘어 부하가 증가면 충돌의 횟수가 늘어나기 때문에 채널의 최대 사용률은 약 18% 정도 밖에 되지 않는다. 효율을 증가시키기 위해 ALOHA의 개정판인 슬롯티드 ALOHA(sloted ALOHA)가 개발되었다. 여기서는 채널상의 시간을 패킷 전송시간과 같은 크기의 타임 슬롯으로 나누었다. 이를 위해서는 중앙의 클럭을 사용하거나 또는 다른 기법으로라도 모든 스테이션을 동기화 할 필요가 있다. 전송은 슬롯 경계에서만 시작될 수 있으므로 겹치는 패킷들은 전체적으로 겹쳐질 것이다. 그 결과 슬로티드 ALOHA는 채널의 최대 사용률을 37%로 증가시킬 수 있었다.

ALOHA 뿐만 아니라 슬롯 ALOHA도 이용률이 좋지 않음을 알 수 있다. 이들 양쪽 프로토콜은 두 스테이션 사이에서 전파지연이 패킷 전송시간에 비해서 매우 작다는 패킷 라디오 네트워크의 중요한 성질을 완전히 이용하지 못하고 있다. 다음의 조사를 생각해보자. 만일 스테이션과 스테이션간의 전파지연이 패킷 전송시간보다 크다면, 한 스테이션이 한 패킷을 송신한 후 다른 스테이션이 한 패킷을 전송할 수도 있다. 또한 두 패킷은 서로 방해를 하여 제대로 전달될 수 없다. 사실, 만일 거리가 매우 멀면 많은 스테이션이 전송을 개시하고 그 패킷들 중 아무 것도 제대로 전달될 수 없다. 그러나 전파지연이 패킷 전송시간에 비해서 아주 작다고 상상해보자. 한 스테이션이 한 패킷을 송신할 때, 다른 모든 스테이션들은 거의 즉시 그것을 안다. 그래서 그들이 어떤 분별력이 있다면 첫 스테이션의 전송이 끝날 때까지 전송하지 않을 것이다. 두 스테이션이 거의 동시에 전송을 시작할 때에만 충돌이 발생하므로 충돌은 거의 발생하지 않는다.

앞에서 설명한 조사는 CSMA라는 기술의 발전을 가져 왔다. 전송을 바라는 스테이션은 먼저 전송매체를 살펴서 다른 스테이션의 전송이 있는지를 조사한다. 사용중이면 기다려야 하고 그렇지 않으면 전송을 시작한다. 동시에 두 개 이상의 스테이션이 전송할 경우에는 충돌이 발생하게 되어 그 데이터들은 모두 전송에 실패하게 된다. 이러한 상황을 고려하여 스테이션은 얼마 동안의 시간을 기다린다. 여기서 기다리는 시간은 최대 왕복 전파지연과 수신 스테이션이 확인 응답을 보내기까지의 지연보다 커야 한다. 만약 확인 응답이 오지 않으면 충돌이 발생했다고 판단하고 다시 전송한다.

이 방법은 패킷 전송시간이 전파시간보다 훨씬 더 긴 시스템에 대해서 얼마나 효과적인지를 보여준다. 충돌은 두 개 이상의 사용자들이 짧은 시간(전파지연의 기간) 내에 전송을 시작할 때에만 발생한다. 한 스테이션이 전송을 시작하고, 패킷의 맨 앞이 가장 먼 스테이션으로 전파되는데 걸리는 시간 동안 충돌이 없으면 성공적으로 전송될 것이다. 이것은 다른 모든 스테이션이 그 전송에 대해서 인지하고 있으므로 충돌을 일으키지 않는 것이다.

CSMA를 사용했을 때의 최대 이용률을 ALOHA나 슬롯 ALOHA의 경우보다 훨씬 크다. 이때 최대 이용률은 전파지연시간보다 패킷의 길이에 따라 달라지게 된다. 특히, 패킷의 길이가 길고 전파지연시간이 짧을수록 이용률은 높아진다.

CSMA에서 전송매체가 사용중이면, 스테이션이 어떻게 해야 하는지를 지정할 필요가 있다. 3가지 방법이 있는데 〔그림 8-13〕에 나타냈다. 그 중 하나가 non-persistent CSMA로 다음의 규칙을 따른다.

- 전송매체가 사용중이 아니면 전송한다. 그렇지 않으면 다음 단계로 간다.
- 전송매체가 사용중이면, 사용이 끝날 때까지 살피다가 랜덤시간 후에 다시 전송한다.

랜덤 시간 후에 다시 전송하는 것은 충돌의 확률을 줄일 수 있지만, 전송에 앞서 수반되는 채널의 미사용 시간을 낭비한다. 채널의 미사용 시간을 없애기 위해 1-persistent CSMA를 사용할 수 있다. 1-persistent CSMA의 규칙은 다음과 같다.

● 전송매체가 사용중이 아니면 전송한다. 그렇지 않으면 다음 단계로 간다.
● 전송매체가 사용중이면, 사용이 끝날 때까지 살피다가 사용이 끝나면 즉시 전송한다.

1-persistent CSMA의 경우, 2개 이상의 스테이션이 패킷 전송을 기다리고 있었다면 충돌은 확정적이다. Non-persistent CSMA처럼 충돌을 줄이고, 1-persistent CSMA처럼 미사용 시간을 줄이는 절충안이 p-persistent CSMA이다. P-persistent CSMA의 규칙은 다음과 같다.

● 전송매체가 사용중이 아니면 확률 p로 전송한다. 그리고 (1-p)의 확률로 하나의 단위 시간을 지연한다. 단위 시간은 최대 전파 지연시간과 같다.
● 전송매체가 사용중이면, 사용이 끝날 때까지 살피다가 끝나면 앞의 단계를 반복한다.
● 하나의 단위 시간 동안 전송이 지연되면 처음 단계를 반복한다.

P-persistent CSMA는 복잡하여 IEEE802.3에서 일반적으로 사용하는 방법은 1-persistent CSMA이다.

(2) CSMA/CD

CSMA가 ALOHA나 슬롯 ALOHA에 비해 훨씬 효과적일지라도 여전히 비능률적인 면이 있다. CSMA에서는 매체에서 두 패킷이 충돌할 때 손상을 입은 양쪽 패킷이 지속되는 동안 용량의 낭비가 오는 것이다. 패킷의 길이가 전파지연에 비해 클 때 용량의 낭비가 커지게 되는데, CSMA/CD를 사용하면 전송하는 동안 계속 매체를 살피는 일을 하므로 낭비를 줄일 수 있다. CSMA/CD의 규칙은 다음과 같다.

1️⃣ 매체가 사용 중이 아니면 전송하고, 그렇지 않으면 단계 2로 간다.
2️⃣ 매체가 사용 중이면 채널의 사용이 끝날 때까지 감시하다가 사용이 끝나면 즉시 전송한다.
3️⃣ 전송하는 도중에 충돌이 일어난 것을 감지하면, 짧은 신호를 보내서 모든 스테이션에 충돌이 일어난 것을 알린다.
4️⃣ 충돌 신호를 보낸 다음 임의의 시간을 기다린 다음 단계1로 간다.

〔그림 8-14〕에 베이스밴드 신호방식을 사용한 버스상에서의 신호 충돌 모습을 나타냈다. t_0 시간에 스테이션 A는 목적지 주소가 D인 패킷을 전송한다. t_1 시간에 스테이션 B와 C가 전송하고자 한다. 이때 스테이션 B는 매체가 사용중임을 감지하고 전송하지 않는다. 그러나 스테이션 C는 스테이션 A가 전송중임을 알지 못하기 때문에 자신의 패킷을 전송한다. 스테이션 A가 전송한 패킷이 t_2 시간에 스테이션 C에 도달하게 되면 스테이션 C는 충돌이 일어났음을 감지하고 전송을 그만두게 된다. 충돌 상태는 스테이션 A에서도 감지하게 된다. 스테이션 A는 어떤 시간 t_3에서 충돌을 감지하고 전송을 중지한다.

CSMA와 마찬가지로 CSMA/CD도 3가지 퍼시스턴트 알고리즘 중 하나를 사용할 수 있다. 일반적으로 사용되는 것이 1-퍼시스턴트 알고리즘이다. 상기한 CSMA/CD 규칙은 1-퍼시스턴트 알고리즘을 적용한 것이다.

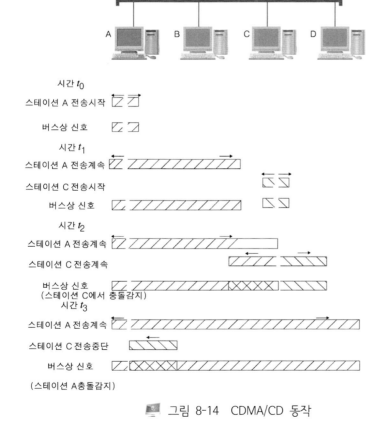

그림 8-14 CDMA/CD 동작

CSMA/CD를 사용할 경우에는 낭비시간이 충돌을 감지한데 걸리는 시간으로 줄어들게 된다. 그 낭비 시간은 얼마나 걸릴까? 우선 베이스밴드 버스 시스템에서 가장 멀리 떨어져 있는 두 스테이션의 경우를 생각해보자. 예를 들어, 〔그림 8-14〕에서 스테이션 A가 전송을 시작하고 그 전송이 스테이션 D에 도달하기 전에 스테이션 D가 전송 시도를 한다고 가정해보자. 스테이션 D는 매체가 사용 중임을 알지 못하기 때문에 자신의 패킷을 전송하기 시작한다. 곧 충돌이 생기게 되고 스테이션 D는 이를 감지하게 된다. 이 충돌 신호가 스테이션 A에게 전송되어 A는 충돌을 감지하게 된다. 그러므로 충돌감지시간은 종점간 전파지연시간의 두 배보다 크지 않게 된다.

IEEE 표준에서 제시하는 대부분의 CSMA/CD 시스템의 가장 중요한 규칙은, 전송이 끝나기 전에 충돌을 감지할 수 있을 정도로 패킷의 길이가 길어야 한다는 것이다. 패킷의 길이가 짧아지게 되면 충돌은 감지되지 않기 때문에 CSMA/CD의 성능은 CSMA 프로토콜과 같게 된다.

CSMA/CD의 구현이 베이스밴드와 브로드밴드에서 비슷해 보이나 다음과 같은 차이점이 있다. 그 중 하나는 신호를 감지하는 수단이다. 베이스밴드에서는 전압펄스를 감지하며, 브로드밴드에서는 RF 반송자를 감지한다.

충돌감지 또한 두 개의 시스템에서 각기 다르다. 베이스밴드에서는 충돌이 생기면 하나의 송신기가 발생하는 전압 범위보다 높은 전압을 발생시킨다. 그러므로 IEEE 표준에서는 하나의 송신기가 전압펄스의 범위를 넘는가를 조사하여 충돌을 감지한다. 그러나 전송된 신호는 전파되는 동안에 감쇠될 수 있기 때문에 문제가 생길 수 있다. 즉, 멀리 떨어진 두 개의 스테이션이 전송한다면, 전송중인 다른 신호에 더해져도 그 더해진 크기의 신호가 CD의 임계값(threshold)보다 작을 수도 있다. 이러한 이유 때문에 IEEE 표준은 동축케이블의 길이는 10BASE5에서는 500m, 10BASE2에서는 200m로 제한한다.

트위스트 페어 성형 토폴로지에서는 훨씬 더 간단한 기법이 있다. 이 경우에는 충돌감지가 전압에 의해서가 아닌 논리에 의해서 수행된다. 각 허브에 대해 하나 이상의 입력선에 신호가 들어오면 충돌이 발생한 것으로 간주한다. 그러면 입력선에 신호가 있는 동안 충돌발생(collision presence) 신호가 생성되어 계속 출력된다. 이 신호에 의해 모든 노드는 충돌이 발생했음을 알게 된다.

8.2.2 MAC 프레임

IEEE802.3 프레임은 7개의 필드로 구성된다. 즉, 선행신호(Preamble), SFD, DA (Des- tination Address), SA(Source Address), PDU 길이/유형, 802.2 프레임, CRC로 구성된다. 이더넷은 수신된 프레임에 대한 확인응답 메커니즘을 제공하지 않는다. 확인응답은 상위 계층에서 이루어진다. CSMA/CD의 MAC 프레임 형식은 〔그림 8-15〕 에 나타나 있다.

- 선행신호: IEEE802.3 프레임의 첫 번째 필드로 7바이트(56비트)의 길이를 갖는 다. 프레임이 도착한 것을 수신측 시스템에 알리고, 입력 타이밍을 동기화 하는 기능을 수행한다. 동기화에 사용할 수 있도록 0과 1의 반복패턴으로 구성된다. 802.3에서 패턴 '1010101'은 경고와 타이밍 펄스 기능만을 제공한다. 즉, 데이터 전송의 시작을 알리는 의미로 사용된 것이다. HDLC는 경고, 타이밍, 시작 동기 화를 하나의 필드로 조합하였다. IEEE802.3은 3가지 기능을 선행 신호와 두 번 째 필드인 SFD(start frame delimiter)로 나누었다.

- 시작프레임 지시기: 802.3 프레임의 두 번째 필드(1바이트: 10101011)는 프레 임의 시작을 알린다. 프레임 시작 지시기(start frame delimiter; SFD)는 수 신자에게 다음에 주소와 데이터가 이어진다는 것을 알린다.

- 목적지 주소: 목적지 주소(destination address; DA) 필드는 6바이트로 되어 있으며, 프레임이 가는 목적지의 물리주소를 포함한다. 시스템의 물리주소는 NIC (Network Interface Card)에서 부호화된 비트 패턴이다. 각 NIC는 다른 NIC 와 구분되는 고유의 주소를 갖는다. 유일한 물리적 주소일 수도 있고, 그룹 주소 또는 글로벌(global) 주소일 수도 있다.

- 발신지 주소: 발신지 주소(source address; SA) 필드도 6바이트로, 패킷을 전 송하는 장치의 물리주소를 말한다. 이 주소는 송신국 주소 또는 패킷을 수신해서 전송하는 가장 가까운 라우터의 주소일 수 있다.

선행신호: 56비트의 1과 0의 교대패턴
SFD : 프레임시작 지시기(10101011)

그림 8-15   IEEE802.3 프레임 형식

- PDU 길이/유형: SA 다음의 2바이트는 다음에 오는 PDU의 바이트 수를 나타낸다. PDU의 길이가 고정되어 있으면, 이 필드는 유형을 나타내거나 다른 프로토콜에 대한 근거로 사용된다. 예를 들어, 노벨(Novell)사와 인터넷에서는 이 필드를 PDU를 사용하는 네트워크계층의 프로토콜을 나타내는데 사용한다.
- 802.2 프레임(PDU): LLC에 의해 제공되는 데이터 유닛이다. 이 필드는 조립식 건물처럼 이동할 수 있는 단위로서 전체 802.2 프레임을 갖는다. PDU 길이는 프레임 유형과 정보 필드의 길이에 따라 46~1500바이트의 길이를 갖는다. PDU는 상위 부계층(LLC)에 의해 생성되어 802.3 프레임에 속하게 된다.
- CRC: 802.3 프레임의 마지막 필드로, 오류검출 정보가 들어 있다. 이더넷은 CRC-32를 사용한다.

8.2.3 IEEE802.3 10-Mbps 구현 명세 : 이더넷

IEEE802.3 위원회는 지금까지 물리적인 측면에서의 구조 정의를 활발하게 하였는데, 이것은 장단점을 갖는다. 좋은 면으로 생각하면 표준안 자체가 기술을 발전시키는데 상당한 도움을 주어 왔지만 반대로 사용자들에게는 다른 선택을 하는데 어려움을 가져다주었다. 그러나 위원회는 다양한 욕구를 충족시키기 위해 여러 다양한 선택 사항들을 쉽게 구조에 넣을 수 있도록 노력해왔다. 그러므로 복잡한 요구사항을 가진 사용자들도 802.3 표준으로 다양하고 융통성 있게 작업을 할 수 있게 되었다.

여러 다양한 물리 계층 매체들을 다음과 같이 표기하여 구분한다.

〈데이터율(Mbps)〉〈신호방식〉〈최대 세그먼트 길이(100m)〉

정의된 명세는 다음과 같다.
- 10BASE5
- 10BASE2
- 10BASE-T
- 10BROAD36
- 10BASE-F

10BASE-T와 10BASE-F에서 "T"와 "F"는 각각 트위스트페어와 광섬유를 의미한다. 〔표 8-1〕에 이를 요약해 놓았다. 표에 있는 규칙들은 데이터 전송율이 모두 10Mbps로 동작 한다.

표 8-1   IEEE802.3 10Mbps 물리 계층 매체 명세

	10BASE5	10BASE2	10BASE-T	10BROAD36	10BASE-FP
전송매체	동축케이블 (50 ohm)	동축케이블 (50 ohm)	UTP pair	동축케이블 (75 ohm)	850-nm optical fiber pair
신호방식(부호화)	베이스밴드 (맨체스터)	베이스밴드 (맨체스터)	베이스밴드 (맨체스터)	브로드밴드 (DPSK)	맨체스터/ (IM)
토폴로지	버스형	버스형	성형	버스/나무형	성형
최대 세그먼트 길이(m)	500	185	100	3600	500
세그먼드당 노드수	100	30	-	-	33
케이블직경(mm)	10	5	0.4~0.6	0.4~1.0	62.5/125 μm

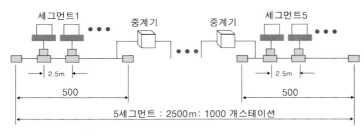

그림 8-16   10BASE5 이더넷 세그먼트

(1) 10BASE5 : 굵은 이더넷

10BASE5는 원래 802.3 매체 명세로 이더넷의 근간이 되며, 이더넷 802.3 모델에서 규정한 첫 번째 물리적인 매체 명세로서 'Thick Ethernet', 'Thick-net'이라고도 한다. 'Thick Ethernet', 'Thick-net'이라는 이름은 케이블 굵기에서 나온 것이다. 케이블 굵기는 대충 정원에서 사용하는 고무 호스 정도이며, 손으로 구부릴 수 없을 정도로 단단하다. 10BASE5는 기저대역 신호를 사용하고, 최대 500m의 세그먼트 길이를 갖는 버스형 접속형태의 LAN이다. 근거리 통신망에서 리피터와 브리지 등의 네트워크 구성장치를 사용하여 세그먼트 길이 제한을 확장할 수 있다. 굵은 이더넷에서 근거리 통신망은 연결장치에 의해 세그먼트로 나눌 수 있다. 이 경우에 각 세그먼트 길이는 500m로 제한된다. 그러나 충돌을 줄이기 위해서 전체 버스 길이는 2,500m(5세그먼트)를 초과하면 안된다. 또한, 각 지국은 인접한 지국과 2.5m의 간격을 유지해야 한다. 즉, 세그먼트당 200국이 되고, 총 1000국이 된다. 〔그림 8-16〕에 나타냈다.

10BASE5에서 사용하는 물리적인 연결기와 케이블로는 동축케이블, 네트워크 인터페이스 카드(NIC), 송수신기와 AUI(attachment unit interface) 케이블이 있다.

동축케이블은 RG-8 케이블을 사용한다. 이들 간의 상호 작용이 〔그림 8-17〕에 나타나 있다.

● RG-8 케이블: RG-8 케이블(radio government-8; RG)은 IEEE802.3 표준의 중추(backbone)로 사용되는 굵은 동축케이블이다.

● 송수신기: 각 지국은 매체연결 장치(medium attachment unit; MAU) 또는 보통 송수신기(transceiver; transmitter-receiver의 준말)라는 중계장치에 AUI 케이블로 연결된다. 송수신기는 회선의 전압과 충돌을 검사하는 CSMA/CD 기능을 수행하고, 작은 버퍼를 가지고 있다. 또한 탭을 통하여 굵은 동축케이블에 지국을 직접 연결하는 장치의 역할을 한다. 〔그림 8-18〕을 참조하라.

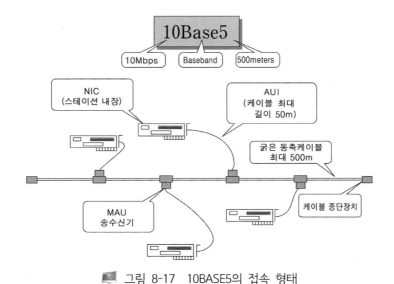

그림 8-17   10BASE5의 접속 형태

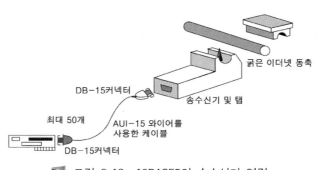

그림 8-18   10BASE5의 송수신기 연결

● AUI 케이블: 각 지국은 AUI(attachment unit interface)에 의해서 대응되는 송수신기에 연결된다. AUI는 지국과 송수신기 간의 물리층 인터페이스 기능을 담당하는 15선 케이블이다. AUI의 양쪽 끝은 DB-15(15핀) 접속기에 연결된다. 하나의 접속기는 NIC 포트에 연결하고, 다른 하나는 송수신기 포트에 연결한다. AUI는 지국을 10BASE5 중추 케이블에 대해 융통성 있게 배치하기 위해 최대 길이를 50m로 제한하고 있다.

● 송수신기 탭: 각 송수신기는 송수신기 탭(transceiver tap)이라는 연결 부품을 가지고 있다. 이것은 송수신기로 하여금 회선상의 어느 지점이든 연결 가능하게 한다. 〔그림 8-18〕을 참조하라. 탭의 중앙에는 금속 못이 있고, 굵은 케이블 크기에 잘 맞게 되어 있다. 이 못은 송수신기 안에 있는 선에 연결되어 있다. 케이블을 오목한 부분에 압착하면, 못은 케이블의 표피와 내부 선을 둘러싸고 있는 부분을 뚫고, 송수신기와 케이블이 전기적으로 연결되게 한다. 이러한 종류의 연결기는 케이블을 흡혈귀 같이 '문다'고 해서 뱀파이어 탭(vampire tap)이라고도 한다.

(2) 10BASE2 : 얇은 이더넷

IEEE802 계열로 규정된 두 번째 이더넷 구현을 10BASE2 또는 얇은 이더넷이라고 한다. 얇은 이더넷(Thin-Net, Cheapnet, thin-wire Ethernet 등으로 불린다)은 10BASE5 이더넷과 동일한 데이터 전송률을 제공하지만, 가격은 훨씬 저렴하다.

10BASE2는 10BASE5와 같이 버스형 접속 형태 LAN이다. 얇은 이더넷의 장점은 설치의 용이성과 낮은 비용에 있다. 단점은 가용 거리가 짧고 단말기의 수용 능력이 적다는 것이다. 즉, 이더넷은 500m인데 반해, 10BASE2는 185m에 불과하여, 세그먼트당 탭의 수가 많이 줄어든다. 유닉스 기반 소형 컴퓨터상의 소수 사용자 또는 개인용 컴퓨터와 워크스테이션으로 연결된 네트워크인 경우, 위와 같은 단점에도 불구하고 비용절감 측면에서 10BASE2를 더 많이 사용하고 있다.

10BASE의 물리적인 구성은 〔그림 8-19〕에 나타나 있다. 연결을 위한 부품으로는 NIC, BNC-T 연결기를 사용하고 연결 케이블로는 RG-58을 사용한다. 송수신기 회로는 NIC 안에 있으며, 송수신기 탭은 AUI 케이블을 없애고 단말장치를 케이블로 직접 연결할 수 있는 연결기로 대체되었다.

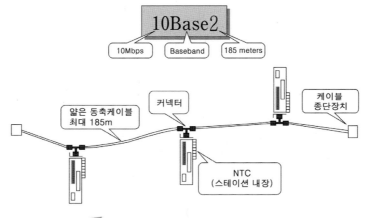

그림 8-19   10BASE2의 접속 형태

- NIC(네트워크 인터페이스 카드) : 얇은 이더넷 시스템의 NIC(network interface card)는 송수신기 기능을 포함하고, 굵은 이더넷 시스템의 NIC가 갖는 모든 기능을 제공한다. 즉 10BASE2 NIC는 주소를 갖는 지국뿐 아니라 회선상의 전압 확인 기능도 제공한다.
- 얇은 동축케이블 : 설치나 이동이 비교적 쉬운 RG-58이 이용된다.
- BNC-T : BNC-T 연결기는 3개의 포트를 갖는 T자형 장치이다. 3개의 포트 중에서 하나는 NIC에 연결되고 나머지는 케이블의 입력단과 출력단에 사용된다.

(3) 10BASE-T : 꼬임선 이더넷

IEEE802.3 계열 중 가장 많이 사용되는 표준은 스타형 LAN인 10BASE-T이다. 이 스타형 LAN은 동축케이블 대신 비차폐형 꼬임선(unshielded twisted pair; UTP) 케이블을 사용한다. 10BASE-T는 10Mbps의 데이터 전송률과 100m까지의 링크 길이(허브에서 스테이션까지)를 지원한다.

10BASE-T 이더넷은 독립적인 송수신기 대신에 각각의 지국들을 연결할 수 있는 포트가 들어 있는 지능형 허브를 사용한다. 허브와 스테이션은 점대 점 방식의 링크로 연결되는데, 허브와 스테이션들은 UTP 4쌍으로 구성된 RJ-45 케이블(8선 비차폐형 꼬임선 케이블)을 이용하여 허브에 연결된다. RG-45 케이블의 양쪽 끝은 전화기의 잭과 같은 형태의 연결기로 되어 있다. 한 스테이션에서 프레임을 전송하면, 허브에 연결되어 있는 모든 스테이션의 NIC에서 이 프레임을 검출할 수 있다. NIC는 프레임에 기록되어 있는 주소와 같은 주소를 갖는 스테이션만 프레임을 읽게 한다.

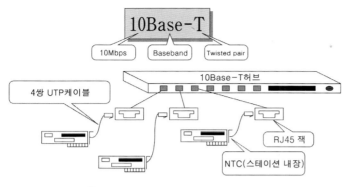

그림 8-20 10BASE-T 접속 형태

〔그림 8-20〕에서 볼 수 있듯이 각각의 스테이션에는 NIC가 있다. 100m를 넘지 않는 4쌍 UTP케이블은 스테이션에 들어 있는 NIC를 10BASE-T 허브에 있는 지정된 포트에 연결한다.

케이블의 무게와 유연성, RJ-45 잭과 플러그의 편리성 때문에 10BASE-T는 802.3 LAN 중에서 설치와 재설치가 가장 용이하다. 스테이션을 교체해야 할 때에는 단지 새로운 스테이션에 플러그를 꽂기만 하면 된다.

(4) 10BROAD36

10BROAD36은 브로드밴드 방식을 사용하기 위한 802.3 명세이다. 쓰이는 매체는 표준 75Ω CATV 동축케이블이며, 이중이나 분할 구조를 사용할 수 있다. 헤드엔드로부터 각 세그먼트의 최대길이는 3600m이다.

신호 방식은 차동 위상 시프트 키잉(Differential Phase-Shift Keying: DPSK)이다. 일반적인 PSK에서는 2진수 0이 특별한 위상을 가진 반송자로 표현되고, 2진수 1은 그 반대의 위상을 가진 반송자로 표현된다. DPSK에서는 차동 인코딩 방법을 사용하므로 0이 발생할 때 위상의 변이가 일어나며, 1이 발생할 때는 위상의 변이가 일어나지 않는다. 이렇게 차동 인코딩을 하게 되면 수신측에서 위상의 변이를 감지하기가 훨씬 쉬워진다.

(5) 10BASE-F

10BASE-F는 광섬유를 사용하기 때문에 거리와 전송에 있어서의 여러 가지 장점이 있다. 이 표준안에는 다음의 세 가지 명세를 포함한다.

- 10-BASE-FP(passive) : 스테이션들과 리피터들을 세그먼트당 1km까지 연결할 수 있는 수동적 성형 토플로지를 갖는다.
- 10-BASE-FL(link) : 스테이션들이나 리피터들은 2km까지 연결하는데 쓰일 수 있는 점대 점 링크를 정의한다.
- 10-BASE-FB(backbone) : 리피터들을 2km까지 연결하는데 쓰일 수 있는 점대 점 링크를 정의한다.

앞의 세 가지 명세들은 각 전송 링크를 위해서 한쪽 전송 방향마다 하나씩, 한 쌍의 광섬유를 사용한다. 신호 방법으로는 맨체스터 인코딩 방법을 사용한다. 10-Mbps 맨체스터 비트 흐름을 위해 실제 광섬유에서는 20Mbps 만큼의 속도가 필요하다.

10BASE-FP는 33개의 스테이션까지 지원이 가능한 중앙 수동형 성형 시스템을 정의한다. 10-BASE-FL과 10-BASE-FB는 네트워크의 길이를 확장하는데 사용되는 점대 점 연결에 대해서 정의하고 있는데, 이 두 가지의 차이점은 10BASE-FB는 동기 재전송 방식을 사용한다는 점이다. 동기 신호 방식을 사용하면, 리피터로 들어오는 광신호가 로컬 클럭으로 타이밍되어 재전송된다. 10BASE-FL에 쓰이는 비동기식 신호 방식은 10BASE-FP에서처럼 재타이밍하는 것이 없기 때문에 타이밍 왜곡이 리피터를 통해서 전파되게 된다. 결론적으로, 거리를 늘리기 위해서 15개까지의 리피터를 일렬로 연결하려 한다면 10BASE-FB가 사용되어야 한다.

8.2.4 IEEE802.3 100-Mbps 명세 : 고속 이더넷

고속 이더넷은 IEEE802.3에서 싼 가격에 기존의 이더넷과 호환이 가능하면서 100Mbps에서 동작하는 LAN을 제공하기 위해서 개발한 것이다. 100BASE-T를 기반으로 하고 있는데 다른 전송매체에서도 쓸 수 있는 여러 대안들을 제시하고 있다.

〔그림 8-21〕에는 고속 이더넷의 종류를 나타내고 있다. 모든 100BASE-T에서는 IEEE802.3 MAC 프로토콜과 프레임 형식을 사용한다. 100BASE-X는 원래 광섬유 분산 데이터 인터페이스를 위해 정의된 물리적인 명세를 사용한다. 100BASE-X는 노드간에 두 개의 물리적 링크를 사용하는데, 하나는 송신을 위한 것이고, 또 다른 하나는 수신을 위한 것이다. 100BASE-TX는 차폐 트위스트 페어(STP)나 고품질인 카테고리 5 비차폐 트위스트 페어(UTP)를 사용한다. 100BASE-FX는 광섬유를 사용한다.

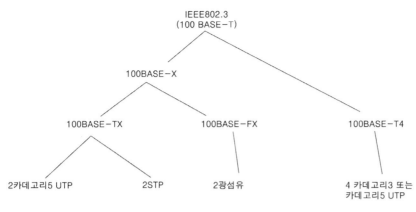

그림 8-21   IEEE802.3 고속 이더넷의 종류

표 8-2   IEEE802.3 100BASE-T의 물리 계층 매체 명세

	100BASE-TX		100BASE-FX	100BASE-T4
전송매체	2쌍, STP	2쌍, 카테고리 5UTP	2광섬유	4쌍, 카테고리 3,4, 또는 5UTP
신호방식	4B5B, NRZI	4B5B, NRZI	4B5B, NRZI	8B6T, NRZ
최대 데이터율	100Mbps 100m	100Mbps 100m	100Mbps 100m	100Mbps 100m
세그먼트 길이	200m	200m	400m	200m

100BASE-X를 건물에서 사용하려면, 새로운 케이블을 설치해야만 한다. 이런 경우에, 대안으로 100BASE-T4를 쓰면 보다 싼 가격에 고품질의 카테고리 5 UTP 뿐만 아니라 카테고리 3인 음성급의 UTP를 쓸 수 있다. 저품질의 케이블에서 100Mbps의 데이터율을 내기 위해서 100base-T4는 4개의 트위스트 페어라인을 노드 사이에 쓰는데, 데이터 전송시 한 번에 한 방향으로 세 개의 쌍을 사용하게 된다.

100BASE-T의 여러 선택 사항들을 보면 그 토폴리지가 10BASE-T와 유사한데, 이를 성형- 도선(star-wire) 토폴로지라고 한다. 〔표 8-2〕에 100BASE-T의 중요한 특징들을 정리했다.

(1) 100BASE-X

100BASE-X에서 사용되는 모든 전송매체는 하나의 링크, 즉 단일 트위스트 페어 또는 단일 광섬유에서 전송이 이루어져서, 단방향으로 100Mbps의 데이터율을 낼 수가 있다. 이러한 매체 활용을 위해서는 효율적이고 효과적인 신호 인코딩 방법이 필요

하다. 그래서 선택된 인코딩 방법 중의 하나가 4B/5B-NRZI라는 것인데 FDDI에서 처음으로 사용되었다.

100BASE-X는 두 개의 물리적 매체 명세를 포함하는데, 하나는 100BASE-TX로서 트위스트 페어에서 사용되는 것이고, 또 다른 하나는 광섬유에서 사용되는 100BASE-FX가 있다.

100BASE-TX는 두 쌍의 트위스트 페어 케이블을 사용하는데 하나는 전송을 위해, 그리고 또 다른 하나는 수신을 위해 사용한다. STP와 카테고리 5 UTP 둘 다 사용 가능하다.

100BASE-FX는 두 개의 광섬유 케이블을 사용하는데, 하나는 전송을 위한 것이고 또 다른 하나는 수신을 위한 것이다. 100BASE-FX를 사용할 때는 4B/5B-NRZI 부호 그룹 스트림을 광신호로 바꾸기 위한 수단이 필요하다. 광신호 변조시에는 강도변조(intensity modulation)라는 기법이 사용되는데, 하나의 2진수 부호 1이 하나의 광 신호 펄스로 표현된다. 2진수 부호 0은 광 신호 펄스가 없거나 아니면 아주 낮은 강도로 표현된다.

(2) 100BASE-T4

100BASE-T4는 저품질의 카테고리 3 케이블에서 100Mbps의 데이터율을 내기 위해서 고안되었다. 따라서 사무 빌딩에 대부분 설치되어 있는 카테고리 3의 케이블을 이용할 수 있다. 이 명세에서는 카테고리 5 케이블도 사용할 수 있다. 100BASE-T4는 패킷들 사이에서 연속적인 신호를 전송하지 않기 때문에, 전지 전력(battery powered)을 사용하는 경우에 유용하다.

100BASE-T4는 음성급의 카테고리 3 케이블을 사용하기 때문에, 하나의 단일 트위스트 페어에서는 100Mbps의 속도를 내기가 힘들다. 대신, 100BASE-T4에서는 전송될 데이터 스트림을 세 개까지의 독립적인 데이터 스트림들로 나눈다. 각 데이터 스트림은 100/3Mbps의 효과적인 데이터율을 갖게 된다. 4개의 트위스트 페어가 사용되는데, 세 개의 페어를 사용해서 데이터를 전송하고 세 개의 페어를 사용해서 수신한다. 그러므로 두 개의 페어는 양방향 전송을 할 수 있도록 만들어져야 한다.

100BASE-T4에서는 100BASE-X에서 쓴 NRZ 인코딩 방법을 쓸 수가 없다. 그 이유는 각 트위스트 페어에서 33Mbps의 신호율을 필요로 하고, 또 동기화도 지원할 수가 없기 때문이다. 그 대신 8B6T라는 3진(ternary) 신호 방식이 쓰인다.

8.2.5 1000-Mbps 명세 : 기가비트 이더넷

많은 조직들이 100BASE-T를 사용하였는데 백본 네트워크에 많은 부하가 걸리면서 보다 고속의 전송을 위한 요구가 강하게 나타났다. 이에 IEEE802.3 위원회는 초당 기가 비트를 전송할 수 있는 이더넷을 연구하기 위해 고속 연구 그룹을 1995년에 구성하였고, 현재 1000Mbps 표준들이 발표되고 있다. 기가 비트 이더넷은 10Mbps와 100Mbps에서 사용되는 CSMA/CD 프로토콜과 프레임 형식을 유지하면서 새로운 매체와 전송율에 대한 명세를 정의한 것이다.

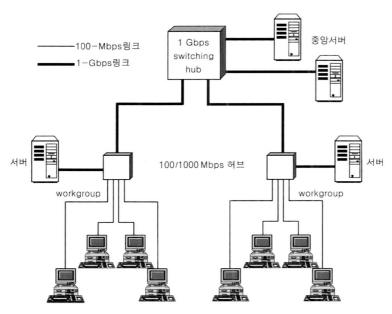

그림 8-22 기가비트 이더넷을 이용한 네트워크의 구성

〔그림 8-22〕는 기가비트 네트워크의 일반적인 이용방법을 나타내고 있다. 1Gbps의 스위칭 허브가 중앙 서버와 고속의 작업 그룹 허브를 연결하여 백본 기능을 제공하고 있다. 각 작업 그룹 허브는 백본 네트워크와의 연결과의 연결을 위해 2개의 1Gbps 링크를 제공하고 나머지는 100Mbps의 링크를 제공한다.

(1) 매체 접근 계층

기가비트 이더넷은 표준(10Mbps) 및 고속(100Mbps) 이더넷과 마찬가지로 동일한 CSMA/CD 프레임 형식과 MAC 프로토콜을 사용한다. 기본적인 CSMA/CD에 비해

2가지가 추가되었다. 짧은 MAC 프레임의 끝에 특별한 기호를 덧붙여 블록의 크기를 최소 4096비트가 되도록 하였다. 참고로 10Mbps나 100Mbps에서는 최소 512비트가 요구된다. 이렇게 함으로써 전송 프레임의 길이가 기가 비트의 전파시간보다 더 길어질 수 있는 것이다. 또 하나는 프레임간의 송신권 양도 없이 여러 개의 짧은 프레임을 제한양까지 연속적으로 전송할 수 있도록 하여 프레임을 집중화할 수 있도록 하였다. 그럼으로써 하나의 스테이션이 많은 작은 프레임을 전송하는 경우 프레임의 블록 크기를 확장할 필요가 없어 오버헤드를 줄일 수 있다.

(2) 물리 계층

IEEE802.3의 1Gbps 명세에서 포함하고 있는 여러 종류의 물리 계층이 있는데 다음과 같다.

- 1000BASE-SX: 62.5μm의 멀티모드 광섬유를 이용하여 275m의 이중 링크를 지원하고, 50μm의 멀티모드 광섬유를 이용하여 550m의 이중 링크를 지원한다. 광의 파장은 0.77μm에서 0.86μm로 단파장을 사용한다.
- 1000BASE-LX: 62.5μm나 50μm의 멀티모드 광섬유를 이용하여 550m의 이중 링크를 지원하고, 10μm의 단일모드 광섬유를 이용하여 5km의 이중 링크를 지원한다. 광의 파장은 1.27μm에서 1.355μm로 장파장을 사용한다.
- 1000BASE-CX: 25m 정도의 STP 케이블을 이용하여 하나의 방이나 장비실 내의 장비들을 1Gbps 링크로 연결한다.
- 1000BASE-T: 전송 거리를 100m까지 지원하기 위해 4쌍의 카테고리 5 UTP를 사용한다.

8.3 토큰 링

토큰 링 방식은 고리형 LAN의 MAC 프로토콜에 쓰이는 가장 일반적인 방법이다. 앞에서 설명한 바와 같이 이더넷(CSMA/CD)에서 사용되는 네트워크 접근 기술에서는 오류나 충돌이 발생할 수 있다. 각 지국은 링크에 전송하기 전에 데이터 전송을 위한 시도를 여러 번 할 수도 있다. 이러한 시도가 많아지면, 예측할 수 없는 지연이 생길 수 있다. 그러나 여러 지국에서 동시에 회선을 확보하려는 시도에 의해 생기는 지연이나 충돌의 발생을 예측하는 방법이 없었다.

토큰 링은 각 스테이션이 교대로 데이터를 보내게 함으로써 이러한 문제점을 해결하였다. 각 스테이션은 자신의 차례가 되어야 전송할 수 있고, 그 때마다 한 프레임만 보낼 수 있다. 이러한 순환을 조절하는 메커니즘을 토큰 건네기(token passing)라고 한다. 토큰은 링을 따라 스테이션에서 스테이션으로 전달되는 순번 지시기와 같은 프레임이다. 스테이션은 토큰을 소유할 때만 데이터를 송신할 수 있다. 여기서는 토큰 링 방법을 사용하는 두 가지의 표준 LAN인 IEEE802.5와 FDDI를 살펴볼 것이다.

8.3.1 IEEE802.5 매체 접근 제어

(1) MAC 프로토콜

토큰 링 기법은 링을 따라 도는 작은 프레임인 토큰을 사용하여 전송을 제어한다. 토큰(token)은 모든 스테이션이 데이터를 전송하지 않을 경우에 링을 따라 도는데, 전송을 원하는 모든 스테이션은 토큰이 지나갈 때까지 기다려 토큰을 확보한 다음 데이터 전송 권한을 갖는다. 토큰을 갖게 되면 토큰을 가졌다는 표시로 한 비트를 바꾸고 그 때부터는 토큰이 데이터 프레임을 위한 프레임의 시작을 알리게 된다. 스테이션은 데이터를 토큰에 붙여 전송하게 된다.

스테이션이 토큰을 가지고 데이터 프레임의 전송을 시작하면, 링에는 토큰이 더 이상 존재하지 않는다. 그러므로 전송을 원하는 다른 스테이션들은 'free' 토큰을 기다려야 한다. 전송을 수행하는 스테이션은 자신의 프레임의 전송을 끝마쳤을 경우, 링에 하나의 새로운 토큰을 삽입한다. 링에 새로운 토큰을 삽입하면 송신할 데이터를 갖고 있는 다음 스테이션이 그 토큰을 받아서 전송을 시작한다.

〔그림 8-23〕에서 토큰 링의 동작을 설명하고 있다. ⑴ 그림에서 토큰은 스테이션 B에서 A로 가고 있다. ⑵ 스테이션 A는 토큰을 받아 전송 권한을 확보한 후 스테이션 C로 프레임을 보내고, ⑶ 스테이션 D는 프레임에 적힌 주소가 D가 아니므로 통과시킨다. ⑷ 스테이션 C는 프레임에 적힌 주소가 자신의 주소이므로 프레임을 복사한 후 재전송한다. 스테이션 B는 프레임에 적힌 주소가 자신의 주소가 아니므로 그대로 통과시킨다. ⑸ 스테이션 A는 자신이 전송한 프레임을 링에서 제거한 후 토큰을 스테이션 D로 넘긴다. ⑹ 스테이션 D는 전송할 프레임이 없어 토큰을 스테이션 C로 건네주고, 스테이션 C는 토큰을 받아서 다시 스테이션 A와 스테이션 D로 프레임을 전송한다. ⑺ 주소가 A인 프레임은 스테이션 A에서, 복사한 후 재전송하고 ⑻ 주소가 D인 프레임은 스테이션 D에서 복사한 후, 재전송한다. ⑼ 스테이션 C는 자신이 전송한 프레임을 링에서 제거한 후 토큰을 다음 스테이션 B로 보낸다.

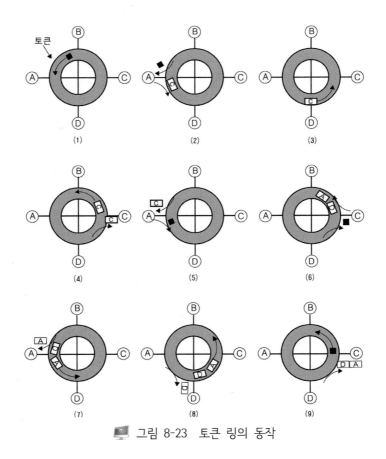

그림 8-23 토큰 링의 동작

토큰 링 방식은 부하가 낮은 상태에서는 스테이션이 전송을 위해 토큰을 기다려야 하는 약간의 비효율적인 면이 있다. 그러나 부하가 높은 상태에서는 라운드 로빈 방식의 토큰 링 기법이 효율적이고 적절한 방법이다. 이것은 [그림 8-23]의 구조를 통해 이해할 수 있다. 스테이션 A가 전송을 한 후, 잡고 있던 토큰을 놓게 된다. 다음 전송 기회를 갖고 있는 것은 스테이션 D인데 스테이션 D가 전송을 하면 역시 토큰을 놓고 스테이션 C가 다음의 전송기회를 갖게 된다. 이와 같이 A-D-C-B의 순서로 공평하게 송신권한이 주어진다.

토큰 링의 주요한 장점은 접근에 대한 제어에 유연성이 있다는 것이다. 이 방법은 우선 순위와 보장된 대역폭 서비스를 제공하기 위해 접근 조정을 가능하게 한다. 일단 토큰이 양도되면 전송할 데이터를 가진 다음 스테이션이 토큰을 확보할 권리를 갖는다. 그러나 IEEE802.5 모델에서는 또 다른 선택이 가능하다. 링에 연결된 모든 스테이션은 위치에 상관없이, 전송을 위한 'busy' 토큰을 예약할 수 있다. 각 스테이션은 우선 순위(priority) 코드를 갖는다. 프레임이 지나갈 때, 전송을 원하는 스테이션은 토큰 또는 데이터 프레임의 접근제어(access control; AC) 부분에 자신의 우선 순위 코드를 입력하여 다음 'free' 토큰을 예약(reservation)할 수 있다. 자세한 사항은 뒷부분에서 설명한다. 높은 우선 순위를 가진 스테이션은 낮은 우선 순위 예약을 삭제하고, 자신의 우선 순위로 대체할 수 있다. 동일한 우선 순위를 갖는 스테이션들 간에는 먼저 예약한 스테이션이 토큰을 확보할 수 있다(first come, first served). 이러한 메커니즘을 통하여 예약을 한 스테이션은 그것이 링에서 물리적으로 다음 순번에 오든 안 오든 간에 'free' 토큰이 생기면 전송할 기회를 갖게 된다.

토큰 링 네트워크의 운용에는 여러 가지 문제가 발생할 수 있다. 예를 들어, 스테이션이 토큰을 재전송 하지 않거나, 토큰이 잡음에 의해 소실될 수도 있다. 이런 경우에는 토큰이 없고, 데이터를 전송하는 스테이션도 없게 된다. 또 다른 예로, 송신국이 자신이 사용한 데이터 프레임을 링에서 제거하지 않거나 자신의 차례가 끝난 후에도 토큰을 양도하지 않을 수 있다.

이러한 현상을 처리하기 위해서는 링에 있는 어느 한 스테이션을 감시국(monitor)으로 지정한다. 감시국은 토큰이 지나갈 때마다 타이머를 설정한다. 그런 다음, 토큰이 할당된 시간 안에 다시 나타나지 않으면 토큰이 손실되었다고 가정하고, 새로운 토큰을 만들어 링으로 보낸다. 또한 감시국은 각 프레임의 AC 필드에 있는 한 비트를 설정함으로써 데이터 프레임이 계속해서 재순환 되는 것을 막을 수 있다. 프레임이 지나가면 감시국은 상태 필드를 확인한다. 상태 비트가 설정되어 있으면, 감시국은 프레임이 이미 링을 한바퀴 돌았으므로 폐기해야 한다는 것을 알게 된다. 따라서 감시국은 프레임을 폐기하고 새 토큰을 링에 올려놓는다. 감시국에 문제가 발생하면, 예비 지정된 스테이션이 이 일을 맡게 된다. 그러면, 토큰이 손실되는 경우나 토큰이 중복되어 되면 링 동작이 올바로 수행되지 못하는 상황을 대비할 수 있게 된다. 하나의 스테이션은 오직 하나의 토큰만이 존재하도록 모니터링 작업을 수행해야 하고, 필요하면 자유 토큰을 링에 삽입하기도 해야 한다.

(2) MAC 프레임의 형식

토큰 링은 3가지 형태의 프레임을 갖는다. 즉, 데이터(data) 프레임, 토큰(token) 프레임, 중지(abort) 프레임이다. 토큰과 중지 프레임은 데이터 프레임이 생략된 형태이다. 토큰 링의 3가지 프레임 유형 중에서 데이터 프레임은 PDU을 전달하는 프레임으로, 특정 목적지에 대한 주소를 갖는다. 데이터 프레임은 9개의 필드[SD(start Delimiter), AC(Access Control), FC(Frame Control), DA(Destination Address), SA(Source Address), 802.2 PDU 프레임, CRC, ED(End Delimiter), FS(Frame Status)]로 구성된다.

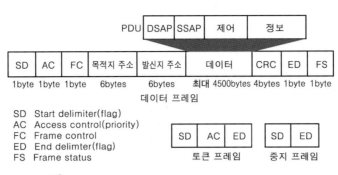

그림 8-24   IEEE802.5의 데이터 프레임 형식

〔그림 8-24〕에서는 802.5 프로토콜의 데이터 프레임 형식을 보여주고 있다.

- 시작 지시기: 데이터/명령 프레임의 첫 필드인 시작 지시기(start delimiter; SD)는 프레임의 시작을 알린다. 즉, 1바이트 길이로서 프레임의 도착을 알리고 수신기에서 동기를 맞추는데 사용된다. SD는 HDLC의 플래그 필드와 동일한 기능을 하는데 데이터와는 구별되는 비트 패턴으로 구성되어 있다. JK0JK000와 같이 부호화 되는데, 여기서 J와 K는 데이터가 아닌 기호이다. J 위배와 K 위배는 물리층에서 만들어지고, 데이터 필드의 투명성을 보장하기 위해 SD에 포함된다. 그러면, 데이터 필드에 나타나는 SD 비트 패턴은 새로운 프레임의 시작으로 인식되지 않는다. 이러한 위배는 비트의 지속시간 동안에 부호화 패턴을 변경함으로써 생성된다. 앞장에서 설명했듯이 차분 맨체스터 방식은 각 비트당 시작지점과 중간지점에서 두 번의 전이가 있을 수 있다. J 위반에서는 2개의 전이 모두가 취소되고, K 위반에서는 중간지점의 전이가 취소된다. 〔그림 8-25〕에 SD의 형식이 나타나 있다.
- 접근제어: 접근제어(access control; AC) 필드는 1바이트 길이로, 4개의 하위 필드를 갖는다. 즉, PPPTMRRR의 형식을 갖는데, 여기서 PPP와 RRR은 3비트의 우선 순위와 예약 필드를 나타낸다. 〔그림 8-25〕를 참조하라. 처음 3비트 PPP는 우선 순위 필드이다. 네 번째 비트 T는 토큰 비트로, 프레임이 토큰 또는 중지 프레임이 아닌 데이터 프레임임을 나타내는데 사용된다. 감시 비트는 M으로 표시하며 토큰 비트 다음에 있다. 끝으로, 마지막 3비트 RRR은 링에 대한 접근을 예약하는 스테이션에 의해 설정될 수 있는 예약 필드이다.

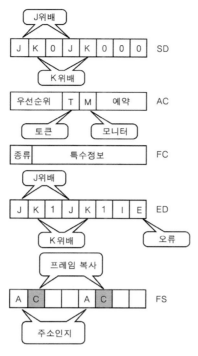

그림 8-25 데이터 프레임의 필드

- 프레임 제어: 프레임 제어(frame control; FC) 필드는 1바이트 길이이며, 2개
  의 하위 필드를 갖는다. 〔그림 8-25〕를 참조하라. 첫 번째 1비트 필드는 PDU에
  들어 있는 정보의 유형이 LLC 데이터 프레임인지의 여부를 나타낸다. 만약 데이
  터 프레임이 아니라면 토큰링의 MAC 프로토콜의 동작을 제어한다. 두 번째 필
  드는 7비트 길이로, 토큰 링 제어에 필요한 정보(예를 들어, AC 필드에 있는 정
  보를 사용하는 방법)가 들어 있다.
- 목적지 주소: 6바이트의 목적지 주소(destination address; DA) 필드는 프레
  임 목적지에 대한 물리주소를 갖는다. 만약 프레임의 최종 목적지가 다른 네트워
  크에 있으면, DA는 목적지 네트워크로 가는 경로에 있는 다음 LAN의 라우터 주
  소가 된다. 그리고 최종 목적지가 현재의 LAN에 있으면 DA 수신국의 물리주소
  가 된다.
- 소스 주소: 소스 주소(source address; SA) 필드는 6바이트 길이이며, 송신국
  의 물리주소를 갖는다. 만약 패킷의 최종 목적지가 송신국과 같은 네트워크상에
  있으면 SA는 송신국의 주소가 된다. 패킷이 다른 LAN에서 송신된 것이면 SA는
  가장 가까운 라우터의 물리주소가 된다.

- 데이터: 여섯 번째 필드인 데이터(data)에는 4,500바이트가 할당되며, PDU가 포함된다. 토큰 링 프레임은 PDU 길이나 유형 필드를 포함하지 않는다.
- CRC: CRC 필드는 길이가 4바이트로 CRC-32 오류검출 순서를 갖는다.
- 종료 지시기: 종료 지시기(end delimiter; ED)는 1바이트 길이의 두 번째 플래그 필드인데, 송신자의 데이터와 제어 정보의 끝을 알리는 필드이다. JK1JK1IE로 부호화 되는데, SD와 같이, J 위반과 K 위반을 포함하기 위해 물리층에서 변경된다. 이러한 위반은 데이터 필드의 비트 순서가 수신측에 의해 ED로 인식되지 않도록 하는데 반드시 필요하다. 중간 비트 I는 하나의 독립 프레임을 의미한다. 마지막으로 E는 오류 검출 비트로 중계기에서 오류를 검출하면 세트한다. 〔그림 8-25〕를 참조하라.
- 프레임 상태: 프레임의 마지막 바이트는 프레임 상태(frame status; FS) 필드이다. 그것은 프레임이 읽혀졌다는 것을 나타내기 위해 수신측에 의해 설정되거나 또는 프레임이 링을 순환했다는 것을 나타내기 위해 수신측에 의해 설정되거나 프레임이 링을 순환했다는 것을 나타내기 위해 감시국에 의해 설정될 수 있다. 이 필드는 확인 응답은 아니지만 수신 스테이션이 프레임을 복사했고, 이제 폐기해도 된다는 것을 송신 스테이션에게 알리는 것이다. 〔그림 8-25〕는 FS 필드의 형식을 나타내고 있다. 그림에서 알 수 있듯이 FS 필드에는 2개의 1비트 정보(주소 인식, 프레임 복사)가 들어 있다. A는 주소 인식 비트로서 지정한 주소의 스테이션이 링에 있음을 나타내고, C는 프레임 복사 비트로서 수신 스테이션에서 프레임을 정상적으로 수신하였음을 나타낸다. 이 비트는 필드의 시작 지점(첫 번째, 두 번째 비트)에 있고, 다섯, 여섯 번째 비트에서 반복된다. 이러한 반복은 오류를 방지하기 위해 중복한 것이다. 그리고 이 필드는 송신국에서 송신된 후에 삽입된 정보이다. 그래서 FS는 CRC에 포함될 수 없고, 이에 대한 오류검사 과정도 없다.

토큰은 순번 지시기이자 예약 프레임이므로 토큰 프레임은 3개의 필드(SD, AC, ED)로 구성된다. SD는 프레임의 도착을 나타내고, AC는 프레임이 토큰이라는 것을 나타내며 우선 순위와 예약 필드를 갖는다. ED는 프레임의 끝을 나타낸다.

중지 프레임은 시작 지시기와 종료 지시기로만 구성된다. 이유에 상관없이 자신의 전송을 멈추기 위해 송신측에 의해 생성되거나, 회선에 있는 이전의 전송을 제거하기 위해 감시국에 의해 생성된다.

(3) 토큰링 제어 알고리즘

이번에는 단일 우선 순위인 경우의 토큰 링 알고리즘에 대해서 이야기해 보도록 한다. 여기에서는 접근제어(access control; AC) 필드, 종료 지시기(end delimiter; ED) 필드, 프레임 상태(frame status; FS) 필드의 제어가 필요하다. 먼저 우선 순위와 예약 비트는 모두 0으로 세트된다. 전송을 원하는 스테이션은 토큰이 돌아오기를 기다리는데, AC 필드가 0으로 되어 있으면 토큰을 사용할 수가 있다. 스테이션은 AC 필드의 토큰 비트를 1로 해서 토큰을 갖게 된다. 스테이션은 보낼 프레임이 없을 때까지, 또는 토큰을 가지고 있을 수 있는 제한 시간이 끝날 때까지 전송을 계속하게 된다. 마지막에 보낸 프레임이 되돌아오면 그 스테이션은 AC 필드의 토큰 비트를 0으로 하고 ED 필드를 붙이고 토큰 프레임을 발생시킨다. 이는 링에 새로운 토큰을 삽입하는 것이다.

수신 모드의 스테이션들은 링을 지켜보면서 지나가는 프레임에 오류가 있는지를 확인할 수 있으며, 오류가 검출되면 ED 필드의 E비트를 1로 한다. 지나가는 프레임에서 자기 자신의 MAC 주소를 발견하면 FS 필드의 A비트를 1로 하고, 그 프레임을 복사하면, C비트를 1로 한다. 이러한 과정을 통해 소스 스테이션은 프레임이 정상적으로 수신 스테이션으로 전송되었는지 여부를 알 수 있게 하는데 다음의 세 가지 경우가 있다.

- 목적지 스테이션이 존재하지 않거나 정상으로 동작하는 상태가 아니다($A=0$, $C=0$).
- 목적지 스테이션이 존재하지만 프레임이 복사되지 않았다($A=1$, $C=0$).
- 프레임이 정상으로 전달되었다($A=1$, $C=1$).

(4) 토큰 링 우선 순위

토큰 링에서는 우선 순위를 선택적으로 정할 수 있는 기법(mechanism)을 제공한다. 각 데이터 필드와 토큰에 3-비트씩 두어서 8개의 우선 순위 레벨을 제공한다. 우선 순위와 예약 필드의 사용 기법을 설명하기 위해 다음과 같은 변수들을 먼저 정의한다.

P_f = 스테이션이 보낼 프레임의 우선 순위
P_s = 현재 토큰이 갖고 있는 서비스 우선 순위
P_r = 스테이션이 받은 마지막 토큰의 P_s값
R_s = 현재 토큰의 예약값
R_r = 마지막 토큰이 돌고 있는 동안 스테이션이 받은 프레임의 가장 큰 예약값 동작은 다음과 같다.

1. 전송을 원하는 스테이션은 $P_s \leq P_f$의 조건을 지닌 토큰을 기다린다.

2. 스테이션은 기다리면서 자신의 우선 순위 레벨(P_f)에 따라서 토큰 사용을 예약할 수 있다. 데이터 프레임이 지나갈 때 그 예약 필드가 자신의 우선 순위보다 낮으면($R_s \langle P_f$), 스테이션은 그 프레임의 예약필드를 자신의 우선 순위로 바꾼다($R_s \leftarrow P_f$). 만약 토큰 프레임이 지나갈 때, (($R_s \langle P_f$)AND($P_f \langle P_s$))이면 스테이션은 그 프레임의 예약필드를 자신의 우선 순위로 바꾼다($R_s \leftarrow P_f$). 이러한 과정을 거치면서 낮은 우선 순위의 예약을 가진 스테이션이 선별되어 제거된다.

3. 스테이션이 토큰을 갖게 되면, 토큰 비트를 1로 하고 데이터 프레임의 예약 필드를 0으로 하고 데이터 프레임을 전송한다. 이 과정에서 우선 순위 필드는 들어온 토큰 프레임의 우선 순위를 유지한다.

이와 같은 단계를 통해서 경쟁 관계에 있는 스테이션들의 전송 순서를 정할 수 있으며, 전송을 기다리는 것들 중에서 가장 높은 우선 순위를 가진 것이 토큰을 가능한 한 빨리 가질 수 있도록 할 수 있다. 그런데 이때 우선 순위를 단계적으로 증가시키는 효과를 가져와서 가장 높은 레벨의 우선 순위를 가진 스테이션이 계속해서 토큰을 가지고 있을 우려가 있다. 이를 피하기 위해서 우선 순위를 높이는 스테이션은 자신이 받게 되는 토큰보다 더 높은 우선 순위의 토큰을 내보낸 후에는 자신의 우선 순위를 이전 레벨로 낮추도록 해야 한다. 그러므로 우선 순위를 높이는 스테이션은 새로운 우선 순위와 예전의 우선 순위 모두를 기억하고 적절한 시점에 그 우선 순위를 낮추는 일을 해야 한다. 그렇지 안으면 우선 순위가 너무 높아서 토큰이 링을 무한히 도는 일이 발생할 수 있다. 〔그림 8-26〕이 그 하나의 예로, 다음과 같은 일들이 일어난다.

1. 스테이션 A가 우선 순위 0에서 데이터 프레임을 스테이션 B로 보낸다. 그 프레임이 링을 한 바퀴 돌아 스테이션 A로 돌아오면, 스테이션 A는 토큰 프레임을 발생시킬 것이다. 그러나 데이터 프레임이 스테이션 D를 지나갈 때 스테이션 D가 예약 필드를 3으로 해서 우선 순위를 3으로 예약한다.

2. 스테이션 A가 우선 순위 필드를 3으로 해서 토큰을 발생시킨다.

3. 스테이션 B나 C의 우선 순위가 3보다 크지 않다면 토큰을 잡을 수 없다. 토큰은 링을 돌아서 스테이션 D로 가고 토큰을 잡은 스테이션 D는 데이터 프레임을 전송한다.

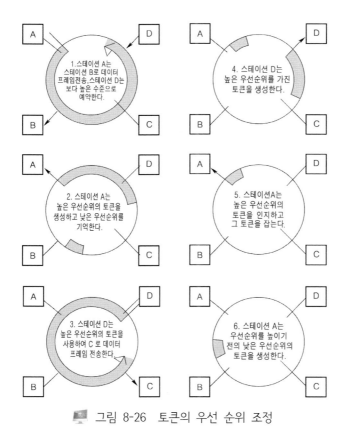

그림 8-26 토큰의 우선 순위 조정

④ 스테이션 D의 데이터 프레임이 스테이션 D로 돌아온 후에 스테이션 D는 자신이
   받은 우선 순위와 같은 우선 순위가 3인 새로운 토큰을 발생시킨다.
⑤ 스테이션 A는 자신이 최근 발생한 우선 순위의 토큰을 보게 되면, 보낼 데이터
   가 없더라도 그 토큰을 잡는다.
⑥ 스테이션 A는 바로 이전의 우선 순위 레벨(우선 순위 0)로 토큰을 발생한다.

스테이션 A가 우선 순위 3의 토큰을 발생시킨 후, 원래의 순위가 3이거나 그 이상
인 어떤 데이터를 가진 스테이션은 그 토큰을 잡는다. 여기서 스테이션 C가 우선 순위
4를 가진 전송 데이터를 갖고 있다고 하자. 스테이션 C는 토큰을 잡고 데이터 프레임
을 전송할 것이고, 우선 순위 3의 토큰을 다시 발생할 것이다. 그러면 스테이션 D가
그 토큰을 잡는다. 우선 순위 3의 토큰이 스테이션 A에 도착하게 되면, 우선 순위가
3이거나 그 이상인 중간의 모든 스테이션들은 전송기회를 가졌을 것이다. 따라서 이제
스테이션 A가 토큰의 우선 순위를 낮추면 된다.

(5) 조기 토큰 해제

한 스테이션이 프레임을 발생할 때 만약 링의 비트 길이가 프레임의 길이보다 작다면 전송된 프레임의 처음 부분은 그 스테이션이 전송을 끝마치기 전에 스테이션으로 되돌아올 것이다. 이 경우, 스테이션은 프레임 전송을 끝마치고 바로 토큰을 발생시킬 것이다. 그러나 프레임이 링의 비트 길이보다 작다면 스테이션은 프레임 전송을 끝낸 후, 토큰을 발생시키기 전에 그 프레임의 처음 부분의 되돌아올 때까지 기다려야 한다. 두 번째 경우 링의 용량이 낭비되는 점이 있다.

링 사용의 효율성을 높이기 위해서 조기 토큰 해제(Early Token Release: ETR) 방법이 802.5 표준에 추가되었다. ETR 방법은 전송하는 스테이션이 프레임의 전송을 끝마친 후 프레임 헤더가 되돌아오는지에 상관 없이 바로 토큰을 해제하도록 한다. 이전 프레임 헤더의 수신에 우선하여 해제되는 토큰은 가장 최근에 받은 프레임의 우선 순위를 갖는다.

8.3.2 IEEE802.5 물리 계층 명세

(1) 링의 구성

토큰 링의 링(ring)은 각 스테이션과 인접한 스테이션들을 연결하는 일련의 150Ω STP(shield twisted-pair)로 되어 있다. 각 스테이션의 출력 포트는 다음 스테이션의 입력 포트에 연결되어 단방향 통신량 흐름을 갖는 링을 구성한다. 마지막 스테이션의 출력이 첫 번째 스테이션의 입력에 연결되면 링이 완성된다. 프레임은 순서에 따라 각 스테이션을 통과하면서 검사되고 재생성되어 다음 스테이션으로 보내진다. 이러한 링의 구성 형태가 〔그림 8-27〕에 나타나 있다.

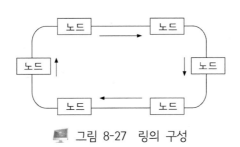

그림 8-27 링의 구성

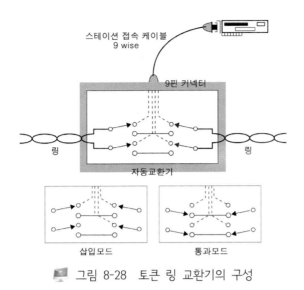

스테이션 접속 케이블
9 wise

9핀 커넥터

링

링

자동교환기

삽입모드

통과모드

그림 8-28 토큰 링 교환기의 구성

(2) 교환기

〔그림 8-27〕에 나타난 형태로 네트워크를 링으로 구성하는 것은 몇 가지 문제점을 지닌다. 장애가 있거나 단절된 노드는 전체 네트워크의 통신량 흐름을 멈추게 할 수도 있다. 이러한 문제점은 해결하기 위해, 각 스테이션은 자동 교환기(automatic switch)에 연결되어 있다. 이 교환기는 장애가 있거나 정상적으로 동작하지 않는 스테이션을 무시하게 할 수 있다. 링에 연결된 스테이션에 장애가 발생하면, 교환기는 그 스테이션을 링으로부터 단절시킨다. 그 스테이션이 다시 정상이 되면 NIC가 보낸 신호는 교환기에 전달되고 다시 링에 연결된다. 〔그림 8-28〕에 교환기의 구성을 나타냈다.

〔그림 8-28〕은 2개의 교환 모드를 나타내고 있다. 왼쪽 부분은 스테이션이 링에 연결된 상태이고, 오른쪽 부분은 스테이션을 통과하도록 되어 있다. 각 스테이션의 NIC에는 9핀 연결기로 구성된 한 쌍의 입출력 포트가 있다. NIC는 9선 케이블에 의해 교환기와 연결된다. 이 선 중에서 4개는 데이터용으로 이용되고, 나머지 5개는 스테이션을 연결하거나 통과시키는 교환기 제어용으로 이용된다.

(3) 다중국 접속 장치

자동 교환기는 편리함을 위해 다중국 접속 장치(multistation access unit; MAU)라고 불리는 허브 안에 들어 있다. 하나의 MAU는 8개의 스테이션을 지원할 수 있다. 이 시스템은 중앙에 MAU가 있는 스타형처럼 보이지만, 실제는 〔그림 8-29〕에 나타난 것처럼 링형이다.

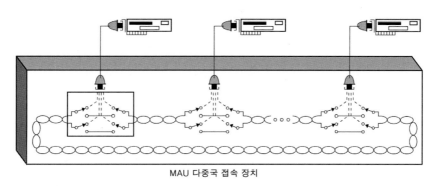

MAU 다중국 접속 장치

🖥 그림 8-29   다중국 접속장치의 구성

(4) 기타 규격

802.5 표준에서는 차동 맨체스터 인코딩 방식을 사용하는 4Mbps와 16Mbps 데이터율의 차폐 트위스트 페어의 사용을 명세하고 있다. 최근 표준에 추가된 것은 4Mbps의 비차폐 트위스트 페어이다.

• 8.4 FDDI

FDDI(fiber distributed data interface)는 ANSI와 ITU-U(ITU-T X.3)에 의해 표준화된 LAN(local area network) 프로토콜이다. 이것은 100Mbps의 데이터 전송률을 제공하고, 이더넷과 토큰 링의 대안으로 높은 속도를 제공한다. FDDI 설계 당시에는 100Mbps의 속도를 제공하기 위해 광 케이블을 사용했었다. 그러나 오늘날에는 구리 케이블도 비슷한 속도를 지원할 수 있다. 구리 케이블을 이용한 FDDI를 CDDI(copper distributed data interface)라고 한다.

8.4.1 FDDI 매체 접근 제어

(1) MAC 프로토콜

토큰 링 네트워크에서 스테이션은 토큰을 확보할 때마다 하나의 프레임만 전송할 수 있다. FDDI에서 접근은 시간에 따라 제한된다. 시간에 민감한 프레임을 먼저 보낸다는 조건하에 국은 자신에게 할당된 접근 주기 내에 가능한 많은 프레임을 보낼 수 있다.

이러한 서비스 메커니즘을 구현하기 위하여 FDDI는 데이터 프레임을 두 가지 유형인 동기(synchronous) 프레임과 비동기(asynchronous) 프레임으로 구분하였다. 동기 프레임은 시간에 민감한 정보이며 비동기 프레임은 시간에 민감하지 않은 정보라고 할 수 있다. 이 프레임을 단순하게 S-프레임과 A-프레임이라고 한다.

토큰을 확보한 각 스테이션은 먼저 S-프레임을 보낼 수 있다. 자신에게 할당된 시간에 관계 없이 S-프레임을 보내야 한다. 그런 다음, 남는 시간이 있으면 A-프레임을 전송하는데 사용될 수 있다. 이 메커니즘이 공정하고 적시에 매체 접근을 보장하는 방법임을 이해하기 위하여, FDDI에서는 시간 레지스터와 타이머를 이해할 필요가 있다.

FDDI 토큰의 순환을 제어하고, 공평하게 노드 간의 회선 접근 기회를 제공하기 위해 3개의 시간 레지스터(time registers)를 사용한다. 각 스테이션은 3개 레지스터를 갖고 있고, 레지스터는 링의 동작을 제어하는 시간값을 갖는다. 이 값은 링이 초기화될 때 설정되고, 링이 동작중일 때에는 변하지 않는다. 이 3가지 레지스터를 각각 SA(Synchronous Allocation), TTRT(Target Token Rotation Time), AMT(Absolute Maximum Time)라고 하며 기능은 다음과 같다.

동기할당(synchronous allocation; SA) 레지스터는 각 스테이션이 동기 데이터를 보내는데 허용된 시간의 길이를 나타낸다. 이 값은 각 스테이션마다 서로 다르고, 링의 초기화 과정 중에 결정된다.

토큰 순회시간(target token rotation time; TTRT) 레지스터는 토큰이 링을 한 번 순환하는데 걸리는 평균시간을 나타낸다. 이 값은 모든 스테이션에 대해 같고, 링의 초기화 과정중에 결정된다. 이 값은 평균값이기 때문에 실제 순환 시간은 이보다 크거나 작을 수 있다.

최대허용시간(absolute maximum time; AMT) 레지스터는 TTRT의 2배에 해당하는 값을 갖는다. 토큰이 링을 한 번 순환하는데 걸리는 시간은 이 AMT 값보다 더 걸리지는 않을 것이다. 만약 이 시간보다 더 걸리면, 어떤 스테이션(들)이 네트워크를 독점하고 있는 것이므로 링을 다시 초기화해야 한다.

각 스테이션은 레지스터에 들어 있는 값을 이용하여 실제 타이밍을 비교할 수 있는 타이머를 가지고 있다. 타이머는 설정될 수도 있고 해제될 수도 있으며, 이 값들은 시스템 클럭에 의해 일정 비율로 감소된다. FDDI에서 사용되는 타이머에는 TRT (token rotation timer)와 THT(token holding timer)가 있다.

TRT(token rotaion timer)는 토큰이 링을 한바퀴 도는데 걸리는 시간을 측정한다. 토큰이 순환되어 되돌아올 때, TRT에 남아 있는 시간을 THT에 기록한다. 그런 다음 TTRT값을 기반으로 TRT를 다시 설정한다. TRT가 설정되면 카운트다운이 시작된다. 그러므로 임의의 시점에서 TRT의 시간은 현재의 순환에 걸린 실제 시간과 예상 시간 혹은 할당된 시간(TTRT 시간)간의 차이다. 토큰이 한번 순환한 실제 시간과 다시 예상 시간 혹은 할당된 시간(TTRT 시간)간의 차이다. 토큰이 한번 순환한 다음 스테이션으로 다시 돌아올 때 TRT에 나타난 시간은 순환하고 남은 시간의 양(TTRT과 실제 경과된 시간의 차)과 같다. 그 나머지 시간은 스테이션이 자신의 프레임(A-프레임)을 보내는데 사용할 수 있다.

THT(token holding timer)는 토큰을 수신하자마자 동작하기 시작한다. THT의 기능은 동기 프레임을 보낸 후 비동기 프레임을 보내는데 남아 있는 시간을 나타내는 것이다. 스테이션은 토큰을 받을 때마다, TRT값을 THT에 복사한다. 이 시점에 THT는 카운트 다운을 시작한다. 이 때 대기중인 동기 프레임은 토큰을 받으면 바로 보내야 한다. THT는 비동기 프레임을 보내기 위해 남아 있는 시간을 나타낸다. 스테이션은 THT에 남은 시간만큼 A-프레임을 보낼 수 있다. THT가 양수이면, 비동기 데이터를 보낼 수 있다. 그러나, 이 타이머 값이 0이나 0보다 적으며나 토큰을 양도해야 한다. 그래서 THT는 스테이션이 가지고 있는 은행 계정처럼 생각할 수 있다. S-프레임은 스테이션이 빚을 지더라도 즉시 지불해야 하는 청구서와 같다. A-프레임은 얼마 동안 지불을 연기할 수 있는 청구서이다. 스테이션은 A-프레임에 대해 전송 서비스 시기를 연기할 수 있다. 스테이션은 A-프레임에 대해 언젠가는 반드시 지불해야 하지만, 자신의 은행계정이 그 비용을 지불할 수 있을 때까지 기다릴 수 있다.

[그림 8-30]과 [그림 8-31]은 FDDI 접근 과정을 나타내고 있다. 이 과정을 몇 가지 가정과 4개의 국을 가지고 설명해 볼 수 있다. 가정은 다음과 같다. TTRT는 30시간 단위이다. 각 프레임을 전송하는데 필요한 시간은 1시간단위이다. 각 스테이션은 자신의 차례(총시간, 차례당 5단위)당 5개의 동기 데이터 전송을 허용한다. 그리고 각 스테이션은 전송할 비동기 데이터(버퍼에 대기 중인)를 가지고 있다. 그리고 그림에 나타난 시스템에는 전파 지연 등의 지연이 없다고 가정한다.

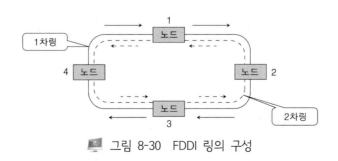

그림 8-30 FDDI 링의 구성

시간에 따른 FDDI의 동작

	1	2	3	4
첫번째 라운드	도착시간: 0 — TRT 30 / TRT 25, SYN: 5 / ASYN: 25	도착시간: 30 — TRT 0 / TRT -5, SYN: 5 / ASYN: 0	도착시간: 35 — TRT -5 / TRT -10, SYN: 5 / ASYN: 0	도착시간: 40 — TRT -10 / TRT -15, SYN: 5 / ASYN: 0
두번째 라운드	도착시간: 45 — TRT -15 / TRT -20, SYN: 5 / ASYN: 0	도착시간: 50 — TRT 10 / TRT 5, SYN: 5 / ASYN: 5	도착시간: 60 — TRT 5 / TRT 0, SYN: 5 / ASYN: 0	도착시간: 65 — TRT 5 / TRT 0, SYN: 5 / ASYN: 0
세번째 라운드	도착시간: 70 — TRT 5 / TRT 0, SYN: 5 / ASYN: 0	도착시간: 75 — TRT 5 / TRT 0, SYN: 5 / ASYN: 0	도착시간: 80 — TRT 10 / TRT 5, SYN: 5 / ASYN: 5	도착시간: 90 — TRT 5 / TRT 0, SYN: 5 / ASYN: 0
네번째 라운드	도착시간: 95 — TRT 5 / TRT 0, SYN: 5 / ASYN: 0	도착시간: 100 — TRT 5 / TRT 0, SYN: 5 / ASYN: 0	도착시간: 105 — TRT 5 / TRT 0, SYN: 5 / ASYN: 0	도착시간: 110 — TRT 10 / TRT 5, SYN: 5 / ASYN: 5
다섯번째 라운드	도착시간: 120 — TRT 5 / TRT 0, SYN: 5 / ASYN: 0	도착시간: 125 — TRT 5 / TRT 0, SYN: 5 / ASYN: 0	도착시간: 130 — TRT 5 / TRT 0, SYN: 5 / ASYN: 0	도착시간: 135 — TRT 5 / TRT 0, SYN: 5 / ASYN: 0

그림 8-31 시간에 따른 FDDI의 동작

시간에 따른 FDDI의 동작 예는 [그림 8-31]에 나타나 있다. 시간 0에서 4개의 스테이션은 동시에 TTRT(30시간 단위)를 TRT에 전송하고, 카운트다운을 시작한다.

스테이션 1은 토큰을 받고, 다음과 같이 3가지 일을 행한다. THT 카운트다운을 시작하기 위해 스테이션 1은 TRT값을 THT에 전달한다. 스테이션 1은 TTRT 값을 TRT에 복사하고, TRT는 카운트다운을 다시 시작한다. 그리고 자신의 첫 번째 S-프레임을 모두 보내면, TRT와 THT는 25가 된다. THT 값이 25이기 때문에 스테이션 1은 25개의 A-프레임을 보낼 수 있다. 이것을 전부 보내고 나면 양 카운터는 0이 되고, 스테이션은 토큰을 양도한다. 스테이션 1은 30시간단위 동안 토큰을 보유한 것이다.

토큰이 스테이션 2에 도착할 때, 30에서 시작한 스테이션 2의 TRT는 현재 0이다. [그림 8-31]에서 두 번째 프레임의 도착 시간을 보라). 스테이션 2는 5개의 S-프레임을 보내야 한다. 이를 위해서 스테이션 2는 5시간단위 동안 토큰을 보유하게 된다. 이 프레임을 보내고 나면, THT는 -5가 된다. 이 값이 음수이기 때문에, 스테이션 2는 A-프레임을 보낼 권한을 빼앗기게 된다. 따라서 스테이션 2는 즉시 토큰을 양도해야 한다. 이 과정은 각 스테이션마다 반복된다.

단계별로 여러 라운드의 진행과정을 따라가 보면 FDDI가 공정하고 자기 적응성을 가지고 있다는 것을 알 수 있다. 첫 번째 라운드에서 스테이션 1은 25개의 비동기 프레임을 보내어 자신의 권리를 남용하였다. 따라서 스테이션 1은 자동적으로 2라운드에서 비동기 데이터를 전혀 보낼 수 없다. 왜냐하면 스테이션 1이 첫 번째 라운드에서 토큰을 넘길 때 TRT는 이미 0이었기 때문이다. 2라운드에서 토큰을 받을 때, 스테이션 1의 TRT는 -20이 되므로 토큰을 즉시 양도해야 한다.

스테이션 1이 2라운드에서 토큰을 받을 때 TRT는 -15에서 다시 시작하고, 카운트 다운을 시작한다. 스테이션 1은 첫째 라운드에서 30시간 단위의 토큰을 보유하였기 때문에 스테이션 1은 S-프레임을 보내기 위해 5단위를 사용하고 나서 토큰을 건네준다. 스테이션 2는 10단위(5개의 A-프레임과 5개의 S-프레임)를 사용한다. 스테이션 3과 4는 각각 5단위를 사용한다(30-5-10-5-5=5). 따라서 3라운드에서 스테이션 1이 데이터를 보내는데 이용할 수 있는 시간단위는 5가 된다. 일단 스테이션 1이 자신의 동기 데이터를 보내고나면, TRT의 5단위가 소진되고, 토큰을 양도해야 한다. 다시 말해서 스테이션 1은 3라운드에서도 비동기 데이터를 보낼 기회를 가질 수 없다. 반면에, 스테이션 2는 2라운드에서 비동기 데이터를 보낼 기회를 갖는다. 스테이션 3은 3라운드에서 비동기 데이터를 보낼 기회를 갖는다. 스테이션 1은 네 번째 라운드에서도 비동기 데이터를 보낼 기회가 없고, 스테이션 4가 네 번째 라운드에서 비동기 데이터를 보낼 수 있는 기회를 갖게 된다.

(2) 프레임 형식

FDDI 표준은 전송 기능을 PMD(physical medium dependent), PHY(physical), MAC(media access control), LLC(logical link control)의 4가지 프로토콜로 나누었다. 이것은 OSI 모델의 물리층과 데이터 링크층에 해당된다. 〔그림 8-32〕에 나타낸 FDDI의 계층 구조를 참조하라.

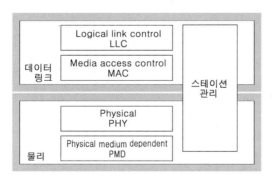

🖥 그림 8-32 FDDI의 계층 구조

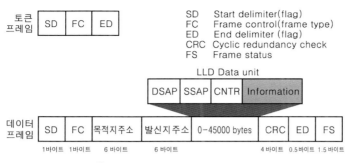

그림 8-33 FDDI 프레임 형식

LLC 계층은 IEEE802.2 프로토콜에서 규정된 것과 유사하다. FDDI MAC 계층은 토큰 링에서 규정된 것과 거의 동일하다. 그러나 그 기능은 유사함에도 불구하고 FDDI MAC 프레임은 여러 가지 차이점을 지닌다. 〔그림 8-33〕에 FDDI 프레임 형식을 나타냈다.

각각의 프레임은 수신기와 클럭 동기화(clock synchronization)를 초기화하기 위하여 총 64비트에 대해 16개 의 'idle'기호(1111)로 시작한다. 프레임 필드 FDDI 프레임에는 8개의 필드가 있다.

- 시작 지시기: 이 필드의 첫 번째 바이트는 프레임의 시작 플래그이다. 토큰 링과 같이, 이 비트는 제어코드인 J와 K에 의해 물리층에서 교체된다
- 프레임 제어: 프레임의 두 번째 바이트는 프레임의 유형을 나타낸다.
- 주소: 다음의 두 가지 필드는 목적지와 발신지 주소이다. 각각의 주소는 6바이트로 구성된다.
- 데이터: 각 데이터 프레임은 최고 4,500바이트까지 전달할 수 있다.
- CRC: FDDI는 IEEE 표준 4바이트 CRC를 사용한다.
- 종료 지시기: 토큰 프레임은 1바이트, 데이터 프레임은 0.5바이트로 구성된다. ED는 물리층에서 데이터 프레임에 있는 하나의 T 위반 기호 또는 토큰 프레임에 있는 두 개의 T 기호와 바뀐다
- 프레임: 상태 FDDIFS 필드는 토큰 링의 필드와 유사하다. FS 필드는 데이터 프레임에만 들어 있고, 1.5바이트로 구성된다.

(3) 주소지정

FDDI는 이더넷 주소와 마찬가지로 NIC 카드에 지정되는 6바이트 주소를 사용한다.

8.4.2 FDDI 물리계층 명세

(1) 전기적 규격

FDDI는 4비트/5비트(4B/5B)라는 특별한 부호화 메커니즘을 사용한다. 이 시스템에서, 각 비트 데이터 세그먼트는 NRZ-I로 부호화되기 전에 5비트 코드로 대체된다. 여기에서 사용되는 NRZ-I는 1에서 극성이 바뀐다. 〔그림 8-34〕를 참조하라.

일반적으로 NRZ-I가 적절한 동기화를 제공함에도 불구하고 특별한 부호화 단계를 거치는 이유는 연속적으로 긴 0을 가진 데이터에 대해 송신자와 수신자가 동기화되지 않을 수도 있기 때문이다. 4B/5B 부호화는 각 4비트 데이터 세그먼트를 많아야 3개의 연속적인 0이 들어있는 5비트 단위로 변환한다.

이를 위해 16가지의 4비트의 패턴은 해당 5비트 패턴으로 할당된다. 이 5비트 패턴은 데이터 단위에서 3개이상의 0이 나오지 않도록 되어 있다. 5비트 패턴 중 어떤 것도 하나 이상의 0으로 시작하거나 두 개이상의 영으로 끝나지 않는다. 〔표 8-3〕에 부호화 규칙이 나와 있다.

4비트 데이터 세그먼트를 표현하는 데 할당되지 않은 5비트 코드는 제어용으로 사용된다. 이러한 제어코드는 동기화 또는 투명성에 영향을 받지 않도록 데이터 필드에서 나올 수 없는 비트 패턴으로 지정하였다. 이에 덧붙여, 그 순서는 가능한 연속적인 비트 패턴의 수를 제한하도록 조절된다.

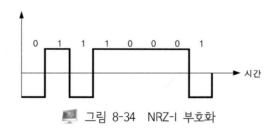

그림 8-34   NRZ-I 부호화

표 8-3   4B/5B 부호화

데이터 순서	부호화된 순서	데이터 순서	부호화된 순서
0000	11110	1000	10010
0001	01001	1001	10011
0010	10100	1010	10110
0011	10101	1011	10111
0100	01010	1100	11010
0101	01011	1101	11011
0110	01110	1110	11100
0111	01111	1111	11101

(2) 데이터 전송률

FDDI는 100Mbps까지의 데이터 전송률을 지원한다. 부호화된 후의 실제 전송율은 125Mbps가 된다.

(3) 이중 링

FDDI는 이중 링(dual ring)으로 구현된다. 〔그림 8-35〕를 참조하라.

대부분의 경우, 데이터 전송은 1차 링으로 제한된다. 그러나 1차 링에 문제가 발생하면 2차 링이 사용된다. 2차 링은 항상 대기상태에 있다가 1차 링에 문제가 발생할 때마다 데이터 순환을 담당하고, 서비스가 계속 유지되도록 한다. 〔그림 8-36〕을 참조하라.

노드들은 스테이션의 요구사항에 따라 암 또는 수가 될 수 있는 매체 인터페이스 연결기(media interface connector; MIC)를 이용하여 하나 또는 두 개의 링에 연결된다. MIC에 있는 2개의 광 포트는 2개의 링 케이블을 연결하는데 사용된다.

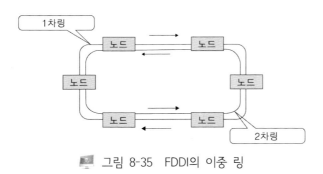

그림 8-35 FDDI의 이중 링

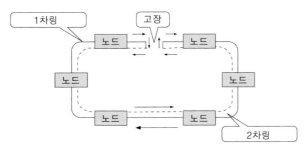

그림 8-36 링에 문제가 발생한 FDDI의 링

(4) 노드

FDDI에서 규정한 노드(Node)의 종류로는 이중 연결국(dual attachment station; DAS), 단일 연결국(single attachment station; SAS), 이중 연결 집중기(dual attachment concentrator; DAC)의 세 가지가 있다. 〔그림 8-37〕을 참조하라.

이중 연결국(dual attachment station; DAS)는 2개의 MIC(MIC A와 MIC B)를 가지고 있고, 2개의 링에 연결된다. 2개의 링에 연결된다는 것은 2개의 입력과 2개의 출력을 가진 고가의 NIC가 필요하다는 의미이다. 2개의 링에 연결한다는 것은 신뢰성이 좋아지고 처리율이 개선된다는 것을 의미한다.

하지만 이것은 스테이션이 정상적으로 동작하는 상태인 경우만 해당된다. 결함이 있는 스테이션은 하나의 입력을 출력으로 신호를 전환시키기 위해 1차 링에서 2차 링으로 우회하게 된다. 이를 위해서는 DAS국이 반드시 동작 중이어야 한다.

대부분의 워크스테이션, 서버, 미니 컴퓨터는 하나의 단일 연결국(single attachment station; SAS) 모드로 링에 연결된다. SAS는 하나의 MIC을 가지며, 하나의 링에 접속할 수 있다. SAS를 FDDI링에 직접 연결하는 것보다는 중계 노드(DAC)에 연결하는 것이 더 안정적이다. 이러한 구성은 각 워크스테이션이 하나의 입력과 하나의 출력을 가진 NIC를 통하여 동작할 수 있게 한다. DAC는 이중 링에 대한 연결을 제공한다. 결함이 있는 스테이션을 통과(pass)시켜서 링이 계속해서 정상적으로 동작하도록 한다.

위에서 설명한 것처럼, 이중 연결 집중기(dual attachment concentrator; DAC)는 이중 링에 SAS를 연결한다. 이것은 제어기능뿐만 아니라 고장이 난 경우에 하나의 링에서 다른 링으로 통신량을 전환시켜 주는 기능을 제공한다.

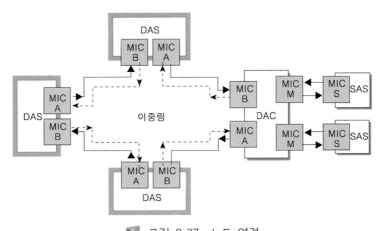

그림 8-37 노드 연결

• 8.5 토큰 버스

근거리 통신망은 컴퓨터가 제조과정을 제어하는 공장 자동화와 같은 유형의 응용에 적용될 수 있다. 이러한 응용에는 최소 지연시간을 제공하는 실시간(real-time) 처리가 요구된다. 작업의 처리는 조립 라인을 따라 움직이는 객체와 같은 속도로 이루어져야 한다. 이더넷(IEEE802.3)은 이러한 목적에 적합한 프로토콜이 아니다. 그 이유는 충돌의 수를 예측할 수 없고, 제어 센터에서 조립 라인에 있는 컴퓨터에 보내는 데이터의 지연시간이 일정하지 않기 때문이다. 다음에 설명할 토큰 링(token ring: IEEE802.5)도 적합한 프로토콜이 아니다. 그 이유는 조립라인이 링 형태가 아닌 버스 형태이기 때문이다. 토큰 버스(token bus: IEEE802.4)는 이더넷과 토큰 링의 특징을 결합한 것이다. 이것은 버스형 접속 형태인 이더넷의 물리적인 구성과 지연시간을 예측할 수 있는 토큰 링의 충돌이 없는 특성을 결합한 것이다. 토큰 버스는 물리적으로는 버스 접속 형태이지만 논리적으로는 토큰을 사용하는 링과 같이 동작한다.

스테이션들은 논리적으로 링 형태로 구성되며, 토큰은 각 스테이션에 차례대로 전달된다. 만약 어떤 스테이션이 데이터 전송을 원하면, 기다렸다가 토큰을 확보해야 한다. 그러나, 이더넷처럼 각 스테이션은 공통 버스를 통하여 통신하게 된다. 각 스테이션은 자기 앞 뒤의 스테이션을 알고 있어야 한다. 〔그림 8-38〕에 초기화된 논리적인 링의 구조가 나와 있다.

그림에서 논리적인 링의 구성은 A→D→B→C→A이다. 토큰은 이 논리적인 링을 따라 돌게 되는데, 이 토큰을 소유한 스테이션에서 특정 시간 동안 매체를 제어하게 된다. 즉, 스테이션은 하나 이상의 프레임을 송신할 수도 있고, 다른 스테이션에 폴(poll) 신호를 보내고 그 응답을 받을 수도 있다.

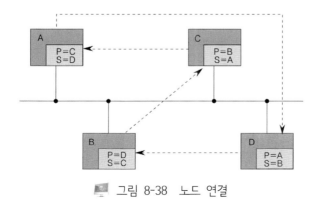

🖥 그림 8-38 노드 연결

스테이션의 작업이 종료되었거나 정해진 시간이 경과하면 토큰은 논리적으로 정해진 다음 스테이션으로 전달된다. 토큰을 전달받은 스테이션은 이제 매체를 제어할 수 있다. 토큰을 소유하고 있지 않은 스테이션에서는 폴 신호 또는 확인 요구에 대한 응답만 할 수 있다. 토큰 버스는 다음의 기능이 하나 이상의 스테이션에서 수행되어야 한다. 첫째 네트워크가 시작될 때 논리적 링이 구성(링 초기화)되어야 한다. 만약 어떤 원인에 의해 논리적 링이 파괴되었을 경우 반드시 재초기화 되어야 한다. 둘째, 주기적으로 스테이션은 논리적인 링에 추가될 수 있어야 한다. 셋째, 스테이션은 자기의 전임자(predecessor)와 후임자(successor)를 이어줌으로써 자신을 논리적인 링에서 제거할 수 있어야 한다. 넷째, 발생할 수 있는 여러 가지 오류를 관리할 수 있어야 한다. 예를 들면 동시에 여러 스테이션이 자기가 토큰을 받을 차례라고 간주하는 다중 주소 상태나 토큰을 받을 스테이션이 없는 링의 파괴 상태 등의 오류가 발생할 수 있는 것이다.

토큰 버스는 공장 자동화, 프로세스 제어 등에만 이용되고, 데이터 통신 분야에서 상업적으로 응용된 예는 없으며, 운영에 따른 세부사항도 많다. 이 두 가지 이유 때문에 토큰 버스는 많이 사용되지 않으므로 더 이상 설명하지 않겠다.

연습문제

1. IEEE802의 데이터 링크계층은 2개의 부계층으로 구성되어 있다. 2개의 부계층으로 나누어야만 하는 이유가 있다면 무엇인가?

2. 동적인 통신 요청에 즉각적으로 반응하여 용량을 할당하기 위해서는 비동기적인 방법을 사용하는 것이 유리하다. 비동기적인 방법을 세 가지로 분류할 수 있는데, 이를 설명하시오.

3. LAN의 기본 토폴로지 5개의 그림을 그리시오.

4. CSMA/CD의 매체 접근 방식을 설명하시오.

5. 고리(ring)형 LAN의 동작을 설명하시오.

6. 고리형 LAN에서 조기 토큰 해제 기법을 도입한 이유는 무엇일까?

7. 기본 고리형 LAN보다 FDDI가 우수한 점을 말하시오.

8. 충돌(collision)이란 무엇인가?

9. 10BASE2와 10BASE5에서 서로 다른 부분을 쓰시오.

10. FDDI에서 사용하는 부호화 방식은 무엇인가?

11. 다음 중 LLC 부계층에서 만들어지는 것은?
    ① 802.3 프레임　　② 802.5 프레임　　③ PDU　　　　　　④ 선행신호

12. 토큰링에서 데이터 프레임이 순환할 때 토큰은 어디에 있는가?
    ① 수신국　　　　　② 송신국　　　　　③ 고리에서 순환 중　　④ 감시국

데이터 통신과 컴퓨터 네트워킹

프로토콜과 구조

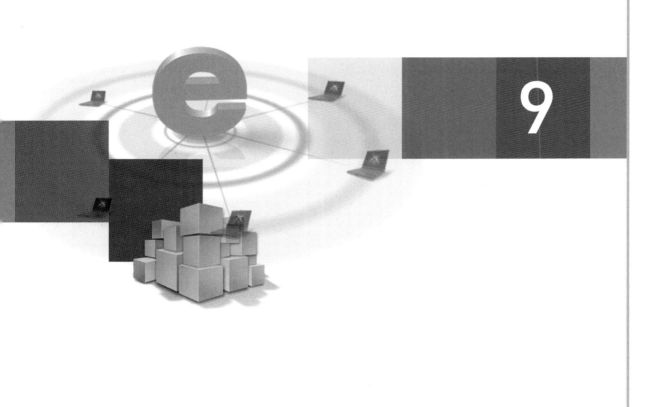

9

데이터 통신과 컴퓨터 네트워킹

제9장

프로토콜과 구조

컴퓨터 기술과 통신 기술의 접목이 시도되면서, 독립된 컴퓨터를 통신 선로로 연결하여 데이터를 직접 주고 받는 것이 가능하게 되었다. 여러 개의 컴퓨터를 연결하기 위해서는 하드웨어와 시스템간의 통신을 가능하게 하여주는 소프트웨어가 있어야 한다. 통신 하드웨어 자체는 표준화되어 있으나, 컴퓨터 생산업체에 따라 서로 상이한 컴퓨터 네트워크를 제공함에 따라 사용자의 입장에서는 다른 기종의 컴퓨터 간에는 서로 통신을 할 수 없다는 불편이 생겨났다. 또한, 한 업체에서 컴퓨터와 네트워크를 구입한 이후에는 계속 그 업체의 제품을 사용하여야 하는 폐단이 발생하였다. 이는 컴퓨터 네트워크가 표준화되지 않아 서로 호환성이 없어 생겨나는 문제로서, 컴퓨터의 보급이 계속 늘어나고 컴퓨터 네트워크에 대한 요구도 증대됨에 따라 이의 표준화는 시급한 문제로 대두되었다.

1947년에 설립된 국제표준기구인 ISO(International Organization for Standar- dization)는 국제표준을 제정하는 다국적 기관이다. 1978년도에 ISO는 기구내의 정보 처리(Information Processing)를 담당하는 TC97내에 컴퓨터 네트워크의 표준화를 위한 SC16을 새로이 설립하였다. 이 SC에서는 기존의 네트워크와는 달리 이 기종 컴퓨터간에 통신할 수 있도록 하는 네트워크 방식의 표준안을 제정하는 것으로, OSI에서의 "open"은 규정된 표준안을 따르기만 하면 모든 컴퓨터가 서로 통신을 할 수 있다는 의미로서 사용된 것이다.

네트워크 통신 전반을 관장하는 ISO 표준은 개방형 시스템 상호연결(open system interconnection; OSI) 모델이다. 개방형 시스템은 기반 구조에 관계없이 서로 다른 두 시스템 간에 통신을 가능케 하는 프로토콜을 모아 놓은 것이다. 한 개발업자에 의해 개발되어 제공된 특정 프로토콜은 다른 개발업자의 시스템과 통신을 할 수 없다. OSI 모델의 목적은 하드웨어나 소프트웨어의 논리상의 변경 없이 서로 다른 시스템 간의 통신을 개방시키는 것이다. OSI 모델은 프로토콜이 아니다. OSI 모델은 유연하고 안전하며 상호 연동이 가능한 네트워크 구조를 이해하고 설계하기 위한 모델이다. ISO는 표준화 기구이고, OSI는 참조모델이다.

● 9.1 프로토콜

9.1.1 프로토콜이란?

통신 프로토콜이란 서로 다른 시스템에 있는 두 개체(entity)간의 데이터 교환을 원활히 하기 위한 일련의 통신 규약이다. 개체란 정보를 보내거나 받을 수 있는 것으로 사용자 프로그램, 데이터베이스 관리 시스템, 전자우편 시스템 등이 될 수 있으며, 시스템은 하나 이상의 개체를 보유하고 있는 컴퓨터 시스템이 그 예이다.

통신 프로토콜의 특성은 다음과 같다.

① 두 개체 사이의 통신 방법은 직접 통신과 간접 통신 방법이 있다. 〔그림 9-1〕(a)처럼 두 시스템이 두점간 링크로 구성된 경우에는 직접 통신할 수 있다. 즉 데이터와 제어 정보를 중간 매개체의 개입 없이 직접 통신이 가능하므로 프로토콜이 간단하다. 〔그림 9-1〕(b)처럼 멀티포인트 링크로 구성된 경우는 직접 통신이 가능하나 접근 제어 방식이 필요하므로 프로토콜이 복잡하게 된다. 〔그림 9-1〕(c)처럼 시스템들이 교환망을 통하여 연결되어 있다면 직접 통신을 위한 프로토콜이 불가능하게 된다. 이때에는 다른 개체가 데이터 교환을 지원해 주어야 한다. 또한 〔그림 9-1〕(d)처럼 여러 네트워크를 통하여 연결되는 경우에도 간접으로 통신해야 한다. 〔그림 9-1〕(c)와 〔그림 9-1〕(d)에서는 프로토콜 작성시 중간 매개 시스템의 특성을 고려하여 두 개체가 두 점간 링크 된 것과 같이 통신할 수 있어야 한다.

② 프로토콜은 단일구조 또는 계층 구조로 구성될 수 있다. 개체들간의 통신 작업을 하나의 단위로 처리하기에는 너무 복잡하다. 여기에 대한 대안으로 하나의 프로토콜 대신 일련의 프로토콜 계층 구조로 구성할 수 있다. 하위 계층에서는 보다 기본적인 기능을 수행하는 개체들을 만들어 상위 계층에 서비스를 제공하고 기본 상위 계층의 개체들은 하위 계층의 서비스를 받아 데이터를 교환한다.

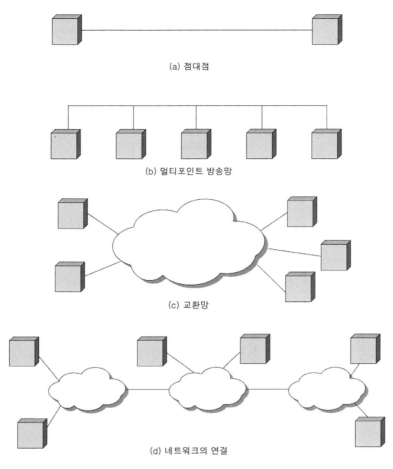

(a) 점대점

(b) 멀티포인트 방송망

(c) 교환망

(d) 네트워크의 연결

📺 그림 9-1 통신 시스템의 연결 방법

③ 프로토콜은 대칭적이거나 비대칭적 일 수 있다. 어떤 계층에서 통신하는 개체들은 상호간에 대칭적인 관계일 수도 있고, 혹은 서로 비대칭적일 수 있다. 우리가 연구할 대부분의 프로토콜은 동등한 개체들간의 통신으로 주스테이션과 주스테이션간의 통신이다. 비대칭적인 구조에서는 주스테이션과 부스테이션간의 통신으로 주스테이션만이 통신을 개시하는 경우이다.

④ 프로토콜은 표준이거나 비표준 일 수 있다. 비표준 프로토콜은 특정한 통신 상황에서 특정한 모델의 컴퓨터에 사용된다. 그러므로 K 종류의 수신자와 L 종류의 송신자가 통신하려면 K * L가지의 프로토콜이 필요하며, 2 * K * L번의 구현이 필요하다(그림 9-2(a)). 반면 표준 프로토콜을 공유하는 경우, 한 가지 프로토콜이 필요하며 K+L번의 구현이 필요하다(그림 9-2(b)).

S1
S2
S3
S4
D1
D2
D3
S1
S2
S3
S4
D1
D2
D3

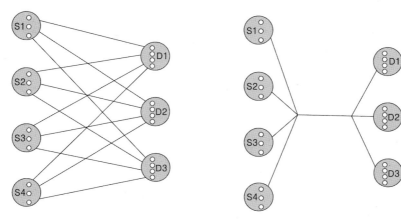

(a) 표준이 없을 경우 : 12종류의 프롤토콜로
24 프롤토콜의 구현이 필요

(b) 표준이 있는 경우 : 1종류의 프롤토콜로
7 프로로토콜의 구현이 필요

그림 9-2 표준 프로토콜의 사용

9.1.2 프로토콜의 계층 구조

모든 컴퓨터 시스템이 통신이 가능하도록 네트워크 시스템을 설계하여야 하는데 이를 만족시키기 위해 개방 시스템 상호 연결 모델은 계층구조를 갖는다. 이 모델은 서로 연관된 7개의 계층으로 구성되어 있고, 각 계층에는 네트워크를 통해 정보를 전송하는 일련의 과정이 규정되어 있다. OSI 7계층 모델이 〔그림 9-3〕에 나와 있다. OSI 모델의 이해는 데이터 통신을 공부하는 데에 있어 반드시 필요한 기초라고 할 수 있다.

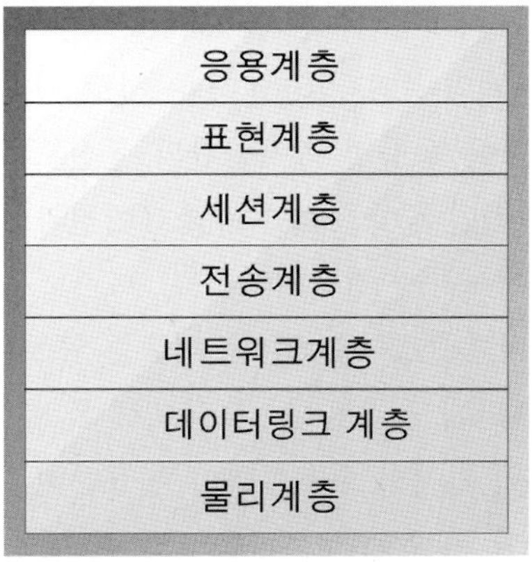

응용계층
표현계층
세션계층
전송계층
네트워크계층
데이터링크 계층
물리계층

그림 9-3 OSI 7계층 모델

OSI 모델은 물리 계층(제1계층), 데이터링크 계층(제2계층), 네트워크 계층(제3계층), 전송 계층(제4계층), 세션 계층(제5계층), 표현 계층(제6계층) 및 응용 계층(제7계층)으로 구성되어 있다. 각 계층의 기능을 우편 업무와 비교하여 설명하여 보자.

한국에 있는 A라는 회사의 대표이사와 사우디아라비아의 B라는 회사의 대표이사가 편지를 교환하면서 대형 프로젝트의 계약을 위해 통신한다고 하자. 프로젝트에 대한 내용을 구상하고 그 내용을 결정하는 대표이사는 응용 계층의 기능을 수행한다. A 회사의 대표이사는 프로젝트에 관련된 자료를 한국어로 작성하여 비서에게 넘기면 비서는 이를 영어로 번역한다. 이 때 비서가 수행하는 번역 작업이 표현 계층의 기능에 해당한다. 그리고 비서는 프로젝트 계약 진행의 각 단계를 관리하는데 이것이 세션 계층의 기능이다. 비서는 영어로 번역되어 각 진행 단계를 점검한 자료를 우편으로 발송하기 위해 회사내 우편물 담당직원에게 보낸다. 우편물 담당직원은 송수신 주소와 발신 및 수신자를 봉투 등에 기입하고 이 우편물이 B회사의 우편물 담당 직원이 정상적으로 수신되도록 관리한다. 우편물 담당직원이 수행하는 업무가 전송 계층의 기능에 해당한다. 이 우편물은 우체국에 전달되어 우표가 붙여지고 수신주소를 보고 우편번호가 기록된다. 이 우편번호에 의해 우편물이 B회사로 가는 경로가 결정된다. 우편번호를 기록하고 이 우편번호를 바탕으로 전송 경로를 결정하는 우체국 직원의 업무가 네트워크 계층의 기능에 해당한다. 우편물을 보낼 다음 우체국이 결정되면 우편물을 보내는 우체국과 이를 수신하는 우체국 사이에는 우편물이 문제 없이 전달되도록 여러 관리 업무를 수행하는데 이것이 데이터링크 계층의 기능이다. 그리고 우체국간의 우편물을 전달하는데 어떤 수단을 사용하여 실제로 전달하는 과정이 있는 데 이것이 물리 계층의 기능이다. 즉, 우편물을 옮기는데 자동차를 사용할 수도 있고, 기차 아니면 비행기나 배를 사용할 수도 있는 것이다.

우편 번호와 주소를 참고로 우체국은 A회사에서 발송한 우편물을 최종적으로 문제 없이 B회사로 전달하여 주어야 한다. 이를 위해 수행하는 우체국의 모든 기능은 물리 계층, 데이터 링크계층 및 네트워크 계층의 망라된 기능에 해당한다. 우체국의 연계된 서비스 제공에 의해 우편물은 B회사의 우편물 담당직원에게 전달된다. B회사의 우편물 담당직원은 송수신 주소와 발신 수신자를 확인하여 모든 것이 정상이면 수신하고, 우편물을 대표이사의 비서에게 전달한다. 이것이 수신측의 전송 계층기능이다. 비서는 프로젝트 진행 단계를 확인하는데 세션 계층의 기능에 해당한다. 예를 들어 프로젝트의 진행 단계를 5단계로 나누었을 경우를 생각하자. 1, 2단계는 정상적으로 진행되었는데 3단계 진행중에 어떤 이유에 의해 문제가 발생하였다. 이때 프로젝트 진행을 처음부터 다시 시작해야 할 것이다. 그러나 비서가 프로젝트의 진행의 각 단계를 관리하였으므로 1, 2단계는 제외하고 3단계부터 시작할 수 있는 것이다. 그리고 비서는 영어로 된 문서를 대표이사가 이해할 수 있는 사우디아라비아어로 번역하는 과정이 있는데 이것이 수신측 표현 계층의 기능이다. 사우디아라비아어로된 문서를 받은 대표이사는 프로젝트 계약 단계를 검토하고, 그 다음 단계로의 진행 여부를 결정하여 A회사의 대표이사에게 응답 또는 새로운 사항을 제시하여 프로젝트를 진행한다. 이와 같이, 한국의 A회사에서 이루어진 우편물의 전송 과정은 사우디아라비아의 B회사에서 역으로 수행되어 A회사의 대표이사가 보낸 자료는 B 회사의 대표회사에게 정확하게 전달되는 것이다. B회사의 대표이사가 보내는 자료도 같은 과정의 처리를 통해 A회사의 대표이사에게 전달되는 것이다.

이 비유는 네트워크 전체를 통한 통신처리 과정의 이해를 돕기 위한 설명이므로 참고하기를 바란다. OSI 모델 계층과 각 계층별 기능의 설명은 다음 절에서 설명하겠다.

9.2 OSI 참조 모델

OSI 참조 모델은 7개 계층으로 구성되어 있으며, 각 계층의 이름은 물리 계층(제1계층), 데이터링크 계층(제2계층), 네트워크 계층(제3계층), 전송 계층(제4계층), 세션 계층(제5계층), 표현 계층(제6계층) 및 응용 계층(제7계층)으로 구성되어 있다.

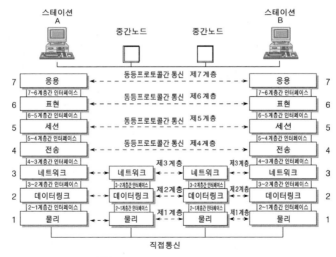

그림 9-4 OSI 계층 구조

〔그림 9-4〕는 메시지가 스테이션 A에서 스테이션 B로 전송될 때 관련되는 계층을 보여주고 있다. 메시지는 A에서 B로 전송되는 도중에 많은 중간 노드를 거칠 수 있다. 이 중간 노드는 보통 OSI 모델의 제 1, 2, 3 계층에만 관련된다.

OSI 모델을 개발하는 과정에서 설계자들은 데이터 전송과정을 잘 정리하여 가장 기본이 되는 요소들을 추출하였다. 어떤 네트워킹 기능이 관련되어 사용되고 있는지를 확인하여, 그 기능들을 서로 다른 그룹으로 구분하였고, 그렇게 구분된 그룹들은 각 계층이 되었다. 각 계층은 다른 계층의 기능과 구분되는 기능들의 집합으로 정의된다. 이와 같이 기능을 정의하고 구분함으로써 설계자는 완전하고 유연한 구조를 만들어 냈다. 여기서 가장 중요한 점은 OSI 모델은 OSI 모델의 규격을 준수하기만 하면 서로 다른 시스템 간이라도 통신이 가능하다는 것이다.

"Please Do Not Touch Silvia's Pet Alligator.(Physical, Data Link, Network, Tranport, Session, Presentation, Application)"라는 문장의 첫 글자들을 따서 OSI모델의 계층 이름들을 쉽게 암기할 수 있다.

하나의 스테이션에서 각 계층은 바로 아래 계층의 서비스를 요구한다. 예를 들면, 제3계층은 제2계층에서 제공해 주는 서비스를 이용하고, 또한 제4계층에게 서비스를 제공해 준다. 스테이션들 사이에서, 한 스테이션의 x 번째 계층은 다른 상대 스테이션의 x 번째 계층과 통신한다. 이러한 통신은 프로토콜이라는 협의된 규칙과 규약에 의해 제어된다. 해당 계층에서 상대의 해당 계층과 통신하는 각 스테이션의 프로세스를 대등 대대등 프로세스(Peer-to-peer process)라고 한다. 그러므로 스테이션 간의 통신은 적절한 프로토콜을 사용하는 해당 계층의 대등한 관계인 프로세스 사이에 이루어진다.

물리 계층의 통신은 직접적이다. 스테이션 A는 스테이션 B에 순서대로 비트(bit)를 보낸다. 하지만 물리 계층 이상에서 이루어지는 통신은 간접적으로 이루어진다. 스테이션 A에서 스테이션 B로 전송을 하는 경우, 스테이션 A에서는 계층을 따라 아래로 진행되고, 스테이션 B로 전달되어서는 계층을 따라 위로 진행되어야만 한다. 전송하는 스테이션의 각 계층은 바로 위의 계층에서 받은 메시지에 자신의 정보를 추가하고 전체 패키지를 바로 아래 계층으로 보낸다. 이러한 정보는 헤더(header)나 트레일러(trailer)의 형태로 추가된다. 제어 데이터(control data)는 데이터 단위의 앞이나 끝에 첨가된다. 헤더는 제6, 5, 4, 3, 2계층에서 상위 계층에서 수신한 메시지에 추가되며, 트레일러는 제2계층에서 추가된다. 헤더와 트레일러가 추가되는 제2계층의 메시지를 프레임이라고 부른다. 제1계층에서 모든 메시지 전송 매체에서 전파하여 수신 시스템으로 전송될 수 있는 형태로 변환된다. 수신 스테이션에 전달된 메시지는, 수신 시스템의 각 계층별 프로세스에 의해 해당하는 데이터를 수신하여 해석함으로써 각 계층에서 해체된다. 예를 들면, 제2계층은 자신의 계층에서 처리해야 하는 제어 데이터를 제외한 그 나머지를 제3계층에 올려 보내며, 제3계층도 자신의 계층에서 처리해야 하는 제어 데이터를 제외한 나머지를 제4계층에 올려 보낸다.

데이터와 네트워크 정보가 송신 스테이션의 각 계층을 따라 전달되고, 이를 다시 수신한 수신 스테이션의 각 계층을 따라 반대로 복구되는 과정에서 각 계층간의 데이터 전달은 인접한 계층간의 인터페이스(interface)에 의해 이루어진다. 각 인터페이스는 한 계층이 자기 바로 위의 계층에게 제공해야 하는 정보와 서비스를 정의한다. OSI 모델은 네트워크의 각 계층의 기능과 계층간 인터페이스를 명확히 정의하고 있으며, 그럼으로써 각 계층은 모듈성을 지닌다. 즉, 한 계층이 바로 위의 계층에 정의된 서비스를 제공해 주는 한, 다른 계층을 전혀 바꾸지 않고도 그 계층의 기능을 구현하는 방식을 변경하거나 대체할 수 있는 것이다.

9.2.1 계층의 구성

OSI 모델의 7개의 계층은 3개의 그룹으로 나눌 수 있다. 제1, 2, 3계층인 물리 계층, 데이터링크 계층, 네트워크 계층은 네트워크 관련계층으로서, 한 스테이션에서 다른 스테이션으로 데이터를 이동시킬 때 필요한 물리적인 면과 이에 관련한 기능을 처리한다. 여기서 물리적인 면이라는 것은 전기적인 규격, 전송매체의 물리적인 연결, 시스템이 위치한 물리주소, 전송시간과 신뢰도 등 오감을 통해 직접 인식할 수 있는 물질적인 것이 망라되어 있다. 제5, 6, 7계층인 세션 계층, 표현 계층, 응용 계층은 사용자 지원 계층이다. 이들은 서로 상관 없는 소프트웨어 시스템 간의 상호 연동을 가능하게 한다. 전송계층인 제4계층은 지금 말한 두 그룹을 연결하고, 하위계층에서 전송한 것을 상위계층이 사용할 수 있도록 보장한다. OSI 모델의 상위계층은 거의 대부분의 경우 소프트웨어로 구현된다. 거의 대부분 하드웨어로 구성되는 물리 계층만을 제외하고는 하위계층들은 하드웨어와 소프트웨어의 조합으로 구현된다.

전반적인 OSI 계층의 그림을 보여주는 〔그림 9-5〕에서 L7 데이터는 제7계층의 데이터 단위를 의미라고, L6 데이터는 제6계층의 데이터를 단위를 의미하며 다른 것들도 마찬가지다. 프로세서는 제7계층(응용 계층)에서 시작해서 순차적으로 하위계층으로 이동한다. 각 계층(제7계층과 제1계층을 제외하고)에서 헤더는 데이터 단위에 추가

된다. 제2계층에서는 헤더와 함께 트레일러도 추가된다. 정형화된 데이터가 물리 계층 (제1계층)을 통해 보내질 때, 데이터는 전자기 신호로 변환되고 물리 매체를 따라 전송된다.

목적지에 도달하면, 신호는 제1계층에 보내져 디지털 형태로 환원된다. 그런 다음, 데이터 단위는 OSI 계층을 통해 거꾸로 올라간다. 각 데이터 블록이 다음 상위계층에 도달하면, 해당 송신계층에서 붙였던 헤더와 트레일러는 해석되어 각 계층에서 해야할 일들이 수행된다. 이때 해당 계층에서 붙였던 헤더는 제거되어 데이터 블록만 상위 계층으로 전달된다. 마지막 계층인 제7계층에 도달하게 되면, 메시지는 응용 프로그램에 적절한 형태가 되어 최종적으로 수신자에게 전해진다. 각 계층별 기능은 다음과 같다.

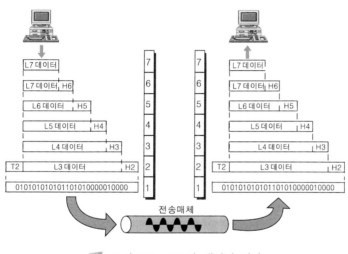

그림 9-5 OSI의 데이터 전달

9.2.2 물리 계층

물리 계층(physical layer)에서는 물리 매체를 통해 비트 흐름을 전송하는데 필요한 기능들을 수행한다. 케이블이나 연결 스테이션 등과 같은 기본적인 연결장치의 기계적, 전기적 항목들을 규정하고 네트워크상의 두 노드를 물리적으로 연결시켜 주는 신호 방식 등을 다룬다.

이 1계층은 제2계층으로부터 한 단위의 데이터를 받아 통신 링크를 따라 전송될 수 있는 형태로 변환시킨다. 비트의 흐름을 전자기 신호로 변환하는 것과, 매체를 통해 신호를 전송하는 것을 감독한다. 물리계층의 기능을 〔그림 9-6〕에 그림으로 나타냈다.

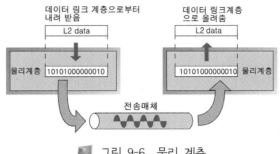

그림 9-6 물리 계층

물리 계층에서 명세되어야 하는 항목을 다음과 같이 정리할 수 있다.

- 회선구성: 두 개 이상의 스테이션들을 어떻게 물리적으로 연결할 것인가? 전송회선은 공유하게 할 것인가 아니면 두 스테이션간에만 전용하도록 제한할 것인가? 이러한 회선을 이용하려면 어떻게 해야할 것인가?

- 데이터 전송방식: 연결된 두 스테이션 간의 전송을 한 방향으로 진행시킬 것인가, 양방향으로 할 것인가? 아니면 교대로 할 것인가?

- 접속형태: 네트워크 스테이션들을 어떤 형태로 배열할 것인가? 데이터를 서로 직접 전달하는가 아니면 중간장치를 경유할 것인가? 또한 데이터를 어떤 경로를 따라가도록 할 것인가?

- 신호 어떤 종류의 신호가 선택된 전송매체에 적절한가?

- 부호화: 어떤 부호화 방식을 이용하여 비트(0 혹은 1)를 표현할 것인가? 주어진 신호를 이용하여 데이터를 어떻게 표현할 것인가?

- 인터페이스: 통신을 쉽고 편하게 하기 위해서 근접한 두 장치간에 어떤 정보를 공유하며 어떻게 전달할 것인가? 해당 정보를 전송하기에 가장 효과적인 방법은 무엇인가?

- 매체: 데이터 전송을 위한 가장 어울리는 물리적인 전송 매체는 무엇인가?

- 기타: 코넥터의 종류나 크기 등의 상세 규격, 전송 매체의 굵기 재질 등을 포함한 규격 등이 명세되어야 한다.

9.2.3 데이터링크 계층

데이터링크 계층(date link layer)은 한 교환 장치에서 다른 교환 장치로 데이터 단위(비트와 모음)를 오류 없이 전달하는 기능을 수행한다. 여기서는 제3계층으로부터 데이터 단위를 받아서 주소나 다른 제어정보 등을 의미 있는 비트들로 표현하여 시작

(헤더)과 끝 부분(트레일러)에 추가시킨다. 이러한 추가적인 정보를 가지고 있는 데이터 단위를 프레임(frame)이라 한다. 〔그림 9-7〕 참조를 참조하라.

서울에서 강원도 고성에 있는 K대학으로 우편물을 보낼 때, 여러 시 군의 우체국을 거쳐 우편물은 최종적으로 목적지에 도달하게 된다. 마찬가지로 전송된 데이터가 최종 목적지에 도달하기 위해서는 도중에 많은 전송 장치들을 통과한다. 이는 국제 우편물의 교환에서도 여러 국가의 여러 도시를 거쳐 전송되는 것이다. 이러한 전송 장치 또는 전송국을 우체국으로 비유하여 이해할 수 있다. 전송 장치나 전송국을 네트워크에서는 노드 또는 전달 노드라 부른다.

전송국과 수신국간의 데이터 단위를 문제없이 주고 받는데 필요한 모든 기능을 데이터링크 계층에서 수행한다고 이해하라. 만약, 문제가 발생하면 전송국과 수신국이 해결해야 한다. 따라서 데이터링크 프레임의 헤더와 트랙일러에는 한 전송국에서 다른 전송국으로 데이터 단위를 이동시키는데 필요한 정보가 저장되어 있다. 이러한 정보로는 데이터 단위들이 통과하는 전송국들의 물리주소나 최종 목적지로 가기 위해서 프레임이 거쳐야만 하는 그 다음 전송에 대한 정보 등이 있다.

부가적으로, 데이터링크 계층은 흐름제어와 오류검출 및 수정의 역할을 담당한다. 이는 전송국과 수신국간의 데이터 단위를 보내고 받는데 문제가 생길 경우 이를 해결하는 기능을 수행한다. 이 계층의 프로토콜은 수신 스테이션이 제대로 데이터를 수신할 수 있도록 전송 스테이션의 전송 속도를 조절하고 전송도중에 생긴 오류를 정정하는 등의 일을 담당한다. 끝으로 헤더와 트레일러는 동기화(정지비트와 시작비트의 위치), 순차화(전체 전송중 어느 부분이 어느 프레임에 해당하는지) 그리고 마지막 프레임이 손상되지 않고 도착했는지에 대한 정보를 전달한다.

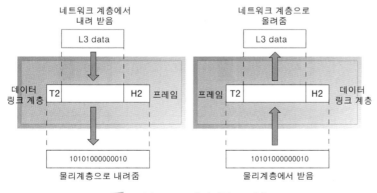

■ 그림 9-7 데이터링크 계층

이 계층에서의 헤더와 트레일러는 전송 노드에 의해 추가되며, 수신 노드에 의해 검사되고 해석된다. 프레임을 받은 수신 노드는 헤더와 트레일러를 떼어내고 남은 데이터 단위를 네트워크 계층으로 보낸다.

데이터링크 계층의 구체적인 역할은 다음과 같다.

● 노드 대 노드 전달: 데이터링크 계층은 노드 대 노드의 데이터 전달을 책임진다.

● 주소지정: 이 계층에서 추가된 헤더와 트레일러는 가장 최근에 데이터가 머물렀던 노드와 다음 차례로 접근할 노드의 물리 주소를 포함한다.

● 접근제어: 둘 이상의 스테이션이 같은 링크에 연결되어 있을 때, 데이터링크 계층 프로토콜은 특정 순간에 어느 스테이션이 회선을 점유하는지를 결정한다.

● 흐름제어: 수신기로 과도한 양의 데이터가 전송되지 않도록 데이터링크 계층은 한 번에 전송될 수 있는 데이터의 양을 조절한다. 식별 번호를 이용하여 수신 노드에서 프레임의 순서를 제어하고, 흐름제어를 수행할 수 있다.

● 오류처리: 데이터링크 계층 프로토콜은 일반적으로 오류가 발생한 프레임 전체를 재전송하는 것으로 손상된 데이터 복구를 규정하고 있다.

● 동기화: 헤더는 프레임이 도착했다는 것을 수신 기지국에 알리기 위한 비트를 포함하고 있다. 또한, 그 비트들은 수신자가 전송된 프레임에 따라 타이밍을 맞추는데(각 비트의 지속시간을 알기 위해) 필요한 패턴을 제공한다. 트레일러는 오류제어를 위한 비트와 프레임의 끝을 나타내는 비트, 그리고, 다음 내용이 새로운 프레임인지 빈 채널인지를 구분하기 위한 비트들을 포함하고 있다.

근거리통신망 표준이 개발될 당시, 데이터링크 계층은 논리링크제어(LLC)와 매체접근제어(MAC)라는 두 개의 부계층으로 나뉘어 정의되었다. 이렇듯 두 계층으로 나뉘었기 때문에 각 회사의 프로토콜들이 서로 맞지 않아도 사용할 수 있었다.

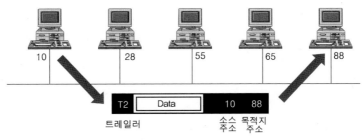

그림 9-8 데이터링크 계층에서의 주소지정

〔그림 9-8〕에서 물리주소 10인 노드는 물리주소 88인 노드에 프레임을 보낸다. 두 노드는 링크로 연결되어 있다. 데이터링크 수준에서 이 프레임은 헤더에 물리(링크)주소들을 가지고 있다. 여기서는 오직 이 주소들만 필요하다. 헤더의 끝에는 이 수준에서 필요한 다른 정보가 있다. 트레일러에는 보통 오류검출을 위한 특별한 비트들이 포함되어 있다.

9.2.4 네트워크 계층

네트워크 계층(network layer)은 패킷(packet)을 발신지로부터 여러 네트워크(노드)를 거쳐 목적지로 전달한다. 데이터링크 계층은 전송국 대 전송국(노드 대 노드) 전달을 감독하는 반면 네트워크 계층은 각 패킷이 시작지점에서 최종 목적지로 성공적이고 효과적으로 전달되게 한다.

이와 같이 종단 대 종단 전달을 가능하게 하기 위해서 네트워크 계층은 스위칭과 라우팅이라는 두 가지 관련 서비스를 제공한다. 스위칭은 네트워크 전송을 위해 물리 링크들을 임시적으로 연결하여 더 긴 링크를 만드는 것을 말한다. 전화 통화는 스위치 연결의 한 예이다. 통화중에는 두 회선이 서로 합쳐져서 단일 전용 링크가 된다. 이러한 경우 각 패킷은 목적지까지 같은 경로로 보내진다. 라우팅(routing; 경로 배정)이란 여러 경로를 이용할 수 있을 때, 패킷을 보내기 위한 가장 좋은 길을 선택하는 것을 의미한다. 이러한 경우, 각각의 패킷은 목적지까지 같은 경로로 갈 수도 있고, 서로 다른 경로를 거쳐서 전해지고 다시 모여서는 원래 순서대로 재결합될 수도 있다. 라우팅에서는 속도, 비용, 전송도중 경로변경 능력 등이 고려된다. 먼저 비유하여 설명한 우편물의 처리 과정에서 라우팅이나 스위칭과 같은 기능은 우체국에서 수행한다.

라우팅과 스위칭에서는 다른 정보와 함께 발신지와 목적지 주소를 포함한 헤더를 추가해야 한다. 이 주소들은 데이터링크 계층의 프레임에 포함된 물리(노드)주소들과는 다르다. 데이터링크 주소들은 현재 그리고 다음 노드의 물리주소일 뿐이다. 데이터링크 주소는 한 노드에서 다음 노드로 프레임이 이동함에 따라 변경된다. 네트워크 계층 주소들은 최초 발신지와 최종 목적지의 주소로서, 전송도중에도 바뀌지 않으며 논리주소라고도 한다. 이러한 논리 주소에 해당하는 것이 우편물 전달 과정에서는 우편번호가 되고 인터넷에서는 IP 주소가 된다.

〔그림 9-9〕는 네트워크 계층에서의 헤더가 붙여지는 모습을 보여주고 있다. 다음은 네트워크 계층의 구체적인 기능들이다.

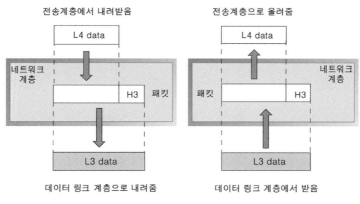

그림 9-9   네트워크 계층

- 소스 대 목적지 전달 경로 설정: 여러 네트워크 링크를 통하여 시작지점부터 의 도된 목적지까지의 패킷이 이동할 최상의 경로를 설정한다.
- 논리주소 지정: 발신지와 수신지 주소를 헤더에 저장한다.
- 라우팅: 다양한 경로 중 하나를 결정하여 패킷의 이동 경로를 결정한다.
- 주소변환: 논리주소를 해석하여 그에 해당하는 물리주소를 찾아낸다.
- 다중화: 동시에 많은 스테이션들 간의 데이터 전송을 위해 하나의 물리회선만을 사용할 수 있도록 한다.

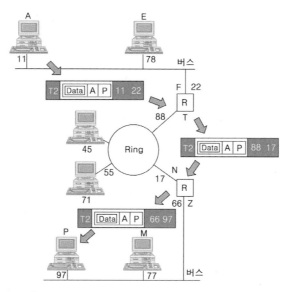

그림 9-10   네트워크 계층의 경로 배정 기능

[그림 9-10]에서 임의의 근거리 통신망에 위치한 네트워크 주소가 A이고 물리주소가 11인 노드로부터 다른 근거리 통신망에 위치한 네트워크 주소가 P이고 물리주소가 97인 노드로 데이터를 보낸다고 가정하자. 두 스테이션은 다른 네트워크에 위치해 있기 때문에 링크주소(link address)만 사용할 수는 없다. 링크주소는 자기 지역에서만 의미가 있다. 이제 우리가 필요로 하는 것은 근거리 통신망의 경계를 지나서도 전송할 수 있는 전역적인 주소이다. 네트워크(논리) 주소가 바로 이러한 특징을 가지고 있다. 즉, 네트워크 계층의 패킷은 최초발신지로부터 최종목적지까지 변함없이 유지되는 논리주소를 포함한다(각각 그림의 A와 P). 그 주소들은 네트워크에서 네트워크로 이동함에 따라 변하지 않는다. 하지만, 물리주소는 패킷이 한 네트워크에서 다른 곳으로 이동할 때마다 변경될 것이다. 11,22→88,17→66,97과 같이 패킷이 거치는 네트워크의 물리주소를 따라 변경되는 것이다. R로 표시된 사각형은 라우터로 네트워크간 연결장치로 교환노드에 해당한다.

9.2.5 전송 계층

전송 계층(transport layer)은 전체 메시지의 소스 대 목적지(종단 대 종단)간의 전달을 책임진다. 네트워크 계층은 개별적인 패킷들의 종단 대 종단의 이동 경로를 배정하고 전달하는데 관계하기는 하지만, 패킷들 사이의 관계는 전혀 인식하지 못하므로 마치 각각의 패킷이 별개의 메시지에 속해 있는 것처럼 독립적으로 다룬다. 반면, 전송 계층은 오류제어와 흐름제어를 발신지 대 목적지 수준에서 수행하면서 전체 메시지가 출발한 순서로 도착하는 것을 보장할 수도 있다.

컴퓨터는 종종 여러 프로그램을 동시에 실행시킨다. 이러한 이유로 발신지 대 목적지 전송은 단순히 한 컴퓨터에서 다음 컴퓨터로의 전달이 아니라, 한 컴퓨터의 특정 응용에서 다른 컴퓨터의 응용으로의 전달을 의미한다. 그러므로 전송 계층의 헤더는 서비스 지점 주소라 불리는 주소를 포함한다. 서비스 지점 주소는 포트나 소켓주소라고도 부른다. 정리하면, 네트워크 계층은 전달해야 할 컴퓨터에게 각 패킷을 바로 전달하는 일을 하고, 전송 계층은 전체 메시지를 해당 컴퓨터의 응용프로그램에게 전달하는 일을 한다.

또한 전송 계층의 헤더에는 순서번호(sequence numbers)가 포함된다. 전송 계층이 세션 계층(제5계층)으로부터 온 메시지를 수신하면, 메시지는 전송할 수 있는 조각(패킷)들로 나뉘며 목적지에서 수신자가 재조합 할 수 있도록 헤더에 순서번호가 매겨진다. [그림 9-11]은 전송 계층과 네트워크 계층, 세션 계층의 관계를 보이고 있다.

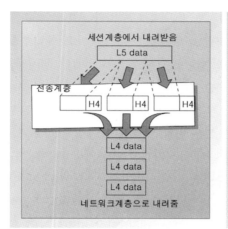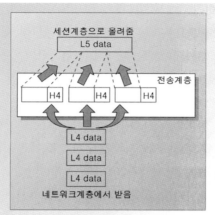

그림 9-11   전송 계층

　더 안전하게 전송하기 위해, 전송 계층은 양 끝단의 포트 사이에 연결(connection)을 만들 수 있다. 여기서 말하는 연결이란 메시지를 이루고 있는 전체 패킷들에 대한 발신지와 목적지 사이의 형성된 하나의 논리적인 통로를 이름한다. 그러면 한 메시지를 구성하는 모든 패킷은 연결을 통해 하나의 경로로 전달된다. 연결을 만드는 데에는 연결 설정, 데이터 전송 및 연결 해제의 세 가지 단계가 있다. 모든 패킷의 전송을 하나의 경로로 제한함으로 인해 전송 계층은 순서화, 흐름 그리고 오류검출과 오류수정을 더욱 원활히 수행할 수 있다.

　다음은 전송 계층의 구체적인 기능들이다.

- 종단 대 종단 메시지 전달: 목적지에서 메시지의 모든 패킷의 전송과 도착을 검사한다.
- 서비스 지점(포트) 주소 지정: 서비스 지점 주소를 이용하여 컴퓨터에서 다양한 응용 프로그램에게 메시지를 올바르게 전달한다.
- 분할과 재조합: 메시지를 여러 개의 전송 가능한 조각(세그먼트)들로 나누고 각 세그먼트에 순서번호를 기록한다. 그 번호는 목적지에 도착한 세그먼트를 검사하여 전송 계층이 메시지를 바르게 재조립하고 전송시 잃어버린 패킷들을 발견하고 이를 수정하는데 필요하다.
- 연결제어: 모든 패킷들을 하나의 다중화 된 경로로 보낼 것인지 말 것인지의 여부를 결정한다.

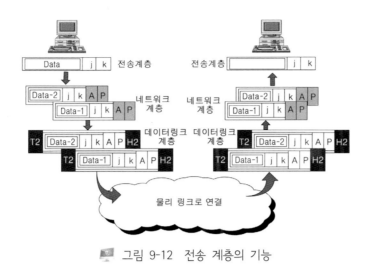

그림 9-12 전송 계층의 기능

〔그림 9-12〕는 전송 계층의 기능을 보여준다. 상위 계층에서 온 데이터는 서비스 지점(포트) 주소 j와 k를 가지고 있다. 여기서 j는 송신측 응용 프로그램의 주소이고, k는 수신측 응용 프로그램의 주소이다. 데이터 크기가 네트워크 계층이 다룰 수 있는 것보다 클 경우 데이터는 두 개의 패킷으로 나뉘며, 나뉜 각 패킷은 서비스 지점 주소 k, j를 계속 유지한다. 그 후 네트워크 계층에서 네트워크 주소(A와 P)가 패킷에 더해진다. 각 패킷들은 다른 경로로 이동되어 보내진 순서에 관계 없이 목적지에 도달할 수 있다. 두 패킷은 목적지의 네트워크 계층에 전달되며, 거기서 네트워크 계층의 헤더가 제거되고 상위 계층으로 전달하기 위해서 두 조각이 났던 데이터는 다시 합쳐지게 된다.

9.2.6 세션 계층

세션 계층(session layer)은 네트워크의 대화 관리자(dialog controller)로서 통신 장치들 간의 상호작용을 설정하고 유지하며 동기화 한다. 또한 갑자기 연결을 끊어 사용자들을 당황시키거나 하지 않고 각 세션을 적절히 닫도록 한다. 예를 들면, 500쪽 분량의 파일을 전송하려는 사용자가 있는데, 422페이지에서 전송이 중단되었다면 어떻겠는가? 문제가 제거되고 연결이 설정되었을 때, 세션은 취소되고 처음부터 다시 시작되어야 하는가? 아니면 큰 세션을 작은 세션(50쪽 단위)으로 나누어서 세션이 회복될 때 마지막 두 세션(401~450쪽과 451~500쪽)만 재전송되도록 해야하겠는가? 이와 같은 사항들이 바로 세션 계층에서 다루어진다.

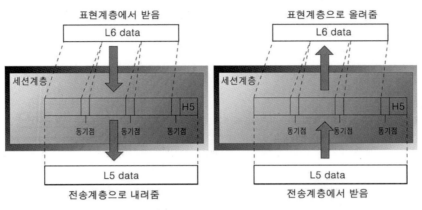

그림 9-13 세션 계층

세션 계층은 사용자간의 연결이 유효한지 확인하고 설정한다. 이 계층의 데이터 단위는 암호와 로그인 확인 정보를 포함하는 등 연결을 시도하는 호스트의 자격을 인정할 만한 정보를 가지고 있기도 하다. 이러한 사항은 시스템이 원격파일 접근을 허락하는 경우에는 항상 필수적이다. 세션 계층은 또한 양방향에서 동시에 교환이 발생하는지 아니면 한 번에 한 방향으로만 발생하는지를 결정함으로써 데이터의 교환을 조절한다. 만약 한 번에 한 방향으로만 데이터 교환이 일어나는 경우에는 어떻게 서로 차례를 바꿔가야 하겠는가?

세션 계층에서의 신뢰성은 세션을 여러 하위 세션으로 나누어 그 세션의 흐름 속에 검사점(또는 동기점)을 끼워 넣음으로써 제공된다. 검사점은 문제가 발생한 경우에(위의 예와 같은 파일 전송에서)처음부터 다시 시작하지 않고 일정한 정도만 되돌아갈 수 있도록 해준다. 전송시의 요구 사항의 정도에 따라서는 검사점은 매우 중요해질 수도 있고, 아니면 완전히 무시될 수도 있다.

이 계층의 헤더는 전송된 데이터 단위의 종류와 검사점 위치 지점 정보와 같은 제어 정보를 포함한다. 세션 계층과 전송 계층 및 표현 계층과의 관계는 [그림 9-13]에 나타나 있다. 다음은 세션 계층의 구체적인 기능들이다.

- 세션 관리: 검사점을 도입하여 세션을 하위 세션으로 나눈다. 즉, 긴 메시지를 전송하기에 적절한 대화 단위(dialog unit)라 불리는 짧은 데이터 단위들로 나눈다. 그리고, 하위 세션(대화 단위)을 관리하여 전체 세션이 효율적으로 완료되도록 제어한다.

- 동기화: 대화 단위를 어떠한 순서로 전송 계층으로 전송할지를 결정하고, 전송시 수신자가 확인을 해야 하는 곳이 어디인지를 결정한다.
- 대화 제어: 누가 언제 대화 단위를 보내는지를 결정한다.
- 원활한 종료: 데이터 교환이 세션을 종료하기 전 적절한 때에 완료될 수 있도록 제어한다.

어떤 컴퓨터에서 데이터베이스와 같은 큰 파일의 갱신이 필요하다고 하자. 세션 계층은 그 작업을 대화 단위들로 세분하여 관리함으로써 전송 과정에서 문제가 생길 경우 효과적으로 대처할 수 있도록 관리한다.

9.2.7 표현 계층

표현 계층(presentation layer)은 통신장치들 간의 상호 연동성(interoperability)을 갖도록 보장해 준다. 이 계층의 기능은 내부적으로는 표현의 차이가 있는 데이터라 할지라도 두 컴퓨터간의 통신을 가능하게 하는 것이다. 여기서 말하는 표현의 차이라는 것은 이를테면, 어떤 스테이션이 어느 한 종류의 코드를 사용하고 다른 스테이션은 다른 종류의 코드를 사용하는 경우를 말한다. 즉, 두 스테이션 간에 서로 달리 사용하는 제어코드와 문자 및 그래픽 문자 등을 위해 필요한 변환(번역)을 수행하여 두 스테이션이 일관되게 전송된 데이터를 서로 이해할 수 있도록 한다. 앞의 비유에서 한국어를 국제 공용어로 사용하는 영어로 변환하고 이를 다시 사우디아라비아어로 변환함으로써 두 회사의 대표이사가 의사 소통을 하는데 문제가 없도록 하는 것이다.

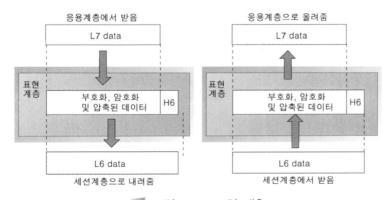

그림 9-14 표현 계층

표현 계층은 또한 보안을 위해 데이터의 암호화와 해독을 수행하고 효율적인 전송을 위해 필요에 따라 압축과 압축풀기를 수행한다. 이 계층의 헤더에는 전송되는 데이터 타입과 매개변수 및 전송의 길이에 대한 정보가 포함된다. 〔그림 9-14〕는 표현 계층과 응용 계층 및 세션 계층간의 관계를 보여준다. 다음은 표현 계층의 구체적인 기능들이다.

- 변환: 송신자가 사용하는 메시지의 형식을 전송에 사용할 수 있도록 상호간에 수용할 수 있는 형식으로 변환하며, 목적지에서는 수신자가 이해할 수 있는 형식으로 변환한다.
- 암호화: 데이터 보안을 위해 암호화와 해독을 담당한다.
- 압축: 전송을 보다 효율적으로 하기 위해 데이터를 압축하거나 압축을 푼다.
- 보안: 패스워드와 로그인 코드 등을 확인한다.

송신 스테이션은 데이터를 도청으로부터 보호하기 위해 암호화 알고리즘을 사용한다. 암호화된 데이터는 목적지 스테이션의 응용 계층에 전달되기 전에 목적지의 표현 계층에서 해독되는 것이다.

9.2.8 응용 계층

응용 계층(application layer)은 사용자-사용자 또는 응용프로세스-응용프로세스가 네트워크에 접근할 수 있도록 해준다. 여기서는 전자우편, 원격파일 접근과 전송, 공유 데이터베이스 관리 및 여러 종류의 분산정보 서비스 등이 있다.

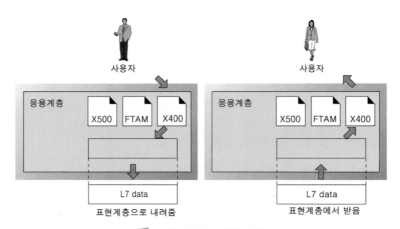

그림 9-15 응용 계층

〔그림 9-15〕는 응용 계층과 사용자, 표현 계층과의 관계를 보여준다. 이용 가능한 많은 응용 서비스들 중에서 X.400(메시지 처리 서비스), X.500(디렉토리 서비스) 그리고 FTAM(파일 전송, 접근 및 관리)의 세 가지가 그림에 제시되어 있다. 지금 사용자는 전자우편을 보내기 위해 X.400을 사용한다. 이 계층에서는 어떠한 헤더와 트레일러도 추가되지 않는 것에 유의하라. 다음은 응용 계층의 구체적인 역할들이다.

- 네트워크 가상 터미널: 물리 터미널의 소프트웨어 버전. 가상 터미널은 원격 호스트에 로그온이 가능하게 해준다. 그러기 위해서 응용 프로그램은 원격 호스트상에 터미널 에뮬레이션 프로세스를 생성한다. 사용자의 컴퓨터는 그 소프트웨어 터미널에게 이야기하고 소프트웨어 터미널이 다시 원격 호스트에게 이야기하며, 그 역도 마찬가지로 진행된다. 원격 호스트는 자신의 터미널 중 하나와 통신을 하고 있다고 믿고 로그온을 허락한다.
- 파일 접근, 전송 및 관리: 원격 컴퓨터에서 다른 호스트의 파일에 접근하는 것을 가능하게 한다. 자기 컴퓨터에서 사용하기 위해 원격 컴퓨터로부터 파일을 가져오고, 자기 컴퓨터에서 원격 컴퓨터의 파일을 관리하거나 제어한다.
- 우편 서비스: 전자우편의 발송과 저장 기능을 제공한다.
- 디렉토리 서비스: 분산 데이터베이스의 원천들과 다양한 객체와 서비스 모델에 대한 전역적인 정보 접근 기능을 제공한다.

서울에 있는 사용자가 미국의 로스엘젤레스에 있는 워크스테이션에 큰 독점 데이터 파일을 전송하려 한다. 이는 파일전송, 접근 및 관리 기능을 제공하는 FTAM과 같은 응용 서비스 프로그램을 사용하면 가능하다.

9.3 TCP/IP 프로토콜

TCP/IP(transmission control protocol/internetworking protocol)는 인터넷에서 사용하는 프로토콜의 집합이다. 여러 프로토콜 중에서 가장 대표적인 프로토콜의 이름을 따서 TCP/IP라고 부르며, 거의 30여년 동안 사용되어 왔다. OSI 참조 모델이 발표된 이후 여러 해 동안 프로토콜 구조에 관한 기술적 보고서의 내용은 대부분 OSI와 각 계층에서의 서비스 그리고 프로토콜 개발에 관한 내용이었다. 1980년대에 사람들은 OSI가 여러 회사가 내놓은 TCP/IP나 IBM의 SNA를 능가하여 사용될 것으로 믿었다. 그러나 이러한 전망과는 달리 1990년대 TCP/IP가 사업적으로 확고한 위치를 굳혔고, TCP/IP상에서 동작하는 많은 새로운 프로토콜이 개발되고 있다.

TCP/IP가 OSI를 능가하고 성공한 데에는 몇 가지 이유가 있다. 그 이유들은 다음과 같다.

1. TCP/IP 프로토콜은 대체 프로토콜의 ISO 표준화 이전에 이미 널리 사용되고 있었다. 따라서 1980년대에 당장 프로토콜이 필요한 회사들은 계획만 좋고, 완성될 것 같지도 않은 OSI 패키지를 기다릴 것인지, 설치만 하면 사용할 수 있는 TCP/IP를 사용할 것인지를 선택해야만 했다. 대부분은 TCP/IP를 선택했고, TCP/IP로 설치된 기반은 경제적, 기술적 문제로 인하여 OSI로 바뀌지 않았다.

2. TCP/IP 프로토콜은 처음에 미국방성(DOD)의 주요 기관인 ARPA(Advanced Research Project Agency)에 의해 개발되었다. 미국정부의 다른 기관과 마찬가지로 DOD도 국제표준을 따르려고 했지만, 1980년대와 1990년대 초반에 OSI 제품이 여러 요구 사항을 만족시키지 못하게 되었다. 그러므로 DOD는 실제적으로 TCP/IP 프로토콜을 이용하는 소프트웨어를 구입하였다. DOD는 소프트웨어 시장에 있어서 가장 큰 소비자이므로, 이러한 정책은 TCP/IP 기반 제품을 개발하는 회사들의 개발 의욕을 더욱 장려하게 되어 TCP/IP의 위치는 더욱 확고하여 졌다.

3. 인터넷이 TCP/IP 기반 위에 만들어졌다. 인터넷의 응용 중, 특히 월드 와이드 웹(WWW)의 갑작스런 성장은 TCP/IP의 위치를 더욱 공고히 만들었다.

TCP/IP는 OSI보다 먼저 개발되었으므로 TCP/IP 프로토콜 계층 구조는 OSI 모델의 계층 구조와 일치하지 않는다.

9.3.1 TCP/IP 프로토콜 구조

TCP/IP 프로토콜은 5개의 계층으로 구성되어 있다. 즉, 물리 계층과 데이터링크 계층을 합한 네트워크 접근 계층, 네트워크 계층(또는 인터넷 계층), 전송 계층(호스트-호스트 계층) 그리고 응용 계층이다. TCP/IP의 응용 계층은 전반적으로 OSI 모델의 세션, 표현, 응용 계층의 합친 기능을 수행한다. OSI 모델과 비교한 TCP/IP 프로토콜의 구조가 〔그림 9-16〕에 나와 있다.

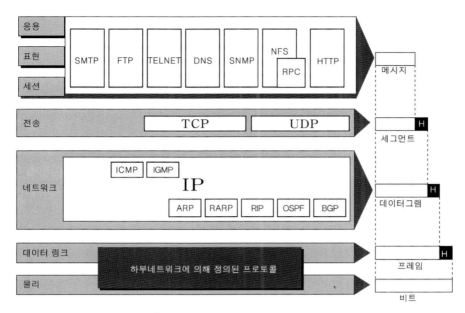

그림 9-16   OSI 모델과 TCP/IP

TCP/IP의 전송 계층에는 TCP 및 UDP의 2개 프로토콜이 규정되어 있다. 네트워크 계층의 기능을 지원하는 프로토콜도 몇 가지가 있지만 이 중에서 중요 프로토콜이 IP이다. TCP/IP의 물리 계층과 데이터링크 계층에 대해서는 특정 프로토콜을 지정하지 않고, 앞에서 설명한 대부분의 표준 프로토콜(IEEE802 LAN)을 지원한다. 각 계층의 내용을 요약하면, 다음과 같다.

- 응용 계층: 양쪽 호스트에 있는 프로세스나 응용간의 통신을 제공한다.
- 전송 계층 또는 호스트-호스트 계층: 종점간(end-to- end)의 데이터 전송 서비스를 제공한다. 하부 네트워크가 무엇이든지 상위 응용 계층이 동작할 수 있도록 서비스를 제공한다. 즉, 응용 계층에서 하부 네트워크에 대해서 알 필요가 없도록 만들어준다.
- 네트워크 계층 또는 인터넷 계층: 라우터에 의해 연결된 여러 개의 네트워크를 통해서 전송되는 경로 배정 기능을 제공한다.
- 네트워크 접근 계층: 시스템과 하부 네트워크 사이의 논리적 인터페이스 기능을 제공하며, 전송매체, 전송률, 신호의 부호화 방식에 관한 특성을 정의한다.

9.3.2 TCP와 IP의 동작

〔그림 9-17〕은 TCP/IP 프로토콜이 어떻게 구성되는지를 보여주고 있다. 컴퓨터 네트워크에 연결시키기 위해서 이더넷과 같은 네트워크 접근 프로토콜을 이용한다. 이 프로토콜을 이용하면 호스트는 네트워크에 연결되어 있는 다른 호스트나 다른 네트워크에 있는 호스트로 데이터를 전송할 수 있다. IP는 종단 시스템과 라우터에 구현되어 있으며, 데이터의 블록을 한 호스트에서 여러 라우터를 거쳐서 다른 호스트로 전송시켜 준다. TCP는 종단 시스템에만 구현되어 있으며, 원하는 응용에 올바로 전송되었는지 확인함으로써 신뢰성을 제공한다.

성공적으로 통신하기 위해서는 전체 시스템의 모든 개체는 반드시 유일한 주소를 가지고 있어야 한다. 실제로는 두 계층의 주소지정 방식을 사용한다. 서브 네트워크상의 모든 호스트는 반드시 유일한 인터넷 주소를 가지고 있어야 한다. 이 주소는 데이터가 지정한 호스트로 올바로 전송할 수 있도록 해주는데, 이것이 IP 주소이다. 그리고 호스트 내의 모든 프로세스는 호스트에서 유일한 주소를 가지고 있어야 한다. 이 주소는 호스트-호스트 프로토콜(TCP)이 올바른 프로세스로 데이터를 전송하는데 이용한다. 이 두 번째 주소를 포트(port)라고 한다.

〔그림 9-17〕을 통해 TCP/IP의 동작을 이해하여 보자. 호스트 A의 포트 11과 연결된 프로세스가 호스트 B의 포트 11에 연결된 프로세스에 메시지를 전송하려 한다고 가정해보자. 호스트 A에 있는 프로세스는 호스트 B의 포트 11에 전송하라는 명령과 함께 메시지를 TCP에 넘길 것이다. 그러면 TCP는 메시지를 호스트 B에 전송하라는 명령과 함께 메시지를 IP에 넘긴다. 여기서 IP는 목적지 호스트의 포트를 알 필요가 없다는데 주목하기 바란다. IP는 데이터가 호스트 B로 전송되어야 한다는 사실만 알면 된다. 다음에 IP는 라우터 J로 전송하라는 명령과 함께 메시지를 네트워크 접근 계층으로 내려보낸다. 여기서 라우터 J는 호스트 A에서 호스트 B로 가는데 처음으로 거쳐야 되는 교환 노드이다.

이러한 동작을 제어하기 위해서는 사용자 데이터뿐만 아니라, 제어 정보도 같이 전달되어야 한다. 〔그림 9-17〕에 나타낸 바와 같이 메시지를 전송하려는 프로세스는 메시지를 만들어서 TCP에 넘긴다. TCP는 이 메시지를 작은 조각(세그먼트)으로 나눌 수도 있다. TCP는 TCP 헤더라고 하는 제어 정보를 각 세그먼트에 붙여 TCP 세그먼트를 만든다. 이 제어 정보는 호스트 B에 있는 대응 TCP 프로토콜에 의해 해석되어 응용 계층의 프로세스로 전달할 메시지를 만들어 최종적으로 응용 프로세스로 전달하는데 사용된다. 이 헤더에 포함되는 항목으로는 다음과 같은 것이 있다.

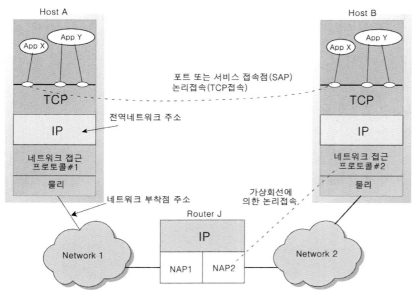

그림 9-17 TCP/IP의 동작

● 목적지 포트: 호스트 B에 있는 TCP 개체가 세그먼트를 받았을 때, 데이터가 어디로 전송되어야 하는지를 알아야 한다. 즉, 데이터를 최종적으로 전달할 응용 프로세스를 선택하는데 사용된다.

● 순서번호: TCP는 특정 목적지 포트로 전송되는 세그먼트에 대해서 순차적으로 번호를 붙인다. 따라서 만약 순서에 어긋나게 세그먼트가 도착했을 경우, 호스트 B의 TCP 개체는 순서번호를 검사하여 원래의 메시지를 구성하여 낸다.

● 체크섬: 전송하는 TCP 쪽에서는 세그먼트의 나머지 데이터를 이용하여 오류 검출 코드를 만들어, 이것을 헤더에 포함시킨다. 그러므로 수신 TCP는 똑같은 연산을 하여 그 결과를 받은 코드와 비교한다. 전송 과정에서 오류가 발생하지 않으면 연산 결과와 수신 코드가 일치한다. 만약 전송되는 과정에 오류가 발생했다면, 결과가 일치하지 않게 된다.

다음으로, TCP는 세그먼트를 호스트 B에 전송하라는 명령과 함께 세그먼트를 IP에 넘긴다. 이 세그먼트들은 여러 개의 중간 라우터를 거치고, 여러 개의 네트워크를 지나야 한다. 이러한 동작도 제어정보를 이용해야 한다. 따라서 IP는 각 세그먼트에 제어 정보를 담은 헤더를 붙여서 IP 데이터그램(datagram)을 만든다. 이 IP 데이터그램의 헤더에 들어가는 항목 중 중요한 것이 목적지 호스트의 주소(호스트 B)가 있다.

마지막으로 각 IP 데이터그램은 목적지로 전송되는데 있어서의 첫 번째 서브 네트워크를 지나기 위해 네트워크 접근 계층으로 보내진다. 네트워크 접근 계층은 자신의 헤더를 붙여서 프레임을 만들게 된다. 이 프레임은 서브 네트워크를 지나서 라우터 J로 전송된다. 프레임 헤더에는 데이터가 서브 네트워크를 지나는데 필요한 정보가 담겨져 있다. 이 헤더에 포함되는 항목에는 목적지 서브 네트워크 주소가 있다. 이 주소를 사용하여 프레임을 받을 장치가 어느 서브 네트워크에 붙어 있는지 알아내는데 사용할 수 있다.

라우터 J에서 프레임 헤더를 없애고, IP 데이터그램의 헤더를 조사한다. IP 데이터그램 헤더에 있는 목적지 주소 정보를 바탕으로, 라우터에 있는 IP 모듈은 데이터그램을 B에 연결된 네트워크 2로 보낸다. 이렇게 하기 위해서 데이터그램에 다시 네트워크 접근 헤더가 붙는다.

데이터가 호스트 B에 도착하면, 반대 과정이 일어난다. 각 계층에서 해당하는 헤더가 제거되고, 나머지가 다음 상위 계층으로 전달되어서 마지막에는 원래 사용자 데이터가 목적지 프로세스에 전달된다.

9.3.3 프로토콜 인터페이스

TCP/IP 프로토콜에서 각 계층은 바로 인접 계층과 상호 동작한다. 전송하는 쪽의 응용계층은 종점-종점(end-to-end) 계층의 서비스를 이용하고, 데이터를 아래계층으로 전달한다. 종점-종점 계층과 인터넷 계층 사이의 인터페이스 그리고 인터넷 계층과 네트워크 접근 계층 사이의 인터페이스에도 비슷한 관계가 존재한다.

구조적으로 반드시 각 계층을 모두 이용해야 하는 것은 아니다. 어떤 계층의 서비스든지 바로 호출하는 응용을 개발할 수도 있다. 단지 대부분의 응용이 신뢰성 있는 종점-종점(end-to-end) 프로토콜을 필요로 하기 때문에, 일반적으로 TCP를 사용하는 것이다. 그러나 특별한 목적의 응용일 경우에는 TCP 서비스를 전혀 이용하지 않는다. 예를 들어, 단순 네트워크 관리 프로토콜(Simpel Net work Management Protocol: SNMP)의 경우에는 TCP 대신 사용자 데이터그램 프로토콜(User Datagram Protocol: UDP)이라는 종점-종점 프로토콜을 이용한다. 어떤 것은 IP를 직접 이용하기도 한다. 인터네트워킹을 이용하지 않거나, TCP를 사용하지 않는 응용은 네트워크 접근 프로토콜을 바로 호출하도록 만들어지고 있다.

연습문제

1 프로토콜을 설명하고, 그 특징을 말하시오.

2 OSI와 ISO가 무엇인지 설명하시오.

3 프로토콜이 계층 구조를 가짐으로써 나타나는 장점은 무엇인가?

4 프로토콜의 표준이 필요한 이유는 무엇인가?

5 물리 계층에서 이루어지는 실제 통신과 가상 통신을 설명하시오.

6 OSI 7계층 참조 모델의 각 계층의 대표적인 핵심 기능을 쓰시오.

7 다음의 보기를 OSI 7계층 중 어느 계층에 해당하는지 쓰시오. 둘 이상의 계층과 관련되는 계층이 있을 수 있다.
  (1) 전송 경로의 선택
  (2) 한 코드에서 다른 코드로의 데이터 형식 변환
  (3) 흐름제어

8 다음의 보기를 OSI 7계층 중 어느 계층에 해당하는지 쓰시오. 둘 이상의 계층과 관련되는 계층이 있을 수 있다.
  (1) 믿을 수 있는 종단 대 종단의 전송 기능
  (2) 전자 우편, 파일 전송을 위한 사용자 서비스의 제공
  (3) 오류제어

9 다음의 보기를 OSI 7계층 중 어느 계층에 해당하는지 쓰시오. 둘 이상의 계층과 관련되는 계층이 있을 수 있다.
  (1) 오류 정정과 재전송
  (2) 노드 대 노드로 프레임 전달을 책임짐

(3) 데이터 패킷을 세그먼트로 재구성

10 다음의 보기를 OSI 7계층 중 어느 계층에 해당하는지 쓰시오. 둘 이상의 계층과 관련되는 계층이 있을 수 있다.
(1) 형식 및 코드 변환 서비스
(2) 세션의 설정, 관리 및 종료
(3) 로그인 기능 제공

11 다음의 보기를 OSI 7계층 중 어느 계층에 해당하는지 쓰시오. 둘 이상의 계층과 관련되는 계층이 있을 수 있다.
(1) 물리 매체를 통한 신호의 전송
(2) 사용자의 응용 프로그램과 직접 통신
(3) 전자 우편 서비스

12 포트 또는 서비스 접속점의 기능은 무엇인가?

13 캡슐화(encapsulation)를 설명하시오.

14 데이터 통신에서 사용되는 '신뢰성'이라는 용어를 TCP의 기능과 연계하여 설명하시오.

IP와 주소체계

10

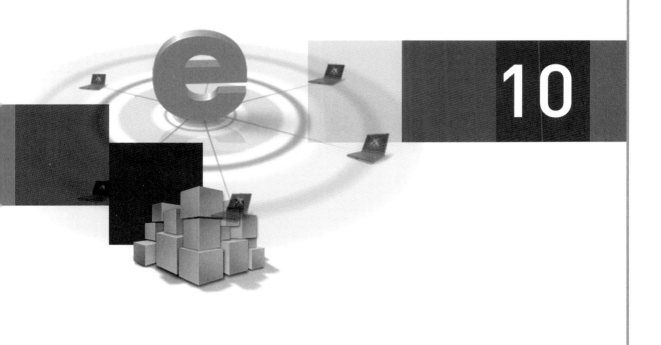

데이터 통신과 컴퓨터 네트워킹

• 10.1 네트워크 계층

물리계층과 데이터 링크 계층은 인접하는 개방 시스템 간에 동작하는 프로토콜인 반면에, 네트워크 계층은 통신하려는 두 시스템이 여러 개의 통신망을 경유하는 경우 양단 시스템의 트랜스포트 층에 대한 전송 경로를 제공하는 기능을 갖고 있다.

네트워크 계층에서의 역할은 주로 경로 설정과 설정된 경로 대로 패킷을 전달하는 것이다. 다시 말하면, 경로 설정을 위해 정보를 교환하여 교환된 정보를 기반으로 최적의 경로를 결정하여 패킷 전달에 사용한다. 그리고, 특정 목적지로의 전송을 원하는 종단 시스템이 패킷에 목적지 종단 시스템 의 주소를 붙여서 네트워크 노드(주로 라우터)에게 전송하면 네트워크 노드는 네트워크 통해 해당 패킷을 목적지 까지 순차적으로 전송하게 된다. 이 때 전송량을 측정하여 과잉전송 때문에 패킷이 버려지는 것을 막는 혼잡 제어 기능도 수행하게 된다.

네트워크 계층의 주소는 논리적인 주소체계다. 따라서 전화번호에 지역번호가 있듯이 계층의 주소에서 네트워크 주소와 호스트 주소의 두 부분을 가지고 있다. 경로의 결정은 네트워크 주소를 가지고 라우터가 결정하게 되는데, 이때의 경로 결정 기준은 라우팅 프로토콜을 통해서 알게 된 정보를 기반으로 한다.

인터넷에서 네트워크 계층의 기능을 수행하는 대표적인 프로토콜로 IP(Internet Protocol)가 있다. IP는 데이터그램 패킷 교환방식을 사용하므로 신뢰성이 없고 비연결형 프로토콜로서 최선의 전달 서비스(best effort)를 제공한다. IP는 패킷을 목적지까지 전달하기 위해 최선을 다하지만 보장을 하지 않는다. TCP/IP 프로토콜 스택 내의 IP의 위치를 〔그림 10-1〕에 도시하였다.

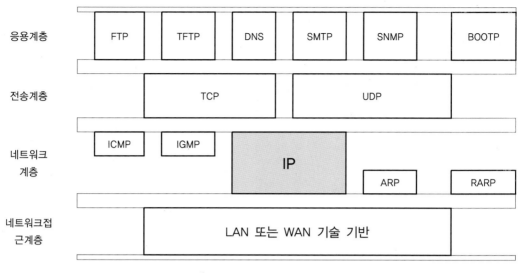

그림 10-1 IP의 위치

10.2 IP 데이터그램

위의 〔그림 10-2〕은 IP 데이터그램 헤더의 형식이다. 이 패킷에 있는 대부분의 필드는 라우팅에서 중요한 역할을 담당한다. IP 패킷 헤더의 각 영역들은 다음과 같은 의미를 가진다.

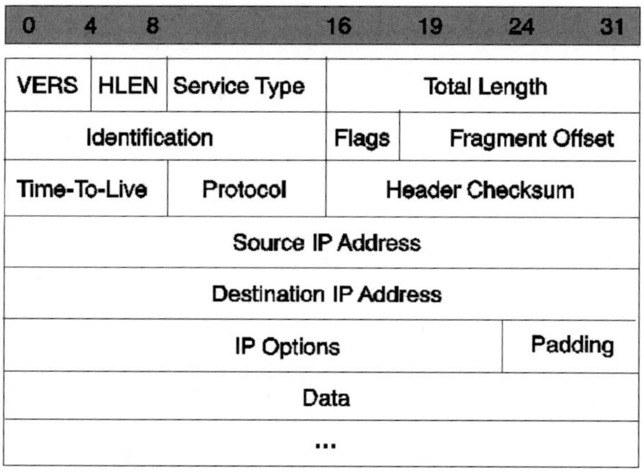

0 4 8 16 19 24 31

그림 10-2 IP 데이터그램 형식

버전 번호(VERS)

4비트 크기의 필드로 IP의 버전 번호를 담는다. 현재의 버전은 4이다. 버전(Version)은 패킷의 IP 프로토콜의 개정 정보를 나타낸다. 이 필드는 4비트를 사용하며, 현재 일반적으로 사용하고 있는 버전 IPv4를 의미하고 2진수 코드 0100이 설정되어 있다. 새로운 버전으로 IPv6가 있으며, 아직 광범위하게 사용되고 있지는 않고 있다.

헤더 길이(HLEN)

이것은 IP 헤더의 길이를 표시한다. 선택사항인 항목들이 추가됨에 따라 프로토콜의 헤더의 길이는 증가하며 헤더를 해석하기 위해서는 정확한 길이를 알아야 한다. 헤더 길이 필드는 4비트이며, 이름에서 의미하듯이 IP 헤더의 길이를 나타낸다. 이 필드는 옵션필드의 길이가 다양할 수 있기 때문에 포함되었다. IP 헤더의 최소 길이는 20바이트 이며, 옵션에 따라 60바이트까지 늘어날 수 있다.

서비스 유형(Service Type)

이 항목은 고정된 규칙에 따라 메세지를 처리하도록 하기위한, IP 프로토콜 장치에 대한 입력을 담고 있다. 〔그림 10-3〕에 자세한 이 항목의 자세한 구조를 보였다. 실제로 두 컴퓨터 간에는 질적으로 차이가 나는 서로 다른 경로가 존재하는 경우가 거의 없기 때문에 값은 거의 0이다. 게다가 알려진 바에 의하면 어떠한 UNIX IP 구현들도 이 항목을 검토하도록 하지 않는다. 이것은 아마도 이 항목을 채워 넣을 프로그램 인터페이스가 없기 때문일 것이다.

Bits	0의 값을 가질 때 의미	1의 값을 가질 때 의미
0-2	우선순위(0-7)	
3	Normal delay	Low delay
4	Normal throughput	High throughput
5	Normal reliability	High reliability
6	Normal Cost	High Cost
7	Reserve	

```
0   1   2   3   4   5   6   7
우선순위        D   T   R   C   0
```

그림 10-3 서비스 타입 필드의 구조

서비스 유형 필드는 8비트로 구성되어 있으며, 패킷의 특수한 처리 상황을 명시하는데 사용된다. 이 필드를 두 개의 하위 필드로 구분할 수 있으며, 하나는 우선순위고 다른 하나는 서비스 유형이다. 우선순위는 패킷의 우선 순위를 설정한다. 이는 소포를 택배로 보낼 것인지, 빠른 소포로 보낼 것인지, 보통 소포로 보낼 것인지에 대한 설정과 비슷하다.

서비스 유형 필드는 전송량, 지연, 안정성, 금전비용에 따라 전달 서비스를 선택한다.

✍ 패킷의 전체 길이 (Total length)

이 항목은 프로토콜 헤더를 포함한 패킷의 전체 길이를 바이트 단위로 나타낸다. 상위 계층으로부터 받은 데이터 길이를 알아내기 위해서는 전체 길이에서 헤더 길이를 빼면 된다. 전체 길이는 16비트 크기의 항목이므로 IP 패킷은 최대 길이가 65,535 ($2^{16}-1$)바이트가 되고, 이 중 20바이트에서 60바이트는 헤더이고 나머지가 상위 계층으로부터 받은 데이터이다. 65535바이트의 길이는 현재 기술에서 크게 느껴진다. 그러나, 기술이 발달하여 더욱 높은 대역폭을 가지는 네트워크가 개발된다면 IP 데이터그램의 길이는 증가할 수 있을 것이다. 다음 절에서 데이터그램의 단편화를 논의하게 되는 데 어떤 네트워크에서는 65,535바이트 길이의 패킷을 자신의 프레임 내에 포함할 수 없게 되는 데 이러한 네트워크를 통과하기 위해서는 패킷이 단편화되어야 하는 것이다.

✍ 식별자 (Identification)

송신 호스트에 의하여 생성되는 현재의 데이터그램을 구별하는 유일한 식별자이다. 이 항목은 단편들을 재합성하는데 있어 단편들의 연결 조각을 식별하기 위해 사용된다. 식별자 필드는 플래그 필드로 조각 오프셋 필드와 함께 패킷이 어떻게 조각으로 나눠져 있는지 파악하며, 크기는 16비트다. 원래 길이가 데이터 링크의 최대 전송 단위를 넘을 경우 패킷을 좀 더 작은 패킷으로 조각내서 전송해야한다. 예를 들어 인터네트워크로 5,000 바이트의 데이터를 보내야 하고 데이터 링크의 MTU가 1,500 바이트, 즉 프레임이 담을 수 있는 최대의 패킷의 최대 크기가 1,500바이트이라면 1500바이트를 넘지 않도록 패킷을 쪼개야 한다. 이 때 라우터는 각 패킷 조각의 식별자 필드에 같은 번호를 기록하여 조각난 패킷 단편들이 모두 연속되는 같은 데이터 내용을 담고 있다는 사실을 수신 장비 쪽에서 알 수 있도록 해야 하는 데 이 경우 식별자가 필요하다.

플래그 (Flags)

플레그 필드는 3 비트의 크기를 가지며 단편들을 제어한다. 첫 비트는 현재 사용되지 않는다. 두 번째 비트는 단편화 불가(DF ; Don't Fragment) 비트이다. DF (Don't Fragment)와 MF(More Fragment) 두 비트는 단편화할 경우 패킷의 처리를 제어하는 데 사용한다. 만약 DF 비트가 세트되면 IP 패킷은 어떠한 상황에서도 단편화되지 않는다. 즉, 예를 들어 단편화를 하지 않을 경우 더 이상 전달되지 못하는 상황이라면, 단편화를 하지 않고 폐기하여야 한다. MF 비트는 더 이상의 추가적인 패킷의 조각이 있는 지의 여부를 나타낸다. 이 항목의 첫 비트는 사용되지 않는다.

이와 같이 플레그 필드는 3 비트의 크기를 가지며 단편화된 조각들을 제어한다.

DF 비트가 1일 경우 라우터는 패킷을 조각낼 수 없다. 패킷이 조각으로 나뉘는 과정을 거치지 않고 전송될 수 없다면, 라우터는 해당 패킷을 폐기하고 송신지 쪽으로 오류 메시지를 보낸다. 이 기능은 인터네트워크의 MTU를 점검하기 위해 필요한 기능이다.

세 번째 비트는 더 많은 단편이 뒤에 있음을 나타내는(MF ; more fragment) 비트이다. 패킷을 조각낼 때 라우터는 마지막을 구성하는 단편을 제외한 모든 단편의 MF비트를 1로 설정한다. 이렇게 하여, 수신자는 MF 비트가 0 인 단편을 만나기 전에 연속된 조각이 더 있다고 판단한다.

단편 오프셋 (Fragment offset)

이 항목은 패킷 단편에 담겨 있는 메세지가 전체 메시지 중에서 시작으로부터의 상대적인 위치를 나타낸다. 다만, MF 비트가 1로 세트되었을 경우에만 의미가 있다. 수신 호스트는 이 항목을 이용하여 조각난 패킷의 순서를 알 수 있어 원래의 패킷으로 올바르게 재합성할 수 있다. 이 항목은 13비트의 크기를 가진다. 이 오프셋은 8바이트 단위로 계산되며 결국 IP 패킷의 최대 길이는 65,535($8*2^{13}-1$) 바이트이다.

단편 오프셋 (Fragment offset) 필드는 단편화 된 패킷을 재조립할 때 MF 비트와 결합하여 사용된다. 본 메시지를 여러 단편으로 조각내어 순서에 따라 전송하는 경우, 일반적으로 수신지 호스트는 단편화된 패킷을 순서대로 받게 된다. 만약, 수신된 단편의 순서가 바뀌는 경우나 일부 단편이 유실된 경우, MF 비트와 식별자 필드, 조각 오프셋 필드를 사용하여 단편화된 패킷들을 원래의 패킷으로 재조립한다. Offset 값은 항상 메시지의 시작을 기반으로 하여 정해진다.

❂ 생존기간(TTL: Time to live)

송신 호스트는 패킷이 폐기되기까지 얼마나 오랫동안 네트워크상에 존재할 수 있는 지를 결정하여 TTL 영역에 기록한다. TTL 값은 일반적으로 패킷이 지나갈 수 있는 최대의 노드의 수와 같다. 만약 이 TTL항목이 0의 값을 갖는다면 현재의 노드에서 이 패킷은 폐기 처분 한다. 이로서 패킷이 네트워크에서 무한정 서비스 되는 것을 막을 수 있다. 이 경우 송신 호스트는 수명이 다해 폐기된 패킷에 대한 ICMP 메세지를 받 게 된다. 대체로 UNIX 시스템은 이 값을 15(4.2BSD)에서 30(4.3BSD)사이의 값으 로 설정한다. 4.2BSD에 기반한 오래된 IP 구현에서는 이 항목의 값을 5씩 감소시킨 반면 새로운 버전에서는 단지 1씩만 감소시킨다. 생존기간 TTL(Time-to-Live) 필드 는 데이터그램이 네트워크상에서 얼마나 오랫동안 지속될 수 있는지를 의미한다.

❂ 프로토콜(Protocol)

이 항목은 패킷이 전송되어져야 할 전송 계층 프로토콜의 ID를 담는다. 예를 들어 TCP인 경우 6을, UDP인 경우 17을, ICMP인 경우 1의 값을 갖는다. 이러한 값들은 NIC에 의하여 결정된다. 현재 대략 50개의 공식적인 상위 프로토콜들이 존재한다. 〔표 10-1〕에 현재 번호가 할당되어진 전송 계층 프로토콜들의 예가 나와 있다.

이 필드는 TCP/IP 계층 모델에서 패킷이 상위 계층으로 전달될 때 전달 받을 상위 계층 프로토콜을 지정하는 역할을 수행한다.

표 10-1 프로토콜 ID

Number	Abbreviation	Name
1	ICMP	Internet Control Message Protocol
2	IGMP	Internet Group Management Protocol
3	GGP	Gateway-to-Gateway Protocol
6	TCP	Transmission Control Protocol
17	UDP	User Datagram Protocol
29	ISO TP4	ISO Transport Protocol Class 4
41	IPv6	Internet Protocol version 6
86	DGP	Disimiliar Gateway Protocol
89	OSPF	Open Shortest Path First

헤더 체크섬 (Header checksum)

이 항목은 프로토콜 헤더에 대한 체크섬을 갖는다. 효율성을 위하여 사용자 데이터에 대한 검사는 하지 않는다. IP 패킷의 헤더는 모든 노드에서 TTL 항목을 감소시키기 때문에 헤더 체크섬은 변경된다. 따라서 체크섬이 매우 효율적으로 생성되는 것이 매우 중요하다. TCP/IP 구조에서는 모든 프로토콜에 인터넷 체크섬(Internet checksum) 이라는 방법이 사용된다. 이것은 검사대상이 되는 데이터 16비트의 크기의 워드로 나누어 합하고 이것의 결과인 16비트 크기의 값에 대하여 다시 1의 보수를 취하여 얻어진다. 이 알고리즘은 간단하고 빠르다. 이것은 노드들의 효율적인 기능을 위하여 필요한 것이다. 그러나 이 방법의 오류 감지의 능력은 제한되어 있다. 단순히 덧셈으로만 이루어져 있으므로, 예를 들어 0으로만 이루어진 16비트 워드가 분실되는 경우 이것을 감지할 수 없다.

헤더 체크섬 필드는 헤더 정보가 전송 도중에 문제가 없음을 보증하는데 사용된다. 이 체크섬은 패킷의 헤더 부분에서만 사용된다. 왜냐 하면 전체 패킷에 대해 체크섬을 계산하지 않기 때문에 라우터에서 처리 시간을 줄일 수 있는 것이다. TTL 필드값이 각 라우터에서 줄어들기 때문에 새로운 체크섬이 계산될 필요가 있다.

발신지 IP 주소 (Source IP address)

32비트 크기의 IP 주소가 이 부분에 들어간다. 발신지 IP 주소 필드는 발신지 호스트의 IP주소를 담은 32비트 필드이다. 이들 값은 전송 중에 바뀌지 않는다.

목적지 IP 주소 (Destination IP address)

32비트 크기의 IP 주소가 이 부분에 들어간다. 목적지 IP 주소 필드는 수신지 호스트의 IP주소를 담은 32비트 필드이다. 이들 값은 전송 중에 바뀌지 않는다.

옵션 및 패딩 (Options and padding)

특별한 작업(네트워크 관리, 보안)등을 위하여 IP 프로토콜의 헤더는 다음에 알아볼 추가사항들을 포함하도록 확장될 수 있다. IP 프로토콜 헤더의 크기는 4의 배수가 되도록 하기 위하여 필요한 경우 패딩 문자들을 삽입한다.

옵션필드는 몇몇 가변 길이를 가진 코드로 구성되어 있다. IP 패킷에서는 하나 이상의 옵션이 사용될 수 있다. 만약 하나 이상이 사용되었을 경우, 그 필드는 IP 헤더에서 연속적으로 나타나게 된다. 각 옵션은 8비트 길이를 가지며 세 서브 필드로 구성되어 있다.

10.3 단편화와 재조립

10.3.1 단편화의 필요성

어떠한 유형의 네트워크를 통해서라도 패킷을 전송할 수 있도록 하기 위해서 IP는 각각의 네트워크에서의 데이타그램의 크기를 조절할 수 있는 능력이 필요하다. 예를 들어 CCITT X.25에서 패킷은 128바이트보다 클 수가 없다. 하지만 이더넷(Ethernet) 의 경우 1526바이트까지 가능하다. 서브네트워크에서의 데이타의 전송이 효율적이어 야 할 조건은 두말할 필요도 없다.

이것은 TCP나 UDP와 같은 트랜스포트 프로토콜에서 작은 크기의 패킷을 생성할 수 있도록 하는 것만으로는 충분하지 않다. 어떤 경우에는 소스에서 목적지로 향하는 패킷이 서로 다른 크기의 최대 패킷 크기를 요구하는 여러 네트워크를 통과하기도 해 야 하며 게다가 동일한 TCP연결 내에서도 패킷마다 이 경로가 변화할 수 있기 때문에 좀 더 유연한 처리 과정이 요구되는데 이것이 단편화이다.

단편화란 각 네트워크내의 각 노드의 IP가 수신한 패킷을 다음 노드나 호스트로 전 송하기 위해 이 패킷을 분할할 수 있는 능력을 가지는 것을 말한다. 모든 목적지 IP는 단편화된 메시지들을 재합성할 수 있는 능력이 있어야 한다.

10.3.2 최대 전달 단위

데이터링크 계층은 각각의 프레임 형식을 가지고 있다. 프레임 형식에 정의된 필드 중의 하나는 데이터 필드의 최대 크기이다. 패킷이 프레임 속에 캡슐화 될 때에 패킷 의 크기는 프레임 데이터 필드의 최대 크기보다 작아야 하는 데 이를 최대 전달단위 (MTU ; Maximun Transfer Unit)라고 한다. MTU 값은 네트워크 프로토콜마다 다르다. 프로토콜에 따른 MTU의 크기가 〔표 10-2〕에 나와 있다.

메세지의 단편들은 각각의 완벽한 IP프로토콜 헤더를 가지고 있으며 여기에는 한 메 세지의 모든 단편들을 인식하기 위해 사용되는, 본래의 메세지에 대한 식별자를 포함 하는 항목을 가지고 있다. 각각의 단편들은 그들의 목적지까지 서로 다른 경로를 따라 도달할 수도 있다.

표 10-2 프로토콜에 따른 MTU의 크기

프로토콜	MTU 크기
Hyperchannel	65,535
토큰링(16Mbps)	17,914
토큰링(4Mbps)	4,464
FDDI	4,352
이더넷	1,500
PPP	296

데이터그램은 발신지 호스트나 전달 경로 상의 어느 라우터에 의해서도 단편화될 수 있다. 단편화된 데이터그램은 서로 다른 경로로 전달될 수도 있고, 단편화된 데이터그램이 어느 경로로 전달될 것인지 예측할 수는 없지만 같은 데이터그램에 속하는 단편들은 모두 목적지 호스트에 도착해야 한다. 각 단편은 독립된 데이터그램으로 데이터그램의 재조립은 최종 목적지 호스트에서 이루어진다.

만약 수신 개체가 메세지의 단편을 재전송(진행)하여야하는 경우 각각의 단편들을 변경 없이 진행시키거나 전체 메세지로 재합성할 수 있다. 물론 후자의 경우는 수신 개체가 종점간의 연결에서 처럼 모든 단편들이 수신되었다는 것이 확인되어야할 것이다. 따라서 어떤 경우에는 다음 네트워크에 더 적합한 크기의 패킷으로 변경하는 것도 가능하다. 만약 소스의 처리기가 목적지가 재결합 능력이 없다는 등의 이유로 패킷이 단편화되는 것을 방지하려는 경우에는 IP 프로토콜 헤더의 DF비트를 1로 세트한다.

10.3.3 단편화와 관련된 필드

데이터그램의 단편화와 재조립에 직접 관련된 필드는 식별자, 플래그, 단편 오프셋가 있고, 전체길이 필드도 단편화에 따라 값이 달라진다.

식별자는 16비트 필드로서 발신지 호스트로부터 출발하는 데이터그램을 유일하게 식별한다. IP 프로토콜은 양의 수로 초기화된 카운터의 현재 값을 식별자 필드에 복사함으로써 데이터그램에 레이블을 붙이는 것이다. 이 식별자와 발신지 IP 주소의 조합으로 데이터그램이 발신지 호스트를 떠날 때 유일하게 정의하는 것이다. 복사한 후 카운터 값은 1증가시켜 카운터 값이 주기억 장치에 유지되는 한 유일성은 보장되는 것이다. 데이터그램이 단편화되는 경우, 식별자 필드 값은 모든 단편에 복사되는 것이다.

플래그는 3비트 필드로서 처음 비트는 사용되지 않는다. 두 번째 비트는 Do not Fragment(DF) 비트로서 그 값이 1이면 데이터그램을 단편화할 수 없고 0이면 단편화될 수 있다. 세 번째 비트는 More Fragment(MF) 비트 로서 그 값이 1이면 데이터그램은 마지막 단편이 아니라는 것을 나타내며, 0이면 마지막 단편이거나 유일한 단편이다.

단편 오프셋 필드는 전체 데이터그램 내에서 단편의 상대적인 위치를 8바이트 단위로 나타낸다.

다음의 예는 단편화의 과정에서 생성되는 다양한 IP 프로토콜 헤더들을 보여준다. 단편의 오프셋의 크기는 8바이트 단위로 계산한다. 따라서 마지막 패킷을 제외한 모든 패킷들은 8의 배수 길이의 가진다. 여기에서는 104(=8×13)바이트의 최대 크기를 가지며, 20바이트 크기의 IP 프로토콜 헤더와 104바이트의 데이터를 합하여 데이터그램의 전체 크기는 총 124바이트가 된다.

🖰 초기 상태의 패킷

　　네트워크 최대 패킷 길이 : 128 바이트
　　전송하려는 데이타의 바이트 수 : 300 바이트
　　패킷의 식별번호 : 3579
　　옵션 없음.

🖰 단편화 결과 3개의 단편으로 나누어진다.

　　단편 1 : 길이 124, 오프셋 0, MF = 1, ID = 3579
　　단편 2 : 길이 124, 오프셋 13, MF = 1, ID = 3579
　　단편 3 : 길이 112, 오프셋 26, MF = 0, ID = 3579

첫 단편이 목적지에 도달하는 경우 감시 타이머가 작동한다. 타이머가 다른 단편들이 도달하기 전에 종료하는 경우에는 재조립되지 않은 메세지는 무시된다. 이것은 단편들이 분실되었을 경우 재조립되지 않는 메세지를 위해 불필요하게 버퍼 공간을 할당하는 것을 막기 위해서이다.

10.4 IP 주소 체계

통신에 개입하고 있는 응용 프로그램 같은 개체들의 주소를 설정하기 위하여 각 프로토콜 계층을 지날 때 4개의 서로 다른 주소가 필요하다.

- 하위 네트워크의 주소(Ethernet address)
- 인터넷 주소(Internet address)
- 전송 프로토콜 주소(Transport protocol address)
- 포트 번호(port number)

이들 중 인터넷 주소와 전송 프로토콜 주소는 IP 패킷의 헤더에 포함되어 있다. 이 중 가장 중요한 것은 인터넷 주소이다. 모든 인터넷 상의 노드들은 하나 이상의 이러한 형태의 주소를 가지며 IP에 의해 제공되는 패킷 전송 서비스는 인터넷 주소 항목을 사용하는 부분을 포함한다.

IP는 발신지 네트워크에서 목적지 네트워크로 패킷을 전달한다. 따라서 주소 지정 기법에는 발신지 네트워크와 목적지 네트워크를 구별하는 식별자가 있어야 하며, 목적지 네트워크 식별자를 사용하여 IP 패킷을 목적지 네트워크에 전달하는 것이다. IP 패킷이 목적지 네트워크에 도달하고 난 뒤 목적지 네트워크에 연결된 목적지 컴퓨터를 찾아야 한다. 이러한 과정은 우편 배달 시스템과 유사한데, 우편물이 발송되면 먼저 우편번호를 보고 목적지의 우체국으로 배달된 후, 우체국에서는 상세 주소를 보고 최종 목적지를 찾는다. IP의 주소지정 기법도이와 같이 2단계의 과정으로 이루어진다. 이런 이유로 〔그림10-4〕과 같이 모든 IP 주소는 두 부분으로 구성된다.

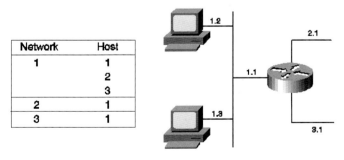

그림 10-4 IP 주소의 네트워크 부분과 호스트 부분

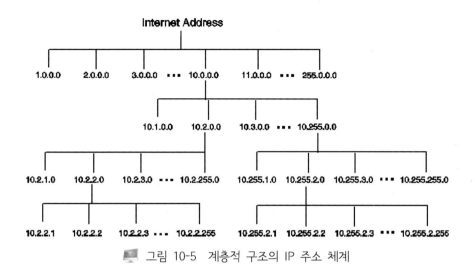

그림 10-5 계층적 구조의 IP 주소 체계

　　한 부분은 시스템이 연결되어 있는 내트워크를 식별하기 위한 네트워크 부분이고 또
한 부분은 네트워크 내의 특정 시스템을 구별하기 위한 호스트 부분이다. 이와 같은
주소 체계를 계층 구조를 가지고 있다고 하는 데〔그림 10-5〕에 나타냈다.

　　IP 주소는 전체 32비트를 8비트(1옥텟)으로 나누어 도트(.)로 표시하고 이를 10진수
로 나타낸다.〔그림 10-5〕와 같이 각 옥텟은 0~255의 범위를 가지며 각 옥텟은 다시
256개의 서브 그룹으로 나누며, 256개의 서브 그룹은 다시 256개의 주소를 갖는 서브
그룹으로 나뉜다.〔그림 10-6〕에 나타낸 바와 같이, IP 주소는 두 식별자를 하나의 수
로 합한 것이다. 결합된 주소는 유일 무이해야하기 때문에 중복이 허용되지 않는다.

　　인터넷 주소 IP는 서로 다른 길이의 네트워크와 호스트 식별자(network and host
identifier)를 가진 3가지 형식의 주소가 있다. 네트워크 ID는 컴퓨터가 포함되어있는
네트워크를 정의하며, 호스트 ID는 이 네트워크내의 특정 컴퓨터를 지정한다. 모든 비
트 값이 0 또는 1인 호스트 ID는 특별한 기능을 수행하기 위해 예약되어 있으며 이를
할당해서는 안 된다.

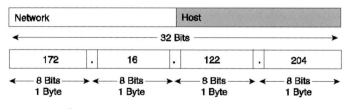

그림 10-6 IP의 네트워크 및 호스트 부분

왜 3가지 형식의 인터넷 주소가 필요한가? ARPANET가 시작되었을 때는 단지 소수의 네트워크만을 가정하였기 때문에 A급(class A)만 있었다. 그러나 많은 기관에 LAN이 보급되면서 이러한 가정은 더 이상 타당하지 않게 되었고, B급(class B), C급(class C)의 2개의 다른 형식이 제안되었다. C급은 적은수의 호스트를 가진 소규모의 네트워크를 위해, B급은 중간 규모의 네트워크를 위해 제안되었다. 그 후 일정 그룹에 같은 주소의 IP 패킷이 동시에 전달할 수 있는 기능이 제안되어, D급(class D) 주소를 가진 IP패킷이 동시에 여러 곳으로 배포되는 멀티캐스트(multicast address)에 관한 실험이 이루어져 왔다. 다른 무엇보다도 이런 메커니즘은 어떤 호스트가 특정 그룹의 멤버인지를 확인할 추가적인 프로토콜이 필요하므로 단지 소수의 시스템에서만 제공되고 있다. D급 주소에 대한 자세한 설명은 RFC-1112 문서에 주어져있다. E급 (class E) 주소는 현재 연구 목적으로 예약되어 있다.

10.4.1 A급 주소

〔그림 10-7〕에 나타낸 바와 같이 A급 주소는 매우 큰 네트워크를 지원하기 위해 설계되었으며, 네트워크 주소를 나타내기 위해 첫 번째 옥텟만이 사용되고 나머지 3개의 옥텟은 호스트 주소를 나타낸다. A급 주소의 첫 번째 비트는 항상 0이다. 첫 번째 비트 0을 포함하여 첫 번째 옥텟에서는 00000000(10진수 0)이 가장 작은 수이고, 01111111(10진수 127)이 가장 큰 수이다. 그러나, 0과 127은 예약되어 있어 사용할 수 없고, 첫 번째 옥텟의 1~126사이의 값을 가진 주소가 A급 주소로 사용할 수 있다. 127.0.0.0은 루프백 검사를 위해 예약되어 있다.

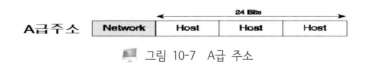

그림 10-7 A급 주소

10.4.2 B급 주소

B급 주소는 〔그림 10-8〕과 같이 중규모의 네트워크를 지원하기 위해 설계되었다. B급 주소는 네트워크 주소를 표시하기 위해 상위 2개 옥텟을 사용하고 나머지 2개 옥텟으로 호스트 주소를 나타낸다.

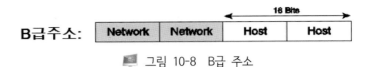

그림 10-8 B급 주소

B급 주소에서 첫 번째 옥텟의 처음 2비트는 항상 10이고 너머지 6비트는 1 또는 0으로 구성된다. 따라서 B급 주소에서 쓸 수 있는 가장 작은 수는 10000000(10진수 128)이고 가장 큰 수는 10111111(10진수 191)이다. 첫 번째 옥텟이 128~191사이의 값을 가지는 주소는 B급 주소이다.

10.4.3 C급 주소

C급 주소는 주소 클래스 중에서 가장 일반적으로 사용하는 클래스이다. C급 주소는 다수의 소규모 네트워크를 지원하기 위해 고안되었다. 〔그림 10-9〕과 같이 C급 주소는 네트워크 주소를 표시하기 위해 상위 3개 옥텟을 사용하고 나머지 1개 옥텟으로 호스트 주소를 나타낸다.

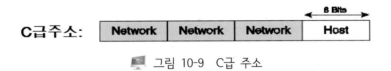

그림 10-9 C급 주소

C급 주소는 2진수 110으로 시작하며, 그래서 표현할 수 있는 가장 작은 수는 11000000(10진수 192)이며 가장 큰 수는 11011111(10진수 223)이다. 첫 번째 옥텟의 값이 192~223사이이면 그 주소는 C급 주소이다.

10.4.4 D급 주소

위에서 언급한 바와 같이 D급 주소는 멀티캐스트를 지원하기 위해 고안되었다. 멀티캐스트 주소는 이 주소를 가지는 IP 패킷을 미리 정의된 IP 주소 그룹으로 전달하는 유일한 네트워크 주소이다. 따라서, 하나의 스테이션으로부터 단일 데이터 스트림을 다수의 수신자에게 동시에 전달할 수 있다.

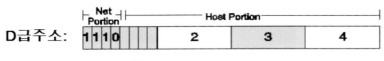

그림 10-10   D급 주소

〔그림 10-10〕에 나타낸 바와 같이 D급 주소의 처음 4비트는 2진수 1110으로 시작하며, 그래서 표현할 수 있는 가장 작은 수는 11100000 (10진수 224)이며 가장 큰 수는 11101111(10진수 239)이다. 첫 번째 옥텟의 값이 224~239사이이면 그 주소는 D급 주소이다.

10.4.5 E급 주소

E급 주소는 IETF(Internet Engineering Task Force)에서 자체의 연구를 위해 예약해 놓고 있다. 따라서 E급 주소는 일반인들이 인터넷에서 사용할 수 없다.

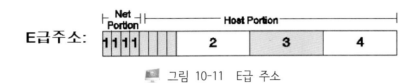

그림 10-11   E급 주소

〔그림 10-11〕에 나타낸 바와 같이 E급 주소의 처음 4비트는 2진수 1111으로 시작하며, 그래서 표현할 수 있는 가장 작은 수는 11110000 (10진수 240)이며 가장 큰 수는 11111111(10진수 255)이다. 첫 번째 옥텟의 값이 240~255사이이면 그 주소는 E급 주소이다.

10.4.6 예약된 IP 주소

일부 IP 주소는 예약되어 있으며 호스트에 할당할 수 없다. 예약된 호스트 주소는 네트워크 주소와 브로드캐스트 주소이다.

네트워크 주소는 네트워크 자체를 인식하기 위해 사용되며, 〔그림 10-12〕에서 위쪽은 198.150.11.0네트워크를 나타내며, 아래 쪽은 198.150.12.0 네트워크를 나타내고 있다.

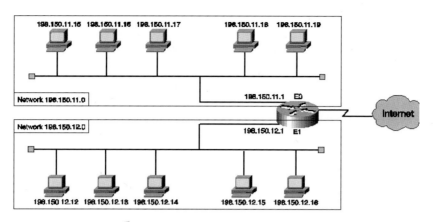

그림 10-12 네트워크 주소의 이해

브로드캐스트 주소는 네트워크 내의 모든 장치로 패킷을 브로드캐스트하기 위해 사용되며, 〔그림 10-13〕에서 위쪽 네트워크에서는 주소198.150.11.255를 나타내며, 아래 쪽 네트워크에서는 주소198.150.12.255를 나타내고 있다.

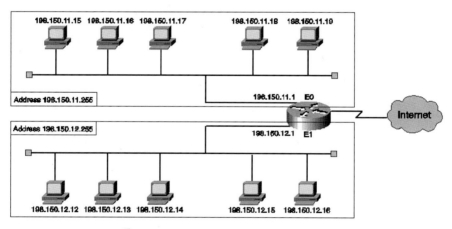

그림 10-13 브로드캐스트 주소의 이해

전체 IP 주소 중 호스트 비트가 모두 2진수 0인 IP 주소는 네트워크 주소로 예약되어 있다. A급 주소는 하위 3옥텟의 호스트 비트값이 모두 0이고, B급 주소는 하위 2옥텟의 호스트 비트값이 모두 0이고, C급 주소는 하위 1옥텟의 호스트 비트값이 모두 0이다. 고, 다. 고, 이 다음과 같다. 〔그림 10-14〕에 나타낸 바와 같이 B급 주소인 176.10.0.0의 네트워크 주소를 나타내고 있다.

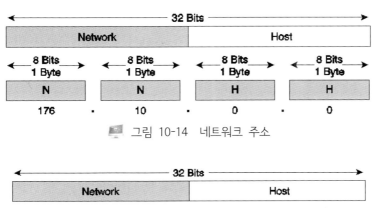

그림 10-14 네트워크 주소

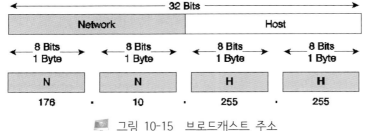

그림 10-15 브로드캐스트 주소

네트워크 내의 모든 장치로 패킷을 전송하기 위해서는 브로드캐스트 주소가 필요하다. 전체 IP 주소 중 호스트 비트가 모두 2진수 1인 IP 주소는 브로드캐스트 주소로 예약되어 있다. A급 주소는 하위 3옥텟의 호스트 비트 값이 모두 1이고, B급 주소는 하위 2옥텟의 호스트 비트 값이 모두 1이고, C급 주소는 하위 1옥텟의 호스트 비트 값이 모두 1이다. 〔그림 10-15〕에 나타낸 바와 같이 B급 주소인 176.10.0.0네트워크에 대하여, 브로드캐스트 주소는 176.10.255.255가 된다.

10.4.7 사설 IP 주소

이제까지 언급한 IP 주소는 유일한 값을 갖는 공중 주소이다. 인터넷의 급성장과 함께 IP 주소는 고갈되기 시작하였으며, 이를 해결하기 위해 IPv6와 같은 새로운 주소 지정 기법이 개발되었으나 당장 시행할 수 없고, 임시로 당장 사용하기 위한 방법으로 사설 IP 주소가 제안되어 사용되고 있다. 인터넷에 연결되지 않는 사설 네트워크에서는 사설 네트워크 내에서 유일한 값을 갖는다면 어떠한 주소라도 사용할 수 있다. 많은 사설 네트워크가 공중 네트워크와 공존하고 있어 아무 주소나 사용하는 것은 제한되고 있다. 이 네트워크도 궁극적으로는 인터넷에 연결될 수 있기 때문이다. 따라서 문서번호 RFC-1918에서 내부에서 사용할 수 있는 사설 IP 주소를 정의하여 놓고 있다. A급 주소에서는 10.0.0.0~10.255. 255.255, B급 주소에서는 172.16.0.0~

172.31.255.255, C급 주소에서는 192.168.0.0~192.168.255.255 영역의 주소를 사설 주소로 지정하였다. 만약 사설 주소를 사용하는 사설 네트워크를 인터넷에 연결하려면 사설 주소를 공중 주소로 변환하면 된다. 이러한 변환 기능을 NAT(Network Address Translation)라고 하는 데, 라우터에서 수행할 수 있다.

10.4.8 라우팅과 스위칭

스위칭은 OSI 참조 모델의 제2계층(데이터링크 계층)에서 수행되고, 라우팅은 제3계층(네트워크 계층)에서 수행된다. 이는 스위칭과 라우팅이 데이터를 송신지에서 수신지로 전달하는 과정에서 다른 주소 정보를 사용한다는 의미이다. 스위칭과 라우팅의 관계는 지역 전화와 장거리 전화의 관계와 비슷하다. 같은 지역 내로 전화를 거는 경우에는 구내 교환기가 이를 처리하고, 구내 교환기내에 다른 지역으로의 전화가 들어오면 해당 지역 번호를 인식하여 상위 레벨의 교환기로 연결하여 처리 과정을 넘긴다.

〔그림 10-16〕에 나타낸 바와 같이 라우터는 전화망의 상위계층 교환기와 유사한 기능을 수행한다. 제2계층의 스위치 기능은 LAN 내에서 수행되며 이 때의 LAN을 브로드캐스트 영역이라고 부른다. 제3계층의 라우팅 기능은 브로드캐스트 영역사이의 트래픽을 전달하는 역할을 하는 것이다. 이를 위해 IP와 같은 제3계층 주소 지정 기법이 필요하다. 제2계층의 스위치는 구내 주소인 MAC 주소만을 인식하며, IP 주소는 인식할 수 없다. 호스트가 구내에 속하지 않은 IP가 기록된 패킷을 생성할 경우에는 라우터의 MAC 주소를 사용하여 디폴트 게이트웨이 라우터로 프레임을 전송한다.

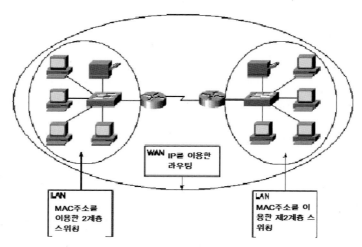

그림 10-16 제2계층 스위칭과 제3계층 라우팅

10.4.9 인터넷 주소의 실제

실질적으로 A급에서 C급까지의 주소들만 사용되고 있다. 〔그림 10-17〕에 실제 네트워크에서 사용되는 다양한 형태의 주소가 나와 있다. 네트워크 ID는 굵은 글자로 나타내었다. 나머지 바이트들은 호스트 ID를 포함하고 있다.

A급 주소
$10.0.0.32(10) = 00001010.00000000.00000000.00010000(2)$

B급 주소
$128.14.58.60(10) = 10000000.00001110.00111010.00111100(2)$

C급 주소
$192.9.150.202(10) = 11000000.00001001.10010110.11001010(2)$

그림 10-17 인터넷 주소의 예들

호스트가 네트워크에 연결될 때 네트워크 ID와 호스트 ID가 반드시 있어야 한다. 만약 호스트가 기존의 네트워크에 연결하고자하는 경우 이 호스트를 위한 인터넷 주소는 네트워크 관리자에 의하여 지정되어 제공되어야 하는데 이것은 다른 호스트들과 IP가 중복되는 것을 피하기 위한 것이다. 만약 새로운 네트워크를 형성하는 경우에는 인터넷 상의 다른 네트워크와 결합하여 사용되어질 수 있는지의 여부에 주의를 기울여야 한다. 이 경우 사후에 주소를 변화시키는 것은 매우 큰 비용이 드는 작업이므로 그 당시 다른 네트워크와 충돌하지 않는 적당한 ID를 선택하는 것이 바람직하다. 이것을 위해 적당한 인터넷 주소를 미리 할당받아 놓고 이를 할당하여 인터넷 연결 서비스를 제공하는 회사에 신청하여야 할 것이다.

네트워크 ID들은 외부적으로 규정되어지는 것들이 아니므로 A급에서 C급까지 각각이 모두 사용될 수 있다. 여기서 주목해야할 점은 각 주소 유형별로 주소 지정이 가능한 호스트의 최대 수이다. A급는 1600만개인데 반해 C급는 255개이다.

호스트에 인터넷 주소를 할당하는 경우 다음과 같은 사항을 유의해야 한다. 0.0.0.0과 255.255.255.255는 다른 목적을 위하여 예약되었으므로 할당을 피해야 한다. 네트워크 ID 127은 내부의 루프백 네트워크를 위해 예약되어있다. 호스트 ID 0과 255는 네트워크와 브로드캐스트용으로 예약되어있다.

연습문제

1 처음 8비트가 01000010 인 IP 데이터그램이 도착하였다. 이 데이터그램을 수신한 라우터는 해당 데이터그램을 폐기할 것이다. 폐기하는 이유를 설명하라.

2 IP 데이터그램의 1,200바이트이고 이중 1,176바이트가 상위 계층으로부터 내려온 데이터일 경우 헤더길이(HLEN)를 계산하라.

3 IP 데이터그램에서 헤더길이(HLEN)의 값이 2진수로 1000이다. 이 데이터그램에 는 옵션이 몇 바이트인가?

4 IP 데이터그램에서 헤더길이 값이 16진수로 5이고 전체 길이 필드의 값이 16진수로 0028이다. 이 데이터그램은 몇 바이트의 데이터를 전송하고 있는가?

5 IP 데이터그램의 처음 디지트들이 16진수로 45000028000100000102… 이 도착하 였다. 이 IP 데이터그램은 폐기되기 전에 몇 홉을 자나갈 수 있는가? 그리고 IP 데 이터그램에는 어느 상위 계층 프로토콜 데이터를 싣고 있는가?

6 M비트 값이 0인 IP 데이터그램이 도착하였다. 이 IP 데이터그램은 첫 번째 단편인 가, 마지막 단편인가 또는 중간 단편인가?

7 M비트 값이 1인 IP 데이터그램이 도착하였다. 이 IP 데이터그램은 첫 번째 단편인 가, 마지막 단편인가 또는 중간 단편인가? 이 데이터그램은 단편화되었는지 알 수 있는가?

8 M비트 값이 1이고 단편화 옵셋 값이 0인 IP 데이터그램이 도착하였다. 이 IP 데이 터그램은 첫 번째 단편인가, 마지막 단편인가 또는 중간 단편인가?

9 옵셋 값이 100인 IP 데이터그램이 도착하였다. 이 IP 데이터그램은 첫 번째 바이트 의 번호는 얼마인가? 마지막 바이트의 번호를 알 수 있는가?

10 옵셋 값이 100이고, 헤더 길이가 5이며, 전체 길이가 100인 IP 데이터그램이 도착하였다. 이 IP 데이터그램의 첫 번째와 마지막 바이트의 번호를 구하라.

11 [표 10-2]에는 각 프로토콜의 MTU 값을 나타내고 있다. MTU는 296에서 65,535까지 서로 다르다. 큰 MTU의 장점은 무엇인가? 작은 MTU의 장점은 무엇인가?

12 IP 데이터그램의 헤더 길이 값이 5보다 작을 수 있는가? 언제 정확히 5인가?

13 IP 데이터그램의 헤더길이가 7이다. 옵션의 크기는 몇 바이트인가?

14 IP 데이터그램의 옵션 크기가 20바이트이다. 헤더길이의 값은 얼마인가? 2진수로는 얼마인가?

15 IP 데이터그램의 전체 길이는 36이고 헤더길이 값은 5이다. 이 IP 데이터그램 내의 데이터 필드는 몇 바이트인가?

16 IP 데이터그램이 1024바이트의 데이터를 전달하고 있다. 옵션이 없을 때 IP 데이터그램의 헤더 길이는 얼마이고 이 IP 데이터그램의 전체 길이는 얼마인가?

17 옵셋 값이 100인 IP 데이터그램이 도착하였다. 이 IP 데이터그램 단편 전에 발신지는 몇 바이트의 데이터를 송신하였는가?

18 16진수로 된 다음의 정보를 헤더에 가지고 있는 IP 데이터그램이 도착하였다.

   45 00 00 54 00 03 00 00 20 06 00 00 7C 4E 03 02 B4 0E 0F 02

(1) 옵션은 있는가?
(2) IP 데이터그램은 단편화 되었는가?
(3) 데이터의 크기는 얼마인가?
(4) 검사합은 사용되었는가?
(5) 이 IP 데이터그램은 얼마나 많은 라우터를 더 방문할 수 있는가?
(6) 이 IP 데이터그램의 식별자 번호는 무엇인가?
(7) 서비스 유형은 무엇인가?

[19] IP 주소 내 각 옥텟의 최대값은 얼마인가?

[20] 도트 10진수 IP 주소 193.7.10.128을 2진수로 변환하시오.

[21] IP 주소 130.45.6.2는 어느 클래스의 주소인가?

[22] IP 주소 199.45.66.2는 어느 클래스의 주소인가?

[23] IP 주소 3.4.5.6는 어느 클래스의 주소인가?

[24] 예약 주소 중에 브로드캐스트 주소와 네트워크 주소가 있다. 이를 설명하라.

[25] 사설 IP 주소를 사용하는 이유는 무엇인가?

[26] C급 주소를 사용하는 네트워크에서 IP 주소를 부여할 수 있는 호스트의 수는 몇 개인가?

[27] B급 주소를 사용하는 네트워크에서 IP 주소를 부여할 수 있는 호스트의 수는 몇 개인가?

[28] A급 주소를 사용하는 네트워크에서 IP 주소를 부여할 수 있는 호스트의 수는 몇 개인가?

ARP와 ICMP

11

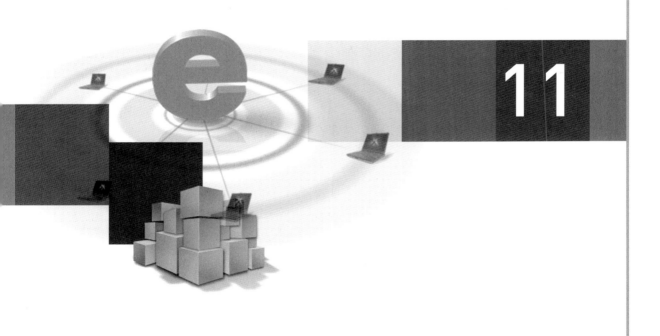

데이터 통신과 컴퓨터 네트워킹

제11장

ARP와 ICMP

• 11.1 논리 주소와 물리 주소

　인터넷은 네트워크를 라우터나 게이트웨이 같은 네트워크 장치로 상호 연결된 거대한 네트워크이다. 발신지 호스트에서 출발한 패킷은 목적지 호스트에 도달하기 전에 서로 다른 물리적 네트워크를 지나갈 수 있다. 네트워크 계층에서 호스트와 라우터는 논리 주소(logical address) 통해 인식한다. 인터넷에서의 논리 주소가 IP 주소로서 32비트의 길이를 가지고 있다. 이 IP 주소는 전 세계적으로 유일하며 모든 곳에서 유효하다. 네트워크를 연결허기 위해 사용되는 모든 프로토콜은 논리 주소를 필요로 한다.

　하지만 패킷들은 각각의 호스트와 라우터에 도달하기 위해 물리적 네트워크를 통과해야 하며 물리 계층에서 호스트와 라우터들은 물리 주소를 통해 인식된다. 물리 주소는 로컬 주소(local address)로서 로컬 주소는 로컬 네트워크에서만 유효하다. 그리고, 로컬 주소는 로컬 네트워크에서만 유일하면 되고 전 세계적으로 유일할 필요는 없다. 물리 주소라는 이름이 붙은 것은 하드웨어로 구현되기 때문이다. 이러한 물리 주소의 예는 이더넷이나 토큰링의 48비트 크기의 MAC(Medium Access Control)주소가 있으며 MAC 주소는 호스트나 라우터 내에 설치되어 있는 NIC(Network Interface Card) 카드에 기억되어 있다.

　물리 주소와 논리 주소는 서로 다른 식별자이다. 이더넷 기술을 이용하여 구축된 네트워크 상에 IP나 IPX와 같은 2개 이상의 서로 다른 네트워크 계층 프로토콜이 운용될 수 있으므로 논리 주소는 2개 이상이 될 수 있다. 그러므로 호스트나 라우터로 패킷을 전달하기 위해서는 논리 주소와 물리 주소가 모두 필요하며, 논리 주소를 물리 주소로 변환하고 역으로 물리 주소를 논리 주소로의 변환이 필요하다. 이러한 과정은 정적 변환(static mapping)과 동적 변환(dynamic mapping)이 있다.

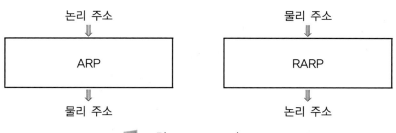

그림 11-1　ARP와 RARP

정적 변환(static mapping)에서는 논리 주소와 물리 주소를 연관시키는 테이블을 생성하여 이 테이블을 네트워크 상의 각 장치에 저장하여 놓는다. 다른 장비의 IP 주소를 알고 있으나 물리 주소를 모르는 경우 이 테이블을 참조하여 해당 물리 주소를 알아낸다. 그러나 정적 변환(static mapping)은 물리 주소가 변경될 수 있어 한계가 있다. 예를 들면 장치의 NIC 카드를 바꿀 수 있고, 이동 컴퓨터는 하나의 물리 네트워크에서 다른 물리 네트워크로 이동할 수 있으므로 문제가 될 수 있다. 이로 인해 정적 테이블은 주기적으로 또는 변화할 때 마다 갱신되어야 하는 데 이는 네트워크에 큰 오버헤드가 된다.

동적 변환(dynamic mapping)에서는 물리 주소나 논리 주소 중 하나를 알고 있는 경우 프로토콜을 이용하여 다른 하나를 알 수 있는 방법이다. 이러한 동작을 수행하기 위해 ARP(Address Resolution Protocol)과 RARP(Reverse Address Resolution Protocol)이 설계 되었다. ARP는 논리 주소를 물리 주소로 변환하고 RARP는 물리 주소를 논리 주소로 변환하는 프로토콜이다. 〔그림 11-1〕를 참조하라.

• 11.2 ARP(Address Resolution Protocol)

어떤 호스트나 라우터가 다른 호스트나 라우터에게 보낼 IP 데이터그램을 가지고 있다면 송신자는 수신자의 논리 주소인 IP 주소를 가지고 있어야 한다. 그러나 IP 데이터그램은 물리적인 네트워크를 통과하기 위해서는 프레임에 실려야 한다. 이를 위해서는 송신자는 수신자의 물리 주소를 알아야 한다. 즉, 논리 주소를 물리 주소로 변환하는 기능이 필요하다. 이는 정적으로 수행될 수도 있고 동적으로 수행될 수도 있다. 논리 주소와 물리 주소의 관계는 정적으로 테이블 내에 저장될 수 있다. 송신자는 테이블을 찾아보고 논리 주소에 해당하는 물리 주소를 찾을 수 있지만 물리 주소가 바뀌는 경우 그 때마다 테이블은 갱신되어야 하는 데모든 장비에 있는 테이블을 관리자가 바뀔 때마다 갱신하는 것은 매우 어렵고 짜증 나는 작업이다. 이러한 테이블의 갱신은 동적으로 수행할 수 있다. 즉, 송신자가 수신자에게 필요할 때 물리 주소를 알려 달라고 요청할 수 있다. 이러한 기능을 수행하기 위해 ARP 프로토콜이 설계되었다.

11.2.1 ARP 동작

장치와 장치 간에 통신을 하기 위해서 전송측 장치는 수신측 장치의 IP 주소와 MAC 주소를 알아야 한다. 인터넷을 통한 통신을 위해서는 논리 주소인 IP 주소 뿐만 아니라 물리 주소인 MAC 주소를 알아야 하는 데, TCP/IP 프로토콜 군에는 IP 주소로부터 MAC 주소를 찾아주는 ARP(Address Resolution Protocol)라는 프로토콜이 있다. 라우터에는 ARP 테이블이 있는 데, 이 테이블에는 동일한 LAN에 연결되어 있는 다른 장치들의 MAC 주소와 IP주소가 사상되어 있다. ARP 테이블은 주기억 장치(RAM)에 저장되어 있으며, 라우터 스스로 ARP 테이블을 유지 관리한다. ARP에서 MAC 주소를 찾는 과정이 〔그림 11-2〕에 나타냈다. 〔그림 11-2〕에서 호스트 Y가 호스트 Z의 IP 주소는 알고 있지만 MAC 주소를 모를 경우 ARP 요청 메시지를 브로드캐스트 한다. 목적 호스트 Z가 LAN 내부에 있어서 자신의 MAC 주소를 응답하는 모습을 설명하고 있다.

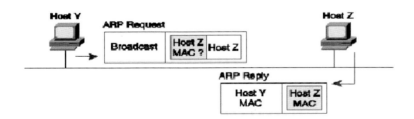

-ARP Request는 브로드캐스트로 전달되고
-ARP Reply는 유니캐스트로 전달된다

그림 11-2 ARP 동작

11.2.2 ARP 테이블

네트워크 장치에서 데이터를 전송하는 경우 ARP 테이블 정보를 참조한다. 〔그림 11-3〕는 호스트A에서 호스트X로 데이터를 전송하는 경우를 보이고 있다. 한 호스트에서 다른 호스트로 데이터를 보내고자 할 때는 목적지의 IP 주소는 물론 MAC 주소를 알고 있어야 한다. 만약 〔그림 11-3〕 호스트 A의 ARP 테이블에서 목적지 IP 주소에 대한 목적지 MAC 주소를 찾을 수 없으면 ARP 요청 이라는 프로세스가 수행되는 것이다.

ARP 요청은 발신지 호스트로 하여금 목적지 MAC 주소를 찾을 수 있도록 해 준다. ARP 요청 패킷은 네트워크 내의 모든 장치로 전송된다. ARP 요청 패킷은 프레임 헤더와 ARP 메시지로 구성 된다. 모든 장치로 ARP 요청 패킷을 전송하기 위해서는 브로드캐스트 MAC 주소(FF:FF:FF:FF:FF:FF)를 사용한다. ARP 요청 패킷은 브로드캐스트 모드로 전송하기 때문에 LAN 내의 모든 장치가 이를 수신하고, 다음 처리를 위해 상위 층인 네트워크 계층으로 올려 진다. 만약 브로드캐스트를 수신한 장치의 IP 주소가 ARP 요청 패킷 내에 있는 IP 주소와 일치하면 이 장치는 송신지 측에 자신의 MAC 주소를 전송하는 데 이를 ARP 응답이라고 한다.

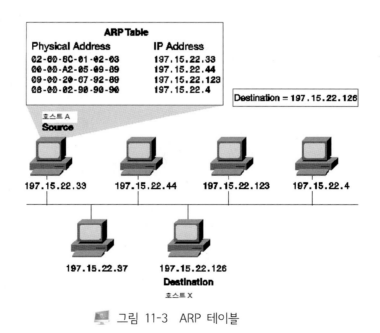

그림 11-3 ARP 테이블

11.2.3 캡슐화

ARP 패킷은 데이터링크 계층의 프레임으로 캡슐화 된다. 〔그림 11-4〕는 ARP 패킷을 이더넷 프레임으로 캡슐화한 것이다. 〔그림 11-4〕에서 유형(type) 필드가 16진수 0x0806이라는 것은 이더넷 프레임으로 캡슐화된 데이터가 ARP 패킷임을 나타내고 있다.

SFD	목적지 주소	발신지 주소	유형: 0x0806	데이터	CRC
8바이트	6바이트	6바이트	16비트	ARP 요청 및 응답 패킷	4바이트

그림 11-4 ARP 패킷의 캡슐화

11.2.4 ARP 처리 과정

ARP의 처리 과정은 다음과 같다. ARP 송신자는 목적지의 IP 주소를 알고 있다.

① IP가 ARP에게 ARP 요청 메시지를 생성하도록 요청한다. ARP 요청 메시지에서 송신자의 물리 주소와 IP 주소, 목적지의 IP 주소란은 채워지지만 목적지의 물리 주소는 0으로 채워진다.

② ARP 요청 메시지는 데이터 링크 계층에 전달된다. 여기에서 송신자의 물리 주소는 발신지 주소가 되고, 목적지의 물리 주소는 브로드캐스트 주소(16진수 FF:FF:FF:FF:FF:FF)로 캡슐화한다.

③ 목적지 주소를 브로드캐스트 주소이므로 네트워크 내의 모든 호스트와 라우터는 이 프레임을 수신하여 이 메시지를 자신의 ARP에 전달한다.

④ ARP 요청 메시지의 목적지 IP 주소 필드와 같은 IP 주소를 가지는 목적지 장치는 자신의 물리 주소를 포함하는 ARP 응답 메시지를 ARP 요청한 장치에 유니캐스트로 응답한다.

⑤ 송신자는 ARP 응답 메시지를 받고 목적지의 물리 주소를 알 수 있게 된다.

⑥ 목적지에 보내질 데이터를 포함하고 있는 IP 데이터그램은 프레임으로 캡슐화되어 목적지에 유니캐스트로 전달된다.

11.2.5 프락시 ARP

ARP가 사용되어야 하는 경우는 다음의 4가지이다.

① 송신 호스트가 같은 네트워크 상에 있는 다른 호스트에게 패킷을 전송하는 경우
② 송신 호스트가 다른 네트워크에 있는 다른 호스트에게 패킷을 전송하는 경우
③ 다른 네트워크에 있는 목적 호스트로 가는 데이터그램을 라우터가 수신하여 해당 라우터가 송신자가 되어 패킷을 전송해야하는 경우
④ 같은 네트워크 상에 있는 호스트로 가는 데이터그램을 라우터가 수신하여 해당 라우터가 송신자가 되어 패킷을 전송해야하는 경우

등이다. ①의 경우에는 목적 호스트에서 직접 응답할 수 있다. 하지만 ②의 경우에는 목적 호스트에서 ARP 패킷을 수신할 수 없어 응답할 수 없다. ③ ④의 경우에는 라우터가 처리하면 해결된다. ②의 경우에는 프락시 ARP에 의해 대행된다.

프락시 ARP는 목적 호스트의 역할을 대행하는 네트워크 장치를 말하는 데, 보통 이런 네트워크 장치는 라우터가 된다. 프락시 ARP를 수행하는 라우터는 해당 목적 호스트가 송신 호스트와 같은 네트워크에 있는 지, 다른 네트워크에 있는 지를 알고 있다. 프락시 ARP를 수행하는 라우터가 한 목적 호스트의 물리 주소를 찾는 ARP 요청을 받으면 라우터는 자신의 물리 주소를 ARP 응답 메시지를 통하여 응답한다. 프락시 ARP는 나중에 IP 데이터그램을 받게 되며 수신한 데이터그램을 적절한 호스트나 라우터에게 전달하는 것이다.

〔그림 11-5〕에서 호스트 Y는 호스트 Z에게 데이터를 전송하고자 한다. 하지만 호스트 Z의 IP 주소는 알지만 물리 주소는 모르고 있어 ARP 요청을 발생시킨다.

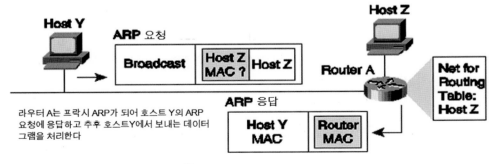

라우터 A는 프락시 ARP가 되어 호스트 Y의 ARP 요청에 응답하고 추후 호스트 Y에서 보내는 데이터그램을 처리한다

그림 11-5 프락시 ARP

　　호스트 Y의 ARP 요청을 수신한 라우터 A는 호스트 Y의 ARP 요청을 호스트 Z에서 수신할 수 없어 ARP 응답을 할 수 없다는 것을 알고 있다. 이 경우 라우터 A는 프락시 ARP가 되어 호스트 Y의 ARP 요청에 자신의 물리 주소를 목적 호스트 Z의 물리 주소인 것처럼 ARP 응답을 보낸다. 라우터 A를 목적 호스트로 알고 호스트 Y에서는 데이터그램을 보내게 되고 라우터 A는 이 데이터그램을 실제 목적 호스트 Z에게 전달한다.

11.3 RARP(Reverse Address Resolution Protocol)

　　ARP와 반대로 RARP(Reverse Address Resolution Protocol)는 MAC 주소는 알지만, 해당 IP 주소는 모를 때 사용하는 프로토콜이다.

　　호스트나 라우터는 논리 주소인 IP 주소를 하나 이상 가지고 있다. 이 주소는 유일하며 물리(하드웨어) 주소와 독립적이다. 호스트나 라우터에서 IP 데이터그램을 생성하기 위해서는 자신의 IP 주소를 갖고 있어야 한다. 시스템 IP 주소는 디스크에 파일의 형태로 저장되어 있는 구성 파일로부터 읽을 수 있다.

　　그러나 디스크가 없는 시스템은 최소한의 부팅 정보만을 가지고 있는 ROM으로부터 부팅이 이루어진다. ROM은 생산자에 의해 장착되지만 IP 주소는 관리자에 의해 할당되므로 ROM에는 IP 주소를 저장할 수 없다. 시스템은 지역적으로 유일한 물리 주소를 NIC카드의 ROM에서 얻을 수 있다. 이와 같이 호스트에 물리 주소인 MAC 주소는 있지만 IP 주소가 없는 경우 RARP 프로토콜을 사용하여 논리 주소인 IP 주소를 얻을 수 있다. RARP를 사용하기 위해서는 RARP 요청에 응답을 하는 RARP 서버가 그 네트워크 상에 있어야 한다.

11.3.1 RARP 동작

　　디스크가 없는 호스트가 부팅되면서 IP 주소를 얻기 위해 네트워크 상의 모든 시스템에 RARP 요청 패킷을 브로드캐스트 한다. 〔그림11-6〕a)를 참조하라. RARP 요청 패킷은 같은 물리 네트워크에 있는 모든 호스트와 라우터에서 수신하지만 〔그림11-6〕b)와 같이 우측의 RARP 서버 만이 RARP 응답 패킷을 송신한다. RARP 응답 패킷에는 요청 호스트에서 사용할 수 있는 IP 주소를 실려 있다. RARP 요청 패킷은 브로드캐스트 되고, RARP 응답 패킷은 유니캐스트 된다.

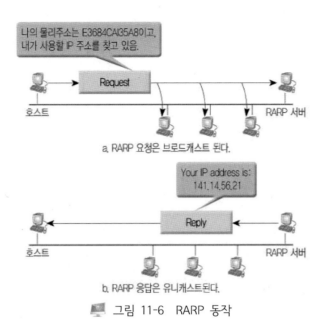

나의 물리주소는 E3684CAI35A80이고,
내가 사용할 IP 주소를 찾고 있음.

Request

호스트   RARP 서버

a. RARP 요청은 브로드캐스트 된다.

Your IP address is:
141.14.56.21

Reply

호스트   RARP 서버

b. RARP 응답은 유니캐스트된다.

그림 11-6   RARP 동작

11.4 ICMP(Internet Control Message Protocol)

네트워크 자원을 효율적으로 사용하기 위해서 설계된 IP는 신뢰성이 없고 비연결형인 데이터그램 전달 기능을 제공한다. 즉, IP 프로토콜은 데이터그램을 원 발신지에서 최종 목적지로 전달하는 최선의 노력 전달(best-effort) 서비스이다. 그리고, IP 프로토콜은 오류 제어와 지원 메커니즘이 없다는 단점이 있다. IP프로토콜은 오류 보고와 오류 수정 기능이 없다. 만약 무엇인가 잘못이 일어나면 어떻게 되는가? 최종 목적지를 향한 라우터를 찾을 수 없거나 수명 필드가 0이 되어 라우터가 데이터그램을 폐기하면 어떻게 되는가? 주어진 시간 내에 모든 단편을 수신하지 못하여 최종 목적지 호스트가 데이터그램의 모든 단편을 폐기하여야 한다면 어떻게 되는가? 이들은 오류가 일어났는데도 불구하고 IP프로토콜은 원래의 호스트에게 통보할 메커니즘이 없는 경우들의 예이다.

IP 프로토콜은 호스트를 위한 질의 메커니즘도 없다. 호스트는 간혹 라우터나 다른 호스트가 동작하고 있는지 알 필요가 있다. 그리고 간혹 네트워크 관리자는 다른 호스트나 라우터로부터 정보를 획득할 필요가 있다.

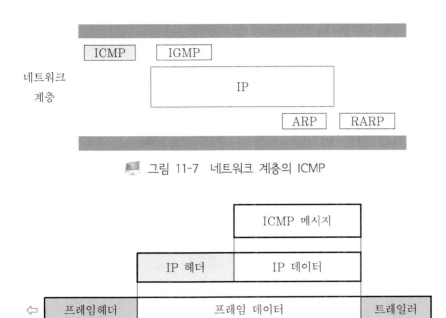

그림 11-7 네트워크 계층의 ICMP

그림 11-8 ICMP 메시지의 캡슐화

인터넷 제어 메시지 프로토콜(Internet Control Message Protocol ; ICMP)은 위에서 지적한 단점을 보완하기 위해서 설계되었다.

ICMP는 네트워크 계층 프로토콜이다. 〔그림 11-7〕를 참조하라. 그러나 이 프로토콜의 메시지는 데이터링크 계층으로 전달되지 않는다.

ICMP 메시지는 하위 계층으로 전달되지 않고 IP에 전달되어 IP 데이터그램 내에 캡슐화된다. 〔그림 11-8〕을 참조하라.

IP 패킷의 데이터가 ICMP 메시지임을 알리기 위해 지정된 IP 데이터그램의 프로토콜 필드의 값은 1이다.

11.5 ICMP 메시지 유형

ICMP 메시지는 크게 오류 보고(error-reporting) 메시지와 질의(query) 메시지로 나눌 수 있다. 오류 보고 메시지는 라우터나 (목적지) 호스트가 IP패킷을 처리하는 과정에서 발견되는 문제를 보고한다.

표 11-1 ICMP 메시지 유형

범 주	유 형	메시지 기능
오류 보고 메시지	3	목적지 도달 불가 메시지
	4	발신지 억제 메시지
	11	시간 경과 메시지
	12	매개변수 문제 메시지
	5	경로 재지정 메시지
질의 메시지	8 / 0	에코 요청 및 응답 메시지
	13 /14	타임 스템프 요청 및 응답 메시지
	17 / 18	주소 마스크 요청 및 응답 메시지
	10 / 9	라우터 요청 및 광고 메시지

질의 메시지는 쌍으로 발생되는데 호스트나 네트워크 관리자가 라우터나 다른 호스트로부터 특정 정보를 획득하기 위해 사용된다. 예를 들어 노드는 이웃들을 발견할 수 있다. 호스트는 같은 네트워크 상의 라우터를 발견하고 라우터는 노드가 메시지를 다른 곳으로 보내는 것을 도울 수 있다.

11.6 ICMP 메시지 형식

ICMP 메시지는 8바이트의 헤더와 가변 길이의 데이터 부분을 가지고 있다. 헤더의 일반 형식은 각 메시지마다 다르지만 처음 4바이트는 공통이다. 〔그림 11-9〕를 참조하라. 공통 부분인 유형 필드는 8비트로서 메시지의 유형을 나타낸다. 코드 필드는 8비트로서 특정 메시지 유형의 이유를 나타낸다. 검사합 필드는 16비트로서 헤더와 데이터를 포함하는 전체 메시지에 대한 검사합 결과를 저장한다. 헤더의 나머지 부분은 메시지별로 다르다.

← 8비트 →	← 8비트 →	← 16비트 →
유 형	코 드	검 사 합
헤더의 나머지 부분		
메시지 데이터		

그림 11-9 ICMP 메시지의 일반 형식

오류 메시지의 데이터 부분은 오류를 발생된 패킷에 대한 정보가 기록된다. 질의 메시지의 데이터 부분은 질의의 유형에 기초한 추가 정보를 기록한다.

11.7 오류 보고 메시지

ICMP의 주임무는 오류를 보고하는 것이다. 정보 통신 기술의 발달로 전달 매체의 신뢰성이 많이 높아 졌지만 여전히 오류는 나타나고 이는 반드시 처리되어야 한다. IP는 신뢰성이 없는 프로토콜로 오류 검사와 오류 제어는 IP의 관심 사항이 아니다. ICMP는 이러한 단점을 보완하기 위해 설계되었으나 오류를 수정하지는 않고 단지 보고만 할 뿐이다. 오류 수정은 상위 계층에 위임한다. 오류 메시지는 언제나 최초의 발신 호스트에 보내진다. ICMP는 발신지 IP 주소를 사용하여 오류 메시지를 데이터그램의 발신지로 보내는 것이다. 5가지의 오류 유형이 처리된다.

다음은 ICMP 오류 메시지에 대한 알아두어야 할 사항이다.

- ICMP 오류 메시지를 전달하는 데이터그램에 대해서는 ICMP 오류 메시지가 생성되지 않는다.
- 단편화된 메시지에 대해서는 ICMP 오류 메시지가 생성되지 않는다.
- 멀티캐스트 주소를 가진 데이터그램에 대해서는 ICMP 오류 메시지가 생성되지 않는다.
- 127.0.0.0이나 0.0.0.0과 같은 특별한 주소를 가진 데이터그램에 대해서는 ICMP 오류 메시지가 생성되지 않는다.

모든 오류 메시지의 데이터 부분에는 원래 데이터그램의 IP 헤더와 데이터그램의 데이터 중 처음 8바이트가 포함되어 있다. 원래의 데이터그램 헤더는 원 발신자에게 데이터그램 자체에 대한 정보를 제공하기 위해 부가되었다. IP 데이터그램의 데이터 부분인 처음 8바이트는 TCP와 UDP의 포트 번호 그리고 TCP의 순서 번호등의 정보가 위치한 부분이다. 이러한 정보는 발신 호스트가 TCP나 UDP 같은 프로토콜에게 오류 상황에 대해 알리기 위해 사용될 수 있다. ICMP는 오류 메시지를 생성하고 이 메시지는 IP 데이터그램에 캡슐화 된다.

11.7.1 목적지 도달 불가 메시지

라우터가 데이터그램을 라우팅할 수 없거나 호스트가 데이터그램을 배달할 수 없을 때 데이터그램은 폐기되고 라우터나 호스트는 데이터그램을 시작했던 발신지 호스트에게 목적지 도달 불가(Destination Unreachable) 메시지를 보낸다. 목적지 도달 불가 메시지의 유형(type) 번호는 3번이다. 〔그림 11-10〕를 참조하라.

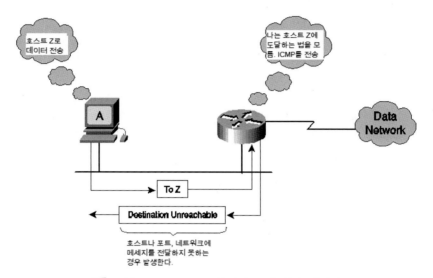

그림 11-10 ICMP 목적지 도달 불가 메시지

이 유형의 코드 필드는 데이터그램을 폐기하는 이유를 나타낸다.

- **코드 0.** 하드웨어 고장 등의 이유로 네트워크에 도달할 수 없다. 이 유형의 메시지는 라우터에 의해서만 생성될 수 있다.
- **코드 1.** 호스트에 도달할 수 없다. 이것은 하드웨어 고장 때문일 수 있다. 이 유형의 메시지는 라우터에 의해서만 생성될 수 있다.
- **코드 2.** 프로토콜에 도달할 수 없다. IP 데이터그램은 UDP, TCP나 OSPF 등과 같은 상위 계층에 속하는 프로토콜에 데이터를 전달 할 수 있다. 예를 들어 만약 목적지 호스트가 TCP와 같은 프로토콜에 배달되어야 할 데이터그램을 수신했으나 지금 이 시점에 TCP 프로토콜이 수행되고 있지 않다면 코드 2이 메시지가 보내진다. 이 유형의 메시지는 목적지 호스트에 의해서만 생성된다.

☝ **코드 3.** 포트에 도달할 수 없다. 데이터그램이 향하고 있는 응용 프로그램(프로세스)이 지금 이 시점에 수행되고 있지 않다.

☝ **코드 4.** 단편화가 필요하나 데이터그램의 DF(do not fragment)필드가 설정되어 있다. 즉, 데이터그램의 송신자가 데이터그램은 단편화가 되어서는 안 된다고 명시하였으나 단편화를 하지 않고는 라우팅을 할 수 없다.

☝ **코드 5.** 발신지 라우팅이 수행될 수 없다. 즉, 발신지 라우팅 옵션에 정의된 한개 이상의 라우터를 방문할 수 없다.

☝ **코드 6.** 목적지 네트워크가 알려져 있지 않다. 이것은 코드 0과는 다르다. 코드 0에서는 라우터가 목적지 네트워크가 존재한다는 것은 알고 있으나 현재 시점에 도달할 수 없다는 것이다. 코드 6은 라우터가 목적지 네트워크에 대해 정보를 가지고 있지 않다는 것이다.

☝ **코드 7.** 목적지 호스트가 알려져 있지 않다. 이것은 코드 1과는 다르다. 코드1에서는 라우터가 목적지 호스트가 존재한다는 것은 알고 있으나 현재 시점에 도달할 수 없다는 것이다. 코드 7은 라우터가 목적지 호스트의 존재에 대해 알고 있지 않다는 것이다.

☝ **코드 8.** 발신지 호스트가 고립되어 있다.

☝ **코드 9.** 목적지 네트워크와 통신이 관리상의 이유로 금지되어 있다.

☝ **코드 10.** 목적지 호스트로의 통신이 관리상의 이유로 금지되어 있다.

☝ **코드 11.** 명시된 서비스 유형에 대해 네트워크에 도달할 수 없다. 이것은 코드 0과는 다르다. 만약 발신지가 가능한 유형의 서비스를 요청했더라면 라우터는 데이터그램을 라우팅할 수 있었을 것이다.

☝ **코드 12.** 명시된 서비스 유형에 대해 호스트에 도달할 수 없다. 이것은 코드 1과는 다르다. 만약 발신지가 가능한 유형의 서비스를 요청했더라면 라우터는 데이터그램을 라우팅할 수 있었을 것이다.

☝ **코드 13.** 관리자가 필터를 설치하여 호스트에 도달할 수 없다.

☝ **코드 14.** 호스트가 우선 순위가 위반되었기 때문에 호스트에 도달할 수 없다. 요청된 우선 순위가 목적지를 향해서는 허용되지 않는다는 것을 보이기 위해 라우터가 이 메시지를 보낸다.

☝ **코드 15.** 우선 순위가 충분히 높지 않아서 호스트에 도달할 수 없다. 네트워크관리자가 네트워크의 운용을 위해 우선 순위의 최소값을 설정하였는데 데이터그램이 우선 순위가 이 최소값보다 낮을 때 이 메시지가 생성된다.

유형 3	코드 0-15	검사 합
사용하지 않음		
IP 데이터그램의 처음 부분 IP 헤더와 데이터그램 데이터의 처음 8바이트를 포함한다		

그림 11-11 목적지 도달 불가 메시지 형식

목적지 도달 불가 메시지는 라우터나 목적지 호스트에 의해 생성될 수 있다. 코드 2와 3 메시지는 목적지 호스트에 의해서만 생성될 수 있다. 나머지 코드들은 라우터에 의해서만 생성될 수 있다.

코드 2와 3의 목적지 도달 불가 메시지는 목적지 호스트에 의해서만 생성될 수 있다.

나머지 목적지 도달 불가 메시지는 목적지 호스트에 의해서만 생성될 수 있다. 나머지 목적지 도달 불가 메시지는 라우터에 의해서만 생성될 수 있다.

라우터가 목적지 도달 불가 메시지를 보고하지 않았다고 해서 데이터그램이 배달되었다는 것은 아니다. 라우터는 패킷의 배달을 방해하는 모든 문제를 발견할 수 없다.

11.7.2 발신지 억제 메시지

IP 프로토콜은 비연결형 프로토콜이다. 데이터그램을 생성하는 발신지와 이를 전달하는 라우터 그리고 이것을 처리하는 목적지 사이에는 전송 경로가 없다. 이러한 통신 부재로 인한 결과 중의 하나는 흐름 제어의 부재이다. IP는 프로토콜에 내장된 흐름 제어 메커니즘을 가지고 있지 않다. 흐름 제어의 부재로 인하여 IP의 기능 수행 중 혼잡(congestion)이라는 심각한 문제를 유발할 수 있다. 발신지 호스트는 라우터나 목적지 호스트가 과대한 양의 데이터그램으로 인해 압도되고 있다는 것을 알 수 없다. 즉, 발신지 호스트는 라우터가 전달할 수 있는 수준 이상으로 또는 목적지 호스트가 처리할 수 있는 수준 이상으로 자신이 너무 빨리 데이터그램을 보내고 있다는 사실을 알 수 없다.

따라서, 흐름 제어의 부재는 라우터나 목적지 호스트에서 혼잡의 문제를 야기할 수 있다. 라우터의 경우에는 포워드 되기 위해 기다리는 데이터그램을 위하여 큐(버퍼)를 유지하고 있는데 이 큐의 크기가 한정되어 있다. 만약 포워드되거나 처리될 수 있는 수준 이상으로 데이터그램이 빨리 들어오면 큐에는 오버플로우가 발생한다. 이러한 경우 라우터나 호스트는 데이터그램들 중의 일부를 폐기하지 않을 수 없다.

유형 4	코드 0	검사 합
사용하지 않음		
IP 데이터그램의 처음 부분 IP 헤더와 데이터그램 데이터의 처음 8바이트를 포함한다		

그림 11-12 발신지 억제 메시지 형식

ICMP의 발신지 억제(source quench) 메시지는 IP에 흐름 제어 기능과 유사한 기능을 추가하기 위하여 설계되었다. 혼잡으로 인해 데이터그램을 폐기하면, 라우터나 호스트는 데이터그램의 송신자에게로 발신지 억제 메시지를 보낸다. 이 메시지는 두 가지 목적을 가지고 있다. 첫 번째로 데이터그램이 폐기되었음을 발신지에게 알린다. 두 번째로 경로 상에서 혼잡이 일어났고 발신지는 송신 속도를 줄여야 한다는 것을 발신지에게 경고한다.

발신지 억제(Souce Quench) 메시지는 라우터나 목적지 호스트에서 혼잡으로 인해 데이터그램이 폐기되었음을 발신지에게 알린다. 발신지 억제 메시지를 받으면 발신지는 혼잡이 완화될 때까지 데이터그램을 송신하는 속도를 낮추어야 한다.

발신지 억제에 대해서는 다음과 같은 추가 설명이 필요하다. 첫 째로 혼잡을 겪고 있는 라우터나 목적지 호스트는 폐기되는 데이터그램 하나 당 발신지 억제 메시지 하나를 발신지 호스트에 보내야 한다. 두 번째로 혼잡이 해소되었고 따라서 발신지가 데이터그램의 송신 속도를 예전의 속도로 회복할 수 있다는 것을 알리는 메커니즘은 없다. 발신지는 더 이상의 발신지 억제 메시지가 수신되지 않을 때까지 송신 속도를 낮추어야 한다. 세 번째로 혼잡은 일-대-일 또는 다-대-일 통신에서 발생할 수 있다. 일-대-일 통신에서는 하나의 고속 호스트가 라우터나 목적지 호스트보다 빨리 데이터그램을 생성할 수 있다. 이러한 경우 발신지 억제 메시지는 매우 도움이 될 수 있다. 이 메시지들을 발신지에게 속도를 낮출 것을 요청한다. 다-대-일 통신에서는 라우터나 목적지 호스트에 의해 처리되어야 할 데이터그램을 여러 발신지가 생성할 수 있다. 이러한 경우 각 발신지는 서로 다른 속도로 데이터그램을 보내고 있을 수 있다. 일부는 낮은 속도로 일부는 고속으로 보내고 있을 수 있다. 이러한 경우 발신지 억제 메시지는 별로 유용하지 않을 수 있다. 라우터나 목적지 호스트는 어느 호스트가 혼잡의 발생에 책임이 있는 지 알 수 없다. 실제로 혼잡을 발생시킨 호스트로부터 오는 데이터그램 대신에 매우 느린 발신지로부터 오는 데이터그램을 폐기시킬 수도 있다.

혼잡으로 폐기되는 데이터그램마다 발신지 억제 메시지가 보내져야 한다. 발신지 억제(souce Quench) 메시지의 유형 번호는 4이다.

11.7.3 시간 경과 메시지

시간 경과(Time Exceeded) 메시지는 다음의 두 경우에 생성된다.

경우 1

살펴보았듯이 패킷을 수신한 다음 홉(다음 라우터)을 찾기 위해 라우터는 라우팅 테이블을 사용한다. 한 개 또는 그 이상의 라우팅 테이블에 오류가 있다면 패킷은 루프 또는 사이클을 지날 수 있다. 즉, 라우터들을 끝없이 방문할 수 있다. 각 데이터그램은 이러한 경우에 대처하여 수명(time to live) 필드를 가지고 있다. 데이터그램이 라우터를 방문할 때 이 필드의 값은 1씩 감소된다. 이 필드의 값이 0인 데이터그램을 받으면 라우터는 이 데이터그램을 폐기한다. 그리고, 데이터그램을 폐기할 때 라우터는 시간 경과 메시지를 원 발신지에 송신하여야 한다.

경우 2

둘째로 한 개의 메시지에 속하는 단편들이 정해진 시간 내에 목적지 호스트에 전부 도착하지 않은 경우에도 시간 경과 메시지가 생성된다. 첫 번째 단편이 도착하면 목적지 호스트는 타이머를 시작한다. 만약 타이머가 만료되었음에도 불구하고 아직 모든 단편이 도착하지 않았다면 원래 발신지에게로 시간 경과 메시지를 보낸다.

시간 경과(Time Exceeded) 메시지의 유형은 11이다. 코드 0은 수명 필드의 값이 0이 되어 데이터그램을 폐기하는 경우 사용된다. 코드 1은 단편의 일부가 정해진 시간 내에 도착하지 않아서 이미 도착한 단편을 폐기하는 경우 사용된다.

유형 11	코드 0-1	검사 합
사용하지 않음		
IP 데이터그램의 처음 부분 IP 헤더와 데이터그램 데이터의 처음 8바이트를 포함한다		

그림 11-13 시간 경과 메시지 형식

11.7.4 매개변수 문제 메시지

데이터그램의 헤더 부분에 불명확한 점이 있으면 데이터그램이 인터넷을 통하여 전달되는 동안 문제를 발생시킬 수 있다. 만약 라우터나 목적지 호스트가 데이터그램의 필드에서 불명확하거나 빠진 값을 발견하게 되면 데이터그램을 폐기하고 매개 변수 문제(Parameter Problem) 메시지를 발신지에게 보낸다. 매개 변수 문제(Parameter Problem) 메시지의 유형 번호는 12이다.

이 경우 코드 필드는 왜 데이터그램을 폐기하였고 정확히 무엇이 실패하였는지를 나타낸다.

코드 0.

헤더 필드 중에서 불명료하거나 빠진 것이 있다. 이 경우 포인터 필드의 값은 문제가 있는 바이트를 가리킨다. 예를 들어 값이 0이라면 첫 번째 바이트가 틀렸다는 것이다.

코드 1.

옵션의 요구되는 부분이 빠졌다는 것이다. 이 경우 포인터는 사용되지 않는다.

유형 12	코드 0-1	검사 합
포인터	사용하지 않음	
IP 데이터그램의 처음 부분 IP 헤더와 데이터그램 데이터의 처음 8바이트를 포함한다		

그림 11-14 시간 경과 메시지 형식

11.7.5 경로 재지정 메시지

라우터가 다른 네트워크로 가는 패킷을 송신하여야 하는 경우 적절한 다음 라우터의 IP 주소를 알아야 한다. 송신자가 호스트인 경우에도 마찬가지다. 라우터나 다음 라우터의 주소를 알기 위해 라우터와 호스트는 라우팅 테이블을 가지고 있어야 한다. 라우터는 라우팅 갱신 프로세스에 참여하여 항상 라우팅 테이블을 갱신하고 있다.

인터넷 내에는 라우터의 수보다 더 많은 호스트가 존재하기 때문에 효율성을 이유로 호스트는 라우팅 갱신 프로세스에 참여하지 않는다. 호스트의 라우팅 테이블을 동적으로 갱신하면 네트워크 트래픽이 지나치게 많아지게 된다. 호스트는 일반적으로 정적 라우팅을 사용한다. 호스트가 도작할 때 호스트의 라우팅 테이블은 한정된 수의 엔트리를 가지고 있다. 보통 디폴트 라우터 한 개의 IP 주소를 알고 있을 때가 많다. 이러한 이유로 다른 네트워크로 가는 데이터그램을 보낼 때 호스트는 틀린 라우터에게 보낼 수 있다. 이러한 경우 데이터그램을 받은 라우터는 데이터그램을 올바른 라우터에게 전송한다. 그러나 호스트의 라우팅 테이블을 갱신하기 위해 호스트에게 재지정 메시지를 보낸다. 호스트는 일반적으로 작은 라우팅 테이블로 시작하지만 점진적으로 증가되거나 갱신된다. 이러한 일을 수행하는 도구 중의 하나가 경로 재지정 메시지이다. 경로 재지정 메시지의 유형 번호는 5이다.

경로 재지정 메시지는 오류 보고 메시지로 생각될 수 있지만 다른 오류 보고 메시지와는 다르다. 이 경우 라우터는 데이터그램을 폐기하지 않고 적절한 라우터에게 보낸다. 재지정 메시지의 코드 필드는 재지정을 제한한다.

🖱 코드 0.

네트워크 지정 경로를 위한 재지정

🖱 코드 1.

호스트 지정 경로를 위한 재지정

🖱 코드 2.

특정한 서비스 유형에 기초한 네트워크 지정 경로를 위한 재지정

🖱 코드 3.

특정한 서비스 유형에 기초한 호스트 지정 경로를 위한 재지정

유형 3	코드 0-3	검사 합
목적지 라우터의 IP 주소		
IP 데이터그램의 처음 부분 IP 헤더와 데이터그램 데이터의 처음 8바이트를 포함한다		

🖥 그림 11-15 경로재지정 메시지 형식

재지정 메시지는 라우터로부터 같은 네트워크에 있는 호스트로 전달된다.

11.8 질의 메시지

ICMP에는 4쌍의 질의 메시지가 있다. 이 유형의 ICMP 메시지에는 발신지 호스트나 라우터가 메시지를 보내면 목적지 호스트나 라우터가 정해진 형식으로 응답을 한다.

11.8.1 에코 요청과 응답 메시지

에코 요청과 에코 응답(Echo Request and Reply) 메시지는 고장 진단의 목적으로 설계되었다. 네트워크 관리자와 사용자들은 이 메시지를 사용하여 네트워크 문제를 발견할 수 있다. 에코 요청과 에코 응답 메시지를 조합하여 이용하면 두 시스템(호스트나 라우터)이 서로 통신할 수 있는지 확인할 수 있다. 에코 요청과 에코 응답(Echo Request and Reply) 메시지의 유형 번호는 8과 0이다.

호스트나 라우터는 에코 요청 메시지를 다른 호스트나 라우터에게 보낼 수 있다. 에코 요청 메시지를 받은 호스트나 라우터는 에코 응답 메시지를 생성하여 원래의 송신자에게 보낸다. [그림 11-16]에 이러한 과정이 설명되어 있다.

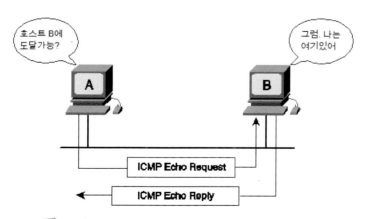

그림 11-16 에코 요청 메시지와 에코 응답 메시지

에코 요청 메시지는 호스트나 라우터에 의해 보내질 수 있다. 에코 요청 메시지를 받은 호스트나 라우터는 에코 응답 메시지를 보낸다.

에코 요청과 에코 응답 메시지는 IP 계층에서 통신이 정상적으로 수행되는 지 결정하기 위하여 사용될 수 있다. ICMP 메시지는 IP 데이터그램에 의해 캡슐화되므로 에코요청이 보내진 장치로부터 에코 응답이 왔다는 사실은 송신자와 수신자의 IP 프로토콜이 IP 데이터그램을 사용하여 서로 통신하고 있다는 것을 증명한다. 이 사실은 중간에 있는 라우터들도 IP 데이터그램을 수신하고, 처리하고 전송한다는 것도 증명한다. 에코 요청과 에코 응답 메시지는 네트워크 관리자가 IP 프로토콜의 동작을 검사하기 위하여 사용할 수 있다.

유형 : 8, 0	코드 0	검사 합
식별자		순서번호
선택사양 데이터 요청 메시지에 의해 작성된 데이터이다		

그림 11-17 에코 메시지 형식

에코 요청과 에코 응답 메시지를 사용하면 또한 호스트가 다른 호스트에 도달할 수 있는지를 점검할 수 있다. 사용자 레벨에서 이것을 패킷 인터넷 탐색 명령인 ping을 수행함으로써 이루어진다. 오늘날 대부분의 시스템은 하나가 아닌 여러 개의 에코 요청과 에코 응답 메시지를 생성하고 이들에 대한 통계 정보도 제공하는 ping 명령을 제공하고 있다.

에코 요청과 에코 응답은 노드가 정상적으로 동작하고 있는지 검사할 수 있다.

검사될 호스트에 에코 요청 메시지를 보낸다. 선택적 데이터 필드에는 응답하는 노드가 에코 응답 메시지에 반드시 반복하여 보내야 하는 메시지를 포함하고 있다. 식별자(identifier)와 순서 번호 (sequence number) 필드는 프로토콜에 의해 정형적으로 정의되어 있지는 않고 송신자에 의해 임의로 사용될 수 있다. 예를 들어 식별자 필드는 문제 그룹을 정의하고 순서 번호는 전송한 특정 에코 요청 메시지를 추적할 수 있다.

11.8.2 타임스탬프 요청과 응답 메시지

두 시스템(호스트나 라우터)은 타임스탬프 요청과 응답(Timestamp Request and Reply) 메시지를 사용하여 IP 데이터그램이 이 둘 사이를 지나가는데 필요한 왕복 시간(round-trip time)을 결정할 수 있다. 이 메시지는 두 장치의 시계를 동기화하기 위해서도 사용될 수 있다. 타임 스탬프 요청 및 응답 메시지의 유형(type) 필드값은 13과 14이다. 타임 스탬프 요청 메시지의 형식은 〔그림 9-18〕와 같다.

유형 : 13, 14	코드 0	검사 합
식별자		순서번호
원 타임 스탬프		
수신 타임 스탬프		
전달 타임 스탬프		

그림 11-18 타임스템프 메시지 형식

3개의 타임스탬프 필드들은 각각 32비트 길이를 가진다. 각 필드에는 그리니치 표준시(Greenwich Mean Time)라 불렸던 세계 표준시(Universal Time)의 자정으로부터의 시간을 milliseconds 단위로 표현한 값이 저장된다. 32 비트는 4,294,967,295 사이의 수를 표현할 수 있으나 이 경우의 타임스탬프는 $86,400,000 = 24 \times 60 \times 1,000$ 을 넘을 수 없으므로 문제가 없다.

발신지는 타임스탬프 요청 메시지를 생성한다. 발신지는 출발시각에서의 자신의 시계 값을 세계 표준시로 표현한 값을 원래 타임스탬프(original timestamp) 필드에 삽입한다. 다른 두 타임스탬프 필드는 0으로 채워져 있다.

목적지는 타임스탬프 응답 메시지를 생성한다. 목적지는 요청 메시지에 있는 원래 타임스탬프 값을 응답 메시지의 같은 필드에 복사한다. 그런 다음 수신 타임스탬프(receive timestamp) 필드에는 요청이 수신된 시점에서의 자신의 시계 값을 세계 표준시로 표현하여 삽입한다. 마지막으로 전달 타임스탬프(transmit timestamp) 필드에는 응답 메시지가 출발하는 시점의 시계 값을 세계 표준시로 표현하여 삽입한다.

타임스탬프 요청과 응답 메시지는 데이터그램이 발신지에서 목적지로 가서 다시 돌아오는 동안 걸리는 편도 또는 왕복 시간을 계산하는데 사용될 수 있다. 공식은 다음과 같다.

송신시간 = 수신 타임스탬프의 값 - 원래 타임스탬프의 값
수신시간 = 패킷이 돌아온 시간 - 전달 타임스탬프의 값
왕복시간 = 송신시간 + 수신시간

발신지와 목적지 시스템의 시계가 동기화되어 있어야만 송신시간과 수신시간 계산이 정확할 수 있다. 그러나 두 시계가 동기화 되어 있지 않다 하더라도 왕복 시간의 계산은 정확하다. 이것은 각 시계의 값이 왕복 시간 계산에서 각각 두 번 적용되고 그 결과로 동기화의 차이점이 서로 상쇄되기 때문이다.

따라서, 시간 동기화가 되어 있지 않더라도 타임스탬프 요청과 타임스탬프 응답 메시지는 발신지와 목적지 사이의 왕복 시간을 측정하기 위해 사용될 수 있다.

예를 들어 다음과 같은 정보가 주어졌다고 가정하자.

원래 타임스탬프의 값 : 46
수신 타임스탬프의 값 : 59
전달 타임스탬프의 값 : 60
패킷이 돌아온 시간 : 67

왕복 시간은 다음과 같이 20ms로 계산될 수 있다 :

송신시간 = 59 - 46 = 13ms
수신시간 = 67 - 60 = 7ms
왕복시간 = 13 + 7 = 20ms

실제적인 편도시간이 주어지면 다음 공식을 사용하고 타임스탬프 요청과 타임스탬프 응답 메시지를 사용하여 두 시계를 동기화시킬 수 있다:

시간 차 = 수신 타임스탬프 - (원래 타임스탬프 필드 + 편도 시간 구간)

편도 시간 구간은 (만약 송신시간과 수신시간이 같다고 할 수 있으면) 왕복 시간을 둘오 나누어 구할 수도 있고 또는 다른 방법으로 구할 수 있다. 예를 들어 바로 앞의 예에서 두 시계는 다음과 같은 이유로 3ms 차이가 있다 :

시간 차 = 59-(46+10) = 3

정확한 편도 시간을 알 수 있다면 타임스탬프 요청과 타임 스탬프 응답 메시지를 사용하여 두 장치의 시계를 동기화 시킬 수 있다.

11.8.3 주소 마스크 요청과 응답 메시지

호스트의 IP 주소는 네트워크 주소, 서브넷 주소와 호스트 식별자로 구성된다.

호스트는 IP 주소 전체를 알 수도 있지만 주소의 어느 부분이 네트워크 주소이고 어느 부분이 서브넷 주소이며 또 어느 부분이 호스트 식별자인지 모를 수 있다. 예를 들어 호스트는 다음의 32 비트 IP 주소를 알고 있다고 하자.

10011111.00011111.11100010.10101011

그러나 왼쪽의 20 비트가 네트워크와 서브넷 주소이고 나머지 12 비트가 호스트 식별자인지 모를 수 있다. 이러한 경우 호스트는 다음의 마스크를 필요로 한다 :

11111111.11111111.11110000.00000000

마스크 내의 1은 네트워크 ID와 서브네트워크 ID를 위해 사용되는 비트들의 위치를 알려준다. 0은 호스트ID를 위한 비트들의 위치이다.

예를 들어 위의 마스크를 앞의 IP 주소에 적용하면 다음 결과를 얻는다.

네트워크 ID와 서브네트워크 ID === 〉 10011111.00011111.1110

호스트 ID === 〉 0010.10101011

이 마스크 값을 얻기 위해 호스트는 LAN 상의 라우터에 주소 마스크 요청 메시지를 보낼 수 있다. 만약 호스트가 라우터의 주소를 안다면 이 요청을 라우터에게 직접 보낸다. 만약 모르면 메시지를 브로드캐스트할 수 있다. 주소 마스크 요청 메시지를 수신한 라우터는 주소 마스크 응답 메시지를 보냄으로써 호스트가 필요로 하는 마스크를 보낸다. 이 값이 전체 IP 주소에 적용되어 서브넷 주소를 구할 수 있다. 요청 메시지에는 주소 마스크 필드가 0으로 채워져 있다. 라우터가 주소 마스크 응답을 호스트에게 보내면 이 필드에는 네트워크ID는 1로 호스트ID는 0으로 되어 있는 실제 마스크 값이 들어 있다.

유형 :17, 18	코드 0	검사 합
식별자		순서번호
주소마스크		

그림 11-19 마스크 메시지 형식

마스크는 디스크가 없는 스테이션이 구동될 때 필요하다. 디스크가 없는 스테이션이 처음으로 시작되면 RARP를 사용하여 자신의 IP 주소를 요구할 수 있다. IP 주소를 받은 스테이션은 주소 마스크 요청과 응답을 사용하여 주소의 어느 부분이 서브넷을 정의하는지 알 수 있다.

11.8.4 라우터 요청과 광고 메시지

재지정 메시지 절에서 언급했듯이 다른 네트워크 상의 호스트에게 데이터를 보내고자 하는 호스트는 자신의 네트워크에 연결된 라우터의 주소를 알아야 한다. 그리고 라우터가 정상적으로 동작하고 있는지도 알아야 한다.

유형 :10	코드 0	검사 합
식별자		순서번호

📺 그림 11-20 라우터 요청 메시지 형식

유형 : 9	코드 0	검사 합
주소의 수	주소엔트리 크기	순서번호
라우터 주소1		
주소 선호 수준 1		
라우터 주소2		
주소 선호 수준 2		
⋮		

📺 그림 11-21 라우터 광고 메시지 형식

라우터 요청(solicitation)과 라우터 광고(advertisement) 메시지는 이러한 상황에 유용하다. 호스트는 라우터 요청 메시지를 브로드캐스트하거나 멀티캐스트할 수 있다. 하나 또는 그 이상의 라우터가 이 요청 메시지를 받은 후 라우터 광고 메시지를 사용하여 라우팅 정보를 브로드캐스트 할 수 있다. 호스트가 요청을 하지 않았더라도 라우터는 주기적으로 라우터 광고 메시지를 보낼 수 있다. 라우터가 광고 메시지를 보낼 때 자신의 존재 뿐 만 아니라 자신이 알고 있는 같은 네트워크에 있는 모든 라우터의 존재에 대하여 광고한다.

연습문제

1 물리 주소를 논리 주소로 변환하여 주는 프로토콜은?

2 논리 주소를 물리 주소로 변환하여 주는 프로토콜은?

3 ARP 프로토콜의 요청 및 응답 과정을 설명하라.

4 ARP 프로토콜에서 논리 주소를 물리 주소와 연관시키는 기능을 무엇이라 하는가?

5 프락시 ARP가 사용되어야 하는 4가지 경우를 쓰시오.

6 RARP 동작을 설명하시오

7 실패한 ICMP 오류 메시지에 대한 응답으로 ICMP 메시지를 생성하는 것에 대해 제한을 두는 이유는 무엇인가?

8 오류 보고 ICMP 메시지에 IP 헤더와 데이터그램 데이터의 8바이트를 포함하여 전송하는 이유는 무엇인가?

9 매개 변수 문제 메시지에서 포인터 필드의 최대값은 얼마인가?

10 ICMP 메시지의 최소 크기와 최대 크기는 얼마인가?

11 ICMP 메시지를 전달하는 IP 데이터그램의 최소 크기와 최대 크기는 얼마인가?

12 IP 데이터그램이 ICMP 메시지를 전달하고 있는 지의 여부를 어떻게 알 수 있는가?

13. 다음과 같이 16진수로 표현된 ICMP 메시지가 도착하였다.

      03 03 10 20 00 00 00 00

   이 메시지의 유형은 무엇인가? 그리고 메시지의 목적은 무엇인가?

14. 다음과 같이 16진수로 표현된 ICMP 메시지가 도착하였다.

      05 00 11 12 11 0B 03 02

   이 메시지의 유형은 무엇인가? 그리고 메시지의 목적은 무엇인가?

15. 호스트에서 타임 스템프 요청 메시지를 보낸다. 만약 시간이 세계 표준시로 09:30:30 AM을 가리키고 있었다고 가정하고 타임 스템프 메시지의 엔트리를 작성하시오.

16. 호스트에서 타임 스템프 요청 메시지를 보낸다. 만약 시간이 세계 표준시로 03:30:20 PM을 가리키고 있었다고 가정하고 타임 스템프 메시지의 엔트리를 작성하시오.

17. 발신지 억제 메시지를 사용하는 이유는 무엇인가?

18. 시간 경과 메시지가 생성되는 2가지 경우를 쓰시오.

19. 에코 메시지가 어떤 목적으로 사용되는가?

20. IP 데이터그램의 헤더에 오류가 발생하면 어느 ICMP 메시지가 전송되는가?

TCP와 UDP

12

• 12.1 전송계층의 기능

전송 계층(Transport layer)는 송신 호스트로부터 수신 호스트로의 전송 서비스를 제공한다. 즉, 응용계층(Application layer)에 세션과 데이터그램 통신서비스를 제공한다. 데이터를 보내는 송신 측 호스트의 전송 계층에서는 상위 계층에서 넘겨받은 메시지를 적절히 분할하고 일련번호를 부여하여 전달하고, 데이터를 받는 수신 측 호스트에서는 패킷에서 분리된 세그먼트(segment)를 순차적으로 다시 조립하여 원래의 메시지로 만들어서 상위 계층(application layer)에 전달한다. 종단간 연결을 제공하는 전송 계층의 기능을 〔그림 12-1〕에 나타냈다.

TCP/IP 프로토콜의 전송 계층에는 TCP(Transmission Control Protocol)와 UDP(User Datagram Protocol)가 있다. TCP(Transmission Control Protocol)는 연결지향(Connection Oriented)의 전송계층 프로토콜로서 에러 정정과 흐름제어의 기능을 가지고 있어서 오류가 발생한 패킷이나 유실된 패킷이 있을 경우 원래의 호스트에 재전송을 요청한다.

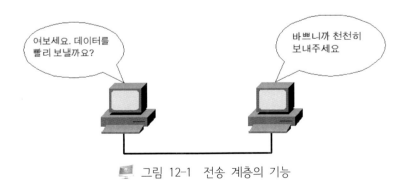

그림 12-1 전송 계층의 기능

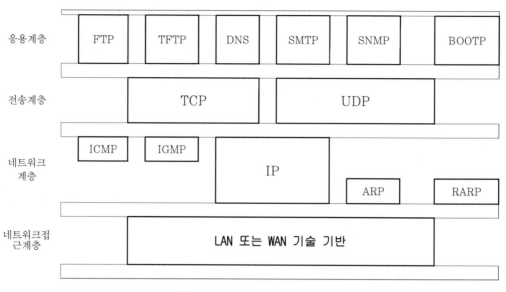

응용계층 | FTP | TFTP | DNS | SMTP | SNMP | BOOTP

전송계층 | TCP | UDP

네트워크
계층 | ICMP | IGMP | IP | ARP | RARP

네트워크접
근계층 | LAN 또는 WAN 기술 기반

그림 12-2 TCP의 위치

안전성과 신뢰성이 뛰어나서 중요한 데이터의 전송, 대용량 전송에 이용된다. TCP/IP 프로토콜 모음 내에서 TCP의 위치를 〔그림 12-2〕에 도시하였다. UDP (User Datagram Protocol)는 비연결(Connectionless) 전송 계층 프로토콜로서 오류 검출 및 정정을 하지 않는다. 이러한 이유로 UDP는 신뢰성이 없는 서비스를 제공한다. 최소한의 오버헤드를 사용하며 매우 간단한 프로토콜이다.

12.2 TCP 연결

12.2.1 TCP 연결 설정

TCP는 보통 큰 사이즈의 데이터를 전송하는 데 사용되며 동등 시스템 간에 연결 설정을 해야 한다. 〔그림 12-3〕에 일반적인 송수신 시스템 간의 접속을 도시하고 있다. 첫 번째 주고 받기에서는 동기화를 요청하고, 두 번째와 세 번째 주고 받기에서는 동기화를 요청에 대한 수신 확인이며 역방향으로는 접속 매개변수를 동기화할 수 있다. 마지막 주고 받기에서는 양측이 연결 접속이 되었음을 목적지에 알려 준다.

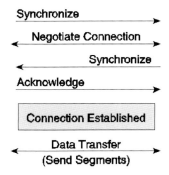

그림 12-3 두 시스템 간의 연결 설정

TCP는 연결 지향 프로토콜(connection-oriented protocol)로 실제 데이터를 전송하기 전에 먼저 종단간 연결을 설정하는 과정이 필요함을 의미한다. 이 과정을 "TCP 3단계 주고 받기(three-way handshaking)"이라고 부른다.

TCP 3단계 주고 받기 연결 설정을 위한 절차는 소스에서 시작하여(Active) TCP 소프트웨어에 의해 초기화 되고, 목적지(Destination-passive) TCP 소프트웨어에 의해 응답하여 진행된다. 두 시스템 간의 연결 설정이 된 후에야 데이터 전송이 시작된다.

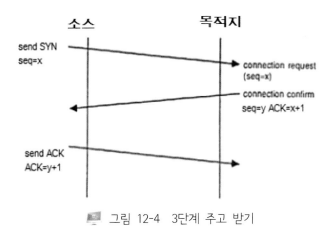

그림 12-4 3단계 주고 받기

연결 설정을 위해서 통신을 하는 두 호스트는 서로 초기 시퀀스 번호(ISN: Initial Sequence Number)에 동기화되어야 한다. 순서는 다음과 같다.

소스는 첫 번째 세그먼트로 SYN 세그먼트를 보낸다. : SYN(S→D) 소스의 ISN은 X, SYN=1, ACK=0로 전송

목적지에서 두 번째 세그먼트로 SYN+ACK 세그먼트를 보낸다.: ACK(D→S) 목적지의 ISN은 y, 상대 소스 ISN=x+1, SYN=1, ACK=1로 전송

소스는 세 번째 세그먼트로 ACK 세그먼트를 보낸다. :ACK(S→D) 소스의 ISN은 X+1, 상대 목적지 ISN=y+1, SYN=0, ACK=1로 전송

상기한 과정은 〔그림 12-4〕에 도시 되어 있다. 3단계 주고 받기는 비동기 접속 방식이다.

12.2.2 데이터의 교환

연결 설정이 이루어진 후에는 데이터를 전송하고 수신할 수 있다. 데이터는 세 번째 세그먼트부터 전송할 수 있다. TCP는 순서번호(Sequence Number)와 확인 응답 (Acknowledgements)를 이용하여 신뢰성 있는 전송을 보장한다. 〔그림 12-5〕를 참조하라.

여러 개의 데이터(세그먼트)를 한꺼번에 전송할 수 있으며, 여러 개의 데이터를 전송해도 순서 번호를 이용하여 세그먼트의 순서를 알 수 있다. 또 수신측의 호스트에서는 송신한 순서대로 세그먼트를 재조합 할 수 있다. 한꺼번에 전송할 수 있는 데이터의 량은 윈도우의 크기에 따라 결정된다. 수신측에서는 적절하게 정상적으로 수신한 세그먼트에 대해 순서 번호를 이용하여 확인(Acknowledgements) 응답을 보낼 수 있으며, 확인(Acknowledgements) 응답은 송신측의 호스트로부터 데이터를 잘 받았다는 수신측의 확인메시지를 의미한다.

TCP는 바이트 스트림 통신(Byte-stream Communication)을 한다. 바이트 스트림이라는 의미는 TCP가 데이터의 의미는 중요하지 않고, 단지 바이트 단위로 데이터를 처리하여 전송하는 것을 말한다.

일정량 이상의 데이터를 보낸 뒤에는 수신 측으로부터 반드시 수신 확인을 받는 방식으로 흐름제어를 수행하는 데 이를 윈도우 기법(windowing)이라고 한다.

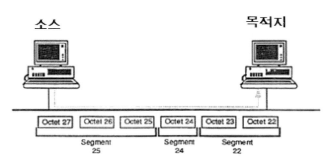

그림 12-5 바이트 단위의 순서 번호

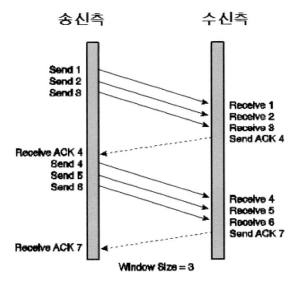

그림 12-6 윈도우 크기가 3인 윈도우 기법

〔그림 12-6〕에 송신 측이 1,2,3 패킷을 보내고, 수신 측은 패킷 4를 요구함으로써 받은 패킷에 대해 수신 확인을 한다. TCP는 순방향 수신 확인을 통하여 세그먼트를 정렬한다. 각 데이터그램은 전송 전에 〔그림 12-7〕과 같이 번호가 부여된다. 수신 측 TCP는 세그먼트를 재조립하여 완전한 메시지를 구성하며, 전송과정에서 데이터의 손실, 손상, 중복 등으로 인한 문제를 해결해야 한다. 이러한 기능은 전송하는 각 세그먼트에 순서 번호를 부여하고 수신 확인을 함으로써 수행된다. 만약 ACK가 정해진 시간 내에 도착하지 않으면 해당 데이터는 재전송된다. 소스에서는 전송하는 각 세그먼트에 대해 타이머를 동작시켜 기대되는 시간이 되도록 응답이 없는 경우 재전송하는 것이다. 전송되는 각 세그먼트에는 체크 섬을 붙이고 수신 측에서 이 체크 섬을 확인하여 프레임이 손상된 경우, 손상된 프레임은 폐기하고 재전송을 요구한다.

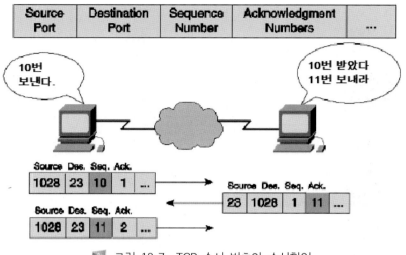

그림 12-7 TCP 순서 번호와 수신확인

12.2.3 연결 종료

송수신할 데이터가 없는 경우 소스와 목적지 어느 쪽이던지 연결을 종료할 수 있다. TCP 연결은 양방향으로 이루어지며 한반향의 연결이 종료되더라도 다른 방향을 통해 데이터 전송을 계속할 수 있다. 따라서 양방향연결을 종료하기 위해서는 다음의 4단계가 필요하다. 호스트A와 호스트 B가 연결 종료하는 경우이다.

① 호스트 A는 연결 종료를 알리는 세그먼트를 호스트 B에 전송한다. 즉 호스트 A의 TCP는 연결 종료를 위한 첫 번째 세그먼트로 FIN 세그먼트를 전송한다.
② 호스트 B는 호스트 A의 요구를 확인 응답하는 세그먼트를 호스트 A에 전송한다. 이후에 한 반향의 연결은 종료되지만 반대 방향의 연결은 계속 유지된다. 즉, 호스트 B는 호스트 A에 데이터를 전송할 수 있는 상태이다.
③ 호스트 B는 전송할 데이터가 더 이상 없는 경우 호스트A에게 연결 종료를 알리는 세그먼트를 호스트 B에 전송한다. 이 때 FIN 세그먼트를 전송한다.
④ 호스트 A는 호스트 B의 요구를 확인 응답하는 세그먼트를 호스트 B에 전송한다. 이 때 ACK 세그먼트를 전송한다. 이 세그먼트에는 호스트 A로부터의 FIN 세그먼트의 순서번호에 1을 더한 확인 응답 번호가 포함된다.

12.2.4 연결 리셋

TCP는 연결 리셋(connection reset)을 요구할 수 있다. 여기에서 리셋이라는 것은 연결의 파기를 의미하며 다음의 3가지 경우에 발생할 수 있다.

① 한 쪽의 TCP가 존재하지 않는 포트로 연결을 요구하면, 다른 쪽의 TCP는 연결 리셋을 위해 RST 비트를 설정한 세그먼트를 전송한다.
② 현재의 연결이 정상적으로 동작하지 않으면, TCP는 연결 리셋을 위해 RST 비트를 설정한 세그먼트를 전송한다.
③ 한쪽의 TCP가 긴 시간 동안 휴지 상태에 있게 되면 반대쪽 TCP에서 연결 리셋을 위해 RST 비트를 설정한 세그먼트를 전송한다.

12.3 TCP 서비스

12.3.1 스트림 데이터 서비스

TCP는 스트림 전송 계층 서비스를 제공한다. 송신측 TCP는 상위 계층의 응용 프로그램으로부터 문자열을 수신하여 수신된 문자열을 추출하여 세그먼트를 만들고 이 세그먼트를 네트워크를 통해 전송한다. 수신 TCP는 세그먼트를 수신하여 그로부터 데이터(문자열)을 추출한다. 세그먼트의 도착 순서가 어긋났을 경우 그 순서를 맞추어 문자열을 재조립하여 수신측 응용 프로그램에 전달하는 것이다.

스트림 전달을 위하여 송신 TCP와 수신 TCP는 버퍼를 이용한다. 송신 TCP는 송신 응용 프로그램으로부터 들어오는 데이터를 저장하기 위하여 송신 버퍼를 사용한다. 송신 응용 프로그램은 데이터가 만들어지는 비율로 데이터를 전달한다. 만약 사용자가 자판으로부터 데이터를 입력하는 경우, 송신 응용 프로그램은 한 문자씩 송신 TCP로 전달한다. 만약 파일로부터 데이터가 들어오면 송신 응용 프로그램은 데이터를 라인 또는 블럭으로 송신 TCP로 전달한다. 즉, 송신 응용 프로그램은 TCP의 송신 버퍼로 데이터를 쓰는(write) 것이다. 그러나, 송신 응용 프로그램으로부터 발생되는 각 쓰기 동작 마다 송신 TCP가 데이터 세그먼트를 만드는 것은 비효율적이다. 효율적인 전송을 위해서 여러 번의 쓰기 동작을 가지고 하나의 세그먼트를 구성하는 것이다.

수신 TCP는 세그먼트를 수신하고 수신된 세그먼트를 수신 버퍼에 저장한다. 수신 응용 프로그램은 읽기(read) 기능으로 수신 버퍼로부터 데이터를 읽지만 한번의 읽기로 하나의 세그먼트에 있는 모든 데이터를 모두 읽을 필요는 없다. 읽는 속도기 수신 속도보다 느릴 수 있기 때문에 수신 응용 프로그램이 버퍼의 데이터를 모두 읽을 때까지는 데이터는 수신 버퍼에 보관하고 있어야 한다.

12.3.2 전이중 서비스

TCP는 데이터를 동시에 양방향으로 전송할 수 있는 전이중 서비스를 제공한다. 즉, 하나의 TCP 연결을 이용하여 호스트 A의 응용 프로그램으로부터 호스트 B의 응용 프로그램으로 전송될 수 있으며, 또한 호스트 B의 응용 프로그램으로부터 호스트 A의 응용 프로그램으로 동시에 전송될 수 있다. 호스트 A는 호스트 B로부터 수신한 세그먼트에 대한 확인 응답을 호스트 B로 전송하는 세그먼트에 포함하여 같이 전송할 수 있다. 반대로 호스트 B는 호스트 A로부터 수신한 세그먼트에 대한 확인 응답을 호스트 A로 전송하는 세그먼트에 포함하여 같이 전송할 수 있다. 이와 같이 확인 응답과 데이터가 함께 전송하는 것을 피기백이라고 한다. 물론 한 호스트에서 전송할 데이터가 없으면 확인 응답 만을 전송할 수도 있다.

12.3.3 신뢰성 있는 서비스

TCP는 오류 없이 데이터가 목적지에 도착하는 지 확인할 수 있는 확인 응답 메커니즘을 가지고 있다. TCP에서의 오류 검출은 검사합, 확인응답 그리고 타이머를 이용한 시간 초과 등을 사용하여 수행된다.

각 세그먼트에는 검사합 필드가 있어서 세그먼트의 손상 여부를 알 수 있다. 만일 세그먼트가 손상되었으면, TCP는 손상된 세그먼트를 버리고 송신측에 재전송을 요구한다. 전송하여 수신된 세그먼트는 적절한 확인 응답을 통해 정상 수신되었음을 통지한다.

발신지 TCP는 각 세그먼트마다 시간 초과 카운터를 실행시킨 후, 각 카운터를 주기적으로 확인하여 카운터 값이 설정된 값에 이르게 되면 해당 세그먼트는 손상되었다고 가정하고 해달 세그먼트를 재전송하는 것이다.

이와 같이 전송 오류가 발생하면 이에 대한 적절한 처리를 수행함으로써 TCP는 신뢰성 있는 서비스를 제공하는 것이다.

12.4 TCP 세그먼트

　　TCP를 이용하여 두 개의 장치 사이에 전달되는 데이터 단위를 세그먼트(segment)라고 한다. 세그먼트는 20에서 60 바이트의 헤더와 응용 계층에서 전달되는 데이터로 구성된다. 헤더는 옵션이 없는 경우 20바이트이고, 옵션을 포함하는 경우 최대 60바이트로 구성된다. 〔그림 12-8〕에 TCP 세그먼트의 형식이 나와 있다.

　✒ 발신지 포트(Source Port) : 세그먼트를 전송하는 호스트에 있는 응용 프로그램의 포트 번호를 정의하는 16비트 필드이다. 발신지 포트 번호의 기능과 목적은 다음 소절에서 설명한다.

　✒ 목적지 포트(Destination Port) : 세그먼트를 수신하는 호스트에 있는 응용 프로그램의 포트 번호를 지정하는 16비트 필드이다. 목적지 포트 번호의 기능과 목적은 다음 소절에서 설명한다.

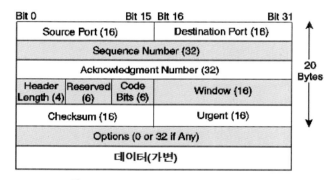

　　　　그림 12-8　TCP 세그먼트 필드 형식

　✒ 순서 번호(Sequence number) : 세그먼트에 포함된 데이터의 첫 번째 바이트에 부여된 번호를 나타내는 32비트 필드이다. TCP는 스트림 전달 프로토콜로서 신뢰성있는 전달을 보장하기 위해 전달되는 각각의 바이트마다 번호를 부여한다. 목적지 TCP에게 이 순서 번호는 세그먼트의 첫 번째 바이트를 나타냄을 알려 준다. 연결 설정 과정에서 각 TCP에서는 난수 발생기를 이용하여 초기 순서 번호(Initial Sequence Number:ISN)를 만들며, ISN은 전송 방향에 따라 다른 번호를 사용한다.

　　만약 ISN이 3,569이고 첫 번째 세그먼트가 100바이트를 전달하면, 순서 번호는

3,571이 된다. 500바이트를 전달하는 두번째 바이트의 순서 번호는 4,571이 된다. 목적지에서는 데이터 블록의 크기를 이용하여 마지막 바이트의 번호를 알 수 있다. 이 순서 번호는 흐름 제어나 흐름 제어시에 사용한다.

- 확인 응답 번호(Acknowledgement number) : 세그먼트의 발신지 노드가 상대편 노드로부터 수신을 원하는 바이트의 번호를 정의하는 32비트 필드이다. 만약 세그먼트를 수신한 수신 노드가 상대 노드로부터 바이트 번호 x를 성공적으로 수신하였다면 수신자는 확인 번호를 x+1로 하여 응답할 수 있다. 데이터와 함께 확인 응답되는 경우를 피기백(piggyback)이라고 한다.

- 헤더길이(Header length) : TCP 헤더의 길이를 4바이트 단위로 나타내는 4비트 필드이다. 옵션이 없는 경우 헤더의 길이는 20바이트이며 옵션이 있으면 60바이트까지 증가할 수 있다. 따라서, 헤더 길이 값은 5에서 12의 값을 가질 수 있다. 옵션에 대해서는 다음 절에서 설명한다.

- 예약(Reserved) : 현재는 사용하지 않으며 앞으로의 사용을 위해 예약된 6비트 필드이다.

- 제어 비트(Control bit) : 6개의 서로 다른 제어 비트 또는 플래그를 나타내며, 동시에 여러 비트가 1로 설정될 수 있다. 흐름 제어 , 연결 설정 및 종료, 전송 모드 제어를 위해 사용되는 데 다음 소절에서 설명한다.

- 윈도우 크기(Window size) : 상대편에서 유지되어야하는 윈도우의 크기를 바이트 단위로 정의한다. 16비트의 크기를 가지기 때문에 윈도우의 최대 크기는 65,535바이트가 된다.

- 검사합(Checksum) : 검사합 필드는 헤더와 데이터를 모두 포함한 사용자 데이터그램 전체에 대해 오류가 발생했는지의 여부를 검출하기 위해 사용된다. 검사합에 대해서는 UDP에서 설명한다.

- 긴급 포인터(Ugent pointer) : 세그먼트 내에 긴급 데이터가 포함되어 있고, 긴급 플래그(Urgent flag)가 1로 설정되어 있는 경우에만 의미가 있는 16비트 크기의 필드이다. 순서 번호에 이 필드의 값을 더하면 세그먼트의 데이터 부분에 있는 긴급 데이터의 마지막 바이트 번호를 알 수 있다.

- 옵션(Option) : TCP 헤더에는 최대 40바이트의 옵션 정보가 포함될 수 있다. 옵션에 대해서는 다음 절에서 설명한다.

[표 12-1]에 TCP 세그먼트 헤더 필드에 의미를 정리하였다.

표 12-1 TCP 세그먼트 헤더 필드의 의미

TCP 세그먼트 필드	의　미
Source Port	송신 호스트 안에서 전송을 시작하는 응용을 나타낸다.
Destination Port	수신 호스트 안에서 배달되어지는 응용을 나타낸다.
Sequence Number	세그먼트에서 첫번째 데이터 옥텟의 순서 번호. SYN이 존재할 때, 순서 번호(sequence number)는 ISN(초기의 sequence number)이고, 첫 번째 데이터의 옥텟은 ISN+1이 된다.
Acknowledgement Number	ACK 제어비트가 설정 되어 있을때만 제공된다. ACK 넘버는 다음 세그먼트의 수신측이 수신하기를 기대하는 순서 번호를 숫자로 나타낸 것이다. 접속이 이루어지면 이 값이 항상 보내진다.
Header length	32 비트 워드 단위로 나타낸 헤더의 크기.
Reserved	6비트는 예약되어 있고, 항상 '0'이다.
Control Bit	다른 특별한 기능을 수행한다. URG - Urgent Pointer를 활성화한다. ACK - 인증된 필드를 나타낸다. PSH - 해당 세그먼트를 push한다. RST - 연결을 reset한다. SYN - 동기용 순서 번호(Synchronize sequence number)을 활성화한다. FIN - 송신 측으로부터 더 이상 데이터가 없어 연결을 해제한다.
Window size	수신 측이 받을 수 있는 바이트 단위의 데이터 양
Checksum	헤더와 데이터 필드(96바이트)의 체크 섬을 계산한 값. 오류가 발생하면 세그먼트는 버려진다.
Urgent Pointer	URG 제어 비트가 설정되어 있다면 다음의 의미로 해석한다. 이 값은 양의 순차적 번호로부터의 offset이고, 긴급한 데이터의 끝을 나타낸다.
Option	TCP 옵션을 지정하기 위한 가변적 범위 필드. 이 필드는 예를 들어 송신측에서 받아 들여 질것으로 기대되는 가장 큰 세그먼트 크기를 나타낸다.
Padding	32 비트 단위의 데이터그램 크기를 유지하기 위해 부가되는 필드

12.4.1 포트 번호

　IP 주소는 송신 호스트와 목적지 호스트를 정의한다. TCP 상위 계층의 응용 프로그램을 정하기 위해 제2의 식별자가 필요로 하는 데, 이를 위해 TCP와 UDP에서 제2의 식별자로 정의한 것이 포트번호(port number)이다. 이 포트 번호를 사용하여 전송 계층을 지나는 여러 접속들을 유지 관리할 수 있다. 포트 번호는 0에서 65,535사이의 정수이다. 〔그림 12-9〕를 참조하라.

　IANA(Internet Assigned Number Authority)는 몇몇 포트 번호들을 표준 포트로 정해 놓고 응용 프로토콜 개발자가 이용하도록 하고 있다.

　포트 번호는 3가지로 분류한다. 표준 포트 번호(well-known port)는 IANA에서 지정하였으며 0~1023의 범위를 갖는다. 등록 포트(Registered port)는 IANA에 등록해야하며 1024~49151의 범위를 갖는다. 동적인 포트(Dynamic port)는 임시 포트로 49152~65535의 범위를 갖는다.

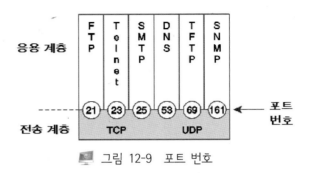

그림 12-9 포트 번호

12.4.2 제어 비트

6비트로 6개의 서로 다른 플래그를 나타내며 동시에 여러 비트가 1이 될 수 있다.
[그림 12-10]에 제어 비트 필드가 나와 있다.

URG	ACK	PSH	RST	SYN	FIN

URG:URGent pointer	RST:ReSeT the connection
ACK:ACKnowledgment	SYN:SYNchronize seq. number
PSH:Request for PuSH	FIN:FINal

그림 12-10 제어 비트 필드

- URG(Urgent pointer) : 응용 프로그램이 긴급 데이터를 전송할 때 사용하며 수 신 TCP는 순서에 상관 없이 긴급 데이터를 수신 측 응용 프로그램에 전달한다. 1이면 긴급 포인터 값이 유효함을 표시하며 순서 번호값에 urgent 값을 더하여 긴급 데이터의 위치를 찾는다.
- ACK(Acknowledgment) : 응답 세그먼트를 표시한다.
- PSH(Push data) : 수신 버퍼에서 특정 세그먼트는 기다리지 않고 즉시 처리하 도록 설정한다. 예를 들어 실시간성의 데이터인 경우 우선 처리한다.
- RST(Reset connection) : TCP 연결의 리셋을 요구할 때 사용한다. 한 쪽의 TCP가 존재하지 않는 포트로 연결 요구 시 또는 한 쪽의 TCP가 오래 동작 응답 이 없을 때 등 비정상적인 상황에서 요구한다.

- SYN(Synchronize seq. number.) : 연결 설정 동안 순서 번호의 동기화를 표
시한다.
- FIN(연결 종료) : 연결 종료 세그먼트를 나타낸다.

12.5 UDP

TCP/IP 프로토콜 스택에서 전송 계층의 프로토콜로 TCP와 UDP가 있다. 〔그림
12-11〕은 TCP/IP 프로토콜 스택의 다른 프로토콜과 계층에 대해 UDP의 위치를 나
타내고 있다.

UDP는 비연결성이며 신뢰성이 없는 전송 프로토콜이다. UDP는 상위 계층 프로세
스로부터 데이터를 전달 받은 후 이를 수신 프로세스에게 전달한다. 제한된 오류 검출
기능만 수행한다. 만약 오류가 검출되면 해당 세그먼트는 폐기한다.

UDP의 기능이 신뢰성이 없다면 왜 사용하는가? UDP는 최소한의 오버헤드만 사용
하는 매우 간단한 프로토콜이다. 대규모로 생성되는 실시간성 비디오나 오디오는 제때
에 신속히 처리해야하며 오류가 발생하더라도 재전송의 의미가 없는 경우 UDP를 사
용하는 것이 유리할 수 있다. 음성 데이터의 경우 작은 오류가 발생하더라도 귀로 듣
고 이해하는 데 크게 영향을 주지 않아 UDP를 사용할 수 있다.

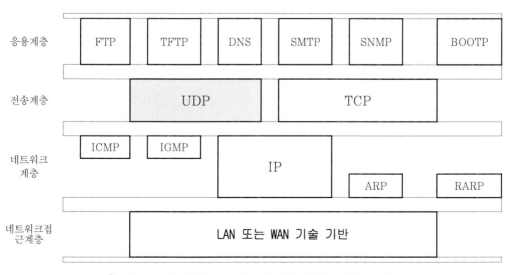

🖥 그림 12-11 TCP/IP 프로토콜 스택에서의 UDP의 위치

12.6 프로세스 대 프로세스 통신

전송 프로토콜의 기능 중 하나는 프로세스 대 프로세스 통신을 생성하는 것이다. IP는 컴퓨터 수준의 통신(호스트 대 호스트 통신)에 책임이 있다. IP는 목적지 호스트에게 IP 데이터그램을 전달할 수 있어야 하고, 최종적으로 이 메시지는 프로세스에 전달되어야 한다. 바로 이러한 점이 UDP와 같은 전송 계층 프로토콜의 필요성이다.

12.6.1 포트 번호

프로세스 대 프로세스 통신을 수행하는 가장 보편적인 방법은 클라이언트-서버 구조이다. 클라이언트-서버 프로세스는 같은 이름을 가지고 있다. 예를 들어 원격 시스템으로부터 날짜와 시간을 얻기 위해서는 로컬 호스트에서 수행되는 daytime 클라이언트 프로세스와 원격 호스트에서 수행되고 있는 daytime 서버 프로세스가 필요하다. 오늘날의 운영 체제는 다중 사용자와 다중 프로그래밍 환경을 모두 지원하고 있다. 원격 컴퓨터는 한 번에 여러 개의 서버 프로그램을 동시에 수행할 수 있으며 로컬 컴퓨터도 여러 개의 클라이언트 프로그램을 동시에 수행할 수 있다. 따라서 통신을 위해서는 다음의 사항이 정의되어야 한다.

- 로컬 호스트(Local host)
- 로컬 프로세스(Local process)
- 원격 호스트(Remote host)
- 원격 프로세스(Remote process)

로컬 호스트와 원격 호스트는 IP 주소에 의해 정의된다. 프로세스를 정의하기 위해 포트 번호라는 2번째 식별자가 필요한 것이다. 포트번호는 16비트의 크기를 가지며 0-65,535사이의 정수 값을 가진다.

클라이언트 프로그램은 클라이언트 호스트 상의 UDP 소프트웨어가 임의로 선택한 포트 번호로 자신을 정의한다. 이 포트 번호를 임시 포트 번호라고 한다. 서버 프로세스도 포트 번호로 자신을 정의하여야 한다. 하지만 서버 프로세스의 포트 번호는 임의로 선택할 수 없다. 만약 서버 프로세스를 수행하는 서버 측의 호스트가 임의의 번호를 자신의 포트 번호로 지정한다면 이 서버를 사용하고자하는 클라이언트 측의 프로세스는 이 포트 번호를 알 수 가 없어 통신을 요청할 수 없기 때문이다. 특정한 서버에게 특정 패킷을 보내어 포트 번호를 요청할 수도 있지만 이는 많은 오버헤드를 필요로 한다. TCP/IP에서는 서버를 위해 범용 포트 번호를 사용하기로 하였고, 이를 알려진 포트 번호(well-known port number)라고 부른다. 모든 클라이언트 프로세스는 대응하는 서버 프로세스의 잘 알려진 포트 번호를 알고 있어야 한다. 먼저 언급한 daytime 클라이언트 프로세스는 임시 포트 번호 52,000을 사용할 수 있지만 daytime 서버 프로세스는 잘 알려진 포트번호 13을 사용해야 한다. 상기한 과정을 〔그림 12-12〕에 도시하였다.

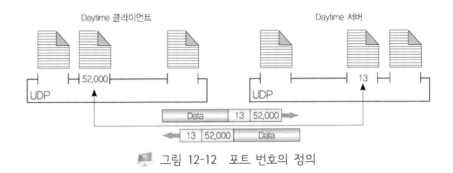

🖥 그림 12-12 포트 번호의 정의

데이터의 최종 목적지를 선택함에 있어서 IP 주소와 포트 번호가 담당하는 역할이 다르다는 것을 확실히 이해하여야 한다. 목적지 IP 주소는 전 세계의 호스트 중에서 특정 호스트를 정의하기 위하여 사용된다. 호스트가 선택된 후에는 포트 번호를 이용하여 해당 호스트 내에 있는 여러 프로세스 중 하나의 프로세스를 정의한다. 〔그림 12-3〕에 IP 주소와 포트 번호의 관계를 나타냈다.

IANA는 포트 번호를 다음과 같은 세 범위로 나누었다.

🖱 잘 알려진 포트(well-known port) : IANA이 배정하고 관리하는 0과 1,023 사이의 값을 갖는 포트 번호이다.

🖱 등록된 포트(registered port) : IANA이 배정하고 관리하지 않으나 중복을 피하기 위해 IANA에 등록될 수 있다. 1,024에서 65,535 사이의 값을 갖는다.

🖱 동적 포트(dynamic port) : 어느 프로세스나 사용할 수 있는 임시 포트로서 49,152와 65,535 범위의 값을 갖는다.

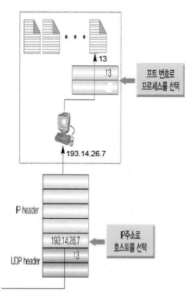

그림 12-13 IP 주소와 포트 번호의 관계

12.6.2 소켓 주소

각 종단점간의 연결을 만들기 위해서 UDP는 IP 주소와 포트 번호라는 2개의 식별자를 필요로 한다. IP 주소와 포트 번호의 조합을 소켓 주소(socket address)라고 한다. 클라이언트 소켓 주소는 클라이언트 프로세스를 유일하게 정의하고, 서버 소켓 주소는 소켓 프로세스를 유일하게 정의한다.

UDP 서비스를 사용하기 위해서는 클라이언트 소켓 주소와 서버 소켓 주소가 필요하다. 이 정보는 IP 헤더와 UDP 헤더의 일부이다. 즉, IP 헤더는 IP 주소를 포함하고, UDP 헤더는 포트 번호를 포함한다.

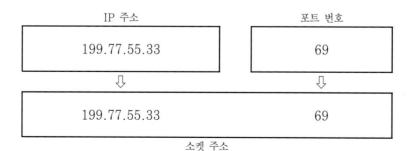

그림 12-14 소켓 주소

· 12.7 사용자 데이터그램

  UDP 패킷을 사용자 데이터그램이라고도 하는 데 8바이트의 고정 크기의 헤더를 가진다. UDP는 비연결(Connectionless) 전송 서비스를 제공하며, 오류 정정을 하지 않는다. 보통 시스템 내부 메시지 전달과 데이터 전달, 소규모 데이터 전송에 주로 이용된다.

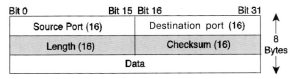

순서 번호나 수신확인 필드가 없다

🖥 그림 12-15 UDP 세그먼트 필드 형식

  [그림 12-15]에 UDP 세그먼트 필드의 형식이 나와 있다. 필드의 의미는 다음과 같다.

🖰 발신지 포트 번호(Source port number)

  발신지 호스트 상에서 수행되는 프로세스에 의해 사용되는 포트 번호이다. 길이가 16비트이므로 포트 번호는 0-65,535의 범위이다. 발신지 호스트의 클라이언트인 경우 포트 번호는 포트 번호는 프로세스에 의해 요청되고, 발신지 호스트의 UDP 소프트웨어가 선택한 임시 포트 번호이다. 만약 발신지 호스트가 응답을 보내는 서버라면 잘 알려진 포트 번호를 사용한다.

🖰 목적지 포트 번호(Destination port number)

  목적지 호스트 상에서 수행되는 프로세스에 의해 사용되는 포트 번호이다. 길이가 16비트이므로 포트 번호는 0-65,535의 범위이다. 만약 목적지 호스트가 클라이언트에 의한 요청에 응답하는 서버라면 포트 번호는 잘 알려진 포트 번호이다. 만약 목적지 호스트가 서버가 보낸 응답을 받는 클라이언트라면 대부분의 경우 포트 번호는 임시 포트 번호이다. 이 경우 서버는 수신한 요청 패킷으로부터 복사한 수신된 임시 포트 번호를 사용한다.

길이(Length)

길이 필드는 16비트의 길이를 가지며 헤더와 데이터를 합한 사용자 데이터그램의 전체 길이를 정의한다. 길이 필드가 정의할 수 있는 범위는 0-65,535바이트이다. 헤더만 있고 데이터가 없는 사용자 데이터그램의 경우 8바이트의 최소 길이를 가진다. 따라서 데이터의 길이는 0-65,507(=65,535-20-8) 바이트 사이가 된다. 여기서 20 바이트는 IP 헤더를 8바이트는 UDP 헤더이다. UDP 사용자 데이터그램은 IP 데이터그램에 의해 캡슐화가 이루어지기 때문에 UDP 사용자 데이터그램의 길이 필드는 없어도 된다. IP 데이터그램에는 전체 길이를 정의하는 필드가 있고 또 헤더의 길이를 정의하는 필드가 있으므로 IP 데이터그램에 의해 캡슐화된 UDP 사용자 데이터그램의 길이를 알아낼 수 있다.

UDP 사용자 데이터그램 길이 = IP 길이 - IP 헤더길이

그러나 UDP 설계자는 목적지 UDP가 IP 소프트웨어에게 이정보를 요청하는 것보다 UDP 사용자 데이터그램에 있는 정보를 사용하여 데이터의 길이를 계산하는 것이 더 효율적이라고 생각한 것으로 보인다.

검사합(Checksum)

검사합 필드는 헤더와 데이터를 모두 포함한 사용자 데이터그램 전체에 대해 오류가 발생했는지의 여부를 검출하기 위해 사용된다. 검사합에 대해서는 다시 설명할 것이다.

[표 12-2]에 UTP 세그먼트 필드의 의미를 요약하였다.

표 12-2 UDP 세그먼트 필드의 의미

발신지 포트	발신지 호스트 상에서 수행되는 응용 프로토콜에 의해 사용되는 포트 번호이다. 만일 전달하는 호스트가 발신지 포트를 제공하지 않는 다면, 이 필드는 '0' 값을 가진다.
목적지 포트	목적지 호스트 상에서 수행되는 응용 프로토콜에 의해 사용되는 포트 번호이다. 목적지 장비의 프로세스들 사이에서 데이터그램을 응용 프로토콜에 전달함에 있어 응용 프로토콜을 분류하는 데 사용한다.
길이	UDP 헤더와 데이터의 합쳐진 길이를 바이트로 표현 한다.
검사합	헤더와 데이터를 포함한 사용자 데이터그램 전체에 대한 오류 검출에 사용한다. IP는 데이터그램의 데이터 부분을 위하여 체크섬(checksum)을 계산하지 않기 때문에 UDP 검사합은 데이터가 에러 없이 도착했는지를 결정 하는 수단을 제공한다.

12.8 UDP 기능

12.8.1 비연결형 서비스

UDP는 비연결형 서비스를 제공한다. 이는 UDP에 의해 전송되는 각 데이터그램은 서로 독립적으로 처리된다는 의미이다. 동일한 발신지 프로그램에서 동일한 목적지 프로그램으로 전송되었다 하더라도 각 데이터그램 간에는 아무런 관계가 없는 것이다. 연결 설정이나 연결 종료의 과정도 없다. 이는 각 UDP 사용자 데이터그램은 다른 경로를 통하여 전송될 수 있음을 의미한다. 비연결 서비스의 결과 UDP를 사용하는 프로세스가 UDP에게 매우 긴 데이터 스트림을 보내고 이 스트림을 서로 연결된 사용자 데이터그램들로 나누어 서비스 받기를 기대할 수 없는 것이다. 대신 하나의 사용자 데이터그램에 들어갈 수 있을 정도로 메시지의 크기가 충분히 작아야 한다. 이렇게 작은 메시지를 전송하는 경우가 UDP에 최적화된 서비스이다.

12.8.2 흐름 및 오류 제어 기능 미비

UDP는 매우 간단하고 신뢰성이 없는 프로토콜이다. 흐름 제어도 없고 윈도우 메커니즘도 없다. 검사합을 제외하고 UDP에는 오류 제어 관련 메커니즘이 없다. 이는 메시지가 없어지거나 중복되어도 이를 알 수 없다는 것이다. 수신측에서 검사합을 이용하여 오류가 있음을 알아내면 사용자 데이터그램을 폐기하는 것이다.

12.8.3 캡슐화와 역캡슐화

🖱 캡슐화

프로세스가 UDP를 통하여 메시지를 보내고자할 때 메시지와 한 쌍의 소켓 주소 그리고 데이터의 길이를 보낸다. 데이터를 받은 UTP는 UTP 헤더를 추가한다. 그런 다음 UDP는 소켓 주소와 함께 사용자 데이터그램을 IP에게 보낸다. IP는 자신의 헤더를 추가하면서 이 때 헤더의 프로토콜 필드 값을 17로 설정하여 데이터가 UDP로부터 왔음을 기록한다. 그 다음 IP 데이터그램은 데이터링크 계층에 전달된다. IP 데이터그램을 받은 데이터링크 계층 프로토콜은 자신의 헤더를 추가하고 그 결과를 물리 계층에 보낸다. 물리 계층은 비트열을 전기 또는 광 신호로 부호화하여 원격 시스템으로 전송한다. 이러한 일련의 과정을 캡슐화라고 하며, 〔그림 12-16〕에 나타냈다.

역캡슐화

메시지가 목적지 호스트에 도착하면 물리 계층은 신호를 복호화한 후 이를 데이터링 크로 보낸다. 데이터 링크 계층에서는 프레임의 헤더를 사용하여 프레임을 처리한다. 프레임에 오류가 없으면 헤더와 트레일러를 제거하고 데이터를 IP로 전달한다. IP 소프 트웨어는 IP 헤더를 이용하여 IP 데이터그램을 처리하고 데이터그램에 오류가 없으면 헤더를 제거하고 데이터를 UDP로 전달한다. UDP는 검사합을 이용하여 사용자 데이터 그램을 검사한다. 만약 오류가 없으면 헤더를 제거한 후 송신자 소켓 주소와 함께 메시 지를 해당 프로세스에 전달한다. 수신된 메시지에 대해 응답을 보낼 필요가 있을 경우 에 대비하여 송신자의 소켓 주소도 프로세스에 전달된다. 이상이 역캡슐화 과정이다.

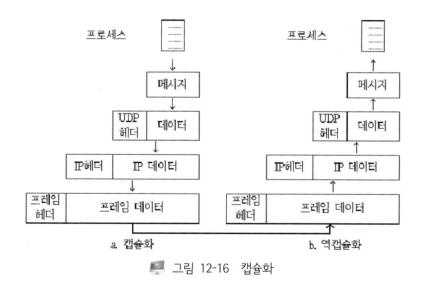

그림 12-16 캡슐화

12.8.3 큐잉

UDP의 포트에는 큐(Queue)가 연계되어 있다. 클라이언트에서 프로세스가 시작될 때 해당 프로세스는 운영체제에게 포트 번호를 요청한다. 일반적으로 각 프로세스와 연계하여 입력 큐와 출력 큐가 같이 생성된다. 프로세스가 여러 프로세스와 통신을 원 한다하더라도 하나의 포트 번호만을 배정 받으며 결과적으로 하나의 입력 큐와 출력 큐만을 받는다. 대부분의 경우 클라이언트가 획득한 큐는 임시 포트 번호로 식별된다. 프로세스가 수행되는 동안 큐도 동작하며 프로세스가 종료되면 큐는 제거된다.

클라이언트 프로세스는 요청에 명시된 발신지 포트 번호를 이용하여 출력 큐에 메시지를 보낸다. UDP는 메시지를 하나씩 가져와 UDP 헤더를 추가한 후 IP에 전달한다. 출력 큐에는 오버플로가 발생할 수 있다. 만약 이러한 상황이 발생할 상황이 되면 운영체제는 클라이언트 프로세스에게 메시지를 보내기 전에 기다릴 것을 요청한다.

서버에서는 큐를 생성하는 메커니즘이 다르다. 서버는 수행되기 시작할 때 잘 알려진 포트를 사용하여 입력 큐와 출력 큐를 요청한다. 그리고 서버가 수행되고 있는 동안에는 큐가 열려있다. 서버에 메시지가 도착하면 UDP는 사용자 데이터그램의 목적지 포트 번호을 위한 입력 큐가 생성되어 있는 지 점검한다. 해당 큐가 생성되어 있으면 UDP는 수신된 사용자 데이터그램을 큐의 끝에 추가한다. 만약 해당 큐가 생성되어 있지 않으면 UDP는 수신된 사용자 데이터그램을 폐기하게 되고 ICMP 프로토콜은 포트 도달 불가 메시지를 클라이언트에게로 전송한다. 입력 큐에는 오버플로가 발생할 수 있다. 만약 이러한 상황이 발생할 상황이 되면 UDP는 수신된 사용자 데이터그램을 폐기하게 되고 ICMP 프로토콜은 포트 도달 불가 메시지를 클라이언트에게로 전송한다.

서버가 클라이언트에게 응답을 하게 되면 요청 메시지에 있는 발신지 포트 번호를 사용하여 메시지를 보낸다. UDP는 메시지를 꺼내어 헤더를 추가한 후 IP에 전달한다.

출력 큐에는 오버플로가 발생할 수 있다. 만약 이러한 상황이 발생할 상황이 되면 서버에서 메시지를 보내기 전에 기다릴 것을 요청한다.

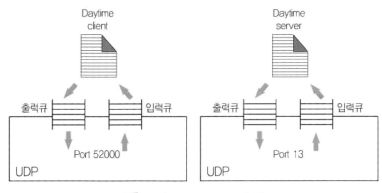

그림 12-17 UDP의 큐

12.8.4 다중화와 역다중화

TCP/IP를 수행하고 있는 호스트에서는 UDP는 하나지만 UDP 서비스의 사용을 원하는 프로세스는 여러 개가 존재할 수 있다. 이러한 요청을 처리하는 것이 UDP의 다중화 기능이다.

🖱 다중화

송신자 측에서는 사용자 데이터그램을 보내고자하는 프로세스가 여러 개 있을 수 있는 데 UDP는 하나만 있다. 이는 다-대-일 관계로서 포트마다의 출력 큐를 순서대로 처리함으로써 다중화 처리가 가능하다.

🖱 역다중화

수신자 측에서 사용자 데이터그램을 받고자하는 프로세스가 여러 개 있을 수 있는 데 UDP는 하나만 있다. 이는 일-대-다 관계로서 포트마다의 입력 큐를 순서대로 처리함으로써 역다중화 처리가 가능하다.

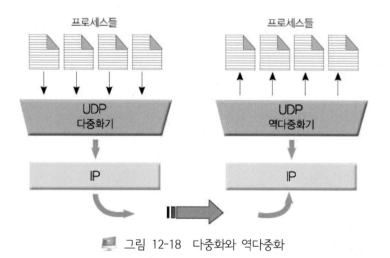

🖥 그림 12-18 다중화와 역다중화

연습문제

1. 메시지의 세그먼트 순서를 정렬하기 위해 사용하는 TCP 헤더의 필드명은?

2. 헤더길이(Header length) 값이 0111이면 옵션의 길이는 몇 바이트인가?

3. TCP 헤더의 최대값과 최소값은 얼마인가?

4. 제어 비트 필드가 다음과 같이 설정된 TCP 세그먼트는 어떤 TCP 세그먼트인가 설명하시오.
   (1) 000000
   (2) 000001
   (3) 010001
   (4) 000100
   (5) 010010
   (6) 000010

5. TCP 연결은 10,000바이트의 윈도우 크기를 이용하고, 이전의 확인응답 번호는 22,001이다. TCP가 24,001번 바이트를 확인 응답하는 세그먼트를 수신하였다. 이 세그먼트를 수신하기 이전과 이후의 상황을 보여 주기 위한 다이어그램을 작성하라.

6. TCP 연결은 90,000바이트의 윈도우 크기를 이용하고, 이전의 확인응답 번호는 22,001이다. TCP가 24,001번 바이트를 확인 응답하는 세그먼트를 수신하였다. 이 세그먼트를 수신하기 이전과 이후의 상황을 보여 주기 위한 다이어그램을 작성하라.

7. UDP 데이터그램의 최소 크기와 최대 크기는 얼마인가?

8. 신뢰성이 중요한 문제가 아니면 UDP는 좋은 전송 프로토콜이 될 수 있다. 이레 대한 구체적인 예를 쓰시오.

9 포트 번호는 유일해야 한다. 그 이유를 설명하시오.

10 다음은 16진수 형태의 TCP 헤더를 덤프한 것이다.

   05320017 00000001 00000000 500207FF 00000000

   (1) 소스 포트번호는 얼마인가?
   (2) 목적지 포트번호는 얼마인가?
   (3) 순서 번호는 얼마인가?
   (4) 확인응답 번호는 얼마인가?
   (5) 헤더 길이는 어마인가?
   (6) 세그먼트 유형은 무엇인가?

11 다음은 UDP 헤더를 16진 형식으로 덤프한 것이다.

   06 32 00 0D 00 1C E2 17

   (1) 발신지 포트 번호는 무엇인가?
   (2) 목적지 포트 번호는 무엇인가?
   (3) 사용자 데이터그램의 전체 길이는 얼마인가?
   (4) 데이터 전체 길이는 얼마인가?
   (5) 패킷의 방향은 클라이언트에서 서버로 가는 것인가 아니면 그 반대인가?

TCP/IP 응용계층

13

데이터 통신과 컴퓨터 네트워킹

제13장

TCP/IP 응용계층

TCP/IP의 상위 계층 서비스는 OSI 모델의 세션, 표현, 응용의 3계층을 합한 기능을 수행한다. 응용 계층을 포함하는 상위계층은 네트워크 서비스를 액세스 할 수 있는 여러 가지 프로그램의 사용을 가능하게 해준다. 이 계층은 파일 전송, 데이터베이스, 전자우편과 같은 사용자 응용 프로그램을 직접 지원하는 서비스와 관계되어 있다. 즉 이 계층은 응용 프로그램 프로세스가 네트워크 서비스를 위하여 이용하는 창구와 같은 역할을 한다.

세션 계층(session layer)은 응용(application)간의 세션을 설정하고 유지하며 해제하는 역할을 한다. 세션 계층이 표현 계층(presentation layer)에 제공하는 서비스로는 데이터 단위를 세션 프리니티브를 이용하여 세션서비스를 제공한다. 상대방 세션 서비스 사용자간의 세션접속을 설정하고 사용하는 세션기능의 절충을 수행해 세션접속 관리 서비스를 제공한다. 그리고, 데이터 전송동기 및 세션 접속을 해제하기 위해 배타적 제어를 행하는 토큰관리 서비스를 제공한다. 데이터의 송수신을 위한 회화단위(Dialogue)를 관리하기 위한 동기점 및 동작(Activity) 관리 서비스를 제공한다. 대량의 데이터 전송의 경우, 파일 전송 중 오류의 발생에 대비하여 동기점을 삽입하여, 데이터 전송 중에 오류가 발생하면 쌍방이 합의하는 동기점 위치에서 전송을 재개하기 위한 재동기 기능 서비스를 제공한다. 일반적인 세션 계층의 프로토콜로는 NFS(Network File System)과 SQL(Structured query language), RPC(Remote Procedure Call) 등이 있다.

표현 계층은 OSI 7계층 참조모델의 6번째 계층에 위치하며 응용계층이 통신을 수행하는 다양한 정보의 표현 형식을 공통의 전송형식으로 바꾸거나 암호화(encryption)와 복호화(decryption), 데이터를 압축(compression)하고 해제하는 기능을 제공한다. 정보의 표현형식은 응용 계층(application layer)에서 사용되는 추상 구문(Abstract Syntax)과 데이터 전송에 실제로 사용되는 전송 구문(Transfer Syntax)이 있다. 이 계층에서는 추상구문을 전송구문으로 변환하거나 전송구문을 추상구문으로 변환하는 역할을 수행한다. 문자 코드로는 ASCII, EBCDIC이 있고, 사운드나 비디오형식으로는 MIDI, MPEG, QuickTime이 있고, 그래픽 및 이미지 형식으로는 PICT, TIFF, GIF, JPEG 등이 있다.

〔그림 13-1〕에는 TCP/IP 프로토콜 군에서 차지하는 상위 계층 프로토콜의 위치를 나타내었다. 또한 TCP/IP를 이용하여 통신하는 상위 계층 프로토콜 중에서 중요한 몇 가지를 보여주고 있다. 여기서는 전통적으로 TCP/IP에 필수적 요소로 생각되는 프로토콜을 소개하겠다.

TCP/IP 상위 계층의 프로토콜을 설명하기 전에 클라이언트 서버 개념을 이해할 필요가 있다. 클라이언트 서버 개념은 한 프로그램이 네트워크로 연결된 다른 시스템에서 실행중인 프로그램의 서비스를 요청할 때 사용할 수 있다. 클라이언트 서버 개념을 〔그림 13-2〕에 나타내었다.

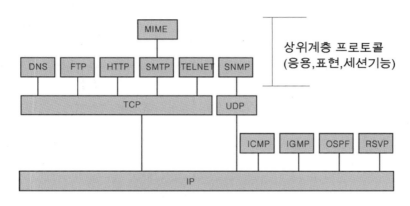

그림 13-1   TCP/IP 상위 계층 프로토콜

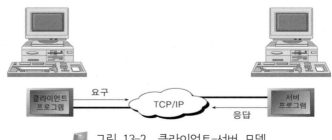

그림 13-2   클라이언트-서버 모델

〔그림 13-2〕에서 클라이언트 응용 프로그램은 서비스 요구를 네트워크를 통해 서버 응용 프로그램으로 전송하고, 서버 응용 프로그램은 클라이언트에서 요구한 서비스에 대해 응답을 한다. TCP/IP의 모든 응용 프로그램은 클라이언트 서버 모델을 사용한다.

13.1 도메인 이름 시스템

TCP/IP 클라이언트 서버 모델의 좋은 예가 DNS(Domain Name System)이다. 컴퓨터 같은 정보 시스템은 비트 패턴과 숫자를 사용한다. DNS는 인터넷에 연결된 각 스테이션을 구분할 때 IP를 사용한다. 그러나 인터넷의 사용자는 사람이고, 사람은 숫자보다 문자로 된 이름을 사용하기를 좋아한다. 따라서 사람이 컴퓨터에게 도메인 이름을 주면 이름을 IP 주소로 변환하는 시스템이 있어야 하는데 이러한 역할을 하는 것이 DNS이다. 도메인 이름이 주어지면 프로그램은 이에 연관된 IP 주소를 얻는 것이다.

유일하면서 분산되어 있는 그리고 바꾸기 쉬운 명칭을 만들기 위해, DNS 설계자는 점으로 구분된 여러 문자로 이루어진 계층 구조의 시스템을 구상하였다. 이를 〔그림 13-3〕에 나타내었다.

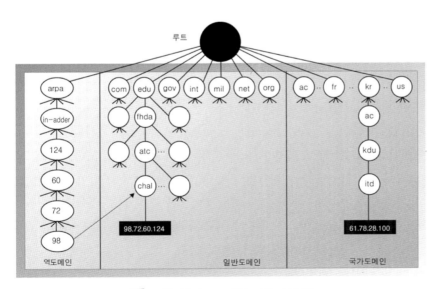

🖥 그림 13-3 도메인 이름 시스템

호스트는 명칭의 길이가 63개 문자를 초과하지 않은 범위 내에서 이름을 유일하게 만드는 여러 개의 식별 이름을 가질 수 있다. DNS는 각 노드가 하나의 명칭을 나타내는 나무 형태를 이용하여 구현된다. 이름에서 가장 오른쪽 명칭은 루트에 가장 가까운 상위 명칭이며, 왼쪽 명칭은 루트에서 떨어진 하위 명칭이다. 나무는 일반 최상위 도메인, 국가 도메인 및 역 도메인의 3개 도메인으로 나눈다.

일반 최상위 도메인(generic top level domain)은 일반 영역으로 등록된 호스트를 구분하는데, 기관 도메인(organization domain)이라고도 한다. 왼쪽에서 오른쪽으로 읽는 일반 도메인 이름은 가장 구체적인 정보인 워크스테이션 이름에서 시작하여 가장 오른쪽 명칭에 도달할 때까지 각 명칭은 일반적인 명칭을 나타낸다. 가장 오른쪽 명칭은 지정된 호스트의 기관이나 조직의 특성을 나타낸다. 예를 들어 기업체는 com으로 표시한다. 〔그림 13-3〕의 나무 형태를 보면 일반 도메인의 첫 명칭은 기관의 유형을 나타내는 7개로 세 문자를 가지고 나타낸다.

- com: 상업기관(기업체)
- edu: 교육기관
- gov: 정부기관(국방성을 제외한 미 정부기관)
- int: 국제기관
- mil: 군사기관(미 국방성 기구)
- net: 네트워크 관련 기관
- org: 그 밖의 다른 비영리 기관

7개 중 전 세계 누구나 등록이 가능한 일반 최상위 도메인(gTLD ; general Top-Level Domain)는 com, net, org 뿐이다. 그러나 인터넷에 가입하는 기관이 증가하면서, 최근에 7개의 gTLD이 추가되었다. 추가된 gTLD는 aero, biz(businesses), coop(cooperative), info(information), museum, name(개인만 신청), pro(professionals) 등이다. 각 도메인 이름은 특정 IP와 대응된다. 주소 변환기에서는 주소를 찾기 위해 첫 번째 수준의 명칭인 기관을 찾는다. 해당 기관이 발견되면 포인터는 다음 수준의 명칭을 찾아 최종적으로 연관된 IP 주소를 찾는 것이다.

국가 도메인(country domain)은 일반 도메인과 같은 형식을 취하지만 첫 번째 수준에 세 문자를 쓰는 기관 약어 대신에 두 문자로 된 국가 약어를 사용한다. 예를 들어 한국은 kr이고 미국은 us이다. 두 번째 수준의 명칭은 해당 국가의 기관이나 해당 국가의 지명이 될 수 있다. 우리나라는 kr을 세분화한 각 기관의 약어를 사용한다. 소개하면 co(회사), re(연구소), ac(대학/학술기관), go(정부기관), ne(네트워크관련 기관), or(기타 기관)이 있다. 그리고 들어 우리 나라에서는 kr을 세분화한 각 시도의 약어를 사용한다. 예를 들면 서울은 seoul.kr, 강원은 gangwon.kr이 된다.

IP 주소를 가지고 있지만 도메인 이름을 알고자할 때 DNS의 역도메인 이름을 사용한다. 역 도메인을 사용하려면 서버에게 IP 주소를 제시해야 한다. DNS는 끝에 inaddr.arpa를 덧붙인다. 예를 들면 124.60.72.98은 124.60.72.98.inaddr.arpa가 된다. 그런 다음 시스템은 나무의 가장 위 부분(arpa)부터 시작해서 해당 숫자를 찾은 때까지 검색한다. 숫자가 발견되면 포인터는 연관된 도메인 이름을 가리킨다.

13.2 파일 전송 프로토콜

파일 전송 프로토콜(file transfer protocol; FTP)은 한 호스트에서 다른 호스트로 파일을 복사하기 위해 TCP/IP를 사용하는 프로토콜이다. FTP 메시지는 TCP 세그먼트 내에 캡슐화되어 안전성과 신뢰성이 제공된다. FTP는 파일을 전송하기 전에 사용자에게 로그인과 패스워드 확인을 요구한다. FTP는 호스트 간에 2개의 가상 회선을 설정한다는 면에서 클라이언트-서버 모델과는 다르다. 하나의 접속은 데이터 전송에 사용하고 또 다른 접속은 제어 정보 전송에 사용한다. 〔그림 13-4〕을 참조하라.

제어 연결은 명령 및 응답, 프로세스 갱신 등을 위해 사용한다. 모든 데이터 교환이 종료될 때까지 유지된다. 데이터 접속 회선을 통해 데이터 전송이 이루어지는 동안, 제어 접속회선을 통해 파일 전송의 시작, 예상 전송 시간, 데이터 전송 종료 그리고 몇 바이트가 전송 되었는지 등의 정보를 사용자에게 제공한다. 파일 전송 프로토콜에서의 클라이언트-서버 동작이 〔그림 13-5〕에 나타냈다.

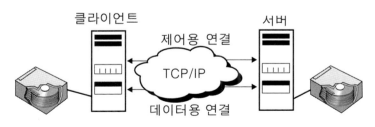

🖥 그림 13-4 파일 전송 프로토콜

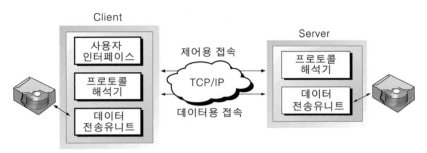

그림 13-5 FTP에서의 클라이언트 서버 동작

13.3 전자 우편

전자 우편은 매우 친숙한 네트워크 서비스의 하나이다. 인터넷 상에서 전자 우편을 지원하는 TCP/IP 프로토콜은 SMTP(Simple Mail Transfer Protocol)라고 한다. 전자 우편은 호스트 간에 직접 데이터를 교환하는 것이 아니라 우편 서버의 주소를 기반으로 다른 컴퓨터에게 메시지나 파일을 전달하는 시스템으로 서로 다른 컴퓨터 사용자 사이에서 편지 교환을 지원한다. 전자 우편은 수신 컴퓨터의 현재 동작 여부에 상관없이 짧은 메모 정보에서 크기가 큰 대용량 파일도 전송할 수 있다. 전자 우편의 기능은 다음과 같이 정리할 수 있다.

하나의 메시지를 하나 또는 복수의 수신자에게 전달할 수 있다.

문자는 물론 음성, 비디오 또는 이미지를 포함한 메시지를 보낼 수 있다.

인터넷이 아닌 다른 네트워크의 사용자에게 메시지를 보낼 수 있다.

컴퓨터 프로그램의 응답을 호출하는 메시지를 보낼 수 있다.

전자 우편은 기존의 우편 시스템 구조를 모방하여 구현한 것이다. 메시지의 송신자와 수신자를 확인하며 지정된 시간 내에 전달되지 못한 메시지는 송신자에게 반송된다. 모든 사용자는 개인 우편함을 가지고 있으며, 수신된 우편물은 수신자가 삭제하거나 버리기 전까지 우편함에 보관된다.

그림 13-6 전자 우편 주소

　　전자 우편은 수신 컴퓨터가 네트워크에 연결되어 있지 않거나 동작하지 않는다 하더라도 메시지를 보낼 수 있다. 메시지가 전송되면 그 복사본은 수풀이라는 디렉토리에 저장된다. 스풀에 있는 메시지는 먼저 도착한 것이 먼저 검색된다(first-come, first-search). 메시지가 일단 스풀링되면 백그라운드로 동작하는 클라이언트 프로세스에 의해 매 30초마다 검색된다. 백 그라운드 클라이언트는 새로운 메시지와 아직 전송되지 않은 메시지를 검색하여 전송을 시도한다. 만약 클라이언트 프로세스가 메시지를 전송할 수 없다면 메시지에 전송을 시도한 시간을 표시하여 스풀에 남겨 놓고 다음에 다시 시도한다. 정해진 시간이 되도록 계속 메시지를 전송할 수 없다면 송신자의 우편함으로 반송시킨다. 메시지는 수신자가 받아 읽어야 전송된 것으로 간주한다. 그 전까지는 메시지의 복사본이 송신자의 스풀과 수신자의 우편함에 보관된다.

　　전자 우편의 주소는 두 부분으로 구성된다. 한 부분은 우편함을 식별하는 이름이고, 또 다른 부분은 메일 서버의 도메인 이름이다. 두 부분은 문자@에 의해 구별된다. 예를 들면 jhkim@kyungdong.ac.kr과 같은 형태를 갖는다. 전자 우편의 주소의 형식을 〔그림 13-6〕에 나타냈다. 전자 우편 주소의 형식은 서양의 주소 기술 방식에 맞춰 좁은 영역의 주소를 왼쪽에 먼저 쓰고, 차례로 넓은 영역의 주소를 오른 쪽에 기술한다. TCP/IP가 아닌 다른 프로토콜을 사용하는 사이트는 주소 형식이 다를 수 있다.

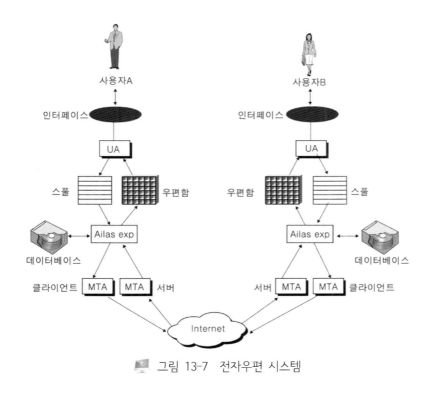

그림 13-7　전자우편 시스템

여러 개의 우편 주소가 들어 있는 메일링 주소를 이용하면 한번에 여러 명의 수신자에게 메시지를 전송할 수 있다. 그리고 어떤 그룹의 사람들에게 같은 내용의 전자 우편을 보내는 일이 빈번할 경우 별명(alias)을 지정하여 쉽게 처리할 수 있다. 하나의 별명으로 여러 수신자를 지정하여 하나의 별명 하에 전자 우편 주소가 들어 있는 전자 우편 리스트를 지정할 수 있다. 별명의 또 다른 장점은 한 사용자가 성이나 이름, 미혼일 때의 이름, 결혼 후의 이름, 또는 직업에 따른 여러 개의 이름을 가질 수 있는 것이다.

별명들은 별명 확장 프로그램이 접근할 수 있는 데이터베이스에 저장된다. 처리 과정은 〔그림 13-7〕에 나타냈다. 먼저 메시지가 스풀러에 보내지면 우편 인터페이스 프로그램은 수신자의 이름을 별명 확장자에게 전달한다. 별명 확장자는 데이터베이스에 저장되어 있는 별명을 찾아서 수신자 주소를 우편 목록에 들어 있는 개별 주소로 바꾼다. 일치하는 별명이 발견이 발견되지 않는다면 이에 해당하는 별명이 없거나 별명이 저장되지 않은 경우이다. UA(user agent)는 사용자 대행자이다. UA는 사용자 인터페이스를 지원하고, 시스템 내부로의 인터페이스도 제공한다. 즉, UA는 유능한 비서처럼 수신 메시지를 검색하고, 송신 메시지를 보내고, 메시지를 작성할 수 있는 기능을 제공한다. MTA(mail transfer agent)는 네트워크의 우편 시스템 인터페이스로 사용되는 우편 전송 대행자이다.

SMTP는 7비트 ASCII형식의 메시지만을 전송할 수 있다. 숫자나 알파베트, 특수문자 등은 전송할 수 있지만, 한국어, 이미지, 음성 등은 전송할 수 없다. 이를 해결하기 위해 MIME(Multipurpose Internet Mail Extension)이 개발되었다. MIME은 SMTP의 확장으로 ASCII가 아닌 자료를 ASCII형으로 변환하고, 그 역기능을 수행하는 프로그램의 집합이다. 전자우편 접근 프로토콜로 POP3(Post Office Protocol ver.3)와 IMAP4(Internet Mail Access Protocol ver. 4)가 있다. POP3는 클라이언트 POP3를 수신자 컴퓨터에 서버 POP3는 전자우편 서버에 설치한다. UA(클라이언트)는 TCP포트 110을 사용하여 서버에 연결하여 ID 비밀번호를 확인하고 메시지를 받는다. 삭제 및 유지 모드가 있는 데, 삭제 모드가 기본 설정 값이다. IMAP4는 POP3보다 기능이 많고 복잡하다. 전자우편을 받기 전에 헤더 검사, 내용검사를 할 수 있으며, 부분적인 내려 받기가 가능하다. 그리고, 메일 서버에서 편지함의 생성, 삭제 및 이름 변경이 가능하다. 사용하기 간편한 POP3를 많이 사용하는 편이다.

13.4 단순 네트워크 관리 프로토콜

　단순 네트워크 관리 프로토콜(simple network management protocol; SNMP)
은 인터넷을 감시하고 유지 보수하기 위한 기본 기능을 수행한다. SNMP는 관리자와
관리 대상 장비로 구성되는데, 일부 호스트만 관리자이고 대부분의 호스트와 라우터는
관리 대상 장치가 된다. 〔그림 13-8〕에 SNMP의 구성 및 기능도가 나와 있다. 감시를
원활하게 하기 위해 모든 관리 대상 장치에는 하드웨어와 소프트웨어로 구성된 대행자
(agent)가 포함되어 있는데, 관리자는 대행자에 접근하여 관련 정보를 확인하고 어떤
사항은 변경하기도 하면서 관리 업무를 수행한다. 각 대행자에는 MIB(Management
Information Base)가 있고, MIB는 프로토콜을 지원하고 관련 정보를 기록하는 변
수 목록이 있어 주어진 시간 동안 호스트로 들어오고 나간 바이트의 수를 기록한다.
관리 소프트웨어는 네트워크를 감시하기 위해 대행자를 차례로 확인하여 문제점을 찾
아내어 수정하거나 시스템 관리자를 호출하여 문제를 해결하도록 한다.

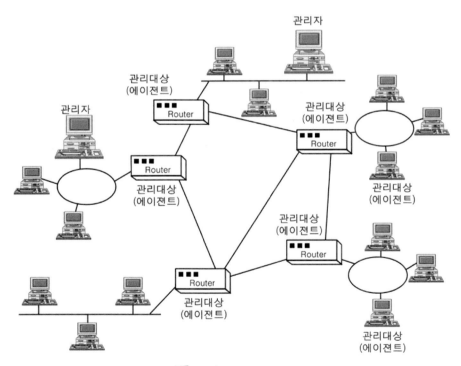

　　　　　 그림 13-8　SNMP

SNMP는 UDP를 이용하는 간단한 요청 응답 프로토콜이다. 대부분의 감시나 유지 보수가 UDP 데이터그램을 통해 이루어지기 때문에 어느 정도의 신뢰성은 보장되지만 보안상의 문제는 해결되지 않는다. 그래서 1993년에 SNMPv2가 제안되었다. SNMPv2 는 보안 기능을 제공하고, SNMP의 몇 가지 문제점을 보완하여 기능은 강력하여졌으나 복잡하여 구현하기가 훨씬 어려워졌다.

13.5 HTTP(HyperText Transfer Protocol)

HTTP(HyperText Transfer Protocol)는 WWW(World Wide Web)에서 사용되는 파일 검색 응용 프로그램이다. 인터넷에 분산되어 있는 텍스트, 그래픽, 그림 및 사운드 등의 문서에 접근하여 서로 연결한다. WWW은 하이퍼텍스트의 개념을 사용하여 문서를 포인터로 지시하게 함으로써 서로 연결한다. [그림 13-9]에 하이퍼텍스트의 개념을 나타냈다.

하이퍼텍스트 환경에서 문서를 읽고 있는 사용자는 다른 문서와 연결된 항목을 클릭함으로써 다른 문서로 이동할 수 있다.

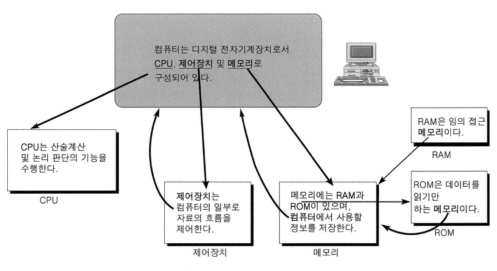

컴퓨터는 디지털 전자기계장치로서 CPU, 제어장치 및 메모리로 구성되어 있다.

CPU는 산술계산 및 논리 판단의 기능을 수행한다.

CPU

제어장치는 컴퓨터의 일부로 자료의 흐름을 제어한다.

제어장치

메모리에는 RAM과 ROM이 있으며, 컴퓨터에서 사용할 정보를 저장한다.

메모리

RAM은 임의 접근 메모리이다.

RAM

ROM은 데이터를 읽기만 하는 메모리이다.

ROM

그림 13-9 하이퍼텍스트

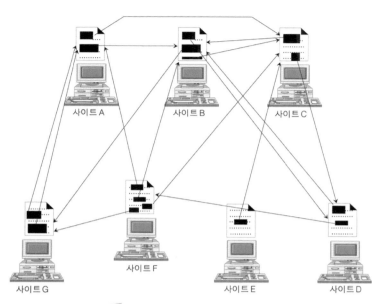

그림 13-10 월드 와이드 웹

HTTP는 월드 와이드 웹 환경에서 클라이언트가 웹 페이지에 접근하는데 사용하는 프로토콜이다. 클라이언트-서버 모델을 기반으로 질의에 대해 응답을 하는 형태로 3개의 질의 패킷과 하나의 응답 패킷으로 구성된다. 질의 명령이 클라이언트에서 서버로 전송되면 응답 명령은 서버에서 클라이언트로 보내진다. 질의 명령 중에서 get-request 명령은 서버의 정보를 검색하는데 사용되고, head-request 명령은 헤더 정보를 얻기 위해 사용되며, post-request 명령은 서버로 정보를 전달하기 위해 사용된다. 현재 가장 많이 사용되고 있는 웹 서버에는 아파치 웹 서버(Aphache Web Server), 넷스케이프 슈트스팟(Netscape Suitespot), 마이크로소프트 인터넷 인포메이션 서버(Microsoft Internet Information Server) 등이 있다.

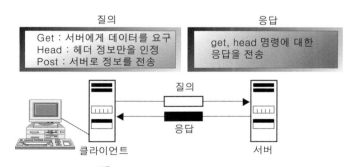

그림 13-11 HTTP 프로토콜

· 13.6 TELNET

TELNET은 원격 로그온(log-on) 기능을 제공하는 클라이언트-서버 프로그램이다.

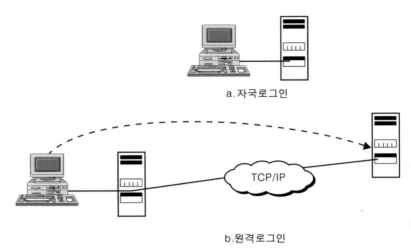

a.자국로그인

b.원격로그인

🖳 그림 13-12   telnet을 이용한 원격 및 자국 로그인

TELNET은 터미널이나 개인용 컴퓨터를 이용하는 사용자가 원격 컴퓨터에 접속하여 그 컴퓨터를 직접 사용하는 것처럼 해준다. 〔그림 13-12〕에 telnet을 이용한 원격 및 자국 로그인을 나타냈다.

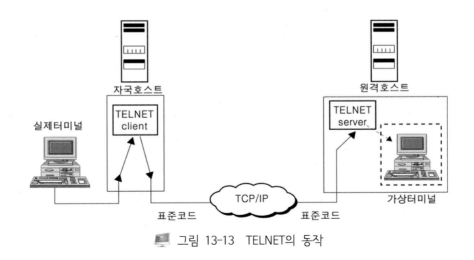

🖳 그림 13-13   TELNET의 동작

이 프로토콜은 간단한 스크롤-모드 터미널과 같이 동작하도록 설계되었다. TELNET 은 사용자에게 로그인을 요구하고 패스워드를 확인하여 보안 문제를 해결한다. TELNET 를 사용하기 위해서 사용자는 자신의 컴퓨터에서 TELNET 클라이언트를 실행하여 원격 컴퓨터에 있는 TELNET 서버와 연결을 설정한다. 그러면 TELNET은 사용자가 자판에서 입력한 내용을 원격 컴퓨터에게 보내고, 원격 컴퓨터에서 출력한 내용을 다시 사용자의 화면에 나타나게 하는 것이다.

사용자와 원격 서버간에 동질성을 유지하기 위해 TELNET은 두 컴퓨터 사이에서 변환 서비스를 제공한다. TELNET 클라이언트는 실제 터미널의 출력을 표준 코드로 변환하고, 표준 코드 정보는 원격 컴퓨터에 있는 TELNET 서버로 전송된다. 전송될 때 TCP/IP를 사용한다. TELNET 서버는 표준 코드를 원격 컴퓨터가 받아들일 수 있는 문자로 변환한다. 〔그림 13-13〕은 이러한 처리 과정을 보여주고 있다.

13.7 기타 프로토콜

기타 프로토콜로 다음과 같은 것이 개발되어 사용되고 있다.

네트워크 파일 시스템(network file system; NFS)은 파일 접근 시스템으로 다른 시스템에 있는 파일을 자신의 시스템에 있는 것처럼 편집할 수 있다. NFS는 RPC (RPC)라는 프로토콜 서비스를 이용한다.

고퍼(Gopher)는 미네소타 대학에서 개발된 인터넷에서 요청된 정보를 찾아주는 메뉴 방식의 응용 프로그램이다.

아키(Archie)는 찾고자 하는 이름이 들어 있는 모든 파일을 찾아주는 자동 제목 검색 프로그램이다.

WAIS(WAIS)는 찾고자하는 내용에 대한 정보를 포함하고 있는 파일의 이름을 찾아주는 내용 검색 서비스이다.

전자 데이터 교환(Electronic Data Interchange)은 주문, 발송, 재고, 회계 등의 서로 관련된 업무에서 향상된 업무의 흐름을 위해 전자 데이터 교환을 제공한다.

NetMeeting 프로그램 원거리에 떨어진 사용자끼리 이 프로그램을 이용하여 영상, 음성, 팩스 교환을 할 수 있게 해준다. 이 기술을 이용한 대표적인 것은 마이크로소프트 넷미팅 있다.

연습문제

1 클라이언트-서버 모델을 설명하시오.

2 일반 도메인 내의 기관 도메인 이름을 적고, 이에 가입할 수 있는 기관을 쓰시오.

3 kr 도메인 내의 기관 도메인 이름을 적고, 이에 가입할 수 있는 기관을 쓰시오.

4 WWW에서 사용하는 하이퍼미디어의 개념을 설명하시오.

5 전자 우편 시스템을 설명하시오.

6 인터넷을 감시하고 유지 보수하는 기능을 수행하는 프로토콜은?

7 클라이언트 서버 모델의 예와 거리가 먼 것은?
A. 전자 메일　　　B. FTP
C. TELNET　　　D. UDP

8 다음 중 도메인 이름을 제일 잘 설명한 것은?
A. 인터넷 사이트를 숫자로 표현한 전자 메일
B. 메인 서버에 붙인 IP 주소
C. LAN이 위치한 라우터의 이름
D. 메인 서버에 붙인 이름

9 DNS를 사용하는 서비스와 거리가 먼 것은?
A. 전자우편
B. 파일 전송 프로토콜
C. 원격 로그인
D. 스위칭

X.25와 프레임 릴레이

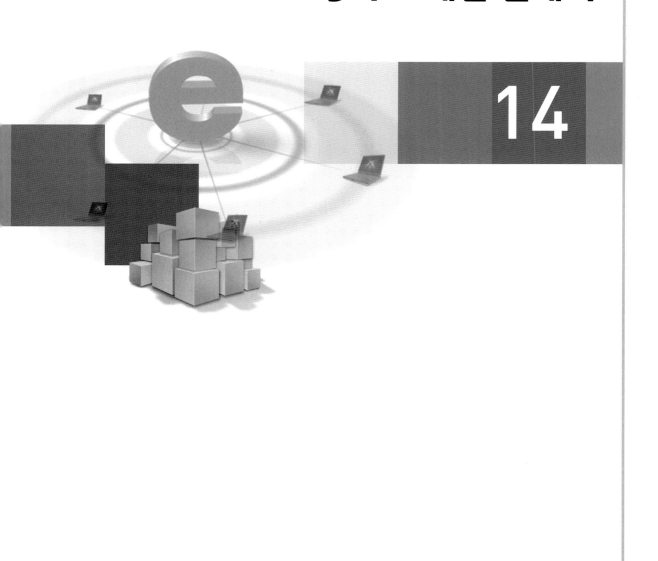

14

데이터 통신과 컴퓨터 네트워킹

제14장

X.25와 프레임 릴레이

• 14.1 패킷 교환망의 개요

14.1.1 X.25의 개요

패킷 교환망(PSDN: Packet Switched Data Network)은 데이터를 전송할 때 데이터의 시간 지연은 크게 문제가 되지 않지만, 데이터의 오류 발생은 억제되어야 하는 통신 서비스를 제공하기 위하여 만들어진 네트워크로서 주로 데이터를 전송할 때 사용한다. 이에 반해, 회선 교환망(PSTN: Public Switched Telephone Network)은 약간의 데이터 오류는 허용되지만 시간 지연은 억제되어야 하는 네트워크로서 주로 음성 서비스를 제공하는 곳에 사용되고 있다.

PSTN에서는 시간 지연을 줄이기 위해 네트워크 내에서 데이터가 거쳐야 하는 경로를 미리 설정해 두고, 이 설정된 경로를 통해 데이터를 전달하며, 이때 네트워크 내에서는 어떠한 처리도 하지 않고 단지 수신한 데이터를 전달하는 기능만을 수행하여 시간 지연을 최소화한다. 하지만, PSDN에서는 데이터 오류를 최소화하여야 하므로 단말장치와 교환 장치 혹은 교환 장치와 교환 장치 간에 데이터를 수신하면 즉시 인접 장치로 전달하지 않고 일단 저장한 후 전달(Store and Forward)하는 방식을 사용한다. 이때 수신한 데이터에 오류가 발생했는지를 검사하고 오류가 검출되면 오류를 복구한 후 인접 장치로 전달하는데, 이렇게 함으로서 PSDN은 지연은 불가피 하지만 오류 발생은 최소로 할 수 있다.

따라서 각 네트워크는 각각이 목표로 하는 서비스를 달성하기 위해 사용하는 스위칭 방식을 달리하고 있는데, PSTN에서는 회선교환(Circuit Switching) 방식을 적용하고 있고, PSDN에서는 패킷교환(Packet Switching) 방식을 적용하고 있다.

한편, 1960년대 말 고전적인 데이터 통신망에서는 패킷 교환이라는 새로운 기술을 적용한 ALPA(Advanced Research Project Agency) 망이 등장하였으나 초기의 컴퓨터 통신망은 전화망을 이용하는 것이 일반적이었다. 하지만 기존의 전화망만 가지고는 컴퓨터를 이용한 원거리의 고품질 데이터 서비스를 제공하기에는 다소 무리가 있었으므로, 고품질의 데이터 서비스를 제공하기 위한 TELENET(1975), TYMNET (1977)과 같은 패킷 통신망이 1970년대에 들어오면서 설치되기 시작하였다. 이와 같은 패킷 통신망들은 사용자에게 성공적인 네트워크 서비스를 제공하였으나, 서로 독립적으로 개발되고 설치되었기 때문에 장비들 간의 호환성 문제가 대두되었다. 이를 위해 전화 회사들은 표준 프로토콜 제정을 서두르게 되었고, 그 중에서 국제적으로 가장 널리 알려진 프로토콜이 ITU-T의 X.25 이다. X.25는 1976년에 처음 발표된 이래 매 4년마다 그 내용이 개정되고 있다.

X.25 권고안은 〔그림 14-1〕과 같이 이용자 단말기를 DTE(Data Terminal Equipment), 패킷 교환망의 회선 종단장치를 DCE(Data Circuit Terminal Equipment)로 정의하고 있고, 패킷형 단말기가 패킷 교환망에 점대점 인터페이스 방식으로 접속하기 위한 접속 규격을 정의하고 있다. 여기에서 DTE는 DCE를 경유하여 패킷 교환망에 접속되고, 패킷 교환망은 양측 DTE를 접속하고 있는 두 DCE간의 통신을 제공하며, DCE는 DTE를 제어한다.

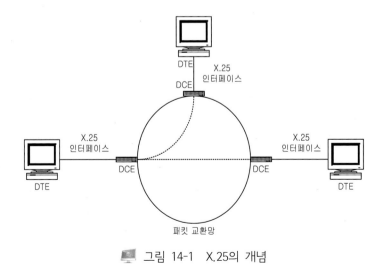

그림 14-1 X.25의 개념

X.25 권고안은 DCE와 DTE간의 상호 접속에 대해서만 규정하고 있으며, DCE간의 네트워크 내부 접속에 대한 사항은 규정하지 않는다. 따라서 패킷 교환망 내부의 통신 절차는 패킷 교환망마다 다를 수 있으나, DTE가 패킷 교환망으로부터 제공받는 패킷 교환 서비스는 X.25 권고안에 의해 모두 동일한 서비스를 받을 수 있다. 즉 X.25는 네트워크의 구조라기보다는 DCE와 DTE간의 통신 절차를 규정한 계층화된 프로토콜이라고 할 수 있다.

X.25는 70년대와 80년대를 거치면서 주요 기간망으로서의 그 역할을 훌륭히 수행해 왔다. 하지만, X.25는 프로토콜 자체가 신뢰성이 낮은 네트워크 환경을 위해 고안된 프로토콜이기 때문에 오류제어나 흐름제어 기능 등이 복잡한 관계로 많은 성능상의 오버헤드를 가지고 있다. 그리고 또 X.25는 멀티미디어 데이터보다는 일반 데이터를 위해 네트워크가 설계되어 있기 때문에, 오늘날 멀티미디어와 같은 고속의 네트워크를 요구하고 있는 추세를 감안할 때, 전송속도나 서비스의 질 등의 면에서 사용자 요구사항을 모두 수용하기에는 다소 무리가 있다. 따라서 X.25는 프레임 릴레이나 ISDN, ATM 등 고속의 신뢰성 있는 네트워크로 대체되고 있는 추세이며, 이는 사용자들이 네트워크에 접속하는 비율이 높으면 높을수록 가속화될 것으로 예상된다.

14.1.2 패킷 교환망의 구성

〔그림 14-2〕와 같이 패킷 교환망도 다른 통신망과 마찬가지로 노드(Node), 노드들을 서로 연결하는 링크(Link), 그리고 노드와 가입자를 연결하는 가입자 접속 링크로 구성되어 있다. 노드는 패킷 데이터의 교환 기능을 수행하는 시스템으로서 패킷 교환기(PSE: Packet Switching Exchange) 또는 단순히 노드 프로세서(Node Processor)라고 한다. 그리고 링크는 패킷 데이터를 양방향으로 전송하기 위해 전이중 통신 선로를 사용하는데, 노드와 노드를 연결하는 국간 링크와 가입자와 노드를 연결하는 가입자 접속 링크로 구분된다.

〔그림 14-2〕에서는 X.25 네트워크의 구성 및 관련 표준안을 함께 표시하였다. 〔그림 14-2〕에서 X.25 단말(X.25 Terminal)은 X.25 네트워크에 단말장치가 접속될 때, 패킷 모드 서비스를 제공할 수 있도록 X.25가 탑재된 단말장치를 말하며, 비 X.25 단말(Non X.25 Terminal)은 X.25를 갖고 있지 않은 단말장치를 말한다.

X.25는 패킷이라는 특정한 데이터 블록을 통하여 정보를 전송하는데 DTE는 X.25를 통하여 정보를 전송하는 경우, 전송할 정보를 패킷으로 분할하여 전송하게 된다.

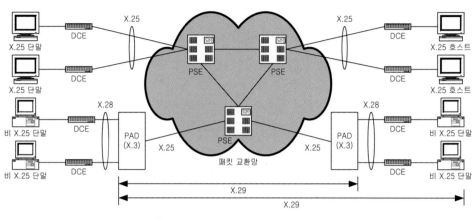

그림 14-2 패킷 교환망의 구조

하지만 패킷을 생성할 수 없는 시스템인 경우, 즉 X.25 인터페이스 기능을 가지고 있지 않은 비 X.25 단말장치를 X.25 네트워크에 접속하기 위해서는 X.25 프로토콜 기능을 가지고 있는 패킷 조립 분해기(PAD: Packet Assembly and Disassembly)와 접속한 후 X.25 네트워크에 연결한다. 여기에서 PAD는 RS232C/V.24와 같은 비동기 인터페이스를 갖는 장치를 X.25 네트워크에 접속하기 위한 장치이다.

PAD와의 상호동작을 위한 표준은 X.3, X.28, X.29로 각각 정의되어 있는데, X.3는 PAD 자체의 내부 파라미터를 규정한 권고안이고, X.28은 비 X.25 단말장치와 PAD 간의 접속을 규정한 접속 규격이며, X.29는 PAD와 원격 X.25 호스트 혹은 원격 PAD간의 접속을 규정한 접속규격이다.

14.1.3 X.25 구조

X.25는 앞에서 설명한 바와 같이 패킷 교환망의 구성 및 내부 접속 등의 전체적인 표준이 아니고, 사용자와 망간의 접속 표준 프로토콜로서 〔그림 14-3〕에 나타낸 바와 같이 물리 계층, 데이터링크 계층, 패킷 계층으로 구분되어 있다. 물리 계층, 데이터링크 계층, 패킷 계층은 각각 OSI 참조 모델의 계층 1에서 계층 3까지를 담당하고 있다.

〔그림 14-3〕에서 보는 바와 같이 상위 계층의 사용자 데이터는 패킷 계층에서 패킷화가 될 수 있도록 사용자 데이터를 자른 것을 UPDU(Upper PDU)라고 하고, 패킷 계층에서 헤더를 붙인 PDU(Protocol Data Unit)를 패킷(Packet)이라 하며, 데이터링크 계층의 PDU를 프레임(Frame)이라 한다. 그리고 물리 계층에서는 데이터가 비트 열로 송신되므로 비트 스트림(Bit Stream)이라고 한다.

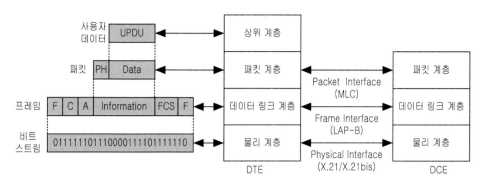

■ 그림 14-3 X.25 프로토콜의 계층 구조

한편, X.25의 패킷 계층에서는 원격지 사용자와의 경로 제어를 위한 주소 체계로서 X.121을 사용하고 있고, 데이터링크 계층에서는 양자간의 정보를 정확히 전달하기 위한 전송오류 기능 및 데이터의 수신 능력을 고려한 흐름제어 기능 등을 수행하는 프로토콜로서 LAP-B(Link Access Procedure, Balanced)를 사용하고 있다. 그리고 물리 계층에서는 양자간 접속에 필요한 물리적 회선에 대한 다양한 접속방식에 대한 프로토콜로서 X.21 및 X.21bis를 사용한다.

14.1.4 X.25의 회선 접속 방식

패킷 교환망에서는 네트워크에 접속된 양 단말간의 연결 방법으로 가상회선(Virtual Circuit) 방식과 데이터그램(Datagram) 방식의 두 가지 방식을 사용하고 있다.

하지만 X.25는 양단간의 연결 지향형(Connection Oriented) 전송을 위해 가상회선 방식은 제공하고 있지만 데이터그램 방식은 제공하지 않고 있으며, 데이터그램 방식 대신 신속 설정(Fast Select) 방식을 제공하고 있다.

(1) 가상회선(Virtual Circuit) 방식

가상회선(Virtual Circuit) 방식은 제8장의 패킷 교환 방식에서 설명한 바와 같이 회선교환 방식처럼 호 설립 단계, 데이터 전송 단계, 호 해제 단계를 통해 데이터 교환을 수행하지만, 물리적 회선을 어느 한 사용자가 독점하여 사용하는 것이 아니고 여러 사용자가 공유할 수 있게 하는 방식이다. 즉 하나의 회선을 여러 명이 공유하지만 사용자에게는 마치 자기 혼자 회선을 사용하는 것처럼 느끼게 해주는 방식이다. 그리고 또 가상회선 방식은 연결 설정 과정을 거쳐야 하므로 적은 양의 데이터를 전달하는 경우에는 적

합하지 않으며, 설정된 연결을 통해 패킷이 전달되므로 네트워크 상에서 패킷의 순서
(Sequence)가 유지된다.

X.25의 가상회선 방식 통신절차는 다음과 같다.

1 호 설립 단계: 발신자가 수신자에게 연결요청 패킷, 즉 호 요구(Call Request)
패킷을 전송한다. 연결 요청을 받은 수신자는 호 요구(Call Request) 패킷을
받아들이거나 거부할 수 있다. 만약 이 요청을 받아들이게 되면, 호 수락(Call
Accepted) 패킷을 회신하고 이로서 회선이 확립된다. 가상회선은 호 요구(Call
Request) 패킷과 호 수락(Call Accepted) 패킷이 오고 간 경로를 따라 형성된다.

2 데이터 전송 단계: 호의 설립이 이루어지면, 호 설립 과정에서 정해진 경로를 따
라 패킷이 전송된다. 두 시스템은 전이중 모드로 정보를 전송한다.

3 호 해제 단계: 연결의 종료는 송수신자 구분 없이 해제 요구(Clear Request)
패킷을 전송함으로써 통신 당사자 간에 의해 종료될 수 있다. 연결이 종료되면
가상 회선은 다른 사용자를 위해 반납된다.

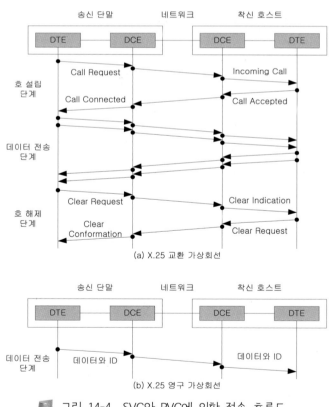

그림 14-4 SVC와 PVC에 의한 접속 흐름도

이와 같은 가상회선 방식은 〔그림 14-4〕와 같이 데이터를 전송하기 전에 먼저 상대를 선택하기 위한 회선 설립 과정이 필요한 방식이 있고, 전용 회선처럼 회선 설립 과정이 필요 없는 경우가 있는데, 전자를 교환 가상 회선(SVC: Switched Virtual Circuit)이라고 하고, 후자를 영구 가상회선(PVC: Permanent Virtual Circuit)이라고 한다. 참고적으로 PVC에서는 호 설립 과정과 호 해제 과정이 생략되며, 통신 경로는 물리적 경로가 아니므로 데이터를 전송하고 있지 않을 때에는 대역폭을 차지하지 않는다.

가상 회선에 대한 자세한 내용은 제8장을 참조하기 바란다.

(2) 신속설정(Fast Select) 방식

가상회선 방식에서 호 설립 요청을 하여 회선을 설립한 후 짧은 메시지 하나만을 송신하고 호를 해제한다면 오버헤드만 많고 전송 지연이 많이 발생해 효율적으로 사용하지 못하게 된다. 따라서 짧은 데이터를 긴급히 목적지로 전달하는데 유효한 전송 방식으로서 신속설정(Fast Select) 방식이 제안되었다.

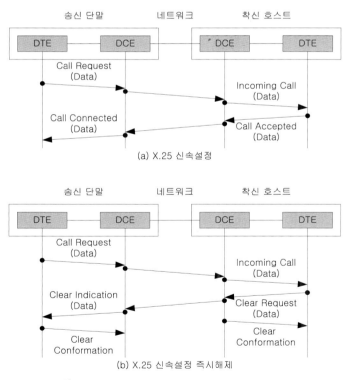

그림 14-5 신속 설정에 의한 접속 흐름도

신속 설정 방식은 호 설정 과정을 완료한 후 데이터 전달 단계에서 데이터를 전달하는 것이 아니라 호 설정을 하면서 데이터를 전달하는 방식이다. X.25에서 호 설정을 위한 호 요구(Call Request) 패킷은 128바이트의 데이터를 전송할 수 있는데, 신속 설정 방식은 여기에 데이터를 실어 전송한다. 이때 이 패킷을 수신한 착신 호스트는 계속적으로 통신하고자 한다면 호 수락(Call Accept) 패킷으로 응답하고, 그렇지 않은 경우에는 해제 확인(Clear Confirmation) 패킷으로 응답한다. 물론, 호 수락(Call Accept) 패킷도 128바이트의 데이터를 전달할 수 있으며 필요한 경우 사용될 수 있다.

신속 설정 방식은 신용카드 조회, 현금 이체, POS(Point-of-Sale) 등과 같이 한 두 개의 데이터 교환을 다루는 응용 분야에 활용되고 있다.

· 14.2 X.25 물리 계층

물리 계층은 X.25의 최하위 계층으로서, 비트 단위의 사용자 정보를 전기 신호 형태로 전송하고, 상위 계층과 통신을 할 수 있도록 사용자와 패킷 교환망간 물리적인 통신 회선의 접속, 설정, 해제, 보전에 대한 역할을 담당한다.

물리 계층의 전송로는 아날로그 회선 또는 디지털 회선으로 구성할 수 있는데, 아날로그 전송 회선의 경우에는 모뎀(MODEM)을 전송 장비로 사용하고, 디지털 전송 회선의 경우에는 DSU(Data Service Unit)를 전송 장비로 사용한다.

물리 계층에 관한 프로토콜은 DTE/DCE 인터페이스로서 규정되어 있다. DTE/DCE 인터페이스란 전송로에 접속되는 모뎀이나 DSU 등의 DCE와 단말기 또는 컴퓨터 등의 DTE간을 접속하는 상호 접속 회로 및 커넥터 등에 관한 규정을 말한다.

DTE/DCE 인터페이스는 ITU-T의 V 및 X 계열 권고안과 ISO의 표준안 등에 의해 권고되어 있으며 각국의 여러 표준 기관들에서도 규격이 정해져 있다. 그 중 ITU-T, ISO, EIA(Electronic Industries Association: 미국의 전기산업협회) 등의 규격이 가장 널리 쓰이며 X.25의 물리 계층 권고는 ISO, EIA 등의 해당 규격이 서로 보완적으로 사용되고 있다. DTE/DCE 인터페이스에는 다음과 같은 사항을 규정하고 있다.

(1) 기능적(Functional) 절차

기능적 절차는 상호 접속회로의 명칭, 기능, 타이밍 조건, 동작 절차 등을 규정한다. 상호 접속 회로의 명칭은 ITU-T에서는 회로 번호로 EIA 규격에서는 영문자로 표기한다. 타이밍 조건과 동작 절차는 여러 종류의 상호 접속 회로를 제어하고 전기적 신호를 받아들일 때의 시간차, 허용 오차 및 순서 관계를 표시한다.

(2) 전기적(Electrical) 절차

전기적 절차는 두 단말기간의 상호 접속 회로의 전기적인 특성을 규정한다. 예를 들어, 신호선의 임피던스(Impedance), 부하 임피던스, 출력전압, 전원전압, 논리값 1 또는 0의 전압 수준, ON 또는 OFF의 관계, 신호의 상승(Rising) 타이밍 및 하강(Falling) 타이밍, 데이터의 전송속도와 통신거리 등의 허용치를 표시한다.

(3) 기계적(Mechanical) 절차

기계적 절차는 물리적인 접속을 위한 커넥터의 형상과 치수, 신호 핀의 배열 및 핀의 수, 사용 케이블의 규격 등을 표시한다.

X.25의 물리 계층은 동기식 전이중 전송방식을 사용하며, 디지털 전송방식에 대해서는 ITU-T X.21을 적용하고 있고, 아날로그 전송방식에 대해서는 ITU-T X.21bis를 적용하고 있다. 여기에서, X.21은 DTX/DCE 인터페이스의 기계적 특성, 전기적 특성, 상호 접속회로의 기능적 특성 등을 규정하고 있는데, 기계적 특성은 ISO 4903(15핀 인터페이스)을 적용하고 있고, 전기적 특성에 대해서는 ITU-T V.10이나 V.11을 적용하고 있다. V.10과 V.11은 각각 북미표준 EIA의 RS-423과 RS-422에 대응되는데, 9,600bps 이하의 전송속도에서는 V.10과 V.11 모두가 적용되고 9,600 bps 이상의 전송속도에서는 V.11만 적용된다.

그리고 X.21bis는 동기 아날로그 회선의 모뎀과 DTE 간의 물리 계층 접속을 규정한 것으로서, 기계적 특성은 ISO 2110(25핀 인터페이스)을 적용하고 전기적 특성은 ITU-T V.28을 적용하는 방법과 기계적 특성은 ISO 4902(37/9핀 인터페이스)를 적용하고 전기적 특성은 ITU-T V.10을 적용하는 방법 2가지를 규정하고 있다. 참고적으로 V.28은 EIA의 RS-232C와 내용이 동일하다.

14.3 X.25 데이터링크 계층

데이터링크 계층은 단말기와 패킷 교환기 간에 원활한 데이터 전송이 이루어질 수 있도록 데이터링크의 제어를 수행하는 계층으로서 데이터링크 계층의 프로토콜이 제공하는 구체적인 기능으로는 연속된 프레임화 기능, 패킷의 순서제어 기능, 에러검출 및 회복기능, 흐름제어 기능 등이 있다.

ITU-T의 X.25는 데이터링크 계층의 프로토콜로서 평형링크 접속 프로토콜(LAP-B: Link Access Procedure, Balanced)을 사용하고 있다. LAB-B는 국제표준화기구(ISO)에 의해 1974년에 발표된 HDLC(High Level Data Link Control)의 부분집합의 하나로서 HDLC의 비동기 평형모드(ABM: Asynchronous Balanced Mode)로 동작한다.

현재, LAP-B는 가장 널리 사용되고 있는 프로토콜 중 하나로서, 대부분의 공중 데이터 통신망은 LAP-B를 지원하고 있다. 참고적으로 N-ISDN의 데이터링크 프로토콜은 LAP-D를 사용하고 있다.

〔그림 14-6〕에 LAP-B의 프레임의 구조를 나타내었고, 〔표 14-1〕에 X.25 데이터링크 계층의 프레임의 종류 및 형식을 나타내었다. 〔표 14-1〕에서 각 프레임의 기능은 6.5절의 HDLC에서 상세히 설명하였으므로 여기서는 생략하기로 한다.

1 옥텟	1 옥텟	1 옥텟	0~N 옥텟	1 옥텟	1 옥텟
플래그 01111110	주소필드	제어필드	데이터 필드	FCS	플래그 01111110

프레임 \ 비트	1	2	3	4	5	6	7	8
정보 프레임	0	N(S)			P	N(R)		
관리 프레임	1	0	S	S	P/F	N(R)		
비순서 프레임	1	1	M	M	P/F	M	M	M

S : Supervisory Function Bit
M : Modifier Function Bit
P/F : Poll/Final Bit, Poll은 명령, Final은 응답

그림 14-6 LAP-B 프레임 형식

표 14-1 X.25 데이터링크 계층의 프레임의 종류 및 형식

포맷 형식	명령	응답	비트의 부호화							
---	---	---	1	2	3	4	5	6	7	8
정보 프레임	I (Information)		0	N(S)			P	N(R)		
관리 프레임	RR (Receive Ready)	RR (Receive Ready)	1	0	0	0	P/F	N(R)		
	RNR (Receive Not Ready)	RNR (Receive Not Ready)	1	0	1	0	P/F	N(R)		
	REJ (Reject)	REJ (Reject)	1	0	0	1	P/F	N(R)		
비순서 프레임	SABM (Set Asynchronous Balanced Mode)		1	1	1	1	P	1	0	0
	DISC (Disconnect)		1	1	0	0	P	0	1	0
		DM (Disconnect Mode)	1	1	1	1	F	0	0	0
		UA (Unnumbered Acknowledgement)	1	1	0	0	F	1	1	0
		FRMR (Frame Reject)	1	1	1	0	F	0	0	1

데이터링크 계층에서 DTE와 DCE 간의 정보 전달 과정은 〔그림 14-7〕과 같이 링크 설정(Link Setup) 단계, 패킷 전송(Packet Transfer) 단계, 링크 해제(Link Disconnect) 단계의 3단계로 구성된다.

(1) 링크 설정(Link Setup) 단계

DTE와 DCE 간의 정보를 전달하기 위해서는 데이터링크 계층(계층 2)의 링크가 설정되어야 하며, 링크가 설정된 후 설정된 링크를 통해 상위 계층인 패킷 계층(계층 3)의 호 설정 데이터가 송수신되어 계층 3의 연결이 설정된다. 그런 다음, 설정된 링크를 통해 패킷 계층(계층 3)의 데이터가 송수신 될 수 있으며, 계층 3의 모든 패킷은 계층 2의 정보 프레임에 실려 전송된다.

링크 설정 단계는 계층 2의 링크를 설정하는 단계이며, DTE나 DCE 둘 중 하나가 먼저 링크 개설을 요청할 수 있다. 링크 설정을 요청하기 위해서는 SABM 프레임을 먼저 전송하고, 수신측에서는 UA 프레임으로 응답한다. 만약 제한된 시간 내에 UA가 수신되지 않으면 SABM 프레임을 재전송하며, 이 과정을 N회 시도해도 응답이 없는 경우에는 DISC 프레임을 전송하여 가상회선을 종료한다.

링크 설정 과정에서 DTE와 DCE가 동시에 링크를 설정하려고 요청하는 경우에는 각각에 대해 둘 다 모두 응답하여 링크를 설정한다.

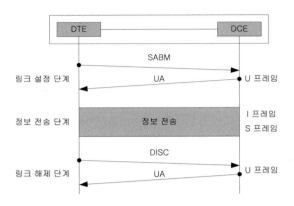

■ 그림 14-7 데이터링크 계층의 접속 흐름도

(2) 정보 전송 단계

정보 전송 단계는 링크가 설정된 후 프레임을 전송하는 단계로서, 신뢰성 있는 정보 전송을 위해 I 프레임과 S 프레임을 이용하여 전송한다.

(3) 링크 해제(Link Disconnect) 단계

정보 전송이 완료되면, DTE나 DCE 둘 중에 먼저 DISC 프레임을 전송함으로써 링크는 절단되며, DISC 프레임을 수신한 상대편은 UA 프레임을 전송하여 준다.

• 14.4 X.25 패킷 계층

OSI 참조 모델의 네트워크 계층 프로토콜에는 여러 가지의 종류가 있지만, 이중 가장 널리 사용되는 네트워크 계층의 프로토콜이 X.25 권고안의 패킷 계층 프로토콜이다. 패킷계층은 OSI 7계층 중 네트워크 계층의 기능을 수행하고, 네트워크 계층의 서비스를 상위 계층에 제공하는 기능을 수행한다.

패킷 계층의 서비스에는 어떤 서비스 품질로 연결(connection)을 설정하거나 리셋 또는 해제 등을 하는 연결 관련 서비스가 있고, 설정된 연결 상에서 데이터를 전달하는 전달 관련 서비스가 있다. 전달 관련 서비스에는 흐름 제어(Flow Control)와 긴급 데이터 우선 전달(expedited transfer) 등이 있다. 서비스 품질로는 전송율(Throughput), 전송 지연, 복제, 손실 등이 있다.

X.25 패킷 계층은 가상회선(Virtual Circuit)의 개념으로 DTE와 DCE간에 패킷을 상호 교환하는 방법을 제공하고 있는데, 가상 회선은 호 설립 이후 양측 단말기는 회선 교환망의 경우처럼 물리적인 경로를 단독 사용할 수 없지만 논리적인 통신 경로를 통해 호 해제시까지 패킷을 전송하는데, 이 논리적인 통신 경로를 가상회선이라고 하며, 하나의 물리적 연결에 다수의 논리 채널로 다중화 하여 전송한다.

X.25에서는 가상회선의 연결 형태를 가상 호(VC: Virtual Call)와 영구 가상회선(PVC: Permanent Virtual Circuit)으로 나누어 정의하고 있다. VC는 호 설정(Call Setup)과 호 해제(Call Clearing)를 통하여 가상회선을 동적으로 설정하는 방식이고, PVC는 연결 설정 단계가 필요 없이 항상 연결이 설정되어 있는 방식이다. 일반적으로 가상 호(VC)는 교환 가상회선(SVC: Switched Virtual Circuit)을 의미한다.

패킷 계층에서는 패킷형 단말기간에 패킷 교환망을 통하여 상호 통신을 할 수 있도록 하는 호 설정과 호 해제 기능 이외에도 다음과 같은 오류제어, 순서제어, 흐름제어 및 데이터 전송제어의 기능을 제공한다.

1. 다중화: 하나의 전송 링크를 통하여 여러 개의 논리적 연결을 제공하는 기능
2. 흐름제어: 가상회선 단위로 전송되는 패킷에 대하여 흐름을 조절하는 기능으로서, 패킷 교환망은 트래픽의 폭주 상황을 방지하기 위해 전송 데이터의 입력을 일시적으로 제한할 수 있다.
3. 오류제어: 가상회선 단위로 손실된 패킷을 복구하는 기능
4. 초기화(Reset)와 재설정(Restart): 가상회선에 오류가 발견되었을 때 패킷 계층에서 가상회선을 초기화하거나 해제하는 기능

14.4.1 패킷의 구조

X.25의 패킷 계층 프로토콜을 통해 전송되는 모든 패킷은 〔그림 14-8〕과 같이 크게 데이터 패킷과 제어 패킷으로 구분할 수 있으며, 모든 패킷은 최소 3옥텟의 패킷 헤더와 선택사항 정보 필드를 가지고 있다. 패킷 헤더의 3옥텟은 다음과 같은 공통적인 필드로 구성된다.

- 일반 형식 식별자(GFI: General Format Identifier)
- 논리 채널 식별자(LCI: Logical Channel Identifier)
- 패킷 유형 식별자(PTI: Packet Type Identifier)

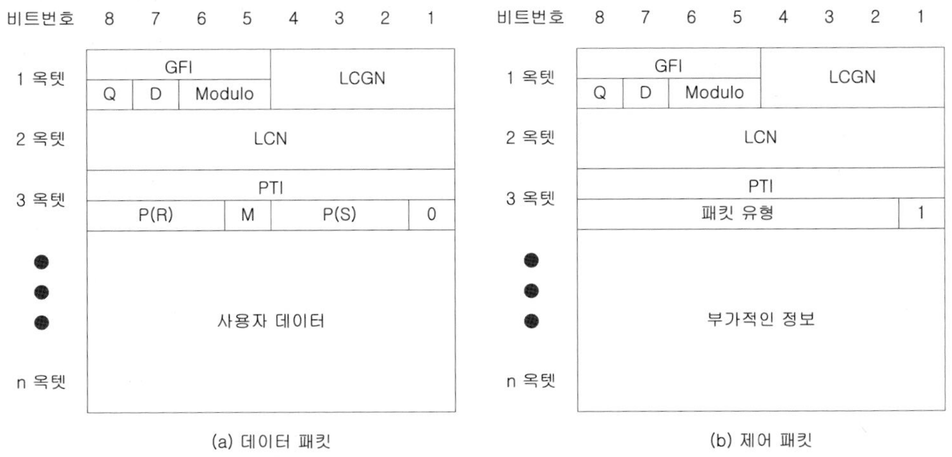

비트번호 8 7 6 5 4 3 2 1   비트번호 8 7 6 5 4 3 2 1

	GFI			LCGN			
1 옥텟	Q	D	Modulo				
2 옥텟	LCN						
3 옥텟	PTI						
	P(R)		M	P(S)			0
⋮	사용자 데이터						
n 옥텟							

(a) 데이터 패킷

	GFI			LCGN			
1 옥텟	Q	D	Modulo				
2 옥텟	LCN						
3 옥텟	PTI						
	패킷 유형						1
⋮	부가적인 정보						
n 옥텟							

(b) 제어 패킷

GFI : General Format Identifier   Q : Qualifier Bit
LCGN : Logical Channel Group Number   D : Delivery Confirmation Bit
LCI : Logical Channel Number   Modulo : Modulo Indicator
PTI : Packet Type Identifier   M : More Bit

그림 14-8 X.25 패킷 계층의 일반적인 패킷 형식(모듈로 8의 경우)

그리고 데이터 패킷과 제어 패킷의 구분은 〔그림 14-8〕에서도 알 수 있는 바와 같이 3번째 옥텟의 PTI 영역의 비트 1로서 구분하는데, 이 비트가 '0'이면 데이터 패킷을 의미하고, 이 비트가 '1'이면 제어 패킷을 의미한다.

(1) 일반 형식 식별자(GFI: General Format Identifier)

일반 형식 식별자(GFI) 필드는 4비트의 길이를 가지며, 패킷의 1번째 옥텟의 상위 4비트를 차지한다. GFI의 비트 8은 Q(Qualifier) 비트 또는 A(Address) 비트로 사용되고, 비트 7은 D(Delivery Confirmation) 비트로 사용되며, 비트 5와 비트 6은 모듈로 지시자(Modulo Indicator) 비트로 사용된다.

GFI 필드의 비트 8은 데이터 패킷에서는 Q 비트로 사용되고, 호 설립 및 해제 (Call Setup and Clearing) 패킷에서는 A 비트로 사용되며, 그 외의 제어 패킷은 0으로 설정된다. 데이터 패킷에서 Q 비트는 데이터 패킷에 포함된 정보의 종류를 나타낸다. 즉, Q 비트가 0이면 사용자 데이터 필드에 실려 가는 정보가 X.25의 사용자 데이터를 나타내고, Q 비트가 1이면 사용자 데이터 필드에 실려 가는 정보가 X.29의 PAD 메시지와 같은 제어용 정보를 나타낸다.

비트 7의 D 비트는 패킷의 전달에 대한 확인을 요구하는 경우 사용되며 데이터 패킷과 호 설정 패킷에만 사용된다. D 비트가 0인 경우는 로컬 응답을 의미하고, D 비트가 1인 경우는 종단간 응답(End-to-End Acknowledgement)을 나타낸다. 즉, D 비트가 0이면, DTE와 DCE 간의 확인이 이루어지는 반면, D 비트가 1이면 DTE와 원격 DTE 간의 확인이 이루어진다.

비트 6과 비트 5의 모듈로 지시자 비트는 패킷 순서번호의 모듈로 구분을 위해 사용된다. 비트 6과 비트 5가 '01'이면 3비트의 순서번호를 사용하는 모듈로 8을 나타내고, 비트 6과 비트 5가 '10'이면, 7비트의 순서번호를 사용하는 모듈로 128을 나타내며, 비트 6과 비트 5가 '11'이면, 15비트의 순서번호를 사용하는 모듈로 32,768을 나타낸다.

〔표 14-2〕에 GFI 필드의 형식을 나타내었다.

표 14-2 GFI 형식

General format identifier		비트의 부호화			
		8	7	6	5
호 설립(Call Setup) 패킷	모듈로 8	X	X	0	1
	모듈로 128	X	X	1	0
	모듈로 32,768	X	X	1	1
호 해제(Call Clearing) 패킷	모듈로 8	X	0	0	1
	모듈로 128	X	0	1	0
	모듈로 32,768	X	0	1	1
흐름제어 패킷, 인터럽트 패킷, 리셋 패킷, 재 시작 패킷, 진단 패킷	모듈로 8	0	0	0	1
	모듈로 128	0	0	1	0
	모듈로 32,768	0	0	1	1
데이터 패킷	모듈로 8	X	X	0	1
	모듈로 128	X	X	1	0
	모듈로 32,768	X	X	1	1

(2) 논리 채널 식별자(LCI: Logical Channel Identifier)

〔그림 14-8〕의 패킷 형식에서 1번째 옥텟의 비트 1~4의 논리 채널 그룹 번호(LCGN: Logical Channel Group Number)와 2번째 옥텟의 논리 채널 번호(LCN: Logical Channel Number)를 합쳐 논리 채널 식별자(LCI: Logical Channel Identifier)라고 하며, 가상회선을 구분하는데 사용한다.

LCI 필드는 12비트를 이용하여 DTE간의 가상회선을 식별하기 때문에 이론상으로 4,096개의 논리 채널 사용 가능하며, 이 중 0번은 네트워크의 관리용으로 사용하므로 사용자는 최대 4,095개의 가상 채널을 사용할 수 있고, 논리 채널 번호는 PVC, 단방향 착신호, 양방향, 단방향 발신호의 순으로 논리 채널 번호를 규정한다.

가상 호(VC)와 영구 가상회선(PVC)은 모두 특정한 가상회선 번호를 할당받아 사용하는데, 영구 가상회선은 망 관리 기능에 의해 가상회선 번호가 서비스를 계약할 때 영구히 부여되고, 가상 호는 호 설정시에 DTE 또는 DCE에 의해 하나의 논리 채널을 부여받아 사용하고 호 해제시 반납한다. 그리고 이와 같은 논리 채널에 의해 하나의 DTE는 다른 여러 개의 DTE와 연결될 수 있다.

(3) 패킷 유형 식별자(PTI: Packet Type Identifier)

헤더의 3번째 옥텟인 패킷 유형 식별자(PTI: Packet Type Identifier)는 패킷의 종류를 식별하기 위해 사용된다. 앞서 설명한 바와 같이 패킷은 크게 데이터 패킷과 제어 패킷으로 구분되며, 이는 3번째 옥텟의 PTI 영역의 비트 1로서 구분한다.

〔표 14-3〕에는 X.25의 패킷 계층에서 사용되는 패킷의 종류와 각 패킷이 사용되는 서비스의 종류, 그리고 PTI 필드의 부호 값을 함께 나타내었다. 〔표 14-3〕에서 알 수 있는 바와 같이 PVC 서비스의 경우 호 설립과 해제에 관련된 기능이 요구되지 않으므로 이에 관련된 패킷은 사용되지 않음을 알 수 있다.

표 14-3 패킷의 종류 및 PTI 부호화(모듈로 8의 경우)

패킷 형식		서비스 종류		PTI 비트의 부호화							
DCE → DTE	DTE → DCE	VC	PVC	8	7	6	5	4	3	2	1
호 설립 및 해제(Call Setup and Clearing) 패킷											
Incoming call	Call request	○		0	0	0	0	1	0	1	1
Call connected	Call accepted	○		0	0	0	0	1	1	1	1
Clear indication	Clear request	○		0	0	0	1	0	0	1	1
DCE clear confirmation	DTE clear confirmation	○		0	0	0	1	0	1	1	1
데이터 및 인터럽트(Data and Interrupt) 패킷											
DCE data	DTE data	○	○	P(R)			M	P(S)			0
DCE interrupt	DTE interrupt	○	○	0	0	1	0	0	0	1	1
DCE interrupt confirmation	DTE interrupt confirmation	○	○	0	0	1	0	0	1	1	1
흐름제어 및 리셋(Flow control and reset) 패킷											
DCE RR(Receive Ready)	DTE RR	○	○	P(R)			0	0	0	0	1
DCE RNR(Receive Not Ready)	DTE RNR	○	○	P(R)			0	0	1	0	1
	DTE REJ(Reject)	○	○	P(R)			0	1	0	0	1
Reset indication	Reset request	○	○	0	0	0	1	1	0	1	1
DCE reset confirmation	DTE reset confirmation	○	○	0	0	0	1	1	1	1	1
재 시작(Restart) 패킷											
Restart indication	Restart request	○	○	1	1	1	1	1	0	1	1
DCE restart confirmation	DTE restart confirmation	○	○	1	1	1	1	1	1	1	1
진단(Diagnostic) 패킷											
Diagnostic		○	○	1	1	1	1	0	0	0	1

14.4.2 패킷의 종류

(1) 데이터 패킷

데이터 패킷의 경우, PTI 필드 내에 P(S)와 P(R) 필드를 가지는데, X.25는 이와 같은 P(S)와 P(R) 필드를 이용하여 가상회선 상에서의 오류제어와 흐름제어를 수행한다. 여기에서 P(S) 필드는 패킷의 송신 순서 번호를 나타내고, P(R) 필드는 확인 응답필드로서 응답받기를 기대하는 프레임의 순서번호를 나타내는데, 이를 피기백(Piggy Back) 응답이라고 한다. 순서 번호는 기본적으로 모듈로 8을 사용하나 선택적으로 모듈로 128 또는 모듈로 32,768을 사용할 수 있다.

데이터 패킷에서 M(More) 비트는 상위계층의 메시지가 패킷 계층의 패킷 크기보다 큰 경우, 이를 분할하여 전송하는 경우에 사용되며, 마지막 패킷을 제외한 모든 데이터 패킷의 M비트를 '1'로 설정하여 전송한다. 그리고 데이터 패킷의 길이는 기본적으로 128옥텟을 사용하나 비표준 패킷 크기도 지원하고 있다.

(2) 호 설립 및 해제(Call Setup and Clearing) 패킷

호 설립 및 해제(Call Setup and Clearing) 패킷에서 진입 호(Incoming Call) 및 호 요청(Call Request) 패킷은 DTE와 DCE 간의 연결 설정을 위해 사용하는 패킷이고, 호 연결(Call Connected) 및 호 수락(Call Accepted) 패킷은 진입 호 및 호 요청 패킷에 대한 응답으로 사용하는 패킷이다. 그리고 해제 알림(Clear Indication) 및 해제 요청(Clear Request) 패킷은 DTE나 DCE가 연결을 해지하기 위해 사용하는 패킷이고, 해제 확인(Clear Confirmation) 패킷은 이에 대한 응답으로 사용되는 패킷이다.

(3) 인터럽트(Interrupt) 패킷

인터럽트(Interrupt) 패킷은 정상적인 패킷의 흐름제어 절차를 따르지 않으면서 원격 DTE로 긴급한 메시지를 전송과 같은 사용자의 제어정보를 전송하고자 할 때 사용한다. 인터럽트(Interrupt) 패킷은 최대 32바이트의 사용자 데이터를 전송할 수 있으며, 일반 데이터 패킷보다 우선하여 전달된다. DTE는 첫 번째 인터럽트에 대한 응답이 있기 전까지는 두 번째 인터럽트를 전송할 수 없고, 인터럽트에 대한 응답은 인터럽트 확인(Interrupt Confirmation) 패킷을 이용하여 전송한다.

(4) 흐름제어 및 오류제어 패킷

X.25의 패킷 계층에서 흐름제어와 오류제어를 위해 RR(Receive Ready), RNR (Receive Not Ready), REJ(Reject) 패킷을 사용하는데, 이는 데이터링크 계층의 RR, RNR, REJ 패킷과 동일한 기능을 수행하며, 가상회선 단위로 기능이 수행한다. 따라서 RR, RNR, REJ 패킷은 흐름제어와 오류제어에만 사용되므로 데이터는 전송하지 않으며, 데이터 패킷과 구분하기 위해 3번째 옥텟의 비트 2와 비트 1을 "01"로 설정하여 사용한다. 그리고 비트 5와 비트 4, 비트 3은 각각의 RR, RNR, REJ 패킷을 구분하기 위해 사용하는데, 비트 5, 4, 3이 "000"이면 RR 패킷을, "001"이면 RNR 패킷을 그리고 "010"이면 REJ 패킷을 나타낸다.

각 데이터 패킷은 송신 순서번호인 $P(S)$와 수신 순서번호인 $P(R)$을 포함하고 있는데, $P(R)$ 필드를 이용하여 피기백에 의한 응답을 한다. 만약 전송할 데이터 패킷이 없어 피기백 응답을 할 수 없는 경우에는 패킷을 수신할 준비가 되어 있음을 나타내는 RR 패킷이나 패킷을 수신할 준비가 되어 있지 않음을 나타내는 RNR 패킷을 이용하여 응답한다. 즉, RR 패킷은 패킷에 실린 $P(R)$로부터 W개의 데이터 패킷까지 수용할 수 있을 때 사용하는 패킷이고, RNR 패킷은 가상채널에서 더 이상 패킷을 수용할 수 없을 때 사용하는 패킷이다. 따라서 DTE나 DCE가 RNR 패킷을 수신하면 즉시 지정된 논리 채널로 데이터 전송을 중지하여야 하며, 이에 대한 해제는 RR 패킷이나 재설정(Reset) 패킷을 이용하여 해제한다.

REJ 패킷은 $P(R)$ 필드에서 지정한 패킷에 오류가 발생했다는 것을 나타내며, $P(R)$가 지정한 순서번호부터 일련의 패킷을 재전송 해줄 것을 요청할 때 사용한다.

(5) 재설정(Reset) 패킷

리셋 알림(Reset Indication) 패킷과 리셋 요청(Reset Request) 패킷은 특정 가상 회선에서 순서번호의 불일치와 같은 오류 상황이 발생한 경우처럼 가상회선에서 발생하는 다양한 유형들의 문제에 의해 회선을 재설정 해주어야 할 필요가 있을 때 사용하는 패킷이다. 리셋 요청 패킷은 가상회선에서 전송을 단절시키는 것이 아니고, 특정 가상회선의 패킷 교환 순서번호를 초기 상태로 초기화하는데 사용된다. 따라서 재설정 중에 전송되는 데이터 패킷이나 인터럽트 패킷과 같은 모든 패킷은 버려진다.

리셋 확인(Reset Confirmation) 패킷은 재설정 요청을 확인하는데 사용된다.

(6) 재시작(Restart) 패킷

재시작 알림(Restart Indication) 패킷과 재시작 요구(Restart Request) 패킷은 데이터링크 계층에서 링크 설정 과정이 수행된 경우 연계되는 계층 3의 초기화 과정을 수행하는데 사용된다. 이 외에 재설정 요청보다 상황이 더 악화된 경우에도 사용되는데, 이 경우 DTE가 연결한 모든 가상 호(VC)는 연결이 종료하고, 영구가상회선(PVC)은 리셋 상태로 들어간다. 이에 대한 응답은 재시작 확인(Restart Confirmation) 패킷을 사용한다.

14.5 프레임 릴레이(Frame Relay)

프레임 릴레이(Frame Relay)는 X.25 패킷 통신망 내에서 수행되던 순서제어, 저장후 전송, 오류 제어 등의 기능을 통신망 내에서 수행하는 것이 아니라 양단의 단말기에서 수행하게 함으로써 망 내에서의 처리 절차를 단순화하고, 이를 통해 통신망의 성능을 향상시킴으로서 X.25의 패킷 전송 기술을 고속 데이터 통신에 적합하도록 개선한 것이다. 또한 프레임 릴레이는 패킷 교환방식의 장점인 통계적 다중화 방식의 효율성과 회선 교환방식의 장점인 고속 전송의 특성을 결합한 방식으로서 ATM을 이용하는 광대역 종합정보통신망(B-ISDN)의 전 단계인 고속정보교환 통신방식이라고 할 수 있다.

14.5.1 프레임 릴레이의 개요

프레임 릴레이는 기존의 WAN(Wide Area Network)에서 사용하고 있는 대표적인 프로토콜인 X.25 프로토콜을 대체할 수 있는 프로토콜로서 네트워크 내에서 오류 제어 기능을 수행하지 않고, DTE들 사이에서만 오류 제어를 하도록 한 것이다.

프레임 릴레이 기술은 맨 처음 ISDN을 사용하기 위한 프로토콜로서 1980년대 초반 ITU-T에 의해 표준안으로 작성되었는데, 실제적인 주요 개발은 1990년 Cisco, Northern Telecom, DEC(Digital Equipment Corporation), StrataCom 등의 4개 회사에 의해 프레임 릴레이의 기술 및 규격이 개발되었고, 이에 따르는 관련 장비도 출시되었다. 이들 4 개사에 의해 개발된 기술들은 기본적으로 ITU-T의 프레임 릴레이 프로토콜의 표준을 따르고 있으며, 아울러 복잡한 인터네트워킹(Internetworking) 환경을 지원하기 위한 LMI (Local Management Interface) 확장과 같은 추가적인 기능도 제공하고 있다.

표 14-4 프레임 릴레이 관련 주요 ITU-T 권고

권고 번호	권고 명칭
I. 122	부가적인 패킷 모드 베어러 서비스의 구성
I. 233. 1	ISDN 프레임 중계 베어러 서비스
I. 233. 2	ISDN 프레임 교환 베어러 서비스
I. 370	프레임 릴레이를 위한 폭주 관리
I. 372	네트워크-네트워크 인터페이스 요구사항
I. 430	ISDN 기본접속 인터페이스
I. 431	ISDN 일차군 접속 인터페이스
I. 555	프레임릴레이 베어러 서비스 인터네트워킹
I. 6XX	유지 보수 요구 조건
Q. 921	ISDN 사용자-네트워크 인터페이스의 계층 2 규격(LAP-D)
Q. 922	ISDN 프레임 모드 베어러 서비스의 계층 2 규격(LAP-F)
Q. 931	기본 호 제어를 위한 사용자-네트워크 인터페이스의 계층 3 규격
Q. 933	디지털 가입자 신호 시스템 No. 1(DSS 1 : Digital Subscriber Signalling System No. 1)

(1) 프레임 릴레이 기술의 표준화

프레임 릴레이 기술의 표준화 및 구체화는 현재 ITU-T, ANSI/S1, 프레임 릴레이 포럼(Frame Relay Forum) 등에서 검토되고 있으며, ANSI(American National Standard Institute)에 의해 T1.606, T1.617, T1.618과 같은 규격이 발표되었고, 또 ITU-T에 의해 I.122, I.233, I.370, I.555, Q.922, Q.933과 같은 규격이 발표되었다.

ISDN망을 사용하는 프레임 릴레이는 ISDN 프레임 중계 베어러 서비스(ISDN Frame Relaying Bearer Service)와 ISDN 프레임 교환 베어러 서비스(ISDN Frame Switching Bearer Service)의 두 가지 구체적인 전달서비스(Bearer Service)가 있다.

(2) 프레임 릴레이의 특징

고속의 데이터 서비스 제공을 목표로 하는 프레임 릴레이는 고속의 전달 기능을 수행하기 위해 네트워크는 단지 2계층까지인 물리 계층과 데이터링크 계층만으로 구성되며 3계층인 네트워크 계층의 기능은 종단의 사용자 측 단말기가 담당한다. 따라서 프레임 릴레이 네트워크는 3계층인 네트워크 계층의 처리 부담을 덜게 되어 데이터 처리의 고속화를 실현할 수 있다.

프레임 릴레이의 또 하나의 고속화를 위한 전략은 광 선로와 같은 매우 신뢰성 있는 전송 매체를 사용함으로써 네트워크 내의 각 노드는 오류 처리 기능을 수행하지 않는다는 점이다. 각 노드는 수신한 프레임에 대하여 오류 처리를 하지 않기 때문에 수신한 프레임 전체를 저장할 필요 없이 다음 노드로 프레임을 그대로 전달한다. 따라서 프레임 릴레이는 고속의 데이터 전송이 가능할 뿐만 아니라 높은 처리율(High Throughput)과 낮은 전송지연(Low Delay)도 얻을 수 있다. 즉, 네트워크는 전달에 필요한 최소한의 기능만을 수행하고 나머지는 종단 사용자 장치에 일임함으로서 네트워크의 처리율을 향상시킨다는 개념이다.

프레임 릴레이도 X.25와 비슷하게 단말간의 가상 회선이 존재하는 연결 지향형(Connection Oriented) 서비스를 제공하기 때문에 두 가지 형태의 접속 방식인 교환 가상회선(SVC: Switched Virtual Circuit) 방식과 영구 가상회선(PVC: Permanent Virtual Circuit) 방식을 지원한다. 따라서 전용 회선을 이용하는 것과 같은 효과를 얻을 수 있을 뿐만 아니라, 효율적인 대역폭 할당도 도모할 수 있다. 그리고 또, 하나의 물리적 회선 내에 다수의 논리적 연결을 설정하기 때문에 다수의 단말과의 통신이 가능할 뿐만 아니라 동일한 물리적 회선 내에서 다양한 프로토콜도 수용할 수 있다.

마지막으로, 프레임 릴레이는 접속 지역의 추가 및 삭제가 간편할 뿐만 아니라, 데이터 전송량이 많은 LAN의 트래픽(Burst LAN traffic)도 수용할 수 있기 때문에 지리적으로 분산된 LAN들을 쉽게 연결할 수 있다. 따라서 프레임 릴레이는 전용선을 이용한 WAN보다 훨씬 더 저렴한 가격으로 네트워크를 구성할 수 있다.

이와 같은 프레임 릴레이 기술이 등장하게 된 주요한 요소는 LAN 및 광케이블의 사용이 일반화됨으로 인해 고속 통신망에 대한 사용자의 요구가 증대되었기 때문인데, 이를 위해 프레임 릴레이 기술은 다음과 같은 요소가 지원될 수 있도록 하였다.

- 낮은 대기시간 및 높은 작업처리
- 사용자 요구에 따른 대역폭 할당
- 대역폭의 동적인 공유
- 기간망으로의 활용

(3) 프레임 릴레이와 X.25의 비교

프레임 릴레이는 X.25와 같이 사용자 장비(DTE)와 네트워크 장비(DCE)간의 인터페이스를 통한 패킷 교환방식의 서비스를 제공함으로 인해 X.25와 유사한 프로토콜로 인식될 수 있으나, 그 기능과 형식에 있어서는 상당한 다른 면을 가지고 있다.

우선, 프레임 릴레이는 가상회선 서비스를 지원함에 있어 통계적 다중화(Statistical Multiplexing) 기능을 제공하고 있는데 반해, X.25는 고정된 대역폭을 갖는 다중화 방식을 적용하고 있다. 따라서 프레임 릴레이는 X.25에 비해 보다 더 유연하고 효율적인 대역폭의 사용을 지원한다.

다음, 프레임 릴레이는 네트워크의 성능을 높이기 위해 X.25에서 수행하는 것과 같은 오류제어 기능과 흐름제어 기능을 단순화하였다. 이는 통신기술의 발달로 인해 네트워크의 신뢰도가 현저히 높아졌기 때문인데, 이와 같은 신뢰성 있는 네트워크 구조 하에서는 오류제어가 오히려 네트워크의 성능을 저하시키는 요인으로 작용되기 때문이다. 물론, 프레임 릴레이에서도 CRC와 같은 오류를 검출하는 기능은 수행하고 있다. 하지만, 오류 발생시 재전송과 같은 절차는 수행하지 않으며, 이를 위한 처리는 상위 프로토콜에 일임하고 있다. 그리고 대부분의 상위계층 프로토콜은 그 자신의 흐름제어 기능을 가지고 있다. 따라서 데이터링크 계층에서 또 흐름제어 기능을 수행하는 것은 그 만큼 중복성을 가지게 되므로 프레임 릴레이에서는 네트워크의 자원이 적체 상태에 있다는 것을 사용자에게 알려주는 아주 간단한 흐름제어 기능만을 제공한다.

프레임 릴레이와 X.25의 구조적인 차이는 OSI 참조모형으로 설명될 수 있다. X.25 는 OSI 참조모형의 1에서 3계층까지를 담당하고 있는데 반해 프레임 릴레이는 1, 2 계층만을 담당하고 있다. 이는 각 노드에서 처리할 양이 적으므로 망의 성능을 향상시킬 수 있는 요인으로 작용하고 있다.

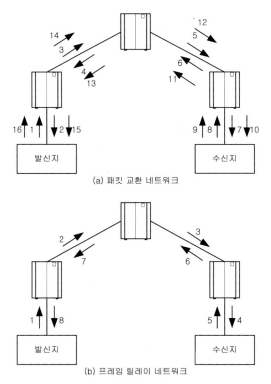

(a) 패킷 교환 네트워크

(b) 프레임 릴레이 네트워크

🖥 그림 14-9 패킷 교환과 프레임 릴레이 네트워크의 비교

X.25와 프레임 릴레이 네트워크 간의 비교를 위해 〔그림 14-9〕와 〔그림 14-10〕에 네트워크의 구조와 간략화된 호처리 과정을 나타내었다. 〔그림14-9〕에서 보는 바와 같이 X.25는 노드와 노드간의 흐름제어와 오류제어를 수행하는 반면에 프레임 릴레이는 종단간의 전송만 이루어짐을 알 수 있다. 그리고 〔그림 14-10〕에서 보는 바와 같이 X.25는 계층 3까지 호처리가 이루어지는데 반해 프레임 릴레이는 계층 2까지만 이루어짐을 알 수 있다.

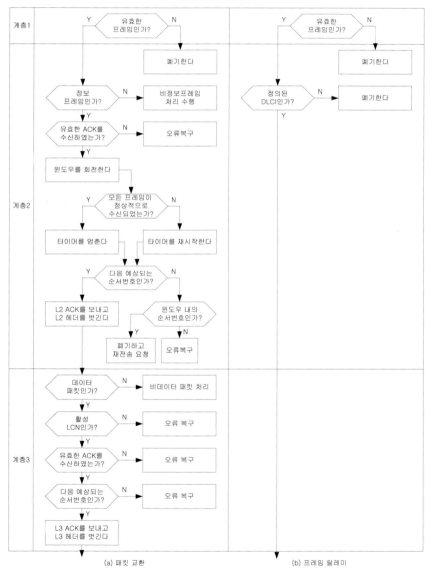

그림 14-10 패킷 교환과 프레임 릴레이의 내부 기능 비교

14.5.2 프레임 릴레이의 프로토콜 구조

프레임 릴레이는 사용자 데이터와 호 제어 데이터가 각기 다른 채널을 통하여 전송되기 때문에 프레임 릴레이의 사용자-네트워크 인터페이스(UNI) 프로토콜의 구조는 〔그림 14-11〕과 같이 사용자 데이터를 전달하는 사용자 평면(User Plane)과 호 설정 과정을 다루는 제어 평면(Control Plane)으로 분류하여 정의된다. 따라서 제어 평면 프로토콜은 가입자와 네트워크 사이의 기능을 제공하고 사용자 평면 프로토콜은 종점간의 기능을 제공한다.

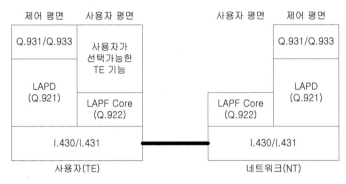

그림 14-11　프레임 릴레이의 사용자-네트워크 인터페이스 프로토콜 구조

(1) 물리 계층(Physical Layer)

프레임 릴레이의 물리 계층 인터페이스로는 ITU-T I.430 또는 I.431과 같은 ISDN B 채널이 지원되고 있는데, I.430은 ISDN 기본 접속 인터페이스(BRI)이고, I.431은 ISDN 일차군 접속 인터페이스(PRI)이다.

X.25의 PAD와 같이 프레임 릴레이에서 프레임 릴레이 트래픽이 아닌 상이한 트래픽 즉, X.25와 같은 패킷 데이터, SDLC(Synchronous Data Link Control) 트래픽, 비동기 터미널의 트래픽 등과 같은 데이터를 수용하여 프레임 릴레이 네트워크의 계층 2 프레임으로 변환하는 기능을 수행하는 장치를 FRAD(Frame Relay Access Device)라고 한다. FRAD는 대개 사용자 측에 설치되어 사용자와 프레임 릴레이 네트워크 사이의 인터페이스를 제공하는 역할을 하며, FRAD 장치에는 때로 라우터 부분이 포함되기도 하고, 또 프레임 릴레이는 오류 제어 기능이 없기 때문에, FRAD 장치에 이 기능을 추가하기도 한다.

(2) 제어 평면(Control Plane)

프레임 릴레이의 제어 평면은 프레임 모드 가상회선의 설정과 해제를 제어하기 위해 D 채널 상에서 이루어지며, 데이터링크 계층에서는 신뢰성 있는 데이터 크 서비스를 제공하기 위해 LAP-D(Q.921)를 이용하여 D 채널 상에서 흐름제어와 오류제어를 수행한다. LAP-D는 Q.933 제어신호 메시지를 물리 계층으로 전달하는데 사용된다.

(3) 사용자 평면(User Plane)

종점간의 실제 사용자 정보를 전송하기 위한 사용자 평면의 데이터링크 계층 프로토콜로는 LAP-F(Link Access Procedure for Frame-Mode Bearer Service)를 사용하는데, LAP-F(Q.922, ANSI T1.618)는 ISDN의 프레임 모드 베어러 서비스용 데이터링크 계층의 표준으로서 LAP-D(Q.921)에서 기능을 추가한 버전이다. 여기에서 프레임 릴레이는 LAP-F 코어(LAP-F Core)만을 사용하는데, LAP-F 코어는 LAP-F에서 흐름 제어나 오류제어 기능을 삭제한 단순화된 프로토콜로서 다음과 같은 기능을 수행한다.

- HDLC 플래그와 0비트 등을 삽입하여 프레임을 구별(Delimiting), 정렬(Alignment), 투명성(Transparency) 제공
- DLCI 필드를 사용한 프레임의 다중화 및 역다중화 기능
- 0비트를 삽입하기 전 또는 후, 프레임이 옥텟의 정수배가 되는지를 확인하기 위한 프레임 검사 기능
- 프레임이 너무 길거나 너무 짧은지를 확인하는 프레임 검사 기능
- 전송 오류 검출 기능, 참고적으로 복구는 불가능 함
- 폭주제어 기능

프레임 릴레이의 사용자 평면에서 LAP-F 코어는 단순히 흐름제어나 오류제어 없이 한 사용자로부터 다른 사용자로 데이터링크 프레임을 전송하는 기능만을 수행하기 때문에 데이터링크 계층의 부계층을 구성한다. 따라서 사용자는 [그림 14-11]과 같이 추가적인 데이터링크 계층의 기능이나 네트워크 계층의 기능을 선택할 수 있다.

14.5.3 프레임 릴레이의 프레임 구조 및 동작

(1) 프레임 구조

대부분의 동기식 프로토콜에서 데이터는 〔그림 14-12〕와 같은 프레임 구조를 이용하여 데이터를 전송한다.

프레임 릴레이는 〔그림 14-12〕와 같은 기존의 프레임 구조에서 프레임의 시작 부분인 헤더를 약간 수정하여 정의하였다. 프레임 릴레이의 프레임은 〔그림 14-13〕에 나타낸 바와 같이 2바이트의 헤더를 가지며, 사용자의 데이터 패킷은 변경을 가하지 않는다.

〔그림 14-13〕에서 플래그(Flag)는 프레임의 경계를 나타내는 필드로서 "01111110"의 특수한 비트 열이다. 프레임 릴레이는 이와 같은 비트 열이 시작 플래그와 종료 플래그 사이에 나타나지 않게 하기 위해 5개의 연속적인 1비트 다음에는 0을 삽입하는 방식을 사용한다. 시작 부분의 플래그 필드 다음에는 2바이트의 프레임 헤드 필드가 이어지는데, 2바이트 중 10비트가 실제 주소(DLCI 필드)를 나타내는데 사용된다.

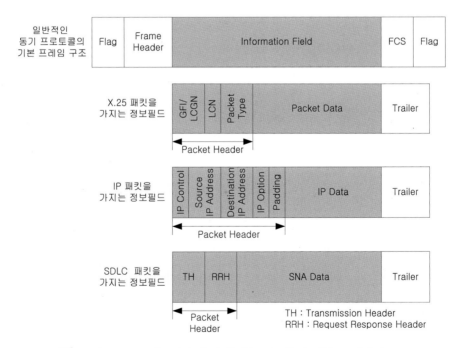

그림 14-12 대표적인 동기 통신 프로토콜의 기본 프레임 구조

〔그림 14-13〕에서 각각의 헤더 필드의 기능은 다음과 같다.

10비트의 길이를 가지는 DLCI(Data Link Connection Identifier) 필드는 X.25의 LCN(Logical Channel Number)과 같이 하나의 논리적 연결을 규정하는데 사용되며, 동일한 논리적 연결상의 프레임은 동일한 DLCI를 사용한다. 확장비트(EA)를 사용하여 그 길이를 16비트(이 경우 헤더의 크기는 3바이트가 된다.) 또는 23비트(이 경우 헤더의 크기는 4바이트가 된다.)로 확장할 수 있다.

다음, FECN(Forward Explicit Congestion Notification)과 BECN(Backward Explicit Congestion Notification)은 현재 전송되고 있는 프레임이 폭주 상태의 경로를 통과하여 왔음을 나타내는데 사용하는 필드이다. FECN은 수신 호스트에게 지금 수신하고 있는 프레임이 폭주 상태의 경로를 통과하여 왔음을 알리는데 사용되는 필드이고, BECN은 송신 호스트에게 송신 호스트의 프레임이 폭주 상태의 경로를 통과하고 있음을 알리는데 사용되는 필드이다. 이를 수신한 송수신 호스트는 자신의 송신 프레임을 줄여 현재의 폭주 상황을 개선하여야 한다. 그리고 DE(Discard Eligibility Indicator) 비트는 폭주제어와 관련된 비트로 1로 설정되면 다른 프레임에 비해 우선적으로 네트워크 내에서 프레임 폐기하여야 함을 나타내는데 사용된다.

마지막으로, EA(Extention Bit)는 2바이트 이상의 주소 필드를 사용할 때 사용하는 비트로 0으로 설정하면 또 다른 주소 바이트가 뒤따르고 있음을 나타내고, 1로 설정하면 마지막 주소 바이트임을 나타낸다. 그리고 FCS는 플래그와 FCS를 제외한 부분에 발생되는 전송 에러를 검출하는데 사용된다.

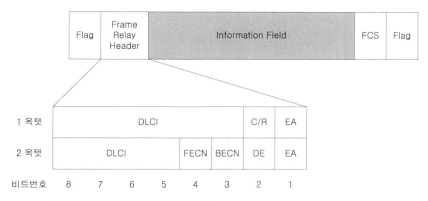

DLCI : Data Link Connection Identifier
C/R : Command/Response Field Bit(응용 사양 : 네트워크에 의해 변경될 수 없음)
FECN : Forward Explicit Congestion Notification
BECN : Backward Explicit Congestion Notification
DE : Discard Eligibility Indicator
EA : Extension Bit(3바이트나 4바이트 헤더가 있는 경우 사용)

그림 14-13 프레임 릴레이의 프레임 구조

(2) 프레임 릴레이 부계층에서의 다중화

프레임 릴레이는 데이터링크 계층의 주소를 이용하여 동일한 물리적 회선 내에서 서로 다른 사용자의 데이터 스트림을 다중화하고 역다중화 하는데, 여기에서 각 사용자의 데이터 스트림을 데이터링크 연결(DLC: Data Link Connection)이라고 한다. 그리고 같은 액세스 채널에 있는 서로 다른 DLC를 확인하기 위해 각각의 DLC는 데이터링크 연결 식별자(DLCI: Data Link Connection Identifier)를 할당받는다. 데이터를 전송하는 동안 특정 프레임 릴레이 연결에 속한 모든 프레임은 데이터링크 계층의 주소 필드에 있는 동일한 DLCI를 전송한다. 그리고 서로 다른 액세스 채널에 있는 DLC는 '로컬의 의미'만을 갖는다. 프레임 릴레이 네트워크는 사용자 데이터 프레임의 올바른 라우팅을 보장하기 위해 액세스 제어 식별자와 같은 부가적인 정보를 사용한다.

〔그림 14-14〕는 프레임 서브 계층에서 다중화 기능을 나타내는데, X.25와 마찬가지로 하나의 물리적 회선에 다수의 논리적 연결이 설정되며 그 논리적 연결의 구별은 DLCI를 이용하여 구분한다. 〔그림 14-14〕에서 DLCI 0은 프레임 릴레이 제어 메시지가 프레임 릴레이의 프레임 형태로 전송될 때 사용되며, DLCI 8191은 관리 프로시저용으로 사용된다.

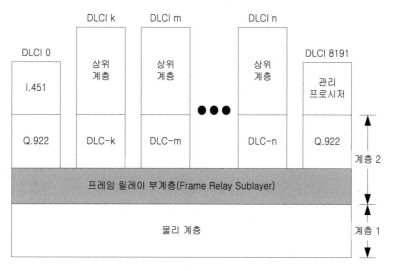

그림 14-14　프레임 릴레이 부계층에서의 다중화

14.5.4 프레임 릴레이의 네트워크 구성

프레임 릴레이는 네트워크에 연결된 장비들의 주소를 정의하기 위해 물리적인 주소를 사용하지 않고 DLCI 값을 이용하여 프레임을 전송하는 가상회선 네트워크이다.

〔그림 14-15〕에 프레임 핸들러의 동작원리를 나타내었는데, 다수의 사용자가 여러 물리적인 채널을 통하여 동일한 프레임 핸들러에 연결되어 있으며, 경로 배정은 프레임 핸들러의 프레임 릴레이 제어 포인트에서 결정된다. 프레임 릴레이의 물리적인 링크(트렁크)는 T1, E1, T3, E3, SONET 등으로 연결하고, 핸들러는 DLCI를 기반으로 스위칭 기능을 수행하며, 두 개 이상의 프레임 핸들러를 통해 프레임을 중계(Relay)한다.

일반적으로 프레임 릴레이의 경로 배정은 DLCI의 값에 따라 하나의 채널로 들어오는 프레임을 다른 채널로 매핑하는 매핑 테이블(Mapping Table) 방식을 사용하여 프레임을 전달한다. 프레임 핸들러는 입력 채널로 들어오는 프레임의 DLCI 값에 따라 출력채널로 교환하여 주는데, 이때 출력채널로 전송하기 전에 출력 프레임의 DLCI 값을 전송한다. 예를 들어 TE B의 논리적 연결 306 입력 프레임은 프레임 핸들러에 의해 논리적 연결 342로 변환된 다음 TE D로 전송된다. 프레임 릴레이의 이와 같은 매핑 테이블 기법을 연쇄링크 경로 배정법(Chained-Link Path Routing)이라고 한다.

그리고 또 〔그림 14-15〕에서 모든 TE가 DLCI=0의 값을 가지고 프레임 릴레이 제어 포인트와 연결되어 있다는 점과 TE D는 하나의 물리적 채널에 논리적 연결 334와 342로 다중화되어 있다는 점도 주목하여 볼 필요가 있다.

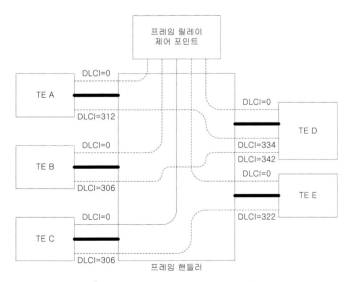

그림 14-15 프레임 핸들러 동작

하지만 프레임 릴레이는 프레임을 전달하는 기능만으로는 프레임을 목적지까지 전달하는 것을 보장할 수 없고, 또 프레임이 네트워크 내에서 손실된 경우 이를 송신 호스트에 알리는 기능도 없다. 따라서 이와 같이 기능이 제한된 네트워크를 통해 유용한 데이터 서비스를 하기 위해서는 호스트(단말)에 오류 정정 및 재전송과 같은 기능이 실현되어야 한다.

마지막으로, 프레임 릴레이는 DLCI(Data Link Connection Identifier)를 통하여 주소를 식별하는데 LMI(Local Management Interface) 확장과 같은 광역 주소(Global Address)를 사용하지 않으면, 국지의 의미를 갖는 DLCI가 사용된다. 여기에서 국지의 의미를 갖는다는 것은 통신 양 당사자가 같은 회선을 식별하는데 서로 다른 DLCI를 사용한다는 것을 의미한다. 따라서 서로 다른 DLCI를 사용함에서 오는 문제를 프레임 릴레이 스위치에서 해결하고 있다.

연습문제

1. 패킷 교환망의 개념에 대해 설명하시오.

2. 패킷 교환망의 구조를 그리고 각각의 구성에 대해 설명하시오.

3. X.25 프로토콜 구조에 대해 설명하시오.

4. X.25 회선 접속 방식에 대해 종류를 들고 각각에 대해 설명하시오.

5. X.25 물리 계층에 사용되는 규격에 대해 설명하고, 전기적 특성 중 하나를 선정하여 상세히 설명해 보시오.

6. X.25 데이터링크 계층의 프레임의 형식을 설명하시오.

7. X.25 데이터링크 계층의 회선 설립 방법에 대해 설명해 보시오.

8. X.25 패킷 계층의 일반적인 패킷 형식을 그리고 일반 형식 식별자(GFI), 논리채널 식별자(LCI), 패킷 유형 식별자(PTI)에 대해 요약 설명해 보시오.

9. X.25 패킷의 종류를 들고 각각에 기능에 대해 간단히 설명하시오.

10. 프레임 릴레이의 개념에 대해 설명해 보시오.

11. 프레임 릴레이와 X.25를 비교하여 각각에 대해 장단점을 설명해 보시오.

12. 프레임 릴레이의 특징에 대해 설명해 보시오.

13 프레임 릴레이의 UNI 프로토콜 구조에 대해 설명해 보시오.

14 프레임 릴레이의 프레임 구조를 그리고 각 필드에 대해 간단히 설명해 보시오.

15 프레임 릴레이의 네트워크 구성을 그리고 예를 들어 설명해 보시오.

종합정보통신망(ISDN)

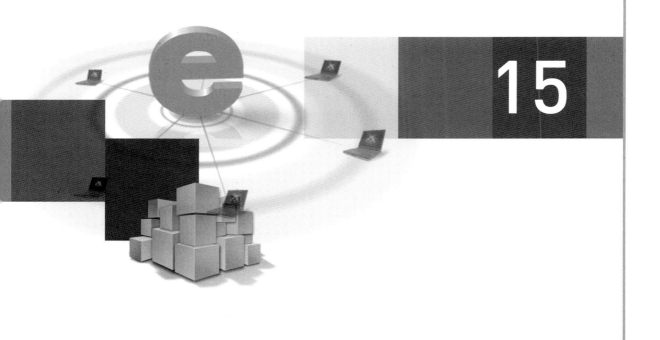

15

데이터 통신과 컴퓨터 네트워킹

제15장

종합정보통신망(ISDN)

15.1 ISDN의 개요

15.1.1 ISDN의 정의

전송로와 교환기 그리고 가입자회선을 모두 디지털화하면 통신망은 디지털 전송로와 디지털 교환기, 디지털 가입자회선으로 이루어진 완전한 디지털 통신망을 구성할 수 있다.

기존의 아날로그 망에서는 음성, 데이터, 화상 등의 정보를 상대방에게 전송하려면 가능한 신호의 파형을 충실하게 전송하여야 한다. 그렇지 않으면, 잡음이 누적되어 신호의 품질이 계속 나빠지게 된다. 그리고 정보간의 사용 주파수와 대역폭 등의 차이 때문에 둘 이상의 정보를 동시에 하나의 망으로 보내는 것은 통신망 시스템의 구현에 어려움이 있어 거의 불가능하다.

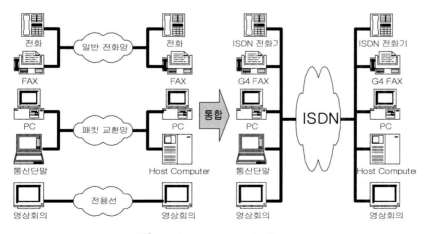

그림 15-1 ISDN의 개념

　　지금까지는 〔그림 15-1〕과 같이 전화를 걸때 전화망을 사용하여 전화 통화를 하였고, 컴퓨터를 이용하여 데이터를 주고받을 때에는 컴퓨터들 사이에 구축되어 있는 컴퓨터 통신망을 이용하여 통신하였다. 이와 같이 개별 서비스를 제공해 주는 통신망은 다양화되어 가는 추세에 부응하기 어렵고, 또 한 가입자가 여러 서비스를 제공받기 위해서는 각 서비스별로 가입하여 사용하여야 하는 번거로움이 있다.

　　하지만 디지털 링크로 구성된 디지털 통신망에서는 모든 정보를 디지털 형태로 표현할 수 있으므로, 여러 통신망을 통하여 제공되던 전화, 데이터, 팩시밀리, 화상 등의 모든 통신 서비스를 하나의 통신망으로 전송할 수 있는데, 이를 종합정보통신망(ISDN: Integrated Services Digital Network)이라고 한다.

　　즉, ISDN은 음성, 데이터, 영상 등의 서비스마다 별개로 운용되던 통신망을 하나로 통합시켜 하나의 통신망 상에서 제공하는 것을 목적으로 하는 고속, 고품질의 디지털 통신망이고, 이와 같은 ISDN 서비스를 제공하기 위해서는 전송로와 교환기, 그리고 가입자 회선을 모두 디지털화 하여야 한다.

　　따라서 ISDN은 사업자의 입장에서 보면, 서비스별로 만들어진 통신망들을 하나로 통합할 수 있으므로 규모의 효과를 살릴 수 있고, 수요가 불확실한 서비스에도 유연하게 대응할 수 있다. 그리고 이용자 측면에서는 일일이 서비스별로 각기 다른 통신망에 가입할 필요가 없이 하나의 통신망에만 가입하면 여러 가지 서비스를 동시에 받을 수 있고, 또 이제까지 서비스별로 달리하여 사용하던 번호를 하나의 번호로 통일하여 쓸 수 있게 된다.

　　우리나라에서 ISDN은 1990년 시범서비스를 시작하여 1993년 12월부터 11개 도시에서 상용서비스를 시작하였고, 지금은 전국의 대부분의 도시에서 상용서비스를 제공하고 있다.

15.1.2　ISDN의 표준화

　　ISDN은 사용자가 전화, 데이터, 팩시밀리, 화상 등 여러 가지 단말을 자유로이 네트워크에 접속하여 통신할 수 있다는 점이 가장 큰 특징이다.

　　하지만 아무리 디지털 네트워크를 구축하였다고 하더라도 단말기와 네트워크의 접속 방법(인터페이스)을 통일하지 않으면 『각종 단말을 자유롭게 접속』할 수 없다. 이것은 아무리 좋은 커피포트를 샀다고 하더라도, 커피포트의 플러그가 가정에 있는 콘센트와 맞지 않으면 사용할 수 없는 것과 마찬가지이다. 이것이 바로 인터페이스이다.

표 15-1 ITU-T의 ISDN 권고안의 구성

권고안	주 제	내 용
I.100	ISDN의 전반에 관한 규정	권고의 구성, ISDN의 정의, 개념, 용어 정리
I.200	서비스에 관한 규정	베어러 서비스와 텔레서비스의 분류, 서비스 속성
I.300	망의 구조에 관한 규정	ISDN 프로토콜 참조 모델, 번호 계획, 접속 형태
I.400	사용자-망 접속에 관한 규정	가입자 접속 참조 모델, 번호 계획, 접속 형태
I.500	망간 접속에 관한 규정	ISDN과 ISDN, ISDN과 타망간의 연동을 위한 접속 규정
I.600	시험과 보수에 관한 규정	망의 운영, 시험관련 일반 원칙

ISDN에서 여러 가지 서비스를 동시에 제공하기 위해서는 모든 단말이 공통적으로 사용할 수 있는 새로운 인터페이스를 만들 필요가 있다. 따라서 이에 관련된 인터페이스를 ITU-T에서 표준화하고 있는데, 이것이 ITU-T의 I-인터페이스이고 〔표 15-1〕에 요약하여 두었다.

ITU-T가 제정한 I계열의 권고에 따르면, 가입자 단말기를 ISDN 통신망에 접속할 때, 다음과 같은 조건을 만족하여야 한다고 되어 있다.

1. 세계의 어떠한 단말이라도 자유롭게 접속할 수 있고,
2. 각종 서비스 접속에 공동으로 이용할 수 있으며,
3. 호(Call)별로 서로 다른 서비스(회선교환 또는 패킷교환, 저속 또는 고속의 전송 속도 차이 등)의 선택이 가능하고,
4. 동시에 복수 단말을 접속할 수 있고,
5. 통신중에 단말을 이동할 수 있고,
6. 고속, 다중 서비스를 받을 수 있어야 한다.

이것을 보면 ISDN이 기존의 전화망과 얼마나 다른가를 알 수 있다.

15.2 협대역 ISDN(N-ISDN: Narrowband-ISDN)

15.2.1 협대역 ISDN(N-ISDN)과 광대역 ISDN(B-ISDN)

ISDN은 사용하는 전송회선의 종류에 따라 구분하면, 가정의 전화선을 사용하는 협

대역 ISDN(N-ISDN: Narrowband-ISDN)과 광 통신망을 기반으로 하는 광대역 ISDN (B-ISDN: Broadband-ISDN)으로 구분할 수 있다. 협대역 ISDN은 기존의 전화선을 사용하기 때문에 전송속도에 한계가 있어 64Kbps를 기본 전송속도로 하고 있다. 따라서 협대역 ISDN은 64Kbps를 기본으로 하고, 최대 1.5Mbps 혹은 2Mbps까지의 정보신호를 취급하는 디지털 통신망이라고 정의할 수 있으며, 그 이상의 전송속도를 취급하는 디지털 통신망을 광대역 ISDN이라고 정의할 수 있다.

현재 우리가 사용하고 있는 ISDN은 N-ISDN이고, B-ISDN은 광통신망을 기반으로 하여 현재 개발중인 미래의 시스템이다. 따라서 본서에서 별도의 말이 없는 한 ISDN이라 하면, 협대역 ISDN을 의미한다.

15.2.2 ISDN의 기본 전송속도

ISDN에서 64Kbps를 기본 전송속도로 하는 이유는 왜일까? 그것은 맨 처음 전화망에서 전송기술을 디지털화 할 때, 음성 신호의 대역폭을 4KHz로 설정하였기 때문이다. 즉, 음성 신호의 대역폭을 4KHz로 설정하면, 음성 신호의 표본화 주파수는 음성 신호 대역폭의 2배인 8KHz가 되고, 각 표본에 대해 8비트로 부호화를 하면, 전송시스템의 전송속도는 8〔KHz〕×8〔Bit〕=64〔Kbps〕가 되기 때문이다. 그 후, 전송시스템의 디지털화는 교환기의 디지털화를 이끌어내게 되는데, 교환기를 디지털화 할 때 기존에 이미 광범위하게 설치되어 있는 전송시스템의 전송속도에 맞춘 것이 오늘날의 디지털 교환기이고, 이 디지털 교환기를 수용하여 디지털 통신망을 구축한 것이 협대역 ISDN이다.

64Kbps의 협대역 ISDN을 사용하면 기존의 디지털 통신망에서 사용하던 데이터 신호와 팩시밀리, 정지영상 등의 신호를 전송할 수 있고, 영상회의와 초고속 데이터 전송 등과 같은 64Kbps 이상의 전송속도를 필요로 하는 경우에는 복수개의 회선을 함께 사용하여 전송할 수 있다. 하지만, 디지털 계층의 일차군에 해당하는 1.5Mbps 혹은 2Mbps 그 이상의 데이터는 현재 구축중인 광대역 ISDN을 이용하여야 전송할 수 있다.

ISDN의 특징은 가입자가 표준화된 동일 접속에 의해 하나의 통신망을 이용하여 전송하는 것이기 때문에, ISDN 통신망은 가입자가 보내온 정보신호의 종류에 따라서 회선교환, 고속회선교환, 패킷교환 중에 하나로 할당하도록 되어 있다. 따라서 사용자는 이들 3가지를 의식할 필요 없이 네트워크를 이용할 수 있다.

15.3 ISDN의 채널

15.3.1 ISDN 접속채널 종류

데이터 통신에서 채널이란 신호가 전송될 수 있는 통로로서, 채널은 사용자의 데이터나 통신망의 신호 정보를 전송하는데 사용된다. ISDN에서는 다양한 종류의 전송속도를 갖는 서비스를 제공하여야 하므로, 이를 위해 다양한 대역폭의 채널이 필요하다. ISDN의 가입자-망 인터페이스 상에서 이루어지는 접속채널은 용도에 따라 요구되는 용량이 다르며, ITU-T에서는 그 유형과 비트율에 따라 다음과 같은 3가지를 채널을 규정하고 있다.

표 15-2 협대역 ISDN의 채널 종류와 채널별 기능

채 널	전송속도	기 능	비 고
B	64Kbps	-64Kbps의 사용자 정보 전송	정보 전송용 채널
D	16Kbps(BRI) 64Kbps(PRI)	-회선 교환 방식: 신호(Signaling) 정보 전송 -패킷 교환 방식: 16Kbps 이하의 사용자 패킷 전송	신호 전송용 채널
H	H0 : 384 Kbps H11 : 1,536 Kbps H12 : 1,920 Kbps	-B 채널보다 고속의 사용자 정보 전송	정보 전송용 채널

(1) B 채널(Bearer Channel)

B 채널(Bearer Channel)은 음성, 오디오, 비디오, 데이터 등의 사용자 정보를 전송하는 정보채널로서, 회선교환, 패킷교환, 전용선 등의 3가지 통신 모드에 이용된다. 그리고 하나의 B 채널은 64Kbps의 전송속도로 전송되며, ISDN에서는 B 채널 단위로 교환접속을 수행하기 때문에 B 채널을 기본 채널이라고 한다.

B 채널(64Kbps)을 요구하는 서비스로는 전화, G4 팩시밀리, 정지영상 등이 있는데, B 채널은 이와 같은 부류의 서비스를 제공하는데 사용된다.

(2) D 채널(Data Channel)

ISDN 장비가 서비스를 요구하기 위해 메시지들을 ISDN 망으로 보내는데, D 채널(Data Channel)은 이때 사용되는 신호정보를 전달하기 위한 채널이다. 즉, D 채널

은 가입자의 단말기와 교환기 사이에서 통신을 제어하는 신호를 전송하기 위해 사용하며, 이를 D 채널 신호방식이라고 한다.

D 채널의 속도는 기본접속 인터페이스(BRI)에서는 16Kbps이고, 일차군 접속 인터페이스(PRI)에서는 64Kbps이다. 그리고 D 채널은 단말기와 교환기 사이에서 다이얼 번호와 호출음, 신호변환 등의 제어신호를 패킷 형태의 신호로 전송하여 제어한다.

(3) H 채널(Hybrid Channel)

H 채널(Hybrid Channel)은 B채널과 동일한 기능을 하는 채널이지만, 용량이 대용량이라는 점이 다르다. 즉, 64Kbps보다 빠른 속도를 필요로 하는 통신 서비스는 H 채널에 의해 제공되며, 이것은 여러 개의 B채널을 묶은 것과 같은 크기의 대역폭을 제공한다. 64Kbps보다 상위의 비트율을 요구하는 서비스는 고속 팩시밀리, 고속 데이터, 고품질 오디오, 원격 회의, 비디오 서비스 등이 있다.

H 채널의 기본 채널은 H0 채널인데, 이것은 B 채널 6개를 결합한 384Kbps의 전송능력을 가지고 있고, 고품질의 오디오를 지원할 수 있는 속도이다.

H1 채널은 T1 전송선로나 E1 전송선로를 채택하는 단일 사용자에게 가용할 수 있는 모든 H0 채널을 제공하는 채널로서, 북미방식의 H11 채널과 유럽방식의 H12 채널 두 가지가 있다. H11 채널은 4개의 H0 채널, 즉 24개의 B 채널에 해당하는 1.536Mbps의 전송속도로 전송할 수 있고, H12 채널은 5개의 H0 채널, 즉 30개의 B 채널에 해당하는 1.920Mbps의 전송속도로 전송할 수 있다. H1 채널은 비디오 화상회의나 고품질의 오디오 및 고속 팩스 서비스를 지원할 수 있다.

H2도 H1과 마찬가지 개념으로 정의되는데, 이들을 〔표 15-3〕에 나타내었다.

표 15-3 H 채널의 형태와 용도

채널의 종류	전송속도(Kbps)	H0 채널의 갯수	B 채널의 갯수	용도
H0	384	1	6	고품질오디오
H11	1,536	4	24	화상회의
H12	1,920	5	30	
H21	32,768	-	512	영상전송
H22	44,160	115	690	
H4	135,168	352	2112	HDTV

15.3.2 ISDN 채널의 전송구조

ITU-T I 계열 권고에서 규정하고 있는 채널의 종류로는, 전화, G4 팩시밀리, 정지영상 등에 활용하는 B 채널(64Kbps), 초고속 데이터와 간단한 동영상에 활용할 수 있는 H 채널(384Kbps, 1536Kbps), 다이얼 번호와 호출음, 신호변환 등의 제어신호 전송에 활용되는 D 채널(16Kbps, 64Kbps)등 세 가지 종류가 있다.

그리고 ISDN에서 가입자에게 서비스할 때에는 이들 채널 단독으로 제공되는 것이 아니라, 실질적으로는 이들 채널을 조합한 형태로 제공되는데, 가입자 접속 방식에 따라 다음과 같이 2가지로 구분한다.

- 기본접속 인터페이스(BRI: Basic Rate Access Interface): 144Kbps
- 일차군 접속 인터페이스(PRI: Primary Rate Access Interface): 1.536Mbps

(1) 기본접속 인터페이스(BRI: Basic Rate Access Interface)

기본접속 인터페이스는 〔그림 15-2〕와 같이 64Kbps B 채널 2개와 16Kbps D 채널 1개로 구성되므로, 일반적으로 2B+D라고도 하는데, B 채널은 정보용 채널이고, D 채널은 제어신호용 채널이다. 그리고 두 개의 B채널과 한 개의 D채널은 시분할 다중화(TDM) 하여 전송되므로, 최대 전송속도는 64+64+16=144Kbps가 되고, 이것은 이미 설치되어 있는 전화가입자선을 사용하여 디지털 전송을 할 수 있는 한계 값이다.

ISDN을 사용할 때 전화와 PC 통신을 동시에 할 수 있는 것은 두 개의 B 채널 중 하나는 전화에 연결하고, 다른 하나는 PC에 연결하여 사용할 수 있기 때문이다. 따라서 전화와 PC 통신을 동시에 할 때에는 PC 통신의 데이터 전송속도를 최대 64Kbps까지 사용할 수 있고, PC 통신만 할 경우에는 두 개의 B 채널을 동시에 사용할 수 있으므로, 최대 128Kbps까지 전송할 수 있다.

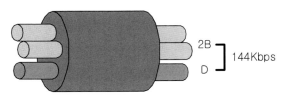

B 채널 : 64Kbps, D 채널 : 16Kbps

그림 15-2 기본접속 인터페이스(BRI)

또, ISDN은 전화와 PC 통신만 동시에 할 수 있는 것은 아니고, 현재 연결해 놓은 장비에 따라 전화 2대를 동시에 사용할 수도 있고, 전화와 팩스를 동시에 사용할 수도 있다. 전자는 '1가구 2전화'라는 시대의 요구에 부응할 수 있고, 후자는 전화와 팩시밀리를 따로 가입할 필요 없이 하나의 전화번호를 사용할 수 있기 때문에 편리하다.

D 채널은 다이얼 신호와 벨을 울리는 호출신호, 통화중에 또 다른 전화가 왔음을 알려주는 통화중 대기신호 등의 각종 제어신호를 보내는 전용채널로서, 두 개의 B 채널에 공통적으로 사용된다. 기존의 전화는 통화 채널을 사용해 제어신호를 보내기 때문에, 통화중에 제어신호를 보내면 음성 신호에 방해를 주어 복잡한 제어신호를 보낼 수 없었다. 하지만, ISDN에서는 통화 채널과는 별도의 D 채널을 사용하여 제어신호를 전송하므로, 이 같은 제약이 없어 여러 가지 다양한 서비스를 제공할 수 있다. 예를 들어, 교환기가 D 채널을 이용해 보내오는 상대방의 번호를 표시해 주는 발신자 번호 표시 기능 등이다.

제어신호는 정보신호처럼 연속적으로 한꺼번에 보내지는 것이 아니고, 수시로 그리고 산발적으로 전송된다. 따라서 D 채널이 제어신호를 주고받지 않는 빈 시간을 이용해 PC나 신용카드 조회기, POS(Point Of Sales) 등의 패킷 데이터를 보낼 수도 있는데, 이를 D 채널 패킷이라고 한다. 이렇게 되면 사용자는 두 개의 B 채널과 함께 3개의 회선을 동시에 사용할 수 있게 된다.

기본접속 인터페이스는 주로 일반 가정의 사용자가 사용하며, 일반 가정에서부터 업무용(주로 SOHO)까지 널리 사용되고 있다.

(2) 일차군 접속 인터페이스(PRI: Primary Rate Access Interface)

일차군 접속 인터페이스(PRI)는 BRI보다 훨씬 큰 대역폭을 제공하는 인터페이스로서, [그림 15-3]과 같이 23B+D(1.536Mbps) 또는 30B+D의 인터페이스 구조를 가지는 고속 데이터 전송용 인터페이스이다. 여기에서, 북미방식은 64Kbps B 채널 23개와 64Kbps D 채널 1개를 T1 전송선로에 실어 전송하고, 유럽방식은 64Kbps B 채널 30개와 64Kbps D 채널 1개, 그리고 프레임 동기 채널 1개를 E1 전송선로에 실어 전송한다. 국내에서 제공되는 PRI 회선은 유럽방식인 E1이다.

PRI의 B채널은 BRI와 마찬가지로 64Kbps이지만, D채널은 BRI가 16Kbps인데 반해 PRI는 64Kbps로 BRI의 4배이다. 이것은 64Kbps D채널 하나로 24개 또는 30개의 B 채널을 모두 제어하기 위함이다.

따라서 일차군 접속 인터페이스는 통화량이 집중되고 이용자가 많은 본사나 ISP(Information Service Provider), 사설교환기(PBX), LAN, 통신서비스 업체 등이 주로 사용하는 서비스로서 주로 업무용으로 사용되고 있다.

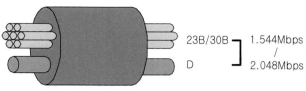

23B/30B ⌐ 1.544Mbps
              /
D   ⌐ 2.048Mbps

B 채널 : 64Kbps, D 채널 : 64Kbps

그림 15-3   일차군 접속 인터페이스(PRI)

15.4 ISDN의 가입자-망간 접속

　기존의 단말은 통신망에 접속하기 위한 조건과 규격이 단말기별로 다른데 반해, ISDN에서는 하나의 단말기로 여러 가지의 서비스를 제공하므로, 이를 단일화할 필요가 있다. 따라서 ITU-T에서는 가입자 단말기와 네트워크간의 접속 방법으로서 ISDN 가입자-망간 접속(UNI: User-Network Interface)이라는 국제표준을 제정하였다. UNI는 기능 그룹(Functional Group)과 참조점(Reference Point)으로 네트워크를 분리하여 정의하고 있다.

15.4.1 기능 그룹

　ISDN에서는 사용자(User)와 망(Network)간의 경계점을 명확히 하여 어디까지가 사용자 장비이고, 어디까지가 망 장비인지를 확실히 구분하고 있다. 이와 같이 하는 이유는 사용자와 망간의 경계점을 통해 사용자와 망은 독립적인 기술 발전을 꾀할 수 있고, 또 다양한 사용자의 요구사항에 대해 망 측에서 유연하게 대처할 수 있기 때문이다. ISDN에서는 이와 같은 경계점을 명확하게 규정하기 위해 기능 그룹을 사용하고 있다.

　기능 그룹(Functional Group)이란 교환기와 단말기 사이에서 정보 전송을 위해 기능에 따라 통합하여 하나의 그룹으로 나타낸 것이다. 기능 그룹은 논리적인 구분이고, 실제 물리적인 장치가 반드시 이것과 일치할 필요는 없다. 〔그림 15-4〕에서 TE1, TE2, TA, NT1, NT2가 기능 그룹이다.

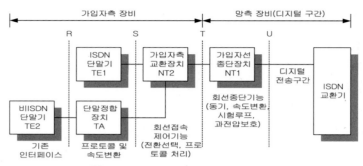

그림 15-4 가입자-망 인터페이스

(1) NT1(Network Terminator 1)

NT1은 ISDN망의 교환기와 가입자의 ISDN 단말기를 상호 접속시켜 주는 장비로, 이 기능의 주요 목적은 전화국에서 설치장소까지 들어오는 선로의 종단을 알려주는 것이며. 전화국에서 오는 U 인터페이스를 S/T 인터페이스로 바꿔준다.

ISDN을 데이터용으로 사용하든 음성용으로 사용하든 이 장치는 반드시 필요하다. NT1에는 8대까지 ISDN 전화기를 연결시켜주는 확장 기능과 ISDN 전화기에 전원을 공급하는 기능도 수행한다.

(2) NT2(Network Terminator 2)

NT2는 가입자 지역에서 회선교환과 집선(Concentration)기능을 수행하는 기능 블록이다. 이 기능의 예는 ISDN 사설교환기(PBX: Private Branch eXchanges), LAN의 PRI 라우터 등이 있다. 따라서 일반 가정에서 사용하는 BRI의 경우에는 이 기능은 수행되지 않는다.

(3) TE1(Terminal Equipment 1)

TE1은 ISDN 표준 인터페이스를 가지는 단말장비로서 실제로 사용자가 사용하는 장비이다. 대표적인 예는 ISDN 전화기, G4 FAX, ISDN 화상 단말기 등이 있다. ISDN 전화기는 ISDN 회선에 연결하여 전화통화를 할 수 있고, 각종 부가 서비스를 사용할 수 있도록 하는 디지털 전화기로서, 디지털 방식이기 때문에 음질과 통화감도가 매우 좋다. 그리고 ISDN 전화기는 내부에 TA 기능을 포함하고 있기 때문에, 일반 전화기나 일반 FAX를 연결하여 사용할 수도 있고, 모뎀을 연결하여 PC 통신을 할 수 있다. G4 FAX는 ISDN 전용 디지털 팩시밀리이고, 칼라전송이 가능하며, 고속 고품질의 출력을 얻을 수 있다.

(4) TE2(Terminal Equipment 2)

TE2는 기존의 비 ISDN 계열 단말기로서, 일반전화기, G3 FAX, 아날로그 모뎀 등을 말하며, 이와 같은 장비를 이용하여 ISDN망에 접속하려면 TA를 통하여 접속할 수 있다.

(5) TA(Terminal Adapter)

TA는 ISDN 접속기능이 없는 일반 아날로그 방식의 통신장비, 즉 TE2를 ISDN 망에 접속할 수 있도록 프로토콜을 변환해 주는 단말정합 장치이다. TA는 사용하는 단말과 접속조건에 일반 전화기나 G3 팩시밀리 등의 아날로그 단말을 접속하기 위한 TA, 데이터 단말 등의 회선교환용 디지털 통신 단말을 접속하기 위한 TA, 패킷 통신용 단말을 접속하기 위한 TA 등 크게 3종류로 구분할 수 있다.

TA의 주요 기능으로는 여러 통신속도를 가지는 기존 단말의 전송속도를 ISDN B 채널의 전송속도인 64Kbps로 맞추어 주는 속도 정합 기능, 정보 신호와 함께 들어오는 기존 단말의 제어 신호를 D 채널 신호 방식의 형태로 변환하는 신호변환 기능, 그리고 아날로그 정보를 디지털 정보로 변환하는 디지털화 기능 등이 있다.

표 15-4 ISDN 기능 그룹의 기능

기능그룹	기능	사용 예
TE1	-ISDN 접속 기능을 가진 단말기	ISDN 전화기, G4 Fax
TE2	-ISDN 접속 기능을 가지지 않는 기존의 단말기	기존의 아날로그 전화기
TA	-TE2 단말장치에 ISDN 접속 기능 제공 -신호 변환 기능 -속도 정합 기능 -아날로그 정보의 디지털화	ISDN 정합장치
NT2	-가입자 구내 교환장치 -계층 2, 3 프로토콜 처리 -계층 2, 3 다중화 기능 -교환 기능 -집선 기능 -유지보수 기능	ISDN 구내 교환기
NT1	-회선 종단장치 -계층 1 선로 유지보수 및 성능 감시 -계층 1의 다중화 -비트 타이밍 -가입자 구내망 접속 종단	아파트 관리실의 MDF (Main Distribution frame)
LE	-ISDN 교환기능 -UNI, NNI 신호 기능 -패킷 처리 -프레임 릴레이 패킷 처리	ISDN 교환기

15.4.2 참조점(Reference Point)

ISDN은 ISDN 단말기와 비 ISDN 단말기, 그리고 ISDN 장비를 ISDN 망에 연결하기 위해 참조점(Reference Point)을 정해두고 있는데, 참조점은 각 기능 그룹을 분리하거나 결합할 때 기능들을 정의하는 기준점 역할을 한다. 참조점은 전송선로 가까운 곳으로부터 U, T, S, R로 정의되어 있다.

〔그림 15-5〕에 이와 같은 기능 그룹과 참조점을 고려하여 ISDN 망의 구성도를 나타내었다.

(1) U 참조점

U 참조점은 전화국의 ISDN 교환기와 NT1 사이, 즉 양방향으로 디지털 정보를 송수신하는 ISDN의 전화선을 U점이라고 한다.

(2) T 참조점과 S 참조점

T 참조점은 NT2와 NT1을 분리시키는 지점으로서, 가입자 장치와 네트워크 장비의 경계점을 나타내고, S 참조점은 ISDN 단말기들에게 제공되는 인터페이스 중에서 사용자 단말기와 망 종단 장치의 경계점을 나타낸다. 그런데, NT2는 가정에서 사용하는 BRI에는 해당사항이 없으므로, S 참조점과 T 참조점을 합쳐 S/T 참조점이라고 한다. S/T 참조점에는 TE1에 해당하는 ISDN 응용 단말기가 붙는다.

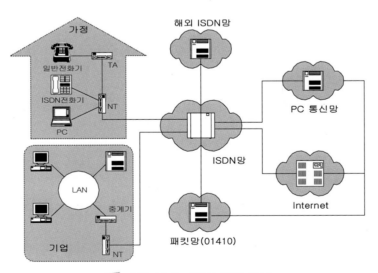

그림 15-5 ISDN 망의 구성

(3) R 참조점

R 참조점은 비 ISDN 단말기와 TA 장치간의 접속점을 나타낸다. 따라서 R 참조점
에는 TE2에 해당하는 일반 아날로그 단말기들이 붙는다.

15.5 ISDN의 서비스

ISDN에서는 여러 가지 통신 서비스를 하나의 사용자-망 인터페이스(UNI)를 이용
하여 사용자에게 제공하고 있고, 음성 및 비음성의 각종 통신 서비스를 동일 네트워크
에서 제공함으로써 종합화를 이루고 있다.

ISDN에서 제공하는 서비스는 ITU-T I.120 권고안에서 ISDN 서비스의 전체 특성
을 제시하고 있고, 이들 서비스에 대한 구체적인 규정은 ITU-T I.200 시리즈의 권고
안에서 제시하고 있다.

15.5.1 ISDN 서비스의 분류

ISDN에서 제공하는 서비스는 크게 기본서비스(Basic Service)와 부가서비스
(Suppl-ementary Service)로 구분되며, 기본 서비스는 다시 베어러 서비스(Bearer
Service), 텔레서비스(Teleservice)로 구분된다.

베어러 서비스는 OSI 참조 모델 계층 1부터 계층 3까지의 하위계층을 이용하여 주
로 정보전달 기능의 서비스를 제공하고, 텔레 서비스는 OSI 참조 모델 계층 4부터 계
층 7까지의 상위계층을 이용하여 서비스 응용 기능의 서비스를 제공하며, 부가서비스
는 통신기능 서비스와는 별도로 베어러 서비스나 텔레 서비스에 부속하여 그 기능을
향상시키는 서비스를 제공한다.

표 15-5 ISDN 서비스의 분류

ISDN 통신 서비스			
베어러 서비스		텔레서비스	
기본 베어러 서비스	기본 베어러 서비스 + 부가서비스	기본 텔레서비스	기본 텔레서비스 + 부가서비스

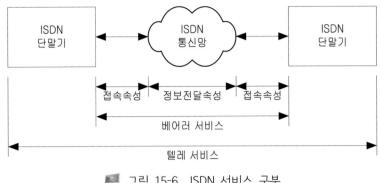

그림 15-6   ISDN 서비스 구분

이와 같은 ISDN 서비스의 구분을 〔그림 15-6〕과 〔표 15-5〕에 나타내었다.

15.5.2   베어러 서비스(Bearer Service)

ITU-T I.210과 I.230에 규정된 ISDN 베어러 서비스(Bearer Service)는 OSI 계층 구조상의 1~3계층에 해당하는 하위 계층의 기능만으로 정보 전달 기능을 제공하는 서비스로서, 망 접속 기능을 정의하는 하위 3계층만이 표준화되어 있고, 단말의 기능과 상위계층에 대한 정의는 포함되어 있지 않은 서비스를 말한다. 즉, ISDN 베어러 서비스에서는 음성, 데이터, 동화상 등의 정보를 실시간으로 전송할 수 있는 기능과 종단 사용자간의 단순 데이터 전송 기능은 제공하지만, 상위계층의 프로토콜에 관련된 것은 제공하지 않으므로 사용자가 결정한다.

ISDN에서는 다양한 종류의 베어러 서비스가 존재하지만, 이들을 각각 기술하지는 않고 단지 서비스를 특징짓는 속성(Attribute)으로만 분류하는데, 이와 같이 하는 이유는 서비스를 정확히 기술할 수 있고, 또 다른 서비스와 명확히 구분할 수 있기 때문이다. 베어러 서비스를 정의하는 속성에는 정보전달 속성, 가입자 접속 속성, 일반 속성이 있으며, 이들 각 속성에 대해 선택한 값들의 조합이 베어러 서비스로 정의된다.

(1) 정보전달 속성

정보전달 속성은 ISDN을 통한 양 단말 사이의 접속 특성을 나타내는 속성으로 〔표 15-6〕에 7가지의 정보전달 속성을 나타내었다.

🖥 표 15-6   베어러 서비스의 정보전달 속성

속 성	속성값							
1. 전달형태	회선교환						패킷교환	
2. 정보전달 속도	64 Kbps	2×64 Kbps	384 Kbps	1536 Kbps	1920 Kbps	FFS	FFS	
3. 정보전달 능력	비제한	음성	3.1KHz 오디오	7KHz 오디오	15KHz 오디오	비디오	FFS	
4. 구조	8KHz 구조	서비스데이터 구조	TSSI		RDTD		비구조	
5. 회선의 설립	요구(Demand)		예약접속(Reserved)			영구접속(Permanent)		
6. 대칭성	단방향		양방향 대칭			양방향 비대칭		
7. 통신구성	Point-to-Point		Multipoint			Broadcast		

〔참고〕 TSSI: Time Slot Sequence Integrity, RDTD : Restricted Differential Time Delay

(2) 가입자 접속 속성

가입자 접속 속성은 사용자–망 인터페이스의 특성을 나타내는 속성으로 사용자가 통신망 서비스에 접속하는데 사용하는 프로토콜과 채널 유형에 대한 정보를 제공하데 사용한다. 가입자 접속 속성에 대한 사항은 〔표 15-7〕에 나타내었다.

가입자 접속 속성은 통신망이 사용자 정보를 어떻게 전달하는지와 양단간 접속이 어떻게 성립되는지에 대해서는 설명하지 않는다. 따라서 가입자 접속 속성은 발신측에서 사용하는 접속 속성과 착신측에서 사용하는 접속 특성이 같아야 할 필요는 없다. 이 경우 상이한 부분에 대해서는 ISDN 교환기 내부에서 변환하여 정합하므로, 가입자 접속 속성은 상대측과 독립적으로 사용할 수 있다.

🖥 표 15-7   베어러 서비스의 가입자 접속 속성

Access attributes	속성 값								
8. 접속채널 및 속도	D (16)	D (64)		B	H0	H11	H12	FFS	
9.1 신호접속 프로토콜 1계층	I.430/ I.431	I.461	I.462	I.463	V.120 (I.465)	FFS			
9.2 신호접속 프로토콜 2계층	I.440/ I.441	I.462	X.25 (LAPB)	Q.922 (LAPF)	FFS				
9.3 신호접속 프로토콜 3계층	I.450/ I.451	I.461	I.462	X.25	I.463 Q.933	FFS			
9.4 정보접속 프로토콜 1계층	I.430/ I.431	I.460	I.461	I.462	I.463	I.465 (V.120)	G.711	G.722	FFS
9.5 정보접속 프로토콜 2계층	HDLC LAPB	I.440/ I.441	X.25	I.462	Q.922 (LAPB)	FFS			
9.6 정보접속 프로토콜 3계층	T.70-3	X.25	I.462	FFS					

〔참고〕 FFS: 추후 연구 과제

(3) 일반 속성

일반 속성은 베어러 서비스에 대해서 부가서비스, 서비스 품질, 망 연동 능력 그리고 운영 및 상업화 관련사항 등의 사항을 구체화하기 위한 것이지만 대부분 추후 연구 사항으로 남겨져 있다.

15.5.3 텔레서비스(Teleservice)

ITU-T I.240 시리즈의 권고안에 기술되어 있는 텔레서비스는 하위계층 뿐만 아니라 상위계층의 프로토콜이 규정되어 있는 서비스로서, 단말기에 구현된 상위계층의 기능을 이용하여 서비스를 제공한다. 참고적으로 ISDN 네트워크에는 상위계층이 구현되지 않는다. 따라서 텔레서비스는 이용자가 단말기와 통신망 모두의 기능으로부터 제공받는 서비스로 정의할 수 있으며, 각 텔레서비스의 특성에 따라 적절한 베어러 서비스를 이용한다.

텔레서비스는 사용자와 사용자 사이에서 규정된 단말장치를 통하여 직접 제공되는 단말기 제공 서비스, 통신망 내에서 정보를 저장, 처리 및 변환하여 이루어지는 부가 가치 서비스 그리고 원격감시, 측정, 조정 등과 같이 특수 목적에 사용하기 위하여 고신뢰도, 고품질, 고속전송 등의 까다로운 전송조건이 요구되는 특수서비스 등으로 나누어 볼 수 있다.

텔레서비스도 베어러서비스와 마찬가지로 속성으로 표현되는데, 속성은 하위계층 속성, 상위계층 속성 그리고 기타 운용 및 상업적인 사항을 위한 속성으로 나뉘어진다. 하위계층 속성은 베어러 서비스의 속성을 의미하기 때문에 앞에서 설명한 베어러 속성을 참조하면 된다. 그리고 상위계층의 속성은 사용자 정보 유형 속성과 계층 4, 5, 6, 7의 프로토콜 속성이 있다.

텔레서비스에서 상위계층의 속성은 다음과 같다.

- 사용자 정보 유형: 음성(전화), 텔레텍스(Teletex), G4 팩시밀리, 혼합모드(Mixed Mode) 텍스트 팩시밀리, 비디오텍스(Videotex), 비디오전화(Video Telephony) 와 전화회의(Teleconference), 대화형 텍스트(텔렉스)
- 계층 4 프로토콜: ISO 참조모델의 전달 계층 프로토콜
- 계층 5 프로토콜: ISO 참조모델의 세션 계층 프로토콜
- 계층 6 프로토콜: ISO 참조모델의 프레젠테이션 계층 프로토콜
- 계층 7 프로토콜: ISO 참조모델의 응용 계층 프로토콜

15.5.4   부가서비스(Supplementary Service)

부가서비스는 음성, 데이터, 텍스트, 영상 등의 베어러 서비스에 추가되어 베어러 서비스와 텔레서비스의 응용성과 편리성을 향상시키는데 보조적인 역할을 하는 서비스로서, 부가서비스 자체로는 독립적인 서비스를 제공할 수 없다. 부가서비스는 ITU-T I.250에 규정되어 있으며, 〔표 15-8〕에 부가서비스의 종류와 내용을 나타내었다.

표 15-8   ISDN 부가서비스의 종류

서비스 명칭	서비스 내용	서비스의 종류
번호 식별 부가서비스	발신자 번호를 수신자에게 나타내는 서비스	-DDI (Direct Dialing In) -복수 가입자 번호 지정 -발신자 번호 표시 -발신자 번호 표시 제한 -수신자 번호 표시 -수신자 번호 표시 제한 -악의 호 식별 -부주소법(Subaddressing)
호 제공(Call Offering) 부가서비스	호의 접속과 라우팅에 영향을 미치는 서비스	-호 전환 -통화중 착신 전환 -무응답 착신 전환 -무조건 착신 전환 -호 선택 착신 전환 -대표 전화
호 연결 완료 부가서비스	수신신호 설정 종료에 영향을 미치는 서비스	-통화 대기 -통화 보류 -통화중 재호출
다자 통화 부가서비스	두 사람 이상의 통신을 허용하는 서비스	-회의 통화 -3자 통화
가상 사설망 부가서비스	공공의 ISDN 서비스에서 사설통신망을 위한 서비스	-폐쇄 사용자 그룹(CUG) -사설번호 계획(PNP) -다단계 우선순위와 선점 서비스 -우선순위 서비스 -발신호 금지
과금 부가서비스	통신 요금에 대한 정보를 제공하는 서비스	-신용카드 통화 -과금정보 통지 -착신자 과금
추가 정보 전송 부가서비스	사용자간의 추가적인 정보 교환을 허용하는 서비스	-사용자간 신호 채널 전송

• 15.6 ISDN 프로토콜

　ITU-T는 ISDN 계층 구조를 위해 기존 단일평면의 OSI 참조 모델을 확장하여 기능에 따라 사용자 평면, 제어 평면, 그리고 관리 평면으로 구성된 입체 구조로 ISDN 계층 구조를 정의하고 있다. 각각의 기능 평면은 각 평면에 따라서 차이가 있지만, 대체적으로 OSI 7계층 참조모델의 계층 구조를 가지며 물리 계층은 모든 평면이 공유한다.

15.6.1 제어 평면(Control Plane)

　제어 평면(Control Plane)은 사용자의 정보를 전달하는 데이터 전송 경로의 설정, 관리, 해제하기 위한 신호 기능을 수행한다. 제어 평면에서 구현되는 각 계층의 기능은 다음과 같다.

(1) 물리 계층 프로토콜(계층 1)

　192Kbps의 기본 접속(BRI)과 1,544/2,048Mbps의 1차군 접속(PRI)의 디지털 데이터 전송하기 위한 물리 계층 기능을 수행한다. 이를 위해 ITU-T I.430에서는 커넥터의 규격, 전송신호의 전기적 규격, 전송 프레임의 구조, 비트 동기 등에 관해 규정하고 있다.

(2) 데이터링크 계층 프로토콜(계층 2)

　계층 3의 신호 메시지를 기능 요소간에 정확히 전달하기 위한 데이터링크 계층의 기능을 수행하고, 다수의 사용자 단말기가 하나의 물리 전송 매체를 사용하는 경우에는 다중화(Multiplexing) 기능을 수행한다.

(3) 네트워크 계층 프로토콜(계층 3)

　응용 서비스의 정보 전송 요구에 따라 사용자와 망사이의 연결을 설정, 관리, 제어하며 이를 위해 TE, NT2, LE 사이의 신호 메시지를 주고받는 기능을 수행한다.

15.6.2 사용자 평면(User Plane)

사용자 평면(User Plane)은 사용자의 응용 서비스 정보, 즉 음성, 영상, 사용자 데이터를 전달하는 기능을 제공한다. 그리고 응용 서비스 정보 전송을 위해 앞에서 설명한 B, D, H 채널을 사용하며, 이와 같은 채널은 제어 평면의 제어신호에 의하여 설정된다.

15.6.3 관리 평면(Management Plane)

관리 평면(Management Plane)은 통신 시스템 및 통신망을 관리하며, 사용자 평면 및 제어 평면에서 설정한 채널들의 동작 상태 및 성능을 관리한다. 특히 관리 평면에는 통신망이 혼잡(Congestion) 상태에 빠지지 않도록 하기 위해 통신망의 트래픽 흐름을 통제, 관리하는 트래픽 제어 기능을 포함한다.

OSI 계층	제어 평면 (신호 전송 기능)	사용자 평면(정보 전송 기능)		
		패킷 교환	프레임 릴레이	회선 교환
응용 계층	종단간 사용자 신호 프로토콜			
표현 계층				
세션 계층				
트랜스포트 계층				
네트워크 계층	호 제어 (I.451/Q.931)	패킷 교환 (X.25 계층 3)		
데이터 링크 계층	LAP-D (I.441/Q.921)	LAP-B (X.25 계층 2)	LAP-F (Q.922)	
물리 계층	BRI(ITU-T I.430), PRI(ITU-T I.431)			
사용 채널	D 채널	B 채널		

그림 15-7 ISDN의 사용자-망 접속 프로토콜 체계

15.7 ISDN 물리 계층

협대역 ISDN의 물리 계층에서는 BRI 접속과 PRI 접속 두 가지의 사용자-망 접속 규격이 있다.

15.7.1 기본 접속 인터페이스(BRI)

협대역 ISDN에서 BRI의 물리 계층 규격은 접속점 S, T 및 U에 대해 정의하고 있고, 192Kbps의 전송속도로 2B+D의 정보를 전송한다. 협대역 ISDN BRI의 표준은 ITU-T I.430에서 규정하고 있다.

ISDN 단말장치(TE)는 통신망 종단 장치(NT)와 접속할 때, 접속방법은 1대 1 (Point to Point)로 접속할 수도 있고, 최대 8대의 단말장치를 하나의 NT에 1대 다 (Point to Multi-point) 형식으로 접속할 수도 있다. 이때 TE와 NT간의 접속할 수 있는 최대 거리는 1km까지이고, TE와 NT간의 전기적 접속은 RJ-45 8핀 커넥터를 사용하여 연결하며, 데이터 전송은 양방향 전송을 위해 각 2선씩 총 4선만을 사용한다.

협대역 ISDN의 BRI에서는 유사 3진(Pseudo Ternary) 신호 방식을 사용하여 디지털 전송을 한다. 유사 3진 신호 방식은 세 가지의 전압레벨 +V, 0, -V를 사용하는데, 전송되는 데이터 비트가 '1'인 경우에는 펄스가 없는 0V로 전송하고, '0'인 경우에는 처음에는 +V, 그 다음에는 -V로 상반되게 대응하는 형태이다. 즉, 〔그림 15-8〕과 같이 전송하는 데이터가 '0'인 경우, 입력되는 비트열의 순서에 따라 앞의 '0'이 +V의 값을 가지면 -V를, 앞의 '0'이 -V이면 +V로 부호화 하여 전송하는 방식이다. 유사 3진 신호 방식에서 +V와 -V는 각각 750〔mV〕, -750〔mV〕이다.

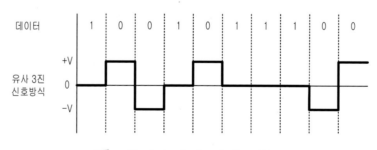

그림 15-8 유사 3진 신호방식

F	L	B1	L	D	L	F_A	L	B2	L	D	L	B1	L	D	L	B2	L	D	L
1	1	8	1	1	1	1	1	8	1	1	1	8	1	1	1	8	1	1	1

(a) TE에서 NT로의 전송 프레임

F	L	B1	E	D	A	F_A	N	B2	E	D	M	B1	E	D	S	B2	E	D	L
1	1	8	1	1	1	1	1	8	1	1	1	8	1	1	1	8	1	1	1

(b) NT에서 TE로의 전송 프레임

F : Frame Bit
L : DC Balancing Bit
D : D Channel Bit
E : Echo D Channel Bit
FA : Auxiliary Frame Bit

N : FA를 완성하기 위한 비트
B1 : B1 채널 비트(8비트)
B2 : B2 채널 비트(8비트)
S : 여분(Spare)
M : Multiframing Bit

그림 15-9 ISDN의 BRI 프레임 구조

이와 같은 유사 3진 신호의 장점은 전압 펄스가 +V, -V로 교번하여 발생하기 때문에 전송 선로상에 직류 성분이 존재하지 않는다는 점이다. 따라서 유사 3진 신호 방식은 송/수신단에서 교류 변압기를 이용하여 상호 결합할 수 있기 때문에 회로를 전기적으로 분리시킬 수 있어, 간섭 현상을 줄일 수 있다.

BRI 접속에서 프레임의 구성은 매 250μs마다 48-bit의 크기로 구성되는데, 베어러 채널은 채널당 2번씩 표본화(2개의 베어러 채널을 2번씩 표본화하고, 1 표본당 8비트이므로 32비트가 됨)하고, 데이터 채널은 4번 표본화(1표본당 1비트이므로 4비트가 됨)하며, 여기에 12비트의 오버헤드를 부가하여 1프레임을 구성한다. BRI는 이와 같은 프레임을 초당 4000번 전송하므로 192Kbps가 된다.

BRI의 프레임의 구조는 [그림 15-9]와 같다.

15.7.2 1차군 접속 인터페이스(PRI)

ISDN의 1차군 접속 인터페이스(PRI)는 사용자 단말에 직접 접속되기보다는 주로 사설 구내 교환기(PBX: Private Branch Exchange)와 ISDN 교환기간의 트렁크 전송 선로로 사용되며 1.544Mbps와 2.048Mbps 2가지의 데이터 전송 속도를 제공한다.

(1) 1.544Mbps PRI 인터페이스

1.544Mbps PRI는 북미에서 제공되는 DS-1 전송 구조를 기초로 제공되는 인터페이스로서, 전송 프레임의 구성은 [그림 15-10](a)와 같이 1비트의 프레임 비트와 24개의 8비트 타임 슬롯으로 구성되고, 24개의 8비트 타임 슬롯 중 처음 23개는 사용자의 데이터 전송을 위한 B 채널로 할당되고 나머지 1개는 신호기능을 위한 D 채널로 할당된다. 즉, 23B+1D로 구성된다. 따라서 1.544Mbps PRI의 1프레임은 193비트로 구성되고, 이와 같은 프레임을 매 125μs 마다 한번씩, 즉 1초에 8,000프레임을 전송하므로 전송속도는 1.544Mbps가 된다.

그리고 프레임 비트는 각 프레임에 1비트씩 포함되어 있는데 1비트로는 네트워크의 많은 신호 정보를 전달하지 못하므로, 1.544Mbps PRI는 24개의 프레임을 함께 그룹화하여 1개의 멀티프레임을 형성한다. 따라서 각 프레임마다 1비트씩 24개의 비트를 모아 24비트의 프레임 비트를 구성하고, 이를 이용하여, 동기나 기타 관리 목적, 즉 FAS(Frame Alignment Sequence), FCS(Frame Check Sequence) 및 MC(Maintenance Channel) 등의 기능을 수행한다.

🖰 프레임 정렬 순서(FAS: Frame Alignment Sequence)

프레임 정렬 순서(FAS: Frame Alignment Sequence)는 프레이밍 비트 중 6비트를 사용하며, 프레임이 정확히 동기화되고, 비트들이 수신자에 의해 정확히 해석되었다는 것을 보장하기 위해 사용하는 반복패턴이다. 만약, 수신자가 프레임 동기화를 잃게 되면, 5개의 연속적인 멀티 프레임의 적절한 위치에서 올바른 비트 패턴을 식별하여야 한다.

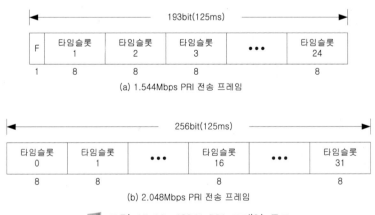

(a) 1.544Mbps PRI 전송 프레임

(b) 2.048Mbps PRI 전송 프레임

🖥 그림 15-10 ISDN PRI 프레임 구조

프레임 검사 순서(FCS: Frame Check Sequence)

프레임 검사 순서(FCS: Frame Check Sequence)는 이전 멀티프레임에서 비트 오류가 일어났는지를 검사하는 6비트의 CRC이다.

유지보수 채널(MC: Maintenance Channel)

유지보수 채널(MC: Maintenance Channel)은 네트워크 유지와 운영 메시지를 위해 사용하는 12비트의 비트 패턴이다. 12비트의 비트 패턴은 4Kbps의 채널을 형성한다.

(2) 2.048Mbps PRI 인터페이스

2.048Mbps PRI는 유럽에서 제공되는 DS-1E 전송 구조를 기초로 제공되는 인터페이스로서, 전송 프레임의 구성은 〔그림 15-10〕(b)와 같이 32개의 8비트 타임 슬롯으로 구성되고, 1프레임은 256비트 구성되며, 이와 같은 프레임을 매 125μs마다 한번씩, 즉 1초에 8,000프레임을 전송한다.

32개의 타임 슬롯 중 타임 슬롯 0번은 물리 계층의 프레이밍 및 동기 목적을 위해 사용되고, 타임 슬롯 16번은 제어 평면의 신호 기능을 위한 64Kbps D 채널로 사용되며, 나머지 30개의 타임 슬롯(타임슬롯 1~타임슬롯 15, 타임슬롯 17~타임슬롯 31)은 사용자 데이터를 전송하기 위해 사용된다. 따라서 2.048Mbps PRI는 30B+1D의 데이터 전송 속도를 제공한다.

협대역 ISDN의 PRI에서는 AMI(Alternate Mark Inversion) 신호방식을 사용하여 디지털 전송을 한다. AMI 신호 방식은 세 가지의 전압레벨 +V, 0, -V를 사용하는데, 전송되는 데이터 비트가 '0'인 경우에는 펄스가 없는 0V로 전송하고, '1'인 경우에는 처음에는 +V, 그 다음에는 -V로 상반되게 대응하는 형태이다.

하지만 AMI 방식에서는 비트 0이 오랫동안 지속되는 경우 전압 펄스가 존재하지 않으므로 수신단에서는 타이밍의 검출이 어렵게 되는 문제점이 있다. 따라서 협대역 ISDN의 PRI에서는 이런 문제점을 해결하기 위해 일정한 수의 0비트에 대해서는 임의적으로 +V 또는 -V의 전압 펄스를 만들어 전송한다.

1.544Mbps PRI에서는 B8ZS(Bipolar with 8-zeros Substitution) 신호방식을 사용한다. B8ZS 신호 방식은 8개의 연속된 0비트가 나타나면, 이 8개의 0비트 패턴을 "00011011"비트 패턴으로 대치하여 전송하는 방법을 사용한다. 이와 같은 방법은 연속적인 '0' 비트를 방지하는 효과를 거둘 수 있지만, 원래의 전송 데이터가

"00011011"인 비트 패턴인 것과 구별할 필요가 있다. 따라서 B8ZS 신호방식에서는 연속적인 8비트의 0에 대해 임의적으로 대치한 "00011011"비트 패턴은 의도적으로 AMI 전압 펄스 규칙에 위배되도록 부호 위반 펄스 패턴을 만들어 전송한다.

그 방법은 다음과 같다.

- 만약, 연속된 8개의 0비트 패턴 이전의 '1' 비트가 +V의 극성을 가지는 경우: "00011011"의 비트 패턴을 "000+-0-+"의 전압 펄스 패턴을 만들어 전송한다.
- 만약, 연속된 8개의 0비트 패턴 이전의 '1' 비트가 -V의 극성을 가지는 경우: "00011011"의 비트 패턴을 "000-+0+-"의 전압 펄스 패턴을 만들어 전송한다.

이 방법은 정상적인 AMI 부호 전송과 비교할 때 "000VB0VB" 형태가 되어 8비트 중 가운데 있는 4번째와 7번째 비트의 전압이 AMI 부호 규칙에 어긋나 있음을 알 수 있다. 여기에서 V는 AMI 부호의 전압 펄스 규칙에 위배되는 부호위반 펄스이고, B는 AMI 전송 규칙을 따르는 삽입 펄스이다.

다음, 2.048Mbps PRI에서는 HDB3(High Density Bipolar-3 Zeros) 신호 방식을 사용한다. HDB3 신호방식은 4개의 연속된 0비트 패턴에 대해 "x00V"의 비트 패턴으로 대치하여 전송하는데, 이때 V비트는 AMI 부호의 전압 펄스 규칙에 위배되는 부호위반 펄스이고, x비트는 마지막으로 대치한 비트 패턴과 현재 대치하려는 비트 패턴 사이의 '1'비트 수가 홀수가 되도록 설정하는 비트이다. HDB3 신호 방식의 비트 패턴 대치 규칙은 [표 15-9]와 같다.

B8ZS 신호 전송방식이나 HDB3 신호 전송방식은 수신단에서 타이밍 정보를 쉽게 추출할 수 있고, 또 직류 성분이 없기 때문에 송/수신단에서 교류 변압기에 의한 상호 결합이 가능한 장점을 가지고 있다.

표 15-9 HDB3 신호 방식의 비트 대치 규칙

앞 비트의 극성	마지막 비트패턴 대치 이후의 1비트의 수	
	홀수	짝수
-	000-	+00+
+	000+	-00-

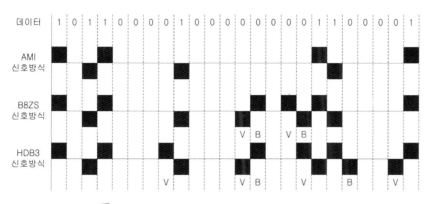

그림 15-11   AMI, B8ZS, HDB3 신호방식

15.8 ISDN 제어평면 프로토콜

　ISDN의 제어 평면은 사용자 평면에서의 정보 전송을 위한 B 채널, D 채널 및 H 채널을 설정, 유지 및 해제하기 위한 신호 기능을 수행한다. 제어 평면의 신호 프로토콜은 [그림 15-12]와 같은 구조를 가지며, 데이터링크 계층에서는 ITU-T I.441 LAP-D (Link Access Protocol-D channel) 프로토콜이 사용되고, 네트워크 계층에서는 ITU-T I.451/Q.931 표준이 협대역 ISDN에서의 호 제어(Call Control)를 위해 사용된다.

OSI 참조 모델	ISDN 제어평면 모델	
계층 3	I.451 호제어	
계층 2	I.441 LAP-D	
계층 1	I.430 BRI	I.431 PRI

그림 15-12 ISDN 제어 평면 프로토콜 구조

15.8.1 데이터링크 계층 프로토콜

ISDN 제어평면의 데이터링크 계층에서는 ITU-T Q.921(I.441) LAP-D(Link Access Protocol-D channel)라고 하는 비트 지향 프로토콜을 사용한다. LAP-D 프로토콜은 X.25의 LAP-B(Link Access Procedure, Balanced)와 유사하며, ISO 3309/4335 HDLC(High-level Data Link Control) 프로토콜 구조를 기반으로 한 D 채널의 데이터 링크 프로토콜이다.

LAP-D 프로토콜은 〔그림 15-13〕(a)와 같은 프레임 구조를 가지고 있고, 〔그림 15-13〕(b)와 같이 제어 평면 계층 3의 호 제어 프로토콜 메시지가 LAP-D 프레임에 실려 전송된다. 〔그림 15-13〕(a)에서 각 필드의 기능은 다음과 같다.

(1) 플래그(Flag) 필드

LAP-D 프레임의 플래그(flag)는 데이터링크 계층 프레임의 시작과 끝을 나타내며, 항상 특수한 비트 패턴인 "01111110"의 값을 가진다. 그런데 전송 데이터 중에 플래그와 동일한 비트 패턴이 존재하는 경우 수신측이 해당 비트 패턴을 플래그로 인식해서 프레임이 손실될 수 있는 문제가 발생될 수 있다. 따라서 이와 같이 전송 데이터 중에 플래그와 동일한 비트 패턴이 존재하는 것을 방지하기 위해 LAP-D에서는 비트 스터핑 (Bit Stuffing) 기능을 사용한다.

플래그 01111110	주소필드	제어필드	데이터	FCS	플래그 01111110
1 옥텟	2 옥텟	1~2 옥텟	0~N 옥텟	2 옥텟	1 옥텟

(a) LAP-D 프레임 형식

(b) 제어평면에서 프로토콜 데이터 매핑

🖳 그림 15-13 LAP-D 프레임 형식 및 제어평면에서 프로토콜 데이터 매핑

비트 스터핑 기능은 전송되는 데이터 중에 연속되는 5개 이상의 '1'이 있는 경우 5번째 '1' 다음에 강제적으로 '0'을 추가하여 전송하는 방법이다. 예를 들어 전송되는 데이터가 "00111111100"인 경우 "001111101100"으로 전송한다. 그런 다음 수신측에서는 연속되는 5개의 '1' 이후의 '0'은 비트 스터핑 된 것으로 간주하고 데이터로부터 제거하여 원래의 전송 데이터를 복구한다.

(2) 주소(Address) 필드

주소 필드는 프레임을 전송하거나 수신하는 사용자 또는 서비스를 구분하기 위해 사용한다. 주소 필드의 형식은 〔그림 11-14〕와 같고, 2옥텟의 길이를 가지며, 주소 필드 확장(Extended Address) 비트, 명령/응답(C/R: Command/Response) 표시 비트, 서비스 접속점 식별자(SAPI: Service Access Point Identifier), 단말 종단점 식별자(TEI: Terminal End-point Identifier)로 구성된다.

주소 필드 확장(EA) 비트는 '0'이면 주소 영역이 마지막임을 나타내고, '1'이면 다음 옥텟까지 주소 영역이 확장됨을 나타낸다.

명령/응답(C/R) 표시 비트는 명령과 응답을 구분하기 위해 사용되며, 사용자 측에서 보내는 명령은 '0'으로, 응답은 '1'로 하고, 망측에서는 이와 반대로 한다.

주소 필드는 사용자-망 접속점에서 다수의 단말 장치들이 하나의 물리 계층에 접속할 수 있게 하고, 각각의 단말기에 다수의 서비스가 하나의 물리 계층을 공유할 수 있게 하는 다중화 기능을 제공한다. 이를 위해 SAPI와 TEI가 제공되며, SAPI와 TEI를 합하여 데이터링크 연결 식별자(DLCI: Data Link Connection Identifier)라고 한다. DLCI는 특정 데이터링크 연결을 지정하는데 사용되며, 데이터링크 접속 양단의 연결 종단점 식별자(CEI: Connection End-point Identifier)와 관련이 있다.

단말기 종단점 식별자(TEI)는 각 단말기를 식별하기 위한 7비트 크기의 필드로서 126개의 Point-to-Point 접속 방식과 1개의 방송형 접속 방식을 나타낸다. TEI의 값에 따른 용도는 다음과 같다.

8	7	6	5	4	3	2	1	옥텟
SAPI (Service Access Point Identifier)						C/R	EA	2
TEI (Terminal End-point Identifier)							EA	3

EA : Extended Address
C/R : Command/Response

그림 15-14 LAP-D 주소 필드 형식

① TEI＝0～63 : TEI가 수동 할당된 사용자 장비용

② TEI＝64～126 : TEI가 자동 할당된 사용자 장비용

③ TEI＝127 : 그룹 할당(방송용) TEI

서비스 접속점 식별자(SAPI)는 데이터링크 계층의 프레임을 처리할 계층 3의 접속 형태를 나타내는 6비트의 필드로서 각 단말기에서 다수의 서비스 트래픽을 구분하기 위해 사용한다.

SAPI의 값과 그에 따른 용도는 〔표 15-10〕에 나타내었고, 〔그림 15-15〕에는 SAPI를 이용한 LAP-D의 다중화 개념을 나타내었다.

🖥 표 15-10 SAPI의 값과 용도

SAPI의 값	용 도
0	호 제어 절차(I.451/Q.931 호 제어 메시지 전송)
1	I.451/Q.931 호 제어 절차를 이용한 사용자간 패킷 모드 통신
16	LAP-D를 통한 X.25 패킷 데이터 전송 서비스
32～62	프레임 릴레이 연결
63	데이터링크 계층 관리
나머지	추후 표준화 대상

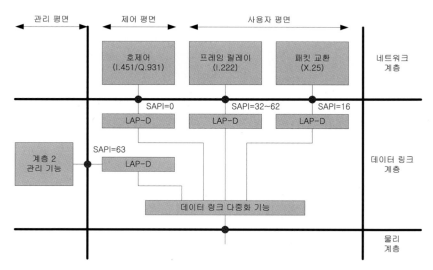

🖥 그림 15-15 SAPI를 이용한 LAP-D의 다중화

프레임 형식	8	7	6	5	4	3	2	1	옥텟
정보 프레임				N(S)				0	4
				N(R)				P	5
감시 프레임	X	X	X	X	S	S	0	1	4
				N(R)				P/F	5
비번호 프레임	M	M	M	P/F	M	M	1	1	4

N(S) : 현 I 프레임의 순서번호
N(R) : 다음 수신될 I 프레임의 순서번호
P/F : Poll/Final
S : 감시 기능 비트
M : 수정 기능 비트
X : 예비, 0으로 설정함

그림 15-16 LAP-D 제어 필드 형식

(3) 제어(Control) 필드

LAP-D 프레임의 제어 필드는 〔그림 15-16〕과 같이 하나 또는 두 옥텟으로 구성되고, 정보 프레임 형식(I 형식), 감시 프레임 형식(S 형식), 비번호 프레임 형식(U 형식)의 세 종류가 있다. 각 프레임의 종류는 제어 필드의 처음 1비트나 2비트로 구분한다. 예를 들어 처음 1비트가 0이면, 정보 프레임이고, 처음 비트가 1이고 두 번째 비트가 0이면, 감시 프레임이며, 1이면 비순서 프레임이다.

I 형식은 계층 3 엔티티 사이의 정보 전송을 위해서 사용되며, 순서제어를 하기 위해 순서 번호(Sequence Number) N(S), N(R)을 포함하고 있다. 그리고 P 비트는 Poll 명령과 Final 응답을 하기 위해 사용하며, 오류 복구 프로시저에서 사용된다. S 형식은 링크의 제어용으로 I 프레임에 ACK을 보내거나 재전송 및 전송 보류 등을 지시하는데 사용된다. U 형식은 부가적인 데이터링크 제어기능을 제공하거나 미확인 정보 전송 또는 단일 프레임 정보 전송 등의 순서 번호 없는 정보 전송을 위해 사용된다.

(4) 정보(Information) 필드

정보 필드는 사용자의 데이터를 싣는 영역이며, 데이터는 옥텟의 정수배의 길이를 가져야 하고, 최대 길이는 가변적인 길이를 가질 수 있다. ITU-T Q.921에는 신호 정보 및 패킷 정보 모두에 대해 최대 길이가 260옥텟으로 규정되어 있다.

정보 필드는 I 프레임과 U 프레임의 일부에만 존재한다.

(5) 오류 검출 필드(FCS: Frame Checking Sequence Field)

FCS는 전송된 프레임에 오류가 있는지 검사하여 각 프레임의 정확한 전송 여부를 결정하는 필드로서, 16비트의 CRC를 사용하고 CRC의 생성 다항식은 $x^{16}+x^{12}+x^5+1$이다.

15.8.2 네트워크 계층 프로토콜

제어 평면의 네트워크 계층은 응용 서비스의 정보 전송 요구에 따라 사용자와 ISDN 네트워크간의 연결을 설정, 관리, 제어하고, 이를 위해 TE, NT2, LE 사이의 신호 메시지를 주고받는 기능을 하며, 부가서비스를 제공하기 위해 다음과 같은 일반적인 기능들을 수행한다.

- ISDN과 가입자간에 네트워크 연결이 이루어지게 하는 경로 설정(Routing)과 중계(Relaying) 기능
- 데이터링크 계층에 의해 제공된 링크 접속 기능을 이용하여 망 접속이 이루어지도록 하는 네트워크 연결 기능
- 회선교환 접속 또는 패킷교환 접속을 이용한 사용자–망간의 정보 전달 기능
- 망접속 다중화 기능
- 정보전달을 용이하게 하기 위하여 계층 3 정보를 분할 및 결합하는 기능
- 계층 3 프로토콜 내에서의 오류 검출 및 복구 기능
- 주어진 네트워크 연결을 통하여 계층 3 정보를 순서에 따라 전달하는 순서 보장 기능
- 포화상태(Saturation) 조절 및 사용자 데이터 흐름제어 기능
- 재시작(Restart) 기능

그리고 회선교환 및 패킷교환시의 망 접속은 계층 3을 통하여 이루어지기 때문에 공통선 신호방식(CCS: Common Channel Signaling) No.7과의 연동기능이 추가로 요구된다.

망 접속에는 B 채널을 사용한 회선교환 접속, D 채널을 이용한 사용자간 신호 접속, B 채널을 이용한 패킷 교환 접속의 3가지 유형이 있다. 계층 3에서는 D 채널 상의 정보필드에 있는 신호 정보, 패킷 데이터 정보, 텔레메트리 정보 등의 처리를 위해 호 제어 과정이 기술되어 있으며, 이는 호의 진행, 호의 위치, 호의 전달 등과 같은 기능을 처리한다. 여기에서 패킷 데이터 정보의 경우는 기존 X.25 단말과의 호환성을 제

공하기 위해, X.25의 계층 3 과정이 D 채널상의 적당한 논리적 링크에 의해 유지되도록 하고 있으며, 텔레메트리 정보의 경우는 용도에 따라 B 채널 신호 정보의 처리 과정 또는 패킷 데이터 처리 과정으로 처리된다.

네트워크 계층의 ITU-T Q.931(I.451) 메시지는 신호 정보를 전송하기 위해 메시지를 LAP-D I 프레임의 정보 필드에 실어 전송한다. 메시지의 일반적인 형식은 〔그림 15-17〕에 나타낸 바와 같이 프로토콜 식별자(Protocol Discriminator), 호 참조(Call Reference), 메시지 유형(Message Type) 등으로 구분되고, 이 외에 추가적으로 메시지 유형에 따라 여러 정보 요소들이 정해진 형식에 따라 부가된다.

(1) 프로토콜 식별자(Protocol Discriminator)

ISDN은 사용자–망 신호의 호 제어를 위해 ITU-T Q.931 프로토콜을 사용하지만, 이론적으로는 어떤 계층 3 프로토콜이나 ISDN D 채널에서 사용될 수 있다. 예를 들어 X.25 패킷 교환을 위해 X.25 패킷 계층 프로토콜이 D 채널에서 사용될 수 있다. 따라서 메시지가 어느 프로토콜을 이용하여 프레임화 되었는지 알려줄 필요가 있는데, 프로토콜 식별자 필드는 이와 같은 다수의 프로토콜 중에서 어느 프로토콜을 이용하여 호 제어를 수행할지를 구분하는 필드이다.

8	7	6	5	4	3	2	1	옥텟
프로토콜 식별자(Protocol Discriminator)								1
0	0	0	0	호 참조 값의 길이				2
CRF	호 참조 값(CRF : Call Reference Value)							3
0	메시지 형태(Message Type)							⋮
부가적인 정보요소								

그림 15-17 네트워크 계층의 일반적인 메시지 형식

표 15-11 프로토콜 식별자 필드의 구분

비 트	용 도
0000 0000~0000 0111	사용자-사용자 정보를 위해 Q.931에서 사용하므로 프로토콜 식별자로 사용 불가능
0000 1000	Q.931 사용자-망 제어 메시지
0000 1001~0000 1111	Q.931의 기타 용도를 위한 예비
0001 0000~0011 1111	X.25 프로토콜을 포함한 다른 네트워크 계층 프로토콜을 위한 예비
0100 0000~0100 1111	국내 이용
0101 0000~1111 1110	X.25 프로토콜을 포함한 다른 네트워크 계층 프로토콜을 위한 예비
1111 1111	확장용 예비

(2) 호 참조(Call Reference)

호 참조(Call Reference)는 사용자—망 인터페이스에서 발생된 호 제어 관련 요청이 어느 호에 속하는 요청인가를 구분하기 위해 사용하며, 호 참조 플래그(CRF: Call Reference Flag)와 호 참조 값(CRV: Call Reference Value)으로 구성된다. 이와 같은 호 참조는 사용자—망 인터페이스에서만 의미를 가지며, ISDN 망 내에서는 아무런 의미를 갖지 않는다. 따라서 종단간에는 의미가 없다.

호 참조 필드는 〔그림 15-17〕에서 보는 먼저, 호 참조 값의 길이를 나타내고, 그 다음 호 참조 값을 나타내는데, 호 참조 값(CRV)은 일반적으로 기본접속 인터페이스(BRI)에서는 1옥텟을 사용하고, 일차군 접속 인터페이스(PRI)에서는 2옥텟을 사용한다. 그리고 사용자와 망이 같은 CRV를 동시에 두 개의 서로 다른 호에 할당하는 경우를 방지하기 위해 CRF를 사용한다. 발신측에서는 CRF를 '0'으로 설정하고, 착신측에서는 CRF를 '1'로 설정한다.

(3) 메시지의 형태(Message Type)

메시지의 형태는 호 설정 메시지, 호 해제 메시지, 통화중에 전송하는 메시지, 기타 메시지 등의 메시지 종류를 나타낸다. 각 메시지의 종류에 대한 자세한 기능은 ITU-T Q.931(I.451)에 설명되어 있다.

(4) 부가적인 정보 요소

회선 교환과 패킷 교환의 구별, 서비스의 속도 구별 등의 필요한 정보를 나타내기 위해 사용되며, 단일 옥텟 정보 요소와 가변 길이 정보 요소의 두 가지가 있다. 각 정보 요소에 대한 자세한 기능은 ITU-T Q.931(I.451)에 설명되어 있다.

연습문제

1. ISDN의 정의와 특징을 설명하시오.

2. ISDN을 도입함으로써 어떤 이점이 얻어지는가?

3. ISDN의 표준화에 관련된 홈페이지를 찾아가 ISDN 표준화의 현황에 대해 조사해 보시오.

4. ISDN의 기본 전송속도에 대해 설명해 보시오.

5. ISDN의 채널의 종류를 열거하고 각각의 채널에 대해 설명해 보시오.

6. 기본접속 인터페이스(BRI)에 대해 설명해 보시오.

7. 일차군 접속 인터페이스(PRI)에 대해 설명해 보시오.

8. ISDN의 가입자-망간 접속에서 논리적인 기능 그룹을 열거하고 각각에 대해 기능을 설명해 보시오.

9. ISDN의 가입자-망간 접속에서 각 참조점을 열거하고 각각에 대해 기능을 설명해 보시오.

10. ISDN 베어러 서비스에 대해 설명해 보시오.

11. ISDN 텔레서비스에 대해 설명해 보시오.

12 ISDN 부가 서비스의 종류를 들고, 현재 시행되고 있는 예를 인터넷을 통해 조사해 보시오.

13 BRI와 PRI의 신호 방식에 대해 설명해 보시오.

14 BRI와 PRI의 프레임 구조에 대해 설명해 보시오.

15 LAP-D 프로토콜에 대해 설명해 보시오.

16 ISDN 네트워크 계층의 메시지 형식에 대해 설명해 보시오.

광대역 ISDN과 ATM18

16

데이터 통신과 컴퓨터 네트워킹

제16장

광대역 ISDN과 ATM18

• 16.1 광대역 ISDN

16.1.1 B-ISDN의 개요

협대역 ISDN(N-ISDN: Narrowband-ISDN)은 64Kbps를 기본으로 하여 최대 1.5Mbps 범위의 정보 신호를 수용하지만 비디오 영상 신호나 HDTV, 대용량 파일 전송 등의 고속, 광대역 통신에는 부적합하다.

광대역 ISDN(B-ISDN: Broadband-ISDN)은 협대역 ISDN을 광대역 서비스로 확장시킨 것으로서, 제한되는 전송속도를 100Mbps 이상으로 상승시켜 대역폭의 부족으로 지원하기 어려웠던 고속 데이터통신 서비스, VOD(Video On demand), CATV와 같은 넓은 대역폭을 필요로 하는 영상 서비스를 지원하며, 또 유무선 광대역 전송 방식과 교환 방식을 통해 각종 서비스를 통합하여 제공하는 디지털 통신망으로서 협대역 ISDN(N-ISDN)과 구분하기 위해 B(Broadband)를 붙여 사용한다.

B-ISDN은 155.52Mbps를 기본 접속 속도로 채택하고, 이용자-망간 접속(UNI)을 기존의 동선(전화선) 대신 광케이블을 사용하여 622.08Mbps(4×155.52Mbps)까지 전송할 수 있게 함으로써 고품질의 영상신호를 디지털로 전송할 수 있다. 그리고 협대역 ISDN은 회선 교환과 패킷 교환에 별도의 교환기를 사용하고 있지만, B-ISDN은 이를 기존의 회선 교환기 및 패킷 교환기와 전혀 다른 새로운 비동기 전송모드(ATM: Asynchronous Transfer Mode) 교환기로 통합함으로써 회선 교환형 정보(음성, 화상 등)와 패킷 교환형 정보(데이터 등)를 모두 수용할 수 있도록 하였다.

따라서 협대역 ISDN의 문제점이었던 전송속도(최고 전송속도: 2Mbps)를 광케이블 전송과 ATM 교환기로 해결하여 광대역의 영상 정보나 초고속 데이터의 전송을 가능하

539

게 하였다. 하지만, B-ISDN 가입자에게 제공할 수 있는 기본 대역폭(155Mbps 또는 622Mbps)을 모든 가입자가 다 사용할 필요는 없으므로, 분기 장치 등을 이용해 동화상 서비스에 지장이 없을 정도의 속도인 2Mbps의 전송속도를 각 가입자에게 제공할 것으로 예상된다.

한편, B-ISDN망의 구축 방법은 ATM 교환기와 광케이블로 공중망을 구축하고, 공중망에서 가입자 단말기까지는 FTTC(Fiber to the Cube), FTTB(Fiber to the Building), FTTO(Fiber to the Office), FTTH(Fiber to the Home) 등 광 케이블로 연결하거나 CATV망 또는 xDSL로도 접속할 수 있도록 하고 있다. 여기에서 FTTC는 일정 지역이나 구역까지, FTTB는 건물까지, FTTO는 사무실까지, FTTH는 각 가정까지, 광케이블로 가입자망을 포설하는 것을 의미한다.

서비스 측면에서 광대역 ISDN은 〔그림 16-1〕에 나타낸 바와 같이 전화, 데이터, 원격검침, 팩시밀리 등의 협대역 서비스로부터, 대역폭이 넓은 만큼 멀티미디어 정보 통신을 위한 영상전화, 고속 데이터 전송, 영상 회의, 고해상도 영상 전송, 영상 감시, HDTV 등의 광대역 서비스를 포함하는 다양한 어플리케이션을 사용할 수도 있다.

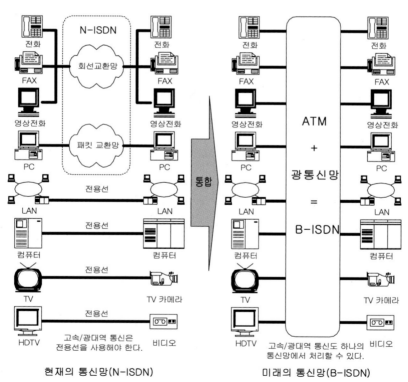

그림 16-1 B-ISDN의 개념

그러나 대부분 현재 ISDN으로도 제공할 수 있는 인터넷 접속, LAN간 접속, 각종 CP(Content Provider)와의 정보제공, 화상회의 등의 서비스가 광범위하게 활용될 것으로 예상되며, 대신 N-ISDN보다 고속으로 사용할 수 있다는 것이 큰 장점으로 부각될 것이다.

B-ISDN은 교환기와 단말기의 개발 및 망 구축 등이 현재 진행중에 있으므로, 일반 이용자가 부담 없이 사용할 수 있는 단말기가 시장에 나오기까지는 앞으로도 상당한 시간이 필요할 것이다. 그리고 사용 대역폭이 상당히 큰 만큼 통신요금이 결코 싸지 않을 것이므로, 서비스 초기에는 주로 기업체나 정부 또는 교육기관과 같은 기관 사용자가 사용할 것으로 예상된다.

16.1.2 B-ISDN의 핵심기술

광대역 정보통신 시스템은 B-ISDN을 중심으로 하여 고속 광대역 서비스들을 통합적으로 제공하는 통신시스템이다. 하지만 이를 실제로 구현하기 위해서는 단순히 ATM 교환기를 개발하고, 광케이블로 ATM 교환기에 연결한다고 해서 되는 것만은 아니고, 여러 가지의 많은 기술과 주변 기술들이 확보되어야 가능한데, 광대역 ISDN을 위해 필요한 기술로는 다음과 같이 크게 6가지 정도로 구분할 수 있다.

① 광케이블 구현기술
② 광대역 전송기술
③ ATM 통신 기술
④ 고속 데이터 통신망 기술
⑤ 광대역 영상 통신기술

먼저, 광대역 전송을 가능하게 하기 위해서는 광전송 시스템 기술이 필수적이다. 이것은 광 매체를 확보하기 위한 광케이블 구현기술과, 광 매체 위에 전송시스템을 구축하는 광전송 기술이 선행되어야 가능하다.

다음, 광대역 교환을 가능하게 하기 위해서는 고속 교환기술이 필요한데, 고속교환을 하기 위해서는 ATM 교환기술이 필요하다. 이를 위해서는 ATM 교환기 내부에서 트래픽을 제어하는 트래픽 제어 기술과 고속 패킷 통신 서비스들을 효과적으로 처리하기 위한 프로토콜 기술 등이 필요하다.

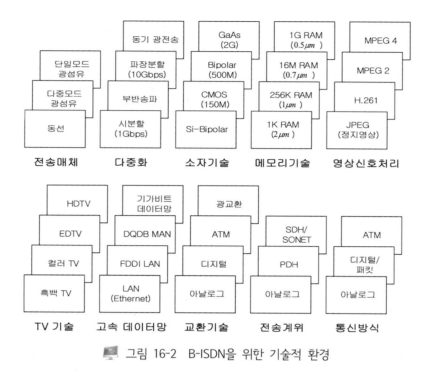

그림 16-2 B-ISDN을 위한 기술적 환경

그리고 광대역 영상 신호를 전송하기 위해서는 광대역 영상 신호의 압축 및 복원 기술이 필요한데, 이것은 넓은 대역폭이 요구되는 영상 신호를 압축하여 전송하면 전송 선로를 효율적으로 사용할 수 있기 때문이다. 따라서 광대역 영상 통신기술은 방대한 양의 영상 정보를 압축하는 부호화 기술, 압축된 영상 정보를 효율적으로 전송하기 위한 전송기술, 압축된 영상 정보를 복원하는 복호화 기술 그리고 이 세 가지를 종합하는 단말기술 등이 선행되어야 한다.

그리고 이외에도 많은 주변기술들이 필요한데, 〔그림 16-2〕에 광대역 정보통신을 위한 필요 기술과 각 기술의 발전단계를 나타내었으므로, 참조하기 바란다.

16.1.3 ATM 기술의 등장 배경

지금까지의 통신서비스는 서비스 별로 서로 다른 네트워크를 이용하여 서비스하여 왔고, 또 네트워크마다 단말장치를 접속하는 인터페이스가 정해져 있어서 서비스별로 다양한 단말장치가 필요했다. 예를 들어, 음성의 경우는 회선교환 방식을 사용하는 전화망을 이용하였고, 데이터인 경우는 용도에 따라 데이터 망, 팩시밀리 망, 텔렉스 망 등 전용망을 이용하여 서비스하였다. 하지만, 1970년대부터 음성, 영상, 데이터 등 서로 다른 특성을 갖는 서비스를 하나의 통합된 네트워크를 통하여 수용하는 이른바 "통합 네트워크" 구성에 대한 요구가 증가하였다.

이를 위해 해결책으로 우선, 아날로그 방식의 정보서비스는 디지털 방식으로 전환하고, 그 다음 디지털 방식으로 전환된 모든 정보서비스는 하나의 통합된 네트워크, 즉 종합정보통신망(ISDN: Integrated Services Digital Network)을 통하여 서비스한다는 개념이 1980년 ITU 표준으로 발표되었다.

ISDN에 대한 표준은 ITU-T 권고 G.705로 그 기본 개념이 발표되었다. 그리고 이에 따르는 세부 기술사항은 1984년, 1988년, 1990년에 I 계열 권고로 표준안이 작성되었는데, 이를 종합정보통신망(ISDN) 특히, 협대역 종합정보통신망(N-ISDN: Narrow band -ISDN)이라고 한다. 여기에서 협대역이라는 용어는 나중에 나온 광대역 종합정보통신망(B-ISDN: Broadband-ISDN)과 구분하기 위해 사용하는 이름이며, 일반적으로 ISDN이라고 하면 협대역 ISDN을 지칭한다.

협대역 ISDN은 기본접속 144Kbps, 일차군 접속 1.544Mbps의 두 가지 인터페이스를 이용하여 서비스를 제공하는 방식으로서, 음성과 같이 실시간이 요구되는 서비스는 대역폭이 고정된 회선교환 방식으로 처리하고, 데이터 통신과 같이 실시간이 요구되지 않는 서비스는 시간지연은 있지만 대역폭의 유연성이 뛰어난 패킷교환 방식으로 처리한다.

하지만, 협대역 ISDN은 이와 같은 표준이 아무리 잘 구현된다고 하더라도 여전히 LAN의 전송속도(이더넷의 전송속도는 10/100Mbps이다)에는 미치지 못하였고, 또 기본 전송속도인 64Kbps로는 고속의 통신 서비스 및 다양한 멀티미디어 서비스를 제공하는 것은 어려울뿐더러 1980년대 중반, 디지털 통신 장비가 여러 곳에서 채택되자 공중 통신망 회사들은 데이터 통신의 중요성을 인식하고, N-ISDN보다 더 큰 전송 대역폭을 필요로 하는 서비스를 요구하였다.

따라서 이와 같은 문제점을 보완하기 위하여 협대역 ISDN의 개념을 확장한 새로운 개념의 광대역 종합정보통신망(B-ISDN)이 ITU-T에서 제안되었다. 제안된 B-ISDN의 가장 기본적인 목적은 기간 공중 통신망을 보다 근본적이고도 궁극적인 것으로 대치하고, 여러 가지 형태의 트래픽을 하나의 네트워크를 통해 실어 보내며, 데이터 트래픽이 급속하게 증가하는 현실을 반영하여 현재의 기술의 한계를 뛰어 넘는 새로운 개념의 기술을 정의하는 것이었다.

이와 같은 차세대 네트워크에 대한 요구 조건은 다음과 같은 사항이 있었다.

● 고속성: CPU, 네트워크, 운영체제, 인터페이스 등의 고성능화에 부합되는 고속 전송
● 확장성: 실제 전송속도를 유지하면서 네트워크 노드의 증설이 가능
● 유연성: 각 노드에 대한 가변 전송속도 제공
● 멀티미디어 서비스: 전송 데이터의 실시간, 연속성을 보장

이와 같은 기술이 실현되면, 통신 제조업체는 각 종류별 트래픽 형태에 맞는 장비들을 각각 따로 개발할 필요가 없어지고, 또 공중전화망 회사들은 전송선이나 스위칭 장비 그리고 다중화 장비 등을 한 단계 향상시킬 수 있어 보다 쉽게 디지털 네트워크로 이전할 수 있었다.

ITU-T는 이와 같은 목적을 만족하는 기술을 찾기 위해 많은 연구를 하였다. STM(Synchronous Transfer Mode)과 고속 패킷 스위칭 기술 등 많은 TDM의 변형 기술들을 연구하였다. 하지만 결국, ITU는 광대역 ISDN의 실현방법으로 비동기 패킷교환 방식인 ATM(Asynchronous Transfer Mode)을 B-ISDN에서 필요한 교환기술로 채택하였다. 현재 많은 경우 ATM은 B-ISDN과 동의어로 사용되고 있는데, B-ISDN은 ATM을 사용하는 서비스들 중 하나라는 점에 유의하여야 한다.

한편, ATM 기술은 1980년대 중반 음성과 데이터를 모두 패킷을 이용하여 전송하기 위한 기술로 AT&T의 벨연구소와 프랑스 텔레콤(France Telecom)에 의해 처음 소개되었다. 그런데 이와 같은 기술은 1초에 약 백만개 이상의 패킷을 처리하면서도 최소한의 지연시간(Delay Time)을 가지도록 설계하여야 하기 때문에, 그 당시 교환기의 스위칭 기술로는 불가능한 일이었다.

하지만, 오늘날 ATM 기술은 멀티미디어 환경에 적용하기 위한 초고속정보통신망의 핵심기술로 자리 잡고 있다. 그 이유는 첫째, 전자회로 집적 기술이 발전하면서 VLSI 기술을 ATM 설계 기술에 적용하였기 때문이고, 그 다음은 프레임 릴레이(Frame Relay)처럼 오류제어 기능이나 흐름제어 기능을 상위 프로토콜에 일임시켜 스위칭 속도를 높였기 때문이며, 마지막으로 패킷 교환방식에서는 패킷의 크기가 128~4,096Byte인데 반해 지연 시간 및 버퍼 사용을 쉽게 할 수 있도록 하기 위해 패킷을 작고 고정된 길이(53Byte의 길이를 가지며, ATM에서는 이를 셀(Cell)이라고 한다)을 가지도록 하였기 때문이다.

16.1.4 ATM 포럼

ITU의 초기의 권고안은 ATM이나 B-ISDN이 본격적으로 공중 통신망에 적용되는 시기를 2010년에서 2020년 정도로 추정하고 있다. 하지만 ATM에 대한 관심이 고조되면서 ATM의 표준화와 개발에 관심을 가지고 있는 사람들은 공중 통신망 업계뿐만이 아니라, 사설 통신망 업계에서도 미래를 대비하는 해결책으로서 ATM 네트워크에 대한 관심을 가지게 되었다. 이와 같이 각계의 관심이 커지자 1991년 Adaptive, Cisco Systems, Northren Telecom, US Sprint 등 4개의 전화 및 컴퓨터 업체를 중심으로 ATM 포럼(Forum)이 설립되었다.

ATM 포럼의 당초 목적은 사설 통신망과 공중 통신망간의 정합을 ATM으로 구현하는 방법을 확정하는 것이었다. 그리고 ATM 포럼은 공식적으로는 "제작자들의 합의체"이므로 표준안은 만들지 않고, 단지 표준안을 받아들여 그 사양을 확정함으로써 장비와 서비스의 조기보급을 가능하게 하려는 목적이 있었다.

그러나 지금의 ATM 포럼은 사설 통신망에서의 호환성을 갖는 ATM 장비를 조기에 개발할 수 있게 하는 기본 표준안을 마련하는 기구로 변모하였다. 즉, ATM의 공식 표준은 ITU에 의해 진행되고 있으나 ATM 표준안의 주 작성자로서 ITU의 임무를 대신하고 있다. 예로, ATM 포럼은 설립 후 10개월이 지난 1992년 6월 ATM 사용자 네트워크 인터페이스(UNI: User Network Interface) 표준안을 확정하였다. ATM 포럼에서 이렇게 빨리 표준을 작성할 수 있었던 이유는 기존의 표준 작성 방법은 "만장일치"의 의결 방법에 따라 표준을 작성하는데 반해 ATM 포럼에서는 "다수의 원칙"에 따라 포럼의 표준을 확정하기 때문이다.

ATM 포럼은 그동안 많은 성장을 하여 주요 공중 통신망업체, 사설 통신망업체, 네트워크 업체, 컴퓨터 업체 등 통신 및 컴퓨터 전 분야로 확장되어 현재 참여업체 수는 150멤버 회사(Member Company)를 갖고 있으며 ATM의 기술 발전의 급속한 진전 및 보급을 위해 노력하고 있다.

16.1.5 ATM의 원리

ATM(Asynchronous Transfer Mode)은 기존의 N-ISDN에서 사용하는 동기식 시분할 다중화 방식의 동기전송모드(STM: Synchronous Transfer Mode)와 대별되는 개념으로서, 비동기식 시분할 다중화(TDM) 방식을 사용하여 대역폭의 이용효율을 높인 방식이다. 그리고 또, ATM은 초고속 셀 교환을 위해 각종 제어기능과 시간 동기 기능을 망 내부(교환기)에서 종단 시스템(단말기)으로 이전함으로써 망의 기능을 대폭 단순화 한 방식이다.

ATM은 기본적으로는 연결 지향형 서비스(Connection-Oriented Service)를 원칙으로 하고 있지만, 비연결형 서비스를 포함한 모든 정보의 송수신 전달방식을 비동기 방식으로 전송하며, 음성, 영상과 데이터 등과 같은 이질적인 모든 정보신호를 셀(Cell)이라고 하는 일정한 길이의 블록으로 분할하여 셀 단위로 통신을 수행한다. 즉, 전달하여야 할 정보의 종류(예를 들어, 음성, 영상, 데이터)에 관계없이 전달하여야 할 전체 데이터를 일정 크기로 분할한 고정 크기의 셀을 사용하여 주기적으로 전송한다.

ATM에서 전송의 기본단위로 사용되는 셀은 〔그림 16-3〕과 같이 53바이트의 크기를 갖고 있으며 5바이트의 셀 헤더(Header)와 48바이트의 데이터부(Payload)로 구성된다.

5바이트의 셀 헤더에는 데이터 전송에 필요한 제어 정보 및 전송 경로를 나타내는 주소 정보인 채널 식별자 정보가 기록되어 있으며, ATM 교환기에서는 이 헤더를 분석하여 목적지를 결정하고 다중화 및 교환을 한다. 그리고 데이터부는 전송할 데이터를 실어 보내는데 이용한다.

셀 헤더에 기록되는 주소정보는 실제 물리적인 주소가 아니라 ATM 주소를 근거로 설정한 목적지까지의 셀 전달경로를 나타내는 정보이다. ATM은 이 경로정보를 이용하여 하드웨어에 의한 고속의 셀 교환 기능을 구현한다. 그리고 셀 헤더의 형식은 UNI(User Network Interface; 가입자 장비와 ATM 스위치간의 인터페이스)와 NNI(Network Network Interface; ATM 스위치와 ATM 스위치간의 인터페이스)에 따라 달라진다.

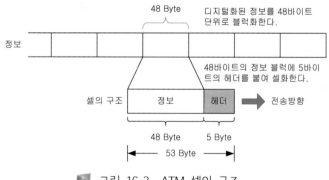

그림 16-3 ATM 셀의 구조

ATM 방식에서는 경로 정보에 표시된 가상회선(Virtual Circuit)이라는 가상의 네트워크 경로를 따라 셀은 전송하는데, 가상회선 방식이란 셀이 존재할 때만 링크를 점유하는 방식을 의미한다. 즉, 송수신 노드 사이의 경로는 회선교환방식과 같이 송신국과 수신국 사이에 영구경로가 설정되는 것이 아니라 필요에 따라 경로를 설정하여 사용하는 형태이다. 이러한 개념은 X.25 패킷전송방식 기술에서 파생된 것이다.

ATM 방식에는 영구가상회선(PVC: Permanent Virtual Circuit)과 교환가상회선(SVC: Switched Virtual Circuit)이라는 두 가지 가상회선이 존재한다. PVC는 송신 단말과 수신 단말간에 마치 전용회선을 갖는 것 같이 PVC가 실행되면 항상 경로가 설정되는 것을 의미하고, SVC는 송신국과 수신국 사이에 필요시마다 호설정을 요구하여 경로를 설정하는 것을 의미한다.

16.1.6 ATM과 STM의 비교

ATM의 기본 개념을 이해하기 위해서는 기존의 TDM을 사용하는 STM과 비교하는 것이 도움이 된다.

기존의 전화망 또는 N-ISDN과 같이 시분할 동기 다중화 방식을 사용하는 동기 전송 모드(STM)에서는 각 사용자에게 고정적으로 타임 슬롯을 할당하여 자기에게 할당된 슬롯에만 데이터를 보낼 수 있기 때문에 각 채널의 전송속도는 [그림 16-4](a)와 같이 항상 같거나 64Kbps의 정수배를 가져야만 다중화하여 전송할 수 있다. 따라서 STM은 통신망의 전송속도와 항상 동기를 시켜줄 필요가 있다. 그리고 또 STM의 경우에는 사용자에게 할당하는 채널의 대역폭의 합이 물리회선의 대역폭을 초과하여 사용할 수는 없다.

그러나 비동기 전송모드(ATM)에서는 [그림 16-4](b)와 같이 셀의 수를 전송속도에 맞추어 다중화하여 전송하면 되기 때문에 각 채널의 전송속도는 반드시 같을 필요는 없다. 데이터와 같이 간헐적으로 발생하는 셀도 마찬가지 방법으로 다중화하여 전송할 수 있으므로, 회선의 효율을 높일 수 있는 장점이 있지만, 셀의 수를 전송속도에 맞추기 위해 셀을 일단 메모리에 저장해 두었다가, 시간을 조정하여 전송하므로 전송시간 지연이 발생하는 단점이 있다. 여기에서 발생되는 전송지연은 고속의 전달속도(155Mbps 이상)와 가변길이의 프레임을 사용하는 대신에 짧고 고정된 길이의 셀을 사용하기 때문에 시간 지연 특성을 개선할 수 있으며, 이로서 ATM은 음성과 같은 지연에 민감한 서비스에도 적용시킬 수 있다.

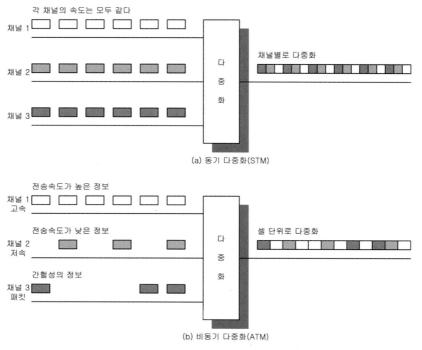

그림 16-4   ATM 다중화와 STM 다중화

　　그리고 또 ATM은 빈 슬롯이 있을 경우 이 슬롯에 데이터를 동적으로 할당하여 전송할 수 있고, 사용자에게 할당하는 대역폭의 합이 물리회선의 대역폭을 초과하여 전송하는 것이 가능하다. 이 경우, 실제로 대역폭을 초과하는 것은 아니고, ATM 교환기가 적당한 버퍼 기능을 유지하고 있어서 사용자에게는 대역폭을 초과하는 것처럼 보이는 것이다. 즉, 1,024Kbps의 대역폭을 가지고 있다면, ATM에서는 사용자에게 512Kbps의 가상 회선을 2개 이상 할당하는 것이 가능하다.

　　따라서 회선교환과 패킷교환의 중간적 성질을 가지고 있는 비동기 전송모드는 전송속도를 저속에서 고속으로 다양하게 조정할 수 있고, 셀 단위로 전송하기 때문에 네트워크의 전송속도와 정보신호의 전송속도를 동기화하지 않아도 되며, 또, 정보가 있을 때에만 전송하기 때문에 전송로를 효율적으로 사용할 수 있어, 여러 가지 종류의 정보에 유연하게 대응할 수 있는 특징이 있다. 그리고 ATM 교환기는 하드웨어로 구성되어 있기 때문에 고속 전송이 가능한 특징도 있다.

16.2 ATM 교환

16.2.1 ATM 교환기

ATM 교환기의 구성은 일반적으로 〔그림 16-5〕와 같이 ATM 가입자 정합장치, ATM 스위치 네트워크, ATM 중계선 정합장치 등과 이들을 제어하는 제어부로 구성된다.

ATM 가입자 정합장치는 UNI 물리 계층 정합, ATM 계층 처리, 신호 셀 및 사용자 정보 셀의 분리 전달, 헤더 변환(HCV: Header Converter), OAM(Operation Administration and Maintenance) 처리, UPC(Usage Parameter Control) 트래픽 제어 기능 등을 수행한다. 여기에서 UPC 트래픽 제어 모듈에서는 사용자의 트래픽이 규정치대로 송출되어 교환기로 들어오고 있는지를 감시하고 제어하는 기능을 수행한다. 다음 OAM 모듈은 전송로나 교환기가 정상적으로 동작하고 있는지를 검색하고, 셀 손실 혹은 동작 오류 여부 등의 성능을 감시하는 기능을 수행한다. 즉, 전송로, 셀 손실, 동작오류 등의 성능을 감시하는 운용 유지 보수 기능을 수행한다. 그리고 HCV 모듈은 입력되는 VPI/VCI를 스위치 및 출력 전송로에서 이용할 VPI/VCI로 변환하는 역할을 수행한다.

ATM 가입자 정합장치에서 송신측의 사용자의 데이터가 수신측에 도달하기까지의 경로는 다음과 같은 순서를 거쳐 처리된다.

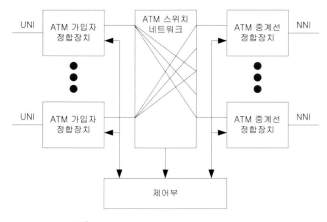

🖥 그림 16-5 ATM 교환기의 구성

송신측 데이터 입력 → 전송로 → UPC → OAM → HCV → ATM 스위치 →
OAM → 출력 버퍼 메모리 → 전송로 → 수신측 데이터 출력

ATM 가입자 정합장치는 ATM 가입자뿐만 아니라 기존 가입자의 서비스를 위한 중
저속 가입자 정합 기능도 수행한다.

ATM 스위치 네트워크는 셀 헤더의 정보를 바탕으로 입력 셀을 특정 포트로 전달
(교환)하는 기능을 수행하며, 수백~수천Mbps의 고속 스위칭이 가능한 단위 스위치들
을 여러 단으로 구성하여 실현한다.

ATM 스위치는 일반적으로 ATM 셀프 라우팅 스위치(Self Routing Switch)로 구
성하며, 가장 대표적인 방식으로는 밴얀(Banyan) 스위치가 있다. 밴얀 스위치는
2×2(입력 2, 출력 2) 스위치의 조합으로 0 또는 1의 라우팅 비트(VCI)를 통해 출력
포트를 표현하는데, [그림 16-6]과 같이 라우팅 비트가 0인 경우 위쪽 포트, 1인 경
우 아래쪽 포트로 스위칭한다. 예를 들어, 셀 헤더 내의 라우팅 비트가 101인 경우 각
비트를 순서대로 읽어 아래쪽 포트, 위쪽 포트, 아래쪽 포트 순으로 스위칭하여 출력
포트까지 전달한다.

ATM 셀프 라우팅 스위치는 실제적으로 여러 개의 셀이 동시에 입력 단자로 들어올
경우 스위칭 도중에 충돌이 발생될 수 있으며, 이러한 충돌을 제어하기 위해 셀을 일
시적으로 버퍼에 축적하였다가 출력시키는 기술이 적용되는데, 이 버퍼의 배치 및 구
성 형태에 따라 ATM 스위치는 입력 버퍼 방식, 출력 버퍼 방식, 입출력 버퍼 방식,
공통 메모리 방식, 공통 버스 방식, 크로스 포인트 스위치 방식 등으로 분류된다.

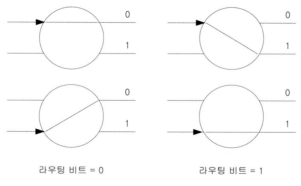

라우팅 비트 = 0   라우팅 비트 = 1

그림 16-6 ATM 스위치의 동작 원리

ATM 중계선 정합장치는 NNI(Network-Network Interface) 인터페이스의 물리 계층, ATM 계층, OAM 처리 기능 등을 수행하며 각 기능 블록의 트래픽 제어 기능들은 스위치 네트워크와 연동하여 동작된다. 그리고 또 ATM 중계선 정합장치는 기존 공중 전화망, N-ISDN, 패킷망, 프레임 릴레이 망, SMDS(Switched Multi-Megabit Data Service) 등과 같은 타망과의 연계 기능도 수행한다.

마지막으로 제어부는 기존의 공중통신망의 교환기와 마찬가지로 멀티프로세서(Multi-Processor) 형태로 구성되며, 각 프로세서간의 통신은 IPC(Inter-Processor Communication) 통신을 이용한다. 제어부는 가입자 및 중계선 정합장치, 스위치 네트워크 등의 하드웨어를 제어하며, 또 신호 프로토콜 처리, 호처리, 데이터베이스 관리, M&A 등의 소프트웨어 처리 기능도 수행한다.

16.2.2 ATM 교환 원리

ATM에서 셀의 교환은 프레임 릴레이나 X.25와 같이 하나의 물리적 선로를 통해 다수의 논리적 연결(Logical Connection)을 설정하여 다중화하는 기능을 제공한다. 각각의 논리적 연결에서 정보의 흐름은 53바이트의 고정된 길이를 갖는 셀(Cell)을 통해 이루어지며, 고속의 데이터 전송을 위해 전송에 관련된 기본적인 기능만을 제공하고 부가적인 기능, 즉 링크간의 오류 제어나 흐름제어 기능은 수행하지 않는다.

그리고 하나의 메시지를 다수의 셀로 분할하여 논리적 연결을 통해 전송하는 경우, 모든 셀들은 목적지에 이를 때까지 모두 동일한 경로를 따라 전송되며, 본래의 전송순서도 유지된다. 이와 같이 하나의 논리 연결을 통해 전송하는 이유는 예측할 수 없는 지연은 물론 전송 순서의 변화를 방지하기 위함이다.

ATM에서 논리적 연결은 가상 채널(Virtual Channel)과 가상 경로(Virtual Path)가 있다.

(1) 가상 채널(Virtual Channel)

ATM에서는 모든 정보 신호를 셀로 분할하고 송신하는 경우, 회선의 이용 효율을 높이기 위해 하나의 물리적 회선을 이용하여 다수의 정보원으로부터 발생되는 정보를 다중화 하여 전송하고, 수신할 때에는 역 다중화하여 수신한 후 셀을 다시 조립하여 메시지로 구성한다. 이와 같이 하면, 셀을 송신하는 곳으로부터 수신하는 곳까지 물리적인 전용 회선이 연결되어 사용되는 경우와 동일한 효과를 가지므로 이를 가상 채널

(VC: Virtual Channel)이라고 한다.

ATM에서는 하나의 회선을 통해 복수의 통신이 이루어지므로 각 연결에 속한 셀을 상호 구별하는 방법이 필요하다. 이를 위해 ATM에서는 셀 헤더에 가상 채널 식별자(VCI: Virtual Channel Identifier)를 사용한다. 가상 채널 식별자(VCI)는 X.25의 LCN과 프레임 릴레이의 DLCI와 동일한 개념이다. 〔그림 16-7〕에 이와 같은 가상회선의 개념을 나타내었다.

(2) 가상 경로(Virtual Path)

단말과 단말간에는 일반적으로 하나의 가상 채널(VC)이 설정되는 것이 보통이지만 네트워크 내의 국과 국간에는 일반적으로 다수의 가상 채널(VC)이 설정된다. 따라서 이와 같은 구간에서는 각각의 VC에 대해 서로 다른 VCI를 이용하여 전송하는 것보다 여러 개의 VC를 묶어서 전송하는 방식이 더 효율적인데, 이와 같은 가상 채널의 묶음을 가상 경로(VP: Virtual Path)라고 하며, 〔그림 16-7〕에 가상 채널과 가상 경로의 관계를 나타내었다. ATM에서는 가상 경로(VP)를 구별하기 위해 셀의 헤더에 가상 경로 식별자(VPI: Virtual Path Identifier)를 사용한다.

ATM의 셀의 헤더에는 VCI와 VPI가 있고, 셀의 가상회선은 VPI와 VCI의 조합에 의해 식별한다. 그리고 각각의 통신마다 설정된 VC와 VP를 이용하여 상대방 단말까지 전송하는데, ATM에서 VC의 경로를 VCI에 의해 절체하는 스위치를 ATM 교환기라고 하고, VP의 경로를 VPI에 의해 절체하는 스위치를 ATM 크로스 커넥터(Cross Connector)라고 한다.

ATM 셀의 헤더에서 VCI는 16비트가 할당되므로 하나의 VP에 $2^{16}=65,536$개의 VC를 다중화하여 전송하여 있고, VPI는 사용자-망 인터페이스(UNI)에서는 8비트가 할당되고, 네트워크-네트워크 인터페이스(NNI)에서는 12비트가 할당된다.

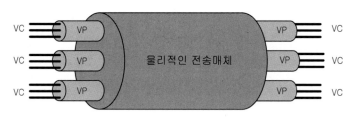

그림 16-7 VP와 VC와의 관계

(3) 셀 교환 방식

[그림 16-8]에 일반적인 셀 교환 네트워크를 나타내었다. [그림 16-8]에서 교환기 A부터 F까지는 ATM 교환기를 나타내며, 편의상 이 교환기는 셀 교환과 크로스 커넥터의 기능을 겸한다고 가정한다. 각각의 교환기는 1, 2, 3, …과 같이 번호 매겨진 여러 개의 포트(인터페이스)를 가지고 있다. 그리고 [그림 16-8]에서 단말 1이 단말 5에게 영상, 음성, 문자로 구성되는 멀티미디어 데이터를 전송한다고 할 때 각 셀은 여러 경로를 통해 전송될 수 있으나, 교환기 A, 교환기 F, 교환기 B, 교환기 C를 통해 전송된다고 가정한다. 이때 VPI/VCI 할당과 각 장치에서의 VPI/VCI 변환 과정을 알아보기로 하자.

단말 1에서 단말 5로 영상, 음성, 문자 데이터를 전달하기 위해서는 단말 1에서 각 데이터는 서로 상이한 VPI/VCI를 갖는 셀로 구성한다. 예를 들어, 영상에는 VPI=5, VCI=10, 음성에는 VPI=5, VCI=11, 문자에는 VPI=5, VCI=12를 할당한다. 이와 같은 셀들은 3개의 논리적인 연결을 이용하여 설정되었지만, 실제로는 하나의 물리적인 선로를 통해 셀들이 전송된다.

다음, 교환기 A에서는 포트 1로 수신된 단말 1의 셀들을 교환기 F로 전달하여야 하는데, ATM에서는 새로운 연결이 설정되면 새로운 VPI/VCI를 할당한다. 이를 위해 각 ATM 교환기는 [표 16-1]과 같은 변환 테이블을 운용한다.

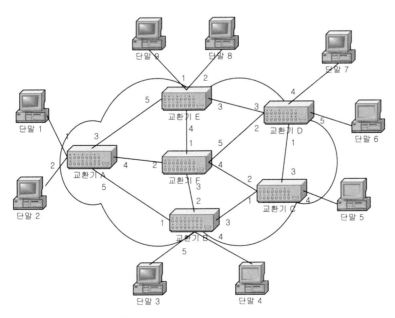

그림 16-8 셀 교환 네트워크

표 16-1 VPI/VCI 변환 테이블

입력 포트	입력 VPI/VCI	출력 VPI/VCI
1	5/10	4/44
1	5/11	4/45
1	5/12	4/46
2	5/10	4/80
2	5/12	4/81

교환기 A에는 단말 1뿐만 아니라 단말 2, 교환기 E, 교환기 F, 교환기 B도 함께 연결되어 있는데, 단말 1과 서로 다른 물리적인 연결을 가지고 있는 단말 2, 교환기 E, 교환기 F, 교환기 B는 단말 1과 서로 상이한 선로에 접속되어 있으므로 단말 1이 사용하고 있는 VPI/VCI를 사용해도 무방하다.

이와 같은 이유는 ATM 교환기는 입력 포트를 이용하여 상이한 입력 포트의 셀에 동일한 VPI/VCI를 할당하더라도 구별할 수 있으며, 교환기가 입력된 셀을 그대로 교환 장치로 전송하지 않고 [표 16-1]과 같은 변환 테이블을 이용하여 VPI/VCPI 값을 변환하여 전송하기 때문이다. 만약, VPI/VCPI 값을 변환하지 않고 그대로 전송된다면 입력 포트 1의 5/10를 가지는 셀과 입력 포트 2의 5/10를 가지는 셀이 동일한 VPI/VCI 값을 가지게 되므로 이 경우에는 정확한 통신이 이루어지지 않는다.

다른 교환 장치도 마찬가지로 입력된 셀을 다른 교환 장치로 전송할 때 변환 기능을 수행하여 최종적으로 단말 5로 전송되게 된다. [그림 16-9]에 각 교환 장치에서 VCI/VPI 변환의 예를 나타내었다.

입력포트	VPI/VCI	출력포트	VPI/VCI
1	4/40	4	6/20
2	4/60	5	1/80
3	4/40	4	8/80

그림 16-9 교환장치에서 VPI/VCI 변환

16.2.3 ATM의 트래픽 제어 기술

ATM에서는 먼저 송신측에서 목적지 정보나 대역폭(Bandwidth) 등의 정보를 담은 신호 셀(Signaling Cell)을 전송하고, 이 정보를 바탕으로 교환기는 송신 경로를 결정하며, 전송할 데이터의 대역폭이 있으면 각 경로마다 VCI를 부여하여 전송한다. 그리고 송신중에는 그 대역이 정상인지 등을 네트워크가 감시하고 폭주시에는 폭주 통보 및 폭주 제어 동작이 이루어진다. 따라서 네트워크에서 라우팅에 의한 트러블 발생이 유도되기도 하지만 무엇보다 중요한 것은 네트워크 품질과 직결되는 트래픽 제어라고 할 수 있다.

ATM 교환기에서 트래픽 제어와 관련된 기술을 알아보도록 하자.

(1) 연결 접수 제어(CAC)

연결 접수 제어(CAC: Connection Admission Control)는 송신측에서 수신측까지 송신측에서 요구한 연결(Connection)의 품질, 대역폭 등을 네트워크가 수용할 수 있는지를 판독하여 연결을 허가하거나 거부하는 동작을 한다. 이때 목주지에 차례차례로 제어용 셀을 전송하여 모든 VCI가 요구된 서비스 조건으로 셀이 통과할 수 있는지를 확인하여 통신이 가능하면 CAC는 연결을 허락한다. 허용된 트래픽은 VCI를 부여하여 실제 전송하게 된다.

(2) 사용량 파라미터 제어(UPC)

ATM 교환의 CAC가 회선교환이나 패킷교환과 다른 점은 통신에 필요한 전송용량이나 품질 등의 파라미터를 신고하는 것이다. ATM에서는 버스트적인 트래픽의 유입이 허용되기 때문에 버스트적인 트래픽에 대해서도 망 설비의 효율적인 활용을 위하여 전체 용량을 관리하고 있다. 따라서 특정의 호가 계약된 양을 초과하여 셀을 전송하게 되면 망 전체의 품질을 열화시킬 수 있으므로, 호를 접수한 통신망은 그 입구에서 전송용량의 신고치와 실제 셀의 유입량이 일치하는지를 감시한다.

사용량 파라미터 제어(UPC: Usage Parameter Control)는 이와 같은 실제 전송되고 있는 트래픽을 모니터링 하는 기능을 수행한다. 모니터링 도중 최초 요구된 대역폭을 초과하는 트래픽에 대해서는 다음과 같은 조치를 하게 된다.

- 초과된 트래픽을 특정 경고 없이 바로 폐기하는 방법

- 초과된 트래픽에 대해 과부하 표시(Violation Tag)를 헤더에 붙이는 방법. 이 경우는 네트워크가 폭주 상태일 때 이 태그가 붙은 셀을 우선적으로 폐기한다.
- 초과된 트래픽 부분에 지연(Delay)을 주어 평균화(Smoothing)하는 방법

위의 세 가지 방식 외에 실제적으로 많이 사용되는 방법으로는 리키 버킷 알고리즘 (Leakey Bucket Algorithm)이 있는데, 이는 버퍼를 이용해 일정한 양의 트래픽만을 흘려보내도록 하여 항상 송신측에서 신고한 대역폭의 평균치를 유지하도록 하는 방식이다. 셀이 일시적으로 많이 도착하면 버퍼가 넘치는 점을 이용하여 초과 트래픽을 감시하며, 버퍼의 크기나 출력의 대역폭은 송신측에서 신고한 최대 대역폭의 크기와 동일한 크기를 갖는다. 따라서 트래픽 량이 많아지면 이 크기를 초과하게 되고, 초과된 셀은 위반으로 간주되어 위에서 설명한 세 가지 방법으로 조치된다.

(3) 폭주 제어(Congestion Control)

트래픽이 폭주하였을 때, 네트워크는 각종 폭주 제어를 행하여 폭주로부터 벗어나거나 다른 연결(Connection) 경로에 미치는 영향을 최소화하기 위해 노력한다.

이를 위해 CAC는 새로운 연결 접수를 중지하고, 우선 제어에 의해 가능한 한 중요한 셀의 보호를 위해 노력한다. 또한 라우팅 경로를 변경하여 폭주 상태에 있는 경로를 우회하도록 하며, 송신측에게는 폭주 상태를 통지(FECN, BECN)하여 폭주 상태에 있는 경로의 사용을 피하도록 유도한다. 여기에서 FECN, BECN 메시지는 프레임 릴레이에서 사용되어온 폭주제어 방법으로서 프레임 진행방향, 또는 진행 반대 방향으로 사용 자제를 요구하는 비트를 프레임 헤더에 포함해 전달하는 방식이다.

하지만 최악의 경우에는 UPC 등을 이용한 트래픽의 규제나 절단을 통해 네트워크를 회복시킨다.

16.2.4 ATM 교환방식과 타 교환방식과의 비교

ATM 통신방식은 기존의 디지털 회선교환 통신방식과 패킷교환 통신방식을 통합한 방식으로서 회선 교환과 패킷교환의 장점만을 흡수한 방식이라고 할 수 있다. 여기에서는 지금까지의 교환방식과 ATM 교환 방식간의 차이점을 알아보기로 한다.

(1) 회선교환과 ATM 교환의 차이점

지금까지 가장 오래되었으면서도 가장 많이 사용되고 있는 회선교환 방식은 회선의 연결, 전송, 해제의 과정을 통해 정보가 전송되며, 일단 회선이 연결되면, 정보량이 많든 적든 간에 고정 속도로 전송하기 때문에 연속성이 요구되는 데이터의 전송이나 실시간성이 요구되는 음성통신 등에 적합한 방식이다.

하지만, 회선교환 방식은 한번 점유된 회선은 전송이 끝날 때까지 다른 노드에 의해 접속이 불가능하고, 사용되는 타임 슬롯의 위치가 고정되어 있기 때문에 정보량이 적은 경우 빈 타임 슬롯이 발생되는 등의 회선의 효율성이 떨어지는 문제점이 있다. 그리고 64Kbps, 128Kbps와 같은 타임 슬롯(하나의 타임 슬롯의 크기는 64Kbps임)의 정수배인 프레임은 전송이 가능하지만, 타임 슬롯의 정수배가 아닌 0.5배, 2.5배인 프레임은 1 타임 슬롯, 3 타임 슬롯의 프레임으로 전송하여야 하기 때문에 미세한 속도의 가변성은 얻을 수 없다.

한편, ATM 교환의 경우 셀 간의 순서가 바뀌더라도 셀 내의 헤더 정보를 이용하여 자유자재로 전송이 가능하고, 또 셀을 필요할 때 필요한 만큼 보낼 수 있어 회선이 효율성을 높일 수 있다. 그리고 전송 속도도 64Kbps, 128Kbps와 같은 타임 슬롯의 정수배로 전송하는 것이 아니라 53byte의 정수배로 전송하기 때문에 미세한 속도의 가변성을 얻을 수 있으며, 송신 중에도 속도를 변화시킬 수 있는 장점이 있다. 하지만 ATM 교환의 경우 셀을 분할함으로 인해 수반되는 연결 설정, 신호 처리, 전송, 교환 등의 여러 가지 새로운 문제들이 제기된다.

(2) 패킷교환과 ATM 교환의 차이점

패킷교환 방식은 정보를 적당한 크기로 잘라 목적지 주소와 제어정보가 들어 있는 헤더를 부가하여 전송하는 방식으로서, 회선이 비어 있지 않더라도 축적 후 전송 (Store and Forward)하기 때문에 회선의 효율성을 강조한 방식이라고 할 수 있다. 그리고 패킷의 크기는 128~4,096Byte 범위의 유연성을 가지기 때문에 정보의 속성에 따라 패킷의 크기를 임의로 설정할 수 있는 장점이 있다.

하지만, 패킷교환 방식은 각각의 패킷을 교환기의 소프트웨어를 이용하여 처리하기 때문에 전송되는 패킷의 상당량이 교환기의 버퍼에 머물러있게 되어 지연 시간(Delay Time)이 발생하게 되고, 특히 데이터의 폭주시 전송 시간의 변동이 커지는 문제점이 있어 고속 전송에는 적합하지 않다.

한편, ATM 교환 방식은 셀의 크기를 53byte로 고정하였기 때문에 셀의 제어를 단순화할 수 있고, 또 교환기의 CPU에서 소프트웨어에 의해 라우팅하는 패킷교환에 비해 ATM 교환은 교환기의 HCV(Header Converter) 모듈에서 VPI(Virtual Path Identifier)/ VCI(Virtual Channel Identifier)의 변환을 통해 하드웨어적으로 라우팅하기 때문에 고속 전송을 할 수 있다는 장점이 있다.

즉, ATM 통신방식은 ATM 셀을 기본 전송수단으로 사용하기 때문에 패킷교환 통신방식과 유사하다. 하지만, 패킷교환 통신방식은 실시간 신호를 처리하는데 어려움이 있고, 주로 LAN과 같이 제한된 지역에서 사용하는 반면, ATM 통신방식은 실시간 신호까지도 동등하게 취급하면서, 거대한 공중망에서 사용한다. 따라서 ATM 통신방식은 번지부여, 접속 및 흐름 제어, 교환, 전송 등에 있어서 여러 가지 어려움이 따른다.

16.3 ATM 프로토콜 참조 모델

ATM 프로토콜 참조 모델은 ITU-T I.121에서 정의한 B-ISDN 참조 모델을 따르고 있으며, 〔그림 16-10〕에 나타낸 바와 같이 상위계층, ATM 적응 계층, ATM 계층, 물리 계층 등 총 4개의 계층으로 구성되어 있다. 일반적으로 ATM 적응계층, ATM 계층, 물리 계층은 하위 계층이라고 한다. 그리고 ATM 프로토콜 참조 모델을 OSI 7계층 참조 모델에 대응하여 보면, ATM 물리 계층은 OSI 참조 모델의 물리 계층에 대응되고, ATM 계층과 ATM 적응 계층은 OSI 참조 모델의 데이터링크 계층에 대응되며, 상위 계층은 OSI 참조 모델의 트랜스포트 계층 및 응용 계층에 대응된다.

ATM 프로토콜 참조 모델은 OSI 참조 모델과 유사한 계층화 개념과 원리를 사용하고 있지만, B-ISDN의 추가 요구사항을 모델링 하기 위해 평면(Plane)으로 분리하여 적용하고 있다. 즉, 〔그림 16-10〕에 나타낸 바와 같이 B-ISDN 프로토콜 참조 모델은 크게 사용자 평면(User Plane) 프로토콜, 제어 평면(Control Plane) 프로토콜, 관리 평면(Management Plane) 프로토콜로 나누어 구성하고 있다.

사용자 평면(User Plane) 프로토콜은 물리 계층, ATM 계층, ATM 적응 계층, 상위계층의 계층적 구조를 가지고 있으며, 종단간(End-to-End) 사용자 정보의 전송, 흐름제어, 오류제어 등의 기능을 수행한다.

또한 제어 평면(Control Plane) 프로토콜도 물리 계층, ATM 계층, ATM 적응 계층, 상위 계층의 계층적 구조를 가지고 있으며, 모든 호의 설정, 감시, 해제 등에 필요한 시그널링(Signaling)을 취급한다.

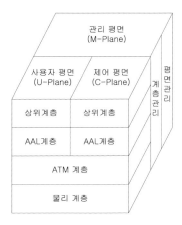
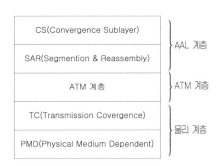

그림 16-10 ATM 참조 모델

관리 평면(Management Plane) 프로토콜은 계층 관리와 평면 관리의 2가지 기능을 수행하며, 계층적 구조는 가지지 않는다. 계층 관리(Layer Management)는 각 프로토콜 계층 내에 존재하는 파라미터와 자원에 대한 관리 기능을 제공하고, 특정 계층에 대한 운용 및 유지보수 정보를 처리하는 기능을 수행하며, 평면 관리(Plane Management)는 시스템 전반에 걸친 관리 기능을 수행하고, 평면간의 조정 기능을 수행한다.

〔표 16-2〕에 각 계층 및 부계층의 기능을 나타내었다.

표 16-2 ATM 계층 및 부계층의 기능

계 층	세부 계층	기 능
	상위 계층	-연결 기능
ATM 적응 계층	CS (Convergence Sublayer)	-변환 기능
	SAR (Segmentation and Reassembly Sublayer)	-셀 분해 및 재조립 기능
ATM 계층		-일반적인 흐름제어(GFC) 기능 -셀 헤더의 생성 및 제거 기능 -셀의 VPI/VCI 번역 기능 -셀의 다중화 및 역다중화 기능
물리 계층	TC (Transmission Convergence Sublayer)	-셀의 전송속도 조절 기능 -HEC 생성 및 검증 기능 -셀 경계 식별 기능(셀 동기 기능) -전송프레임의 적응 기능 -전송프레임의 생성 및 복구
	PMD (Physical Media Dependant Sublayer)	-비트 동기화 기능 -물리 매체 관련 기능

· 16.4 ATM 물리 계층

물리 계층은 상위 계층인 ATM 계층으로부터 내려온 ATM 셀을 수집하여 물리매체를 통하여 전송하고, 물리매체를 통해 전송된 ATM 셀을 ATM 계층으로 전달하는 역할을 한다. 물리 계층에서는 오류없는 셀 전송을 실현하기 위하여 물리 매체 종속(PMD) 부계층과 전송 수렴(TC) 부계층으로 구분하여 규정하고 있으며, 이를 통해 비트 동기, 전송 프레임의 생성 및 복구, 셀 흐름의 속도 정합, 셀 헤더의 오류 정정 등의 기능을 수행한다.

16.4.1 물리매체 종속(PMD) 부계층

물리매체 종속(PMD: Physical Medium Dependant) 부계층은 물리적인 전송로 상에서 비트스트림(Bit Stream)의 전송기능을 수행하며, 전송매체에 적합한 신호의 생성 및 수신, 비트 정보의 삽입, 추출, 전송 부호화, 전기-광 변환 등의 기능을 수행한다.

특히, PMD 부계층에서는 ATM 통신에서 가장 기본이 되는 전송매체인 광 신호에 관해 규정하고 있으며, 전송에 사용되는 매체의 종류에 따라 광 신호 또는 전기적 신호를 결정한다. 이때 사용되는 전송 부호화 방식은 광 신호에 대해서는 NRZ(Non-Return to Zero) 부호를 사용하고, 전기 신호에 대해서는 CMI(Coded Mark Inversion) 부호를 사용한다.

B-ISDN의 UNI 기본 전송속도는 155.52Mbps 또는 622.08Mbps이다.

16.4.2 전송 수렴(TC) 부계층

전송 수렴(TC: Transmission Convergence) 부계층은 PMD 부계층으로부터 수신된 전기-광 신호로부터 셀을 복원하여 ATM 계층으로 올려 보내는 기능을 하거나 그 반대의 기능을 수행한다.

ATM에서 셀을 전송하는 방식에는 ATM 셀을 동기 디지털 계위(SDH: Synchronous Digital Hierarchy) 전송 프레임에 삽입하여 전송하는 SDH 기반의 전송방식과 ATM 셀을 전송로 상에서 그대로 전송하는 셀을 기반의 전송방식이 있다. 따라서 전송시스템은 셀 기반의 전송인지 SDH 기반의 전송인지에 따라 다음과 같은 기능을 수행한다.

- 전송프레임의 생성 및 복구기능: 송신측에서는 PM 부계층에 보는 전송프레임을 생성하고 수신측에서는 비트 열로부터 전송프레임을 복구한다.
- 전송프레임 적응 기능: 전송프레임의 페이로드에 ATM 셀을 매핑하거나 전송프레임으로부터 ATM 셀을 추출해 내는 기능으로서 셀 기반의 경우에는 이 기능이 필요하지 않다.
- 셀 경계 식별 기능: 수신측이 ATM 셀의 경계를 구분할 수 있도록 하는 기능으로서 동기 디지털 계위(SDH) 기반의 전송에서는 전송프레임의 포인터를 이용하여 셀 경계를 식별하고, 셀 기반의 전송시에는 셀 헤더의 HEC 필드를 이용하여 셀 경계를 식별한다.
- HEC 생성 및 헤더 오류검사 기능: 송신측에서는 HEC를 계산하여 헤더부에 삽입하고, 수신측에서는 헤더부의 오류를 검출하여 수정이 가능하면 오류를 수정하고, 만약 오류의 수정이 불가능하면 그 셀은 버린다.
- 셀 흐름의 속도 정합 기능: 전송시스템의 대역폭에 맞추기 위해 유휴 셀(Idle Cell)을 삽입 추출하는 기능을 수행한다.

16.5 ATM 계층

ATM 계층은 물리 계층과 ATM 적응 계층 사이에 존재하는 계층으로, ATM 셀 헤더에 관련된 모든 처리(HFC 필드는 물리 계층에서 처리하므로 제외됨)를 하는 계층이다. 그리고 또 ATM 계층은 셀을 전송하기 위해 셀의 다중화 및 역다중화, 가상 채널 및 가상 경로 설정, 셀 헤더 생성 및 삭제 등의 기능을 수행한다. ATM 계층은 물리적인 계층과 독립적으로 셀을 처리함으로써 ATM 통신을 실현하기 위한 계층이다.

16.5.1 ATM 셀 헤더 형식

ATM은 셀의 헤더 정보를 기초로 하여 송수신 사용자간의 셀 전송을 행한다. ATM 셀은 사용자-네트워크 인터페이스(UNI: User-Network Interface)의 셀 구조와 네트워크-네트워크 인터페이스(NNI: Network-Network Interface)의 셀 구조가 서로 다른데, UNI와 NNI의 셀 구조의 차이점은 GFC 필드의 유무에 있으며, UNI는 GFC 필드가 존재하고, NNI는 GFC 필드가 없는 대신 VPI가 그 자리를 차지하고 있다. 이것은 UNI와

NNI에서 셀 구조를 통일하여 셀 처리를 될 수 있는 한 간단하게 하고 또 전송지연을 짧게 하기 위함이다.

ATM 셀은 [그림 16-11]과 같이 5Byte의 헤더와 48Byte의 페이로드로 구성되고, 5Byte의 헤더에는 GFC 필드, VPI 필드, VCI 필드, PT 필드, CLP 필드, HEC 필드로 구성되어 있다.

(1) GFC 필드

일반 흐름제어(GFC: General Flow Control) 필드는 UNI에서 셀 충돌을 피하기 위한 흐름제어 정보가 들어 있으며 하나의 인터페이스를 공유하는 복수개의 단말이 존재하는 경우에 사용된다. GFC는 4비트로 구성되며, 사용하지 않을 때에는 4비트 모두 0으로 설정한다. GFC는 NNI에서는 사용되지 않는다.

(2) VPI/VCI 필드

가상경로 식별자(VPI: Virtual Path Identifier)와 가상채널 식별자(VCI: Virtual Channel Identifier)는 ATM 네트워크에서 실제 논리적으로 라우팅되는 경로로 사용되며, 5Byte의 셀 헤더 중 대부분을 차지한다. UNI에서는 VPI가 8bit, VCI가 16bit로 할당되고, NNI에서는 VPI가 12bit, VCI가 16bit로 할당된다.

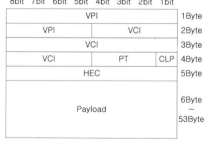

그림 16-11 ATM 셀 구조

VPI와 VCI는 ATM에서 가상경로(VP)와 가상채널(VC)을 식별하는 경로설정 비트로서 네트워크에서 각 노드는 셀을 수신하면 입력 VPI와 VCI를 이용하여 경로 설정 테이블을 검색하고, 출력 VPI 및 VCI의 값을 결정한다.

(3) PT 필드

페이로드 유형(PT: Payload Type) 필드는 ATM 셀의 페이로드(48Byte)가 사용자 정보용 셀, OAM 정보용 셀, 자원 관리용 셀 중 어떤 유형의 셀인지를 나타내는 3비트의 필드이다.

PT 필드의 3비트 중 첫 번째 비트는 사용자 정보용 셀인지, 제어 정보(OAM 정보 또는 자원관리)용 셀인지를 구분하는 비트이다.

그리고 두 번째 비트는 전송도중 체증 상태가 있었는지를 나타내는 비트이다. ATM 셀은 맨 처음 전송될 때, 이 비트를 '0'으로 설정하여 전송하지만, 전송도중 폭주가 발생하거나 폭주의 가능성이 있는 장치를 통과하였을 때에는 '1'로 전환된다. 이 비트에 의해 폭주 상황을 통지받은 수신측은 송신측에게 이 사실을 통보하며, 이를 통해 송신측은 네트워크의 트래픽을 감소시키기 위해 셀 전송을 억제하여 폭주 상태로부터 회복 또는 회피할 수 있도록 한다.

마지막으로 세 번째 비트는 각 유형의 일련의 셀들 중 마지막 셀이라는 것을 알리기 위해 사용한다.

표 16-3 페이로드 유형 필드

PT 필드	의 미
000	사용자 정보 셀 : 폭주 없음, SDU Type = 0
001	사용자 정보 셀 : 폭주 없음, SDU Type = 1
010	사용자 정보 셀 : 폭주 상태, SDU Type = 0
011	사용자 정보 셀 : 폭주 상태, SDU Type = 1
100	VC용 F5 OAM 셀 (세그먼트용)
101	VC용 F5 OAM 셀 (end to end)
110	리소스 관리용 셀
111	예 비

(4) CLP 필드

셀 손실 우선순위(CLP: Cell Loss Priority) 필드는 네트워크에서 폭주상태가 발생할 때 우선적으로 폐기될 수 있는 셀을 표시하기 위해 사용하는 1bit 필드이다. 이 비트가 '0'으로 설정되면 우선순위가 높은 셀(High Priority)을 의미하고, '1'로 설정되면 우선순위가 낮은 셀(Low Priority)을 의미한다. 폭주상태에서는 우선순위가 낮은 셀이 먼저 폐기되며, 이로서 폭주상태에서도 CLP가 0인 셀은 손실 없이 처리될 수 있다.

(5) HEC 필드

ATM 셀은 헤더의 5Byte 중 1Byte를 순환반복검사(CRC: Cyclic Redundancy Check)용으로 사용하여 헤더의 오류를 검출하거나 정정하고 있는데, 이를 헤드 오류제어(HEC: Header Error Control) 필드라고 한다. ATM 셀의 HEC는 1비트의 오류정정 능력과 2비트 이상의 오류검출 능력을 가지고 있다.

일반적으로 물리매체에서 발생하는 오류는 한 비트만 오류가 발생될 수도 있고, 2비트 이상이 연속적으로 발생되는 군집성 오류일 수도 있다. 이를 위해 ATM에서는 〔그림 16-12〕와 같이 오류 정정모드와 오류 검출모드를 두고 오류제어를 수행하고 있으며, 운용모드는 다음과 같다.

- 오류 정정모드(Error Correction Mode): 한 비트의 오류가 검출된 경우에는 오류를 정정하고, 두 비트 이상의 오류가 검출된 경우에는 오류 검출모드로 천이한다.
- 오류 검출모드(Error Detection Mode): 오류가 검출되지 않은 경우에는 오류 정정모드로 천이하고, 오류가 검출된 경우에는 하나 이상의 오류가 연속적으로 발생된 군집성 오류일 가능성이 높으므로 오류가 난 셀을 폐기한다.

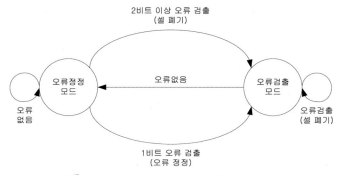

그림 16-12 ATM 셀 헤더 오류 제어

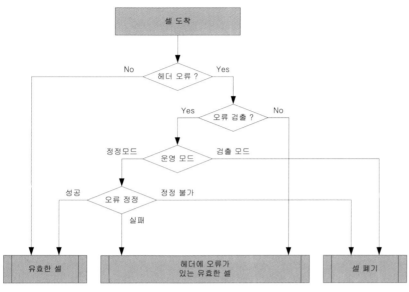

그림 16-13 ATM 셀 헤더 오류 제어

HEC 필드는 ATM 셀 헤더에서 유일하게 물리 계층의 전송수렴(TC) 부계층에서 처리되는 필드이다. HEC 필드를 이용하여 셀 헤더의 오류 처리 과정을 〔그림 16-13〕에 나타내었다.

16.5.2 ATM 계층의 기능

(1) 셀의 다중화 및 역다중화 기능

송신할 때는 상위계층으로부터 발생된 서로 다른 가상경로(VP)/가상채널(VC)을 갖는 ATM 셀을 하나의 셀 스트림으로 보내기 위한 다중화 기능을 수행하고, 수신할 때는 하나의 셀 스트림으로 수신된 것을 VP/VC 별로 분리하는 역다중화 기능을 수행한다.

(2) VCI/VPI 변환기능

ATM에서 각 셀은 자신이 속한 가상경로(VP)와 가상 채널(VC)을 식별하기 위하여 헤더에 가상경로 식별자(VPI) 및 가상채널 식별자(VCI)를 붙인다. VPI/VCI 변환 기능은 셀 전송시 ATM 교환기에서 VPI/VCI를 해석하여 입력 식별자를 출력 식별자로 변환함으로서 전송에 필요한 경로를 설정하는 기능이다. 이 기능은 ATM 스위칭 영역과 크로스 커넥트 노드에서 수행된다.

(3) 셀 헤더 생성 및 삭제 기능

셀 헤더 생성 및 삭제 기능은 AAL 계층과의 정보 전달을 위한 기능이다. 송신시에는 AAL 계층으로부터 셀의 정보필드를 받아들여 HEC를 제외한 셀 헤더정보(예 VPI/VCI등)를 추가하여 전송하고, 수신시에는 정보 필드를 AAL 계층으로 보내기 위해 수신된 셀에서 셀의 헤더를 삭제하는 기능을 수행한다.

(4) 일반 흐름제어(GFC) 기능

일반 흐름제어(GFC: Generic Flow Control)는 복수의 단말이 접속되는 멀티포인트형의 사용자-네트워크 인터페이스(UNI)에서 셀 충돌을 피하기 위해 접속 및 정보의 흐름을 제어하는 기능이다.

GFC의 기능은 UNI에만 적용되는 기능이며, GFC 필드의 사용에 대한 표준은 아직 미제정 상태이다. 그리고 일대일 통신시 GFC 필드의 디폴트 값은 '0000'을 갖는다

16.6 AAL 계층

ATM 적응계층(AAL: ATM Adaptation Layer)은 ATM 계층과 상위계층의 중간에 위치하며, ATM 계층이 ATM 네트워크를 이용하는 모든 애플리케이션에 대해 공통의 플랫폼을 제공하도록 설계되어 있다면, AAL 계층은 서비스 의존형 계층으로서 모든 애플리케이션에 대해 특정 전송 서비스를 제공하도록 설계되어 있다.

AAL 계층의 주요 기능으로는 ATM 셀의 분해 및 재결합, AAL 계층의 데이터 전송에 대한 오류처리, 폭주에 의한 셀 손실 처리, 부정 삽입 셀에 대한 처리, ATM 계층의 고유의 동작을 상위 계층으로부터 숨기는 은폐기능, 그리고 오디오와 비디오와 같은 실시간성을 요구하는 매체를 위한 타이밍 정보 제어 등의 기능을 수행한다.

16.6.1 AAL의 개요

ATM은 53Byte의 고정 크기의 셀을 전송하도록 설계되어 있는데, ATM 계층이 5Byte의 헤더를 생성하는 계층이라면, AAL 계층은 48Byte의 페이로드를 생성하는 계층이라고 정의할 수 있다. 즉, AAL 계층은 다양한 애플리케이션으로부터 데이터를

받아 ATM 계층에서 전송하기에 적합하도록 48Byte의 일정 길이로 분해하여 ATM 계층으로 전송하는 역할을 한다.

AAL 계층은 분해 및 재결합(SAR: Segmentation and Reassembly) 부계층과 수렴 부계층(CS: Convergence Sublayer) 등 2개의 부계층으로 구분된다.

(1) SAR 부계층

분해 및 재결합(SAR: Segmentation and Reassembly) 부계층은 CS 부계층으로부터 가변길이의 메시지를 받아 48Byte의 페이로드로 분해(Segmentation)하고, 또 반대로 ATM 계층으로부터 넘겨받은 48Byte의 페이로드를 CS 부계층으로 전달하기 위해 재결합(Reassembly)하여 메시지를 만드는 역할을 한다.

(2) CS 부계층

수렴 부계층(CS: Convergence Sublayer)은 상위계층으로부터 받은 데이터를 패딩(Padding)과 오류 점검을 위한 트레일러를 부가한 후 SAR 부계층으로 전달하는 역할을 한다. 즉, 상위계층으로부터 전달된 가변길이의 메시지에 8바이트 트레일러(오류 교정 및 기타 제어 정보를 위한 것)를 첨부하고, 필요한 경우 패딩을 수행하여 48Byte의 정수배가 되도록 하여 SAR 부계층으로 전달한다.

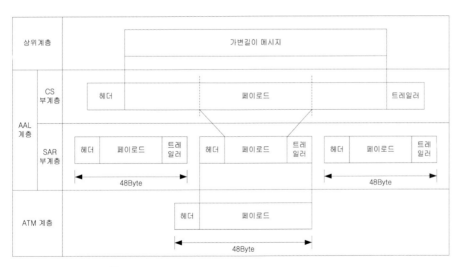

그림 16-14 ATM 프로토콜 데이터 단위 계층

16.6.2 AAL 프로토콜 유형과 서비스 클래스

AAL 계층은 특성이 다른 다양한 서비스를 수용하여야 하기 때문에 다수의 프로토콜이 존재하여야 한다. 하지만 모든 서비스를 상위계층으로 제공하기 위해 각각의 서비스에 맞는 프로토콜을 모두 준비할 수는 없다.

따라서 AAL 계층에서는 프로토콜의 수를 최소화하면서 다양한 서비스를 제공할 수 있도록 서비스를 클래스별로 분류하여 정의하고 있다. AAL 계층에서는 서비스를 분류하는데 있어 다음과 같은 3가지 기준을 가지고 서비스 클래스를 분류한다.

- 소스와 목적지간의 타이밍 관계: 제공되는 서비스가 실시간성을 요구하는지에 대한 여부
- 전송 속도(Bit Rate): 제공되는 서비스가 고정전송속도(CBR)와 가변전송속도(VBR) 중 어느 것을 사용하는지에 대한 여부
- 연결 형태(Connection Mode): 연결형(connection-oriented) 모드와 비연결형(Connectionless) 모드 중 어느 연결 형태를 이용하여 데이터를 전송하는지에 대한 여부

AAL 계층에서는 이러한 특성을 적당히 조합하여 네 가지의 서비스 클래스를 정의하였는데, 〔표 16-4〕와 같이 AAL1, AAL2, AAL3/4, AAL5 등이 있고, 일반적으로 AAL1과 AAL2는 오디오와 비디오 정보 전송을 지원하고, AAL3/4와 AAL5는 데이터 통신을 지원한다.

표 16-4 서비스 클래스와 AAL 형식

구 분	클래스 A	클래스 B	클래스 C	클래스 D
실시간성	필요		불필요	
전송속도	일정속도	가변 속도		
연결형태	연결형			비연결형
AAL 종류	AAL 1	AAL 2	AAL 3/5	AAL 4
요구 조건	일정한 송신 간격		오류검출, 재전송	오류검출
응용 기술	CBR 형태의 비압축 오디오 또는 비디오	VBR 형태의 압축 오디오 또는 비디오	연결형 데이터	비연결형 데이터
응용 예제	64Kbps의 디지털 음성	실시간 압축 오디오 또는 비디오	X.25 패킷 교환 서비스 또는 프레임릴레이 서비스	데이터그램 서비스 SMDS TCP/IP

16.6.3 AAL1 서비스

AAL1은 기존의 64Kbps 음성이나 전용선 서비스와 같이 실시간성이 요구되는 데이터를 고정 전송속도(CBR: Constant Bit Rate)로 전송하기 위한 연결형 서비스를 제공한다. 즉, AAL1은 비디오나 음성과 같이 일정한 전송속도를 수신측까지 보장하여야 하는 응용 프로그램을 지원하기 위해 사용되며, 이를 위해 사용자 정보뿐만 아니라 타이밍 정보도 함께 전송한다.

이와 같은 기능을 수행하기 위하여 AAL1의 각 부계층에서는 다음과 같은 역할을 한다.

(1) AAL1 CS 부계층

AAL1의 CS 부계층에서는 상위 계층으로부터 전달되는 메시지를 47Byte의 세그먼트로 나누어 하위 SAR 부계층으로 전달하는 역할을 하며, 이외에도 다음과 같은 기능을 수행한다.

- 셀 지연이 발생한 경우의 처리 기능
- 셀 손실 및 부정 삽입 셀에 대한 처리 기능
- 수신측에서 송신측이 보낸 타이밍 정보 복구 기능
- 비디오의 오디오의 실시간 전달을 위한 순방향 오류정정 기능
- 종단간 성능에 대한 상태보고 기능

(2) AAL1 SAR 부계층

하향 스트림에서 AAL1의 SAR 부계층은 CS 부계층으로부터 47Byte의 페이로드를 받아 1Byte의 헤더를 붙인 48Byte의 SAR PDU(Protocol Data Unit)를 ATM 계층으로 전달하는 역할을 하고, 상향 스트림에서는 ATM 계층으로부터 전달된 ATM PDU를 재결합하여 CS PDU를 만들어 CS 부계층으로 전달하는 역할을 한다.

〔그림 16-15〕에 AAL1 SAR 부계층의 PDU 형식을 나타내었다.

SAR 부계층의 헤더는 4비트의 SN 필드와 4비트의 SNP 필드로 구성되어 있고, SN 필드는 또 CSI 필드와 SC 필드로 구성되어 있고, SNP 필드는 CRC 필드와 P 필드로 구성되어 있다. 각 필드의 기능은 다음과 같다.

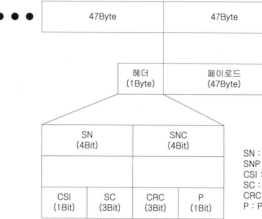

그림 16-15 AAL1 SAR 형식

⌐ CSI(Convergence Sublayer Identifier): 1Bit

CSI 필드는 CS 부계층 정보로 사용되는 1비트 필드이다. 일반적으로 이 비트는 사용하지 않고 0으로 설정한다.

⌐ SC(Sequence Count): 3Bit

SC 필드는 종단간의 오류제어나 흐름제어를 위해 셀을 정렬하고, 손실되거나 잘못 삽입된 셀을 식별하는데 사용하는 Modulo 8의 순서 번호이다.

⌐ CRC(Cyclic Redundancy Check): 3Bit

1비트 이상의 오류를 검출하고, 1비트의 오류를 정정하는데 사용되는 3비트의 CRC 필드이다. CRC의 생성다항식은 $G(x) = X^3 + X + 1$이다.

AAL1은 실시간 응용 서비스를 제공하기 때문에 일반적으로 재전송을 하지 않는다. 따라서 1비트의 오류를 자동으로 정정하여 효과적으로 QoS를 제공하기 위해 이 필드를 사용한다.

⌐ P(Parity): 1Bit

P 필드는 CSI, SC, CRC의 7비트에 대한 패리티 비트이다.

16.6.4 AAL2 서비스

AAL2는 AAL1과 마찬가지로 실시간성이 요구되는 연결형 서비스를 지원하기 위해 만들어졌다. 따라서 AAL2도 사용자 정보뿐만 아니라 타이밍 정보도 함께 전송한다. 하지만 AAL1과의 차이점은 사용자의 데이터를 고정 전송속도(CBR: Constant Bit Rate)로 전송하는 것이 아니고, 가변 전송속도(VBR: Variable Bit Rate)로 전송한다는 점이 다르다. 그런데 이와 같은 VBR이 초기 권고에서는 제시된 바는 있으나 영상의 압축 문제 등으로 인하여 현재는 진행을 멈춘 상태이다.

AAL2는 ITU-T에서 세부적인 사항을 아직도 연구중에 있으므로, 셀 표준은 아직 정확하게 표준화되어 있지 않으나, 〔그림 16-16〕의 형태를 따르고 있다.

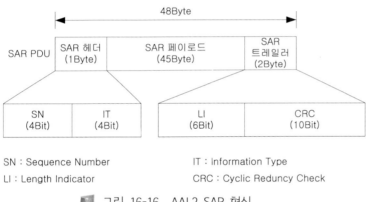

SN : Sequence Number IT : Information Type
LI : Length Indicator CRC : Cyclic Reduncy Check

그림 16-16 AAL2 SAR 형식

16.6.5 AAL3/4 서비스

AAL3와 ATM 네트워크를 통하여 데이터를 프레임 릴레이와 같은 연결형 서비스를 지원하기 위해 만들어졌고, AAL4는 ATM 네트워크를 통하여 데이터를 IP와 같은 비연결형 서비스를 지원하기 위해 만들어졌다. 하지만 프레임 릴레이와 같은 서비스를 AAL3를 이용하여 지원하는 것은 줄어들고 있는 추세여서 AAL3와 공통점을 가지고 있는 AAL4를 같이 취급하게 되어 하나로 통합되었다.

AAL3/4는 ATM에서 연결형 또는 비연결형 VBR 데이터 서비스를 지원하기 위한 계층이다.

(1) AAL3/4 SAR 부계층

〔그림 16-17〕에 AAL3/4 SAR 부계층의 PDU 형식을 나타내었다. 그림에서 보는 바와 같이 AAL3/4는 AAL1/2에 비해 가장 많은 오버헤드를 가지고 있음을 알 수 있다. 그리고 AAL3/4의 SAR PDU에는 2Byte의 헤더와 2Byte의 트레일러가 있는데, 헤더에는 ST 필드, SN 필드, MID 필드가 있고, 트레일러에는 LI 필드와 CRC 필드가 있다.

SAR PDU는 CS 부계층으로부터 가변길이 메시지(CS-PDU)를 받아서 분해한 후 헤더와 트레일러를 붙여 SAR PDU를 만들어 ATM 계층으로 보내는 역할과, ATM 계층으로부터 전달받은 SAR PDU를 재결합하여 CS PDU로 복구하는 기능을 수행한다. 각 필드의 기능은 다음과 같다.

🖰 ST(Segment Type): 2Bit

ST 필드는 해당 세그먼트가 메시지의 어느 위치에 있는지를 나타내는 필드로서 다음과 같은 값을 갖는다.

- BOM(Beginning Of Message-01): 메시지의 시작 부분임을 표시
- COM(Continuation Of Message-00): 이어지는 메시지임을 표시
- EOM(End Of Message-01): 메시지의 끝 부분임을 표시
- SSM(Single Segment Message-11): 하나의 세그먼트로 구성된 메시지임을 표시

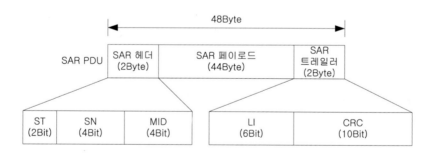

그림 16-17 AAL3/4 SAR 형식

🖰 MID(Multiplex Identification): 4Bit

MID 필드는 단일 ATM 연결에서 복수개의 메시지를 하나의 가상 연결상에서 다중화 할 때 각각의 데이터의 흐름을 구분하기 위한 식별자를 나타내는 필드이다.

🖰 LI(Length Indicator): 6Bit

LI 필드는 SAR PDU 페이로드의 길이를 나타내는 필드로서 바이트 단위로 표시한다.

(2) AAL3/4 CS 부계층

AAL3/4의 CS 부계층은 AAL SDU(Service Data Unit)의 투명한 전달, AAL SAP(Service Access Point)와 ATM 계층간의 연결 매핑(Mapping), 메시지 분할 조립, 오류 검출 및 처리, 정보식별, 버퍼 할당 등의 기능을 제공하는 역할을 한다.

AAL3/4의 CS 부계층은 공통부 수렴 부계층(CPCS: Common Part CS), 서비스 관련 수렴 부계층(SSCS: Service Specific CS)으로 나뉘어지며, 〔그림 16-18〕에 AAL3/4 CPCS 부계층의 PDU 형식을 나타내었고, 각 필드의 기능은 다음과 같다.

🖰 CPI(Common Part Indicator): 1Byte

CPI 필드는 BA Size 필드가 비트 단위인지, 바이트 단위인지를 나타내며, 또 해당 PDU가 공통부인지 여부를 나타내는 1Byte의 필드이다.

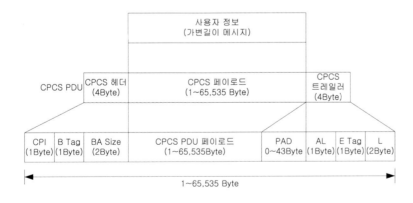

그림 16-18 AAL3/4 CS 형식

ᐁ B Tag(Begin Tag), E Tag(End Tag): 각 1Byte

SAR PDU는 어떤 프레임의 후반부나 다음 프레임의 전반부에 대응하는 SAR PDU가 손실된 경우이거나, SN 필드와 LI 필드의 표시가 동일한 경우에는 오류를 검출할 수 없다.

따라서 각 프레임의 선두와 최후에 식별 패턴을 고유의 부여하여 각 프레임은 조립된 것임을 알리고 손상된 프레임을 검출해 낸다. B Tag와 E Tag 필드는 CPCS PDU 헤더의 시작 부분과 CPCS PDU 트레일러의 끝 부분임을 표시하는 각각 1Byte의 필드로서, 송신측에서 이 두 필드에 같은 값을 기록하고, 수신측에서는 그 값이 같은지를 검사하여 오류를 검출하는데 사용한다. 번호부여 방식은 Modulo 256(0~255)을 사용한다.

ᐁ BA Size(Buffer Allocation Size Indication): 2Byte

BA Size 필드는 수신측의 버퍼 공간의 양을 관리하는 필드이다. 즉, 송신측의 CPCS SDU의 크기를 미리 알려주어 얼마나 큰 버퍼를 필요로 하는가를 수신측으로 하여금 이에 필요한 버퍼를 미리 할당할 수 있게 한다.

메시지 모드(Message Mode)일 경우에는 BA Size의 값은 항상 SPCS PDU의 크기와 동일하게 설정하고, 스트리밍 모드(Streaming Mode)일 경우에는 CPCS PDU의 크기보다 크게 설정한다. 이 필드는 2byte로 구성되는데, 이는 버퍼의 크기를 1~65535까지 설정할 수 있음을 의미한다.

ᐁ PAD(Padding field): 0~43Byte

앞에서 설명한 바와 같이 SAR PDU의 페이로드는 44Byte이다. 따라서 가변길이 CPCS PDU를 44바이트의 정수배가 되도록 정렬하기 위해 사용한다.

ᐁ AL(Alignment Field)

AL 필드는 CPCS 트레일러 영역의 크기를 4Byte로 정렬하기 위해 사용하는 필드이다.

ᐁ L(Length Filed): 2Byte

L 필드는 CPCS PDU 페이로드의 길이를 표시하는 필드로서 2Byte로 구성되기 때

문에 페이로드의 최대 길이는 65,536Byte임을 알 수 있다. 이 필드로 PAD의 길이를 식별함과 동시에 셀 누락이나 잘못된 삽입 등의 프레임의 정당성을 검출할 수 있다.

16.6.6 AAL5 서비스

AAL5는 고속 데이터 통신에 적합하도록 AAL3/4의 기능을 더욱 간소화 한 구조이다. AAL5는 AAL3/4에서 제공하는 다중화 기능은 제공하지 않으며, ATM 셀 헤더의 PT 필드를 이용해 분해 및 재조립을 하도록 하여 효율성을 높였으며, PT 필드가 0이 아닌 ATM 셀은 CPCS PDU의 페이로드의 마지막임을 표시하도록 하여 프로토콜을 단순화 하였다.

(1) AAL5 SAR 부계층

AAL5의 SAR 부계층은 CS 부계층으로부터 CPCS PDU를 받아 오버헤드 없이, 즉 헤더나 트레일러 없이 그대로 SAR PDU를 ATM 계층으로 전달한다.

(2) AAL5 CS 부계층

AAL5 CS 부계층의 CPCS PDU의 구성은 〔그림 16-18〕에 나타낸 바와 같이 1~65,535Byte의 페이로드와 0~47Byte의 패딩 필드, 그리고 8Byte의 트레일러로 이루어져 있다. 각 필드의 기능은 다음과 같다.

☞ PT(Payload Type)

PT 필드는 ATM 셀 헤더의 PT 필드로서 '0'는 SAR PDU의 시작 또는 계속되는 SAR PDU를 타내고, '1'은 SAR PDU의 끝을 나타낸다.

☞ PAD(Padding field): 0~47Byte

가변길이 CPCS PDU가 48바이트의 정수배가 되도록 정렬하기 위해 사용한다.

☞ UU(User to User Information): 1Byte

AAL 사용자 사이의 정보 전송에 사용되는 Signal을 제공하기 위한 1Byte 크기의 필드이다.

CPI(Common Part Indicator): 1Byte

CPI 필드는 1Byte의 필드로서 사용분야는 아직 미정이며, 현재 연구중에 있다.

L(Length): 2Byte

L 필드는 CPCS 페이로드의 크기를 나타내는 필드이다. 만약 이 필드의 값이 '0' 인 경우는 "Abort PDU"임을 나타내며, 이는 전송이 취소됨을 의미한다.

CRC(Cyclic Redundancy Check): 4Byte

CRC-32 Check 방식을 사용하며, 오류 검출 및 오류 정정을 위해 사용한다.

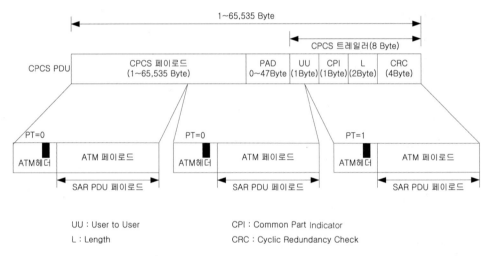

그림 16-19 AAL5 CPCS와 SAR 형식

연습문제

1 광대역 ISDN에 대해 설명해 보시오.

2 N-ISDN과 B-ISDN에 대해 차이점을 설명해 보시오.

3 광대역 ISDN의 핵심기술은 무엇인가? 인터넷을 통해 조사해 보시오.

4 ATM 통신방식의 원리에 설명해 보시오.

5 ATM 포럼의 홈페이지를 찾아가 현재의 진행사항을 조사해 보시오.

6 ATM과 STM을 비교하여 설명해 보시오.

7 ATM 교환기의 구성에 대해 설명해 보고, ATM 스위치의 동작원리를 설명해 보시오.

8 ATM에서 VP와 VC를 비교해 설명해 보시오.

9 ATM에서 트래픽 제어 기술에 대해 설명해 보시오.

10 ATM 교환방식과 회선교환 그리고 패킷교환과 비교하여 설명해 보시오.

11 ATM 참조 모델에 대해 설명해 보시오.

12 ATM 물리 계층의 부계층을 열거하고 간략히 기능을 설명해 보시오.

13 ATM 셀의 종류와 구조를 설명해 보시오.

14 ATM의 오류제어 방법에 대해 설명해 보시오.

15 ATM에서 ATM 계층의 기능을 설명해 보시오.

16 AAL 프로토콜 종류를 기술하고 각각에 대해 간단히 설명해 보시오.

17 AAL1 계층의 SAR 형식에 대해 설명해 보시오.

18 AAL2 계층의 SAR 형식에 대해 설명해 보시오.

19 AAL3/4 계층의 SAR 형식에 대해 설명해 보시오.

20 AAL3/4 계층의 CS 형식에 대해 설명해 보시오.

21 AAL5 계층의 SAR 형식에 대해 설명해 보시오.

무선 LAN과 IEEE802.11

17

데이터 통신과 컴퓨터 네트워킹

제17장

무선 LAN과 IEEE802.11

· 17.1 무선 LAN과 무선 매체

이제까지 데이터 통신에 관련된 기본 개념, 유선 LAN, TCP/IP를 이용한 인터넷, 일반적인 컴퓨터 네트워크 및 ATM 기술에 대해 공부하였다. 이들은 모두 유선 네트워크를 기반으로 하여 동작하는 네트워크 및 그 구조였다. 이번 장부터는 지금까지 이제까지 알아본 내용을 기반으로 무선 네트워크 및 그 기술에 대해 공부한다. 이번 장에서는 무선 LAN 기술을 주제로하여 대표적인 무선 LAN 프로토콜인 IEEE 802.11에 대해서 공부한다.

17.1.1. 무선 LAN

현재, 무선 네트워킹 기술은 매우 바르게 성장하고 있다. 와이파이로 대표되는 무선 LAN 기술, 블루투스와 지그비와 같은 WPAN(Wireless Personal Area Network)기술, 그리고 와이 맥스(WiMAX)와 와이브로(WiBro)로 대표되는 휴대 인터넷 기술, 등 무선 네트워크 관련 기술의 발전과 성장은 눈부시다.

무선 LAN 기술은 어느 단체나 기관 내의 사용자가 어떠한 장소에서든지 유선 연결 없이도 단체나 기관의 네트워크에 접속이 가능하도록 하는 새로운 LAN 기술을 말한다. 즉, 무선 LAN을 이용하면 무선 접속장치(AP; Access Point)가 설치된 곳을 중심으로 일정 거리이내에서 노트북 컴퓨터나 스마트 폰을 이용하여 인터넷에 접속할 수 있다. 무선 주파수를 사용하므로 물리적 유선 회선은 필요 없으나 노트북컴퓨터에는 무선 LAN 카드가 설치되어 있어야 한다.

현재의 무선 LAN을 이해하기 위해서는 무선 LAN이 어떻게 발전되어 왔는가를 알면 도움이 된다. 1970년 하와이 대학에서는 하와이 의 각 섬을 연결하기 위해 ALOHA 네트워크를 개발하였다. ALOHA 네트워크는 무선 주파수를 사용하는 컴퓨터 네트워크로 전화선을 사용하지 않고 4개의 섬을 오아후 섬의 중앙 컴퓨터를 연결하는 시스템이었다. 이어서 1979년에 적외선을 사용한 시험 LAN의 결과가 보고 되었고, 1989년에 IEEE 국제 전자 통신 협회에서 데이터 통신을 위한 단일 코드의 스프레드 분광 라디오 주파수의 응용이 실험적으로 가능함을 발표하였다. 이에 1985년에 미국 연방 통신 위원회(FCC; Federal Communications Commissions)에서는 이와 같은 분광 기술의 응용 및 활용을 위한 실험적인 ISM 대역을 선언하였다.

1991년에 무선 LAN IEEE 워크 이 개최되면서 무선 LAN 기술의 발전을 촉진시켜 무선 LAN 제품이 속속 등장하였고 IEEE802.11 위원회의 무선 LAN에 대한 표준화 활동이 활발히 진행되었다. 1999년 미국 무선 LAN 협회가 표준으로 정한 IEEE802.11b에 호환되는 제품에 와이파이 인증을 부여한 후 와이파이 기술이 급성장하게 된다. 2008년 IEEE802.11g의 표준화에 의해 10Mbps인 무선 LAN이 상용화 되어 사용하고 있으며, 100Mbps 이상의 전송속도를 지원하는 IEEE802.11n에 대한 표준화가 진행되었다.

ISM 대역(Inderstrial Scientific and Medical Band)은 산업, 과학, 의료용으로 특별히 허용된 주파수 대역이다. ISM 대역은 허용된 장치를 사용하는 경우 FCC로부터 주파수 대역에 대한 사용 허가를 필요로 하지 않는다. 주파수 대역별 세부 명칭은 다음과 같다.

- 902MHz~928MHz : I-대역(Inderstrial Band)
- 2.4GHz ~ 2.4835GHz : S-대역(Scientific Band)
- 5.725GHz ~ 5.850GHz : M-대역(Medical Band)

전송 시 전력은 1와트로 제한을 둔다.

무선 LAN 기술은 무선 접속장치(AP; Access Point)가 설치되어 있는 곳의 일정 거리 안에서 2대 이상의 컴퓨터가 무선으로 LAN과 연결되어 동작한다. 이 때 사용하는 기반 전송기술이 전자기파 기반의 주파수 도약 확산 스펙트럼(FHSS;Frequency Hopping Spread Spectrum) 기술이나 직접 시퀀스 확산 스펙트럼(DSSS;Direct Sequence Spread Spectum) 기술 또는 직교 주파수 다중화(OFDM;Orthogonal Frequency Division Modulation) 기술로 제한된 지역 안에 장치끼리 서로 데이터 통신기능을 제공하는 것이다.

무선 LAN이 이처럼 급속하게 성장하는 이유는 무엇일까?

첫째, 사용자의 편의성을 들 수 있다. 편의성 때문에 기술적인 어려움에도 불구하고 기술 개발의 동기를 부여하고 과감한 투자를 유도한 결과 지금의 다양한 무선 통신 기술이 등 장하는 계기가 되었다. 가정이나 사무실에서 무선 LAN 장비가 있는 곳이라면 어느 곳에 서나 편리하게 무선 LAN을 사용할 수 있다.

둘째 휴대성과 확장성을 들 수 있다. 음식점이나 카페 같은 일반 장소에서도 인터넷 접속 이 가능하며, 무선인 관계로 장소를 옮기는 경우에도 인터넷 접속을 유지할 수 있다. 유선 연결을 하는 경우의 장치를 생각하면 그 편리함을 쉽게 이해할 수 있다. 또한 기존 장비 및 새로운 장비를 이용하여 확장하는 것도 매우 쉽다. 장비를 추가로 도입하여 설치하고 세팅을 하면 추가 서비스를 쉽게 사용할 수 있는 것이다.

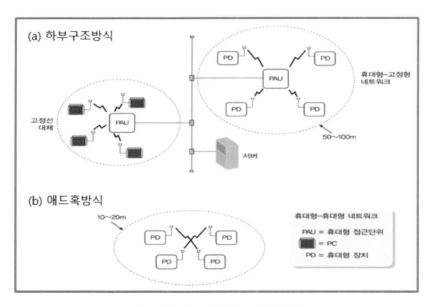

그림 17-1 무선 LAN의 구성 방식

무선 LAN을 구성하는 방식에는 하부 구조(infrastructure) 방식과 애드 혹(ad-hoc) 방 식이 있다. [그림17-1]을 참조하라. 하부 구조 방식은 유선 LAN과 연결되어 있는 서버와 접속하기 위해서 무선 접속 장치인 PAU(Potable Access Unit) 또는 무선 AP(Wireless Access Point)을 사용한다. 일반적으로 PAU의 접속 반경은 50~100m 정도이며 서비스 해야 하는 범위가 더 넓어지면 다수의 PAU를 사용한다. 휴대용 PC나 스마트 폰 등의 PD

는 PAU장치를 이용하여 무선 LAN에 접속한다. 애드-혹 방식은 PAU(Potable Access Unit) 또는 무선 AP(Wireless Access Point)와 같은 장치를 사용하지 않고 무선 장치들을 직접 연결하여 구성한다. 이러한 방식으로 만들어진 네트워크를 MANET(Mobile Ad-hoc NETwork)이라고 한다. 또한 고정된 PC들을 애드혹 방식으로 구성할 수 있다.

17.1.2 무선 매체

무선 LAN에 사용하는 대표적인 매체로 전자기파 기반의 무선 주파수와 광 신호 형태인 적외선 기술이 있다.

(1) 무선 주파수

무선 주파수는 라디오 방송, TV 방송, 휴대전화 등 수 많은 장치에서 광범위하게 이용되고 있다. 하지만 무선 주파수는 문과 벽 같은 물체를 쉽게 통과할 수 있기 때문에 그 특성에 따른 적절한 제어가 필요하다. 또한 무선 주파수의 광범위한 사용은 무선 주파수 대역의 부족으로 나타나기 때문에 무선 주파수의 사용이 제한된다. 따라서 무선 주파수의 부족은 무선 주파수의 효율적인 사용을 필요로 하며 이를 위한 시스템의 회로 설계가 복잡해진다. 이를 위한 무선 주파수의 특성 3가지를 살펴 본다.

🖱 경로 손실

무선 수신 장치는 신호 대 잡음비(SNR;Signal-to-Noise Ratio) 값이 일정 값 이상이 되어야 정상적으로 동작한다. 즉 무선 수신 장치에서 수신한 수신 신호의 SNR 값이 정해진 값 이하로 떨어지면 정상적인 동작을 기대할 수 없다. 일반적으로 SNR이 감소함에 따라 잡음에 대한 신호의 크기가 약해 원하는 수신 신호를 검출하는 데 필요한 수신 무선 장치의 회로가 복잡해져 무선 수신 장치의 비용이 증가한다. 따라서 무선 수신 장치 측의 SNR은 가능한 높은 수치로 설정하게 된다. 무선 수신 장치 측의 신호 크기는 전송 신호의 크기에 따라 변하며, 그리고 송신 장치와 수신 장치의 거리에 따라 변하기도 한다. 이를 수신 신호는 전송 신호의 크기에 대한 함수이며 송신 장치와 수신 장치의 거리의 함수라고 부른다. 자유 공간에서 무선 신호의 세기는 전송 거리의 제곱에 반비례하여 감소한다. 또한 가구나 인체와 같은 피사체에 의한 반사에 의해 발생하는 반사 신호와 전송신호의 간섭 때문에 무선 채널의 경로 손실이 나타 날 수 있다.

🖑 인접 채널 간섭

무선 LAN은 거의 동일한 주파수 대역에서 동작하므로, 다른 무선 송신 장치가 동일한 건물에 위치해 있다거나 다른 건물에 위치해 있더라도 인접 채널 간에 간섭현상이 발생한다. 기본 하부 구조 무선 LAN에서는 [그림17.2] (a)와 같이 이용 가능한 대역폭을 여러 종속 대역으로 분할하여 사용한다. 이는 3셀 반복패턴으로 각각의 셀 내에서 이용 가능한 대역폭의 크기는 해당 지역 내에서 예측 가능한 실제 사용자들의 수를 고려하여 선택한다. 그러므로써 주파수의 사용 효율을 증가시키면서 인접 채널간의 간섭 현상을 현저하게 감소시킬 수 있다. 애드-혹 방식인 경우 인접한 지역에서 다중 LAN이 설치될 수도 있으므로 동일 주파수 대역을 사용하는 다수 사용자들의 무선 송신 장치들 간에 발생하는 채널간섭을 해결하는 기술이 추가로 요구된다.

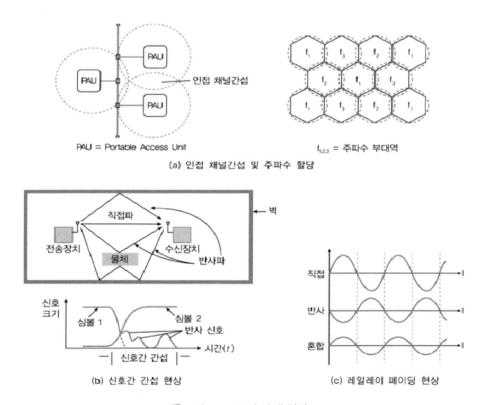

(a) 인접 채널간섭 및 주파수 할당

PAU = Portable Access Unit

$f_{1,2,3}$ = 주파수 부대역

(b) 신호간 간섭 현상

(c) 레일레이 페이딩 현상

🖥 그림 17.2 무선 장애 현상

다중 경로

전송 측에서 생성된 무선 신호가 전송될 때 다중 경로에 따른 영향을 받는다. [그림17.2] (b)에 나타낸 것처럼 수신 장치에 직접 수신된 신호는 벽은 물론 물체에 반사하여 다른 경로를 거쳐 수신되는 신호 등이 함께 수신되는 데, 이를 다중 경로 분산 또는 지역 확산이라고 한다. 이러한 다중 경로에 의한 분산 현상은 바로 앞의 비트 또는 기호를 구성하는 신호 성분과 서로 간섭을 일으키게 되는 데 이를 ISI(Inter-Simbol Inerference) 현상이라고 한다. 또한 수신된 신호들의 전파 경로의 차이는 주파수 선택 페이딩(frequency selective fading)이라는 손실을 발생시킨다. 이는 무선 주파수에서 서로 다른 수신 신호들 간에 위상 이동 현상을 발생시켜 직접 수신된 신호가 반사되어 다른 경로로 수신된 신호로 인해 감쇄되는 결과를 초래한다. 이러한 감쇄현상을 레일레이 페이딩(Reyleigh fading)이라 한다. [그림17.2] (c)에 레일레이 페이딩 현상을 도시하고 있다.

(2) 적외선 장치

적외선을 이용한 광원과 광 검출기는 광섬유 통신 시스템 등에서 다양하게 이용되어 왔다. 적외선 파장은 무선 주파수 파장 보다 짧아 850nm 또는 1310nm, 1550nm 정도이다. 파장(λ)의 단위는 보통 nm(1nm= 10-9m)로 나타내며, 신호의 한주기 동안에 빛이 전송되는 거리를 의미한다. 적외선 주파수는 무선 주파수보다 매우 높아 300THz ~ 100THz에 이른다. c를 광속도라고 하고 f를 신호의 주파수(Hz)라고 하면 $c = f \times \lambda$ 로 나타낼 수 있으며 신호의 파장 λ는 $\lambda = c / f$ 로 표시할 수 있다. 이렇게 구해진 파장은 적외선 장치를 구별하는 데 사용된다. 일반적으로 파장이 850nm 이면 단파장이라고 하며, 파장이 1310nm, 1550nm이면 장파장이라고 한다.

적외선은 적색 가시광선과 유사한 파장을 지니고 있어 특성 또한 적색 가시광선과 유사하다. 예를 들어 적외선은 투명한 물체에서 반사하고 벽 같은 불투명한 물체는 통과하지 못한다. 물리적인 전송 매체로서 적외선을 이용할 때 고려해야 할 사항은 주변에서 발생하는 빛은 적외선 계층을 포함하는 다양한 스펙트럼을 포함하고 있다는 것이다. 광 검출기에서 수신하는 광 신호는 광원에서 나오는 적외선을 포함해야하지만 주변에서 나오는 다양한 광을 수신한다. 이는 잡음 값이 클 수 있다는 것을 의미하고 적절한 신호 대 잡음비를 갖기 위한 높은 신호 전력을 요구한다. 적외선 광원은 전기/광 변환 효율이 다소 낮으므로 보다 큰 전력이 필요하다. 이러한 환경에서 잡음을 줄이기 위해 전송 신호의 주파수 대역이 아닌 외부에서의 광

신호를 줄이는 광(光) 대역 통과 필터(optical band-pass filter)를 사용하여 합성된 수신 신호를 통과시킨다. 이를 IMDD(Intensity Modulation with Direct Detection)라고 한다.

적외선 광원에는 2가지 종류가 있는 데 하나는 레이저다이오드(LD;Laser Diode)이고 하나는 빛 방출 다이오드(LED;Light Emitting Diode)이다. 레이저다이오드는 매우 좁은 주파수 대역을 가진 광을 생성시키는 데 약 1~5nm 의 파장을 갖는 광을 발생시킨다. 이는 LD를 광이 적은 장소에서 사용할 때 아주 높은 전력 밀도를 얻을 수 있도록 할 수 있다. LED는 100nm의 주파수 대역을 가지는 광을 생성한다. 따라서 LED를 이용한 변조 주파수는 20MHz로 제한 되어 10Mbps 수준의 비트 전송속도를 얻을 수 있다. 따라서 10Mbps까지는 적은 비용이 드는 LED를 사용하고 그 이상의 높은 전송속도를 요구할 때는 레이저다이오드를 사용한다.

17.2 무선 LAN의 전송기술

이제까지 살펴 본 무선 LAN 의 기본 개념과 무선 매체에 대한 지식을 바탕으로 이번 절에서는 무선 LAN에서 사용하는 전송 기술을 물리 계층과 MAC 계층으로 나누어 알아보자.

17.2.1 IEEE 802.11 물리계층

IEEE 802.11 물리계층은 각 비트를 무선 주파수 신호로 변환하는 명세를 정의하고 있다. 이는 [그림 17.3]에 나타낸 바와 같이 IEEE 802.11 FHSS, IEEE 802.11 DSSS, IEEE 802.11a OFDM, IEEE 802.11b HR-DSSS, IEEE 802.11g OFDM 등 5개의 기술 표준으로 나눈다.

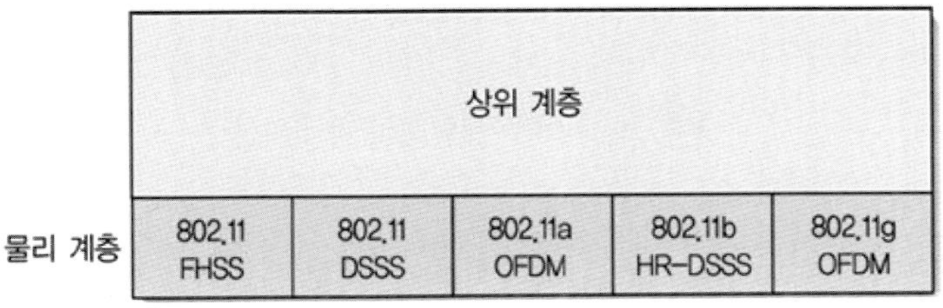

상위 계층				
802.11 FHSS	802.11 DSSS	802.11a OFDM	802.11b HR-DSSS	802.11g OFDM

물리 계층 (좌측 라벨)

그림 17.3 IEEE 802.11 물리계층 구성

(1) 주파수 도약 확산 스펙트럼(FHSS;Frequency Hopping Spread Spectrum)

IEEE 802.11 주파수 도약 확산 스펙트럼(FHSS;Frequency Hopping Spread Spectrum)은 2.4GHz ISM 주파수 대역에서 전송 주파수를 도약하여 전송 신호를 만드는 기법이다.

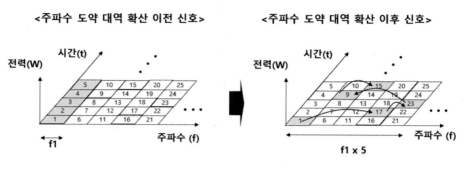

그림 17.4 주파수 도약 대역확산 방식

[그림17.4]와 같이 송신측은 하나의 캐리어 주파수를 사용하여 일정 시간 동안 데이터를 전송하고, 그 다음은 다른 캐리어 주파수로 도약하여 변경된 다른 주파수를 사용하여 첫 번째와 같은 시간 동안 데이터를 전송한다. 그 다음은 또 다른 제3의 캐리어 주파수로 도약하여 변경된 다른 주파수를 사용하여 같은 시간 동안 데이터를 전송한다. 이러한 방법으로 n 번 반복하여 데이터 전송을 수행한 다음에는 다시 첫 번째 과정부터 반복한다. [그림17.4]는 n이 5인경우로 전송 주파수가 5배로 확산된다.

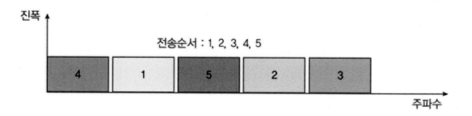

그림 17.5 주파수 도약 대역 확산

[그림17.5]에서 신호의 전송순서는 1, 2, 3, 4, 5 이며 1번 데이터를 전송하기 위해 2번째 캐리어 주파수를 이용하며, 2번 데이터를 전송하기 위해 4번째 캐리어 주파수를 이용하며,

3번 데이터를 전송하기 위해 5번째 캐리어 주파수를 이용하며, 4번 데이터를 전송하기 위해 1번째 캐리어 주파수를 이용하며, 5번 데이터를 전송하기 위해 3번째 캐리어 주파수를 이용하고 있다. 이러한 과정은 반복된다. 도약 순서를 알지 못하는 수신 장치는 신호를 수신하였더라도 이해할 수 없어 FHSS는 보안성이 우수하다.

(2) 직접 시퀀스 확산 스펙트럼(DSSS;Direct Sequence Spread Spectrum)

IEEE 802.11 직접 시퀀스 확산 스펙트럼(DSSS;Direct Sequence Spread Spectrum)은 2.4GHz ISM 주파수 대역에서 전송 신호를 만드는 직접 시퀀스 확산 스펙트럼 기법이다. [그림17.6]에서 직접 시퀀스 확산 스펙트럼을 도시하고 있다. 대역 확산을 위해 전송 측의 송신 데이터 ①은 송신 확산 코드 ②와 곱을 하는 데 수학적으로는 X-OR(배타적 논리합) 연산을 수행한다. 연산 결과 송신 확산 데이터 ③이 만들어진다. 이 송신 확산 데이터를 전자기파에 실어 전송하고 수신측에서 이 확산 신호를 수신한다. 수신측에서 수신 확산 데이터 ④에 다시 송신 측에서 사용한 동일한 확산 코드 ②를 곱해 주면 원래 송신하고자 했던 동일한 수신 데이터 ⑤를 구할 수 있다. 그러나 수신 확산 데이터에 송신 측에서 사용한 송신 확산 코드와 다른 확산 코드를 곱해 주면 원래의 송신 데이터를 얻을 수 없다. 또한 확산 코드를 곱해주는 시간이 맞지 않으면 마치 다른 확산코드를 곱해주는 것과 같으므로 확산 코드가 시작하는 시간까지 맞아서 동기화 되어야 한다. 따라서 사전에 확산 코드를 알아야하며 시작 시간을 알아야 데이터를 복구할 수 있어 원천적으로 강한 보안 특성을 가진다.

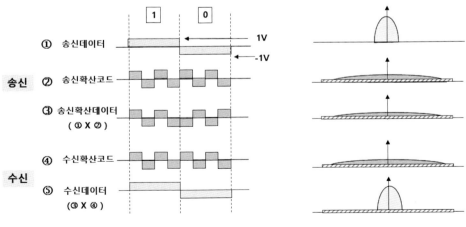

그림 17.6 직접 시퀀스 확산 스펙트럼 방식

이를 대역폭 관점에서 보면 [그림17.6]의 오른쪽에 나타낸 바와 같이 원래의 송신 데이터의 대역폭이 확산 코드에 의해 확산 데이터의 대역폭으로 넓어진 것을 나타내고 있다. 이 과정을 확산이라고 한다. 이 때 송신 데이터가 가지고 있는 에너지는 일정하므로 데이터에 해당하는 크기는 넓어진 대역폭만큼 반비례하여 작아진다. 만일 신호의 전송 과정에 강력한 협대역 간섭 신호가 합쳐졌다고 하더라도 역 확산 과정을 거치게 되면, 송신된 원 신호는 역 확산이 되지만 간섭 신호는 확산 과정이 일어나서 그 크기가 확산된 대역폭에 반비례하여 줄어들게 된다. 따라서 외부의 간섭에 대해서도 매우 강한 특성을 지니게 된다. 이러한 대역확산 방식은 페이딩에도 강한 특성을 보인다.

전송측의 송신 데이터는 의사 임의 2진 시퀀스(pseudo-random binary sequence)와 X-OR을 수행한다. 이 의사 임의 2진 시퀀스는 짧은 주기의 펄스로 구성되는 데, 이를 칩핑 시퀀스(chipping sequence) 또는 의사 잡음 시퀀스(pseudo-noise sequence)라고 한다. 송신 데이터와 칩핑 시퀀스와의 X-OR은 보다 넓은 주파수 대역을 가지는 신호로 만들어주는 것이다. [그림17.7]에 나타낸 바와 같이 2진수 0에 대한 치핑 코드가 110011이고, 2진수 1에 대한 치핑 코드가 000111이면 칩핑 시퀀스가 6비트인 것이다. 따라서 DSSS 결과 송신 데이터 스트림은 6배가 되어 6배 넓어진 주파수 대역의 신호가 만들어지고, 이렇게 만들어진 신호를 전송하는 것이다.

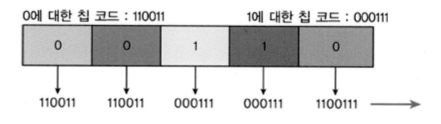

그림 17.7 직접 시퀀스 확산 스펙트럼

FHSS나 DSSS 같은 대역 확산 기술의 특징을 요약하면, 첫째 확산 코드를 이용하여 대역 확산을 하므로 보안 특성이 매우 우수하다. 둘째 주파수 대역이 넓어서 마치 주파수 다이버시티 효과를 얻을 수 있어서 페이딩에 강하다. 셋째 대역 확산과 역확산 과정을 거치게 되므로 외부의 간섭에 강하다. 즉 확산 이득이 커지면 다른 간섭원의 신호 세기는 확산 이득에 반비례하여 작아지는 것이다.

(3) 직교 주파수 분할 다중화(OFDM;Orthogonal Frequency Division Modulation)

FHSS 및 DSSS 외에 OFDM 변조 방식이 있다. IEEE 802.11a 직교 주파수 분할 다중화 (OFDM ; Orthogonal Frequency Division Modulation)은 5GHz ISM 대역에서 전송 신호를 만들어 내는 방식이다. OFDM 전송 기술은 주파수간의 간섭을 최소화하기 위해 주파수를 중심 주파수가 직교하는 여러 개의 부 채널로 나누고 각 부 채널을 이용하여 데이터를 병렬로 전송함으로써 고속 데이터의 전송이 가능한 기술이다. [그림17.8] OFDM 기술의 기본 개념을 도시하였다

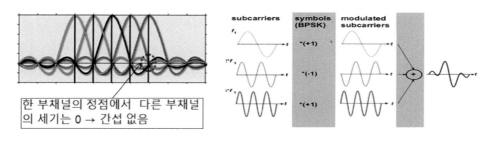

그림 17.8 직교 주파수 분할 다중화 기술의 기본 개념

OFDM은 FDM과 유사하나 각 부채널간 주파수를 서로 겹치게 하여 대역폭을 획기적으로 절약할 수 있는 장점이 있다. 일반적으로 송신 전송속도가 높아질수록 심벌 구간이 작아져 ISI(Inter Symbol Interference)가 심각해져 신호의 왜곡이 발생한다. 이를 줄이기 위해 입력 심벌을 병렬 심벌로 변환하여 한 부채널의 정점에서 다른 부채널의 세기를 0으로 함으로써 간섭을 없앨 수 있어 ISI 문제를 해결하는 것이다. 또한 광대역 주파수를 이용하지 않고 전파 환경이 좋은 주파수를 선택하여 전송함으로써 주파수 효율을 높일 수 있어 고속 데이터를 전송할 수 있다. 또한 OFDM은 FFT를 이용하여 칩 구현이 단순하다는 장점도 있다.

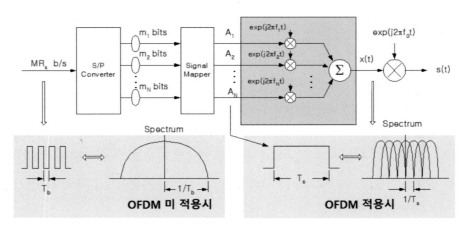

그림 17.9 직교 주파수 분할 다중화의 개념

OFDM은 하나의 반송파로 넓은 대역폭을 갖는 신호 대신에 각각 직교성 (orthogonality)을 갖은 여러 주파수에 데이터를 나누어 전송하기 때문에 잡음에 의해 일부 주파수가 영향을 받더라도 나머지 다른 주파수로 보내진 데이터는 안전하기 때문이다. 또한 FDM과 같이 여러 개의 주파수를 사용하여 데이터를 전송하면 각 주파수간에 각 주파수간에 보호 밴드가 필요하지만 OFDM은 주파수간 직교성을 제공함으로써 보호 밴드가 필요하지 않아 주파수의 효율성을 높일 수 있다.

[그림17.9]에 OFDM를 적용하였을 경우의 스펙트럼 모습을 나타내고 있다. 예를 들어 보내고자하는 데이터가 700비트일 때 7개의 블록으로 나누면 100개의 비트가 된다. [그림 17.9]의 아래 그림을 보면 왼쪽의 700비트를 보내야하는 펄스폭은 매우 짧고, 100개씩 나누어 일곱 블록으로 보내는 오른 쪽의 펄스폭은 길다. 즉, 700비트를 100비트씩 일곱 블록으로 나누어 다른 주파수로 전송하면 주파수 폭은 동일하지만 비트의 폭이 넓어지는 데, 더 많은 주파수를 이용하면 데이터 전송 속도를 더 높일 수 있는 여지가 있음을 알 수 있다. 여러 주파수로 나누어져 전송된 데이터는 합쳐져서 송신되고, 수신시에는 각 주파수 별로 데이터를 모아 다시 합치므로써 원래의 송신 데이터를 얻을 수 있다. 일반적인 주파수 분할 다중화와의 차이점은 주파수간에 직교성을 갖도록 겹쳐 사용함으로써 주파수 효율을 극대화 한 것이다. OFDM의 적용시의 전송 스펙트럼을 보면 하나의 주파수 정점에서 다른 주파수 성분이 모두 0이 된다는 것이다. 이는 완만한 천이 특성을 갖는 필터를 사용하여 대역폭 효율 감소와 채널 왜곡을 방지하기 위해 인접 대역을 직교적으로 중첩시킨 것이다.

디지털 기술의 발달로 OFDM신호를 고속의 디지털 신호로 처리할 수 있게 되면서 OFDM 시스템의 성능이 비약적으로 향상되었다. [그림17.10]에 OFDM 시스템 구성도를 나타내었다. IFFT(Inverse Fast Fourier Transform)과 FFT(Fast Fourier Transform) 등의 디지털 신호 처리를 사용함으로써 데이터 신호처리 속도도 크게 증가하였다. 입력 신호는 디지털 신호지만 IFFT로 신호 처리되어 주파수 영역에서 시간 영역으로 바뀐 디지털 신호가 된다. 이 디지털 신호들은 각각 다른 주파수 신호 성분을 갖고 있고 이 신호들을 합쳐서 무선 매체로 송신한다. 무선 매체에서 수신된 OFDM 신호는 각 주파수 성분으로 나뉘고 FFT에 의해 다시 주파수 영역의 변조된 디지털 신호로 바뀐다. 이 신호는 역다중화 과정을 거쳐 복조되면서 원래의 신호를 얻을 수 있다.

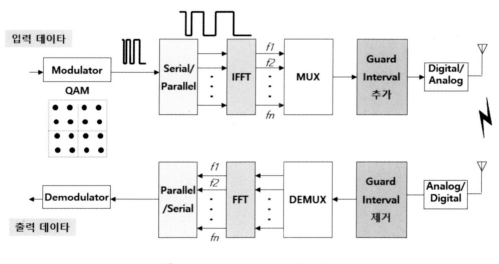

그림 17.10 OFDM 시스템 구성도

(4) 고속 직접 시퀀스 확산 스펙트럼
(HR-DSSS;High Rate-Direct Sequence Spread Spectrum)

IEEE 802.11b HR-DSSS은 2.4GHz ISM 대역에서 고속의 신호 생성을 위한 기술로서 DSSS와 유사하다. 2.4GHz ISM 대역에서 고속의 신호 생성을 위해 상보적 코드 변조 (CCK;Complementary Code Keying) 부호화 방법을 사용하는 것 외에는 거의 비슷하다. CCK는 M-ary 직교 키잉 기법을 개선한 방식으로 칩 기호라고 하는 8개의 CCK 부호로 부호화하는 방식이다. 이 방식에서 데이터 전송율은 1Mbps, 2Mbps, 5.5Mbps,

11Mbps등 4가지로 정의한다.

IEEE 802.11g OFDM은 2.4GHz ISM 대역에서 신호 생성을 위한 기술로서 OFDM을 이용하는 데 54Mbps의 데이터 전송률을 정의하고 있다.

17.2.2. IEEE 802.11 MAC 계층

IEEE 802.11 MAC(Media Access Control) 계층은 물리 계층에 대한 지원 기능, 접근제어기능, 프레임에 대한 단편화 기능, 프레임 암호화 기능, 로밍 기능 등을 수행하는 계층이다. IEEE 802.11은 무선 LAN에 접근하는 방법으로 CSMA/CA(Carrier Sense Multiple Access with Collision Avoidance) 프로토콜을 사용한다. CSMA/CA는 이더넷에서 사용하는 CSMA/CD(Carrier Sense Multiple Access with Collision Detection) 프로토콜과 유사하다.

(1) CSMA/CA(Carrier Sense Multiple Access with Collision Avoidance)

CSMA/CA(Carrier Sense Multiple Access with Collision Avoidance)의 동작을 [그림17.11]을 통해 이해하여 보자. [그림17.11]에서 A와 C는 단말기이고 B는 기지국(base station 또는 Access Point)을 나타낸다. 단말기 A 와 C는 기지국 B의 신호 감지 영역 (coverage area) 내에 있다. 그리고 단말기 A는 단말기 C 의 신호 감지 영역 밖에 있고, 단말기 C는 단말기 A 의 신호 감지 영역 밖에 있는 상태이다.

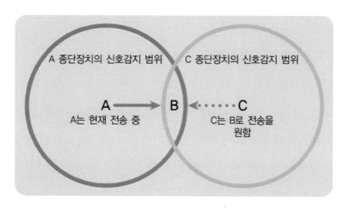

그림 17.11 CSMA/CA 동작

현재 단말기 A는 기지국 B와 데이터를 송신 수신하고 있고, 단말기 C는 기지국 B로 데이터를 송신하고자 한다. 먼저, 기지국 B 가 단말기 A로 데이터를 송신하고자하는 경우, 단말기 C는 무선 매체의 사용이 가능해질 때까지 기다린다. 기지국 B가 송신하는 경우 기지국 B와 단말기 C의 신호 충돌은 피할 수 있다. 이는 단말기 C는 기지국 B의 신호를 감지할 수 있기 때문이다.

그러나 단말기 A가 기지국 B로 데이터를 송신하는 경우, 단말기 C는 무선 매체의 사용이 가능한 상태라고 판단하여 데이터를 송신할 수 있다. 그 결과 단말기 A와 단말기 C에서 동시에 송신하였기 때문에 데이터 충돌이 발생한다. 이는 단말기 C는 단말기 A의 신호를 감지할 수 없기 때문에 발생한다. 이를 숨겨진 단말 문제라고 한다. 숨겨진 단말 문제를 해결하기 위해 CSMA/CA에서는 RTS(Request To Send)와 CTS(Clear To Send)라는 프레임 신호를 사용한다.

이제 다시 단말기 A가 기지국 B로 데이터를 송신하는 경우를 생각해 보자. 단말기 A는 무선 매체를 살펴 무선 매체가 비어 있어 사용가능한 상태라면 단말기 A는 기지국 B로 RTS 프레임를 보낸다. RTS 프레임에는 목적지와 전송 측의 주소, 데이터 크기 등의 정보가 들어 있다. 기지국 B가 단말기 A와 데이터를 주고 받을 준비가 되면 기지국 B는 CTS 프레임를 단말기 A로 송신하는 것이다. 단말기 C는 이 CTS 프레임을 감지하고 이 CTS 프레임으로부터 데이터 전송이 지속될 것인지를 예상하여 네트워크 할당 벡터(NAV;Network Allocation Vector) 시간을 계산한다. 단말기 C는 NAV 타이머를 설정하여 스스로 매체 사용불가 상태로 처리하여 데이터 충돌을 방지한다.

일반적인 경우로 확장하여 보자. 송신측 단말기에서 수신측 단말기로 데이터를 전송하고자 한다. 송신측 단말기는 무선 매체의 상태를 확인하여 사용 가능한 상태이면 수신측 단말기로 RTS 메시지를 보낸다. 수신측 단말기가 데이터를 수신할 준비가 되면 CTS 프레임을 송신측 단말기로 보낸다. 이 때 RTS 또는 CTS 프레임을 감지한 모든 단말기들은 RTS 또는 CTS 프레임에 포함된 정보로부터 데이터 전송 지속 시간을 예상하여 NAV 시간을 계산하고, NAV 타이머를 설정하여 NAV 시간 동안 스스로 매체 사용을 제한한다. 이 과정을 [그림17.12]에 도시하였다. 만약, 송신측에서 RTS 프레임을 보냈는 데 수신측으로부터 CTS 프레임을 받지 못하면 일정 회수만큼 RTS 프레임을 다시 보낸다. 그래도 CTS 프레임을 받지 못하면 일정 시간 경과 후 RTS 프레임을 다시 보낸다. 이와 같이 데이터 충돌을 감지하는 기법을 CSMA/CA라고 한다.

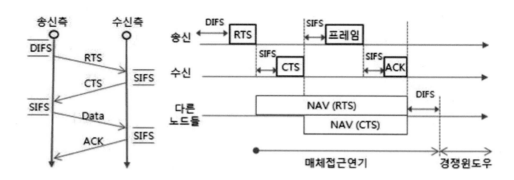

그림 17.12 일반화한 CSMA/CA 동작

(2) 분산 조정 기능

분산 조정 기능(DCF;Distributed Coodination Function)은 IEEE 802.11의 매체 접근 제어 기능으로 CSMA/CA 방식으로 동작한다. 각 DEF 단말(노드)은 전송할 데이터가 있을 경우, NAV와 캐리어 신호를 감지하여 매체의 상태를 감지한다. 매체가 DIFS(Distribute Inter Frame Space) 기간 동안 미사용 상태일 경우 즉시 프레임을 전송한다. 그렇지 않고 사용 중일 경우에는 백오프 과정을 수행한다. 이러한 과정을 [그림17.13]에 나타내었다. 전송할 데이터가 있는 무선 노드는 무선 채널에 대한 캐리어 신호 감지를 계속 수행한다. 무선 채널이 사용 중 상태에서 미사용으로 전이하면 DIFS 시간 동안 기다린 후 백 오프 시간 값을 무선 채널의 미사용 시간 만큼 줄여 나간다. 백 오프 시간 값이 0이 되는 순간 데이터 프레임을 전송한다.

IEEE 802.11에서는 충돌 여부를 물리적으로 감지할 수 없다. 그래서 데이터 프레임에 대한 ACK를 통해 충돌 여부를 확인한다. 데이터 프레임을 성공적으로 수신한 무선 노드는 SIFS(Short Inter Frame Space) 시간 이후에 데이터 프레임을 송신한 무선 노드에 ACK 프레임을 전송한다. ACK 프레임을 성공적으로 수신하면 송신 무선 노드에서는 데이터 전송이 성공했다고 판단한다. ACK 프레임을 수신하지 못할 경우 충돌 또는 채널 오류로 판단하고 해당 데이터 프레임의 재전송을 시도한다.

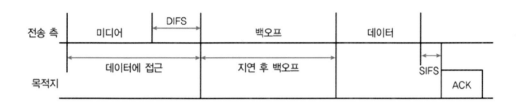

🖥 그림 17.13 IEEE 802.11 DCF 데이터 전송 과정

(3) 포인트 지정기능

포인트 지정 기능(PCF;Point Coordination Function)은 중앙집권적 채널 접근 제어 기능으로 CF(Contention Free) 프레임 전송을 제공하며 선택 기능이다. CF 프레임 전송이란 폴링 기능을 채택하여 경쟁 없이 전송하는 기능이다. PCF는 시간 제한 서비스를 지원하기 위해 설계되었으며 제한적으로 고품질 서비스를 제공할 수 있다. 그리고 PCF는 PIFS(Point Inter Frame Space)라고 부르는 프레임 사이의 짧은 간격을 사용하여 보낼 수 있게 함으로써 DCF보다 높은 우선 순위를 갖도록 하였다. 짧은 프레임 간격을 사용한다는 것은 짧은 시간 동안 대기한다는 것을 의미하고, 이는 그만큼 채널 접근의 우선권을 가진다는 것이다. PCF에서 AP(Access Point)는 폴 프레임을 단말에게 전송하여 프레임을 전송할 것인지 물어 본다. 프레임을 전송하고자하는 단말은 SIFS(Short Inter Frame Space) 시간 이후에 프레임을 전송할 수 있다.

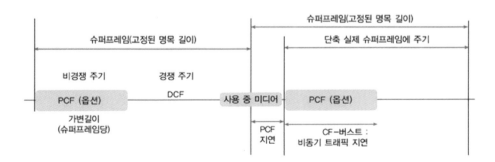

🖥 그림 17.14 IEEE 802.11 PCF 데이터 전송 과정

17.2.3. IEEE 802.11 프레임

IEEE 802.11 무선 LAN의 데이터 프레임의 형식은 [그림17.15]와 같다.

첫 번째는 제어영역(Frame Control)으로 제어 영역에 대한 세부 영역에 대한 설명은 표 17.1 에서 설명하였다.

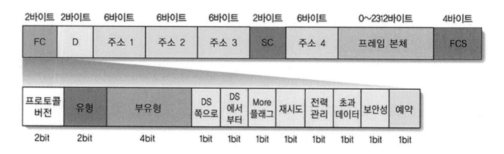

그림 17.15 IEEE 802.11 데이터 프레임 형식

기간(duration) 영역에는 NAV 값 설정시 사용되는 전송 기간과 관련된다.

주소(Address) 영역에는 각 6바이트 길이의 4개 주소 영역이 있다.

순서 제어(SC; Sequence Control) 영역에는 흐름 제어에 사용되는 프레임의 순서 번호가 들어 간다.

프레임 본체는 0에서 2312 바이트의 길이로 구성되는 데, FC 유형에 따른 정보가 들어 간다.

FCS는 CRC-32 오류 검출 코드가 들어 간다.

표17.1 IEEE 802.11 프레임의 제어 영역

영역	설명
프로토콜 버전	현 버전은 0
유형	정보의 유형 : 관리(00), 제어(01), 데이터(10)
부유형(subtype)	각 부유형 정의
DS쪽으로	4개 주소 영역과 연동하여 다시 정의됨.
DS에서부터	4개 주소 영역과 연동하여 다시 정의됨.
More 플래그	1로 설정되면 단편(fragments)이 더 있음의 의미
재시도	1로 설정되면 재전송 프레임을 의미
전력관리	1로 설정되면 전력관리 모드임을 의미
초과(more) 데이터	1로 설정되면 전송 데이터가 더 있음을 의미
보안성	WEP(Wired Equivalent Privacy) 1로 설정되면 암호화되었음을 의미
예약	향후 사용을 위해 예약됨.

IEEE 802.11 프레임에는 데이터 프레임 외에 RTS(Request To Send), CTS(Clear To Send), ACK 프레임 등의 제어 프레임이 있다. [그림17.16]에 IEEE 802.11 제어 프레임 형식을 나타내었다. FC의 부 유형 값이 1011이면 RTS 프레임을 의미하고, 1100이면 CTS프레임을 의미하며, 1101이면 ACK 프레임을 의미한다.

그림 17.16 IEEE 802.11 제어 프레임 형식

17.3 WLAN 표준화

IEEE 802.11 위원회의 무선 LAN 표준화 활동은 주로 물리계층의 무선 전송속도를 높이는 데 주력하였던 성장 단계를 넘어, 무선 데이터의 보안, 무선 네트워크 관리 등 보다 다

양한 응용을 위한 업무를 수행하고 있다. 먼저 표준화 절차를 알아보고 IEEE 802.11 무선 LAN 기술 표준에 대해 설명한다.

17.3.1 무선 LAN 표준화 절차

IEEE 802.11 무선 LAN 표준화 위원회의 회의는 1년에 6번 열리는 출석 회의와 비정기적으로 열리는 전화 회의가 있다. 무선 LAN 기술의 새로운 표준에 대한 요구가 있으면 스터디 그룹(SC)를 구성한다. SG에서는 TG(Task Group) 구성을 위한 일련의 작업에 들어가고 이 과정에서 시장성과 기술적인 내용, 범위와 목표를 문서화한다. 이렇게 만든 문서를 기반으로 WG(Working Group)에서 승인을 득하면 본격적으로 TG 활동이 시작된다. TG에서는 각 그룹의 목적에 맞는 표준 초안을 작성하게 되는 데, 이 때 각 회사에서 제안한 여러 기술들이 경쟁을 하게 된다. 경쟁을 통해 완성된 TG 초안은 WG에서 전자 투표를 거쳐 WG 표준 초안으로 승인 받게 된다. WG 표준 초안은 IEEE SA(Standard Association)의 지원자들이 실시하는 SB(Sponsor Ballot)라는 형태의 전자 투표와 표준화 기구의 승인을 통해서 정식 표준 규격으로 문서화되어 일반에 공개된다. 이러한 표준화 절차를 간단하게 [그림 17.17]에 도시하였다.

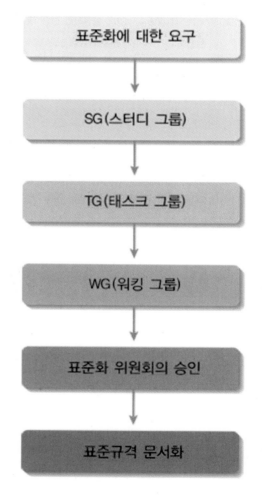

그림 17.17 표준화 절차

IEEE 802.11 무선 LAN 기술 표준은 상호 간섭이 없도록 하기 위해 2.4GHz 대역을 1~14 개 채널로 구분한다. 미국은 1~11 개 채널, 우리나라와 유럽은 1~13개 채널, 일본은 14개 채널로 구분하여 사용한다.

17.3.2 IEEE 802.11 무선 LAN 기술 표준

(1) IEEE 802.11a

IEEE 802.11a는 5GHz UNII(Unlicensed National Information Infrastructure) RF 주 파수 대역에서 동작하는 물리 계층과 MAC 계층의 표준 규격으로 1999년에 발표되었다. OFDM방식을 사용하며 최소 6Mbps에서 최대 54Mbps까지의 데이터 전송이 가능하다.

(2) IEEE 802.11b

IEEE 802.11b는 기존 2.4GHz 대역을 사용하는 무선 LAN의 낮은 전송 율을 보완하는 구격으로, 새로운 CCK(Complementary Code Keying)라는 변조 방식을 이용하여 5.5Mbps 와 11Mbps의 전송율을 제공한다. 무선 LAN 표준으로 많은 기업과 대학에서 이용한다. 이 표준은 WECA(Wireless Ethernet Compatibility Alliances)에서 관리한다. 현재 2.4GHz ISM 밴드를 이용하고 DSSS방식을 사용하여 11Mbps의 전송 속도를 제공한다.

(3) IEEE 802.11g

IEEE 802.11g 규격은 IEEE 802.11b의 보급이 시작된 2000년 중순에 IEEE 802.11a 보다 상대적으로 낮은 전송율을 제공하고, IEEE 802.11b 에서 사용하는 2.4GHz 대역에서 OFDM를 사용하는 규격이 요구되는 상황에서 만들어졌다. 2.4GHz 대역에서 IEEE 802.11b와 공존하면서 IEEE 802.11b보다 높은 전송율을 제공하도록 설계되었다. 실내에서의 커버 범위는 38m이다.

(4) IEEE 802.11n

IEEE 802.11g규격이 완성될 무렵 획기적으로 높은 전송율을 제공하는 규격의 필요성이 요구 되었다. 54Mbps로 동작하는 IEEE 802.11a/g에서 사용자의 체감 속도는 약 25Mbps 정도의 낮은 수준이었다. 향후 다양한 응용 프로그램이 나올 것으로 예측되는 무선 LAN 환경에서 사용자 체감 속도의 획기적인 개선이 필요하였다. 사용자의 실제 체감 전송율이 100Mbps 이상인 새로운 규격이 요구되었는 데 이를 만족하는 새로운 규격이 IEEE 802.11n 표준이다. IEEE 802.11n 표준은 이론 상 최대 600Mbps의 전송율을 제공하며 전송 거리도 70m로 넓어져 무선 LAN 환경을 획기적으로 개선하였다.

(5) IEEE 802.11e

IEEE 802.11e 은 음성 통신이나 화상 통신, 그리고 실시간 서비스의 안정적인 QOS(Quality Of Service)을 제공하기 위한 표준이다. 이 규격에서는 기존의 채널 접근 방식인 DCF를 정의하며, PCF를 향상시킨 EDCA(Enhanced Distributed Channel Access)와 HCCA(HCF Controlled Channel Access) 등을 정의하고 있다.

(6) IEEE 802.11h

IEEE 802.11h는 유럽 내 5GHz 비면허 구간에서의 동작을 위한 규격이다. 본 규격에서는 채널의 에너지 측정과 보고, 주파수의 동적 선택(DFS;Dynamic Frequency Selection), 전송 전력 제어(TPC;Trasmit Power Control) 등을 정의하고 있다. 5GHz 구간을 사용하는 위성 통신이나 레이더 통신과의 간섭을 줄이는 데 관심을 갖는다. DFS는 AP로 하여금 레이더 통신을 하고 있는 채널을 피하여 위성 통신에서 전달되는 간섭을 줄이기 위해 사용한다. TCP는 평균 전송 전력이 그 지역의 최대값보다 작게 함으로써 위성 통신과의 간섭을 줄이는 데 사용한다.

(7) IEEE 802.11i

IEEE 802.11i는 MAC에서의 보안을 위한 표준이다. 본 규격은 기존의 데이터 보안을 위해 사용되던 WEP(Wired Equivalent Privacy) 방식의 문제점을 개선하여 AES(Advanced Encryption Standard) 방식을 사용한다. IEEE 802.11i는 WPA2(Wi-Fi Protected Access-2)로 부르기도 한다.

(8) IEEE 802.11j

IEEE 802.11j는 일본에서 사용할 수 있는 4.9GHz에서 5GHz의 주파수 구간에서의 동작을 정의한 표준이다. 본 규격에서는 AP가 더 좋은 성능이나 수용력 향상을 위해 새로운 채널로 변경하거나 채널 폭을 조정하는 것이 가능하다.

(9) IEEE 802.11k

IEEE 802.11k는 무선 LAN의 무선 자원에 대한 정보를 측정하고 보고하는 방법을 정의하는 표준이다. 본 규격에서는 내부 정보로만 사용되던 무선 자원에 대한 정보를 AP등에 전달하는 방법을 정의하고 있다. 이 정보는 향후 단말의 로밍이나 인접한 AP간의 협력을 위해 사용한다.

(10) IEEE 802.11p

IEEE 802.11p는 차량 간의 통신이나 차량과 도로의 다른 기기와 통신을 위한 규격이다. 최대 200Km로 이동한 차량에 대한 데이터 통신을 정의하며 5.9GHz대역 (5.85~5.925GHz)의 주파수를 사용한다.

(11) IEEE 802.11r

IEEE 802.11r은 동일한 네트워크 내에서 셀 간의 이동을 지원한다. 이 규격에서는 단말들이 셀 간을 이동할 때에도 VoIP등의 서비스를 안정적으로 제공할 수 있도록 BSS(Basic Service Set) 천이를 정의한다.

(12) IEEE 802.11s

IEEE 802.11s은 무선 LAN 환경에서 무선 분산 시스템을 이용하여 AP간 무선 LAN으로 통신하는 메시 네트워크의 구성을 지원하는 규격이다.

(13) IEEE 802.11u

IEEE 802.11u는 무선 LAN과 외부 네트워크의 연동을 정의한다. 이 규격에서는 외부 네트워크와 무선 LAN이 서로 연동을 하는 경우에 사용할 수 있는 범용 인터페이스를 제공한다.

(14) IEEE 802.11v

IEEE 802.11k 에서는 단말에서 측정한 다양한 정보를 AP가 수집하도록 정의하지만 수집된 정보를 이용하는 것에 대해서는 정의하고 있지 않다. 본 규격에서는 수집된 정보를 사용하여 무선 네트워크를 관리하는 데 중점을 두고 규격을 정의하고 있다.

(15) IEEE 802.11w

IEEE 802.11i는 데이터 프레임에 대한 보안을 정의하고 있으나 관리 프레임에 대한 보안은 정의하고 있지 않아 악의가 있는 공격으로로부터는 안전하지 못하다. IEEE 802.11w는 IEEE 802.11i 의 취약점을 극복 보완하기 위한 표준이다.

(16) IEEE 802.11y

IEEE 802.11y는 미국에서 사용이 허가된 3650~3700MHz 대역에서 동작할 수 있는 무선 LAN을 정의한다. 이 주파수 구간은 무선 LAN 단말 이외에도 다른 기기들도 사용하기 때문에 기존 무선 LAN에서 사용하는 기술이외에도 전송 전력제어, 동적 주파수 선택, 다른 전송 장치의 감지 등의 기술이 추가로 필요함으로 이에 대한 정의도 포함되어야 한다.

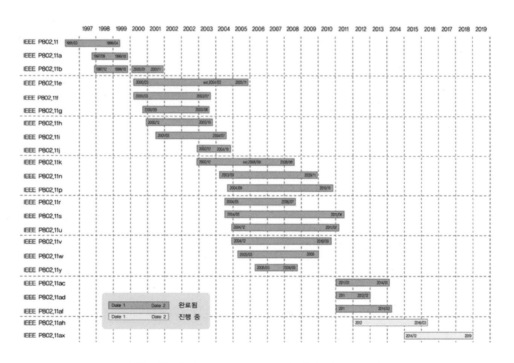

그림 17.18 IEEE 802.11 TG의 연대표(timeline)

연습문제

① 무선 LAN의 필요성에 대해 기술하시오

② 무선 LAN 기술 중 주파수 도약 확산 스펙트럼(FHSS)에 대해 설명하시오.

③ ISM(Inderstrial Scientific Medical) 대역이란 무엇인가?

④ 무선 LAN을 구성하는 방식을 분류하고 각각에 대해 설명하시오.

⑤ 무선 LAN의 대표 매체로 전자기파 기반의 무선 주파수에 대해서 경로 손실과 인접 채널 간섭 현상을 설명하시오.

⑥ 무선 LAN 기술 중 직접 시퀀스 확산 스펙트럼(DSSS)에 대해 설명하시오.

⑦ 무선 LAN 기술 중 직교 주파수 분할 다중화(OFDM)에 대해 설명하시오.

⑧ 무선 LAN에서 사용하는 CSMA/CA에 대해 설명하시오.

⑨ IEEE 802.11b 표준의 특성에 대해서 기술하시오

⑩ IEEE 802.11n 표준의 특성에 대해서 기술하시오

⑪ IEEE 802.11 무선 LAN 프레임의 형식을 그리고 설명하시오.

⑫ 다음의 특성을 갖는 표준 규격은 무엇인가?

> 5GHz 대역에서 6~54 Mbps의 전송속도를 갖는다. OFDM 방식을 사용하며 멀티미디어 지원을 위한 높은 속도를 제공한다. 2.4GHz 보다 덜 혼잡하며 주파수 간섭이 상대적으로 적다.

① IEEE 802.11a   ② IEEE 802.11b   ③ IEEE 802.11g

④ IEEE 802.11n   ⑤ IEEE 802.11s   ⑥ IEEE 802.11y

데이터 통신과 컴퓨터 네트워킹

개인 무선 네트워크와 무선 MAN

18

데이터 통신과 컴퓨터 네트워킹

18장

개인 무선 네트워크와 무선 MAN

앞 장에서는 IEEE 802.11 무선 LAN 프로토콜과 무선 LAN 전송 기술에 대해 알아보았다. 이번 장에서는 블루투스 기술을 중심으로 IEEE 802.15 WPAN(Wireless Personal Area Network) 기술과 와이브로 기술을 중심으로 IEEE 802.16 WMAN(Wireless Metropolitan Area Network)에 대해서 알아본다

18.1 WPAN 과 홈 네트워킹

최근 홈 네트워크 및 유비쿼터스 환경에 대한 일반인들의 관심이 증가하면서 10m 내외의 단거리에서 사용할 수 있는 개인 무선 네트워크에 대한 솔루션으로 WPAN(Wireless Personal Area Network) 기술에 대한 관심이 증가하고 있다.

18.1.1. WPAN 기술

그러면 WPAN(Wireless Personal Area Network) 기술이란 무엇인가? WPAN은 무선을 이용하는 개인이 사용할 수 있는 무선 네트워크로 개인용 컴퓨터, 개인 휴대 정보 단말기, 무선 프린터, 저장 장치, 페이저, 셋탑 박스 등의 다양한 전자 장비들과 휴대용 전자 장비 등의 연결을 지원하기 위해 설계 된 근거리 무선 네트워크라고 말할 수 있다. WPAN 기술은 전송속도를 기준으로 저속의 무선 센서 네트워크 기술과 고속의 WPAN 기술로 구별한다. 저속의 무선 센서 네트워크 기술은 주로 무선 센서 네트워크에 응용되어 사물이나 사람에 내재되거나 부착, 착용할 수 있는 소형, 경량, 저비용 및 저전력, 그리고 간편한 휴대의 특성을 갖춘 센서 노드들 간의 네트워킹을 제공하는 기술이다. 반면 고속의 WPAN 기

술은 저속의 WPAN 기술의 특성을 포함하고 PC나 주변기기, 가전 기기, 이동 기기 간에 고속의 데이터 전송이 가능하도록 하는 기술이다. 고속의 WPAN 기술은 HD급 영상을 포함하는 멀티미디어도 전송할 수 있어야 한다.

WPAN 기술에 대한 표준은 IEEE 802.15 위원회에서 정의하고 있다. WPAN 표준으로 IEEE 802.15.1 블루투스 TG의 블루투스 기술이 있는 데 이 기술은 상용화되어 MP3, 헤드셋, 그리고 차량 내에서의 스마트폰 연결 등 블루투스 기능을 탑재한 여러 가지 다양한 제품들이 출시되고 있다. 또 다른 WPAN 표준으로 IEEE 802.15.2 주파수 공존 TG의 주파수 공존 기술, IEEE 802.15.3의 고속 WPAN TG의 초 광대역(UWB;Ultra Wide Band) 기술, IEEE 802.15.4 저속 WPAN TG의 지그비(ZigBee) 기술에 대한 표준이 있다.

[그림 18.1]에는 IEEE 802.15 WPAN의 기술적 특성과 데이터 전송율을 상호 비교하여 도시하고 있다. 세로 축은 데이터 전송율을 나타내고 가로축은 개발 시기와 기술적 사양을 나타낸다. [그림 18.1]에서 블루투스 기술을 살펴보면, 2001년의 블루투스 버전1에서 저가격과 저전력 특성을 갖는 블루투스 버전2로 진화하고 계속해서 블루투스 버전3, 블루투스 버전4, 그리고 블루투스 버전4.1를 거쳐 이는 다시 U-센서 네트워크 기술로 수용되고 있다. U-센서 네트워크(Ubiquitous Sensor Network)는 RFID와 무선 통신 장치를 통해 사물과 온도 습도 오염 균열 등과 같은 환경 정보를 실시간으로 처리하고 활용이 가능하도록 하는 첨단 네트워크 시스템으로 사물 인터넷(IOT;Internet Of Thing)의 주요 부분이다.

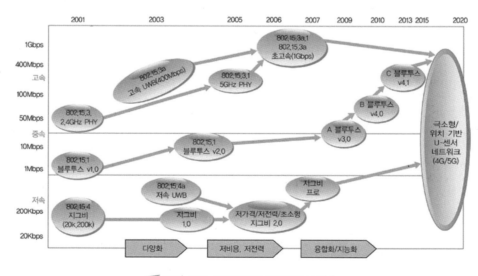

그림 18.1 IEEE 802.15 WPAN 기술

18.1.2. WPAN과 무선 LAN의 비교

WPAN 기술과 무선 LAN 기술은 어떤 차이가 있을까? 무선 LAN은 노트북 컴퓨터와 같은 휴대형 장치로 구성되지만 WPAN처럼 저전력, 저비용 및 이동성 등의 특성이 강조되지 않는다. 서비스 범위를 보면 무선 LAN의 경우 100mW의 전송 전력을 사용하였을 경우 100m 정도이다. 또한 무선 LAN은 무선 장치에 의한 전력 소모가 커서 휴대형 장치들이 고정된 장소에서 사용하도록 설계되었다. 하지만 WPAN의 서비스 범위는 1mW의 전송 전력을 사용하였을 경우 10m 정도의 전송 거리를 제공하며, 전력 소모가 적어야 하므로 주로 배터리를 사용하도록 설계된다. 또한 WPAN은 애드-혹 네트워크처럼 네트워크 생성이 신속하게 이루어지며 장치들 간의 연결 설정도 신속하게 이루어지며 개별 장치를 중심으로 하는 좁은 범위에서 동작하며 동작 시간도 비교적 짧다. 이와 같이 WPAM 장치는 하나 또는 다수의 다른 장치들과 연결이 가능하며, 저렴하고, 저전력이며 서비스 품질을 효과적으로 만족시키는 네트워크의 구성이 가능하게 한다.

이제 WPAN 기술과 무선 LAN 기술, 무선 MAN 기술, 무선 WAN 기술 등을 고려한 무선 네트워크 기술의 특성을 알아보자. [그림18.2]는 여러 가지 무선 네트워크 기술의 특성을 전송율, 전력소모, 비용 및 복잡도 등의 측면에서 비교하여 도시하고 있다. 가로축은 데이터의 전송율을 나타내고 세로축은 시스템의 비용/복잡도 및 전력소모를 나타낸다. 위쪽

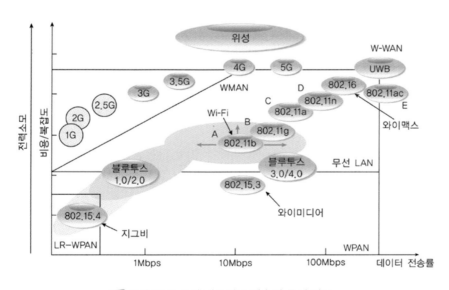

🖥 그림 18.2 무선 네트워크 기술의 특성 비교

으로 갈수록 시스템의 복잡도가 증가하면서 이에 따라 비용이 증가하며 전력 소모도 커진다. [그림18.2]에서 블루투스에 비해 WiMAX 기술이 데이터 전송율이 100배 이상 커지며 이에 따라 복잡도와 비용이 증가하고 있음을 볼 수 있다. 지그비는 저속의 전송율을 제공하므로 전력 소모가 낮고 비용이 저렴하며, UWB는 전반적으로 반대의 특성을 갖고 있음을 알 수 있다.

18.2 블루투스 기술

앞 절에서 WPAM 기술의 개념에 대해서 서술하였다. 이번 절에서는 블루투스 기술에 대해서 알아보자.

18.2.1 블루투스의 개념

IEEE 802.15.1 블루투스 기술은 음성과 오디오를 무선으로 즐길 수 있는 기술로서 휴대폰, MP3 플레이어 등의 모바일 기기와 가정용 오디오 헤드세트는 물론 차량용 오디오까지 확대 적용되고 있다. 블루투스라는 개념은 1994년에 에릭슨사의 실험실에서 출현하여, 1998년에 3Com, 에릭슨, IBM, 인텔, 마이크로소프트, 모토로라, 노키아, 도시바 등이 주축이 되어 블루투스 SIG(Spetial Interest Group)를 결성하게 된다. 블루투스에 WPAN 개념을 도입한 후 표준화는 블루투스 SIG가 결성되고 1년이 지난 후 1999년에 표준화가 완료되었다.

블루투스는 컴퓨터와 통신 기기를 연결하는 세계 표준 기술로 무선으로 여러 기기들을 연결하는 기술이다. 고정되거나 이동가능한 장치 간에 데이터와 음성 통신기능을 제공한다. 블루투스가 탑재된 기기가 서로 접근하여 10m이내가 되면, 서로 탐지한 후 동기화하여 접속하여 통신이 가능하다. 애드-혹 네트워크에서도 서로 통신 가능한 거리 내로 접근하면 여러 장치간의 자동 동기화 기능을 제공한다. 사용 주파수는 ISM 대역인 2.4GHz~2.48GHz의 주파수를 사용한다. 따라서 블루투스 신호는 어느 정도 두께의 벽은 통과하며 대부분의 사무실에서 사용할 수 있다.

블루투스는 주파수 홉핑 방식을 사용하며 3가지의 파워 클래스가 있다.

- Class 1 : 100m 거리까지 전송 가능하며, 최대 출력 파워는 100mW이다.

- Class 2 : 20~30m 거리를 전송할 수 있으며, 최대 출력 파워는 2.5mW이다.

- Class 3 : 10m 거리 까지 전송 가능하며, 최대 출력 파워는 1mW이다.

전송 거리와 전력소모량을 고려하여 적절한 클래스의 블루투스를 선택하여 사용할 수 있다.

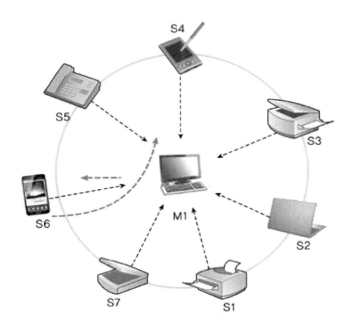

그림 18.3 블루투스 피코넷

블루투스에서는 피코넷이라는 개념을 도입하였는 데, 피코넷은 하나의 주 디바이스와 7개까지의 종속 디바이스로 구성하는 기본 네트워크의 단위를 말한다. 이러한 피코넷을 기본으로하는 중앙 집중형 블루투스 구조를 [그림18.3]에 도시하였다. 블루투스에서 종속 디바이스는 주 디바이스의 제어 하에 주 디바이스와 통신이 가능하고 종속 디바이스끼리는 통신이 가능하지 않다. 또한 종속 디바이스는 주 디바이스가 보낸 폴링에 대해 응답할 수 있으며, 종속 디바이스가 미리 예약을 했을 경우에만 데이터를 보낼 수 있다. [그림18.3] 에서 종속 디바이스 S6은 주 디바이스 M1을 통해서 종속 디바이스 S4와 데이터 통신이 이루어질 수 있음을 나타내고 있다.

블루투스 피코넷은 최대 7개까지의 종속 노드로 구성되므로 만일 디바이스의 수가 7개를 넘게 되면 네트워크를 확장하여 구성할 수 있다. 이렇게 확장 구성된 네트워크를 스캐터넷(scatternet)이라고 한다. [그림18.4]는 3개의 블루투스 피코넷으로 구성된 블루투스 스캐터넷을 도시하고 있다. [그림18.4]에서 디바이스 B12, B23 은 브리지 역할을 수행한다.

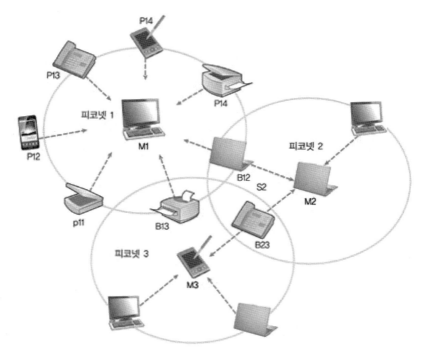

그림 18.4 블루투스 스캐터넷

18.2.2 블루투스 프로토콜 구조

블루투스 프로토콜의 구조를 살펴보자. 블루투스 프로토콜은 계층 구조를 가지고 있으며 이를 [그림18.5]에 도시하였다. 블루투스 프로토콜은 계층 구조는 호스트 측과 블루투스 디바이스 측으로 구분하여 나타낼 수 있다. 먼저 블루투스 디바이스 측은 기저대역과 무선 주파수로 구성되는 블루투스 물리 계층, 링크 제어 계층, 링크 관리 프로토콜 계층, HCI 계층으로 구성된다. 호스트 측은 HCI 계층, 호스트 제어 및 인터페이스 드라이버 계층, 논리 링크 제어와 적응 프로토콜 계층, SDF/RFCOMM 계층, 블루투스 응용 계층으로 구성된다. 각 계층의 기능은 다음과 같다.

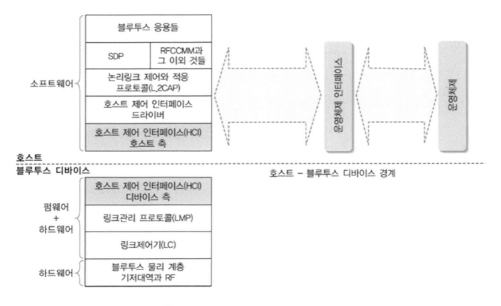

그림 18.5 블루투스 프로토콜 구조

(1) 블루투스 물리 계층

블루투스 물리 계층은 블루투스 프로토콜 계층 구조의 최하위 계층으로 블루투스 무선 영역에서의 기술적 특성을 정의하며 피코넷의 구성을 관리한다. ISM 대역인 2.4GHz에서 동작하고, BPSK 변조 방식을 사용한다.

(2) 링크 제어 계층

링크 제어 계층에서는 기저 대역 프로토콜 기능, 매체 접근 기능, 링크 제어 기능 등을 수행한다.

(3) 링크 관리 프로토콜 계층

링크 관리 프로토콜 계층은 서로 다른 디바이스에서 링크 관리 기능을 수행한다. 즉, 링크의 설정, 링크 제어 및 구성, 인증, 데이터 암호화, 저전력 모드 관리 등의 기능을 수행한다.

(4) HCI 계층

호스트 제어 인터페이스(HCI;Host Controller Interface) 계층은 블루투스 장치측과 호스트에서 구현된다. 호스트 제어 인터페이스(HCI;Host Controller Interface) 계층에서는 기저 대역 제어기와 링크 관리 프로토콜 사이에 명령 인터페이스를 제공한다.

(5) 논리 링크 제어와 적응 프로토콜 계층

논리 링크 제어와 적응 프로토콜(L2CAP;Logical Link Control and Adaptation Protocol) 계층에서는 기저 대역 프로토콜에 대한 링크 기능을 제공한다. 상위 레벨 프로토콜에 대한 다중화 기능, 패킷의 단편화와 재조립, 그리고 QOS 등의 기능을 제공한다.

(6) SDP

SDP(Service Discovery Protocol)는 휴대형 블루투스 디바이스에서 어떤 서비스가 이용가능한지를 찾는 기능을 수행한다.

(7) RFCOMM

RFCOMM (RF Commucations)은 케이블 대체 프로토콜로 논리 링크 제어와 적응 프로토콜 상에서 가상의 직렬 포트를 구성하고 직렬 포트에 대한 에뮬레이션 기능을 수행한다.

(8) 블루투스 응용 계층

블루투스의 대표적인 응용으로는 이동 전화와 핸즈 프리 헤드셋이 있으며, 무선 마우스, 무선 키보드, 무선 프린터 등에 사용할 수 있다.

18.2.3 블루투스와 UWB 기술

와이 미디어 초광대역(UWB;Ultra Wide Band) 기술은 멀티미디어 기기들의 고속 무선 데이터 접속을 지원하는 기술로, 480Mbps의 높은 데이터 전송율을 보장하며 다양한 이동성 응용 장치들 사이의 접속을 지원하는 기술이다. 블루투스 SIG 는 블루투스 차세대 규격으로 와이미디어 UWB를 지원한다. 살펴본 바와 같이 블루투스는 낮은 데이터 전송율과 저가, 저전력의 특성을 가지고 있다. 블루투스 2.0+EDR(Enhanced Data Rate) 규격이 지원하는 응용 최대 속도는 3Mbps이며 25mW의 전력을 사용한다. UWB는 블루투스의 약 20배의 전력을 사용하며 480Mbps의 데이터 전송속도를 제공한다. 결론을 이야기하면 블루투스 보다 비트 당 낮은 전력을 이용하면서 데이터를 빠르게 전송한다. 하지만 블루투스의 서비스 범위가 100m인 것에 비해 UWB는 3m에 불과하다.

UWB는 매우 짧은 범위에서 고속의 데이터 전송을 지원하는 반면 높은 전력을 요구한다. 이에 비해 블루투스는 서비스 범위가 매우 넓고 저전력을 이용하지만 상대적으로 데이터 전송속도가 낮다. 이처럼 블루투스와 UWB는 서로 상이하면서 상호 보완적인 부분이 있다.

18.3 지그비 기술

최근 지어지는 대형 건물은 에너지를 효율적으로 사용하기 위해 냉방 난방 및 공조 등이 건물 층별로 또는 좁은 지역별로 이루어진다. 이러한 개별적인 제어를 위해서 건물 각 부분의 온도, 습도 및 이산화탄소의 농도 등의 자료를 주기적으로 검출하여 이를 BEMS(Building Energy Management System)으로 전송하여 종합적으로 관리한다. BEMS 시스템에서는 수집된 데이터를 분석하여 냉 난방을 필요로 하지 않은 지역을 파악하여 불필요한 냉난방을 하지 않음으로써 에너지를 절약한다. 이러한 목적을 달성하기 위해 건물의 곳곳에는 다양한 장치 및 센서를 설치하여 이를 유무선 네트워크를 통해 BEMS 시스템과 연결하여야 한다. 이미 지어진 건물은 장치 및 센서를 연결하기 위해 유선 네트워크를 구축하는 것이 현실적이지 않다. 더욱이 센서의 종류가 다양하고 건물의 규모 크거나 문화적 가치가 있는 고건축물인 경우 더욱 어려워진다.

상기한 센서 네트워크는 전송하는 데이터의 양이 매우 적고 전송 주기도 10분 30분 또는 1시간으로 매우 긴 응용에 적합하다. 또한 이러한 장치 및 센서들은 사람들의 손이 잘 미치지 않는 곳에 설치되어야 하다 보니, 항상 전원이 공급되는 않는 경우 배터리의 교체 주기가 1년 이상으로 길어야 한다. 즉 장치의 전력소모가 매우 적어야 한다. 장치 및 센서가 넓은 공간에 설치되는 경우 멀리 떨어진 센서 같은 경우에는 이웃한 센서 노드를 통해 데이터를 전송할 수 있다면 좋을 것이다. 또한 한 층에 여러 개 씩 수십 층의 건물에 설치되어야 하는 경우 저렴해야 할 것이다.

이러한 목적을 달성하기에 최적화된 통신 기술이 지그비(ZigBee)이다. 지그비는 저전력 센서 네트워크를 위한 통신 기술로서 IEEE 802.15 표준을 기반으로 만들어졌다. 그물 네트워크 방식을 사용하여 소스가 목적지에서 먼 경우 여러 중간 노드를 거쳐 목적지까지 데이터를 전송함으로써 저전력을 사용함에도 불구하고 넓은 지역을 서비스하는 것이 가능하다. 지그비 기술은 와이파이나 블루투스와 같은 기술에 비해 상대적으로 더 단순하고 저렴함을 목표로 개발되었다. 지그비는 일반적으로 낮은 전송 속도를 필요로 하고 긴 배터리 수명과 보안성을 요구하는 그리고 주기적이며 간헐적인 데이터 전송이나 센서나 입력 장치 등의 단순 신호 전달에 최적화되어 있는 솔루션이다. 이와 같은 분야로 무선 조명 스위치 시스템, 주택 내 전력량계, 교통관리 시스템, 환경관리 시스템 등이 있으며 주로 근거리 저속 통신을 필요로 하는 다양한 산업 분야에 사용될 수 있다.

특히 사물 인터넷 환경에서는 자율적인 센싱, 저전력 통신 기능을 갖춘 수 천개 이상의 노드들로 무선 센서 네트워크를 구성해야하는 응용이 많이 있다. 지그비는 하나의 네트워크에서 세 가지 유형의 장치 255개를 연결하여 최대 50개의 멀티 네트워크 구현이 가능하고 저가격이면서 초전력인 센서 네트워크의 구성이 가능하여 유비쿼터스 환경을 구현하는 최적의 기술로 평가된다.

지그비는 와이파이나 블루투스와 마찬가지로 ISM 대역에서 동작한다. 우리나라를 포함한 대부분의 국가에서는 2.4GHz주파수 대역을 사용하고 있으며, 유럽에서는 864MHz, 미국 및 호주에서는 915MHz 대역을 사용한다. 데이터 전송속도는 2.4GHz대역에서는 250Kbps, 868Mbps대역에서는 20Kbps 수준이다. 지그비 네트워크는 128비트 대칭 암호화 기술을 사용하여 보안을 제공한다. 노드와 노드 사이의 최대 통신 거리는 개활지에서 200m까지 가능하나, 가정이나 사무실의 경우 20~30m가 현실적인 통신 거리이다.

일반적으로 센서는 RF 송수신기와 센싱 기능을 갖추어야 하지만 응용에 따라 다양한 요구 조건이 있을 수 있다. 제어 대상 기기와의 결합으로 구성되는 무선 센서 및 제어 네트워크의 경우, 고속의 대용량 데이터 전달보다는 긴 배터리 사용 시간과 일정 거리 이상의 전송 영역 확보가 필수 요구 조건이다. 이러한 요구사항을 충족시키기 위해 지그비 표준 IEEE 802.15.4-2003을 제정하였다. 이는 저전력, 저비용, 구현의 간편성을 만족하는 물리 계층 및 MAC 규격이다. 이후 의미가 모호한 것을 제거하고, 복잡성을 줄이고, IEEE

802.15.4-2003 과 호환되며, 보안키 사용의 유연성을 향상시킨 IEEE 802.15.4-2006이 승인되었다.

지그비는 단순한 저기능성 센서 네트워크의 구성이 가능하기 때문에 USN의 기본인 무선 센서 네트워크 구현에 적합하다. 지그비의 평균 전력소모는 50mW 정도이며, 이는 UWB와 무선 LAN의 평균 전력 소모가 200mW, 1W 인 것을 생각하면 우수한 저전력 특성을 갖고 있다. 따라서 한번 배터리를 장착하면 2~3년을 사용할 수 있다.

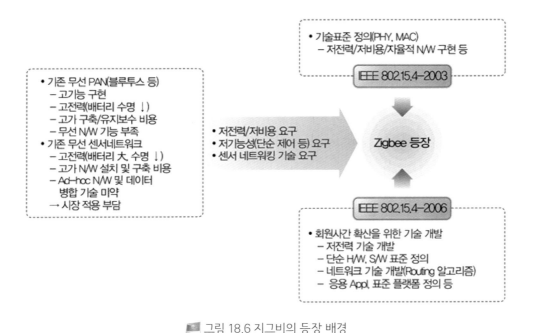

그림 18.6 지그비의 등장 배경

18.3.1 지그비 프로토콜 스택

지그비는 저속, 저전력, 보안을 제공하는 무선 응용 서비스를 목표로 하여, IEEE 802.15 저속 WPAN 기반으로 상위 프로토콜 및 응용을 규격화한 기술이다. 지그비 프로토콜 스택은 4계층으로 구성되며, 각 계층은 상위 계층에 특정 서비스를 제공한다. 각각의 계층에는 데이터 전송 서비스를 제공하는 데이터 개체(Data Entity)와 서비스를 제공하는 관리개체(Management Entity)로 구성된다. 서비스 개체는 상위 계층에 서비스 접근점(SAP; Service Access Point)을 통해 인터페이스를 제공한다.

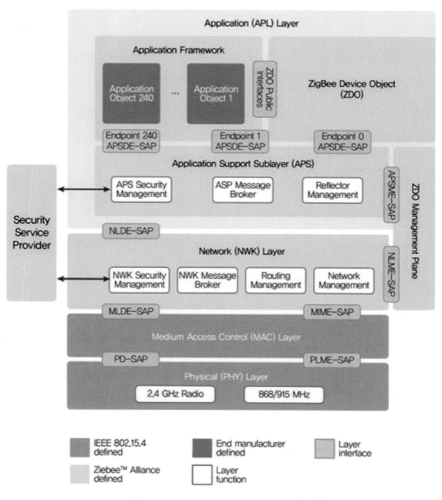

그림 18.7 지그비 프로토콜 스택 구조

지그비 프로토콜 스택 구조는 OSI 7계층 모델을 기초로 하고 있다. [그림18.7]에 지그비 프로토콜 스택 구조를 도시하였다. 물리 계층과 MAC 계층은 IEEE 802.15.4 표준을 그대로 사용하여 정의되었으며, 지그비 연합(ZigBee Alliance)에서 네트워크 계층과 응용 계층의 프레임 워크를 정의하고 있다. 응용 계층은 응용 지원 부계층(Application Support SubLayer), 지그비 디바이스 객체(ZigBee Device Object), 응용 객체(Application Object)를 포함하고 있다. 물리 계층은 868/915Mbps 와 2.4GHz 주파수 대역에서 동작하며, BPSK/QPSK 변조 방식에 DSSS 무선 접속 방식을 사용한다. MAC 계층은 CSMA/

CA 프로토콜을 이용하여 무선 채널에 접근한다. IEEE 802.15.4 표준에 기반한 지그비 세부 표준화 항목은 표18.1과 같다.

표18.1 지그비 기술의 세부 표준화 항목

정의	세부 표준화 항목	표준화 내용
WPAN의 PHY를 기반으로 ZigBee용 네트워크 및 응용 계층 기능 정의	네트워크 계층에서 스타와 메시 토폴로지 지원 기술	ZigBee를 구성하기 위해 제공하는 스타와 메시 토폴로지 지원 기술
	데이터 서비스와 관리 서비스 기술	응용 계층의 인터페이스를 제공하기 위한 서비스 개체
	애드 혹 네트워크를 위한 라우팅 프로토콜	ZigBee에서 애드 혹을 지원하는 라우팅 프로토콜에 대한 정의
	ZigBee 디바이스 객체(ZDO)	응용 프레임워크 계층에서 응용 객체의 공용 인터페이스를 제공하는 기술
	보안 서비스 제공 기술	네트워크 계층과 응용 지원 부계층 간에 보안 서비스 제공 기술
	응용 프레임워크 규격	응용에 의해서 사용되는 주소체계와 응용들의 간의 통신 원리에 대한 내용
	응용 지원 부계층	ZigBee 디바이스 객체뿐만 아니라 제조사의 응용 객체에서 이용하는 일반적인 서비스를 제공하기 위한 기술인데 네트워크 계층과 응용 계층 사이의 인터페이스를 제공
	ZigBee 응용 프로파일 적용 기술	홈 네트워킹, 빌딩 오토메이션, 공장 자동화, 에너지 관리, 헬스케어, 전기통신 응용(Telecom Application), 무선 센서 응용, 센서 네트워크 등을 지원하기 위한 기술

(1) 네트워크 계층

지그비에서 네트워크 계층은 스타 토폴로지(Star Topology)와 메시 토폴로지(Mesh Topology)를 지원한다. 스타 토폴로지(Star Topology)에서는 단일 디바이스인 지그비 조정자(ZigBee Coordinator)에 의해 제어된다. 지그비 조정자(ZigBee Coodinator)는 네트워크 내의 장치를 관리 및 초기화하고, 다른 모든 종단 장치는 지그비 조정자(ZigBee Coodinator)와 직접 통신한다. 메시 토폴로지(Mesh Topology)에서는 지그비 조정자

(ZigBee Coodinator)에서 네트워크가 시작되고 지그비 라우터에 의해 네트워크가 확장된다. [그림18.8]에 지그비 네트워크 구성이 도시되어 있다.

네트워크 계층은 IEEE 802.15.4 MAC 계층이 올바르게 동작하도록 기능을 수행하며, 응용 계층에 적당한 인터페이스 서비스를 제공하기 위해 필수적인 기능을 제공한다. 응용 계층의 인터페이스를 위해 네트워크 계층은 2가지 필수 기능을 제공하는 서비스 개체를 포함하는 데 데이터 서비스(data service)와 관리 서비스(management service)이다.

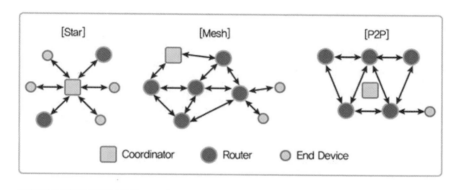

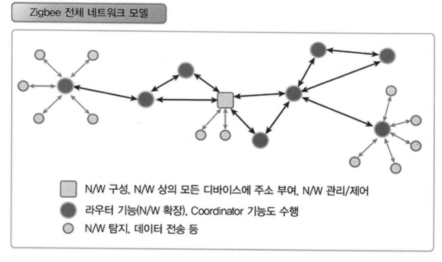

그림 18.8 지그비 네트워크 구성

네트워크 계층 데이터 개체(NLDE;Network Layer Data Entity)는 NLDE와 연관된 NLDE-SAP를 경유하여 데이터 전송 서비스를 제공하고, 네트워크 계층 관리 개체(NLME;Network Layer Management Entity)는 NLME와 연관된 NLME-SAP를 경유

하여 데이터 관리 서비스를 제공한다. NLME는 몇몇 관리 태스크(management task)를 위해 NLDE를 사용하고 이를 위해 NIB(Network Information Base)라는 객체의 데이터 베이스를 유지한다.

(2) 응용 계층

지그비 응용 계층은 응용 지원 부계층(Application Support SubLayer), 지그비 디바이스 객체(ZigBee Device Object), 응용 프레임 워크(Application Framework)를 포함하고 있다.

응용 지원 부계층(Application Support SubLayer).

응용 지원 부계층은 지그비 디바이스 객체 뿐만 아니라 제조사의 응용 객체에서 이용하는 일반 서비스를 할 수 있으며 이를 통해 네트워크 계층과 응용 계층 사이의 인터페이스를 제공한다. 2개의 개체가 이러한 서비스를 제공하는 데 데이터 개체(Data Entity)와 관리 개체(Management Entity)이다. APS 데이터 개체(APSDE;APS Data Entity)는 같은 네트워크에 속한 2개 이상의 장치들 사이에서 응용 프로토콜 데이터 단위(APDU;Application Protocol Data Unit)를 통해 전송 서비스를 제공한다. APS 관리 개체(APSME;APS Management Entity)는 APS 관리 개체(APSME;APS Management Entity)-SAP(Service Access Point)를 통해 ZDO관리 평면과 통신한다. APS 관리 개체(APSME;APS Management Entity)는 APS 정보 기반(AIB;APS Information Base) 관리개체들의 데이터베이스를 유지하고, 장치들의 바인딩 및 발견 서비스를 제공한다.

응용 프레임 워크(Application Framework)

지그비에서 응용 프레임 워크 내의 응용 객체는 APSDE-SAP로 정의된 종점 인터페이스로부터 데이터를 받게 되고, 응용 객체의 제어와 관리는 지그비 디바이스 객체(Zigbee Device Object) 공용 인터페이스를 통해 수행된다. 응용 프레임워크 인터페이스는 APSDE-SAP를 통해 APS와 인터페이스로 연결된다. 응용 프레임워크의 핵심 내용은 응용에 의해서 사용되는 주소 체계에 대한 내용과 응용들 간의 통신 원리 등이다. 응용에 의해서 사용되는 주소 체계는 단계별로 노드 주소(Node Address), 종점 주소(Endpoint Address), 인터페이스 주소(Interface Address)로 구성된다.

지그비 디바이스 객체(ZigBee Device Object)

지그비 디바이스 객체(ZigBee Device Object)는 지그비 프로토콜 스택 구조에서 도시한 바와 같이 APS(APplication Suport Sublayer) 위에 존재하는 응용 솔루션이다. 지그비 디바이스 객체는 응용 객체의 디바이스 제어와 네트워크 기능의 이용을 위해 응용 프레임 워크 계층에서 응용 객체의 공용 인터페이스를 제공한다. 지그비 디바이스 객체는 데이터와 APSME-SAP 제어 메시지를 위해 지그비 프로토콜 스택의 하위 부분과 APSDE_SAP의 종점을 통해 인터페이스를 연결한다. 공용 인터페이스 함수는 지그비 프로토콜 스택의 응용 프레임 워크 계층 내에서 장치 발견, 바인딩(binding), 보안 함수에 대한 관리 기능을 제공한다.

18.3.2 지그비와 경쟁 기술

지그비는 유럽에서는 868MHz, BPSK/1채널, 미국에서는 902~928MHz, BPSK/10채널, 전세계적으로는 2.4GHz, OQPSK/16채널 등 3개 주파수 대역에서 DSSS 변조 방식으로 최대 250Kbps의 데이터 전송속도를 지원한다. 매체 접근 방법으로는 CSMA/CA를 사용하며, QOS 보장을 위해 GTS(Guaranteed Time Slot) 데이터 전송 메커니즘을 지원한다. 지그비와 경쟁관계에 있는 무선 통신 기술로서 블루투스, UWB(Ultra Wide Band), 무선 LAN의 통신 방식을 생각할 수 있으며, 표18.2에 기술하고 있다.

표 18.2 근거리 무선 통신의 비교

특성	WPAN			WPAN/무선랜
	ZigBee (802.15.4)	블루투스 (802.15.1)	UWB (802.15.3a)	Wi-Fi (802.11b)
주파수대역	868/915MHz 2.4GHz	2.4~2.480GHz	3.1~10.6GHz	2.4GHz, 5GHz
전송속도	~250K	~1M	~500M	~11M
통신거리	~75m	~100m	10m	100m
N/W상 기기 수	255(최대 65만대)	8대	–	256대
배터리 수명	2~3년	4~8시간	–	1~3시간
복잡도/비용	단순/저비용	복잡/고비용	단순/–	복잡/고비용

지그비는 저용량 데이터를 전송하며 네트워크로 각 기기를 연결한 후 네트워크 상의 기기를 통합 제어하는 용도에 적합하다. 또한, 송 수신 기기를 빛, 압력, 기압, 기온 , 습도 등의 센서와 결합하여 대규모의 네트워크 구성이 가능하다.

블루투스는 고가에 전력 소모가 많고, 네트워크 접근점 하나당 7대 까지 연결이 가능하며, 2.4GHz ISM 밴드를 사용한다. 따라서 일정 용량의 음성, 데이터의 전송에 적합하다.

무선 LAN의 전송속도는 11Mbps로 블루투스보다 고성능이며 수십 대에서 수 백대의 연결이 가능하다. 하지만 무선 LAN의 목적은 유선 LAN을 대체하기 위한 것으로 작은 솔루션이 아니다. 특히 장비의 부피가 크고 전력 소모량이 많으며 음성 채널이 없는 것도 단점이다. 무선 LAN과 블루투스는 동일한 2.4GHz를 사용하여 서로 간섭 문제가 발생할 수 있다.

18.3.3 지그비의 응용 분야

지그비는 동작, 빛, 압력, 기온, 습도 등 다양한 센서를 부착하여 모니터 및 제어가 가능한 대규모 센서 네트워크의 구성이 가능하다. 다른 무선 통신 기술과 비교하여 전력소모가 적고 생산 비용이 저렴하며 10m 안밖의 근거리에서 소량의 데이터를 주고 받는 목적으로 유용하게 사용할 수 있다. 주택 내에서 컴퓨터 주변기기인 무선으로 연결할 수 있는 마우스, 키보드, 조이스틱, 게임기 등에 활용이 가능하며, TV, DVD, 오디오, 냉장고, 에어컨, 세탁기 등 가정에서 생활 가전의 원격 제어가 가능하다. 난방, 환기, 보안, 방범/방재, 조명 제어 등을 포함하여 출입문 및 창문 등의 잠금 제어에 사용할 수 있다. 지그비 기술을 이용하여 에어컨을 가동하고 바람의 세기, 방향을 조절하고, 원격으로 수도, 가스, 전기 등의 검침에 활용할 수 있다.

빌딩 자동화 분야에 적용하여 조명, 화재 감지, 냉난방 시스템, 환기 시스템, 주차 관리 시스템에 지그비를 도입한다면 관리실이 아닌 휴대용 장치로 원격으로 건물 관리 및 제어를 수행할 수 있다.

개인 건강 관리 분야에 적용하여 환자가 신체에 지그비 장치를 장착하여 장착된 센서로부터 주기적으로 건강 상태를 측정하여 측정한 데이터를 서버에 무선을 사용하여 자동으로 전달할 수 있다. 모니터링, 자동화 등 산업용 제어 분야, 타이어 압력 센서나 가속도 센서 같은 자동차 분야, 농약 및 제초, 흙의 습도 센서 같은 농업용 분야에도 적용할 수 있다.

지그비는 [그림18.9]에 도시한 바와 같이 다양한 분야에서 활용될 수 있다.

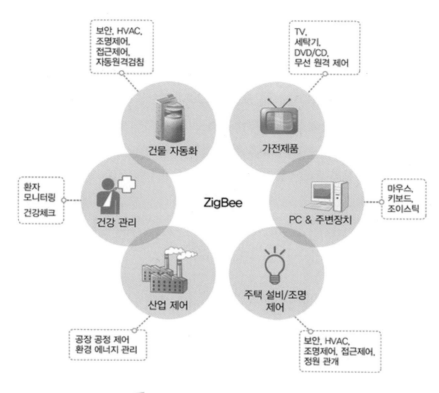

그림 18.9 지그비 기술의 응용 분야

18.3.4 지그비와 Z-Wave 기술

Z-Wave는 주거 환경 및 조명 분야의 원격 제어 서비스 등의 가정 자동화를 위해 개발된 무선 통신 프로토콜이다. 조명이나 출입 통제, 가전 등의 가정용 전기 장치나 시스템에 들어가는 저전력의 RF 기술을 사용한다. 가정 자동화 분야에의 응용은 신뢰할 수 있고 빠른 응답을 필요로 하며 100Kbps 이하의 저속 통신으로도 충분하다. Z-Wave의 대역폭은 최대 100Kbps이며 GFSK 변조 방식을 사용한다. 옥외에서 약 30m의 거리에서 통신이 가능하며 최대 232개의 노드로 네트워크를 구성할 수 있다.

Z-Wave의 노드들은 다른 Z-Wave 장치들을 제어하는 제어기(controller)와 Z-Wave 장치로부터 제어를 받는 종속 장치(slave)로 구성된다. 제어기의 네트워크 ID는 공장 생산

시 설정되므로 사용자가 변경할 수 없다. 반면에 종속 장치는 네트워크 ID가 미리 설정되지 않으며 네트워크에 의해 할당되는 것이다. 주제어기는 다른 노드들에게 자신의 네트워크 ID를 할당함으로써 다른 장치들을 자신의 네트워크에 포함하는 것이다. 따라서 어떤 노드가 주제어기의 네트워크 ID를 수용하면 이 노드는 해당 네트워크의 일부가 되는 것이다. 주 제어기는 네트워크에 새로 추가되는 새로운 장치들에게 개별적인 노드 ID도 할당한다. 이러한 과정을 '포함'(inclusion)이라고 한다. 제어기가 2개 이상일 경우, 제어기 중 하나를 주 제어기로 선정해야 하고, 나머지 제어기는 주제어기로 선택된 제어기로부터 네트워크 ID를 할당 받고 개별적인 노드 ID도 할당 받는다. 서로 다른 네트워크 ID를 가지는 2개의 Z-Wave 네트워크가 존재하는 경우, 서로 다른 네트워크에 존재하는 장치끼리는 서로를 알 수 없으며 따라서 통신할 수도 없다. Z-Wave 는 900Mbps 대역에서 동작하므로 이 대역을 사용하는 일부 무선 전화나 다른 장치와 같이 사용하는 경우, 간섭이 발생할 수 있다. 하지만 와이파이나 블루투스 등 여러 시스템에서 많이 사용하는 2.4GHz 대역을 사용하지 않아 이들과의 간섭을 피할 수 있다는 것이 더 큰 장점이 된다. 사용 가능한 주파수 대역은 국가마다 조금 상이하며, 우리나라의 경우 919.6Mbps, 921.6Mbps, 그리고 923.1Mbps 대역을 이용할 수 있다.

Z-Wave 기술은 신뢰할 수 있는 네트워크를 생성하고 네트워크 내에서 여러 장치들이 동시에 통신하기 위한 경로 설정하는 기능을 수행해야 한다. 이를 위해 라디오 계층(Radio Layer), 네트워크 계층(Network Layer), 그리고 응용 계층(Application Layer)의 3개 계층으로 구성된다. 라디오 계층(Radio Layer)은 네트워크와 다른 라디오 하드웨어 사이에서 신호가 교환되는 방식을 정의한다. 예를 들면 주파수, 부호화 방식, 하드웨어 접근 방식 등을 정의한다. 네트워크 계층(Network Layer)은 두 장치들 사이에서 제어 데이터가 교환되는 방법을 정의한다. 예를 들면 주소 체제, 네트워크 구조, 경로 설정 등의 기능이다. 응용 계층(Application Layer)은 특정한 응용들이 처리하는 기능을 나타내는 메시지를 정의한다. 특정한 응용의 예로는 조명의 전원을 켠다거나 난방 장치의 설정 온도를 변경하는 것, 그리고 에어컨을 가동시키는 등이 있다.

18.4 와이브로 기술

앞 절에서 다룬 IEEE 802.15.1 블루투스와 IEEE 802.15.4 지그비 기술은 WPAN(Wireless Personal Area Network)의 주목받는 기술이다. 이 절에서는 WMAN(Wireless Metropolitan Area Network)으로 분류되는 IEEE 802.16e 와이브로 (WiBro) 기술에 대해 설명한다.

18.4.1 와이브로 개발 배경

와이브로(WiBro ; Wireless Broadband Internet) 기술은 2007년 10월 18일 ITU 전파 총회에서 IMT-2000의 6번째 규격으로 공식 채택되었다. 국제적으로 모바일 와이맥스로 알려진 와이브로는 우리 나라에서 상용화한 기술 규격이다. 와이브로는 무선 광대역 인터넷 서비스를 의미하며, 언제, 어디서나, 정지 및 이동 중에도 고속으로 무선 인터넷 접속이 가능한 휴대 인터넷 서비스로 정의된다.

유선 통신의 초고속 인터넷 서비스 시장 및 이동 통신의 음성 서비스 시장이 포화되면서, 모바일로 초고속 인터넷 서비스를 요구하는 사용자의 수요가 나타났다. 이에 따라 국내 휴대 인터넷 기술은 고정 광대역 무선 접속(Fixed Broadband Wireless Access) 기술인 IEEE 802.16a에 이동성을 부여하는 방법으로 연구가 진행되었다.

그림 18.10 와이브로 서비스의 개발 배경

18.4.2 와이브로 개념

이동 중에 무선으로 인터넷을 즐길 수 있는 데이터 통신 요구는 초고속 인터넷의 보급과 함께 점차 확산되었고 그래서 등장한 것이 IEEE가 표준으로 채택한 IEEE 802.11b 와이파이 기술이다. 11Mbps의 전송속도와 2.4GHz의 대역을 지원하는 IEEE 802.11b는 10Mbps 급의 유선 인터넷을 무선으로 사용할 수 있도록 개발한 것이다. 이어서 OFDM 방식을 사용한 IEEE 802.11a가 개발되었다. IEEE 802.11a는 5GHz대에서 6~54Mbps의 전송 속도를 제공한다. OFDM은 사용 가능한 주파수 대역을 부 캐리어(sub carrier)로 나누고, 시간 축에서 서로 직교하는 신호를 각 부 캐리어 상에 나누어 중첩 할당하여 전송하는 방식이다. 이 방식은 중첩되는 다수의 부 캐리어에 신호가 나누어 실리기 때문에 단일 주파수 효율이 좋아져 높은 속도로 데이터를 전송하는 것이 가능해진다. 이러한 이유로 와이브로에서 OFDM 방식을 채택한 것이다.

IEEE 802.11a는 IEEE 802.11b에 비해 전송속도가 5배 이상 높고 보안 성능도 우수함에도 불구하고 5GHz주파수 대역 사용에 대한 허가가 늦어지는 사이에 2.4GHz대역을 사용하던 IEEE 802.11b를 업그레이드한 IEEE 802.11g가 2003년 표준화가 이루어졌다. IEEE 802.11g 는 IEEE 802.11a의 속도와 IEEE 802.11b의 보안성을 갖추고 54Mbps의 속도를 지원하고 있다. 와이파이를 사용하면 가정과 사무실은 물론 실외에서 무선으로 인터넷에 접속할 수 있지만 휴대폰과 같이 이동 중에는 사용이 곤란하며 서비스 가능 지역도 제한적이다.

실제로 IEEE 802.11g는 무선 AP 반경 2~5m 반경에서 장애물이 없는 경우 20~30Mbps 정도에 불과하다. IEEE 802.11g는 IEEE 802.11b에 비해 데이터 전송 속도가 빠르지만 100Mbps엔 많이 미치지 못한다. 와이파이의 최대 단점은 서비스 영역이 협소하고, 이동하며 사용할 수 없다는 것이 큰 단점이다. 이에 따라 넓은 지역에서 무선으로 광대역 네트워크를 구축하기 위한 새로운 무선 통신 기술이 등장하는 데 이것이 IEEE 802.16 와이맥스(WiMAX)이다. IEEE 802.16a는 고정형 와이맥스로 2~11GHz의 대역을 사용하며 75Mbps의 전송속도를 제공하며 개활지에서 45km, 도심에서 2km 의 서비스 범위를 제공한다. IEEE 802.16e는 IEEE 802.16a에 이동성을 부여한 것으로 시속 60Km에서도 15Mbps의 전송속도를 제공하는 규격이다. 와이맥스의 활성화를 위해 2003년 인텔의 주도로 와이맥스 포럼이 발족하였으며, 현재 150개의 업체가 활동하고 있다. 와이맥스는 고정 무선 서비스 기술과 이동 무선 서비스 기술로 구분되며 기존의 와이파이보다 그 기능과 서비스 영역이 확장된 기술이다. 실제로 와이맥스의 서비스 영역은 50Km까지 가능하고 전송 속도도 70Mbps까지 가능하여 와이파이에 비해 수배의 성능을 나타내고 있다.

와이브로는 모바일 와이맥스에 해당하는 표준으로 국내 기업과 연구 기관, 정부가 주도하여 개발한 기술이다. [그림18.11]에 도시한 것처럼 와이브로는 2.3GHz 주파수 대역을 이용하여 60km/h 이상 이동시에도 무선 인터넷 서비스를 제공하는 것이 가능하다. 이 때 가입자당 전송속도는 약 1Mbps정도이다.

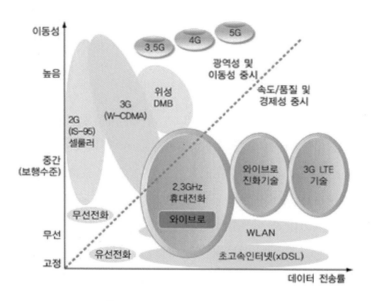

그림 18.11 와이브로 기술의 특성

그림에서 가로축은 데이터 전송속도를 나타내고 세로축은 이동성을 나타낸다. 와이브로의 데이터 전송속도는 무선 전화보다 높고, 이동성은 무선 LAN보다 높다는 것을 알 수 있다. 와이브로의 전파 전달거리는 최대 48Km이며 일명 핫스팟을 형성하는 무선 LAN(Wi-Fi)의 전송 거리 60m에 비하면 많은 차이가 난다. 이동성의 경우 무선 LAN 보다는 다소 높은 보행 수준의 이동성을 보장한다.

18.4.3. 와이브로 서비스의 특징

와이브로 서비스의 특징으로 전송속도와 이동성, 요금, 콘텐츠 등을 알아보자. 전송속도
는 약 1Mbps이며 이동통신사의 무선 인터넷보다 데이터 전송에 유리하다. 유선 사업자가
제공하는 넷스팟 같은 무선 LAN을 이용하여 무선 인터넷을 사용할 수 있으나 무선 LAN
을 사용하는 경우 도달거리가 짧아서 이동 중 일 때나 실외에서는 서비스 사용에 문제가
있다. 반면 와이브로는 이동 중에도 사용이 가능하여 무선 LAN보다 이동성은 유리하다.
와이브로 서비스는 크게 미디어 서비스, 데이터 서비스, 통신 서비스로 구분한다. 미디어
서비스는 웹미디어, 주문형 비디오, 주문형 음악, 게임, P2P서비스가 있다. 데이터 서비스
에는 전자학습, 전자 뱅킹, 웹 탐색 등이 있다. 통신 서비스에는 웹 메시지서비스, 비디오폰
서비스, 이메일 등이 있다.

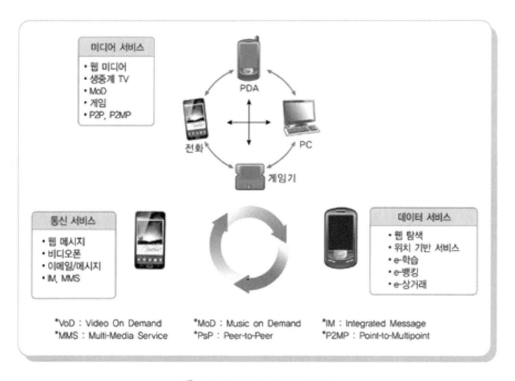

그림 18.12 와이브로 서비스

18.4.3. 와이브로 시스템 구성

와이브로 서비스는 이동통신이면서 도심 지역의 초고속 무선 인터넷 서비스를 목적으로 하고 있다. 따라서, 이를 반영하여 피코셀(100m), 마이크로셀(400m), 매크로셀(1000m)로 구분하고 최대 이동 속도는 60km/h을 지원하며, IP 기반 서비스가 기지국간 핸드 오프 및 기지국 제어기간의 핸드오프를 지원해야 한다. 서비스는 실시간 및 비실시간 서비스에 따른 QOS가 지원되어야 하며, 다른 무선 데이터 망과 연동되어야 한다. 이를 반영한 와이브로 시스템의 네트워크 구성을 [그림18.13]에 도시하였다.

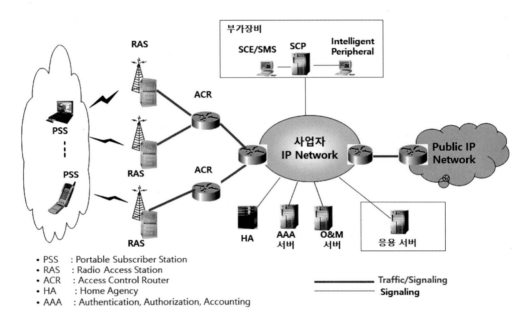

그림 18.13 와이브로 시스템의 네트워크 구성도

와이브로 시스템은 단말기, 기지국, 기지국 제어국으로 구성되며 각 네트워크 구성 요소의 기능은 다음과 같다.

(1) 단말기(PSS; PSS)

절전 기능, 휴대 인터넷 무선 접속 기능, IP 기반 서비스 접속 기능, IP 이동성 기능, 단말/사용자 인증 및 보안 기능, 멀티캐스트 서비스 수신 기능, 다른 네트워크와의 연동 기능 등

(2) 기지국(RAS; RAS)

휴대 인터넷 무선 접속 기능, 무선 자원 관리 및 제어 기능, 이동성 지원 기능, 인증 및 보안 기능, QOS 제공 기능, 하향 링크 멀티캐스트 기능, 과금 및 통계정보 생성 기능, 과금 및 통계정보 통보 기능 등

(3) 기지국 제어국(ACR; ACR)

IP 라우팅 및 이동성 관리 기능, 인증 및 보안 기능, QOS 제공 기능, IP 멀티캐스트 기능, 과금 서비스 기능, ACR내의 RAS 간 이동성 제어 기능, 자원 관리 및 제어 기능 등

와이브로 시스템은 각 구성 요소간 표준 인터페이스를 가진다. 단말기와 기지국은 U 인터페이스, ACR과 핵심 네트워크 간에는 I 인터페이스, RAS와 ACR 간에는 A 인터페이스, ACR과 ACR간에는 IR 인터페이스를 갖는다.

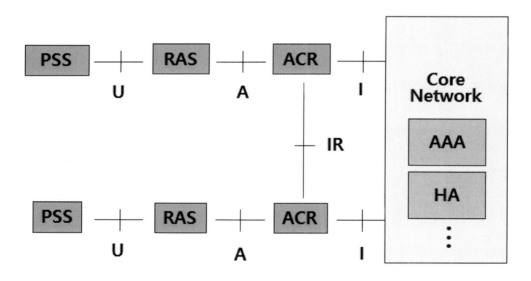

🖥 그림 18.14 와이브로 시스템의 표준 인터페이스

연습문제

1 무선 LAN 기술과 WPAN 기술을 비교하여 설명하시오.

2 장치의 수가 7개 이상인 경우 블루투스 네트워크를 구성하는 방법을 설명하시오.

3 블루투스 네트워크의 동작을 설명하시오

4 블루투스 기술과 UWB 기술을 비교하여 설명하시오

5 지그비 기술의 등장 배경을 서술하시오

6 지그비 프로토콜 스택 구조를 그리고 설명하시오

7 지그비와 비교하여 Z-Wave 기술을 설명하시오.

8 지그비의 응용 분야를 예를 들어 상술하시오.

9 와이브로 서비스가 나온 배경을 서술하시오.

10 와이맥스와 비교하여 와이브로 기술을 설명하시오.

11 와이브로 서비스의 특성은 무엇인가?

12 와이브로 시스템의 네트워크 구성도를 그리고, 네트워크의 구성요소를 설명하시오.

13 다음 중 지그비 기술의 특징과 거리가 먼 것은?

① 전력 소모가 적고 생산 비용이 저렴하다

② 10m 안팎의 근거리에서 간단한 신호를 주고 받는 목적으로 사용한다

③ 부피가 크고 전력 소비량이 많다

④ 산업 및 상업적 제어 및 모니터링이 가능한 대규모 센서 네트워크를 구성하는 것이 가능하다.

⑭ 다음 중 와이브로에 대한 설명과 거리가 먼 것은?

① 무선 광대역 인터넷 서비스를 의미한다

② 피코넷을 기본 단위로하여 데이터 전송이 이루어진다.

③ 모바일 와맥스에 해당하는 표준이다

④ 2.3GHz 주파수 대역을 이용하여 60 Km/h 이동시에도 끊김 없는 무선 인터넷 서비스를 제공한다.

참고문헌

Andrew S. Tanenbaum. Computer Networks. Third ed. Prentice Hall International, Inc.

Behrouz F. TCP/IP Protocol Suite, 2nd ed. McGraw-Hill, Inc.

Behrouz F. Introduction to Data Communications and Networking. McGraw-Hill, Inc.

Cisco Systems. Cisco Networking Academy Program CCNA 1 and 2 Companion Guide 3rd ed. Cisco Press.

Cisco Systems. Cisco Networking Academy Program CCNA 3 and 4 Companion Guide 3rd ed. Cisco Press.

Comer D. Internetworking with TCP/IP, Vol.1 :Principles, Protocols, and Architecture. 4th ed. Prentice Hall, Inc.

Comer D. Internetworking with TCP/IP, Vol.2 :Design, Implemetation, and Internals. Third ed. Prentice Hall, Inc.

Comer D. Internetworking with TCP/IP, Vol.3 : Client-Server Programming and Applications. second ed. Prentice Hall, Inc.

David E. McDysan and Darren L. Spohn. ATM : Theory and Application. McGraw-Hill, Inc.

Fred H. Data Communications, Computer Networks and Open Systems. Fourth ed. Addison-Wesley.

Stevens W. Richard, TCP/IP Illustrated vol.1 Addison-Wesley.

Walter J. Goralski. Introduction to ATM Networking. McGraw-Hill Series on Computer Communications, McGraw-Hill, Inc.

William S. Data & Computer Communications. sixth ed. Prentice Hall, Inc.

Wright Gary R and Stevens W. Richard, TCP/IP Illustrated vol.2 Addison-Wesley.

김종훈・곽진규, 데이터통신 한올출판사.

찾아보기

데이터 통신과
컴퓨터 네트워킹

초판 1쇄 발행 2020년 9월 10일
초판 2쇄 발행 2023년 9월 1일

저 자 김 종 훈
펴낸이 임 순 재
펴낸곳 (주)한올출판사
등 록 제11-403호
주 소 서울시 마포구 모래내로 83(성산동 한올빌딩 3층)
전 화 (02) 376-4298(대표)
팩 스 (02) 302-8073
홈페이지 www.hanol.co.kr
e-메일 hanol@hanol.co.kr
ISBN 979-11-5685-997-0

데이터 통신과 컴퓨터 네트워킹